대상관계 개인치료 II : 기법

질 샤르프 • 데이빗 샤르프 지음
이재훈 • 김석도 옮김

한국심리치료연구소

대상관계 개인치료 Ⅱ: 기법
-Object Relations Individual Therapy -

Jill Savege Scharff, M. D.
David E. Scharff, M. D.

한국어 판 출간에 부치는 저자의 말

　이 책에서 우리는 우리가 인간 경험의 복잡성을 얼마나 소중한 것으로 인식하는지, 그리고 동시에 우리가 환자와의 작업에서 만나는 문제들에 대해서 어떻게 생각하는지를 가능한 한 명료하게 밝히고자 노력했다. 우리는 먼저 이론과 임상 실제에 대한 일관되고 포괄적인 견해를 제시하는 것으로 시작했다. 실제에 있어서, 우리가 우리의 임상 작업을 완전히 서술하는데는 항상 한계가 있었다. 인간의 조건은 우주 안의 그 어떤 것보다도 더 복잡하게 흥미롭기 때문이다. 우리가 존경하는 스승 중의 한 분인 존 서덜랜드(John Sutherland)는 사람들은 너무나 복잡하기 때문에 우리의 모든 이론들을 동원해야만 의미 있게 설명할 수 있다고 말하곤 했다. 치료 실제에서 상황의 복잡성은 우리가 이해하고 또 행하는 바를 충분히 설명할 수 있는 능력의 범위를 넘어선다. 이것은 아마도 항상 그럴 것이고, 바로 그런 이유로 우리는 이 책에서 많은 양의 상세한 임상자료를 제공하였다. 우리는 독자들이 우리의 작업에 대해 논의하고, 논쟁하고, 검토할 수 있는 충분한 자료를 확보하기를 바란다.

대상관계 이론과 그것의 심리치료에의 적용은 서구 세계의 임상 실제를 크게 혁신했다. 대상관계적 사고는 영국으로부터 유럽, 남미, 그리고 최근에는 북미로 확산되어왔다. 우리는 이 책의 한국어 번역이 대상관계적 사고를 한국에 전파하고 이어서 아시아 전체로 전파하는 계기가 되기를 희망한다. 인간 상황을 깊이 있게 연구한 사려 깊은 심리치료가들과 정신분석가들은 풍부한 대상관계적 사고를 산출해냈으며, 우리는 그들의 사고를 하나의 통일된 대상관계적 접근으로 통합해냈다.

우리가 사용한 이론들은 주로 일군의 영국 정신분석가들에게서 유래한 것이다. 우리는 로날드 페어베언의 이론으로부터 시작하는데, 그것은 그가 명료하고 논리적인 대상관계 이론을 만들어내었고, 모든 다른 대상관계적 사고의 토대를 세웠기 때문이다. 그것에다 우리는 고도로 직관적인 멜라니 클라인과 윌프레드 비온의 공헌을, 그리고 도날드 위니캇의 유아와 엄마에 관한 놀라운 연구를 덧붙였다. 그 다음에 우리는 다른 대상관계 전통 뿐 아니라 심지어는 대상관계 전통과 전혀 다른 전통에서도 많은 새로운 생각들을 받아들였다. 이러한 우리의 사고에 기여한 사람들은 언급할 수 없을 정도로 많지만, 그 중에 일부만 밝힌다면, 다음과 같다: 죤 보울비, 죤 서덜랜드, 하인리히 락커, 오토 컨버그, 베티 죠셉, 크리스토퍼 볼라스, 스티븐 밋첼, 자끄 라깡. 우리 두 사람은 모두 아동 정신과 의사이며 아동 정신분석가이기 때문에, 우리는 아동 발달에 관한 문헌을 중요한 자원으로 사용했으며, 특히 메리 에인스워드, 메리 메인, 피터 포나기 등의 최근 애착행동 연구가들의 발견들을 받아들였다. 그 외에도 우리는 우리의 이론과 임상작업을 새롭게 하기 위해 새로운 생각들을 향해 개방적인 자세를 유지하고자 노력했다. 독자들은 이 점을 우리가 혼돈이론 또는 비선형적(non-linear) 체계이론이라 불리는 현대 물리학과 수학의 발견물들을 성격과 정신병리에 대한 우리의 이해를 넓히는데 사용하고자 노력한데서 가장 분명하게 인식할 수 있을 것이다. 시간이 지나면서, 우리는 다른 새로운 생각들이 정신분석가들과 심리치료가들의 이해를 계속해서 확장시킬 수 있기를 기대한다. 정말 그렇게 된다면 얼마나 좋겠는가!

마지막으로, 우리는 대상관계 이론을 이해하고 적용할 수 있게 하기 위해 학생들과 임상가들을 어떻게 가르치는지에 대해 한 마디 하겠다. 우리는 최상의 학습은 가르치는 사람과 배우는 사람의 대상관계에 주의를 기울이는 집단 안에서 발생한다고 믿는다. 가르치는 사람이 배우는 사람에게서 배울 수 있을 때, 배우는 사람은 보다 개방적일 수 있다. 우리는 심리치료사를 훈련하는데 있어서 이러한 선생과 학생의 관계를 촉진시키기 위한 방법으로 "정서적 모델"(Affective Model)을 고안해냈다. 이 모델은 학생들이 소집단 안에서 각 수준에 따라 그들의 임상적 지식과 개인적 경험 모두를 사용하여 새로운 생각을 통합하도록 돕는데 초점을 두고 있다.

우리는 우리의 책뿐만 아니라 다른 대상관계 이론가들의 책을 한국어로 옮겨준 이재훈 박사님과 그의 동료들의 헌신적인 노력에 감사를 드린다. 이 박사님은 이 대상관계 이론이 인간의 고통을 덜어주기 위한 노력에 기여할 수 있을 것이라는 희망을 우리와 공유하고 있다. 대상관계 이론은 인간의 발달과 성장, 정신병리와 관계적 어려움을 이해하기 위한 광범위하고 깊고 탄력성 있는 사상들로 이루어져 있다. 우리는 이 일을 수행하고 있는 한국의 동료들에게 깊은 존경을 표하며, 이 박사님의 노력이 한국의 독자들에게 도움이 될 수 있기를 바란다. 우리는 그곳이 미국이든 한국이든 언젠가 여러분들을 만나 뵐 수 있는 날이 있기를 희망한다.

데이빗 & 질 샤르프 부부
워싱턴에서, 2002년 4월 2일

목 차

저자 서문 …………………………………………… v

제 1부 기법
제 1장 전이와 역전이 지형도 ……………………… 3
제 2장 대상관계 심리치료의 구조와 과정 ………… 67
제 3장 예비 평가 이론과 기법 ……………………… 123

제 2부 평가
제 4장 한 여성에 대한 평가 ………………………… 153
제 5장 남편과의 평가면담 …………………………… 187
제 6장 부부관계에서의 자기와 대상관계…………… 207

제 3부 단기치료
제 7장 대상관계 단기치료 …………………………… 231
제 8장 장기치료 후 연속적인 단기치료 …………… 255
제 9장 대안으로서의 단기치료 ……………………… 287

제 4부 집중치료

제 10장 집중치료 초기단계 ………………………… 331
제 11장 집중치료 중간단계 ………………………… 371
제 12장 집중치료 후기 중간단계 …………………… 403
제 13장 집중치료 종결 전단계 ……………………… 455
제 14장 집중치료 종결 ……………………………… 477
제 15장 통째로 듣는 분석 사례 이야기 …………… 541
제 16장 꿈 분석 실제 사례 ………………………… 587

역자 후기 ……………………………………………… 603
참고 문헌 ……………………………………………… 605
색 인 …………………………………………………… 631

제 1 부

기 법

제 1 장
전이와 역전이 지형도

　전이는 프로이트가 발견한 이래로 정신분석과 분석적 심리치료의 초석이 되었다. 프로이트 이후 현대 심리치료에서 전이 개념은 역전이에 대한 이해가 깊어지는 것에 발맞추어 그 적용 범위가 계속 확장되어 왔다. 이 장에서 우리는 전이와 역전이에 대한 현대 정신분석학적 개념과 부부치료와 집단치료에서 나온 일부 개념들을 검토하면서 융통성 있고 받아들일만한 관계 중심의 전이 개념을 탐구하고, 전이를 하나의 통합된 개념으로 새롭게 이해해 보려고 한다. 또한 시간과 공간, 환경과 초점 그리고 환자와 치료자 개인 혹은 두 사람 사이의 잠재 공간 속에 담아주기라는 측면에서 전이의 위치를 파악해 볼 것이다. 우리는 이러한 새로운 개념을 가지고 **전이와 역전이 지형도**를 만들어 보려고 하는데, 그것은 전이의 전체 상황을 이해하는데 중요한 자료가 될 것이다.

　역전이는 보통 전이를 이해할 수 있도록 안내하는 나침반 구실을 한다. 하지만 때로 치료관계에서 이 역전이 때문에 우리의 위치 감각이 흐려지고, 우리의 사고 능력이나 직관 능력이 방해 받을 수 있다. 그럴 때마다 임상가는 방향을 안내해 주는 지침서 로서 이 지도를 사용할 수 있을 것이다.

전이의 역사

시간이 흐름에 따라 전이에 대한 이해도 변화하였다. 처음에는 전이를 하나의 장애로 보다가 점차 정보를 얻을 수 있는 원천으로 보게 되었으며, 최근에는 분석과정의 주요 작업으로 평가하게 되었다. 프로이트 시대에도 전이 개념은 발전을 거듭했다. 처음에는 전이를 치료과정에서 분석가에게 투사된 옛 충동이나 감정으로, 무의식이 출현하는 것에 대한 저항으로, 그리고 나중에는 유아 신경증이 재창조된 것으로 보았다. 그 이후에 전이는 분석가의 "빈 화면"에 투사된 환자의 내적 갈등을 보여주는 것이라고 생각해오다가, 현재는 내적 대상관계가 경험되고 수정되는 수단인, 치료관계의 공동 창조물로 보고 있다.

프로이트는 처음에 전이를 과거의 무의식 충동과 환상이 되살아나는데 따른 불편한 감정으로 이해하였다. 그리고 그 감정은 과거의 무의식적 충동과 환상에 의해 왜곡된 개인의 지각과 함께 상대방에게 부착된다고 생각하였다. 그는 이러한 왜곡된 지각과 감정이 치료자 자신의 지각이기도 하다는 점을 인식하였다. 그는 각 환자가 치료 상황에서 새로운 형태의 현실을 건설한다는 것을 깨달았다. 1901년 그는 도라의 사례(1905a)에서 치료를 결렬시키는 전이의 힘을 이해하고 있음을 보여주고 있다. 그리고 후속 연구를 통해 그는 전이를 저항으로 보던 개념을 넘어서 분석 상황에서 재창조되는 환자의 유아 신경증으로 보는데 까지 나아갔다.

스트레이치(1934)는 클라인의 내사와 투사에 관한 개념을 사용하여 전이에서 내적 대상이 분석가에게 옮겨진다는 사실을 보여주었다. 그러나 대부분의 사람들은 그가 전이 해석을 분석작업을 추진하는 엔진으로 보고 있다고 이해하였다. 이러한 스트레이치의 견해는 그가 다른 치료 형태를 모두 보조수단에 지나지 않는 것으로 경시하고 있으며, 하잘것 없는 것으로 취급한다는 인상을 주었다. 그 후에 비브링(1954)은 정신분석과 심리치료 기법에 대한 논문에서 분석 상황에서 분석가가 환자에게 주는 암시나 조언, 지지의 한계에 대해 지적하는 한편, 명료화나 관련짓기 같은 치료 활동은 전이 해석에 도움이 될 수 있다고 주장하였다.

클라인(1952)은 전이를 초기 대상관계, 유아기의 경험 그리고 무의식에서 비롯된 환자의 감정을 분석가에게 옮겨놓으려는 충동으로 재개념화하였다. 분석 상황에서 무의식으로부터 출현하는 불안과 갈등이 재활성화된다. 이때 우리는 초기 삶에서 사용하던 것과 같은 정신기제와 방어기제를 사용하게 된다. 그녀는 박해 불안으로 경험되는 초기 불안이 출현하는 과정을 생생하게 묘사하였다. 적대적인 대상에 의해 공격당한다는 환자의 느낌은 분석가에게 옮겨질 수 있는데, 이때 분석가는 파괴적 에너지의 원천으로 간주된다. 또한 전이에서 대상의 분열, 좋은 대상의 이상화, 내사적 동일시 및 투사적 동일시와 같은 방어기제들이 표현된다. 이 시기를 지나면 유아가 대상을 분열시키지 않고, 양가감정을 느끼며, 대상에 대해 배려하게 되는데, 이 시기에 나타나는 전이는 우울 불안에 의해 채색된다. 그 다음 시기 동안에 유아는 오이디푸스 죄책감과 불안을 다루기 위해 사랑하는 대상에게 선함을 투사하고, 미워하는 대상에게 악함을 투사하게 되는데, 이러한 현상이 전이 안에서 일어날 때 분석가를 향한 환자의 전이 감정은 좀더 열정적인 형태로 표현된다.

요약하면, 클라인은 전이가 일어나는 과정은 초기 대상관계를 형성하는 과정과 같다고 주장하였다. 유아는 주변에 있는 실제 사람들을 전체 인간으로서가 아니라 다양한 측면들 중의 하나로서 경험하기 때문에 분석가를 빠르게 변화하는 대상들의 집합으로 보게 된다. 긍정적인 전이와 부정적인 전이를 이해하려면 사랑하는 대상과 미워하는 대상, 외부 대상과 내적 대상 사이에서 왔다갔다하는 움직임으로 거듭해서 되돌아가는 초기의 정신 과정을 이해해야 한다.

전이 상황은 흔히 초기 불안이 분석가에게 투사될 때보다 덜 직접적으로 표출된다. 전이는 현재의 일상생활과 관계 안으로 전치된다. 전이에 대한 조사는 현재 경험과 초기 경험 사이에 있는 모든 것을 포함하며, 정신 생활 전체를 포함한다. 조셉(1985)은 전이를 움직임과 활동이 발생하는 하나의 틀로 보았다. 즉 전이와 해석을 살아 있고, 경험되고, 변화하는 어떤 것으로 보았다. 전이는 모든 것—말, 이야기, 침묵, 감정, 행동, 우리가 반응하게 하거나 반응을 제약하는 방식—즉 환자가 관계 속으로 가져오는 모든 것을 포함한다. 무엇보다도 전이는 역전이를 불러일으키는 것을 통해 살아 움직이고 변화하는데, 이는 분석가가 환자와의 공명을 경험하고, 추구하고, 사용하는 것을 통해서 전이 의식(transference conscious)을 형성하는 것을 목표로 한다. 그리고 이 기법은 과거 사건들에 대한 기억을 되찾는 재구성 기법보다 훨씬 더 효과적이다.

전이에 대한 성공적인 분석은 분석가에 대한 환자의 태도와 환자의 삶이 개선되는 변화를 가져온다.

역전이의 역사

프로이트는 역전이에 관해서 전이만큼 연구하거나 기술하지 않았다. 그는 역전이를 분석가의 병리가 나타나는 것으로 이해했고, 좀더 분석을 받아야 할 필요가 있다는 증거로 보았다. 역전이에 대한 그의 생각은 전이에 대한 생각에 비해 발전하지 못했다. 그러나 영국에서 클라인 학파와 독자노선을 걷는 학자들을 중심으로 대상관계 이론이 발달함에 따라, 1950년경부터 역전이는 하나의 안내 체계로서 전이와 동등한 위치를 갖게 되었다. 위니캇이 역전이에서 일어나는 증오에 관한 논문을 발표한(1947) 후, 그 뒤를 이어 하이만(Haimann, 1950, 1954), 모니-커얼(Money-Kyrle, 1956), 락커(Racker, 1957)와 같은 학자들이 역전이에 관한 논문을 발표하였다. 조셉이 자신의 글에서 역전이를 치료 경험과 관련된 단일 요인 중에서 가장 중요한 안내자로 삼은데(1985) 이어, 볼라스(1987), 케이스먼트(1991), 제이콥스(1991) 등이 이러한 흐름을 계승하였고, 대상관계 이론을 적용하는 부부치료 기법(J. Scharff and D. Scharff, 1987, 1992)에서도 역전이를 중요한 치료 수단으로 보고 있다. 이러한 논문들은 역전이 연구 영역에 정서, 반응, 환상, 동일시 등의 요인들을 포함시키고 있으며, 역전이를 이전의 "빈 화면"이라는 중립성 모델에서는 생각할 수 없었던 깊이를 제공해 주는 유용한 감정적 반응으로 기술하고 있다.

클라인(1946)의 투사적 동일시와 내사적 동일시 개념은 생명본능과 죽음본능에 의해 추동되는 방어기제이자 강력한 의사소통 기제로서, 역전이의 의미와 효과를 이해하기 위한 이론적 기초로 받아들여지고 있다. 환자의 정신 상태는 투사적 동일시를 통하여 분석가에게 무의식적으로 전달되고, 분석가는 그것을 내사적으로 동일시함으로써 자신의 내면에 환자의 정신 상태를 실제로 불러일으킨다. 분석가는 환자의 자아 및 대상 체계의 어떤 부분을 동일시할 것이다. 그리고 종종 동일시 대상은 빠르게 변할 수도 있다. 분석가는 이러한 역전이 경험을 토대로 전이를 해석할 수 있으며, 이에 따라 전이는 새로운 형태로 바뀌게 되고, 정신적 변화가 발생한다.

락커(1968)는 분석가가 역전이에 주의를 기울이는 것을 통해서 분석가에 대한 전이의 본질에 관해 좀더 분명하게 알 수 있다는 사실을 발견하였다. 환자가 투사적 동일시를 통해 자아나 대상의 일부를 분석가에게 전달하면, 이에 상응하는 정신 상태가 분석가 안에서 불러일으켜진다. 이러한 정신 상태는 환자의 정신 상태와 상보적이거나 일치적이다. 동일시가 상보적인 경우, 분석가는 환자가 투사한 대상의 부분을 동일시하게 되며, 그것을 통해 환자가 그러한 외부 대상을 어떻게 대하는지를 느낄 수 있게 된다. 동일시가 일치적인 경우에 분석가는 환자가 투사한 부분을 동일시하는 것을 통해서 환자가 외부 대상에 대해 느꼈던 것을 똑같이 느끼게 된다.

비온은 1950년대 후반과 1960년대에 일련의 논문들을 발표했다. 이 논문들은 「다시 생각하기」(Second Thoughts, 1967)라는 제목으로 재출간되었고, 「주의와 해석」(Attention and Interpretation, 1970)이라는 책에서 더욱 정교화되었다. 그는 이 논문들에서 클라인의 개념을 사고 이론과 무의식적 의사소통 이론으로 발전시켰다. 그리고 이 이론은 엄마-아기 관계의 정신 과정을 다루는, 담아주는 사람/담기는 사람이라는 개념에서 절정에 이르고 있다.

전이와 역전이는 서로 영향을 주고받으며 발달한다. 이 둘은 드러나지 않을 때에도 항상 존재한다. 그것들은 얽히고 설킨 일상사 속에 그리고 치료관계 속에 숨어 있다. 우리는 내사적 동일시와 투사적 동일시 과정이 전이와 역전이의 기초라고 생각한다. 우리는 분석가와 피분석가 사이에서 상호적인 내사적 동일시가 일어난다는 하이만(1954)의 생각에 동의한다. 우리는 치료자와 환자간에 내사적 동일시와 투사적 동일시 과정이 상호적으로 일어난다는 사실을 발견하였다(J. Scharff, 1992). 우리는 역전이가 전이를 발견할 수 있는 방법인 동시에 전이를 해결할 수 있는 도구라고 생각한다.

역전이는 임상 장면에서 전이를 추적하는데 사용할 수 있는 믿을 만한 나침반이지만, 임상가는 역전이를 통해 전이를 알아낼 수 없는 경우에도 방향을 지시해 주는 지도를 필요로 한다. 본 장에서 우리는 전이와 역전이의 지형도를 작성하고, 지형도에 입각하여 지도를 그려보고, 두 개의 임상 사례를 제시함으로써 이 장을 맺을 것이다.

전이의 지형도를 작성하는데 필요한 개념들

담아주는 사람/담기는 사람

우리는 담아주는 사람/담기는 사람이라는 비온의 개념을 사용하여 전이와 역전이 기제를 규명하고, 우리가 전이 지형도를 작성하는데 필요한 개념을 제공할 것이다.

비온의 담아주는 사람/담기는 사람 모델은 정신의 성숙에 대한 상호작용 이론을 발달시켰다. 유아는 처음에 아직 사고되지 않은 형체 없는 불안과 감각 인상을 갖는다. 유아는 구조화되지 않은 감당할 수 없는 불안을 비워내기 위해, 또 엄마와 소통하기 위해 투사적 동일시를 사용하여 그것들을 엄마 안으로 밀어넣는다. 이러한 정신 내용들은 엄마의 정신 내부에 일시적으로 머물러 있다가 엄마의 환상(reverie) 안에서 처리된다. 비온은 이 엄마의 환상을 유아의 정신 과정을 담당하는 기관이라고 불렀다. 엄마의 환상 안에서 처리된 정신 내용들은 다시 유아 안으로 내사된다. 이때 유아의 불안은 수정되고 인지구조가 더욱 발달하며, 따라서 유아는 엄마가 자신을 이해해 준다는 느낌을 갖게 된다. 이렇게 해서 유아는 정신 내용 안의 해로운 요소를 제거하고, 그것을 소화하고, 무의식적으로 이해하고, 그것에서 의미를 찾게 된다. 그리고 이를 통해 유아의 정신구조가 발달한다. 포나기가 최근에 말한 유아의 경험을 정신화할 수 있는 성인의 능력이라는 개념은 비온이 말하는 담아주기 과정과 관련된 것으로 이해할 수 있다(Fonagy, 1996).

엄마와 아기는 서로에게 정신 내용을 투사하는 한편, 서로는 상대방이 투사한 것을 내사한다. 이러한 과정에는 부모가 제공한 감각 경험(시각, 소리, 냄새, 촉각)의 재료가 필수적이다. 유아는 이 감각 경험을 사용하여 내적 경험을 창조한다. 유아의 자기 안에서, 어머니의 자기 안에서, 그리고 자기와 타자 사이에서 일어나는 투사적 동일시와 내사적 동일시는 동시적인 상호 과정이요 끝없는 순환 과정으로서 유아와 아동의 정신을 구조화하는 역할을 한다. 이러한 전체 과정은 치료 과정에서 반복되며, 이러한 관계의 순환 과정을 통해서 환자의 정신이 재구조화된다.

전이가 담기는 것, 즉 환자가 내놓은 수정되지 않고 비교적 덜 구조화된 정신 내용이라면, 역전이는 전이를 정신적으로 담아주는 것이다. 분석가는 알려져 있지 않고 구조화되지 않은 환자의 정신 내용을 담아줌으로써 환자가 이해력을 발달시킬 수 있는 토대를 제공한다.

이제 우리는 환자의 마음은 분석가의 정신을 이해하는 능력이 발달하는 장소라는 사실을 알게 되었다(D. Scharff, 1992). 여기에는 분석가들이 뒤늦게 인정하게 된 일종의 두려움의 요소가 관련되어 있다. 분석가의 저항은 치료 관계가 너무나 개인적인 관계이기 때문에 자기 자신을 통제하지 못하고 환자에 의해 영향을 받을 수 있다는 분석가의 두려움에서 나온다. 이러한 분석가의 두려움은 환자가 느끼는 두려움과 같은 것이다. 만일 분석가가 프로이트의 고전적인 접근을 따른다면, 그는 객관적이고, 중립적이고, 과학적인 관계양식으로 도피할 수 있을 것이다. 그러나 프로이트 이후로 많은 분석가들은 분석작업의 상호성 또는 상호주관성 개념을 받아들이게 되었다.

담아주기 모델에 따르면, 부모의 마음은 유아의 다루어지지 않은 불안과 구조화되지 않은 잠재력을 처리해 주는 심리적 장치이다. 이 담아주기 모델에서 부모-유아의 관계는 비록 일방적이기는 하지만 이자동일체적 관계와 아주 가깝다. 그러나 이것은 좀더 자란 아동과 성인간의 관계, 혹은 성인과 성인간의 관계에는 적용될 수 없다. 성인들 사이에서 경험되는 것은 인지 능력과 정서 조절 능력이 충분히 발달된 두 자아 사이에서 일어나는 상호 투사적 동일시나 상호 과정에 대한 경험이다.

임상 장면에서, 우리 또는 환자들은 일방적인 모델(one-way model)을 따라 행동하기도 한다. 어떤 환자들은 치료자와 환자의 상호 체계를 동결시켜 버리기 때문에 치료자는 특정한 방식을 통해서만 그들과 접촉할 수 있다. 이때 치료자는 쓰레기통 역할을 떠맡거나, 아니면 생소한 불안으로부터 자신을 방어하게 된다. 이러한 일이 일어날 때, 우리는 이러한 관계 안에 부모와 유아 사이에 정상적으로 존재하는 상호성이 빠져 있음을 인식하게 된다. 환자들은 우리의 정신 안에 자신의 불안을 밀어넣으면 우리가 상처입고 파멸되거나 자신의 내적 대상이 파괴될지 모른다고 두려워한다. 이때 우리는 그들을 담아주는 부분 대상으로 기능하고 있거나, 아니면 그러한 환자를 전혀 담아주지 못하는 대상으로 기능하고 있음을 알게 된다. 이러한 경우에 환자들은 자신의 감정을 표출하면 대상에게 해로울 것이라는 두려움을 갖게 된다. 따라서 그들은 스스로를 단절시키고 자신들의 내면 세계를 고립시킨다. 그리고 스스로를 담아주는 행동을 시작하는데, 이는 진정으로 담아주지 못하는 거짓된 담아주기에 지나지 않는다.

비온의 담아주는 사람/담기는 사람 개념은 전이를 받아들이고 변형시키는 역전이에 관한 새로운 이해를 제공해 준다. 치료자의 무의식은 담아주는 그릇이며, 치료자의 역전이는 담아주는 기능을 갖는다. 우리는 치료자가 역전이를 사용하여 담겨지는 것의 이미지를 형성한다고 생각한다. 때때로 역전이는 전이에 내재되어 있는 방어에 의해 영향을 받는다. 역전이는 치료자의 이해를 방해할 수 있다. 이러한 경우에 역전이는 저항으로 작용한다. 그러나 다른 때는 환자의 속마음을 그대로 비춰주는 맑은 거울로서 기능하기도 한다.

전이가 두려움에 가득 차 있거나 극도로 자기 충족적인 환자 안에 있을 수도 있다. 그때 치료자는 아무 것도 느끼지 못하게 된다. 환자가 자신이 실제로 느끼지 못하는 감정을 치료자에게 투사할 때, 치료자는 이 감정을 동일시하지 못한다. 아마도 치료자는 어느 시점에 가서 자신이 배제되어 있다는 느낌을 표현할 것이다. 그때 전이는 치료자가 환자의 자아나 내적 대상의 일부를 동일시하는 역전이의 형태로 치료자 안으로 들어오게 된다.

다른 경우에, 전이는 환자가 느끼지 못하는 사이에 치료자에게 투사되어 역전이 안에 담기게 될 것이다. 환자와 치료자는 전이와 역전이를 동시에 또는 각각 인식할 수도 있고 인식하지 못할 수도 있으며, 두 사람 모두 자신의 감정을 그들 사이에 있는 공간으로 투사할 수 있다.

따라서 전이는 계속해서 환자 안에 남아 있거나, 치료자 안으로 투사되거나, 치료자에 의해 투사적으로 동일시되거나, 그들 사이에 있는 공간으로 투사된다.

역전이는 치료자 안에서 일어난다. 그러나 치료자가 역전이를 인식하지 못할 경우, 이것은 환자에게 투사된다. 그리고 그때 환자는 자신의 자료에 대한 치료자의 개인적인 반향이 불러일으켜지는 것을 막기 위해 이 투사된 내용을 담아두지 않으면 안 된다. 역전이가 환자와 치료자 사이의 공간으로 투사될 경우에 그것은 치료 분위기의 혼란스러움으로 나타날 것이다.

일치적 동일시와 상보적 동일시

역전이는 전이와 일치하거나 상보적일 수 있다(Racker, 1957, 1968). 다시 말해 분석가는 환자가 투사한 대상의 일부를 동일시하거나(상보적 역전이) 환자가 투사한 자아의 일부를 동일시한다(일치적 역전이). 이러한 동일시가 치료 회기마다 바뀌는 것이 흔히 발견된다. 환자와 분석가는 자아와 대상이라는 두 축을 토대로 환자의 내적 대상관계를 재창조한다.

자아 또는 대상의 일부가 투사됨에 따라 전이의 장소는 환자와 치료자로 나뉘어질 수 있다.

잠재적 공간: 분석적 제 삼자

환자와 치료자 사이의 공간에서 어떤 일이 발생하는가? 여러 학파의 저술가들은 엄마와 아기 사이의 잠재적 공간에서 창조성과 상상력이 형성된다는 위니캇의 생각을 발전시켜 성숙을 가져다 주는 환자와 치료자 간의 공통 경험에 관해 기술했다. 이러한 개념들 가운데는 "x 요인"(Symington, 1983), 생성체(genera, Bollas, 1989), 상호주관성(Stolorow와 Atwood, 1992), 환자와 분석가 간에 형성된 공통의 의미(Gill, 1994), 분석적 제 삼자(Ogden, 1994) 등이 있다. 이러한 개념들은 모두 환자와 치료자 사이에 구조가 형성되기 위해서는 두 사람의 성격이나 두 사람의 독특한 발달과정이 조합되어야만 한다는 사실을 가리킨다. 이 조합은 두 개인의 주관적 경험과 관련된 제 삼의 구조이지만, 두 사람 성격의 특수하고 독특한 연합이다. 이러한 구조는 그들이 서로를 경험할 때, 그들 각자의 내부에서 일어나는 것과 밀접하게 관련되어 있으면서도, 그들 중 어느 한 사람의 내부가 아니라 두 사람 사이의 공간에서 발생하는 사건들로부터 형성된다.

환자와 치료자에 의해 형성된 이러한 구조는 **연합된 부부 인격**(marital joint personality)을 생각나게 한다(Dicks, 1967; 10장 참조). 모든 부부관계는 두 사람 성격의 유사성과 차이점이 인정되면서도, 다른 한편으로는 두 사람 각자의 성격적 특성을 떠나서 존재한다(Dicks, 1967). 부부는 배우자에게서 재발견한 자기 및 대상의 측면을 투사적으로 동일시하거나 내사적으로 동일시함으로써 연합된 부부 성격을 형성한다. 이러한 현상은 치료관계에서 형성되는 분석적 제 삼자의 전형적인 예라고 할 수 있다(그림 10-1 참조). 상호적인 투사적 동일시 과정은 아이와 부모 사이에서뿐만 아니라 배우자 사이에서도 일어난다. 이러한 정신과정은 형제들 사이에서, 학생과 교사 사이에서, 고용주와 피고용자 사이에서도 일어난다. 모든 친밀한 관계는 연합된 성격 또는 독특한 관계 특성을 가진 제 삼의 실체를 획득하게 되는데, 그것은 그 관계를 구성하는 두 성격의 총합보다 더 클 수도 있고 작을 수도 있다.

또다른 요소가 연합된 성격을 형성하는데 영향을 미친다. 그것은 환자와 치료자가 가지고 있는 내적 커플(internal couple)이다. 이 내적 커플은 각 발달 단계에서 아이가 경험한 부모 커플을 변형시킨 내적 대상관계이다. 클라인(1945)은 아이들이 환상 속에서 실재하는 진짜 커플만이 아니라 하나의 쌍으로서의 부모 커플에 관심을 갖는다는 사실을 관찰하였다. 그녀는 아이들이 아버지의 페니스를 가지고 있는 어머니에 대한 환상을 가지고 있으며, 초기에 이러한 내적 커플을 변형시키는 발달과정을 거친다고 주장하였다. 치료자와 환자는 그들 안에 있는 이러한 내적 커플의 영향을 받는다. 치료자와 환자는 각각 그들의 공동 창조물을 내사하는데, 이 공동 창조물은 두 사람의 내면에서 이상한 끌개처럼 경험에 의해 조직화되면서 동시에 경험을 조직화하는 역할을 한다.

요약하면, 전이는 환자와 치료자가 투사적 동일시와 내사적 동일시 과정을 통해 함께 창조한 두 사람 사이의 잠재적 공간 안에 있는 연합된 대상관계 구조물(a joint object-relational construction) 안에 위치할 수 있다.

호퍼의 사분면 (Four-Cell Square)

개인 및 집단 분석가로 활동 중인 호퍼(Hopper, 1996)는 치료관계의 경험을 시간과 공간이라는 측면에서 네 영역으로 구분하였다.

1. 지금-여기(환자와 분석가 사이에서 무의식적인 정서적 의사소통을 통해 현재 일어나고 있는 내용)
2. 그때-여기(과거의 관계 경험이 환자와 치료자 사이의 공유된 치료 경험 안에서 재경험 되는 내용)
3. 지금-거기(다른 사람들, 가정, 직장, 사회 등 치료관계 바깥에서 현재 일어나고 있는 내용)
4. 그때-거기(한 개인이 성장 과정에서 경험한 문화적 내용 또는 문화의 전달자인 가정 안에서 일어난 내용)

앞의 세 범주는 심리내적 차원과 대인관계 차원에 속한다. 호퍼는 이를 개인, 타인, 치료자라는 말란의 삼각형(Malan, 1976; 17장 참조)의 세 꼭지점에 비유하였다. 호퍼는 슈탓터(Stadter, 1996; 17장 참조)가 제시한 사회적 무의식이라는 네 번째 차원을 추가하였다. 슈탓터는 이 네 번째 요인을 말란의 삼각형 내부에 두었다. 앞의 세 가지 차원은 개인이 그 자신과 관계하는 방식을 가리키는 반면, 이 네 번째 꼭지점은 사회적 무의식을 나타낸다. 이로써 호퍼는 "치료의 삼각형을 사각형"으로 만들었다(Hopper, 1996; 표 1-1 참조).

호퍼의 범주에서, 지금-여기는 치료관계를 지칭한다; 그때-여기는 유아기와 초기 아동기에 형성된 내적 대상관계와 그것이 대인관계 영역에서 표현되는 것을 가리킨다; 지금-거기는 내적 대상관계가 현재의 대인관계 영역, 즉 일, 놀이, 가정에서 표현되는 것을 가리킨다. 그때-거기는 사회적 무의식을 가리킨다. 사회적 무의식은 정신분석 치료에서 거의 관심의 대상이 되지 못했다. 사회적 무의식은 정신분석 안에서 거의 설자리를 갖지 못했다. 이처럼 정신분석에서 사회적 무의식의 중요성은 거의 간과되어 왔지만, 더 광범위한 사회적 현상과 태도 안에서 얼마든지 찾아볼 수 있다.

이렇게 해서 전이는 장소와 시간에 따라 네 영역—여기, 거기, 지금, 그때—또는 네 개의 방으로 구성된 사각형으로 묘사된다. 이 네 개의 방들은 전이의 지형도를 구성하는데 필요한 기본적인 이론적 틀을 제공한다.

표 1-1 호퍼의 치료적 사각형의 사분면

시간	공간	
	여기	거기
지금	지금-여기	지금-거기
그때	그때-여기	그때-거기

지금-여기

지금-여기에서, 즉 환자와 치료자가 함께 참여하는 직접적인 만남에서 발생하는 사건들은 시간적, 공간적 직접성을 가지고 있기 때문에 치료과정에 힘을 실어주고 확신을 준다(Rickman, 1951). 이 경험을 통해 환자와 치료자는 "바로 지금 여기에서 환자나 치료자, 혹은 그들 사이에서 어떤 일이 벌어지고 있는지"를 알 수 있다. 이때 그들은 상호작용에서 나타나는 행동 유형과 정서에 대해, 그리고 이러한 공유된 순간에 기여하는 내면 세계에 대해 탐색하게 되는데, 이러한 탐색은 좀더 객관적인 사건들을 지적으로 추론하거나 사변적으로 이해하는 것에서 경험할 수 없는 통찰함을 제공한다. 치료과정에서 이러한 경험을 환자와 함께 나누기를 원한다면, 치료자는 지금-여기에서 일어나는 과정에 진실성을 가지고 온전하게 현존하고 참여해야만 한다.

지금-거기

지금-거기는 환자의 현재 삶에서 일어나는 사건들로 구성된다. 또한 그것은 환자가 분석가에게 풀어놓는 이야기, 그의 아내, 상사, 자녀들, 혹은 부모의 성격을 드러내는 그의 현재 삶에 관한 이야기의 형태로 치료 공간 속으로 들어온다. 이 자료에는 현재의 전이가 분명하게 나타나지 않는다. 하지만 이러한 자료에서 전이의 맥락과 의미를 분리하게 되면, 전체 상황으로서의 전이는 잘못 해석되거나 과소평가될 수 있다.

그때-여기

그때-여기의 차원은 두 가지 측면을 가지고 있다. 첫째 이것은 분석적 전이의 핵심으로서, 과거 "그때"―흔히 환자의 유아기나 초기 아동기―에서 비롯된 상황이 "여기"에서 재현되는 요소이다. 치료자는 과거의 대상으로 인식되는 동시에 환자의 내면에 살아 있는 내적 대상으로 받아들여진다. 치료자는 마치 환자의 어머니나 아버지, 혹은 내재화된 다른 인물들의 새로운 변형으로 간주된다. 이 내적 대상들은 치료 장면에서 정서적 동일시를 통하여 다시 한번 생명력을 얻게 된다. 그러나 이러한 그때-여기 관계는 단순히 과거의 경험이 재현되는 것이 아니다. 왜냐하면 이 관계는 환자의 현재 내적 대상 및 자기의 요소와 치료자의 현재 내적 대상 및 자기의 요소 사이에서 형성되는 것이기 때문이다. 이 관계는 현재 일어나고 있는, 과거 대상과 관련된 경험으로서 실제로 환자의 내적 부분과 치료자 사이에서 발생하는 지금-여기의 관계 형태이다. 이러한 유형의 공유된 경험은 지금-여기의 상호작용이 가져다 주는 것과 같은 확신감을 가져다 준다. 환자와 치료자 모두는 종종 임상 현장에서 과거가 되살아난 것처럼 느낀다. 이러한 느낌을 부인하는 것은 환자와 치료자 모두의 경험 양태를 부인하는 것이 된다. 왜냐하면 내적 대상이 과거 경험을 나타내는 신뢰할 만하고 정확한 표상이라고는 할 수 없지만, 그것은 우리의 과거 경험에 대한 살아 있는 유일한 기록이기 때문이다.

우리가 볼 때, 그때-여기의 상황은 또한 치료 상황에서 일어난 이야기, 즉 환자와 치료자 사이에서 일어난 모든 일을 가리킨다. 즉 한 해 동안 일어난 일이든, 최근 면담에서 일어난 일이든, 또는 이전 치료자와의 만남에서 일어난 일이든, 치료과정에서 경험한 모든 기억을 포함한다. 그 안에는 고유한 치료 경험을 구성하는 상호작용이 풍부하게 축적되어 있다.

그때-거기

호퍼의 관점에서 이 범주는 사회적 무의식 안에 존재하는 사회적 실재를 가리킨다. 그것은 대부분의 사람들이 의식하지 못하는 사회적 및 문화적 합의가 성장과 발달에 영향을 미친다는 사실을 말해준다. 성숙한 사람들만이 자신이 속한 문화를 이해하고 문화를 이끌어 갈 수 있으며, 문화를 존중하면서도 좀더 나은 삶을 위하여 자신과 타인의 삶에 영향을 미치는 문화를 변화시킬 수 있다. 호퍼는 그때-거기의 범주를 사용하여 폭탄 테러의 위협이나 국민 의료 보험 지급금의 변화와 같은 생명과 안전을 침해하는 현상을 언급한다. 그리고 그것들이 심리내적 삶에 기여하는 차원을 넘어서 보편적인 삶의 차원을 위해 기여한다는 점을 강조한다. 그는 문화가 정신적인 삶에 미치는 영향을 분석하는 것이 특수한 성장 배경의 한계를 초월해서 자기를 이해하는데 필수적이라고 말한다.

호퍼가 말하는 네 개의 소영역에 미래 측면을 추가하기

"그때"라는 말은 과거뿐만 아니라 미래를 지칭하기도 한다. 환자와 치료자가 그들의 삶이나 치료관계에서 앞으로 일어날 일을 상상할 때 미래에 대한 전이가 일어난다. 우리는 그때-여기와 그때-거기의 범주를 확장해서 미래의 차원도 포함시키려 한다.

그때-여기에 내포된 미래 차원

우리는 미래에 대한 환상이 과거의 관계를 보완한다고 본다. 과거의 차원은 그때-여기의 전이를 결정하지만, 전이는 또한 미래의 차원을 포함한다. 이 미래의 차원은 과거를 전달하는 정신

구조와 유사한 구조를 이룬다. 전이의 미래는 치료관계가 어떻게 전개될 것인지에 대한 희망과 두려움으로 구성된다. 환자와 치료자 사이의 실제 관계에 초점을 맞추는 것은 우리가 **전이의 미래(if-and-when)**라고 부르는 차원을 열어 준다. 환자와 치료자 사이의 관계는 역사(과거-그때)를 가지며, 이러한 역사는 미래를 예견하는 상상력의 기초가 된다. 과거에 대한 지각은 치료관계의 미래에 대한 희망(치료관계가 더 이상 필요 없게 되는 것을 포함하여)과 관련되어 있다. 과거와 미래는 모두 전이의 지배를 받는다. 따라서 자라나는 여아가 부모와의 과거 관계에 대한 환상을 사용하고 수정하면서 부모와의 미래 관계에 대한 환상을 사용하고 수정하는 것처럼, 치료관계에서도 똑같은 일이 일어난다. 즉 성인이 된 자녀들이 실제로 한 공간 속에 부모와 함께 있을 때에도 그들의 내면에 있는 과거와 미래의 부모를 사용하는 것처럼, 환자들도 치료자와의 현재 관계를 경험하면서 치료자와의 과거와 미래 관계를 사용한다.

호퍼의 그때-거기에 대한 수정

우리는 가족치료를 겸하고 있는 치료자로서 호퍼의 그때-거기 영역에 중요한 요소를 덧붙이려고 한다. 그때-거기에는 좀더 광범위한 세상뿐만 아니라 가정 환경에서 개인에게 전달되는 문화의 영향이 포함된다. 유태인 대학살이나 핵 위협과 같은 사회 문제는 가족이 그들의 무의식 안에서 그 경험을 어떻게 소화했느냐에 따라 다르게 인식될 수 있다. 이를테면 그것은 부모가 아이를 다루는 측면에서만 기억될 수도 있고, 구체적인 하나의 사건으로 회상될 수도 있으며, 가족들 간의 뜨거운 논쟁거리가 될 수도 있고, 단순히 사회에 대한 알 수 없는 두려움이나 희망으로 경험될 수도 있다. 우리에게 그때-거기의 영역, 즉 사회적 무의식은 더욱 광범위한 문화의 영향을 전달하고 수정하는 수단이 되는 가족 무의식을 통해 중개되는 것으로 보인다.

우리의 입장에서 볼 때, 자라나는 아이에게 이러한 현실을 매개해 주는 것은 가정이다. 가정은 중요한 문화의 전달자이다. 환자의 과거는 부모와 형제들의 구체적인 성격에 의해서 그리고 그들이 사회적 현실을 부인하고, 이야기하고, 현실에 적응하는 양식에 의해 형성되는 것만큼이나 그 가족에게 영향을 미치는 사회적인 힘에 의해 형성된다. 개인들은 대체로 가족이 속한 사회 계층, 인종, 종교, 국적 등에 따라 기득권 층에 속하거나 소외 계층에 속하게 된다. 이를테면 한 여성이 이혼이 금지된 문화 안에서 부모님들이 서로 싸웠던 어린 시절 경험을 자세히 이야기 할 때, 한 남성이 엘리트로서 보냈던 학창시절에 관해 이야기할 때, 혹은 한 여성이 도시 빈민가에서 보호받지 못하고 불안에 떨었던 일을 이야기할 때, 우리의 주의는 온통 그때-거기의 세계에 쏠리게 된다.

그때-거기에 내포된 미래 측면

미래는 그때-거기에서 간과되는 측면이기도 하다. 우리는 과거를 가리키는 호퍼의 그때-거기의 범주에 미래 사회에 관한 개념을 덧붙일 것을 제안한다. 우리는 이러한 차원을 그때-거기에 내포된 미래(if-and-when of the there-and-then) 차원이라고 부른다. 여기서 우리는 외부 세계에 대한 환자의 희망과 두려움을 다룬다: 즉 사회적인 실패, 박해, 전쟁에 대한 두려움; 현재의 경제적

지위와 관련된 미래의 경제 전망에 관한 관심; 직업적인 만족의 추구; 가족 구조나 사회 구조 안에서 자립적인 개인으로서 살고자 하는 희망의 문제들을 다룬다. 환자들은 이러한 문제들로 인해 분석을 받고자 한다. 환자들이 그러한 문제들에 늘 관심을 기울이는 것은 아니지만, 그것들은 항상 심리내적 작업을 위한 배경이 된다.

호퍼는 경험의 미래 차원이라는 양식이 정신 조직 및 전이 조직과 다른 별개의 측면이 아니라고 주장한다. 왜냐하면 그 경험이 미래에 관한 것이지만, 환자의 상상은 현재 일어나는 것이기 때문이다(호퍼와의 사적인 대담). 우리는 그의 반론에 대해 "과거의 그때-거기"에서 비롯된 기대, 사고, 기억은 과거에 대한 것이지만, 그것 역시 정신 구조 형성 과정으로서 현재 일어나고 있는 것이라고 대답할 수 있다. 사람들이(또는 사회가) 역사를 현재 경험에 비추어서 다시 쓰는 흔히 있는 사건이 우리에게 말해주는 것이 있다. 그것은 개인 및 사회의 역사는 현재 그것을 어떻게 이해하느냐의 문제이며, 현재의 중요성과 관련된 문제라는 사실이다. 그와 같은 사실은 미래에 대해서도 똑같이 적용된다. 개인이나 사회의 미래에 대한 시각은 끊임없이 수정되며, 이것은 개인적으로나 집단적으로 현재의 정신 조직이나 사회 조직에서 나타난다. 우리는 과거와 미래 모두가 정신 구조 형성에 기여한다는 사실을 염두에 두면서, 양자가 전이와 역전이를 형성하는데 영향을 미친다고 생각한다.

요약하면, 전이는 지금-여기, 지금-거기, 그때-여기, 그때-거기의 네 영역의 경험에서 유래란다. 그때-여기와 그때-거기에는 과거와 미래의 측면이 포함되어 있다. 그때-여기는 전이의 역사를 포함한다.

환경 전이와 초점 전이

전이의 다른 두 차원은 위니캇이 엄마와 아기의 관계를 대상 엄마와 환경 엄마라는 두 개의 기본적인 범주로 나눈 데서 그 유래를 찾을 수 있다(D. Scharff and J. Scharff, 1987; J. Scharff and D. Scharff, Winnicott, 1945, 1963a,b).

환경 엄마는 안아주는 관계를 제공한다. 이것은 유아가 존재의 연속성을 경험하는데 필요한 환경을 제공하는 것, 즉 엄마가 유아를 안전하게 돌보아주는 것을 말한다.

대상 엄마는 초점을 지닌 관계를 제공한다. 여기서 엄마는 갈망을 충족시켜 주거나 좌절시키는 사람으로서, 사랑과 의미를 추구하는 아이의 욕망의 대상이자 강렬한 호기심, 사랑, 두려움, 분노의 대상이 된다.

환경적 부모와 안아주는 관계

안아주는 관계는 엄마가 아기를 품에 안아주는 행동을 떠오르게 하지만, 심리적으로 안아주는 것에 대한 비유이기도 하다. 이처럼 품에 안아주는 정서적인 마음 자세를 가지고 있는 엄마는 아기에게 편안한 장소를 제공해 주고, 먹을 것을 주며, 몸을 씻어주고, 상처를 입지 않도록 보호해 주며, 아이를 행복하게 해 주고 일반적으로 안전한 느낌을 제공해 준다. 이러한 관계 양식을 유지시켜 줌으로써 어머니는 아기가 자라나고 관계할 수 있는 토대를 마련해 준다. 물론 어머니가 안아주기를 제공해 주는 가장 중요한 사람이지만, 안아주기는 상황에 따라 여러 가지 형태로 변형될 수 있다. 즉 아버지, 함께 사는 할머니, 가정부, 믿고 맡길 수 있는 대리모, 돌봐주는 손위 형제도 안아주기를 제공해 준다. 아기는 이 모든 형태의 안아주기를 받음으로써 자신의 욕구를 충족시킨다. 현대 애착 연구에 따르면, 유아는 부모 중 한 사람이나 자신을 주로 돌봐주는 양육자와 독특하고 특별한 애착 관계를 형성한다. 아이는 부모 중 한 사람에게 안정된 애착 관계를 보이면서 다른 부모와는 불안한 애착 관계를 보일 수 있다. 안아주기의 질은 각각의 상황과 안아주는 일차적 대상에 따라 다르다(Fonagy, 1996; Slade, 1996).

뿐만 아니라 환경 제공에서 부부관계가 차지하는 중요성은 매우 크다. 이를테면 어머니와 아버지가 안아주기를 제공할 때, 두 사람의 부부관계 그 자체가 안아주는 자원으로서 더욱 중요하다. 여기서 우리가 강조하는 점은 부모의 관계 자체가 우리가 앞서 논의한 연합된 인격에서 기인하는 독립적인 특성을 가지고 있고, 이러한 부모 쌍 자체가 유아와 아기에게 좋은 안아주기의 질적 요소를 제공해 준다는 것이다. 아이들은 이 점을 알고 있다. 그들은 부모 중 한 사람을 상실하거나 이별할 때 떠나버린 사람을 그리워하는 것처럼, 한 쌍으로서의 부모관계를 그리워한다. 연합된 인격의 이와 같은 독립적인 특성은 다른 상황에도, 즉 어머니와 할머니, 아버지와 가정부, 함께 아기를 돌보는 손위 형제와 어머니가 쌍을 이루어 아기를 돌보는 경우에도 똑같이 적용된다.

어떤 형태로 존재하던 간에 가족 집단은 아이 안아주기에 기여한다. 이를테면 낮 동안에 가정부의 돌봄을 받는 맞벌이 부부의 아이는 저녁 때 귀가하는 부모와 낮에 보는 가정부가 어떤 관계인지, 부모의 귀가가 자신의 전체적인 상황과 어떻게 관련되는지를 분별할 수 있는 능력을 발달시킨다. 아이는 집단과 관계하면서 사람들을 구별하고, 어떤 사람이 자신의 욕구에 반응해 주는지를 평가하는 법을 배운다. 이처럼 환경적인 안아주기에서 제공되는 것은 대체로 어머니의 현존과 관련된 것이다.

우리는 안아주기가 엄마-아기 상황의 특성이 아니라 어머니, 아버지 그리고 양육에 참여하는 다른 사람들을 포함하는 부모 집단-아기 상황의 특성이라는 점을 진술하기 위해 이러한 일련의 사고를 전개하고 있다. 그러나 이러한 집단의 사람들은 아기나 아동을 잘 알고 지내면서 상호작용하는 소집단이어야 한다. 부모 집단은 아이에게 일관성 있는 관심을 기울일 수 없는, 많은 사람들을 의미하지 않는다.

안아주기는 부모 집단이 일방적으로 제공하는 것이 아니다. 아이 또한 안아주기의 일부를 제공한다. 아이가 안아주기에 함께 참여할 때, 안아주는 환경은 튼튼해진다. 유아가 안아주기의 측면을 부모에게 되돌려주지 못하거나 동시에 제공하지 못할 때, 부모들은 유아가 품에서 떨어져 나갔다고 느끼기 쉽다.

이 점은 치료과정에서도 마찬가지이다. 환자가 치료자를 마음 속에 안아주지 못할 때, 치료자는 부서지기 쉽고, 위험한 토대 위에 서 있음을 느낀다. 환자가 치료시간을 지키지 못하거나 치료비 지불에 관한 것을 잊어버릴 때, 또는 환자가 치료자의 능력을 신뢰하지 못하거나 작업방식을 못마땅해 할 때, 치료자는 치료를 지탱하기 어렵다. 안아주기는 환자와 치료자가 함께 구성해야 하는 상호적인 과제이다. 두 사람은 안아주는 환경 전이에 영향을 주는, 각자의 문화적 배경과 과거-거기 경험에 기초해서 지금-여기에서의 전이 경험에 기여한다.

초점적 안아주기

초점적 관계는 모성적 돌봄을 제공하는 사람이 그녀(혹은 그)와 아기 사이에 중간 공간을 열어놓을 때, 그리고 그녀 자신을 직접적인 관계의 대상으로 아기에게 제공할 때 형성된다. 어머니는 아기의 사랑과 미움과 관심과 희망과 두려움이 집중되는 대상이다. 부모가 제공하는 안전한 품안에서, 대상 부모와 아이는 초점적 관계를 형성할 수 있는 안전한 공간을 갖는다. 이러한 관계는 부모가 아이에게 몰두하고 또 잘 다루어줌으로써 실제 현실이 될 수 있다. 아이는 이러한 관계를 재료로 사용하여 내적 대상관계를 형성한다. 아이와 부모는 서로 이야기하고 서로의 눈을 들여다보는 것을 통해서 눈빛만 보아도 서로를 알 수 있는 직접적인 관계를 형성한다. 여기서 어머니, 아버지, 몇몇의 다른 일차적인 타자들은 각각 개별적인 대상과 부분 대상으로 경험된다. 그들은 아이와 이자단일체적 관계 안에 있으며, 아이는 그들에게 강한 정서적 반응을 보인다. 이러한 다양한 반응들은 각 관계의 특색을 잘 표현한다. 초점적 영역에서, 부모 간의 관계는 단일한 대상(a single object)이 되며 내적 커플은 아이의 내적 대상의 형태를 갖추게 된다.

두 사람이 서로 사랑하는 관계 안에 있건 미워하는 관계 안에 있건 간에, 환경적인 관계는 두 사람이 서로의 대상이 되는, 적절하게 기능하는 초점적 관계만큼 대상을 견고하게 안아주지는 못한다. 따라서 초점적 관계는 품에 안아주는 환경적 관계를 보완하고 강화하며, 그 자체로서 안아주는 기능을 갖는다. 실제로 환경적 관계와 초점적 관계가 모두 잘 형성될 때, 두 관계는 아무런 간극 없이 작용한다. 하지만 개인 병리나 손상된 관계, 빗나간 치료관계에서 우리는 환경적 관계 요소와 초점적 관계 요소가 각각 환경 전이와 초점 전이를 유발하고, 또한 그에 대응하는 역전이 요소를 유발하는 것을 보게 된다.

초점적 관계에서, 아이는 자신의 **대상**을 발견하며, 사람들은 아이의 내면 세계를 발견한다.

환경적 관계에서, 아이는 자신의 **자기**를 발견할 수 있도록 지지 받는다.

초점 전이 및 환경 전이와 역전이

치료자의 환경 전이와 초점 전이라는 두 가지 전이 유형은 위니캇의 환경 엄마와 대상 엄마라는 모델에 기초를 두고 있다. 즉 치료자의 환경 전이는 부모의 안아주기 능력에 비견되며, 초점 전이는 대상 부모와의 관계에 비견된다(D. Scharff and J. Scharff, 1987, 1992; D. Scharff, 1992: 그림 1-1).

환경 전이는 초기의 환경에 대한 경험에서 비롯된 것으로서, 치료 공간을 제공하고, 이해와 성장과 발달과정을 촉진하는, 치료 상황에서 경험하는 안아주기와 그것의 변형된 내용으로 구성된다. 환경 전이가 긍정적일 때, 환자는 치료자를 부모나 선생님처럼 다정하게 이해해 주고 돌봐주는 사람—위니캇에 따르면 대상으로 사용되는—으로 경험한다. 환경 역전이가 긍정적일 때, 치료자는 좋은 부모나 선생님이 느끼는 것처럼 자신의 작업에 만족해 하고, 자신을 유용한 사람으로 확신하게 된다. 환경 전이가 부정적일 때, 환자는 치료자를 신뢰할 수 없고, 자신에게 최선의 도움을 주기 위해 애쓰지 않는다고 느낀다. 이때 치료는 결코 안전한 것으로 경험되지 않는다. 환경 역전이가 부정적일 때, 치료자는 환자의 말과 행동을 의심하게 된다. 또한 치료자는 자신

제1장 전이와 역전이 지형도 / 29

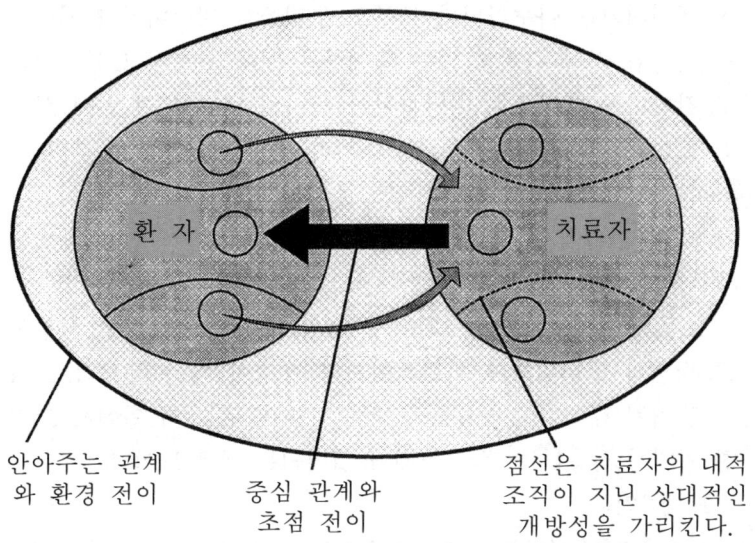

안아주는 관계
와 환경 전이

중심 관계와
초점 전이

점선은 치료자의 내적
조직이 지닌 상대적인
개방성을 가리킨다.

그림 1-1. 개인치료에서 초점 전이와 환경 전이

안아주는 관계 안에서 환자와 치료자는 환자의 내적 대상관계와 그것이 관계에 미치는 영향을 조사한다. 초점 전이에서 환자의 내적 대상관계들은 치료자에게 투사되며, 치료자 안에서 덜 경직된 치료자의 내적 대상관계들과 상호작용하면서 수정되고, 수정된 형태로 환자에게 되돌아간다. 이렇게 해서 변화가 발생한다.

이 공격을 받고, 혹사당하며, 오해받고 있다고 느끼며, 또한 자신을 무가치한 존재라고 느낀다. 이는 초기에 취약한 안아주기를 제공받았기 때문에 안정감이 결여된 환자의 자기를 치료자가 투사적으로 동일시하고 있음을 말해준다.

초점 전이는 치료자가 환자 내면의 대상과 자기의 투사를 받는 특별한 사람이 되는 것을 말한다. 비판적인 부모나 유혹하는 부모, 지나치게 불안한 부모, 방임하거나 감질나게 만드는 아저

씨, 질식시키는 아주머니나 조부모, 두려움을 자아내거나 처벌하는 선생님, 경쟁 관계에 있는 형제들은 모두 사랑하고, 두려워하고, 갈망하는 대상으로 내면화되어 환자의 내면 세계 안에 살고 있다. 이러한 내적 대상들뿐만 아니라 환자의 자기의 부분이 투사적 동일시를 통해 치료자 안으로 들어간다. 그리고 그 치료자가 다시 환자에게 내사되고 분류되고 구성되는 과정을 통해서 새로운 내적 대상이 된다(10장 참조).

초점 전이에서, 우리는 환자가 마치 우리를 유혹하고, 사랑하고, 방임하고, 미워하며, 비판적이거나 애정이 많은 부모라도 되는 것처럼 대한다고 느낀다. 그러면서 때때로 우리 안에서 그러한 기대에 상응하는 정신 상태가 실연되는 것을 느낀다.

요약하면:

초점을 지닌 안아주는 관계에서 전이가 일어날 때 환자의 자기는 치료자와 다른 사람들의 내적 대상들을 통해 자신의 내면 세계를 발견한다.

환경적인 안아주는 관계에서 전이가 일어날 때, 환자는 치료관계 안에서 자기를 발견하도록 지지 받는다고 느낀다.

전이의 지형도

이제 우리는 치료자가 사용할 수 있는 전이의 지도를 그릴 준비가 되었다. 이 지도는 임상 상황에서 전이의 위치와 활동을 확인하고, 이것이 역전이에 미치는 영향을 인식하는데 도움을 줄 것이다. 우리는 지형도를 작성하기 위해 과거의 이론적 지도를 살펴보았으며, 새로운 연구 결과들을 조사하였다. 우리는 지도를 만드는 작업에서 경도와 위도, 깊이, 높이에 비견되는 요소들을 각각 살펴보았다. 우리는 항상 우리의 역전이를 나침반으로 사용하지만, 직관을 통해 그것을 해석하기가 어려울 경우, 전이 지형도라는 인지적 도구를 참조할 수 있다고 믿는다.

전이의 첫 번째 요소:
담아주기의 위치를 확인하기

우리는 먼저 치료 장면의 어디에서 전이가 일어나는가? 라는 질문을 던져 본다. 전이는 치료적 제 삼자가 지배하는 환자와 치료자 사이의 중간 공간에서 일어나는가? 환자의 내면 세계에서 일어나는가? 아니면/그리고 치료자의 내면세계에서 일어나는가? 이것을 구별하기란 아주 어려운데, 그것은 이 영역들 중 한 영역에 영향을 미치는 것은 반드시 다른 두 영역에 영향을 미치기 때문이다. 그러나 환자와 치료자가 경험을 공유하는 경우, 그 경험이 일어나는 장소에 관해 종종 합의가 이루어진다. 그리고 다른 두 영역에서는 전이가 비교적 덜 직접적으로 경험된다고 느낀다. 어떤 때는 흥미롭게도 치료자는 전혀 느끼지 못하는 반면, 환자는 강한 인상을 받기도 한다; 반대로 치료자는 풍부한 감정을 느끼지만, 환자는 아무런 느낌이 없는 것처럼 보일 때도 있다; 두 사람이 서로 참여하고 있는 경험일 경우, 그것은 두 사람 모두에게 감지되고, 따라서 치료시간의 전체적인 분위기와 공간은 두 사람이 공유하는 영역이 된다(Duncan, 1990). 해석에 관해 논의할 때 다시 다루겠지만(12장), 전이-역전이의 상호교류 안에 존재하는 처리 공간(the processing space)의 위치를 이해하는 것은 환자에게 가장 유익하게 말하는 방식이 어떤 것인지를 알 수 있는 핵심적인 단서가 된다. 때때로 환자들은 경험되는 내용이 자기 안에 있는 것으로 경험한다. 그때 치료자는 환자들의 직접적인 자기 경험에 관해 이야기할 수 있다. 하지만 다른 때에는 그 경험이 마치 치료자 안에 있는 것으로 여겨지기도 하는데, 이때에는 환자로 하여금 치료자에 대한 자신의 경험을 이야기하도록 하는 것이 가장 유용하다. 또다른 경우에는 치료자와 환자의 경험이 응축되어 있는, 분석적 제 삼자로부터 오는 공유된 경험에 초점을 맞추게 된다.

전이의 두 번째 요소와 세 번째 요소: 시간 및 공간과 관련해서 전이의 위치를 찾기

담아주기는 치료회기 안에서 일어날 수 있지만, 치료 장면 바깥에서도 일어날 수 있다. 치료와 생활 속에서 담아주기를 이해하기 위해서는 시간과 공간이라는 두 가지 요소가 필요하다. 이러한 요소들은 서로 협력하여 환자의 심리내적 및 사회적 무의식이라는 서로 다른 시간과 공간에서 일어나는 사건들의 위치를 결정한다.

우리는 시간의 요소와 관련해서 어떤 사건의 영향을 언제 느끼는가라고 스스로에게 물어본다. 지금 느끼는가, 어린 시절에 느꼈는가, 아니면 미래에 느낄 것인가?

우리는 공간의 요소와 관련해서 그 사건이 어디서 일어났는가라고 스스로에게 묻는다. 그것은 여기 치료 공간 안에서인가, 아니면 치료 공간이 아닌 환자의 생활에서인가?

우리는 시간과 공간의 요소를 함께 고찰하고, 그 결과를 호퍼의 네 개의 소영역에 적용할 것이다. 그리고 이때 미래의 차원을 포함하는 두 개의 범주를 추가할 것이다. 우리는 호퍼가 과거를 가리킬 때 사용한 "그때"라는 용어를 미래와 구별하기 위해 "과거"(back-then)라는 말로 바꾸었다. 여기에서 우리는 여섯 개의 소영역으로 나누어 생각해 본다. 그리고 우리는 "거기"의 두 측면을 구분한다. 호퍼의 용법에서 사용되는 사회라는 "거기"에다가 가정 생활이라는 좀더 친밀한 "거기"의 측면을 덧붙인다. 최종적으로 우리는 전이의 위치를 여덟 개의 소영역으로 나누어 생각해 본다(표 1-2). 지도상에 나타난 이들의 위치를 사용하여 치료자가 치료시간 동안 의식적으로 전이의 위치를 찾을 수 있건(혹은 그럴 필요가 있건) 그렇지 않건 간에, 우리는 한 순간에 일어난 전이의 위치가 어떤 것인지를 보여줄 수 있는 지도를 제시하고자 한다. 전이의 위치를 확인하는 이 중요한 작업은 치료과정에서 항상 이루어지고 있으며, 대부분은 눈에 보이지 않음에도 불구하고 능동적으로 이루어지고 있다.

표 1-2. 시간과 공간이라는 측면에서 본 전이의 위치

	공간:	
	여기 치료에서	거기 가정 및 사회에서
시간:		
과거	과거-여기	과거-거기
현재	지금-여기	지금-거기
미래	미래-여기	미래-거기

따라서 우리는 전이를 시간 차원에서(과거, 현재, 미래), 공간 차원에서(치료 상황 안 혹은 치료 상황 바깥), 그리고 담아주기

의 차원에서(치료자 안, 환자 안, 두 사람 사이의 공간) 논의할 수 있다.

지금-여기에서 담아주기

이제 앞서 논의한 치료 경험 속에서 담아주기라는 차원으로 돌아가 보자. 치료관계 안의 지금-여기 경험에서, 우리는 환자와 치료자 사이 또는 환자와 치료자 내부의 경험이 어디에 위치하는지에 주의를 기울인다. 즉 우리는 **것이가 어디서 경험되는지** 알기 위해 지금-여기 위에 확대경을 올려놓는다. 우리는 이 확대경을 통해 치료시간 동안 전이가 환자 안에서 일어나는지, 역전이가 치료자 안에서 일어나는지, 혹은 이것들이 두 사람 사이의 공간에서 경험되고 있는지를 살펴볼 것이다(그림 1-2).

환자 안 / 두 사람 사이 / 치료자 안

그림 1-2. 지금-여기의 확장된 관점

우리는 지금-여기의 치료 경험을 담아주는 것을 통해서 그 경험을 환자의 다른 경험 양태와 연결시킬 수 있다. 이를테면 우리는 지금-여기의 경험을 통해서 환자가 지금-거기에서 담아주기를 얻어내기 위해 환경을 사용하는 방식과 과거-거기에서 환경을 사용했던 방식을 추론해낼 수 있다. 우리가 그때-여기와의 관련성에 대해 환자와 이야기할 때, 우리는 이렇게 물을 수 있다. "과거에 당신이 어머니나 아버지를 경험한 관계 방식과 지금 당신이 치료자를 경험하고 있는 관계 방식이 같지 않습니까?"

전이 지형도의 네 번째 요소:
환경 전이와 초점 전이

또한 우리는 전이가 치료자가 제공하는 환경적 안아주기에 속한 것인지, 아니면 초점적 관계에 속한 것인지를 알아본다.

환경 전이는 치료가 시작되는 순간부터 관찰될 수 있다. 환경 전이에서는 치료 환경이 믿을 수 있을 만큼 안전한가에 대한 환자의 염려와, 침범과 박해와 박탈에 대한 환자의 두려움이 나타난다. 환경 전이는 치료 초기에 파악되어야 한다. 이 환경 전이가 공격적인 요소를 띨 경우에 치료자는 그것을 이해하고, 해석해 주어야 한다. 호퍼(1995)는 그의 모델의 두 번째 소영역(지금-거기)과 네 번째 소영역(그때-거기)을 환경 전이 및 역전이와 관련시키고 있다.

초점 전이가 발달하기 위해서는 더 많은 시간을 필요로 한다. 왜냐하면 그것은 환자의 내면 세계에 대한 공명을 발견하고 확증할 수 있을 만큼 관계가 성숙되어야 하기 때문이다. 보통 초점 전이가 나타나고 환자가 가지고 있는 대상관계의 문제가 압축적으로 표출되는 전이 신경증이 형성되기까지는 집중적인 치료의 경우에서도 수개월이 걸리거나 심지어 수년이 걸리기도 한다. 대체로 치료 초기에는 환경 전이가 두드러지게 나타난다. 하지만 예외적으로 환자가 부적절한 정서적 안아주기에 대한 불안을 제거하기 위해 조급하게 초점 전이로 돌진할 때도 있다. 이를테면 경계선적 장애를 가지고 있거나 외상 경험이 있는 환자는 치료자를 믿을 수 없는 부모와 같다고 성급하게 동일시할 것이다. 이 조급한 동일시는 환자가 치료를 받으러 오게 된 본래의 문제, 즉 초기의 결핍으로 인해 생긴 심각한 불안을 줄이려는 정신 과정이라고 볼 수 있다. 또다른 환자들은 치료자를 기술이 매우 뛰어나고, 헌신적이며, 세상에서 가장 훌륭한 사람이라고 생각할 것이다. 이러한 환자의 생각은 아무 근거도 없이 이미 형성되어 있는 그림에서 나오는 것이다. 따라서 이러한 조급한 초점 전이는 환경 전이에 대한 두려움과 불신을 나타내는 동시에 부인하기 위한 방어로서 작용한다는 것을 알 수 있다. 호퍼는 환경 전이가 초점 전이에 대한 방어로서 작용할 수 있다는데 동의하지만(개인적인 대담), 우리는 그러한 일이 흔치 않으며, 특히 치료를 시작하는 단계에서는 그러한 일이 거의 일어나지 않는다고 본다.

역전이의 위치를 확인하기

전이와 마찬가지로 역전이도 다양한 위치를 갖는다. 보통 역전이는 지금-여기에서 그리고 치료자 안에서 일어난다. 그것은 신체 감각, 생각, 환상, 냄새, 혹은 정서적 반응으로 느껴진다. 다시 말해서 전이는 치료자의 정신과 신체 안으로 투사될 수 있으며, 치료자는 이것을 역전이로 경험한다.

역전이가 항상 치료자에 의해 담겨지는 것은 아니다. 그것은 환자 안으로 또는 두 사람 사이의 공간으로 투사되기도 한다. 이를테면 치료자가 환자에 대한 꿈을 꾸거나 환상에 빠져 있을 때, 역전이는 지금-여기에서 나와 치료시간 바깥의 지금-거기라는 치료자의 사적 공간으로 투사된다. 치료자는 치료과정에서 자신의 유아적인 역전이 요소를 제거하기 위해 꿈을 분석하거나 전이를 이해하기 위해 환자가 포함된 꿈 이미지들을 사용할 수 있다. 이 과정에서 일시적으로 확장되었던 치료 공간은 지금-여기의 테두리 안으로 되돌아온다.

역전이는 역사를 가지고 있다. 따라서 지금-여기와 관련된 역전이는 그때-여기에서도 일어난다. 현재의 역전이는 이전 치료시간에 느꼈던 것과 유사성을 갖는다. 치료에 방해가 되는 가장 흔한 역전이는 치료자의 그때-여기로부터 온다. 이때 치료자의 내적 대상관계가 환자와의 관계에서 다시 나타난다. 역전이는 또한 미래의 차원을 갖는다. 우리는 환자와의 관계가 현재와는 다른 것이길 기대할 수 있다. 우리는 환자와의 관계에서 느끼면 좋겠다고 생각하는 이미지를 마음속에 가지고 있을 수 있다.

또한 그때-거기와 관련된 역전이도 있다. 여기에서 치료자는 정신분석 문헌에서 읽었거나 자신이 훈련받은 집단에서 배운 역전이에 관한 생각에 의해 영향을 받는다. 그 외에도 그때-거기와 관련된 역전이는 또다른 요소의 영향을 받는다. 즉 역전이는 치료자의 내적 집단에 있는, 과거에 만났거나 현재 만나고 있는 다른 환자들에 대한 반응으로 일어나기도 한다. 치료자가 정신분석 문화에 기여하기 위해 환자의 사례를 사용하는 것을 생각할 때, 그때-거기 안에는 미래 차원이 작용한다고 말할 수 있다. 역전이는 또한 사회에서 일어나는 무의식 과정 및 내적 대상관계를 어떻게 이해할 것인가와 관련된 문화적 태도, 즉 지금-거기에 의해 영향을 받는다.

역전이는 초점 전이와 환경 전이와의 관계에서 형성된다. 치료자는 자신이 경험하는 역전이가 환경적 관계를 지향하는 전이와 관련된 것인지, 아니면 초점적 관계를 지향하는 전이와 관련된 것인지를 스스로 물어볼 수 있다.

역전이는 또한 자아나 대상의 부분이 투사되는 것에 대한 반응으로 일어나기도 한다. 우리는 역전이가 일치적인 것인지(환자 자아의 일부와 같은 태도를 취하는) 아니면 보완적인 것인지(환자 대상의 일부와 같은 태도를 취하는)를 자문해볼 수 있다.

전이와 역전이의 다차원 모델

우리는 전이와 역전이 요소의 위치를 확인함으로써 전이가 일어나는 영역과 전이의 방식과 의미를 알 수 있다. 우리는 이것을 기본적인 이론적 틀 안에 통합해냄으로써 치료적 만남에서 발생하는 전이의 위치를 정하고, 다양한 치료의 영향과 효과를 연구할 수 있는 통합 모델을 제시하려고 한다. 또한 이와 같은 지도는 지금까지 알아보거나 사용하기 어려웠던, 역전이의 측면을 정교화하는 데도 유용하다.

전이와 역전이는 우리가 앞서 논의한 여러 차원에서 일어나는 것으로 이해할 수 있다.

1. 치료 공간 안에 담겨진 불안의 위치: 환자 내부, 치료자 내부, 또는 두 사람 사이에서 창조된 공유된 공간
2. 자기나 대상의 부분이 투사된 위치
3. 공간적 차원: 치료 공간의 내부 또는 외부; 여기 혹은 거기; 환자와 치료자 사이의 관계, 혹은 가족이나 더 광범위한 사회와 같이 두 사람의 직접적인 경험 바깥에 있는 다른 관계
4. 시간적 차원: 지금, 기억 속의 과거, 혹은 어떤 경험을 기대하는 미래
5. 환경적 관계 또는 초점적 관계

이 다섯 가지 요소들은 서로 밀접하게 관련되어 있다. 보통 정신분석학 문헌에서는 한번에 하나의 요소만 연구해왔다. 이를테면 프로이트는 치료자 개인의 과거 경험에 대한 회상을 강조하였다. 그는 환자가 창조한 그때-여기의 초점 전이에 관해 설명했다. 그의 견해에 따르면, 치료자는 초점 전이를 이해할 수 있지

만, 그것을 개인적으로 의미 있게 경험할 수는 없다. 좀더 최근의 정신분석 문헌에서는 초점 전이를 때때로 환자가 창조한 것으로, 종종 분석가의 주관적인 경험을 지칭하는 것으로, 좀더 일반적으로는 환자와 분석가의 공동 창조물의 일부로 보고 있으며, 그것을 지금-여기에서 이해하고 해석해야 할 과제로 기술하고 있다(Jacobs, 1991; Joseph, 1989; McDougall, 1985; Ogden, 1994; Symington, 1983). 집단치료나 가족치료에서는 환경적 관계의 측면에 더 큰 관심을 둔다(Hopper, 1985; D. Scharff and J. Scharff, 1987). 우리는 이 모든 치료 양식에서 나온 자료를 통합한 포괄적인 관점이 필요하다고 생각한다.

표1-3. 전이 지형도의 요소

공간	여기		거기
	치료장면	사회	가정
시간	지금		그때
		과거-그때	미래
경험이 담기는 곳	환자안	두 사람 사이	치료자 안
전이 유형	초점 자아	환경 대상	

두 개의 전이 사례에 대한 지형도

우리는 이 통합 모델을 사용함으로써 전이-역전이 상황을 좀더 풍부하고 완전하게 이해할 수 있다고 생각한다. 이것은 역전이 감정과 환상을 처리하고 검토하고 평가하면서 얻은 순수한 임상적 결과들과는 또다른 의미를 지닌 지도를 제공한다. 이것은 우리가 전이-역전이 상황의 여러 차원들 중 어느 하나라도 간과하지 않도록 보장해줌으로써, 전이작업과 해석이 지닌 영향력을 정직하게 볼 수 있게 해준다. 이 모델을 통해 우리는 전이가 어디에서 일어나는지, 치료 계획에 어떤 영향력을 행사하는지를 볼 수 있다. 우리는 그림 1-3에서 이 요소들을 그림으로 제시해 보았다.

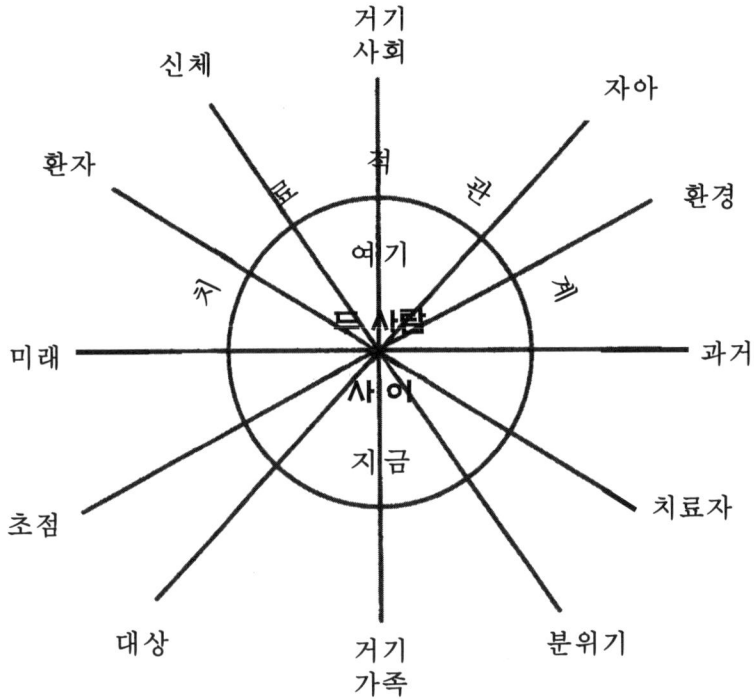

그림 1-3. 전이와 역전이의 다차원적 나침반

이제 두 개의 사례를 통해서 전이 지형도를 검토해보자. 첫 번째 사례는 갑자기 나타난 부정적인 초점 전이가 외견상 긍정적인 환경 전이를 대치한 경우이고, 두 번째 사례는 초점 전이가 없는 것 같이 보이지만 실제로는 진행되고 있는 전이 상황을 보여주는 경우이다.

긍정적 환경 전이를 뚫고 출현하는 부정적 초점 전이

캐더린은 나(DES)에게 우울증 치료를 받으러 왔다. 그녀는 직장 상사에게 좀더 중요한 자리로 옮겨달라고 요구했다. 그로 인해 상사와 그녀의 관계가 멀어지게 되었고, 그녀는 상사가 자신을 따돌리고 인정해 주지 않는다고 느끼게 되었다. 이 때문에 그녀의 우울증이 재발했다. 캐더린은 평생 지칠 줄 모르고 일만 해온 일 중독자였다. 그녀는 두 번 이혼했고, 자녀가 없었다. 주말이나 근무가 없는 날에는 취미 활동이나 자원봉사 활동을 하면서 평상시와 마찬가지로 분주하게 시간을 보냈다. 그녀는 이런 일들을 하면서 많은 기쁨을 느꼈지만, 친밀한 관계를 즐기지는 못했다. 그녀는 직장에서 승진 발령을 받고 워싱턴으로 이사했다. 그녀는 본사에서 요직에 앉게 되었다. 하지만 그녀가 새로 맡은 직책은 별로 할 일이 없었다. 그녀는 할 일이 없다는 사실 때문에 몹시 불안해졌고, 좀더 일을 하지 못해 안달이 났다. 그녀는 지난 번 상사에게 말했던 대로, "따분하게 지내는 캐더린은 위험한 캐더린"이라고 지금의 상사에게 설명했다. 그녀의 상사는 이 말을 좀더 일을 하고 싶다는 말로 이해하기보다는 자신에 대한 협박으로 받아들였다. 그는 그녀에게 마음을 가라앉히고 그곳의 업무 속도에 맞추어 적응하지 않으면 이전 직장으로 다시 돌려보낼 수도 있다고 으름장을 놓았다.

그녀는 이러한 위기 상황에서 치료를 시작했다. 그녀는 이전 직장으로 돌아갈 수도 있지만, 굴욕감과 패배감을 느끼면서 쫓겨나고 싶지는 않다고 말했다. 그녀는 직장 상사와의 대립으로 인해 우울해하면서 자신이 결혼에 두 번 실패했고 현재 남자 관계가 없다는 사실을 새삼스럽게 마음속에 떠올렸다. 그녀는 자신의 문제가 새로운 직장에 적응하는 기간 이후에도 지속될 것이라는 점을 알고 있었고, 따라서 일주일에 두 번씩 장기간 치료를 받아야 할 거라는 내 판단을 따랐다. 그녀는 카우치를 사용하기로 하였다. 우리는 지나치게 일에 매달리는 그녀의 욕구는 친밀한 관계에서 느끼는 공허감과, 직장을 그만둘 때마다 엄습하는 우울증을 감추기 위한 것이라는데 동의하였다. 그녀는 치료에 최선을 다했으며, 우울증에도 불구하고 즐겁고 열렬한 마음 자세로 치료시간에 나왔다. 그러나 때로는 어떤 놀이에 빠져 있기라도 하듯이 다소 장난스런 행동을 보이기도 했다.

캐더린은 내가 이제 이야기하려고 하는 치료 회기에 스스로 오십대 전업 주부인 어머니에 관해 이야기를 꺼냈다. 그녀는 마치 내가 그녀 어머니와의 그때-거기의 경험에 대해 당연히 관심을 가지고 있을 것이라고 생각하는 것 같았다. 캐더린의 환경 전이는 아주 긍정적인 것처럼 보였다. 그녀가 너무 일을 많이 한다고 생각하는 현재의 상사와는 정 반대로, 그녀의 어머니는 캐더린에게 한번도 그녀가 하는 일이 충분하다고 말한 적이 없었다. 학교에서 98점을 받으면 왜 100점을 못 받았느냐고 말했다. 캐더린은 학교에서 집으로 돌아와서도 열심히 일해야만 했다. 그녀의 어머니는 하루 종일 집에 있었고, 아이들이 학교에 가 있는 동안 충분히 쉴 수 있었는데도 자녀들이 학교에서 돌아오면 자녀들에게 집안일을 시키고는 자신은 낮잠을 자러 갔다. 캐더린의 아버지는 일에만 매달렸고, 저녁에 일찍 들어오는 법이 없었다. 캐더린은 당시에 어머니가 게으르다고 생각했다. 이제 성인이 된 지금, 그녀는 어머니가 주로 개인적인 불안에 시달려 몹시 지쳐 있었고, 눈에 띄게 우울했다는 점을 알게 되었다. 캐더린은 자신이 어린 시절에 들볶이고, 인정받지 못하고, 착취당했다고 느끼고 있으며, 지금도 그 일을 생각하면 화가 치밀었다.

나는 그녀에게 말했다. "직장에서 할 일이 별로 없을 때, 침대로 기어 들어가는 '게으른' 엄마같이 될 거라는 생각 때문에 두려워지는군요."

"맞아요." 그녀가 말했다. "근본적으로 저 역시 게으르기 때문에 침대로 기어 들어가고 싶어요. 하지만 그렇게 행동한다면 빈둥거리며 지내는 경멸스런 동료들처럼 될 것이고, 저도 제 자신을 경멸할 겁니다."

"그렇다면 할 일이 너무 없어서 공황에 빠지게 되는 것은 당신이 원망하고 경멸하는 어머니의 일부를 당신 자신에게서 발견하게 될까봐 느끼는 두려움 때문이군요." 내가 말했다.

"그래요. 저는 오래 전부터 그 사실을 알고 있었습니다." 그녀는 나의 이야기를 수긍하였다.

나는 내가 한 말이 그녀에게 새로운 깨달음을 주지는 못했지만, 그녀는 그 이야기의 타당성을 인정하고 있음을 알았다. 그녀는 나에게서 많은 것을 요구하지 않는 듯이 보였고, 자신의 생각을 막힘 없이 이야기했다. 나는 이따금씩 내 생각을 말하면서 그녀의 말을 경청하였다.

캐더린은 훨씬 더 많은 일을 할 수 있다고 생각했지만, 상사가 원하는 대로 느긋하고 얌전하게 일하지 못한다고 비난을 받은 일로 화가 난, 지금-거기에 관해 길게 이야기하였다. 그 때문에 그녀는 고통스럽고 불안했으며, 때로 공황상태에 빠지기까지 했다.

"당신은 상사가 당신이 얼마나 열심히 일하고 싶어하는지 이해하지 못한 채, 당신이 잘못하고 있다고 말하는 점에서 당신의 어머니 같다고 생각하는 것은 아닌가요?" 내가 물었다.

"그런 것 같아요." 그녀가 동의하였다. 그녀는 성 차이 때문에 어머니와 비교할 수 없다는 듯이, "직장 상사는 남자이긴 하지만요"라는 말을 덧붙였다. "그는 제가 잘못하고 있다고 말한 게 분명하고, 그건 늘 어머니가 했던 말이지요." 그녀가 동의했다.

"당신은 이미 당신 자신에게 좀더 일하지 않으면 잘못하는 거라고 말하고 있었습니다." 내가 말했다. "따라서 어머니는 상사와 당신 모두 안에 있습니다. 그렇기 때문에 당신이 증오하는 게으른 엄마와 다를 바 없을까봐 두려움을 느끼는 거예요."

"무슨 이야기인지 알겠어요." 그녀가 말했다. 그리고 나서 침묵이 흘렀다. 잠시 후에 그녀가 물었다. "그 다음엔 뭐죠? 전 여기서 어디로 가야 할지 선생님이 말해 주기를 기다리고 있는데요."

나는 그녀가 나에게 도전하고 있다고 느꼈다. 그녀에게 내 생각을 너무 강하게 말한 걸까? 치료시간의 반이 더 지나도록 내가 한 말은 이 말뿐이었고, 따라서 나는 그렇지는 않다고 생각했다. 그렇다면 그녀가 갑자기 치료의 책임을 나에게 떠넘기는 것은 어찌된 일일까?

나는 떠밀린 기분이었고, 더 이상 말하고 싶지 않다고 느꼈다. 돌이켜 보건대, 나는 그녀와 편안하게 작업하면서 치료시간에 거의 이야기를 하지 않는 것을 통해서 게으른 어머니와 캐더린과 동일시되고 있다는 것을 알 수 있다. 여기에서 나는 무언가 잘못한 것 같은 죄책감을 느꼈으며, 그녀는 나에게 잘못했다고 질책하는 어머니처럼 느껴졌다.

나는 그녀의 도전에 대응하지 않고 간단하게 말했다. "어디로 가야 할지는 곧 알게 되겠지요." 그녀는 침묵했고 그 상태로 몇 분이 흘렀다.

회기를 마칠 시간이 가까워지면서 나는 무언가를 말하지 않고 있다고 느끼기 시작했다. 나는 그녀를 도울 수 있을 만큼 열심히 작업하지 않았다는 막연한 느낌에 대한 반응으로 치료시간이 다 끝나 가는 순간에 어색하게 새로운 주제를 도입했다.

"혹시 꿈을 꾼 것은 없으세요?"
그녀가 재빠르게 대답했다. "아, 물론 있어요. 어젯밤에 꿈을 꾸었습니다. 제가 어딘가를 갔는데 누가 짧은 반바지를 입어서는 안 된다고 하더군요. 잠시 후에 허벅지에 상처를 입은 한 여인이 왔습니다. 테니스 공만한 공이 스쿠버 다이빙 탱크만한 탱크에 붙어 있었는데, 그것들은 상처를 치료하기 위한 것이었습니다. 그때 그 상처는 내 다리에 있었고, 거기에는 그 공과 탱크가 부착되어 있었습니다."

나는 꿈 이야기를 들으면서 상당히 흥미롭다고 느꼈고, 그녀의 연상에 대해 듣고 싶었다. 하지만 이 꿈에 관해 작업할 시간이 없었다.

나는 좀더 일찍 물어보았거나 아니면 아예 물어보지 말았어야 했다. 나는 이 꿈 작업을 제대로 하지 못한데 대해 죄책감을 느꼈고, 이 꿈에 대한 연상을 듣지 않은 채 반응하는 잘못을 저지르고 말았다.

내가 말했다. "짧은 반바지를 입어서는 안 된다고 한 비판적인 목소리는 어머니의 목소리 같네요. 하지만 오늘은 시간이 다 되어서 다음 시간에 좀더 이야기해야겠습니다."
치료시간이 끝났다. 캐더린은 일어나면서 말했다. "내일 약속을 취소할 수 있을까요? 선생님이 그 다음날 어딜 가셔야 한다면서 하루 앞당겨 시간을 잡으셨죠. 하지만 전 그 약속을 취소하고 싶군요. 무엇보다도 피곤하고, 여기저기 다니고 싶지 않거든요."

나는 진퇴양난에 빠졌다. 치료시간은 끝났지만 질문에 대답해야 할 일이 남아 있었다. 나는 부분적으로는 그녀가 그리고 부분적으로는 내가 만들어낸 어색한 상황에 처해 있었다. 나는 아직 이것에 대해 충분히 이해하지 못했고, 이것에 관해 작업할 시간이 없었다. 나는 간단하게 말할 수밖에 없었다.

"내 생각에 우리는 내일 만날 필요가 있을 것 같아요. 꼭 오셨으면 합니다. 돌아가셔서 좀더 생각해 보시고, 알려 주세요."
그녀는 나에게 전화를 주겠다고 말하고는 치료실을 떠났다.

이 치료 면담을 이해하기 위한
전이 지형도

치료 면담이 끝나 가는 순간, 그때-거기와 지금-거기는 지금-여기와 강렬하게 만나고 있다. 하지만 그것은 치료시간이라는 잠재적 공간 바깥에 있다. 캐더린이 다음 면담을 취소하는 순간 나는 그녀가 치료시간 바깥에서 온 핵심적인 정서를 재연하고 있다고 느꼈다. 최근 문헌에서는(Chused, 1991; 1996; Jacobs, 1991) 이러한 사건들을 실연(enactments)이라고 부르는데, 이것은 환자의 과거로부터 온 어떤 것이 지금-여기에서의 전이 상황에서 불가피하게 재연되는 것을 말한다. 나에 대한 캐더린의 실연은 치료시간이 끝나는 경계 지점에서 표면으로 올라왔다. 그리고 이때 그녀는 낮잠을 자기 위해 사라지는 어머니처럼 그녀 자신이 치료시간에 이것을 이해하기 위해 작업하지 않고 나에게 떠넘겼다. 반면에, 나는 그녀의 아버지 또는 그녀 자신이 아동기에 느꼈던 것처럼 과도하게 일하도록 압력을 받고 있다고 느꼈다.

이러한 실연은 초기 전이가 분석되지 않은 채 표출된 것이다. 환자는 치료의 지금-여기에 그때-거기에서 가졌던 어머니와의 상호작용으로부터 온 자료를 가져왔다. 그녀가 이 자료를 지금-여기에로 가져온 것은 직장에서의 어려움과 남자들과의 관계 형성의 어려움을 포함한, 지금-거기의 상황을 이해하기 위한 시도였다. 나는 한편으로 이러한 사건이 치료과정에서 드러나는 자연스런 현상이라고 생각하면서도, 정해진 치료시간의 경계 안에서 드러나지 않은 것은 특별한 점이라고 느꼈다. 치료시간 동안 우리 사이의 잠재적 공간은 비교적 평온했다. 그녀는 단순히 그녀의 마음속에서 일어난 것만을 보고했다. 그 보고 내용은 내게 새로운 정보를 주었지만, 내가 한 말은 그녀가 이미 알고 있는 것을 확증해 줄 뿐이었다. 이 시간 동안에 그녀는 내게 강렬한 정서를 투사하지 않았고, 환경 전이는 긍정적이었다. 그녀는 나를 자신의 불안을 담아주고, 이해해 주는 배경 인물로 사용했다. 그러나 문제 영역은 그녀의 보다 깊은 데 자리잡고 있었고, 나는 통제하기 힘든 강렬한 정서로부터 배제되어 있었다. 그녀는 마치 아이가 학교에서 있었던 일을 부모에게 이야기할 때처럼 치료자를 이해해 주는 대상으로 사용하면서, 지금-거기와 그때-거기의 사건을 보고하였고, 따라서 대체로 정서적 요소는 거의 없거나 긍정적이었다.

캐더린이 나에게 다음에 할 일을 말해 달라고 요구했을 때, 이 평정 상태는 깨졌다. 비록 그녀에게 확인하지는 않았지만, 아마도 그녀는 내가 치료과정에 별로 기여한 게 없다고 느꼈던 것 같다. 나는 그녀가 요즘 직장에서 보이는 행동 유형 배후의 원인으로서 그녀의 내적인 어머니가 수행하는 역할에 주목하면서, 그때-거기를 지금-거기와 관련시키는 해석을 제공하였다. 우리는 보통 그러한 해석을 전이 해석이라고 간주하지 않는다. 하지만 그 뒤에 나타난 캐더린의 행동을 보면, 다음에 할 일을 말해 달라고 한 그녀의 요구 안에는 전이가 담겨 있음을 알 수 있다. 즉 그녀는 내가 그녀의 어머니처럼 낮잠을 자거나 휴식을 취하다가 그녀에게 열심히 일하지 않는다고 말하고 있다고 느꼈던 것이다. 그녀가 다음에 해야 할 일을 말해 달라고 요청한 것은 그녀의 마음속에 내가 채워 주기를 바라는 빈 공간이 있다는 것을 말해 준다. 그녀는 나에게 그 공허함을 전달하였고, 이제 그것은 그녀 안에만 있지 않고 우리 사이의 공간 안에 있게 되었다.

여기에서 나는 그 빈 공간을 감지하였고, 말로 표현할 수 없는 큰 불안이 엄습해오는 것을 느꼈다. 돌이켜 보건대, 나는 분석 작업을 진척시키고 우리 사이에 있는 텅 빈 잠재 공간을 채우기 위해 꿈에 관해 물어볼 수도 있었을 것이다. 나중에 알게 되었지만, 나는 내가 자신의 빈 공간을 채워 주기 바라는 그녀의 전이 소망에 상응하는 역전이를 행동화하였다. 그녀는 충분히 관련을 짓지 못한 정신 내용을 순응적으로 받아들였다. 그것은 치료시간이 끝날 때까지 우리 사이의 실제 관계가 유보되었기 때문이며, 또한 우리가 치료시간을 그녀 어머니가 그랬듯이 낮잠으로 채웠기 때문이었다. 그녀는 내가 치료를 위해 노력하는 동안 침묵을 지켰고, 나는 그녀가 부재하다고 느꼈다. 이와 같은 행동 유형의 재연으로 인해 그녀의 무의식적인 정신 내용을 구체적으로 다룰만한 시간이 없었다. 그녀와 나는 이것을 전체적인 의미와 관련지을 수 없었다. 즉 그녀는 내가 그녀의 마음속에 무언가를 넣어 주기를 바랬는데, 그것은 우리가 함께 이야기하는 것을 통해서 형성했어야 할 공동의 창조물을 대체하는 것이었다.

　내가 시간이 다되었음을 알리면서 면담을 막 마치려는 순간에 갑자기 직접적인 전이 자료가 튀어나왔다: 그녀는 자리에서 일어나면서 다음 약속을 취소하고 싶다고 말했다. 이 말은 일하기를 몹시 싫어하고, 해야 할 일이 있는데도 낮잠을 자는, 그녀의 어머니와 관련된 것처럼 보였다. 이 요청은 나의 필요에 의해 치료시간을 바꾼 일에 대한 반응이기도 하고, 자신은 일하지 않으면서 그녀에게 일을 시킨 어머니에 대한 반응이기도 하다. 그 순간 나는 마침내 그녀의 어머니에 관한 중심적 불안을 느낄 수 있었고, 그녀는 그것을 직접 행동으로 옮겼다. 그녀가 치료시간을 취소해 달라고 말했을 때, 그녀는 나를 불합리하게 요구하는(내 편의에 따라 치료시간을 변경하는) 어머니로 취급했다. 그러나 그와 동시에 그녀는 일하기를 몹시 싫어하고, 지쳐 있고, 불안해 하며, 여전히 증오를 느끼고 있는 어머니의 역할을 떠맡았다. 이것은 그녀의 이야기 속에 담긴 그때-거기를 현재에서 보여주는 것이었다. 그 전이는 그녀의 어머니에 관한 이야기에 정서적인 직접성을 부여하면서 갑자기 지금-여기의 사건이 되었다. 그 순간까지 그녀는 불안을 느끼는 일없이 어머니와의 관계에 대해 이야기하였다. 그 실연의 순간에 나는 불안의 힘을 전적으로 느낄 수 있었다. 나 자신의 부적절감에 대한 느낌과 함께 캐더린의 내적인 경험은 내 안에서 구체적인 형태를 띠게 되었으며, 따라서 나는 그녀가 어떻게 느끼고 있는지에 대해 좀더 충분히 그리고 보다 진실에 가깝게 이해하게 되었다.

언뜻 보기에는 치료시간 동안 그녀 자신 내부에 있던 내용이 환자와 치료자 사이의 잠재 공간으로 갑자기 분출되어 나왔다는 점에서, 마치 캐더린의 초점 전이가 나타난 것으로 보인다. 하지만 치료 초기에 나타나는, 때 이른 초점 전이는 안아주기를 시험하기 위한 것이고, 따라서 일차적으로는 환경 전이에 관한 염려를 나타내는 것이라고 볼 수 있다. 캐더린은 치료자가 자기 어머니처럼 자신에게 일을 떠맡기고 쉬기만 하는 사람일까봐 걱정했다. 이 점은 그녀가 치료시간에 치료자에게 치료작업의 책임을 떠넘기는 것으로 나타났다. 그녀는 약속을 취소하든지 말든지 결정하라고 요구하면서 치료자를 궁지로 몰아넣었지만, 실제로는 치료자의 안아주기에 대한 경계—환경적 상황—를 확인하고 싶었다. 이 실연 안에는 안아주지 않는 상황의 두 측면이 모두 담겨있다: 치료자는 일하지 않으면서 그녀에게 일하라고 요구한다는 점과 어머니에게는 요구하지 않아도 안전과 안락함이 제공된다는 점. 캐더린은 또한 쉴 시간을 요구하는 어머니처럼 되는 것을 허용해 달라고 요구하면서, 실망한 자신의 입장이 되어 보라고 치료자에게 도전하고 있다.

  비록 이 실연 안에 초점 전이의 요소가 담겨 있지만, 그것은 치료과정의 좀더 나중에 나타나는 완전한 초점 전이는 아니다. 완전한 초점 전이가 발달할 때 분석가를 무정하고 게으른 사람이라고 생각하는 환자의 확신과 강제성은 성숙한 환경적 안아주기 안으로 들어오게 될 것이다. 캐더린의 전이는 지금-거기와 과거-거기의 자료가 지금-여기의 자료로 변화되고 나서 곧 바로 그때-여기와 연결되는 성급한 초점 전이이다. 그것의 목적은 치료자의 전반적인 안아주기 능력을 측정하는데 있으며, 그것을 시험하는 주된 이유는 지금-여기에서 경험하는 치료자가 캐더린의 내적 대상과 유사하다고 느껴지기 때문이다. 지금-여기에서의 전이는 치료자가 자신의 내면에서 그리고 환자와 치료자 사이의 중간 공간에서 불안을 감당할 수 있는 능력이 있는지에 대한 시험이 된다. 그것은 기본적으로 안아주기와 담아주기에 관한 시험이다. 그녀 안에 담겨 있던 자료는 갑자기 치료자에게 쏟아졌으며, 그 순간 공유된 작업 공간은 깨어졌다. 치료자는 그것이 자신에게 쏟아졌을 때 불안을 느꼈고, 환자에게 강요하지 않으면서 면담 약속을 취소하고 싶지 않다는 생각을 밝힘으로써 치료 공간을 보존하고자 최선을 다했다. 만약 치료자가 강요적이 되었더라면, 환자는 무의식적인 실연 충동을 더욱 강하게 느꼈을 것이다. 그러나 강요적이지 않으면서 치료 공간을 보존하고자 최선을 다함으로써 치료자는 다음 회기에서 환자의 실연에 대해 함께 분석하는 작업을 계속 할 수 있을 것을 기대하게 되었다.

긍정적 초점 전이에 대한 방어로서의 환경 전이

이반은 데이빗 샤르프에게 치료를 받는 동안 계속해서 자기 둘레에 보호막을 쳤다. 그는 자신 안에 갇혀 있으면서 지금-여기에서의 치료관계를 차단했다. 그는 자신과 치료자 사이의 공간을 공허함으로 채웠다. 그의 담아주기는 얼어붙어 있었다. 이것은 그가 겪은 이혼의 상처, 아버지에게서 버림받은 경험, 그리고 유태인 학살 때 많은 식구들이 변을 당한 집안 내력 등, 과거-거기에 대한 반응에 그 뿌리가 있었다. 그는 현재 인간관계가 거의 없고 동성애자로서 에이즈 바이러스에 감염된 애인과 함께 살고 있다.

이반은 35세의 해군 장교로 힘들고 흥미로운 직책을 맡아 일을 아주 잘 해냈지만, 그의 가정생활은 엉망이었다. 그가 십 년 동안 사귀어온 애인 조는 에이즈로 인해 뇌 손상을 입었고, 그로 인해 행동 기능과 사고 기능에 장애를 갖게 되었다. 따라서 그를 상대하기가 몹시 어려웠다. 그에게 기쁨의 원천이었던 그들 사이의 헌신적인 관계는 조의 질병과 충동적인 부정(不貞) 때문에 망가졌다. 이반은 에이즈 바이러스 음성반응을 보였고 조와 같은 위험에 노출된 적이 없었는데, 그것은 보호막을 치는 그의 방어적인 행동양식이 가져다준 긍정적인 결과였다. 그는 조가 앓는 동안 곁에 있고 싶었지만, 그와의 삶을 견딜 수 없었고, 그렇다고 해서 그를 떠나보낼 수도 없었다.

이반은 주 2회 치료를 받았고 카우치에 누워서 나(DES)에게 자신의 경험을 자세하게 말했다. 그는 내 이름을 부르지 않고 "분석가"라고만 불렀다. 그는 자신의 삶이 유태인 죽음의 수용소로 가는 열차에 올라탄 사람의 삶과 같다고 말하면서, 거기서 다른 사람들은 죽더라도 자신은 살아서 다시 돌아올 것이라고 했다. 그의 말은 극적인 것이었지만, 이반이 그 말을 전달하는 방식에는 아무런 느낌도 담겨 있지 않았다.

나는 어디서 개입해야 할지 난감했다. 나는 마음이 편치 않았고, 궁지에 몰렸으며, 내 말은 그를 둘러싸고 있는 투명한 방어막에 부딪쳐 튕겨나갈 것이라고 반복해서 느꼈다. 나는 보통 때보다도 훨씬 더 많이 침묵했다. 놀랍게도 내가 상당히 오랜 침묵에 이어 무슨 말이라도 하면 그는 그 말을 침범으로 여겼다. 이 말은 그가 적대적으로 반응했다는 것은 아니다. 그는 마치 "분석가"란 환자를 위해 공간을 제공하기만 하면 된다고 생각하는 것 같았고, 따라서 내게 주로 침묵을 지킬 것을 기대하는 것 같았다. 그와의 경험 안에는 내가 기억하는 다른 환자들과의 경우보다 경험을 공유하고 있다는 느낌이 훨씬 더 적었다. 이반과의 관계에서 나는 그가 경험을 차단하고 있는 보호막 안에 존재하고 있으면서 나를 제외시킨다고 느꼈다.

치료의 첫 부분에서 이반은 주로 에이즈가 진행되면서 점점 더 난폭해지고 이성을 잃어버리는 조와 함께 살면서 겪는 일상생활의 어려움을 보고하였다. 그는 조의 학대가 극에 달했는데도 그에게 계속 집착했다. 결국 이반으로부터 강제로 자신을 떼어 낸 사람은 조였고, 그는 이반이 얼마나 못되게 굴고 자신을 통제하는지를 호소하기 위해 부모에게로 돌아갔다. 그들은 조의 편을 들었고, 이반과의 관계를 끊었다. 그들은 이반에게 또다른 가족들이었다. 이 모든 고통이 있은 후에 이반은 자신의 슬픔을 놀라울 정도로 빨리—내가 보기에 너무나 빨리—극복했다.

그럼에도 불구하고 이반은 자신은 "어머니의 상실 문제를 다루기 위해 치료를 받는다"고 하면서 치료를 계속했다. 나는 매우 모호한 이 말에 주목하였다. 그의 어머니는 그의 말이 암시하는 것과는 달리 죽지 않았다. 그는 언젠가는 어머니가 죽을 것이며, 사랑하는 사람을 잃어버린 그로서는 그녀를 잃는 두려운 사태에 대비하고 싶다는 의미로 그렇게 말했다고 설명했다. 하지만 나는 이 말을 다르게 들었다: 그는 마치 어머니가 혼자서 자신의 상실을 다룰 수 없다는 듯이, 어머니의 상실을 다루기 위해 치료를 받고 있다고 말하는 것 같았다. 요컨대, 그녀가 경험한 상실은 그의 내면에서 해소되지 않았다. 이반의 어머니는 유태인 대학살에서 수많은 친척들을 잃었고, 이반이 십대 초반일 때 결혼에 실패했지만, 그가 알고 있는 한 그녀는 이러한 상실 경험을 비교적 잘 다룰 수 있었다.

이반은 초기 상실 경험을 갖고 있었다. 그의 아버지는 해군 제독이었는데, 이반이 어린 시절에 가까이 지내지 않았고, 이혼한 뒤로는 더욱 거리가 멀어졌다. 아버지는 연인을 사귀는 일과 자신의 군대 업무에 몰두하느라 이반을 돌보지 않았다. 때때로 그는 정서적 및 재정적 도움을 주겠다고 약속했지만, 그러한 약속은 한번도 지켜지지 않았다. 이런 이반에게 애인 조가 에이즈에 걸리는 불행이 더해진 것이다.

조의 상실은 이반이 아는 것보다 훨씬 더 심각한 것이었다. 조는 이반을 떠난 뒤에 결국 폐렴으로 죽었다. 이반은 조의 가족과 관계를 끊고 있었기 때문에 그가 죽은 사실을 육개월 후에야 알게 되었다. 두 사람을 잘 아는 친구에게서 이 소식을 전해들었을 때, 그는 이 사실에 대해 거의 아무런 감정을 느끼지 못했다. 나는 이 점에 대해 언급하면서 그것은 이반이 조의 상실에 대한 자신의 감정과 접촉하지 못하고 있기 때문이라고 했다. 이반은 자신은 조가 죽기 전에 이미 조를 애도했다고 말했다. 나는 그가 어느 정도 앞당겨 조를 애도했다는 생각에는 동의했지만, 그가 조에게 보인 애착의 집요함을 고려할 때 그 애도는 너무 빈약한 것이라고 생각했다. 나는 이것은 외상적인 애착을 나타내는 표시라고 생각하였다: 하나의 관계에 강하게 집착하다가 갑자기 그것을 흔적도 없이 떠나보내는 유형.

나는 이반이 그러한 상실을 좀더 직접적으로 경험하기를 바랬다. 이런 나의 소망은 그가 그렇게 하기를 꺼릴수록 더욱 강렬해졌다. 나는 그가 그러한 상실을 좀더 깊이 느낄 수 있어야 한다고 확신했다. 그러나 그가 고통을 경험하도록 그에게 압력을 가하는 일은 옳지 않고 부적절하다고 느꼈다. 하지만 그는 나를 그의 내부로 들어가도록 허용하지 않았고, 따라서 나는 그가 느끼는 감정에 대한 내적 이미지를 형성할 수 없었다. 나는 그로 하여금 슬픔을 느끼도록 해주고 싶다는 나의 소망이 그를 둘러싸고 있는 껍질—아버지가 그를 배제시켰을 때 그가 형성한 감정에 반응하는 폐쇄적인 방식—을 뚫고 들어가고 싶은 나의 소망의 표현이라고 생각했다.

이반은 면담시간에 술집에서 만난 새친구들과 연인들에 관해 이야기하기 시작했다. 그는 새로운 파트너와 헌신적인 관계를 맺게 되었는데, 그 파트너가 매력적이고, 다정하고, 친절하며, 성실하지만 조만큼 똑똑하지 못하고, 가치관이 다르고, 관심사를 함께 공유할 수 없다는 점에서 조와는 비교가 되지 않는다고 그를 깎아 내렸다. 그는 새 파트너에 대해 많은 이야기를 했지만, 그를 진심으로 받아들이지는 않았다. 그는 이반과 함께 있어 주었고, 좋은 사람 같았고, 이반을 걱정해 주었지만, 이반은 끊임없이 새 파트너는 조가 차지했던 내적 공간을 차지할 수 없음을 확인했다. 나는 이반이 계속 이렇게 말하는 이유가 무엇인지 궁금했다. 그는 그 공간을 채워 줄 수 있는 누군가를 갈망하는 것처럼 보였지만, 새 파트너를 정서적으로 받아들이지 않고 있었다.

결국 나는 그의 새 파트너가 느꼈으리라고 생각되는 것과 똑같은 감정—들어가고 싶은 공간으로부터 제외된—을 나 자신이 느끼고 있음을 깨닫기 시작했다. 나는 이반이 나를 가치 있는 존재로 평가하고 있다고 느꼈다; 그는 나에게 거침없이 말했고, 나를 못 만나는 것을 아쉬워하는 내색 없이 휴가를 떠나곤 했지만, 면담 약속을 비교적 성실하게 지켰다. 그러나 나는 그가 내게 올 때마다 단단한 갑옷을 입고 있다고 느꼈다.

그후 이반은 조의 무덤을 찾아 그와 작별을 고하기로 결심하였다. 그는 조의 고향에 있는 공동묘지 전화번호를 알아내려고 전화한다는 게 그만 조의 부모님 전화번호를 누르고 말았다. 순간적으로 그는 조의 어머니와 이야기를 나누기로 작정했다. 조의 어머니는 조를 화장해서 콜로라도에 있는 땅에 그의 재를 뿌렸다고 말했다. 이반은 조를 화장한 것과 그의 재를 그렇게 처리한 가족들의 행동에 대해 깊은 실망감과 경멸감을 느꼈다. 그는 에이즈로 인해 우울해지고 신체적으로 쇠약해진 조를 가족들이 제대로 돌보지 않았고, 이 때문에 조가 폐렴에 걸려 죽게 되었다고 가족들에게 그 책임을 돌렸다. 이처럼 이반은 자신의 기준에 미치지 못하는 사람들을 무척 경멸하는 경향이 있었고, 다만 자신의 어머니와 조, 그리고 그가 이상화한 해군 몇 명만이 경멸의 대상에서 제외되었다. 그의 아버지는 분명히 이상화되지 못했다. 나는 이반의 감정에 대한 방어막이 경멸의 대상이 되는 것으로부터 나를 보호하기 위한 것이라고 느꼈다.

그의 이야기를 듣는 동안 나는 그 광경을 머릿속에 그리면서 그의 분노와 냉담함을 느꼈고, 어째서 그가 자신의 슬픔을 경멸로 바꾸는지 궁금해 했다. 갑자기 이반은 조의 가족이 그의 재를 처리한 것에 대해 경멸을 나타내던 것을 멈추고는 이렇게 말했다. "미친 생각인 줄은 알지만, 전 조의 재를 먹고 싶어요."

나는 갑자기 정신이 번쩍 들 정도로 충격을 받았다. 이반이 우리 사이에 세워놓은 방어막을 뚫고 출현하는 이미지는 공허를 채우는 섬뜩한 방법에 대해서 그리고 그의 자기 충족감이 아닌 엄청난 배고픔에 관해 말해 주고 있었다. 나는 유태인 대학살 때의 재를 생각했다. 지금-거기에서의 조에 대한 그의 갈망은 그때-여기에서의 어머니에 대한 갈망일 수 있다고 생각되었다. 그리고 만일 그가 나와 관계할 수 있도록 자신을 허용한다면, 그는 나에 대해서 갈망하게 되는 것과 좌절감을 느끼는 것을 염려하게 될 것임이 분명하다고 느껴졌다.

이반은 조가 떠난 뒤 자신이 얼마나 공허한지 깨달았으며, 조를 필사적으로 갈망했고, 어떻게 해서라도 그를 다시 마음속에 되찾아오고 싶다고 말했다.

다음 면담에서 이반은 조나 재, 조에 대한 갈망에 관해 언급하지 않았다. 대신 그는 다시 한번 새 파트너를 마음속에 받아들이지 않는 것에 관해 말했다. 그는 새 파트너에게 조에 관한 감정을 말하고 싶지 않았고, 조를 "나의 사랑"이라고 말하기 시작했다. 그가 새 파트너에게 무언가를 말할 때면 마치 브리핑을 하듯이 말했고, 따라서 거기에는 실제로 어떤 일이 벌어졌는지에 대한 아무런 느낌이 담겨 있지 않았다. 이처럼 이반은 다시 아무런 감정 없이 경험을 보고하는 유형으로 돌아갔지만, 나는 이전 회기의 경험에 기초해서 우리 사이에서 어떤 일이 발생하고 있는지를 이해할 수 있었다. 그 순간 무언가가 방어막을 통과하여 그와 접촉했다. 그것은 사람으로서의 내가 아닌 다른 그 무엇이었다.

내가 말했다. "당신은 종종 마치 상관에게 해전에서 벌어진 일을 보고하는 해군처럼 나에게 브리핑을 하는군요. 하지만 당신은 나를 실제 전투 현장에 들어가도록 허용하고 있지 않습니다. 당신의 마음은 닫혀 있습니다. 당신의 마음속에 들어갈 수 있는 사람은 조뿐이에요. 아마도 당신은 새로운 파트너를 결코 받아들이지 않을 거예요. 그리고 그와 마찬가지로 나를 받아들이지 않을 테지요."

"맞아요." 이반이 말했다. "전 새 파트너를 받아들이지 않고 있어요. 제 어머니가 돌아가신다면, 저는 똑같은 공허감을 느낄 거예요. 그것은 어머니가 저의 일부이기 때문이예요. 저는 지금 공허감을 느껴요. 저는 사랑하는 사람을 상실한 것과 그와 저 사이에서 일어난 일에 대한 실망감을 직면해야 해요. 그와 저 사이의 공간은 너무 비어 있어서 공허합니다. 저는 새 파트너가 그 공간에 들어가지 못하도록 어떻게든 방해하고 있어요. 어떻게 해서 그렇게 되었는지는 모르지만 연인을 만난지 육 개월밖에 안 돼서 벌써 그를 잃어버릴까봐 두려워하고 있거든요. 어쨌든 그는 저를 그렇게 만들었어요. 저는 새 파트너에게 헌신할 수가 없어요. 그 끔찍스런 분리를 다시 겪게 될까봐 두려워요. 전에 제 애인이 외출이라도 하면 전 돌봄과 보호를 받지 못한다고 느꼈습니다. 그것은 마치 완전히 무방비 상태로 전쟁터에 있는 느낌이었어요. 그런 일이 결코 일어나지 않았으면 좋겠어요."

그가 계속해서 말했다. "하지만 이제 새 파트너와의 관계에서 제 방어의 강도를 서서히 그리고 자연스럽게 낮추고 있습니다. 과거의 연인으로 인해 입은 상처 때문에 다시 시작하는 게 어렵습니다. 새 파트너의 친구 중 하나가 에이즈 바이러스 양성으로 드러났는데, 그때 저는 '하느님 또 이 문제입니까!'라고 물었습니다. 조와 나는 내부 원 안에, 즉 친밀한 관계 안에 존재하고 있고, 새 파트너는 외부 원을 구성하고 있습니다. 저에겐 내부 원을 벗어나는 일이 필요합니다. 새 파트너와의 만남은 저에게 새로운 힘을 주고 있고, 심지어 새롭게 일하고 싶은 의욕을 불러일으키기도 합니다."

내부 원의 이미지는 우리로 하여금 전체 원의 바깥쪽, 즉 외부 경험의 이미지에 관해 생각하게 만든다. 나는 슬프게도 이반이 또다른 독백을 시작함에 따라 또다시 공허감을 느꼈다. 그것은 그의 독백이 나를 제외시키는 방어막에 의해 보호되고 있었기 때문이다. 아마도 그는 결국 새 파트너를 받아들일 것이다. 하지만 거기에는 여전히 나를 위한 공간은 없을 것이다.

"그것은 어머니의 경우에도 마찬가지예요." 이반이 계속해서 말했다. "어머니는 자신을 희생자로 보았고, 그것은 사실이었죠. 어머니는 자신이 희생자라는 생각을 마음에 담고 있었습니다. 한번은 어머니에게 이렇게 말했습니다: 어머닌 전쟁에서 살아남으셨습니다. 맞아요. 그녀는 결혼에는 실패했지만, 하고 싶은 일을 했고, 그 일을 잘 해냈으며, 미모와 건강을 갖고 있었습니다. 그녀는 십여 년 전에 심한 교통사고를 당했지만, 그 난관도 잘 극복해냈습니다. 그 점에서는 저도 마찬가지입니다. 저 역시 상처를 입었지만 결국 행복해질 것이고 우울해지지 않을 겁니다. 하지만 저는 마치 선생님을 확신시키기 위해 저 자신을 달래고 있는 것 같아요."

나는 마치 내가 그에게 받아들여져야 한다고 논쟁을 벌이고 있는 사람인 것처럼 느껴졌다. 나는 우리가 논쟁을 벌이고 있다는 사실을 알아채지는 못했지만, 실제로 나는 이 모든 일이 얼마나 순조롭게 진행되고 있으며 또 장차 그렇게 진행될 것이라는 그의 말에 동의하지 않고 있음을 깨달았다.

내가 말했다. "왜 당신은 자신이 행복하게 잘 지내고 있다고 나를 설득하는 거지요?"
"저는 사실 선생님을 그렇게 설득해서는 안 되는 것이었는데요. 그렇지 않아요? 제가 보지 못하는 많은 것들을 선생님은 보고 있으실 테니까요. 그러나 선생님은 저를 아시기 위해 시간이 필요하고, 따라서 선생님보다는 제가 유리한 입장에 있습니다: 전 날마다 저 자신과 이야기를 나누고 있거든요. 따라서 이 치료과정은 선생님의 인도를 따라 나아가는 과정이지만, 실제로 운전석에 앉아 있는 사람은 저예요. 저는 마치 선생님께 최신 정보를 제공하기 위해 직장에서 그리고 연인 관계에서 어떤 일이 일어났는지를 브리핑하고 있는 것 같아요."

이반은 자신이 나를 어떻게 받아들일 수 있는지에 관해 말하고 있었지만, 나는 여전히 제외되어 있다고 느꼈다. 나는 그가 그 자신과 갖는 관계에 대해 내 자신이 질투 감정을 느끼고 있음을 깨달았다. 이러한 관계 안에서 그는 스스로를 담아주고 있는 커플(a self-contained couple)처럼 보였다.

내가 말했다. "물론 당신은 내가 당신의 항해를 도울 수 있도록 내게 브리핑해야 합니다. 하지만 문제는 내가 실제로 당신과 한 배에 타고 있지 않다는 것입니다. 그것은 마치 휴스턴에 앉아서 임무를 지시하는 것과 같아요. 거기에서 사람들은 항해를 통제하지만, 실제로 여행을 하는 것은 아닙니다."

"맞아요. 그것은 결국 여전히 환자의 세계이지 분석가의 세계는 아니에요. 혹자는 '나는 잘 지내!'라고 말할 거에요. 결국 그렇게 될 겁니다. 그러나 저는 분명히 잘 지내고 있지 못합니다—조가 떠난 후로 제게는 공허함이 있습니다."

나는 그가 했던 말 중에 "사랑하는 사람을 잃은 공허함," "어머니의 상실," 그리고 그가 나를 "분석가"(analyst)로 부른 것 사이에 어떤 유사성이 있다고 생각했다. 이반은 대상들 사이의 텅 빈 공간에서 살고 있었고, 그가 살고 있는 공간을 대상 없는 공간으로 경험하고 있었다.

그는 계속해서 말했다. "새 파트너에 대한 문제는 '제가 그를 얼마나 깊이 받아들일 수 있는가하는 것이에요. 만일 제가 그를 깊이 받아들인다면 그는 저의 연인을 몰아내겠지요. 그러면 저는 행복해지기 위해 제가 사랑하는 사람을 죽이겠지요. 어떻게 이 둘 사이에서 균형을 찾을 수 있을까요?"

나는 썰렁한 느낌이 들었다. 또다시 조는 이름을 잃어버리고 "나의 연인"으로 불리고 있었다.

이반은 말을 맺었다. "제가 어떻게 연인을 죽이지 않고 다른 사람으로 대체할 수 있을까요?"

이반에 대한 전이와 역전이 지도

만일 내가 이반과의 관계에 대해서 그리고 그것에 대한 나 자신의 생각에 대해서—전이와 역전이에 대해서—직접적으로 말했다면, 그는 침범 당한다고 느꼈을 것이다. 만일 그렇게 했다면, 나는 초점 전이 관계를 부적절하게 가정하고 그것을 강요한 셈이 된다. 문제는 내가 그에게 중심을 지닌 관계를 맺을 수 있는, 주체성을 지닌 외부 대상인 초점 대상이 될 수 있느냐라는 것이다. 그것은 이러한 초점 대상과의 중심적 관계만이 환자의 내적 대상을 재경험하고 수정할 수 있기 때문이다. 그는 내가 고정된 환경으로 남아 있기를 고집하였고, 이것은 그가 나를 "분석가"라는 말로 부른데서 느낄 수 있었다. 그는 나를 안아주고 이해해 주는 엄마로 생각했는데, 그 엄마는 스스로의 권리를 지닌 대상이 될 수 없는 엄마였다. 그리고 그것은 엄마가 그를 통제하거나 그를 대신하지 못하게 하기 위해서였다. 대상 엄마의 역할은 실제 엄마와 조에게 주어졌다. 따라서 나는 그의 방어벽에 가로막혀 차갑고 생명력 없는 상태에 처할 수밖에 없었다. 그는 나에게 환경 전이와 초점 전이 사이를, 그리고 그에게 안아주는 환경을 제공하는 일과 나 자신의 경험과 욕구를 지닌 고유한 권리를 가진 대상이 되는 일 사이를 오갈 수 있는 자유가 없는 또다른 보호막이 되기를 원했다.

나는 종종 내 자신이 말하기를 회피하는 순간들이 있다는 것을 깨닫게 되었는데, 그것은 그의 아버지처럼 내가 경멸받고 버림받는 대상이 되는 것에 대한 나의 두려움 때문이었다. 나는 이반의 경멸이 아버지에 대한 동경을 위장하는 것이라고 느꼈지만, 아직은 이 사실을 그에게 말할 때가 아니라고 느꼈다. 하지만 이반은 나를 그의 대상 세계의 중심에서 살아 있도록 허용하는 것을 통해서, 내가 잠재적으로 죽은 엄마가 되거나 연인의 자리를 대신 차지하는 것, 즉 "연인을 죽이는 것"을 가로막았다. 그는 자신의 대부분의 삶을 새 파트너 또는 나와 활발하게 상호작용하는 대신 나를 회피하기 위해 세운 봉인된 보호막 안에서 화석화된 대상들과 함께 살고 있었다.

이반의 전이 지형도를 이해하는데 있어서 중심적인 문제는 그가 치료자를 경험하는 대신 환경 부모의 역할만을 하게 하고 주체적 대상, 즉 스스로의 권리를 지닌 인격이 되지 못하도록 차단하는데 있다. 이것은 담아주기가 빗나갔음을 의미한다: 중요한 모든 일은 이반 안에서, 그가 살고 있는 보호막 속에서 진행되고 있으며, 치료자의 마음을 통해서 처리되지 않고 있다. 그 외의 어떤 공간도 경멸스럽고, 무가치한 것으로 취급되고 있다. 환자와 치료자 사이의 잠재 공간 역시 이반의 방어막에 의해 차단되었고, 따라서 치료자의 내적 공간은 위축되고 상호적 안아주기를 박탈당한 느낌으로 채워지고 있다. 이반의 내적 공간은 어머니가 가졌던 유태인 대학살과 관련된 대상들로 채워져 있었고, 따라서 그는 자신을 위한 공간을 마련하기 위해 자신과 다른 사람 사이에 있는 공간을 비워 놓아야 했던 것 같다.

이반의 삶이 보호막 내부에서 진행되었기 때문에 치료자는 지금-여기의 역전이 경험에서 그를 부재하다고 느끼거나 접근을 제한하는 거절하는 인물로 경험하였다. 그는 치료자를 자신의 공격성으로부터 보호했으며, 치료자에 의해 침범 당하거나 버림받거나 보복적인 경멸을 받지 않도록 자신을 방어했다. 따라서 치료자인 샤르프 박사는 이반의 보고를 들으면서 무기력함을 경험할 수밖에 없었다. 아마도 이반은 어린 시절에 지구 반대편을 항해하는 아버지로부터 엽서를 기다리면서 경험했던 버림받은 느낌이 어떤 것이었는지를 치료자로 하여금 경험하도록 만들고 있는 것인 듯 하다—일치적인 역전이. 샤르프 박사는 역전이를 이반에 대한 정서적 반응으로 경험하였다. 다른 치료자는 이반이 재를 먹는 환상을 말하기 전에 이미 배고프고 고통스런 느낌을 경험했을 수도 있다. 그것은 지금-여기의 전이를 신체를 통해 이해하는 방식인 것이다. 그런가 하면 또다른 치료자는 면담 분위기 안에 생기가 없는 것에 대해 좀더 민감하게 느꼈을 것이다.

이반은 샤르프 박사에게 지금-거기의 가정 생활에 관해 이야기하였지만, 그것을 과거-거기의 경험과 관련짓는 것을 꺼렸다. 따라서 그의 문제의 근원을 탐색할 수 있고 그 의미를 경험할 수 있는 가능성을 차단했다. 해군 장교로서 자신이 동성애자임을 숨겨야 하는 그의 지금-거기의 갈등은 언급되지 않았지만, 그것은 보호막을 형성하고 있는 그의 심리내적 방어 안에 스며들어 있다. 그는 치료관계를 생생한 것으로 만들고 치료자로 하여금 중심을 향해 나아가게 하며 마침내 그의 경멸과 갈망의 초점이 되는, 지금-여기나 그때-거기의 경험과 관련짓는 것을 확고하게 방어했다. 치료자가 지금-여기 전이의 의미에 관해 직접적으로 초점을 맞출 때보다 그의 가정 생활의 지금-거기 상황에 대해 이야기를 나눌 때 그들의 작업은 좀더 활기를 띠었다. 이반은 내적 대상인 조를 잃을지도 모른다는 두려움 때문에 새로운 연인에 대한 갈망을 억제하였다. 그는 새 연인과의 지금-거기 관계에서, 샤르프 박사와의 지금-여기 관계에서 그리고 치료과정에 관련된 미래 관계에서 슬픔과 공허감을 느끼고 싶어하지 않았다.

전이 지형도를 사용하기— 그리고 나서 잊어버리기

우리는 이 지도를 전이-역전이의 프랙털로서 고안하였다. 이 지도는 전이를 시공간적(visuo-spatial) 및 다차원적(multidimensional)인 관점에서 바라볼 수 있도록 해준다. 그것은 우리를 전이-역전이를 풀 수 있는 선형적 함수라는 생각으로부터 자유롭게 해준다. 전이와 역전이는 다중적인 반복을 통해 근사치에 이를 수 있을 뿐인 비선형적인 함수에 의해 더 잘 나타내진다. 전이-역전이와 관련된 모든 개념들이 전체를 구성하는 부분이라는 사실을 기억함으로써, 우리는 우리의 시야를 제한하거나 어느 하나에 사로잡히지 않은 채 다양한 개념들을 그것들이 발생하는 그 순간에 사용할 수 있게 된다.

우리는 미지의 전이 영역에서 길을 잃었을 때 안내해 줄 수 있는 지도로서, 그리고 실제 치료를 위한 개념적인 보조 도구로서 전이 지형도를 제시하였다. 전이가 없는 것 같거나 모호할 때, 우리는 이 지도를 사용하여 전이의 위치를 찾을 수 있다. 전이는 시간과 공간 속에서 다양한 형태로 존재하기 때문이다. 이 지도는 우리에게 낯선 곳을 찾아갈 수 있는 방법을 제공해준다. 그러나 물론 이것만이 유일한 도구는 아니다. 예컨대 역전이를 나침반으로 사용함으로써 우리는 전이를 찾아낼 수 있다. 우리는 이 지도가 치료과정에 사용될 수 있는 모든 다른 도구들과 조화를 이루면서 사용될 수 있기를 바란다.

우리는 이러한 도구들을 맹목적으로 사용하라고 권하고 싶지는 않다. 오히려 일단 전이 지도를 작성하는 원리를 이해한 후에는 그 지도를 치워버리고 자신의 직관적인 감각을 사용하라고 권하고 싶다. 우리는 환자와 함께 떠나는 여행에서 눈에 보이는 것들을 눈여겨보고, 새것과 옛것을 배우고, 우리 자신을 흘러가도록 놔둔 채, 막다른 골목에서 벗어나올 길을 찾고, 울창한 숲을 통과하거나, 강을 따라 난 길을 따라가야 한다. 우리는 우리의 지도를 잊은 채, "방향 없음에 의해 방향을 발견한다." 그 길은 우리를 목적지로 데려다 줄 것이다. 그리고 이따금씩 우리가 너무 오랫동안 헤매고 있다고 느끼거나 친숙한 장소에서 또다시 길을 잃었다고 느낄 때마다, 우리는 지도와 나침반을 다시 꺼내 드는 것을 잊지 않을 것이다. 지도를 사용하는 법은 이 책의 이론 편 제2장에서 체계적으로 예시한 바 있다. 그리고 치료과정에서 발생하는 전이 및 역전이의 다양한 요소들에 대해서는 여러 사례 설명에서 언급되고 있다. 다양한 치료적 여행에서 각 단계마다 다양한 문제점이 나타날 때마다 이 전이 지도는 가치있는 안내자가 될 수 있을 것이다.

제 2 장
대상관계 심리치료의 구조와 과정

본 장에서는 대상관계 개인치료 및 개인분석의 원리에 관해 소개하려고 한다. 우리는 여러 가지 기법에 관해서 언급하겠지만, 이러한 기법들이 전체 치료관계 안에 있음을 항상 염두에 둘 것이다. 치료과정의 가장 중심적인 요소는 다른 어떤 것보다 환자와 치료자의 관계이다. 전체 치료관계를 떠나서는 다른 요인들은 아무런 의미가 없다(Fairbairn, 1958: 표 2-1 참조).

치료의 틀 짜기

울타리 만들기

치료를 받으러 온 사람을 처음 대하는 시간에 두 사람이 만나고 작업할 조건을 설정하는 일은 치료자의 몫이다. 작업 조건에는 만나는 시간과 장소, 치료 횟수, 약속을 취소할 때 취하는 조처, 치료비 액수와 납입 방법, 카우치 사용 여부, 응급 전화나 다른 접촉 수단 등이 포함된다. 이러한 조건들은 사무적인 합의 사항이기도 하고 심리적인 약속이기도 하다. 이것은 말 그대로 치료의 울타리를 만드는 것이다. 치료관계에서 환자가 이러한 울타리에 순응하거나 이러한 울타리를 뛰어 넘으려는 행동은 그의 일반적인 관계 방식을 드러내준다. 물론 치료자가 제시하는 조건에 동의하느냐 않느냐는 환자에게 달려 있다. 치료자의 운영 방식은 대부분 평가 단계에서 거론되는 것이 보통이다. 그러나 치료가 시작될 때까지 분명하게 이야기되지 않는 경우도 있다. 치료자가 자신에게 맞춘 조건들을 환자가 그대로 받아들일 것이라고 가정하는 것은 바람직하지 않다. 환자가 상의도 없이 제멋대로 치료의 틀을 무시한다면 치료가 제대로 이루어질 수 없다. 환자가 치료의 틀을 무시하거나 또는 아주 기꺼이 받아들일 때, 환자의 대상관계의 한 측면이 실연되고 있는 것일 수 있으므로, 치료자는 이 점을 지체없이 다루어야 한다(10장의 사례 참조).

표 2-1. 대상관계 심리치료의 원리

치료의 틀 짜기
울타리 만들기
치료의 관리
정신분석과 심리치료
심리적 공간 만들기
자유연상적 주의와 역할 반응성
중립성과 공정성
저항을 다루기
개입 기술과 시기

　　　　소극적 능력(negative capability)
　　　　기억이나 욕망 없이 경청하기
갈등, 방어, 불안에 대해 경청하기
꿈과 환상 내용에 대해 작업하기
내적 대상관계 유형을 이해하기
전이와 역전이에 대해 작업하기
　　　　전체 상황으로서의 전이
　　　　치료자 자기의 사용
　　　　전이/역전이 관계의 발달
침묵을 허용하고 이해해 주기
표면적인 피드백 주기: 명료화, 관련짓기, 지지, 조언
심층적인 피드백 주기: 해석
　　　　전이-역전이 실연을 해석하기
　　　　행동을 통한 해석
　　　　이유를 설명하는 절(節)
해석이 틀리거나, 치료가 중단될 위험에 처하거나,
　확신이 서지 않을 때
보조적인 방법(그림, 놀이)의 사용
약물치료
기법의 수정
　　　　외상 경험이 있는 환자들
　　　　치료비의 삭감
치료작업을 통해 극복해내기
치료과정에서 계속해서 평가하기
분리와 종결

치료의 관리(management)

　정신분석적 대상관계 치료에서는 인지-행동 치료에서처럼 과제를 주거나 사태의 해결 방안을 제시해 주지 않으며, 삶과 삶의 문제에 대한 사고 방식을 변화시키려고 지시하지 않는다. 치료자는 치료에서 치료자 자신의 태도와 역할을 관리해야 한다. 치료자는 치료의 경계(이를테면 치료비 책정, 시간 준수, 정기적인 치료시간의 유지)를 관리해야 하며, 환자의 상태를 이해하는데 지속적으로 주의를 기울이면서 역전이를 관리해야 한다. 치료자는 함께 있기로 한 시간에 함께 있어 주고, 신뢰감을 주고, 힘든 이야기를 들어주며, 자신의 감정 변화에 따라 판단하지 않고, 환자가 역겨워져서 멀리하고 싶거나 또는 다정하게 대해 주고 싶을 때 중립성을 유지하며, 계속해서 환자를 이해하는 과제를 진지하게 수행해야 한다. 무엇보다 치료자는 환자에게 심리적 공간을 제공하기 위해 자기 자신을 관리해야 한다.
　중립성을 유지하기 위해서 치료자는 환자와의 사회적 관계를 삼가야 하며, 치료가 종결된 후에라도, 또는 치료를 마친지 오래되었다 할지라도 성적인 관계를 금지하는 원칙을 받아들여야 한다. 이러한 엄격한 경계를 통해서만 치료자는 환자가 환상을 실행에 옮길지도 모른다는 위협을 느끼지 않은 채, 그러한 환상을 자유롭게 경험하고 공명할 수 있다.
　다음 사례는 한계를 설정하는 것과 관련된 치료적 관리의 한 측면을 보여준다.

　　로티는 37세의 여성으로 치료자에게 자주 전화하고 치료자의 집까지 찾아오고 좀더 주목을 받고자 했다. 치료자가 그녀에게 전화하는 것을 제한하고 약속 시간에만 만날 수 있음을 주지시켰을 때, 그녀는 치료시간에 자신의 분노 감정에 관해 이야기하기 시작했다. 치료자가 자신의 사생활을 보호하기 위해 그녀의 욕구를 거절했을 때에야 비로소 지난 몇 년간 겪은 박탈로 인한 그녀의 분노와, 또 그 분노 때문에 사람들이 그녀를 떠났던 일들을 탐색할 수 있었다.

행동화(acting out)의 문제를 지닌 환자와 작업할 때는 치료의 울타리를 잘 관리하는 것이 더욱 중요하다. 그 때에만 그들과 깊이 있는 작업을 할 수 있다. 적절한 한계를 설정하는 일은 언어적으로는 이해시킬 수 없는 메시지를 전달해 주는 행동을 통한 해석이라고 할 수 있다.

정신분석과 심리치료

카우치와 의자

심리치료와 정신분석을 대략적으로 구분해 주는 가장 명백한 준거는 치료 횟수와 카우치의 사용 여부일 것이다. 이러한 표면적인 특성은 흔히 치료과정의 강도와 일치하는 것으로 간주되고 있지만, 사실은 꼭 그런 것만은 아니다. 카우치를 사용하느냐 의자를 사용하느냐 또는 치료를 몇 번 받을 것이냐의 문제는 종종 환자와 치료자가 선택해야 할 문제이지, 그 환자가 정신분석을 받을 자격이 있느냐의 문제가 아니다.

치료 횟수

프로이트는 처음에 일주일에 여섯 시간씩 환자를 보았고, 미국에서 사람들이 몰려오자 주 다섯 시간으로 줄였다(Gay, 1988; Kardiner, 1977). 오늘날에는 학파에 따라 45분에서 50분씩 일주일에 서너 번 혹은 다섯 번 분석을 실시하고 있다. 우리는 치료 횟수가 많아짐에 따라 깊이 있는 치료를 촉진할 것이라는 가정에 동의하는데, 집중적인 분석 작업을 하려면 일주일에 2, 3회보다는 4, 5회가 더 낫다고 생각한다. 환자의 방어가 성격구조 속에 깊이 뿌리내리고 있기 때문에 치료를 자주하지 않고는 그들의 문제가 좀처럼 사라지지 않는 환자들도 있다. 역설적으로, 비교적 안정된 성격구조를 가지고 있는 환자들에게는 그들의 현 상태처럼 치료가 순조롭게 잘 진행된다는 바로 그 이유 때문에 오히려 많은 치료 횟수가 필요할 수도 있다. 보다 집중적인 치료를 통해서만 현재의 성격구조를 깨뜨리고 근본적인 변화를 가져올 수 있는 경우가 빈번하다.

우리는 일주일이나 이주일, 또는 삼주일에 한 번 만날 경우 깊이 있는 탐색에는 한계가 있지만, 일상적인 관심사를 검토하기에는 충분하다고 생각한다. 적은 치료 횟수로 표면적인 문제를 다루어야 한다면, 해석에 도달하기 위해서 좀더 많은 추측을 해야만 한다. 물론 꿈과 자유연상을 좀더 자유롭게 사용하면서 주 일회 치료만으로도 과거의 분석가들이 생각했던 것보다 훨씬 깊은 데까지 작업할 수 있는 환자가 있는가 하면, 주 이회 치료만으로 분석적인 깊이에까지 들어갈 수 있는 환자도 있다. 주 일회나 이회 치료가 갖는 문제점은 환자가 내재된 불안에 노출되고 나서 다음 치료시간까지 이틀 내지 나흘을 보내는 동안 많은 고통과 혼란을 혼자서 견뎌야 한다는 것이다. 일주일에 한두 번 치료시간을 갖는 덜 집중적인 치료에서는 치료 횟수가 적음으로 인해 불안과 연합된 내용이 신속하게 드러나지 않는 경향이 있으며, 치료자는 환자가 치료에서 자극된 감정들을 버틸 수 있도록 돕는 일에 좀더 적극성을 띠는 경향이 있다. 그러나 동일한 형태의 치료를 받는다 하더라도 그 작업의 경로는 개인마다 각각 다르기 때문에 치료 횟수와 치료 깊이 사이의 상관 관계는 일정하지 않다.

 심리치료와 정신분석을 구별하는 특징에 관한 논란이 수년 동안 지속되어 왔다. 볼라스나 맥두걸과 같은 사람들은 심리치료와 정신분석을 명확하게 구분하지 않는 경향이 있다. 그들은 일주일에 한두 번이냐 다섯 번이냐의 구분을 무시한다. 그들은 치료 횟수와 같은 양적인 조치에 기초해서가 아니라 치료자가 분석적인 정신을 가지고 활동하느냐에 입각해서 정신분석을 규정한다. 우리는 두 형태의 심리치료를 구분하는 것은 심리치료의 횟수 자체가 아니라는 두 사람의 견해에 동의한다. 집중적으로 자주 여러 번 하는 치료가 모든 사람에게 적합하지 않을 뿐더러, 특히 정신분석을 실습하거나 분석에 필요한 전반적인 훈련을 받는데 관심이 있는 분석가들에게는 적합하지 않다. 주 일회 치료를 받는 환자들도 깊은 작업을 할 수 있는 반면, 주 5회 치료를 받는 환자들도 분석가의 최선의 노력에도 불구하고 표면적인 문제만을 다루는데 그칠 수 있다. 무엇이 심리치료인지 또 무엇이 정신분석인지를 규정하기란 쉽지 않다.

 우리는 심리치료가 환자들이 안전하게 자신의 증상에 관해 말할 수 있고, 그것에 내재한 역동적인 문제를 탐색할 수 있는, 안아주는 좋은 환경을 제공하는 것이라고 생각하고 싶다. 여기에서 치료관계에 대한 연구는 내적 대상관계의 본질을 밝혀내기 위한 수단이 된다. 치료는 주 일회 또는 그보다 빈번하게 단기간 또는 장기간에 걸쳐 진행될 수 있다.

우리는 정신분석을 집중적인 형태의 심리치료로서, 보통은 환자를 카우치에 눕히지만 때로는 의자에 앉게도 하며, 분석가와 깊이 작업할 수 있는 충분한 시간을 갖는 것이라고 생각하고 싶다. 분석가는 심리적 공간을 창조하고 치료관계에 참여하면서 전이 작업을 통하여 환자의 내면 세계의 무의식적 측면을 경험하고, 반영하고, 해석해 주는 역할을 한다.

대상관계 심리치료냐 정신분석이냐의 문제는 치료 횟수에 의해서가 아니라 환자의 동기와 심리학적 소양에 따라, 그리고 무의식 차원에서 대화하고, 반영하고, 해석해줄 수 있는 치료자의 능력에 따라 결정된다.

카우치

물론 우리는 정신분석을 빈번한 치료 횟수와 카우치를 사용하는 것과 관련시키는 경향이 있다. 카우치를 사용하면서 분석가가 환자의 뒤나 옆 또는 환자의 시야를 벗어난 곳에 앉는 것은 많은 환자와 분석가들에게 편안한 작업 분위기를 제공한다. 그러나 어떤 환자들은 대면 접촉이 지닌 확신시켜 주는 측면을 잃어버리고 외부 대상과의 관계가 좀더 어렵기 때문에 더 큰 불안을 느낀다. 카우치를 사용할 경우, 사회적 접촉이 제거됨으로써 대상에 대한 갈망이 유도되고 치료자와 환자 사이에 있는 공간 안에서 환자의 내면 세계를 노출시키는데 도움이 된다. 주 2회 치료를 하는 환자들이 카우치를 사용하면 긴장을 푸는데 도움이 되고, 자유 연상이 증진되며, 치료가 촉진될 수 있다. 우리 두 사람은 환자가 우리의 표정을 읽지 않아도 되고, 우리의 반응을 보지 않아도 되는 자유를 선호한다. 우리는 카우치를 사용하는 것을 통해 긴장을 풀고, 환자와의 무의식적인 소통을 촉진하는 환상으로 좀더 자유롭게 빠져들 수 있다.

그러나 어떤 환자들은 카우치 사용을 몹시 불편해 한다. 그들은 자신들 안에서 성적인 위협을 심하게 느끼거나 우리와 시선을 마주할 수 없어서 너무 불안하고 외롭다고 느낀다. 청소년들은 보통 카우치 사용에 대해 불안감을 느끼며, 청년들도 마찬가지이다. 페어베언(1958)은 전문가로서 활동한 말년에는 카우치 사용이 관계를 잘 맺지 못하는 환자들에게서 너무나 많은 것을 박탈한다는 이유로 카우치를 사용하지 않았다. 정통성을 지키기 위해 카우치 사용을 고집할 필요는 없다. 앉아서 치료를 받는 환자도 완전한 분석을 받을 수 있다. 하지만 이런 식의 분석은 간접적인 참여 공간을 선호하는 우리 같은 분석가들에게는 또다른 부담일 수 있다. 다른 분석가들은 직접적으로 참여하는 것을 더 중요하게 생각하며, 따라서 그들은 서로 대면하는 분석 방식을 선호한다. 그러나 카우치 없이 일주일에 한두 번 만나는 심리치료로도 심층적인 치료를 할 수 있다.

실제로 우리가 일반적으로 권하는 것은 치료 목적과 환자의 동기에 따라 일주일에 서너 번, 혹은 두 번 정도 만나고, 가급적이면 카우치를 사용하는 것이다.

심리적 공간을 창조하기

모든 치료관계의 기본적인 기능은 환자들이 자신의 삶을 검토하고, 내적 대상관계를 조사하며, 그것이 개인적인 관계와 일에 미치는 영향을 탐색할 수 있는 심리적 공간을 제공하고 유지하는 것이다. 치료자는 적극적인(하지만 꼬치꼬치 캐묻지 않는) 경청을 통해 이러한 공간을 창조한다. 치료자는 적극적으로 경청함으로써 환자로 하여금 모든 언어적, 비언어적인 방식을 사용해서 자신에 관해 말하게끔 한다. 치료자는 그 경험을 받아들이고, 그들의 내면 세계를 공감해 준다. 외적인 공간은 약속 시간이나 상담실 문에 의해 그 경계가 그어지지만, 내적 공간에 필요한 일차적인 환경은 잘 분석되고, 훈련된 치료자의 마음이다. 좋은 분석 작업은 이를테면 비디오 스튜디오나 학생들이나 동료들 앞에서와 같이 상당히 개방된 장소에서도 진행될 수 있다. 환자가 치료자를 신뢰하는 정도와 치료자가 환자에게 집중할 수 있는 능력이 심리적 공간을 유지하기에 충분하다면, 심리치료와 정신분석은 전화를 통해서도 이루어질 수 있다(Zalusky, 1996).

심리적 공간은 치료자가 지닌 환경적인 안아주기 능력과 담아주기 능력에 의해 창조된다. 이러한 공간 안에서 환자-치료자 쌍이 공유하는 심리적 삶이 존재하게 되고, 그것은 다시금 두 사람에 의해 성장하거나 공격당한다. 이러한 공동의 구성물은 **분석적 제 삼자**라고 불린다(Ogden, 1994). 이 공간 안에서 여러 가지 생각들, 마음의 상태들, 불안, 희망, 두려움 등과 자유롭게 놀이할 수 있는 환자와 치료자의 능력과 관심이 함께 만난다. 시간이 지남에 따라 두 사람은 환상과 실연, 그리고 치료관계에서 나타나는 관계 방식과 놀이할 수 있게 된다. 이런 식으로 환자와 치료자는 환자의 강점과 문제점이 표현되는 방식을 알게 되고, 갈등이나 관계를 다루는 새로운 방식의 도입을 시도할 수 있다. 이러한 심리적 공간은 위니캇이 묘사한 잠재적 공간(potential space) 또는 중간 공간(transitional space)에 해당한다(1971a).

자유연상적인 주의 및 역할 반응성

초기 정신분석 문헌에서 심리적 공간의 유지는 종종 절제와 중립성의 문제로 기술되었다. 프로이트는 "균등하게 유보된 주의" (evenly suspended attention)가 유지되는 상태가 가장 적절한 치료자의 마음 상태라고 하였다(1912, p. 111). 좀더 최근에 들어서 많은 저술가들은 이러한 생각을 확장시켜서 이 개념 안에는 조율된 **자유연상적인 반응성**(free-floating responsiveness)을 포함한다고 생각한다. 이러한 상태에서 치료자는 환자가 한 말의 의미에 관해 생각할 뿐만 아니라 사고와 정서상태 그리고 실연과 관련된 역할 반응성(role responsiveness)을 포함하는 무의식적 의미 전체를 생각함으로써 환자의 내면 세계를 새롭게 이해하게 된다(Sandler, 1976). 이러한 확장된 정의에 따른 치료적 절제와 중립성의 개념은 고전적인 욕동 지향적 또는 자아 심리학적 분석에서 생각했던 것과는 다른 의미를 갖는다.

중립성과 참여적 공정성

중립성이라는 용어를 사용할 때, 우리는 환자가 자신이 가야 할 길을 스스로 선택할 수 있는 권리를 가지고 있다는 의미로 사용한다. 우리는 자기 파괴적인 행동이나 성숙을 거절하는 행동이 치료작업의 바람직한 결과라고 생각하지는 않지만, 그렇다고 해서 우리가 가지고 있는 발달과 건강에 대한 생각을 환자에게 강요할 수 있다고 생각하지는 않는다. 우리는 우리의 기준에 따라 아이를 키우는 부모가 아니다.

우리는 중립성이라는 용어 대신 **참여적 공정성**이라는 용어를 사용하기를 좋아한다. 우리는 환자들을 돌보고, 그들이 우리를 배려하거나 증오하거나 불안해할 때 그것을 수용해 주면서, 그들의 내면 세계가 그들을 각기 다른 방향으로 끌어당기는 많은 부분 대상관계들로 구성되어 있다는 점을 이해한다. 그들의 내면 세계는 어떤 순간에는 하나의 대상관계 세트에 의해 움직여지다가 다음 순간에는 다른 대상관계 세트에 의해 움직여진다. 우리는 어떤 것이 그의 편이고 어떤 것이 그의 적인지를 성급하게 판단하지 않는다. 그러기보다 모든 부분적인 기능들을 받아들이고 탐색하면서 환자가 그것들에 친숙해지고, 그러한 분열된 부분들을 성격 안으로 통합하는 방법을 선택할 수 있도록 돕고자 한다. 그렇지 않으면 그는 이러한 분열된 부분들로 인해 관계하고 생활할 수 있는 능력에 장애를 가진 채 충분히 삶을 즐길 수 없는 상태에 머무르게 된다.

저항 다루기

환자들은 면담시간 중에 종종 어떤 이유로 치료시간에 참석하지 못했는지, 어째서 치료시간에 늦었는지, 그것이 우연인지 습관적인 것인지, 어떤 일에 관해서는 왜 이야기하지 않는지, 어째서 침묵을 지킬 수밖에 없고, 자유 연상을 억압하고, 꿈을 잊어버리는지에 대해 변명한다. 이러한 행동은 **저항**의 표현으로 볼 수 있다. 프로이트는(1917) 고통스러운 감정과 환상을 억압하고 이것을 자신과 치료자에게 감추려는 환자의 노력을 기술하기 위해 이 용어를 도입했다. 고전적인 정신분석에서 최초로 그리고 최우선적으로 분석 기법 이론의 중심에 둔 것은 환자의 저항에 대한 분석이었다(A. Freud, 1936). 저항은 욕동 에너지를 통제하려는 방어를 포기하지 않으려 하고, 그 결과 구조적인 갈등을 낳는 요인으로 인식되었기 때문이다. 그리고 수치스럽고, 당혹스럽고, 죄책감을 느끼는 환상에 대한 분석작업은 환자가 억압하고 있는 무의식적인 욕동 자료를 풀려나게 하는데 도움을 준다는 사실을 발견했다.

대상관계 이론에서는 저항을 다소 다르게 본다(Fairbairn, 1958, Guntrip, 1969). 페어베언은 저항이 낡은 형태의 대상관계에 집착하려는 환자의 방어적인 욕구에서 발생하는 것이라고 보았고, 환자가 그러한 욕구를 갖는 이유는 그에게 있어서 과거의 대상관계를 포기하는 것은 자신의 일부를 잃어버리는 것을 의미하기 때문이라고 생각했다. 건트립은 성인의 자기가 자신의 유아적인 부분을 경험하고 수치감을 느끼는 것에 대한 방어에서 저항이 발생한다고 보았다. 페어베언에 따르면, 가장 중요한 저항의 원천은 치료자의 인격이다. 왜냐하면 치료자 앞에서 자신의 부분들을 드러낼 때 환자는 수치심을 경험하기 때문이다. 환자는 처음에 치료자가 내적인 부모 대상과의 고통스러운 관계에서 그들을 구원해 주기를 바라지만(환경 전이), 그런 뒤에는 치료자의 인격 안에서 그런 부모들을 다시 만날까봐 두려워한다(초점 전이). 결국 변화가 일어날 것 같을 때, 환자는 치료자가 자신에게서 이러한 대상들을 빼앗고, 근저에 있는 공허에 노출시킬까봐 두려워한다. 따라서 대상관계 이론은 저항과 방어를 원본능 자료를 무의식에 두려는 욕구에서 비롯된 것이라고 보지 않고, 새롭게 이해한다. 이제 우리는 분열되고 억압된 내적 대상관계들을 폐쇄된 내적 체계로 유지하고자 하는 욕구에서, 그리고 환자의 닫힌 내적 체계를 뚫고 들어오는 분석가로부터 보호받으려는 욕구에서 저항과 방어가 발생한다고 보게 되었다(Fairbairn, 1958).

개입 요령과 시기:
말하지 말 것과 말하지 말아야 할 때

위니캇(1971a)은 환자들이 이야기의 주도권을 갖는 것이 중요하다고 말하면서, 치료자가 단지 무언가 말할 게 있다는 것을 보여주기 위해 해석하는 것에 대해 경고하였다. 치료자가 기다려주기만 한다면, 환자는 흔히 스스로 무언가를 발견할 수 있다. 치료자가 기다려주지 못하고 성급하게 말해버린다면, 중간 공간에서 일어나는 참 자기의 창조적인 활동이 배제될 수 있다. 치료자에게는 절제가 필요하며, 이것은 치료자 자신을 기쁘게 하거나 불안을 덜기 위해서가 아니라 환자의 진보를 촉진하기 위해서 말하거나 행동하는 것을 의미한다.

임상 실습에서 가장 어려운 부분은 마음에 떠오른 말을 그리고 꼭 해야 할 것 같은 말을 하지 않고 절제하는 것이다. 말을 하지 말아야 할 순간을 판단하기 위한 단서는 치료자의 마음속에 떠오르는 가벼운 의심이나 망설임을 감지하는 데서 찾을 수 있다. 이것은 단순히 무언가가 잘못되었다는 느낌일 수도 있지만, 자세히 조사해 보면 환자에게 너무 많은 말을 하고 있다는 느낌일 수도 있고, 또는 환자가 할 행동을 미리 말함으로써 자기 자랑을 하고 있다는 사실에 대한 인식일 수도 있다. 케이스먼트(Casement, 1991)가 말한 내면의 감독자(internal supervisor)라는 개념은 치료자 자신이 환자의 입장에 서서 생각하는 방법을 설명해 주는 유용한 개념이다. 내면의 감독자와 대화함으로써 치료자는 말을 하는 것이 유익한 것인지 아니면 침범하는 것인지를 반성할 수 있다. 치료자의 내면에서 벌어지는 논쟁에서 벗어나는 길은 그러한 갈등에 관해 환자와 함께 논의하는 것이지만, 치료자가 좀더 기다린다면 상황은 스스로 명료해지고 환자 스스로 깨닫게 되는 것을 종종 본다. 또다른 요령은 환자에 관해서가 아니라 치료자 자신의 행동과 특성에 관해 이야기함으로써, 환자의 흥분을 가라앉히는 방법이다.

슈타이너(Steiner, 1994)는 분석가 중심의 해석과 환자 중심의 해석을 구분하였다. 그는 편집-분열적 자리에 깊이 빠져 있어서 자신의 두려움을 직면할 수 없는 환자들을 담아주는 방법으로서 분석가 중심의 해석을 권고한다. 단지 일시적으로 편집-분열적 자리에 머물러 있는 환자라고 할지라도, 치료자의 몰이해와 제한된 이해에 대해 환자가 갖고 있는 두려움을 고려하면서 조심스럽게 해석한다면, 환자는 그 해석을 좀더 받아들일 수 있는 것으로 느낄 것이다. 이러한 해석적 입장을 염두에 둘 때, 환자는 치료자가 특정한 마음의 상태를 감당하지 못할까봐 두려워할 뿐만 아니라 환자의 마음 상태에 직접 초점을 맞추지 못하고 오히려 환자를 오해할까봐 두려워한다고 말할 수 있다.

이러한 접근은 환자의 불안을 치료자로 대표되는 대상에게 옮겨놓으며, 따라서 안아주고 담아주는 대상의 능력에 주의를 집중시킨다. 치료자가 담아주지 못함으로 인해 환자가 치료자를 담아주는 인물로 내사할 수 없을 때, 환자는 자기의 요소보다 대상의 요소를 더 많이 흡수하게 되고, 따라서 환자는 치료자의 실제 현존에 지나치게 의존하게 되고, 치료자에게서 분리되거나 오해받는 것에 대해 심하게 걱정하게 된다. 그것은 환자의 자기 안에 꼭 필요한 기능이 결핍되어 있기 때문이다. 우리는 슈타이너(1994)의 생각이, 치료가 진행되는 동안 발생하는 자기와 대상 사이의 관계에 적합하도록 해석을 요령있게 그리고 시기에 맞게 사용해야 한다는 우리의 생각과 부합한다고 생각한다. 그의 이론에 관해서는 이 장의 뒷부분에서 좀더 논의할 것이다.

소극적 능력(negative capability)

비온(1970)은 분석가가 가져야 할 이상적인 마음 상태를 묘사하면서 소극적 능력이라는 용어를 사용하였다. 이 말은 존 키이츠가 셰익스피어의 시적 능력을 묘사하면서 "초조하게 사실과 이유를 찾지 않으면서도 불확실성, 신비, 회의 가운데 머물러 있을 수 있는" 능력이라고 한데서 빌려온 것이다(Keats; Murray, 1995, p. 261에서 재인용). 비온은 이러한 마음 상태를 중요하게 내세우면서 환자가 지금 여기에서 매순간 치료에 가지고 오는 자료에 대해 최대한으로 열려 있기 위해서 치료자는 **기억이나 욕망에 얽매이지 않은 상태**를 유지해야 한다고 가르쳤다. 치료자가 이론에 집착하게 되면, 그는 이론이 말하는 것만을 듣게 된다. 이전 치료시간에 환자가 한 말에 감정적으로 너무 매여 있으면, 치료자는 이미 들은 내용만을 듣고 이미 알고 있는 사실만을 배울 것이다. 이미 알고 있는 것을 가능한 한 완전히 내려놓을 때에야 비로소 치료자와 환자는 아직 모르는 것을 향해 마음을 열 수 있다. **사고할 수 없지만 알고 있는 것**(unthought known)은 그것에 관해 사고할 수 없으면서도 그것을 경험하는 것을 가리킨다(Bollas, 1987).

실제로 환자의 개인력이나 이전의 치료과정에 관한 내용을 전부 잊어버리는 것은 가능하지도 않거니와 바람직하지도 않다. 환자에 대해 아무런 바램—환자가 성숙하거나 환자의 자기 파괴적인 행동이 감소하기를 바라는 소망—도 갖지 않는다는 것 역시 불가능하다. 환자의 잠재적인 요소가 성숙할 수 있도록 연결을 짓고 안아주는 것 역시 치료자가 담당해야 할 중요한 역할이다. 치료자는 절대로 기억이나 욕망을 갖지 않아야 한다는 비온의 금언을 문자 그대로 따라야 하는 것은 아니다. 하지만 치료자는 알고 있는 것의 횡포에서 벗어나 매순간 자유롭게 새로운 것을 배우고, 이전에 경험하거나 이해하지 못한 것을 이해할 수 있기 위해서 이미 알고, 기억하고, 이해하고 있는 것들을 편안하게 내려놓을 수 있어야 한다. 우리는 또한 자유롭게 이전에 배운 것을 기억해서 새로운 것에 적용하며, 환자의 성숙과 변화를 촉진하기 위해 환자와 가졌던 이전의 경험과 현재의 경험을 연결시키고 관련짓는다.

기억이나 욕망 없이 듣는 자신만의 방식을 발견하기

치료자는 이전에 만난 환자와의 경험이나 치료자 자신이 살아온 삶에 대한 기억에서 완전히 벗어날 수도 없으며 또 그럴 필요도 없다. 그보다는 치료자 자신의 환상, 사고, 감정 변화 그리고 이전에 한 말에 대한 기억이 자유롭게 흘러나오도록 마음을 열어놓아야 한다. 치료자는 환자가 내놓는 자료에 대해 마음을 열어놓고 자유로운 주의를 유지할 수 있어야 하며, 예리하고 심도 깊은 반응이 촉발될 때까지 생각들이 마음속을 배회하도록 너그럽게 허용해야 한다. 치료자는 환자의 자료, 치료자 자신 그리고 치료작업을 위한 두 사람 사이의 공유된 공간을 오가면서 길을 잃어버릴 위험을 감수해야 한다. 물론 이런 식으로 향방 없는 상태에 머무르는 데에는 두려움이 뒤따른다: 왜냐하면 계속해서 길을 잃고 헤매기만 하거나 환자가 중요하다고 느끼는 무언가를 빠뜨릴 가능성이 늘 있기 때문이다. 치료자는 완벽하게 들으려고 해서도 안 되고, 유유자적하게 거닐면서 모든 것을 이해할 수 있다고 기대해서도 안 된다. 치료자 자신에게 제시되는 모든 것을 듣겠다는 의지를 내려놓는 것이야말로 오히려 깊은 것을 들을 수 있는 유일한 길이다. 이러한 유형의 듣기는 다른 사람들에 의해서도 묘사되고 예시된 바 있다(Bollas, 1987, 1989; Jacobs, 1991; D. Scharff, 1992; J. Scharff, 1992; J. Scharff and D. Scharff, 1994). 하지만 그것은 모방할 수 있는 것이 아니다. 데이빗 샤르프는 다음의 짧은 글에서 이상적인 것을 기억하거나 욕망하지 않으면서 듣고 사고하는 치료자 자신의 방식을 발견해야 한다는 사실을 이야기하고 있다.

타비스탁 클리닉에 있을 때 나(DES)는 당시 청소년 부서의 책임자이자 나의 슈퍼바이저였던 아더 하이얏 윌리엄스(Arthur Hyatt Williams)의 자유롭고, 아주 흥미로운 연상에 귀를 기울이곤 했다. 그의 연상은 항상 놀랍고도 아주 생생했는데, 흔히 키이츠나 셰익스피어 등의 문학 작품에서 인용한 구절들로 가득했고, 환자에 대한 새롭고도 생명력 넘치는 이해 방식을 갖게끔 자극했다. 나는 이것을 "분석가라면 마땅히 가져야 하는 사고방식"이라고 생각했다. 그리고 키이츠와 셰익스피어를 인용할 방법을 찾기 시작하였다. 그러나 불행하게도 그렇게는 되지 않았다. 나는 내가 이상화했던 그들에 비해 너무나 평범한 사람이요, 보잘것없는 존재라고 느꼈다.

나는 몇 년 후에야 하이얏 윌리엄스에게는 그 나름대로의 스타일이 있고, 나에게는 나 자신의 스타일이 있다는 걸 깨달았다. 나는 점차 나 자신이 되어야만 했다. 그러면서 나는 내면 세계가 외부 세계와 마찬가지로 상당히 평범한 자료들을 선택하지만, 그 자료를 사용하고 다른 자료들과 관련 짓는 방식에 있어서는 내가 생각해낼 수 없을 만치 비범하다는 사실을 깨달았다. 나는 평범한 일상으로 내려오면서, 자신의 방식을 찾은 하이얏 윌리엄스의 능력에 대해 좀더 자유롭게 찬사를 보낼 수 있었고, 그의 것에 대한 모방이 아닌 나 자신의 방식을 찾을 수 있었다.

치료자는 치료자 자신이어야 한다. 치료자는 사물을 보는 비범한 방식들을 따라 잡으려고 애쓸 필요가 없다. 환자들에게 그들 자신이 되도록 격려해야 하듯이 치료자는 자기 자신이 되는 것을 허용해야 한다. 치료작업이 순조롭게 진행되는 과정에서 치료자는 환자의 언어를 마음에 담게 되고, 그때 치료자의 강조점은 환자의 내면 세계 안으로 이행하게 된다. 그리고 환자와 공유한 문화적 측면들과 연결될 수 있게 된다. 그러나 만일 치료자가 마음속에서 문학이라고는 찾아볼 수 없는, 아이들을 키우는 일로 정신이 없는 환자에게 셰익스피어나 제임스 조이스를 읊어댄다면, 그는 환자와 만날 수 없을 것이다. 치료자는 자신의 자기를, 그리고 자신만의 어법을 사용해야 한다. 그래야만 자신의 진솔한 경험을 공유해가면서 환자의 모든 측면과 만나게 될 것이다.

갈등, 방어, 불안에 대해 경청하기

치료자는 어떤 한 가지 특정한 일에 관해 듣기를 기대하거나 구체적으로 질문하지 않는다. 그보다는 일반적인 내적 갈등, 과거에 반복되던 외적 침범의 유형, 환자의 이야기와 그림에서 발견되는 비일관성, 거듭해서 패배를 가져다 주는 취약성, 자기 파괴성에 대한 반발로 나타나 자신과 다른 사람을 돕는 건설적인 힘에 관심을 갖는다. 치료자는 이야기된 것에 대해 꿈, 행동으로 나타나는 급작스러운 충동, 환상, 또는 비로소 깨닫게 된 반복적이고 습관적인 행동 방식에 대해 환자가 어떤 연상을 떠올리는지 관심을 갖는다. 치료자는 어떤 것의 역사에 관해 묻거나 꿈이나 행동에 대한 연상에 관해 직접 물어봄으로써, 환자들이 사고방식을 넓힐 수 있도록 도와야 할 때도 있다. 그러한 질문 자체가 환자의 문제들에 대한 치료자의 관심을 전달할 수 있다. 치료자는 내적 갈등 그 자체와 불안에 대한 방어에 관심을 가지며, 환자들이 습관을 통해서 혹은 때때로 급작스러운 증상을 통해서 삶의 고통과 거리를 유지하는 방식에 관심을 갖는다.

꿈과 환상에 대한 작업

　치료자는 꿈과 환상에 대해 관심을 갖는다. 치료자는 무의식의 조직을 드러내는 환상—이를테면 자위나 백일몽에 수반되는 환상—과 개인을 이상을 향해 끌어당기는 동기로 작용하는 환상에 관심을 갖는다.

　분석가들은 꿈에 대해 작업하는 것을 특히 좋아하는 성향을 보여왔다. 꿈은 프로이트가 지적했듯이, 무의식에 이르는 **왕도**이다. 그러나 우리는 꿈을 욕망에 의해서 조직되고, 쾌락원리에 의해 지배되며, 일차 사고과정을 통해 표현된다고 본 프로이트의 관점을 더 이상 따르지 않는다. 페어베언은 꿈이 환자의 전체 심리내적 구조를 나타낸다고 말한다. 우리가 보기에 꿈은 치료자에 대한 환자의 이미지를 소통하는, 내적 대상관계의 프랙털이다. 클라인 학파에서는 꿈을 **전체 상황으로서의 전이**를 이해하는데 결정적인 도움을 주는 것으로 보았다(Joseph, 1985). 데이빗 샤르프는 개인치료에서 환자가 처한 상황의 전체성을 의사소통하는 꿈의 역할에 대해 깊이 있게 논의했으며, 또 꿈이 가족치료에서 가족 성원들 간의 의사소통을 촉진하는 역할을 갖는다는 사실을 밝혀주었다(1992).

같은 원리가 환상에 대한 분석작업에도 적용될 수 있다; 환상은 외적인 상호작용을 인식하고, 반응하고, 수정하는 환자의 내면 세계를 나타낸다. 우리는 모든 형태의 환상을 중요하게 취급하며, 환자와 갖는 전체적인 관계 안에서 이러한 환상들을 이해하려고 한다.

우리는 꿈과 환상을 전체 상황—환자의 심리내적 구조, 치료 밖에서의 환자의 관계, 전이 역전이 관계—안에서 가장 잘 이해할 수 있다고 생각하기 때문에, 우리의 꿈 작업에 관해서는 본 장의 후반부와 임상적인 내용을 다루는 다른 장에서 좀더 다룰 것이다.

내적 대상관계의 유형을 이해하기

치료자는 또한 많은 사건들로 이루어진 대상관계의 역사에 관심을 갖는다. 치료자는 환상이나 일련의 꿈속에 나타나는 관계 유형을 조사한다. 그러한 관계 유형이 과거의 관계들과 어떻게 연결되어 있는지에 관해 생각하기를 좋아한다는 사실을 환자에게 전달하며, 때로는 그러한 연결에 관해 구체적으로 질문하기도 하는데, 그것은 그렇게 함으로써 그 관계 유형이 어떻게 진전되었는지에 관한 느낌을 환자와 공유할 수 있기 때문이다. 환자의 과거에 대한 보고 내용은 단순한 과거사만이 아니라 계속되는 관계 유형의 전형을 보여준다. 과거의 관계와 사건들은 환자의 과거사에 관한 것인 양 묘사되지만, 그것들은 사실을 정확하게 반영한 것일 수도 있고 그렇지 않은 것일 수도 있다. 환자가 치료자에게 말하고 있는 것은 현재 환자 자신의 내면에 있는, 내적 대상관계가 조직화된 것이다.

요컨대 치료자는 환자들에 관한 거의 모든 것에 관심을 갖는다. 환자들의 관심이 밀려왔다가는 빠져 나가는 것에, 주의가 이곳 저곳으로 옮겨다니는 것에, 사고의 리듬에, 그리고 이것들이 치료자에게 미치는 영향에 관심을 갖는다. 치료자의 의식은 이러한 관심들을 한꺼번에 담아둘 수 없기 때문에, 초점적인 경청을 포기하고 총체적인 경청을 선택해야 한다. 치료자가 되기 위해 훈련받고 있는 수련생은 개인치료와 정신분석 그리고 사례지도와 독서를 통해 이 분야에서 축적된 경험을 전수 받을 수 있으며, 의식과 무의식 모두의 영역을 항해할 수 있도록 안내 받을 수 있다.

전이와 역전이에 대한 작업

전체 상황으로서의 전이

우리는 1장에서 전이를 이론적으로 폭넓게 다루었으며, 사례를 제시하고, 전이 지형도를 사용하여 환자에 대한 치료관계의 의미를 묘사해보았다. 하지만 전이 지형도를 너무 드러내놓고 사용하는 것은 매 순간 방어를 분석하는 것과 같이 치료에 걸림

돌이 될 수 있다. 즉 그러한 행동은 우리의 듣는 능력을 저해할 것이다. 우리는 전이를 핵심적인 요소라고 간주한다. 우리는 전이를 치료자에 대한, 치료에 대한, 그리고 일반적인 삶에 대한 환자의 전체 관계를 특징짓는 **전체 상황**으로 이해한다(Joseph, 1985; Klein, 1952). 따라서 우리는 마음을 열어놓고 경험을 받아들이고, 우리 자신의 연상을 포함시키고 환자에 대해서 뿐만 아니라 우리 자신의 내면에 귀를 기울임으로써 환자에 대한 우리 자신의 총체적인 반응에 주목하면서 역전이를 **통해서** 듣기를 원한다. 의식적 및 무의식적 경청과 그 내용에 대한 처리과정은 대상관계 심리치료와 정신분석 치료의 핵심을 이룬다. 하나의 사례만 가지고는 이러한 과정이 지닌 복잡성과 자발성, 변화무쌍함을 적절하게 전달할 수 없다. 이 책 전체에 실린 다양한 사례들을 통해서 치료과정에 대한 인상적인 그림을 얻을 수 있기를 기대한다.

치료자의 자기를 사용하기

역전이를 정확하게 어떻게 처리하는지를 묘사하기란 몹시 어렵다. 우리는 사례지도에서 역전이의 사용에 대해 가르칠 때, 수련생이 환자에 대해 갖는 정서적인 반응이 어떤 것인지를 검토한다. 역전이는 외부 행동이나 관계에서 그 징표가 드러날 수도 있지만, 치료자 내면에서 일어나는 일이기 때문에 비디오 화면으로 역전이를 보여줄 수는 없다. 따라서 우리는 이 장이나 이 책 전체에서 제시되고 있는 임상 사례 안에 우리의 반응을 포함시켰다. 우리는 어떤 반응이 환자에 대한 실제 반응인지 또는 그 반응이 환자와 아무런 상관없이 우리 자신에게서 나온 것인지 미리 판단하지 않은 채, 환자에 대한 우리의 반응을 인식하려고 노력한다. 우리가 지향하는 바는 환자의 대상관계와 우리의 내적 대상관계 사이에서 공명이 일어나는 것이며, 따라서 우리는 이해에 도달하기 전에 이 둘을 분리시키지 않으려고 노력한다.

우리는 우리의 감정이나 생각이 자동적으로 환자 또는 환자와 우리의 관계에 관한 진실을 나타낸다고 생각하지 않는다. 이를테면 우리가 환자에게 화가 나거나 분노 감정을 느끼거나 성적인 흥분을 느낄 때, 그것을 직접적으로 말하는 경우는 거의 없다. 우리는 이것을 사고와 내적 분석의 시발점으로 삼아 이것이 의미하는 바를 조용히 생각하면서 감정을 걸러낼 것이다. 그리고 나서 우리가 이것으로부터 무언가를 만들어낼 수 있다면, 그것에 관한 이런 저런 이야기를 할 것이다. 우리는 투사적 동일시를 통해 우리 안에 집어넣어진 환자의 분노에 관해 말할 것이다. 아니면 분노보다는 슬픔에 관해 말할지도 모르겠다. 보통은 환경 전이가 공고해진 후에야 비로소 분노나 성적인 흥분에 관해 직접적으로 말할 것이다. 우리가 환자에 대해 적대적이거나 자기를 정당화하는 입장이 아니라 환자가 처한 곤경이라는 입장에서 환자를 이해하고 있다는 사실이 인정될 때에야 그렇게 말할 수 있다. 우리는 환자가 자신의 삶에 관해 작업하는데 있어서 전이와 역전이에 관한 정보를 가치있는 것으로 받아들이게 되었을 때에만 그 정보에 관해 직접적으로 말할 것이다.

심리치료와 분석에서 자발성이 담당하는 역할에 관해 논의한 몇몇 논문들에서는 갑자기 치료자의 침묵을 뚫고 떠오르는 생각들이 치료적 침체상태를 타개하고 새로운 이해를 던져준다고 밝히고 있다(Symington, 1983). 우리는 이러한 일이 실제로 벌어진다고 믿고 있으며, 이와 같은 자발성이 경직된 치료를 되살려내는 경우가 고전적 수련방식에서 인정하는 것보다 훨씬 더 많다고 생각한다. 그러나 어떤 자발적인 발언은 환자의 약점을 건드리거나 공감의 실패를 가져올 수 있기 때문에 우리는 자발적인 발언의 가치에 대해 의문을 품게 될 수도 있다. 그러면서도 우리는 너무나 자주 불쑥 어떤 말을 하게 되는데, 대체로 그 말이 크게 도움이 되는 것을 경험한다. 우리가 지지하는 것은 자발성과 사려 있는 말, 이 두 가지가 과대 평가되지 않은 채 서로 번갈아 가면서 가치 있는 것으로 인정되는 방식이다. 그래야만 치료자가 불쑥 내던진 말이 미치는 영향을 검토할 수 있고, 치료가 교착상태에 빠졌음을 인정할 수 있으며, 따라서 치료자가 감정 분출에 마술적으로 의존하지 않을 수 있다.

전이/역전이 관계의 전개

우리는 치료시간마다 전이와 역전이에 관해 작업할 뿐만 아니라, 시간이 지남에 따라 **전이와 역전이가 전개되는 양상을** 관찰하기를 원한다. 치료기간 동안 환자들이 변화됨에 따라 그리고 환자들이 자신들에 대한 우리의 감정과 태도를 경험함에 따라, 우리에 대한 그들의 태도가 변화한다. 이처럼 변화하는 역전이는 우리가 환자에 대해 갖는 감정과 이해의 총체적인 패턴으로 이루어져 있다. 우리가 이러한 전이와 역전이의 전개과정에 눈과 귀를 열어놓는다면, 그것은 환자 자신들과 그들이 관계 맺는 능력과 그 능력을 통한 성숙과 변화를 보여주는 지표가 된다.

침묵을 관용하고 이해하기

　대상관계 치료 및 분석에서 치료자는 종종 짧거나 긴 침묵을 견딜 수 있어야 한다. 말을 하지 않고는 단 몇 초도 가만히 있지 못하는 환자가 있는가 하면, 간간이 침묵했다가 말을 이어가는 환자도 있고, 몇 주나 몇 달 내내 한마디도 하지 않는 환자도 있다. 물론 침묵을 다루는 일정한 방식이 있는 것은 아니다. 실제로 또다른 형태의 의사소통이자 대화의 중단이기도 한 침묵을 위협하지 않는 것 외에는 침묵에 관해 아무 것도 할 필요가 없다. 우리의 마음은 환자와 치료에 대한 이런 저런 생각들로 인해 종잡을 수 없을 것이다. 우리는 침묵을 깨고, 침묵이 의미하는 바에 관해서 마음에 담고 있는 것이나 추측하고 있는 것을 물어볼 수 있겠지만, 환자로 하여금 이야기하도록 만들어야 하는 책임이 있는 것은 아니다. 실제로 어떤 환자들은 오랫동안 침묵하고 난 후에 침묵을 허용해 준 것에 대해 고마워하며, 자신들이 누군가 앞에서 침묵할 수 있다는 사실을 통해서 자신들에게 커다란 변화가 일어났음을 확인하기도 한다. 그들은 그동안 참 자기에 반하는 방식으로 대인관계의 공간을 채워야 한다고 느꼈기 때문에 끊임없이 말을 했던 과거의 패턴에서 자유로워진 것이다.

　침묵이 장기간 지속될 때 우리는 우리 자신에 관한 생각에 몰두하는 것을 통해서 환자로 하여금 말을 해야만 한다는 의무감에서 자유롭게 할 수 있다. 때때로 환자들은 우리에게 치료에 관한 생각을 말끔히 비워버리기를 요구하며, 그런 생각에서 벗어나 그들에게 아무 것도 바라지 않기를 요구한다. 그러나 성실한 치료자라면 이런 식으로 마음을 모두 비우기란 쉽지 않을 것이다. 우리는 이러한 경우에는 환자와 꼭 같이 조용히 앉아서 그림을 그리거나 책을 읽는 것이 도움이 된다는 사실을 발견했다. 환자가 계속 치료를 받으러 오지만 상당 기간 동안, 이를테면 잇따라 몇 회기 또는 회기의 대부분을 침묵할 때, 우리는 그에게 비록 우리가 아무 말도 하지 않는다 하더라도 그와 함께 있을 것이며, 기꺼이 반응해 줄 수 있고 또는 그냥 그대로 있을 수도 있다고 말해 줄 것이다. 그때 우리는 각 면담시간의 일부를 환자와의 관계가 전개되는 양상을 내적으로 검토하고, 매번은 아니라 하더라도 때때로 침묵의 의미에 대해 그리고 우리 마음속에 떠오른 것에 대해 말하면서 보낼 수 있을 것이다(10장의 모레일 씨 사례 참조).

표면적인 피드백: 명료화, 관련짓기, 지지, 조언

우리의 말은 단순한 언어적 메시지 이상의 영향력을 가지고 있다. 우리가 어떻게 말하는지, 우리가 어떤 일에 관해 말하는지, 우리가 진술하는지 아니면 질문하는지, 그리고 우리의 침묵, 몸짓, 어조, 만났을 때의 표정 등은 모두 환자로 하여금 우리의 내적 대상관계를 경험하게 해준다. 우리가 사용하는 언어와 말은 환자의 삶과 치료관계 안에서 발생하는 사건과 힘들에 관한 우리의 생각을 환자에게 전달해 주는 매체이다. 우리는 치료자의 말을 풍자할 때 흔히 사용되는 "흐음"이라는 단순한 말에서부터 시간이 흐름에 따라 전이와 대상관계 역사에 기초하여 환자의 초기 상황을 발생론적으로 재구성한 고차적인 말에 이르기까지, 여러 수준에서 말할 수 있을 것이다. 우리는 어떤 수준의 언어적 상호작용도 경시하지 않으며, 각 수준의 말이 환자에게 어떻게 받아들여질지 숙고해 보길 원한다.

가장 단순한 수준의 말은 단지 치료자가 거기 있으면서 주의를 기울이고 있음을 전달한다. 때로는 할 말이 없을 수도 있다. "흐음"이라는 말은 이러한 사실에 대한 표현이거나, 놀라움이나 모호성에 대한 표현일 수도 있다. "그렇군요!"와 같은 말이나 환자가 말한 내용을 반복하는 단순한 질문이나 언급은 치료자가 현존하고 있으며, 또 경청하고 있음을 확인해 준다. 환자가 말하고 있는 내용을 요약해 주는 말도 있다. 그런가 하면 의미가 무엇인지 명료화하거나 통찰을 제공하지 않으면서, 일련의 사고가 지닌 함축된 의미를 향해 나아가도록 도와 주는 말도 있다. 분석가는 "아내가 화가 난 것과 당신이 직장에서 일이 손에 잡히지 않는 것과 관련이 있는 것 같군요"라고 말하거나, 두 가지 감정 또는 감정과 사고가 서로 조화되지 않음을 지적함으로써, 환자가 통합하지 못한 것들을 서로 관련지을 수 있도록 도와 줄 수도 있다. 관련을 지어 주는 말은 이해에 도달하는데 특히 중요하다.

지지와 조언은 상담이나 교육, 사례지도의 일부분을 이루는 열등한 위치로 밀려났으며, 정신분석적 접근의 일부로 간주되지 않는다. 사실 지지와 조언은 분석 작업에 힘을 실어주지 못하지만, 그렇다고 분석 작업에 해로운 것은 아니다. 현대 치료자들이나 분석가들은 대부분 작업하면서 가끔씩 지지나 조언을 제공한다. 다만 이러한 사실에 관해 이야기하지 않을 뿐이다. 이를테면 성치료를 받고 있는 한 환자는 그의 치료를 담당한 고전적인 분석가가 경미하지만 계속되는 고환의 불쾌감을 치료하기 위해 사각 팬티 대신 삼각 팬티를 입는 게 어떻겠냐고 제안하였을 때 많은 도움을 받았다고 보고했다. 이러한 제안은 분석 작업을 침해하지 않으며, 환자들은 이를 치료자가 자신에 대해 관심을 갖고 있다는 증거로 기억하는 것 같다. 때로 환자가 힘든 시간을 보내고 있음을 알아주거나, 소나기를 만난 사람에게 우산을 빌려주거나, 차가 고장난 사람에게 전화를 빌려주는 것은 분석 과정을 침해하지 않는다. 도움을 거절하는 것 역시 이상적인 중립성을 깨뜨리는 일이다. 많은 환자들이 자녀 양육에 관한 간단한 조언이나 부가적인 치료에 대한 권유, 심지어 건강 문제로 의사를 만나보라는 치료자의 권고를 자신에 대한 관심의 증거로 받아들인다. 그리고 이것은 치료과정에 안정감을 더해 주고 분석 작업을 유지해 주는 효과를 갖는다. 하지만 한번 조언을 받은 일을 더 많은 조언을 구하는 구실로 삼는 환자들도 있다. 이때는 자기를 방어하는데 도움이 되는 특정한 형태의 대상관계에 대한 갈망을 충족시키기 위해 환자가 치료를 다른 어떤 것으로 바꾸려 한다는 점을 해석해 주어야 한다. 우리가 무엇을 말하고 행동했는지 그리고 이것이 환자에게 어떤 의미로 전달되었는지를 더듬어 본다면, 위급한 상황이나 특별한 요청에 대해 자연스럽게 반응하는 일에 자유로울 수 있을 것이다. 이 책의 7장에서는 단기치료의 경우 지지적인 경청에 의해 제공되는 타당화(validation)를 중심으로 많은 작업이 이루어지고 있음을 보여줄 것이다.

심층적 피드백: 해석

심층적인 치료작업에서는 방어, 불안, 무의식 환상, 내적 대상관계의 역동, 전이 등에 대한 해석이 제공된다.

전이-역전이 해석과 실연

전이-역전이의 실연(enactments)은 환자와 치료자가 자신들의 무의식 안에 깊이 뿌리내린 대상관계 유형을 따라 행동할 때 일어난다. 실연에서 기억 내용은 의식적으로 회상되지 않고 반복된다(Freud, 1917). 우리는 이러한 반복강박이 죽음 본능 때문에 발생하는 것이 아니라고 생각한다. 또한 기억 내용이 기억만으로 남아 있지 않고 현재의 존재 방식이자 미래 경험의 모델이기도 한 정신 구조로 조직화된다고 생각한다. 이러한 구조는 환자가 자신의 내적 대상관계를 분석가 안으로 투사할 때 실연된다. 이러한 환자의 내적 대상관계에 대해 분석가의 내적 대상 구조가 전적으로 일치할 때 환자들은 그 결과로 나타나는 상호작용 유형을 인식하지 못한다. 이때 치료자는 자신의 스타일 안에서 환자의 질병 속으로 빠져들게 된다. 전이-역전이 실연은 치료자에게서 환자 자신의 자기 및 대상의 부분과 흡사한 반응을 유발하도록 되어 있는 무의식적인 계획에 따른 것이다. 그러나 그러한 실연 그 자체로는 치료 효과를 갖지 못한다. 실연은 치료자가 환자가 기대한 바와 같지 않을 때 그리고 치료자가 환자에게 교정적인 정서 경험을 제공할 때 활동을 멈추게 된다. 치료자가 다시 중립적인 입장으로 돌아가서 일어난 일에 관해 분명하게 성찰할 때 비로소 전이-역전이 실연의 경험은 유익한 것이 된다(Chused, 1996). 그리고 나서 명료한 인식이 점점 떠오를 때, 치료자는 공유된 내적 경험으로부터 이러한 사건에 관해 의미있게 해석할 수 있고, 실연하는 대신 사고하고 이해할 수 있게 된다.

최상의 해석은 간결하고 이해하기 쉽게 제시되는 해석이다. 좀더 복잡하게 말해야 할 경우에는 작은 부분들로 나누어서 설명하는 것이 바람직하다. 장황한 이야기는 잘 이해되지 않는 경향이 있다. 하지만 어떤 특정 양식의 말하기가 특정한 환자에게 가장 잘 전달된다는 분명한 규칙이 있는 것은 아니다. 실연된 것에 관한 논의는 전개되는 전이에 관한 해석적 대화의 일부가 되며, 환자가 지금 처해 있는 상태와 치료과정에서 도달하려고 하는 상태에 대한 치료적 언급을 위한 재료가 된다.

해석의 효과는 부분적으로 해석이 얼마나 요령있게 제시되는가에 달려 있다. 이 장 앞부분에서 살펴보았듯이, 슈타이너(1994)는 환자의 경험에 초점을 맞추거나 치료자에 대한 환자의 경험에 초점을 맞추는 해석의 역할에 관해서 논의했는데, 그는 이러한 초점을 가진 해석이야말로 해석의 메시지가 가질 수 있는 영향력을 결정한다고 주장하였다. 우리가 여기에 덧붙이고 싶은 내용은 환자와 치료자, 또는 두 사람 사이의 공간 안에 담겨 있는 경험의 위치를 밝혀주는 전이 지형도를 사용하는 것 역시 이러한 해석 활동에 유용한 지침이 된다는 사실이다. 전이 지형도가 지닌 다른 측면들 또한 환자의 정신 안에서 치료적 개입에 가장 열려 있는 영역이 어디인지를 판단하는데 유용하다. 즉 지금-여기에서의 전이에 대한 직접적인 해석이 적절하지 않을 때, 해석이 공유하는 경험을 명료화해 줄 때, 그때-여기에 대한 해석이 도움이 될 때, 혹은 그때-거기나 지금-거기에 좀더 초점을 맞추는 것이 최선일 때 등을 제대로 판단하는데 사용할 수 있다.

아래에서 제시되는 짧막한 사례는 환자의 그때-거기 전이와 지금-여기 전이를 결합하고, 그때-여기 전이를 이해하는데 분석가의 역전이가 어떻게 사용되는지를 보여주는 전이 해석의 사례이다.

망쳐버리기와 관련된 전이 사건의 해석

마리안느는 나(DES)에게 자신의 외가에 대해 흥미로운 이야기를 해주었다. 어머니가 암으로 고통받은 일에 관해 이야기한 적이 있는 그녀는, 이번에는 다치거나 아픈 사람들의 이야기를 늘어놓기 시작하였다. 그녀는 카우치에 누운 채로 갑자기 주변을 둘러보더니 화를 내며 물었다. "내 말 듣고 있어요?"

나는 그녀가 그런 식으로 긴장된 순간을 야기한데 대해 깜짝 놀랐다. 나는 그녀에게 어째서 내가 듣고 있지 않다고 생각하느냐고 물었고, 그녀는 내가 그녀를 보고 있지 않았기 때문이라고 대답했다. 나는 바닥을 응시하고 있었다.

나는 어느 때보다도 잘 경청하고 있을 때, 내가 듣고 있지 않다고 생각한 이유를 모르겠다고 말했다. 나는 혹시 그녀가 꼭 원했던 것을 얻으면, 그것을 곧 망쳐버리곤 하는 것은 아닐까 궁금해졌고, 그 점에 대해 물어보았다.

그녀는 그렇다고 대답했다. 그녀는 어머니가 암으로 고생하고 있는데, 자신은 치료자에게서 너무 많은 것을 얻고 있어서 죄책감을 느낀다고 말했다. 그녀는 어렸을 때도 무언가를 얻으면 죄책감을 느꼈는데, 그때도 어머니가 몹시 불행해 보였다고 회상했다. 그녀의 어머니는 딸이 얻은 것에 대해 불쾌한 감정을 사용해서 그것을 망쳐버리곤 했다고 말했다.

나는 이제 그녀 자신이 그러한 행동을 하고 있으며, 현재 갖게 된 좋은 기회들을 망쳐버림으로써 그녀의 내면에서 망쳐버리는 어머니를 계속해서 유지하고 있다고 말했다.

행동을 통한 해석

가장 중요한 해석의 일부분은 말이 아니라 행동으로 표현된다. 치료자는 때로 말만 가지고는 적절하게 전달될 수 없는 메시지를 행동을 통해 전달한다. 그것은 치료적 틀에 대한 신뢰와 존중을 실천하고 행동하는 것을 의미한다. 종종 환자는 그러한 메시지를 경험하기 전까지는 말로 표현하는 것이 불가능할 수 있다. 이를테면 유난히 요구가 많은 환자가 치료자에게 시간을 연장해달라고 조른다면, 치료의 틀을 바꾸는 것이 좋지 않은 이유에 관해 말하는 것만으로는 충분하지 않을 수 있다(이러한 점에 대해서는 평가면담 시간에 이미 설명했을 것이다). 이때 치료자는 치료를 제시간에 마치는 것을 고수함으로써 어떤 반응을 유발시킬 수 있을 것이다. 그리고 그 반응은 그것에 수반되는 정서와 그것에 내재된 대상관계가 분석될 수 있는 기회를 제공한다. 일반적으로 행동을 통한 해석은 말이 이미 영향력을 잃어버려서 좀더 극적인 충격이 요구될 때 행해진다(10장의 모레일 씨 사례 참조).

이유를 나타내는 절(節)

1950년대부터 1970년대까지 타비스탁 클리닉의 자문 위원이었던 헨리 에즈리엘(Henry Ezriel)은 환자의 내적 대상관계에 관해 말해 주는, 완성된 해석이 이상적인 해석이라고 기술하였다(1950, 1952). 그는 개인치료와 집단치료에 관한 강의에서 치료자는 환자가 요구하는 관계와 회피하는 관계, 그리고 두려워하는 재앙을 이해하고 나서 해석해야 한다고 말했다. 이를테면 환자는 흥분시키는 대상관계를 사용하여 거절하는 대상을 더욱 억압할 수 없다면, 박해자에 의해 자기를 잃게 되는 재앙이 뒤따를까 봐 두려워할 수 있다. 에즈리엘은 한걸음 더 나아가 완성된 해석이란 분석가를 향한 전이 욕망에 초점을 맞춘 것이어야 한다고 보았다. 그는 환자가 자신이 두려워하는 치료자와의 또다른 존재 방식을 인식하지 않기 위해서 치료자에게 이런 저런 것을 요구한다고 해석했다. 왜냐하면 그러한 존재 방식에 대한 인식은 환자가 초기 경험에서 느꼈던 것과 같은 재앙을 유발할 수 있다고 느껴지기 때문이다. 이렇게 해서 에즈리엘의 해석은 **이유를 나타내는 절**(the because clause)이라는 이름을 얻게 되었다. 페어베언의 견지에서 보자면, 에즈리엘은 하나의 억압된 관계가 다른 억압된 관계를 더 억압하지 않으면, 억압되었던 내용이 분출할 것이라고 느끼는 중심 자아의 불안에 관해 서술하고 있는 셈이다.

우리는 에즈리엘이 말한 "이유를 나타내는 절"이 지닌 설명력에 깊은 인상을 받았다. 하지만 우리는 그것을 공동 작업을 안내해 주는 하나의 태도로서 간주할 수는 있지만, 완벽한 상담이라고 간주하지는 않는다. 우리는 치료자가 전체적이고 완전한 해석적 메시지가 형성되기 전까지 절대로 해석하지 말고 기다려야 한다고는 생각하지 않는다. 왜냐하면 우리가 계속해서 말해왔듯이, 이해는 치료자와 환자의 공동 노력을 통해서 발생하는 것이기 때문이다. 우리는 환자에게 이렇게 말할 것이다. "당신은 자신을 속이고 고통스럽게 만드는 이러한 일을 하고 있습니다. 그 **이유는 그렇게 함으로써 당신이 좀더 고통스러운 것에서 보호받기 위해서입니다.**" 일단 좀더 고통스러운 것이 무엇인지 발견하게 되면, 우리는 보다 깊은 수준에서 무의식적으로 기대되는 재앙이 의미하는 바가 무엇인지를 함께 규명할 수 있게 된다. 흔히 환자들은 자신들이 달리 행동한다면, 아무도 자신들을 사랑하지 않을 것이라고 느끼기 때문에 반복해서 자기 파괴적인 행동을 한다; 그들은 자신들이 어쨌든 사랑받지 못한다고 느끼기 때문에 스스로를 돌보지 않으면 안 된다고 생각하는데, 이러한 생각은 다른 사람들을 그들로부터 쫓아낸다; 또는 그들은 착취당하고 수탈당하거나 미치게 될까봐 두려워한다. 환자들은 자신들이 필요로 하는 관계를 회피하는 행동을 하게 만드는 맥락을 이해하게 될 때 상당한 안도감을 느끼며, 이때 비로소 고통스런 두려움에 관한 해석을 받아들일 수 있게 된다. 만일 우리가 환자들이 어떻게 그리고 어째서 그런 식으로 행동할 수밖에 없는지 이해할 수 있다면, 그들은 앞으로 그런 관계 방식으로부터 자유롭게 될 것이다.

해석이 틀리거나, 치료가 중단될 위험에 처하거나, 확신이 서지 않을 때

해석이 틀렸을 때

우리의 스승 중 한 사람은 해석하는 주된 이유 중 하나는 분석가가 틀릴 수 있음을 보여주기 위한 것이라고 말한 적이 있다. 우리는 우리가 틀릴 수 있음을 의도적으로 보여줄 필요는 없을 것이다. 하지만 우리가 틀릴 수 있으며, 오해하거나 해석의 시기를 잘못 잡을 수 있다는 사실을 두려워할 필요는 없다. 우리는 환자보다 더 많이 알지 못한다는 사실에 대해 마음을 열어놓을 필요가 있다. 무엇보다 우리가 탐색하는 것은 그들의 내면 세계와 그들의 삶이며, 우리가 사용할 수 있는 모든 증거는 그것들에서 온 것이다. 그들이 우리의 잘못을 바로잡아 주는 것은 부끄러운 일이 아니다: 그러한 행동에 대해 마음을 열어놓는 것은 그들에게 하나의 모델이 될 수 있다. 이렇게 잘못을 바로잡는 데까지 작업해 나아감으로써, 또 함께 이해하고 있다는 느낌을 키워감으로써 그들과 함께 하고 있음을 보여줄 수 있다. 어떤 이론이 맞던 그르던 간에 그것을 강요하고 그것이 옳다고 고집할 때, 우리는 이해에 도달하지 못할 것이다. 해석이 틀려서 이해 방식을 기꺼이 재고하는 일은 협동과 공동의 이해를 형성하는데 필요한 기본 재료이다. 그리고 이 협동과 공동의 이해는 모두 우리가 중요하다고 생각하는 기법의 핵심을 이루는 것이다.

치료를 중단하겠다는 위협을 받을 때

어떤 환자들은 계속 치료를 받는 것이 필요한데도 치료를 그만둔다. 다른 환자들은 치료를 그만두고 싶다는 느낌을 통해서 분석되어야 할 다른 욕구들을 드러낸다. 장기치료나 정신분석을 끝까지 유지하면서도 매번 그만두고 싶다고 말하는 환자들도 있다. 치료자는 치료를 결렬시키는 요소를 분석하기를 두려워할 수도 있다. 그러나 이때 요구되는 것은 그러한 요소를 계속해서 분석하는 일이다. 우리는 환자들에게 치료를 계속 받으라고 요구할 수는 없지만, 그들이 행동에 옮기려는 욕구의 의미를 생각해 보기 위해 치료의 중단을 미뤄 보자고 제안할 수 있으며, 그들이 우리와 함께 하는 한 우리는 계속해서 분석하고 해석할 수 있다.

안젤라는 분석을 시작한지 이 년째 접어들었을 때 치료를 그만두고 싶다는 의사를 처음으로 밝혔다. 그녀는 분석가가 관심을 기울여주고 있음을 알았지만, 그것이 아무런 도움이 되지 못한다고 느꼈다. 그녀는 문제가 있는 남자와 결혼해서 학대를 당하다가 이혼 수속을 밟고 있었고, 그런 이유로 자녀를 적절하게 보살필 수 없었다. 그녀에게 분석은 돈과 시간만 낭비할 뿐이라고 느껴졌다. 치료를 그만두고 싶다는 그녀의 소망을 처음으로 검토하면서 나(DES)는 내가 원하는 것보다 과잉으로 반응하였다. 나는 그녀에게 분석이 어려운 결혼생활을 풀어나가는데 도움이 되지 못한 일로 그녀가 화가 나 있고, 이전보다 상실감과 외로움을 더 많이 느끼고 있으며, 몇 가지 일로—내가 그녀의 처지를 이해해 주지 못하고, 그녀가 갖지 못한 것을 가지고 있으며, 최근 휴가를 다녀온 일—나에게 벌을 주고 있는 것 같다고 말했다. 그리고 그녀에게 아직은 치료가 필요하다는 사실을 우리 두 사람 모두 알고 있다고 말했다.

그녀는 눈물을 흘리며 계속 치료받기로 하였지만, 나는 아이처럼 떼를 쓰면서 그녀를 억지로 남아 있게 한 것 같아 죄책감을 느꼈다. 몇 달 후에 그녀가 다시금 치료를 중단하겠다고 위협했을 때, 나는 치료를 받아야 할 필요성을 상기시키면서 그녀를 위협하지 않으면 그녀가 치료를 계속 받지 않을 것이라고 여겼던 이전의 나의 느낌이 유아적인 것이었음을 회상할 수 있었다.

나는 그녀가 내게 그만두겠다고 말했을 때, 내 마음속에 부모가 떠날까봐 두려워하며 함께 머물러 있기를 바라는 유아적 소망이 불러일으켜졌다고 말했다. 그녀는 자신의 부모가 이혼한 사실에 관해 말했고, 부모님의 이혼이 자신에게 책임이 있는 것처럼 느낀다고 말했다. 아버지가 유럽으로 출장 갈 때 그녀를 데리고 간 적이 있는데, 그는 그때 드러내놓고 바람을 피웠고, 저녁이면 그녀를 데리고 새로 사귄 친구와 즐기기 위해 나갔다. 여행에서 돌아왔을 때 어머니는 아버지의 행동에 관해 물었고, 안젤라가 어머니의 의심을 확인해 주었을 때, 어머니는 아버지를 밖으로 내쫓았다. 그 뒤로 몇 년 동안 안젤라는 아버지를 보지 못했다. 지금 그녀는 이것을 나에게 이야기하면서 비밀을 드러내면 나도 아버지처럼 그녀의 삶에서 떠나버릴 것 같다고 느꼈다. 다른 한편으로, 그녀가 나를 떠나겠다는 위협은 그녀를 버리고 떠난 아버지와의 동일시를 행동으로 옮긴 것으로서 내게 유기 불안을 가져다 주었다.

    이후 분석에서 그녀는 몇 차례 더 그만두고 싶다고 위협하였으나 그 의미는 매번 달랐다. 그제서야 나는 그러한 행동이 이해를 필요로 하는 감정상태나 기억을 가리킨다는 사실을 받아들일 수 있었다. 나는 불안해 하지 않고 침묵을 지킴으로써 이러한 확신을 그녀에게 전달하였고, 그때 그녀는 그러한 행동의 배후에 있는 의미를 찾으려고 하였다. 처음에는 그녀가 발견한 것을 나누기를 꺼려했는데, 그 이유는 그녀가 그것을 말하면 내가 떠날지도 모른다는 두려움 때문이었다. 차츰 그만두고 싶다는 말 뒤에 숨은 수수께끼가 풀리면서 그녀는 나와 좀더 이야기를 나눌 수 있었다. 뒤이은 질문을 통해 그녀는 내가 "좋은 분석가"이며 자신은 "가망 없는 환자"이기 때문에 치료를 그만두어야겠다고 생각한 사실이 드러났다. 그녀는 자기 파괴적인 방식으로 흥분시키는 대상인 아버지를 갈망하면서 화가 난 어머니 곁에 머물러 있다고 느꼈다. 그녀는 이혼 후에 어머니가 보여준 신뢰와 지지를 간과해

버리고 어머니는 성질이 사납다는 점을 강조했으며, 어머니를 나쁘고 거절하는 대상으로 경험하였다. 아버지를 흥분시키는 대상으로, 또 어머니를 거절하는 대상으로 지각하면서 계속해서 분열을 유지하고 있는 탓에 그녀의 중심 자아에 양분을 공급해 줄 수 있는, 좋고 이상적인 대상을 갖지 못했다. 따라서 그녀는 거절하는 대상인 어머니를 주로 동일시하였고, 이 때문에 그녀 자신에 대한 그녀의 감정은 나쁘고, 적대적이고, 우울했다. 치료를 중단하는 것은 그녀의 분열된 부분들을 위해 대상과 자기를 애도하고, 복구하면서 충분히 좋은 엄마인, 안정된 엄마를 동일시하지 못하는 절망감을 나타내고 있었다.

장기간에 걸친 치료의 후기 단계에서 안젤라는 치료를 그만두는 것에 관해 양가감정을 느꼈다. 그녀는 두 번째 결혼에서 아주 많이 좋아진 모습을 보여주었지만, 그 결혼은 많은 것을 양보한 결혼이었다. 그녀는 상실한 것들을 애도하면서 나쁜 대상에 매여서 얼마나 자신의 잠재력을 충분히 발달시킬 수 없었는지에 관해 이야기했다. 물론 그녀는 자신의 생활을 향상시키거나 퇴보시키는 방식에 대해 통찰을 가지게 되었으며, 전반적으로 좀더 행복해졌고 사람들과 지내는 것도 좀더 편해졌다. 이제 치료를 떠나도 될 만큼 호전되면서 치료를 중단하고자 했던 방어적인 소망은 상호적인 애도와 인정에 대한 욕구로 변했다. 그녀는 치료자와 함께 결혼으로 인해 자신의 잠재력을 계발하지 못한 것과 치료관계의 상실을 애도하고 분석에서 그녀가 얻은 것을 인정할 수 있었다.

치료를 그만두고 싶다는 소망에는 다른 전이 사건만큼이나 많은 잠재적 의미가 담겨져 있다. 이것을 이해하기 위해서는 다른 전이에서와 마찬가지로 꾸준하고 사려 깊은 접근이 요구된다. 기본적으로 치료를 받으려는 동기가 있고, 적절한 환경 전이 속에 안겨 있는 환자라면, 해석 작업을 통해 그 의미를 이해시키면서 치료를 다시 안정시킬 수 있다. 치료를 그만두는 것과 관련된 좀더 긴 설명은 11장에 나오는 마리안느의 사례에서 제시될 것이다.

확신이 서지 않을 때

심리치료는 매순간 무엇을 해야 할지를 확실히 알고 자신만만해 하는 사람들에게 적합한 분야가 아니다. 우리는 비합리적인 방법으로 사실에 접근하기보다는 기꺼이 의혹 가운데 머물러 있을 것을 권한다. 따라서 편안하게 있을 때보다는 무지 가운데 헤매거나 불확실성 가운데서 허우적대는 우리 자신을 발견할 때가 많다. 이 책에서는 우리가 혼돈을 견디고 서서히 그 혼돈으로부터 나올 수 있도록 돕는 기법적 원리들을 제공하고 있다. 이 책에서는 치료과정을 보여주는 사례들을 제공하고 있는데, 만족할 만한 진전이 나타난 사례들도 있지만 그렇지 못한 사례들도 있다. 결과가 좋지 않았던 치료사례에 관해 이야기하는 것은 쉽지 않다. 과연 누가 별 볼일 없는 사례에 흥미를 갖겠는가? 물론 우리는 많은 작업들이 어떤 영감이나 확신이라곤 하나도 없고 진부하고 단조롭게 진행된다는 사실을 알고 있다. 환자가 침체될 때 우리도 침체되어 있다고 느끼면서 그때마다 우리가 좀더 유능한 사람이었더라면 하고 아쉬워한다. 이럴 때 우리는 이론이 모자라서가 아니라 우리 자신이 형편없다는 고약한 느낌에 시달리게 된다. 단 하나의 사례에서 나타난 부정적인 전이의 힘이 그 주간에 있었던 다른 모든 작업의 가치를 깡그리 뭉개버릴 수 있다. 우리의 행복감은 환자들이 우리를 어떻게 경험하느냐에 달려 있다. 우리는 그것을 피해갈 수 없다: 환자가 우리에게 의존해 있듯이 우리 역시 환자에게 의존해 있기 때문이다.

개인적인 치료활동(private practice)에 종사하는 치료자들은 이러한 활동이 갖는 외로움과 취약성이라는 특성 때문에 지지해 주면서도 비판해 줄 수 있고 치료작업의 성공과 실패에 관해 나눌 수 있는 동료들을 필요로 한다. 뿐만 아니라 직업 외의 관계에서 기쁨을 얻고 돌봄을 받을 수 있어야 한다. 우리는 어떤 하나의 삶의 영역이 자기감을 고양시키거나 앗아가 버릴 만큼 너무 많은 힘을 갖는 일이 없도록 이런 저런 다양한 관계에 정서적 투자를 잘 분배하는 것이 중요하다는 사실을 깨달았다. 그러한 환경 속에서 우리는 또다른 환자와 함께 미지의 세계를 향해 떠나가는 다음 모험이 기다리고 있는 곳에 도달하기까지, 반복해서 나타나는 의혹과 더불어 살고, 어두운 영역을 이해하기 위해 작업하고 빛에 다다를 수 있도록 우리를 지탱해 주는 힘을 발견한다.

보조적인 방법의 사용

대상관계 개인치료는 운동치료, 무용치료, 심리극, 스포츠치료, 미술치료, 교육치료와 같은 신체적, 예술적, 인지적인 자기 표현과 병행할 수 있으며, 치료 환경의 일부로서 병원이나 입원실에서 수행할 수 있다. 대상관계 개인치료는 집단치료, 부부치료, 성치료, 가족치료 등과 함께 이루어지는 경우가 많다. 하지만 개인

치료 자체 안에서도 언어적인 대화 이외에 다른 요소가 포함될 수 있다. 아동의 경우, 우리는 아이들이 말보다는 놀이를 통해서 자신을 더 잘 표현하기 때문에 그들과 이야기를 나누면서 놀이나 그림 그리기를 한다(D. Scharff, 1982; D. Scharff and J. Scharff, 1987). 우리의 대상관계 개인치료에서는 성인들이 치료시간에 그림을 그리거나 다른 곳에서 그린 그림을 가지고 와서 작업하는 경우도 있었다. 많은 환자들은 자신들의 초기 관계에 대한 논의를 돕기 위해 가족 사진을 가져온다. 어린 시절을 담은 홈 무비나 비디오를 가지고 오는 경우도 있고 책이나 잡지를 읽고 오는 환자들도 있다. 여기서 치료자는 작품에 대해 비판적으로 검토하지 않으며, 환자에 대한 그 작품의 의미를 이해하고, 환자와의 공동작업을 통해서 그러한 글이나 그림이 가진 역동적인 의미와 그것이 치료과정과 어떤 관계를 갖고 있는지를 찾고자 한다.

약물치료

우리는 평가에 대해 다루는 다음 장에서 약물치료에 관해 좀 더 상세히 논의할 것이다. 여기서는 치료기간 동안에 약물치료의 필요성을 기꺼이 재평가하는 일이 필요하다는 사실을 지적하고자 한다. 지나치게 불안해 하거나 우울해 하는 환자들이나 치료과정에서 정신병적 가능성이 발견되는 환자들에게는 부가적으로 약물치료를 받게 하는 것이 좋을 것이다. 차츰 환자들이 성숙하고, 불안을 이겨낼 수 있는 능력이 생기고, 기능을 저하시키는 우울증을 벗어날 때 약물치료를 끝낼 수 있다. 의사가 아닌 대부분의 치료자들에게는 분석작업을 충분히 지지하는 정신과 의사와 밀접한 관계를 가지고 작업하는 것이 매우 중요하다. 그 의사는 약물치료만을 중요하게 생각하지 않는 사람, 즉 약물치료만을 절대시하지 않고 심리치료자나 분석가의 협조를 받아들이는 사람이어야 한다. 환자는 치료자와 의사를 성숙을 돕는 커플로서 경험한다. 정신과 의사이면서 심리치료자인 사람에게 있어서 중요한 점은 약물치료의 역동적 의미와 이것이 전이에 미치는 영향을 계속 주시하면서 약물치료를 해야 하는 것이다.

기법의 수정

외상을 경험한 환자

신체적, 성적 외상 경험이 있는 환자들을 다룰 경우, 치료자는 다른 경우라면 적절할 수도 있는 안아주는 환경 속에서도 자신의 안전을 염려한다는 점을 이해할 필요가 있다. 그들은 흔히 생애 초기에 안전하게 보호를 받다가 예기치 못하게 외상에 노출된 사람들이기 때문이다. 그들은 항상 경계를 게을리 해서는 안 된다는 것을 배웠기 때문에 치료 상황에서 경계하는 모습을 보인다. 그들은 계속해서 공포에서 살아남는 것이 중요했기 때문에 치료에서도 그저 살아남으려고만 할 것이다. 환상과 창조성을 위한 중간 공간이 고통스러운 현실에 의해 침범되었기 때문에 그들은 자유롭게 꿈꾸지 못한다. 치료자는 이러한 덤덤함을 분석가에게 좀더 만족을 주지 않으려는, 외견상 좀더 분석적인 자료를 주지 않으려는 방어로만 볼 것이 아니라 이것의 가치를 인정하고 살아남으려는 투쟁을 무의식적으로 소통하고 있다는 것을 이해할 수 있어야 한다(Bollas, 1989; J. Scharff and D. Scharff, 1994).

외상 경험이 있는 환자는 정신 안에서 발생한 해리로 인해 감정이 마비되거나 멍해지는 경향 또는 경미한 의식 상태의 변화에서부터 심각한 다중적 인격 장애에 이르는 광범위한 수준의 문제를 겪게 된다. 이러한 해리성 환자는 다른 환자에 비해 자신의 경험을 좋은 것과 나쁜 것으로 철저하게 분열시키고, 대상을 좀더 위협적이거나 이상적인 것으로 지각할 것이다. 이들은 장기치료에 돌입해서 수년이 지날 때까지도 외상 경험과 그 세부사항에 대해 직접적으로 회상하기를 피한다. 이러한 환자를 보고 있는 치료자는 일상적인 현실을 가치 있게 평가해야 하며, 안전성에 초점을 맞추기 위해 좀더 작업 속도를 늦추고, 작업의 환경적 측면에서 계속 좋은 안아주기를 제공하고, 두려움이 증가될 때 버텨 줄 수 있어야 한다.

외상에서 살아남은 개인들의 자녀들은 외상을 직접 경험하지는 않았지만, 투사적 동일시를 통해 부모에게서 외상적인 대상 관계를 불가피하게 흡수하게 된다. 우리는 이 책의 제1권 9장에서 알버트의 사례를 들어 이와 같은 문제를 다룬 적이 있다. 알버트의 부모는 외상 경험이 있었고 그로 인해 과도하게 경계하는 사람인데 반해, 알버트 자신의 삶에서는 직접적인 외상이 없었다. 우리는 이것이 그가 아버지의 외상을 투사적 동일시를 통해 자신 안에 흡수했기 때문이었다고 생각한다. 또한 이 책의 16장에서 우리는 아동기, 청소년기, 초기 성인기에 일어난 외상과 이전 세대의 가족에게 일어난 외상에서 살아남은 개인의 꿈을 이 주제와 관련시켜 논의할 것이다.

치료비의 삭감

환자들에게 치료비가 지나치게 싸거나 비싼 것으로 보일 때에는 전이와 역전이의 복합적인 요소들이 불가피하게 치료로 유입될 수 있으므로, 이 점은 반드시 고려되어야 한다. 우리는 저렴한 치료비를 내거나 심지어 한푼도 내지 않는 환자들을 치료한 적이 있는데, 그러한 경우는 치료비를 받지 않는 영국 보건소에서 수련을 받고 있었을 때, 환자가 재정상의 어려움을 겪고 있었을 때, 혹은 가끔 환자의 내적 대상관계가 임상 연구에 흥미로운 사례였을 때이다. 분석가가 정신분석을 시작할 때 막대한 비용 때문에 치료비를 특별히 배려해 주어야만 하는 경우가 자주 있다. 치료자는 이러한 상황이 전이-역전이의 복합적인 요인들과 관련되어 있음을 알아야 한다. 이 말은 적절한 치료비 책정을 금하는 것이 아니라 치료비 책정이 갖는 의미가 치료의 전 과정에서 반드시 조사되어야만 한다는 것이다.

다음 사례에서는 역전이와 치료에서 함축을 갖는 아주 특이한 치료비 책정이 이루어진 경우를 보여준다.

치료비 책정의 특수한 예

맥스는 사는 게 무의미하다며 치료실을 찾았다. 그는 의미 있는 인간관계도 갖지 못했고, 직업도 없었으며, 몸무게는 150 파운드를 웃돌았다. 비만 때문에 건강 상태가 아주 위태로웠는데, 다리에 생긴 부종은 심각했고, 심장폐색으로 인해 이미 혈관 수술을 받은 적이 있었다. 맥스는 청년기에 코카인과 헤로인 중독에 빠진 적이 있었지만, 중독 치료를 받고 나서는 약물 남용을 그만두었으며, 20년간 약물을 하지 않고 지냈다. 하지만 그 이후로 그는 상승세를 타다가 곤두박질하는 생활을 거듭하였다. 사업에서 커다란 성공을 거두다가도 몽땅 망하곤 했다. 그는 벤쳐 사업을 벌여놓고는 그것을 되파는 일을 했는데, 잘 될 때도 있었지만 망할 때도 있었다. 그의 결혼은 안타깝게도 그가 곤두박질을 경험하고 있을 때 깨졌다.

첫 상담에서 그의 마음을 끈 것은 내가 그의 내적인 공허감에 초점을 맞춘 일이었다. 나는 이것을 그를 방치했던 부모와 알코올 중독자였던 아버지에 대한 그의 과거 경험과 연결시켰다. 아버지는 배의 선장으로서 벌이가 괜찮은 편이었다. 맥스의 아동기와 청소년기에 아버지는 항해가 없을 때면 집에 와서 가족들에게 화를 내곤 했고 그리고 나서는 무관심하게 지냈다. 그의 어머니는 멀찌감치 서서 방관하였기 때문에 맥스는 의지할 사람이 아무도 없다고 느꼈다. 아버지의 알코올 중독은 점점 심해졌고, 그 일로 직장에서 번번이 해고되었다. 결국 아버지는 직장을 얻지 못하게 되었고, 그렇게 되자 집에서 더욱 심하게 횡포를 부렸다. 얼마 후에 맥스는 집을 나왔다.

맥스는 나를 만나기 전에 두 명의 치료자를 만났지만, 그들에게서 만족스러울 만큼 꾸준하게 치료를 받지 못했다. 그 중의 한 사람과는 전화로 상담하였는데, 그는 권력과 통제 이론에 기초를 둔 치료적 입장을 가지고 있었다. 맥스는 치료가 도움이 된다고 느꼈지만 지속하지 못했다. 그는 나를 만나러 오기 전에 이상하리 만치 부적절한 또다른 치료자를 만났는데, 그는 첫 상담에서 맥스에게 마리화나를 권하며 맥스를 비웃었다고 했다.

따라서 맥스는 먼저 내가 평범하게 접근하는데 대해 안도감을 느꼈으며, 그 다음에는 내면에 있는 공허감을 감추려고 매번 모든 돈을 벤쳐 사업에 거는, 평생동안 지속된 습관에 초점을 맞춘 것에 안도감을 느꼈다. 그는 일주일에 한번 치료를 받기를 원했다. 이것은 그가 저축한 돈으로 감당할 수 있는 최선이었다. 그러면서 현재 운영하고 있는 벤쳐 사업이 잘 풀린다면 치료시간을 늘리고 싶다고 했다.

내 편에서 볼 때, 이것이야말로 흥미로운 벤쳐 사업이었다. 나는 방금 관리직에서 물러났고 나의 치료 활동을 확장하려는 의도를 가지고 있었다. 그 당시 나는 여분의 시간이 있었다. 나는 맥스가 좋았는데, 내가 그를 만나자마자 좋아한 것은 그의 내적 세계와 상응하는 것이었다: 왜 그런지는 모르지만 사람들은 그에게 너무나 잘해 주었다. 나는 그에게 편의를 봐 주면서 상궤에서 벗어난 계약을 고려하고 있는 나 자신을 발견하였다. 만일 그가 현재하고 있는 벤쳐 사업이 잘 풀리지 않는다면, 오랫동안 정규 치료비를 받지 못할 것이라는 사실을 나는 잘 알고 있었다. 나는 치료비를 받을 수 있을지를 놓고 도박을 벌이고 있다는 사실을 처음부터 알고 있었지만, 그에게 관심이 있었고, 생계를 위협받지 않고 제공할 수 있는 시간이 있었다. 나는 지역사회 봉사 차원에서 저렴한 치료비를 받기도 했지만, 합의하에서만 그렇게 하였다. 나는 맥스의 환경도 꼭 같이 배려해 줄만한 것이라고 느꼈다. 그는 경제적으로 감당할 수 있는 상태가 되면 치료비가 오를 것이라는 사실을 이해하면서, 일정 기간 동안 조금 인하된 치료비를 낼 것이다. 그가 현재 벌이려고 하는 사업이 잘 되지 않는다면, 나는 밀린 치료비를 받기 위해서 다음 벤쳐 사업까지 기다려야 할 것이다. 그는 빚이 아무리 많다고 할지라도, 빚을 갚지 못한 적이 한번도 없었으며, 시간이 오래 걸리더라도 내게 빚을 꼭 갚겠다고 굳게 약속했다.

첫 번째 벤처 사업은 곧바로 망했고 맥스는 이내 많은 빚에 시달리게 되었다. 이는 그가 나에게 치료비를 거의 한푼도 낼 수 없음을 의미했다. 그에게는 또다른 사업 구상이 있었고, 그 구상은 탄탄하고 해 볼만한 것 같았다. 그는 서로에게 상당한 지원을 아끼지 않는, 마약을 끊기 위해 모인 자조집단의 사람들과 만나서 일을 시작하였다. 당시 그는 한푼도 벌지 못하고 있었다. 이미 벌여놓은 새로운 벤처 사업이 상승세를 타거나 그 사업 역시 포기하고 취직하지 않는다면, 당분간 나에게 한푼의 치료비도 지불할 수 없음이 분명했다. 다시 한번 나는 울며 겨자 먹기로 끝까지 해보기로 결심하였다.

치료는 상당히 잘 진행되었다. 맥스는 상승과 폭락을 거듭하는 자신의 생활 패턴이 가져다 주는 것과 이 패턴을 가능케 하는 자기 파괴적인 요인들을 자세히 살펴보았다. 그리고 이것을 내가 그를 구원해 주기를 바라는 그의 소망과 관련시켰고, 그 기저에 있는 공허감에 관해 탐색하였다. 그는 성실하게 치료를 받았으며 적은 수입이라도 생기면 간간이 치료비를 지불했다. 그리고 그를 이런 상황에 처하게 만든 생활 패턴에 관해 논의하였다. 그는 내가 그를 떠맡기로 동의한 이유를 이해하지는 못했지만 고맙게 생각하고 있었고, 이 때문에 내가 조언과 대답을 보류하는데 대해 간헐적으로 느끼는 분노감을 표현하기 어려웠다. 그러면서도 그는 자신의 목소리를 찾았으며, 행동으로 드러내어 일을 악화시키지 않은 채 그의 내면에 있는 공허감을 직면할 수 있다고 느끼기 시작하였다. 그는 절제하고 지연할 수 있는 능력을 발달시켰다. 그는 주기적으로 우울에 빠지곤 했는데, 치료를 시작한지 1년 후에는 자살을 시도한 적도 있었고, 이전에 약물 중독 병력 때문에 거절하였던 항우울제 치료를 받기로 동의하였다. 약물치료를 통해 좀더 탄력성이 생기고 우울증이 완화되었다. 또 나중에 식이요법과 운동요법을 시작하였는데, 그 결과 건강이 눈에 띄게 호전되었고, 체중이 많이 줄었으며, 사회생활이나 성생활이 크게 개선되었다.

맥스와 합의한 이러한 계획에 대한 나의 느낌은 어떤 것이었을까? 나는 줄곧 그가 벤쳐 사업에 성공해서 밀린 치료비를 갚을 수 있을 것이라고 생각했다. 물론 그렇게 되리란 보장이 없다는 사실도 충분히 알고 있었다. 나는 그가 내게 빚진 돈을 받지 않아도 사는데 지장이 없었다. 한편으로는 그러한 사실을 알고 있었지만, 다른 한편으로는 남 좋은 일만 하는 바보가 되기 싫었다. 나는 나의 관심으로부터 이상하게 해리되어 있다고 느꼈고, 이 점은 맥스 내면에서 일어난 해리와 일치한다는 것을 알았다. 나는 관리직을 그만두고 나서 "폭락하는" 상태에 있다고 느낀 시점에서 그를 받아들이게 되었고, 내가 그에게 투자한 행동은 임박한 실패를 기다리는 그의 상태와 미래의 벤쳐 사업에 걸고 있는 그의 막연한 소망을 동일시한 것이었다는 사실을 깨닫게 되었다.

치료비를 거의 받지 못하는 상태에서 치료가 진행되면서, 우리는 자주 자신의 삶을 경영하는 그의 방식에 관해 이야기를 나누었다. 그는 삶의 계획을 다시 세웠고, 도착적이고 파괴적인 여러 관계들에 의존하는 것을 포기하고 자신의 공허감을 감당하는 법을 배우게 되었다. 그가 시작한 벤쳐 사업은 비즈니스 세계에서 점차 광범위한 지지기반을 형성하기는 했지만, 실제로 돌아오는 것은 없었고, 그와 나의 희망은 자꾸 멀어져만 갔다. 우리 두 사람이 의도하는 바는, 비록 그러한 의도는 환상 속에서 유지되고 있었지만, 나중에 벤쳐 기업이 성공했을 때 치료 횟수를 늘여서 평생 동안 지속된 그의 내적 공허감을 좀더 적절하게 직면하게 되는 것이었다. 그러나 그 날은 계속 우리에게서 멀어져만 갔다.

　이러한 답답한 상황에서 나는 맥스가 계속 치료에서 효과를 보고 있으며, 자신의 자기 파괴적인 모습을 직면하고, 나를 정직하게 대한다고 느꼈다. 나는 시간이 지남에 따라 깊어지는 위기감과 실패할지도 모른다는 느낌을 갖게 되었다. 나는 그를 무의식적으로 동일시한 순간에 취한 행동으로 인해 계속 발목이 잡혀 있다고 느꼈음에도 불구하고, 나 자신의 패배감을 뒤로 할 수 있었고, 따라서 그의 패배를 더 이상 동일시하지 않았다. 이제 나는 그에 대한 새로운 감정에 직면해야 했다. 나는 그의 모험에 대해 가졌던 나의 순진한 가정에 대해 공허한 느낌을 가졌고, 가라앉고 있는 배의 돛대에 그와 함께 매달려 있다는 환상을 발전시켰다. 이 환상은 뱃사람이었던 그의 아버지와의 가학적인 대상관계에 우리 두 사람이 묶여 있음을 보여주는 하나의 은유였다. 나의 아버지는 그의 아버지처럼 학대하는 사람은 아니었으나 아버지가 전시에 해군 장교로 복무하러 떠나던 순간에 대한 기억을 통해 나는 마음을 열고 맥스의 경험을 공유할 수 있었다. 이러한 감정은 여러 달 동안 지속되었고, 그동안 나는 모험과 절망과 더불어 살아가는 삶에 대해 새롭게 이해하고 그의 경험을 공유하였다. 내가 처한 상황은 그가 자신에 대해 묘사한 상황과 흡사했다: 나는 어떤 처지에 빠지게 될지 어느 정도 알면서도 내가 했던 말에 얽매어 있으며, 이제는 그 상태에서 완전히 빠져 나오기가 힘들다고 느끼고 있었다. 애초부터 치료비를 내기 어려운 환자와 작업함에 따라 나 자신을 보호하는데 실패하였기 때문에, 나는 내 판단의 옳고 그름이 그의 벤쳐 사업의 성패에 달려 있다고 느꼈다.

그리고 나서 그는 대박을 터뜨렸다! 그가 2년 동안 중개한 벤쳐 사업 건이 타결되었다. 그는 상당 기간 동안 급료를 보장받았고, 주 2회 치료비를 낼 수 있게 되었을 뿐만 아니라 밀린 치료비를 갚을 수 있었다. 나는 마치 우리가 2인승 보트로 악천후를 헤치며 태평양을 횡단한 사람 같다고 느꼈다. 이제 우리는 항해 일지를 재구성하고, 충분히 이해하지 못한 채 헤쳐온 위험을 이해하게 되고, 처음부터 이 항해의 특징이었던 공허함을 직면해야 할 것이다. 내가 그와 함께 받아들인 위험과 관련된 내면의 공허감이 이제야 보이기 시작했고 줄어들기 시작했다. 이제 항해는 좀더 안전한 것이 되었으며 함께 떠날 준비가 되었다고 느꼈다.

맥스도 비슷한 생각이었다. 그는 내가 자신의 아버지와는 달리 그의 곁에 있어 주었기 때문에 나와 관계를 형성할 수 있었다. 이제 그는 감사함—이것은 그가 느낀 감정이었다—을 느꼈을 뿐만 아니라, 더 나아가 아직은 구체적으로 말할 수 없지만 드디어 시작해 볼 수 있는 새로운 방식으로 삶을 살 수 있다고 느꼈다.

치료작업을 통해 극복해내기

장기치료는 문제에 대해 하나 이상의 관점에서 작업할 수 있는 기회를 제공한다. 성격구조와 정신병리의 형태는 관계에서 반복되는 경험과 갈등 유형 등 여러 가지 요소들이 압축되어 형성된 것이다. 이러한 많은 경험은 정신구조로 용해되어서 개인이 행동하고 존재하는 특징적인 방식을 결정한다. 이것들은 여러 가지 근원을 가지고 있으면서 조직화된 정신구조라는 최종적인 공통 경로로 수렴되기 때문에 웬만해선 쉽게 변화되지 않는다.

다루기 힘든 증상과 성격 기질은 단일 치료시간에 발견되는 하나의 새로운 이해방식으로 인해, 혹은 치료자와 환자에 의해 발전된 하나의 이해로 인해 해소되거나 변화되지 않는다. 이러한 일이 일어날 때는 외부 요인으로 인한 위기를 겪고 있는 경우나 비교적 단순한 발달적 어려움에 처해 있는 경우이다. 이러한 발달상의 위기는 일차 진료소나 학생 건강 클리닉, 취업자 조력 프로그램에서 만나는 환자들에게서 비교적 흔히 볼 수 있는 것이다.

그러나 장기간의 대상관계 치료나 분석을 필요로 하는 많은 환자들은 시간을 두고 자신들의 문제를 조금씩 다른 각도에서 반복해서 접근함으로써 극복과정을 거쳐야 한다. 이것은 다른 문제를 선택해도 동일한 요점과 생각에 도달하게 됨으로써 결국 "거기에도 그런 문제가 있었네"라는 경험으로 나타나기도 하고, 그때-거기의 문제로서 경험한 것이 지금-여기의 전이에서 동일한 경험 유형으로 나타나기도 하며, 어제 파트너와 가졌던 갈등이 꿈에서 반복되는 것을 발견하는 것으로 나타나기도 한다. 환자와 치료자는 이러한 중첩되는 몇몇 방식을 통해 문제를 확인하면서, 점진적으로 환자의 관계방식, 방어, 불안, 갈등, 성장 및 발달, 치료 장면 바깥의 생활, 치료관계의 특성에 대한 확실한 이해를 얻게 된다. 성장과 변화를 가져오려면 중복되는 영역을 탐색하고, 이해를 수정하고, 해석을 검증하는 등, 모든 형태의 경험이 필요하다.

환자는 자기 패배적인 삶의 방식을 감행하고, 치료에서 변화하지 않기 위해 투쟁한 다음에야 결국 이러한 패턴이 얼마나 쓸데없는 것인지 깨닫게 되며, 자신을 파멸시키는 습관을 버리게 된다. 변화가 놀라운 것이라기보다는 불가피한 것에 지나지 않을 때, 과거의 방식에 따라 더 이상 패배하지도 않지만 구원을 달가워하지도 않을 때, 치료자는 기다려야 한다. 작업을 통해 극복해내는 과정은 흔히 우렁찬 소리가 아니라 점점 작아지는 소리와 함께 그 대단원의 막을 내린다!

치료과정에서 계속해서 평가하기

치료자는 드러난 욕구들과 치료의 진전, 그리고 변화된 목표 등을 관찰하는 것처럼, 치료를 하고 있는 동안에 계속 평가할 필요가 있다. 우리는 치료기간 동안 전이와 역전이의 전개과정을 관찰하는 것에 관해 기술하면서 이미 지속적인 평가의 일면을 다루었다. 치료자는 환자가 경직된 강박적 방어기제를 포기하고 전반적으로 우울한 모습을 좀더 많이 보일 때, 혹은 처음으로 과거의 외상 경험을 기억할 때 환자에 관해 좀더 알게 되고 환자에 대해 새로운 인상을 갖게 된다.

치료과정을 통해 환자의 취약성과 방어구조의 형태가 전체적으로 변화된다. 이를테면 10장과 11장에 나오는 모레일 씨는 치료과정의 어느 한 단계에서 분열기제의 사용과 감정의 고립 그리고 아내에 대한 비난이 감소하였다. 이러한 변화와 함께 그는 자신을 제약하는 원인인 내적인 문제에 집중할 수 있게 되었고, 그의 행동과 태도가 다른 사람들에게 미치는 영향을 고려할 수 있는 능력을 갖게 되었으며, 이 모든 것은 그가 우울적 자리에 도달했을 뿐만 아니라 계속해서 성장할 수 있는 능력을 가지고 있음을 보여주었다. 이에 대한 그의 지각과 또 그것에 대한 치료자의 이해와 확증은 치료적 대화의 중요한 부분이 되었다.

해리로 인해 상당한 취약성을 가지고 있는 한 남자환자는 치료를 받으면서 좀더 통합되었고, 배우자와 함께 성치료를 받으면서 이전까지 감당하기 어려웠던 자신의 성적인 불안을 직면할 수 있었다. 다른 한 우울한 여성은 기분이 심각하게 가라앉는 증상을 극복하였고 약물치료를 그만두었다. 경계선 장애에 해당할 정도로 기분 상태가 불안정하고 대인관계가 어려웠던 한 여성은 치료과정에서 정신병적 전이에로까지 퇴행함으로써 그녀의 내면에 있는 박해자를 경험하였다. 그리고 나서는 차츰 현실로 다시 돌아오는 과정을 밟았다.

환자의 발달 능력과 외부의 침범 그리고 내면의 갈등에 대한 변화를 평가하기 위해 치료과정에서 한 걸음 물러나 생각해 보는 것은 지혜로운 일이다. 이런 방법이 지닌 가치는 증상 관리에 급급한 현재의 분위기와 빠른 결과를 지향하는 사회적 압력을 고려할 때 더욱 강조된다.

분리와 종결

치료기간 중에 환자는 많은 분리 경험을 하게 된다: 다음 치료시간까지의 분리 그리고 주말, 취소된 치료시간, 휴가, 질병으로 인한 분리. 각각의 분리는 환경적 지지를 상실함으로써, 또는 이전의 상실과 이별을 환기시킴으로써 환자를 불안하게 한다. 우리는 이 책에서 제시된 여러 사례에서 치료작업은 수많은 분리 경험들을 통해 이루어진다는 사실을 보여줄 것이다. 이러한 작은 분리 경험들은 분리와 상실에 대한 작업의 기초를 제공해 줄 뿐만 아니라, 나중에 종결할 때 치료 자체를 상실하는 것을 준비할 수 있도록 해준다.

우리가 하는 모든 작업의 기저에는 애도를 촉진하는 작업이 놓여 있다. 환자들은 그들의 삶에 늘 따라 다니는 상실과 박탈을 애도할 필요가 있는 사람들이다. 이 장의 앞부분에서 살펴본 안젤라의 사례에서 우리는 치료를 상실하는 것은 아버지나 어머니와의 관계를 상실하는 것과 같다는 사실을 볼 수 있었다. 그녀는 분석을 종결하게 되었을 때에야 비로소 분석가와 좋은 관계를 상실하는 것을 애도할 수 있었으며, 이러한 경험을 다른 상실을 애도하는데 사용할 수 있었다. 종결 과정 자체는 이전의 관계 방식을 다시 돌아보고 애도하며, 얻은 것들을 공고화할 수 있는 중요한 기회이다. 종결에 관해서는 14장에서 좀더 상세하게 다룰 것이다.

제 3 장
예비 평가 이론과 기법

예비 평가는 치료 가능성을 타진하기 위해 사용된다. 이 시간을 통해 환자나 내담자는 자신들의 욕구를 검토하고, 치료자는 치료의 가능성이나 다른 전문가에게 의뢰 가능성을 탐색할 수 있다. 예비 평가는 한 번의 면담으로 끝날 수도 있지만, 보통 네 차례 정도의 연속 면담을 필요로 한다. 치료자는 평가 회기를 통해 환자에게 심리치료나 정신분석이 필요한지, 또 그것을 통해 도움을 얻을 수 있는지를 알아보고, 적절한 한 가지 치료나 여러 가지 종합적인 치료적 처방을 해줄 수 있다. 이 예비 평가는 환자들이 꼭 치료를 받아야 한다는 압박감을 느끼지 않으면서 자신의 문제를 숙고해 볼 수 있는 좋은 기회이다. 환자들은 자신들이 현재 어떤 상황에 빠져 있는지 검토하고, 이것이 과거 경험과 어떤 식으로 관련되어 있는지를 알게 되며, 이에 관해 그들이 해야 할 일이 무엇인지를 결정하게 된다. 그들은 치료가 어떤 것이며, 어떻게 도움을 받을 수 있는지를 평가하게 된다. 무엇보다도 그들은 상담자와 관계를 잘 맺어 나갈 수 있는지를 평가하며, 그

평가가 긍정적일 때 치료를 시작하기로 결정할 수 있다.

예비 평가는 시험적인 치료로서의 기능을 갖는다. 예비 평가의 목적은 심리적인 문제를 가진 환자로 하여금 심리치료 또는 정신분석에 그 자신을 투자하게 하고, 계속 치료를 받게 하는데 있다. 축약된 형태이긴 하지만, 앞 장에서 치료의 구조 및 과정에 관해 논의한 것과 거의 같은 원리들이 예비 평가 과정에도 그대로 적용된다. 하지만 예비 평가는 또한 그 자체의 고유한 절차를 가지고 있으며, 이러한 절차들은 치료자와 환자가 치료를 시작할 것인지를 실제적으로 결정할 수 있도록 돕고, 치료에 어느 정도 헌신할 수 있는지를 평가하고, 환자가 요구하는 바가 무엇이며, 또 치료자가 제공하려고 하는 바가 무엇인지를 이해하고, 가장 효과적인 치료 양식 및 강도를 결정하는 일을 돕기 위한 것이다. 따라서 이 예비 평가면담에서는 결정을 내려야 한다는 과제로 인해, 진행 중인 심리치료나 정신분석에서는 보통 찾아볼 수 없는 압력이 존재한다.

안아주는 환경을 확립하기

틀 만들기

심리적 공간을 조성하는 일은 보통 환자가 치료자에게 직접 전화하거나 클리닉의 안내원에게 전화를 걸면서 시작된다. 이때 치료자는 환자의 질문들을 잘 듣고, 그것이 일반적인 오리엔테이션, 치료비, 약속 시간, 사무실 위치, 방향, 치료자의 자격과 같은 실제적인 문제에 관한 질문일 때는 즉각적으로 대답해 주는

표 3-1. 평가 원리

```
안아주는 환경
        평가를 위한 틀 짜기
        심리적 공간을 조성하기
        판단하지 않고 경청하기
        담아주기
발달 수준과 능력에 대한 평가
        관계 맺는 기술에 대한 평가
        발달적 자리의 균형
애착 행동과 기억에 대한 평가
표준화된 진단
내적 갈등과 외적 침범 영역에 대한 평가
치료작업 능력에 대한 평가
        방어 유형을 명명하기
        대상관계 역사: 특히 상실과 상처
        정서를 따라가기
        꿈과 환상에 대한 작업
피드백
        표면적인 피드백: 명료화, 관련짓기, 지지, 조언
        심층적인 피드백: 해석
        전이/역전이 해석
해석과 평가 방식에 대한 반응
약물치료, 부가적인 치료
공식화와 추천
치료 계획에 대한 합의
```

것이 중요하다. 장소, 시간, 평가비 등을 합의해야 한다.
　약속한 시간에 환자가 도착했을 때, 우리는 신상 정보를 확인하는 시간을 가지면서—이름의 철자나, 주소, 전화번호, 계좌번호 등을 확인하면서—환자의 긴장된 마음을 편안하게 해줄 수 있다. 그 다음 평가면담에 대해 전반적으로 설명해 주면서, 일 회에서 육 회가 소요되는 과정임을 말해 준다. 우리는 보통 첫 평가면담에 한 시간이나 한 시간 반을 사용하고, 그 후에는 사십 오분을 사용한다. 환자가 가지고 있는 문제와 그 의미를 탐색하고, 환자와 치료자가 서로 잘 맞는지 알아보기 위해서 평가 과정을 갖는다고 말해준다. 우리는 환자의 개인적 요구에 따라 평가 과정의 형식을 융통성 있게 조절할 수 있지만, 일단 이에 관한 합의가 이루어지면 치료를 시작하고 마치는 시간을 엄수하고, 합의한 일정에 따라 치료비를 낼 것을 확인한다. 우리는 보통 그 달 말에 청구서를 보내지만, 치료비를 매 회기마다 내는 것을 좋아하는 환자들도 있다. 이 모든 것들은 일종의 울타리에 해당하는 것으로서, 환자가 보호받으면서 자유롭게 대화하고, 탐색하고, 경험할 수 있는 안전한 공간을 조성하기 위해 필요한 것이다.

우리는 첫 면담에서 제기되는 실제적인 질문에 대해 답변해 준다. 그밖의 문제들에 관해서 꼬치꼬치 캐묻는 환자들이 있는데, 일반적으로 이런 질문에 대해 직접적으로 답해 주지 않는다는 사실을 알려 준다. 그것은 질문에 직접 답하기보다 질문 배후의 의미를 탐색하는 것이 더 많은 것을 말해 주기 때문이다.

환자들은 항상 심리치료나 정신분석을 수행할 수 있는 우리의 자격에 관해 질문한다. 그들은 우리의 자격에 대해 알 권리가 있으며, 이것은 숨길 수 있는 것이 아니다. 우리가 해야 할 일은 환자들에게 우리의 방침과 그에 대한 이유를 적절하게 그리고 직접적으로 알려 주는 것이며, 환자가 나중에 이 영역에서 우리를 시험할 때 한계와 울타리를 재확인하거나, 아니면 환자의 질문을 유머스럽게 피해가거나 또는 해석함으로써 치료작업을 시작하는 것이다.

심리적 공간을 조성하기

우리는 현재 진행 중인 평가 방식과 그 기능에 관해 의견을 나눌 수 있다. 환자가 상담을 받으려고 하는 이유를 전화를 통해 충분히 확인했다 하더라도, 우리는 상담을 받으려고 하는 이유에 관해 물어 보면서 평가면담을 시작할 것이다. 때때로 환자들은 처음부터 치료계획에 대해 알고 싶어한다. 하지만 평가 과정이 마무리되고 가장 의미있는 치료가 어떤 것인지를 좀더 이해하게 될 때까지, 앞으로 진행될 치료에 관한 실제적인 언급은 유보되어야 할 것이다. 여기서 우리는 지연시킬 수 있는 능력을 사용하라고 격려하고 싶다. 이러한 유보를 통해 심리적 공간을 형성할 수 있는 시간을 얻을 수 있다. 시간과 공간을 조성하는 일은 안아주는 환경의 토대를 이룬다. 그러한 환경 안에서 환자는 자기 자신이 될 수 있으며, 자신의 고통을 나누고, 작업하고, 놀이하고, 생각할 수 있는 심리적 공간을 가질 수 있다. 우리는 이러한 심리적 공간을 만들어내기 위해서 어떤 울타리를 필요로 하며 그 울타리 안에서 참여하고 반성하는 작업을 할 수 있다.

판단하지 않고 경청하기

우리는 환자의 말을 들으면서 판단하지 않는 열린 태도를 가지고 질문하거나 명료화해 주고, 때때로 환자에게 우리가 듣고 이해한 것을 되돌려 준다. 무엇보다 문제의 핵심을 이해하고, 환자가 무엇 때문에 이 시점에 상담을 받으러 왔는지에 초점을 맞춘다.

우리는 환자가 스스로 이해하고 있는 바에 따라 그들의 이야기와 어려움을 이해하려고 노력하면서, 그 이야기의 밑바닥에 흐르는 내용에 그리고 침묵과 몸짓, 연상의 흐름, 꿈, 환상에서 그 모습을 드러내기 시작하는 무의식적인 내용에 좀더 각별하게 귀를 기울인다. 이것을 가장 잘 이해하기 위해서 우리는 한편으로 사실들을 수집하고, 의식 수준의 이야기를 들으면서, 다른 한편으로 우리 자신의 무의식과 공명할 수 있게 하기 위해 이완되고 무지향적인 태도를 유지한다.

담아주기

우리는 환자의 염려와 고통을 안아주기 위해서 임상 경험과 개인 정신분석을 통해 획득한 불안에 대한 내성 능력을 사용한다. 우리는 환자가 무의미하게 여기는 것도 이야기할 수 있고, 어떤 감정이라도 느낄 수 있는 공간을 창조하기를 원한다. 우리는 초기 경험과의 관련성을 찾아봄으로써 환자의 염려와 고통이 갖는 의미를 탐색할 것이다. 그러나 그 자료가 갖는 의미를 억지로 찾아내려고 하지는 않을 것이다. 사실, 그 자료의 본질적 의미는 파편화되고 깨어진 마음의 상태를 치료자에게 전하려는데 있다. 우리는 한편으로는 이야기에서, 다른 한편으로는 그 이야기를 들을 때 그것이 우리와 환자의 관계에 미치는 영향에서, 무언가가 스스로 그 모습을 드러낼 수 있도록 소위 소극적인 능력을 사용할 것이다. 다시 말해서 우리는 초조하게 사실이나 이유를 추구하지 않으면서 환자와 함께 머무를 것이다. 우리는 항상 환자가 우리에게 미치는 영향을 평가하면서 우리와 환자의 상호작용의 추이를 점검하기 위해 과정에 참여하고 나서 한 걸음 뒤로 물러나 검토해 보는 방식(process-and-review orientation)을 사용할 것이다. 짧은 평가 시간 동안, 우리는 치료자에 대한 환자의 경험을 가늠해 볼 수 있는 환자의 내적 대상관계에 대한 작업 가설을 발전시킬 것이다.

우리는 환자의 불안을 담아준다. 이 말은 단순히 불안을 견딘다는 의미가 아니다. 그 말은 우리가 환자의 경험을 받아들이고, 그것의 영향을 느끼며, 그것에 대해 반성하고, 환자에게 의사소통할 수 있는 말을 찾는 것을 의미한다. 우리는 앞장에서 **담아주기**라는 개념을 설명했다. 담아주기는 어머니가 자신의 환상 속에서 유아의 고통을 진정시키고, 형태 없는 불안에 형태를 부여해 주는 일종의 심리적 처리 기능이다(Bion, 1967). 유아는 자신의 불안을 신진대사를 거친 상태로, 즉 생각할 수 있는 형태로 되돌려 받을 뿐만 아니라, 어머니를 자신을 담아주고 이해해 주는 유용한 사람으로 생각하고, 어머니의 담아주는 기능을 동일시하면서 스스로 자신을 담아주는 방법을 배우게 된다.

발달 수준과 능력에 대한 평가

평가면담에서 우리는 환자의 성숙과 발달의 어느 지점에서 어려움이 있었는지, 갈등이 어느 단계에서 나타났는지에 관해 숙고한다. 프로이트는 구강기에서 시작하여 항문기, 성기기, 오이디푸스 시기로 진행되는 심리성적 발달단계에 따라 개인의 발달을 평가하였다. 그는 고착이 일어난 발달단계에 따라 다양한 증상이 나타나며, 이러한 증상을 통해서 고착이 일어난 구체적인 발달단계를 어느 정도 알 수 있다고 생각하였다.

과거와는 달리 오늘날에는 정신분열증이나 자폐증과 같은 병리들 중의 일부는 심리적 원인에 기인한 것이 아니라 기질적인 것으로 이해되고 있다. 또한 우울증, 강박장애, 불안과 같은 주요 정신역동적 진단들의 일부도 그러한 증상을 쉽게 촉발시키거나 사소한 환경적 촉발요인에 민감하게 반응하고, 비교적 경미한 외부의 침범에도 크게 반응하게 하는 중추신경계의 영향을 받는다고 추측한다.

그럼에도 불구하고, 성숙과 발달 수준을 평가하는 프로이트의 방식은 개인의 전반적인 성취 수준, 성숙의 표지가 되는 상대적인 강점과 약점 그리고 기능상의 취약성 등을 파악하는데 상당히 유용한 것으로 남아 있다. 또한 이러한 접근은 치료자들에게 전문가 집단에서 공유하는 이해를 소통할 수 있는 익숙한 언어를 제공해 주는데, 몇 가지 예를 들면 구강기 의존성이나 가학성, 강박적인 통제 특성과 같은 항문기 특성, 그리고 과시적이고 주도권을 잡으려고 하고 자신을 내세우는 성기기와 같은 용어들이다.

관계 맺는 기술에 대한 평가

욕동에 기초를 둔 발달이론을 받아들이지 않는 대상관계 치료자들은 이러한 특성이 특정 발달단계와 관련된 성감대와 그 에너지에서 온 것이라고 생각하지 않는다. 우리에게 있어서 심리성적 단계들이란 대상관계의 성질에 대한 하나의 유비로서만 유용하다. 대신 우리는 페어베언이 제안한 발달단계 개념을 사용한다. 그는 발달단계를 아동기의 유아적 의존에서 성인기의

성숙한 의존으로 이행하는 과정에서 나타나는 대상관계의 과도
기적 기술(transitional techniques)의 단계로 보았다. 이러한 기술이
지속될 때 특징적인 증상이나 성격 유형을 낳게 되는데, 이는 개
인이 유아적 대상에게 매달리고 굴복하고 싶은 충동과, 그 대상
에게서 분리되려고 하는 노력 사이의 갈등과 관련되어 있으며,
이 갈등은 다시금 무의식적으로 받아들일 수 있는(좋은) 대상과
거절되는(나쁜) 대상 사이의 분열과 관련되어 있다.

따라서 공포증과 강박증은 좋은 대상과 나쁜 대상을 다루는
두 가지 중요한 방법이다. 공포증에서 개인은 좋은 대상과 나쁜
대상을 모두 외재화함으로써 나쁜 대상에게 굴복하는 것을 회피
하거나 안전한 좋은 대상에게 지나치게 집착하고자 한다. 반대
로 강박증에서 개인은 좋은 대상과 나쁜 대상을 내부로 받아들
여 그것들을 적극적으로 관리함으로써 그것들 모두와 공격적인
관계를 맺는다. 히스테리에서 개인은 나쁜 대상을 내재화하고
좋은 대상을 외재화한다. 그는 좋은 대상을 지나치게 높이 평가
하고 그 대상에게 필사적으로 매달리는 한편, 자기(自己)를 평가
절하하고 지나치게 높이 평가된 좋은 대상을 받아들이는 것과
거절하는 것 사이를 왔다갔다한다. 편집증에서 개인은 나쁜 대
상을 외부 대상에게 투사해서 외부 대상을 박해자로 간주하고,
좋은 대상을 내면 세계에 받아들여 자기를 과도하게 높이 평가
한다.

그러나 이러한 마음의 상태가 발달과정에서의 고착에 기초한
것이 아니라 관계 방식의 경험에 기초한 것이기 때문에, 개인은
중요한 진단적 함축과 상관없이 상이한 시점이나 변화된 조건
아래서 하나의 관계 유형을 버리고 다른 관계 유형을 취할 수
있다. 그림 3-2는 페어베언이 말한 관계 기술의 특성을 요약한
것이다:

그림 3-2. 과도기적인 관계 기술

기술	수용되는(좋은) 대상	거절되는(나쁜) 대상
강박적	내재화	내재화
공포적	외재화	외재화
편집적	내재화	외재화
히스테리적	외재화	내재화

이 도식은 페어베언(1952)의 도식을 수정한 것임.

우리는 대상의 내재화와 외재화에 관해 평가한다. 그리고 외부 대상과의 우세한 관계 방식이 무엇인지를 결정한다. 우리는 개인이 좋은 대상을 감사한 마음으로 즐기는지, 만족을 주지 못하는 흥분시키는 대상을 갈망하는지, 거절하는 대상에게 분노나 두려움을 표현하고 있는지, 아니면 대상들 사이를 왔다갔다하는지 또는 대상으로부터 철수하는지를 살펴본다.

발달적 자리에 대한 평가

발달적 성취를 가늠해 보는데 있어서, 클라인 이론 역시 유용하다. 클라인(1946)은 유아의 두 가지 기본적인 자리에 관해 기술하였다. 유아는 자기 안에 공격성과 불안을 담을 수 없기 때문에, 부분적인 관계 능력만을 가지고 태어난다. **편집-분열적 자리**에서 유아는 투사적 동일시를 사용하여 자신이 다룰 수 없는 불안을 자신에게서 제거하여 바깥으로 투사하고, 대상을 좋은 대상과 나쁜 대상으로 분열시키며, 다시금 자신이 투사한 내용과 동일시하고, 그것을 자기 내면으로 들여온다. 생후 일 년이 되어 갈 무렵, 유아는 보통 새로운 발달적 자리인 **우울적 자리**에 위치하게 된다. 이 시기에 유아는 자신의 공격성을 좀더 포용하고, 분열되었던 것을 하나의 전체 대상으로 마음에 담을 수 있게 되면서, 대상에 대한 배려와 죄책감 및 애도의 능력을 보이기 시작한다. 그러나 여기에는 애도를 회피하기 위해 조적 방어를 사용함으로써 책임을 지려고 하지 않고, 충동적이고 마술적인 해결책을 선호할 위험성이 놓여 있다. 이러한 새로운 능력은 시간이 지남에 따라 좀더 충분히 발달하게 된다. 발달에 대한 클라인의 생각에 따르면, 일단 하나의 자리가 획득되고 나면 이것은 개인의 잠재적 정신 상태로 남게 된다. 옥덴(Ogden, 1989)은 클라인의 도식에 좀더 초기 자리인 자폐-접촉적(autistic-contiguous) 자리를 추가한다. 이 자리는 개인이 무슨 일이 있더라도 자기의 온전한 상태를 유지하고자 하는 시도와 관련되어 있다. 그리고 이 자리는 개인이 자기의 신체적, 정서적 온전함을 유지하기 위해 대상과 아주 밀접한 관계를 필요로 하는 시기에 두드러지게 나타난다. 옥덴은 자폐-접촉적 자리가 편집-분열적 자리보다 앞서며, 클라인의 두 자리와 같이 평생에 걸쳐서 개인에게서 잠재적인 요소로서 작용한다고 보았다.

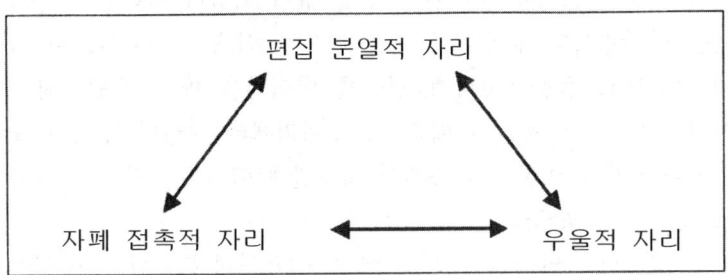

그림 3-3. 정상적인 발달적 자리

우리는 개인의 불안이 주로 어디에 위치해 있는지를 묻는다. 모든 사람들은 연속선상의 어느 특정 지점을 중심으로 기능할 수 있는데, 이 지점들 중 하나는 개인이 특정 시기에 가졌던 자신에 대한 사고 방식과 대상에 대한 관계 방식을 좀더 잘 보여 준다. 하지만 어떤 시점에서 어느 발달적 자리가 중요하게 나타난다는 사실은 다른 자리들이 존재하지 않는다거나 나중에 다른 자리로 대치되지 않는다는 것을 의미하지는 않는다. 우리가 평가하는 것은 각 자리들 간의 균형이며, 스트레스 상황에서 이들 중 하나의 자리에서 작용하는 반복되는 패턴이다. 정상적인 성격에서는 이러한 발달적 자리들이 교대로 나타나면서도 다른 자리들이 우세한 기간에도 자신의 자리가 갖는 관심이 적절하게 표현되는 것을 볼 수 있다.

애착 행동과 기억에 대한 평가

이제 우리는 존 보울비에 의해 시작된 현대 유아 애착 연구의 결과들을 갖게 되었고, 따라서 50년 또는 100년 전에 형성된 고전적인 발달 도식에 얽매일 필요가 없게 되었다. 이러한 연구결과는 대상관계의 임상적인 관점 안으로 쉽게 동화되었으며, 특히 보울비의 동물행동학적 연구를 이어받은 메리 에인즈워스, 메리 메인, 피터 포나기, 메리 타겟, 아리에타 슬레이드, 메리 수무어들이 세운 이론들을 통해서 대상관계 이론은 더욱 풍부해졌다(제1권 7장 참조).

다음은 이 책의 제1권 7장에서 제시된 애착 분류에 관한 글에서 간추린 내용으로, 성격 기능을 애착 범주에 따라 기술한 것이다.

자율/안정

 안정된 애착을 보이는 성인들은 그들이 맺고 있는 관계들을 가치있는 것으로 평가하면서도 이별이나 상실에 대해 절망하지 않는다. 인간 관계는 보통 그들의 삶에서 우선 순위를 차지한다. 그들에게 있어서 인간 관계는 안아주는 배경을 제공하거나 편안함 가운데 즐기고 관심을 가질 수 있는 전경을 형성한다.

저항/집착

 저항/집착 유형의 불안한 애착을 보이는 사람들은 과도하게 의존적인 관계를 맺으며, 다양한 상황에서 두려움을 느낀다. 그들은 흔히 대상에게 집착하고 성적으로 문란한 친밀감을 추구한다. 그들은 상실과 이별을 두려워하며, 치료자에게 애착 행동을 유발하는 정서를 드러냄으로써 상실과 이별을 회피하기 위해 필사적으로 노력한다. 분리해야 하는 일이 불가피하다면, 그들은 자신들이 느끼는 고통을 무시하거나 철수하는 행동을 통해 타자를 벌주려고 할 것이다. 그렇지만 그들은 종종 애착 대상에게 충성심을 보이며, 그들이 성취한 친밀함을 가치있는 것으로 평가할 것이다.
 우리는 여성들이 가정에 남아서 가족들에게 헌신하기를 요구해 왔고, 따라서 여성들은 흔히 저항/집착의 방식으로 행동하게끔 문화적으로 설득되어 왔으며, 최근에 와서야 이러한 행동 유형이 지닌 병리적 요소에 대해 인식하게 되었다고 생각한다.

회피/거절

회피/거절의 애착 유형을 보이는 사람들은 흔히 관계를 평가절하하고, 끊어버리고, 거리를 두고, 담을 쌓고 살아감으로써 자신들의 불안을 다룬다. 그들은 자신의 안녕감을 좌지우지할 수 있는 힘을 다른 사람에게 넘겨주는 것에 대한 두려움 때문에, 사랑하는 사람이 접근하지 못하게 한다. 그들은 자신의 삶의 대부분을 내면 세계 안에서 살고 있는 분열적 성향의 사람일 가능성이 높다. 또는 그들은 다른 사람이 자신에 대해 힘을 갖지 못하도록 깊은 관계를 피하려고 하며, 따라서 여러 피상적인 관계만을 유지한다. 그들 중 어떤 사람은 고립되는 반면, 다른 사람은 문란한 관계를 갖거나 관계에 헌신하지 못한다. 이러한 사람들이 보이는 거짓 독립적인 행동의 특징은 탁아 시설에 있는 걸음마 아동들에게서 볼 수 있다. 이러한 성향은 우리 사회에서 일부 사람들에 의해 매우 가치있는 것으로 평가되어 왔으며, 과거에는 이러한 특성이 문화적으로 여성들에게보다는 남성들에게 부여되는 경향이 있었다.

혼돈/미해결

혼돈/미해결 애착 유형을 보이는 사람들은 애착 유형 사이를 빠르게 왔다갔다하는 사람들이다. 이 사람들의 우유부단한 관계의 특성은 심리치료 과정에서도 볼 수 있는데, 몇 회기가 지나면 이러한 특성은 분명하게 드러난다. 그들은 흔히 잠재된 혼돈과 불안을 드러내거나 사소한 스트레스 아래서도 쉽게 융통성과 적응능력을 상실하는 모습을 보인다. 혼돈된 애착을 보이는 개인들은 대부분 외상 경험이 있는 사람들이며, 그들 중 상당수가 비록 명백한 외상에 희생되지는 않았지만, 그들의 부모가 혼돈된 애착 유형을 가지고 있던 것으로 드러나고 있다. 어느 경우이든, 환자는 불안을 예측하는 것을 배우며, 관계에서 심하게 동요하고, 불안해 하며, 갑작스런 불안으로부터 자신을 보호하는 법을 배우게 되는데, 이것이 그의 병리를 구성한다.

이러한 넓은 범주 속에서 개인의 관계 능력에는 수없이 많은 미묘한 변형들이 있다. 개인의 애착 유형에 대한 우리의 임상적인 평가는 그의 초기 생활사, 그가 애착에 대해 현재 기억하고 사고하는 방식, 그리고 환자와의 평가면담에서 온 자료 모두를 바탕으로 삼는다. 우리는 역전이를 통해서 전이에 대한 우리의 이해를 증폭시킴으로써, 환자의 내적 대상관계에 대한 이해에 도달한다. 우리는 이 책의 1장에서 전이와 역전이에 관해서 상세히 논의한 바 있으며, 이 주제에 관해서는 이 장의 뒷부분에서 다시 다룰 것이다.

표준화된 진단을 사용하기

치료자는 보통 현행「진단 통계 편람」(Diagnosic and Statistical Manual)의 범주에 따라 전반적인 기능에 대한 공식적인 진단 평가를 내리고, 예후를 판단하고, 치료기간을 평가할 의무를 갖게 된다. 치료 가능성과 치료 목표의 변화에 마음을 열어놓고 있는 정신역동적 치료자는 이러한 요구를 부담스럽게 느끼기 쉽다. 그들은 환자나 내담자의 보험 배상금에 맞추어 진단을 내리는 과제를 자신들의 전문가적 역할에 어울리지 않는 것으로 여길 수 있다. 우리는 보험회사가 표준화된 진단을 요구한다는 사실을 이해하지만, 그들의 요구에 따르는 것은 돌봄의 질에 대한 배려보다는 기업의 이윤이라는 경제적인 요소를 먼저 생각하는 것이라는 사실도 알고 있다. 최소한의 돌봄을 제공하려는 의도와 최대한의 돌봄을 제공하려는 의도가 일치할 수 없는 것은 당연한 것이며, 따라서 표준화된 평가는 불가피하게 받아들여야만 하는 현실적 과제이다. DSM의 사용은 진단명에 따라 약물치료의 선택을 결정해 주기 때문에 기질적 장애를 확인하고, 주요 정신 질병의 집단을 구분하는데 가장 유용하다. 근래에 들어 정신역동에 대한 고려가 상당히 포함된 것은 사실이지만, DSM은 여전히 증상 중심적인 진단체계이다. 우리는 동기, 심리적 소양, 치료관계를 유지할 수 있는 능력, 갈등과 대상관계의 역동, 자기와 타자의 문제 등에 좀더 많은 관심을 갖고 있으며, DSM 범주에 관계없이 개인을 위해 무엇이 필요한지를 탐구하는데 더 큰 관심을 갖고 있다.

내적인 갈등과 외부 침범의 영역을 탐색하기

무엇보다도 중요한 문제는 갈등의 원천이 어디에 있는가에 관한 것이다. 갈등은 일차적으로 외부 원천에서 발생한 것인가, 아니면 내부에서 발생한 것인가? 환자들은 흔히 우리를 찾아와서 직장 상사나 배우자 또는 자녀로 인해 발생한 문제를 호소한다. 처음에는 환자가 겪는 어려움이 어느 정도나 외부에서 온 것인지를 결정하기가 쉽지 않다. 때때로 환자들은 외부 대상의 행동이 다른 여러 사람들에게 문제를 일으킨다는 사실을 알고 있는 상태에서, 힘든 상황을 견뎌내고, 대처하거나 그 상황에서 벗어나기 위해 도움을 구할 것이다. 다른 환자들은 자신들이 외부 대상들로 하여금 자신들을 함부로 대하도록 만들고 있다는 사실을 인식하고 있을 것이다. 그들은 대인관계에서 억압된 내적 대상관계의 영향을 반영하는, 반복되는 문제 유형을 보일 것이다. 다른 환자들은 기본적으로 문제의 원인이 외부 대상에게 있음에도 불구하고, 스스로 비난을 받아들이는 경향이 있을 것이다. 이러한 환자들은 비난을 기꺼이 받아들이는 경향으로 인해 그러한 상황을 만들어 내는데 기여한다. 그러나 만일 그들이 현재의 관계에서 벗어날 수 있다면, 스스로를 비난하는 일은 줄어들 것이다. 우리는 외부 압력과 내부 압력 사이의 균형에 대해 평가하려고 하며, 환자가 가진 갈등에 대해 작업하고 그리고 다른 대상과의 관계를 탐색하면서 이러한 균형에 대한 지각의 변천과정을 살펴볼 것이다.

치료작업을 수행할 수 있는 능력

평가면담은 시범적인 치료라는 점에서, 단기치료에서 사용되는 기본적인 방법들 대부분을 사용한다. 그것의 기본적인 과제는 치료과정에 관해 다루고 있는 이전 장에서 상세히 논의한 바 있다. 따라서 여기서는 평가면담에서 사용되는 작업방식에 대해서만 간략하게 개관하겠다. 우리는 이러한 기술에 대한 환자의 반응을 통해 치료관계를 유지하고, 정신역동적으로 작업할 수 있는 환자의 능력을 파악할 수 있다. 작업방식에 대한 상세한 논의는 이 책의 2장을 참조하라.

방어 유형에 관해 평가하기

먼저 우리는 환자가 방어 기능을 어떤 식으로 사용하는지를 살펴볼 것이다. 환자들은 그들 자신에 관해 이야기할 때, 아무런 감정없이 이야기하는 것을 통해서 정서적 관련성을 무시하거나, 혹은 그들에게 원인이 있는 문제에 대해 다른 사람들을 비난함으로써 자신을 방어할 수 있을 것이다. 그들은 자신들이 그렇게 하고 있다는 걸 알지 못한 채, 좋은 대상과 나쁜 대상을 분리시키든지, 아니면 그들에게 책임이 없는 사건에 대한 비난을 스스로 받아들일 수도 있을 것이다. 요컨대, 그들이 우리에게 이야기한 여러 가지 불안과 사실들을 어떻게 다루는가를 살펴보는 것이 중요하다. 우리는 반복적으로 사용되는 방어 유형에 관해 함께 이야기하고, 그 방어 유형에 이름을 붙이며, 이러한 방식으로 관계하려는 욕구에 관해 생각해 보자고 권유할 것이다.

대상관계 내력에 관해 탐색하기

이러한 문제들을 이해하는 과정에서 우리는 대상관계 내력, 즉 환자의 발달 과정에서 중요한 대상과 가졌던 경험에 대한 이야기를 듣고 싶어한다. 특히 환자의 상실과 상처에 특별한 관심을 갖는다. 우리는 이 정보를 과거사에 대한 공식적인 보고를 통해서 얻는 것이 아니라, 환자가 치료시간에 드러내는 내용과 관련해서 부모님이나 이전의 중요한 사람들과의 관계에 대해 물어보는 것을 통해서 얻는다. 우리는 평가 면담에서 나중에 중요한 것으로 드러나게 될 환자의 모든 과거를 알 수는 없지만, 그의 과거가 현재의 삶과 관계를 조직화하는 방식에 어떤 영향을 미치는지를 알 수 있다.

정서를 따라가기

우리는 환자가 현재 경험에 대한 정서 반응을 나타낼 때, 이전의 가족 경험에 대한 연상을 이야기하도록 요청한다. 따라서 환자가 자신의 배우자가 잘 대해 주지 않는다고 이야기하면서 아이처럼 울 때, 혹은 그의 상황이 마치 이혼하기 전의 부모 관계와 같기 때문에 그녀에게 상처가 되었음을 보여줄 때, 우리는 환자에게 그 당시 부모들에 관해 더 자세하게 이야기해보라고 요청할 것이다. 우리는 치료시간 안에서 정서적으로 생생하게 느껴지는 것, 고통과 분리와 상실에 따른 감정을 나타내는 것 그리고 정서의 변화, 방어기능, 기억과 행동의 불일치를 가져오는 것을 따라가면서 작업을 진행해나갈 것이다.

환자가 아무런 정서도 보이지 않을 때가 있다. 이와 같은 심한 외상을 입은 혼돈되고/미해결된 환자들의 경우, 과거에 대한 기억에 틈새가 발생했으며, 그들과 다른 사람들—치료자를 포함해서—사이에는 거리가 생기게 된다. 우리는 환자가 아동기에 잘 지냈다고 말하면서도, 자신의 배우자가 멀리 있거나 부재한 것처럼 느껴진다고 불평할 때, 그들에게 이러한 짧은 만남에서는 알 수 없는 고통스런 영역이 있다고 추측할 수 있다. 그와 같은 행동은 외상의 잔여물인 내적 대상이 그 환자에게 너무 고통스러운 것이어서 현재의 경험과 의식적으로 접촉할 수 없었기 때문일 것이다. 그는 치료를 통해서만 그 고통스런 영역과 의식적으로 접촉할 수 있을 것이다.

꿈과 환상에 대해 작업하기

우리는 평가면담에서 꿈과 환상에 대해 접근한다. 우리는 첫 면담에서 작업방식에 관해 설명하면서 꿈과 환상에 관해 말해준다. 만일 환자들이 스스로 꿈이나 환상에 관해 말하지 않는다면, 우리는 그것에 관해 직접 물어 볼 것이다. 대상관계 역사를 들으면서 자연스럽게 꿈이나 환상에 관한 이야기를 듣는 것이 바람직하다고 생각하지만, 꿈과 환상이 생략되거나 간접적으로 거론될 때, 우리는 그것에 초점을 맞추어 직접적으로 물어볼 것이다. 수음 환상뿐만 아니라 다른 환상들도 포함해서 환상 내용은 성적인 쾌락이나 어려움에 관한 논의로 인도할 것이다. 그밖의 환상들은 환자가 발견한 상황에 대한 대안적인 상황을 상상하는, 좀더 평범한 내용일 수도 있고, 그들이 동일시하거나 관계하기를 소망하는 사람, 혹은 다른 직업이나 삶의 과정에 대한 환상과 관련되어 있을 수도 있다. 무의식적 환상은 꿈에서 그리고 타인이나 치료자와 관계하는 방식에서 자체를 드러낸다.

우리는 환상이 불안을 구조화하는 무의식적인 가정(假定)으로 그리고 언어화되지 않은 안내 원리로서 작용한다고 생각한다. 어떤 사람은 반복해서 경험하는 문제들을 자신의 삶의 일부라고 믿을 것이다. 우리는 그가 평가 단계에서도 어린 시절의 상황에서 유래된 무의식적 죄책감을 자신에게 계속 부과하고 있음을 알 수 있다. 그는 무의식적 환상 안에서 대상을 공격하고, 그런 후에는 보복의 법칙에 따라 그 행동을 처벌하는 환상을 갖고 있다. 또다른 경우, 자신의 자아만큼이나 파편화된 관계를 유지하고 있는, 학대에서 살아남은 여인은 자신이 그런 관계를 유지하는 이유가 다시는 자신을 누군가의 처분에 맡기지 않기 위한 것임을 깨달을 수 있을 것이다. 치료가 진행됨에 따라, 이러한 동기적 환상에 대한 이해 수준은 점점 더 깊어지겠지만, 평가 단계에서도 이런 문제에 대한 설명을 통해 환자에게 작업 원리를 소개하고, 치료를 통해 그것에 대해 좀더 탐색할 가치가 있음을 설명해줄 수 있다.

피드백 제공하기

우리가 평가 단계에서 제공하는 피드백은 환자에게 우리의 작업방식을 알려 주기 위한 것이다. 우리는 환자가 작업해 나갈 수 있도록 우리의 작업방식에 대한 시범을 보여주고, 우리가 제공하는 피상적인 말 또는 심층적인 말을 환자가 어떻게 사용하는지를 보려고 할 것이다.

표면적인 피드백: 명료화, 지지, 조언

표면적인 수준에서, 우리는 환자의 말을 우리가 이해했음을 환자에게 보여주고, 모호한 이야기를 명료화하도록 요구하고, 하나의 내용을 그가 말해 준 다른 내용과 관련지을 수 있다. 우리는 자녀에 관한 문제나 연로한 부모를 돌보아야 하는 문제로 찾아오는 환자들에게 그 어려운 상황을 공감해 주거나 조언해 줄 수 있을 것이다. 우리는 이런 식으로 환자를 지지해 주고 조언해 주는 것 안에 정신역동적 작업을 침해할 수 있는 가능성이 있음을 알고 있다. 지지나 조언을 금하는 규칙이 있는 것은 아니지만, 이러한 행동은 환자로 하여금 좀더 지지적인 치료를 기대하게 만드는 경향이 있기 때문에, 우리는 환자가 어떤 식으로 대답을 구하고 질문을 사용하는지를 주시하면서, 환자들에게 질문하는 행동의 의미에 관해 생각해 보게 하고, 우리가 그들이 기대하는 대답을 해주지 못할 때의 경험에 관해 생각해 볼 것을 권한다. 많은 환자들은 평가에서 이러한 도움을 즐겁게 받아들이면서 비분석적인 관계 양식에 머무르지 않는다. 이처럼 지지와 조언은 규칙에 어긋난 것이 아니다. 그러나 그것이 대상관계 심리치료와 평가작업의 주된 원동력이 아닌 것은 분명하다.

심층적인 피드백: 해석

우리는 모든 평가면담에서 실험적인 해석을 제공하는 경향이 있다. 이러한 피드백은 좀더 깊은 수준에서 이루어지는 것이다. 평가면담에서 우리는 환자가 고통과 불안에서 자신을 방어하는 방식과 그 이유, 환상의 기능, 꿈에서 드러나는 대인관계적 갈등, 혹은 그의 내적 대상관계의 구조, 환자 자신의 상반되는 측면간의 갈등에 관해서 해석할 수 있다.

전이-역전이

해석은 그것이 역전이 안에서 느끼는 전이에 대한 우리의 경험으로부터 나온 것일 때 가장 효과적이다. 우리는 전이와 역전이 지형도를 다루고 있는 1장과 치료과정에 관해 다루고 있는 2장에서 전이가 일어나는 장소를 추적할 수 있는 지도를 제공하였다. 사람들이 우리가 가진 치료 능력에 관해 기대를 가지고 우리의 치료 공간 속으로 들어오고 또 우리가 그들에게 반응할 때 전이와 역전이는 이미 첫 면담에서부터 작용한다. 우리는 지금-여기에서, 우리에 대한 환자의 경험 안에서 문제를 확인하고, 그것을 과거(그때-거기의 가정 생활)와 현재(지금-거기에서의 가정 생활)의 중요한 인물에 대한 유사한 경험(그때-여기의)과 관련시킨다; 우리는 전이가 지도상의 어느 곳에서 작용하고 있는지—치료 장면(여기)에서, 환자의 일상생활(거기)에서, 중요한 타자와의 관계에서, 환자 안에서, 치료자 안에서, 혹은 두 사람 사이의 공간 안에서 일어나고 있는지—주목한다. 또한 우리가 환자의 대상의 일부로서 사용되고 있는지, 혹은 환자의 자기의 일부로서 사용되고 있는지 살펴본다.

우리는 우리가 언급하기를 바라는 특정한 환경 전이나 초점 전이의 요소를 인식할 수도 있고, 또 그렇지 못할 수도 있다. 최초의 환경 전이가 일반적으로 긍정적이며 수용할 수 있는 것이고, 그것이 안정된 초기 애착에서 비롯된 것이라면, 우리는 환자와의 작업이 성공적일 가능성이 많다는 사실을 알려 주는 것 외에는 별로 해석할 것이 없을 것이다. 그러나 이 경우에도 전이-역전이 역동은, 해석되지는 않지만 마음속에서 인식되고 이후의 치료과정에서 사용된다. 긍정적인 환경 전이가 너무 좋을 때, 우리는 이상화 상태에서 발생하기 쉬운 작은 균열에 민감할 필요가 있다. 이러한 민감성을 통해서 우리는 부정적인 요소가 인식되지 않은 채 치료 영역 안으로 들어오는 것을 예방할 수 있다. 다른 경우에, 환자는 부정적인 환경 전이를 나타낼 수도 있다. 이때 우리는 차츰 불편함을 느끼게 되고, 그런 느낌을 통해서 환자가 마음을 열지 않고 있음을 인식하게 된다. 이것은 첫 면담에서 신속하고 직접적으로 다루어져야만 하고, 평가 단계 동안에 거듭해서 다루어져야 한다. 환자는 상황에 대한 무형의 불안을 직면하는 것에 대한 방어로서 조급하게 부정적인 초점 전이를 발전시킬 수도 있다. 그런가 하면 이러한 일은 그와 같은 투사를 받을만한, 치료자 안에 있는 특별한 요인으로 인해 일어날 수도 있다. 만일 치료자가 이러한 치료관계에 대한 두려움을 해석해 주고, 환자가 자신이 이해받고 있다고 느낀다면, 환자는 자신의 문제를 탐색하는 일에 치료관계가 지닌 가치를 진지하게 고려할 수 있을 것이다.

해석과 치료 형식에 대한 반응을 검사하기

우리는 환자에 대해 경험한 것을 환자와 모두 나눌 수는 없지만, 실험적으로 한두 개의 해석을 제시하고 나서 환자들이 어떻게 반응하는지를 살펴본다. 그들은 우리의 말을 부정하는가? 동의하는가? 설령 동의하지는 않더라도, 사려깊게 반응하는가? 우리의 이해를 확장하거나 명료화하거나 입증하는 부가적인 자료를 제공하는가? 우리가 이러한 반응에 대해 깨닫고 이해하게 될 때, 가급적 첫 면담에서 이러한 점들을 직접 다루는 것이 좋다. 이는 앞으로 치료 자체가 갖는 안아주기 기능을 강화시켜 주는 가장 좋은 방법이기도 하다.

약물치료와 부가적인 치료

이미 약물치료를 받고 있는 환자에게 심리치료를 하거나, 평가기간 동안 혹은 그후 치료과정에서 약물치료를 받을 수 있는 환자들을 만나는 일은 허다하다. 정신분석은 오랫동안 약물치료가 현재의 증상을 신속하게 제거하기 때문에 심리치료를 받으려는 동기를 떨어뜨리고, 치료과정에서 나타나는 문제를 모호하게 만든다는 이유로 약물치료에 대해 부정적이었다. 하지만 이제는 더 이상 두 치료 양식 사이에서 갈등할 이유가 없다. 통제할 수 없는 불안이나 우울, 정신병적 취약성, 혹은 해리 경향성 때문에 적절한 약물치료를 받고 있는 환자는 심리치료나 정신분석 작업을 더 잘 할 수 있다. 마찬가지로 주의력 결핍 장애로 진단을 받은 아동이나 성인들은 진정제를 사용해서 안정을 찾음으로써 심리치료를 더 잘 받을 수 있다. 명백한 정신병적 증상, 난폭한 행동장애, 지속적으로 자살 충동을 보이는 우울증, 난치성 조증, 급성 알코올 중독, 만성적인 약물 남용을 보이는 환자들은 모두 대상관계 심리치료를 통해 효과적으로 치료될 수 있으며, 특히 치료자가 안아주는 환경을 확보해줄 수 있는 병원과 제휴하고 있을 때 더욱 그러하다.

전문가나 가정의에 의해 적절하게 처방된 약물치료는 그 자체만으로도 공황장애나 난치성 우울증이나 강박장애 같은 질환에 효과가 있지만, 현재 가지고 있는 문제나 관계의 어려움에 관해 다루는 심리치료와 결합될 때 더욱 효과적이다. 우리는 어떤 약물을 처방하기 전에 충분히 평가할 것을 권고하며, 대부분의 사례에서 우리는 약물치료를 병행하기 전에 시험적으로 심리치료를 실시해 본다. 우리 중 한 사람은(DES) 유니폼드 서비스 대학(Uniformed Services University)에서 수년 동안 의대생과 그 가족들에 대한 일차 진료를 제공하는 가정의로 일한 바 있다. 그때 우리는 거의 사분지 일에 해당하는 학생들이 심리치료를 받기를 원하고 있으며, 소수의 사례만 향정신성 약물을 처방한다는 사실을 확인했다. 대상관계 치료나 분석은 심리적 고통에 대해 보다 더 영구적인 치료를 제공하며, 약물치료의 필요성을 낮추거나 없앨 것이다.

우리가 말하고 싶은 점은 약물치료가 타당하게 사용되는 영역에서 약물치료와 경쟁하자는 것이 아니라, 약물을 마치 만병통치약 인양 과도하게 사용하는 것을 반대하는 것이다. 대상관계 심리치료 또는 정신분석은 약물치료와 함께 병행하든, 약물치료를 대체하든 간에 그 자체로서 효과적인 치료법이다.

공식화와 추천

환자가 우리의 작업방식을 이해할 수 있도록 충분한 피드백을 제공한 후에, 우리는 간략한 공식화를 제공한다. 이것은 아마도 우리가 도달한 좀더 상세하고 잠정적인 공식화에서 추려낸 것이 될 것이다. 우리는 우리가 그들의 상황을 어떻게 이해하고 있는지를 보여주기 위해 충분히 이야기하되, 너무 많이 이야기해서 마치 어떤 결론에 도달한 것처럼 보이지 않도록 주의한다. 우리는 우리의 가설에 따라 치료에 대해 제안하는데, 추천할만한 작업방식이 하나 이상 있다고 느낄 때는 몇 개의 대안을 제시한다. 이를테면 주 1회나 주 2회의 심리치료 중에, 혹은 심리치료나 정신분석 중에 하나를 선택하라고 제안할 수 있으며, 약물치료를 받으면서, 혹은 받지 않으면서 심리치료를 받는 장점에 대해 논의할 수 있다. 우리는 부부치료나 가족치료를 개인치료에 대한 대안적, 보조적, 또는 예비적인 치료로서 제안하기도 한다. 어떤 상황에서는 왜 치료가 꼭 필요하지 않은지, 왜 다른 전문가들과 더 잘할 수 있는지, 혹은 어째서 치료를 생각할 때가 아닌지에 관해 이야기할 수도 있다. 우리는 환자에게 필요하다고 생각되는 것들, 그리고 갈등을 직면하고 치료에 투자하는데 있어서 환자가 어떤 위치에 있는지를 종합적으로 고려해서 이와 같은 처방을 내릴 것이다.

치료 계획에 대한 합의

그리고 나서 우리는 치료의 틀에 관해 환자와 합의한다. 치료자와 환자가 약속한 치료의 틀은 환자가 불안을 회피하려는 목적으로 그것을 변경하려는 시도를 견뎌낼 수 있을 만큼 튼튼해야 한다. 하지만 너무 경직되게 규정할 필요는 없다. 이를테면 주 1회로 치료를 시작하기로 합의했다면, 필요에 따라 부가적인 치료시간을 갖는다거나 치료 횟수를 늘릴 수 있는 여지를 남겨 놓을 수 있다.

평가단계를 마치면서, 앞으로의 치료에 관해 합의하기 전에 우리는 실제적인 조건들에 관해 논의한다. 이를테면 평가기간 동안에는 약속을 취소한 것에 대해서 일률적으로 치료비를 부담시키지 않지만, 일단 정기적인 치료시간에 빠지게 되면 그 회기에 대해 치료비를 부과시킨다는 사실에 대해 이야기한다. 또한 치료비와 치료비 지불 절차, 치료자와 환자의 휴가 일정에 관해 논의한다. 정신분석의 자유연상 기법을 가장 잘 따를 수 있는 환자들의 경우에는 카우치 사용 여부에 관해 논의한다. 그런 후에 우리는 합의에 도달하기 어려운 문제들에 관해 협상함으로써 우리의 통상적인 전략을 수정하거나 확인하면서 함께 작업하게 될 다음 시간을 조망한다.

이 책의 제1권 2장에서 우리는 이러한 원리를 행동을 통해 보여주었다. 우리는 거기서 실천에 관해 가르쳤다기보다 여기서 제시한 이론적인 개념과 밀접하게 관련된 개인 평가 사례를 제시하였다. 물론 임상에서 항상 이처럼 체계적으로 사고하는 것은 아니다. 임상에서 우리는 이론은 버려두고 자료를 쫓아간다. 이때 이론은 무의식적인 안내 체계가 된다. 다음의 세 장에서는 한 남성과 한 여성을 평가한 후에 두 사람의 부부관계를 평가한 임상 상황을 제시해 보겠다.

제2부

평가

제 4 장

한 여성에 대한 평가

평가 이론에 관한 마지막 장을 쓰고 나서 우리는 평가와 관련된 상세한 임상 사례를 제시하는 것이 좋겠다고 생각했다. 우리는 옛날의 사례 기록을 들추어 보며 가장 흡족한 개인 평가 사례를 뽑아내기보다는 평가가 어떤 식으로 이루어지는지에 대한 공정한 이해를 주기 위해 마침 새로 오는 환자와의 평가면담 내용을 제시하기로 결정하였다. 이것은 몇 개월 전에 서부 해안에 있는 어떤 치료자가 우리에게 전화해서 의뢰한 사례였다. 그의 내담자인 세콤베 부인은 깊은 우울증을 앓았고 심리치료와 약물치료를 통해 성공적으로 치료되었지만, 워싱턴으로 이주하면서 받은 스트레스로 다시 우울증에 빠지지 않을까 걱정하였다. 그는 세콤베 부인을 질 샤르프 박사에게 의뢰하고 싶다고 했다. 하지만 수 개월 동안 환자에게서 아무런 연락이 없었다. 평가면담을 할 다음 의뢰인을 기다리고 있을 때, 세콤베 부인에게서 갑자기 전화가 왔다. 그녀는 개인치료나 부부치료를 받을 수 있는지를 물었다. 이렇게 해서 질 샤르프는 본 장과 다음 두 장에 제시된 임상 평가 사례를 제공하게 되었다.

세콤베 부인의 첫 번째 개인 면담

리지언 세콤베 부인은 약속 시간보다 좀 빨리 도착했다. 그녀는 30세 여성으로 체구가 작고, 머리가 희끗희끗했고, 청바지와 스웨터를 입고 있었다. 그녀는 엄마가 아기에게 필요한 용품을 몽땅 챙길 때나 필요할 것 같은 큼지막한 가방을 가지고 왔다. 나는 세콤베 부인의 이름과 주소를 받아 적고 나서, 그녀에게 몇 회기의 평가 과정을 거친 후에 어떻게 하는 것이 좋을지 추천하게 될 것이며, 그 과정에서 남편을 만나 보게 될 것이라고 말했다. 그녀는 자신이 이전에 치료를 받은 적이 있으며, 이전 치료자가 의뢰했음을 상기시켰다. 나는 그녀의 이전 치료자에게 들은 내용을 말해 주면서 그녀 자신은 상황을 어떻게 보고 있는지 듣고 싶다고 했다.

세콤베 부인은 서부 해안에서 이곳으로 이사했고, 새로운 이웃들 사이에서 정착하고 아이를 맡길 곳을 찾느라고 다소 시간이 걸렸노라고 설명하였다. 그녀는 이제 모든 게 정리되어서 다시 치료를 시작할 수 있게 되었다고 했으며, 이전의 치료 경험에 관해 이야기하기 시작했다. 그녀는 만성적으로 재발하는 우울증을 치료하기 위해 개인치료, 부부치료, 집단치료 등을 10년에 걸쳐 받았다. 그녀는 5년 전 심각한 우울증으로 어려움을 겪었으며, 1년에서 1년 반 동안 항우울제를 복용하였다. 이러한 심각한 우울증은 그녀가 25세였을 때 어머니가 돌아가시고 결혼생활에서 스트레스를 받으면서 촉발되었다. 그녀는 아이를 가져야겠다고 마음먹으면서 항우울제를 끊었고 지금은 한 살 반된 아기를 아기를 키우며 집에서 지내고 있었다. 그녀는 오랫동안 가벼운 우울증을 앓고 있다고 했고, 그러나 항우울제를 끊고, 또 이사하면서 스트레스를 받았음에도 불구하고 깊은 우울증은 재발되지 않았다고 말했다.

우울증을 일으키는 주요 촉발 요인이 무엇이냐고 묻자 그녀는 고립감 때문이라고 말했다. 그녀는 항상 직장에서 친구들을 사귀었는데, 건강 과학 잡지의 제작 편집자로서 일하는 직장생활과 아이를 돌보는 일을 병행하기가 어려웠다. 그녀는 시간제 일이라도 다시 일을 갖고 싶었다. 그녀에게는 변화가 필요했다. 그녀는 집에서 남는 시간에 보건 소식지에 기고해 오다가 나중에는 장애인을 위한 보건 소식지의 전 페이지를 책임지고 기획하기로 했다. 그녀는 현재 일주일에 한 번 믿을만한 곳에 아이를 맡기고 있으며, 그런 날을 이용하여 그러한 가능성들을 타진해 보고 보조금 요청이나 자본금 운용 방법에 관해 배우려고 하였다. 그녀는 지금까지 생후 몇 개월 밖에 안 된 아이에게 묶여서 집밖에 나가기조차 힘들었는데, 이제 이런 호사를 누리게 되어 기쁘다고 말했다.

나는 세콤베 부인이 자신에 대해 자유롭고 사려깊게 말하는 것을 볼 수 있었다. 그녀는 나의 반응에 귀를 기울였고 나와 접촉하였다. 그녀는 내가 그녀의 이야기를 이해하고 있음을 미소로 확인해 주었다. 하지만 그러다가도 거의 매번, 순식간에 멀어졌으며 슬퍼 보였다.

나는 혼란스러웠다. 그녀는 잘 지내고 있는 것 같은데, 나를 보자고 한 이유가 무얼까 궁금했다. 이따금씩 내비치는 슬픈 표정은 무얼 의미하는 것일까?

나는 말했다. "현시점에서 평생 동안 지속된 우울증이 문제가 되는 것은 아닌 것 같군요. 항우울제를 끊고서도 순조롭게 아이를 가졌고, 산후 기간을 잘 보냈고, 아이를 키웠으며, 이사로 인한 스트레스를 잘 견디셨습니다. 그렇다면 어떤 이유로 여기에 오신 걸까요?"

세콤베 부인은 주로 남편과의 관계를 다루는데 도움을 받고 싶다고 말했다. 그녀가 임신했을 때, 부부치료를 받은 것이 그녀에게 큰 도움이 되었다. 그녀는 이렇게 말했다. "아버지와의 관계가 제 남편 휴나 다른 남자들, 그리고 결혼에 대한 저의 느낌에 영향을 주는 것 같아요. 아버지는 제가 18세 때 돌아가셨습니다. 저는 아버지와 전혀 관계가 없었어요. 저는 휴에게 화를 많이 냈고 그 때문에 마음이 편치 않아요. 제가 그 사람과 결혼생활을 계속할지는 미지수이지만 이혼은 원치 않아요. 저는 그와 함께 가정을 지키고 싶지만, 우리의 관계를 생각하면 앞이 캄캄하고 절망스러워요. 모든 걸 포기하고 싶어요. 그도 때때로 그렇게 느낀다고 해요. 이제 결혼한지 5년이 지났어요. 그가 너무 수동적인 바람에 결혼 초에는 정말 힘들었습니다. 결혼 첫해 동안에는 모든 문제를 제가 수습하고, 혼자 흥분하고, 집안의 작은 일들도 처리해야 했습니다. 정말 좋지 않았죠. 그래서 저는 그에게 저 혼자 힘으로는 가정을 지탱하기 어려우니 개인치료와 부부치료를 받는 게 좋겠다고 말했습니다. 그는 치료를 받기 시작했고 많은 도움을 받았습니다. 그 덕에 우리는 결혼생활을 유지할 수 있었어요. 이게 제가 여기에 온 이유예요. 결혼생활이 행복하지 않아요."

세콤베 부인은 포옹이라도 해주어야 할만큼 너무나 슬프고 외로워 보였다. 그러나 나는 곧 "누가 그녀를 감히 안아줄 수 있을까?"라는 생각이 들었다. 그녀는 공격적이지도 않았고, 까탈스럽지도 않았다. 그런데 왜 나는 이렇게 느끼고 있는 것일까? 그녀는 나와 잘 접촉하고 있었지만 그녀의 일부분은 내게서 멀리 있는 것 같았다. 나는 그녀가 어떤 울타리 속에 머물러 있다고 느꼈으며, 그 울타리는 존중되어야 한다고 생각했다. 아마도 그녀의 남편 역시 같은 인상을 받았으리라. 그렇다면 바로 이 문제가 그로 하여금 친밀한 관계를 형성할 수 있는 주도성을 억제했을 것이다.

나는 그녀에게 남편이 성생활에서도 수동적인지 물었다. 그들은 성교를 그만두었으며, 그 전에는 한 달에 서너 번 정도 관계를 가졌다고 말했다. 결혼 초에는 남편이 조루로 어려움을 겪었는데, 이 점은 지금도 가끔 문제가 되었다. 하지만 부부치료사에게 조루를 조절하는 법을 배운 다음부터는 크게 문제가 되지 않는다고 했다.

나는 휴의 어떤 점에 대해 가장 화가 나느냐고 물었다. 그녀는 주로 그의 수동성 때문이라고 말했다. 그는 집안일에 전혀 신경을 쓰지 않았다. 이를테면 자질구레한 집안일에 손가락 하나 까딱하지 않았다. 아이를 키우는 일에는 전혀 관심이 없었다. 아이에게 돌봄이 필요하다는 사실조차 인식하지 못하는 것 같았다. 만약 그와 함께 여행을 떠난다면, 그는 교통수단을 알아보거나, 먹을 것과 기저귀를 준비하고, 아기의 낮잠 시간에 맞추어 여행 계획을 짜야한다는 생각도 없이 무작정 밖으로 나갈 것이다. 고양이에 대해서도 마찬가지였다. 그녀가 가족들을 방문하기 위해 한 주간 아이를 데리고 떠나면, 그는 고양이에게 먹이를 주고 깔개를 바꿔줘야 한다는 것을 기억조차 못했다.

"자기 몸은 잘 돌봅니까?" 내가 물었다.

"항상 그렇지는 않아요. 그는 내가 자기를 돌봐 주기를 원할 때가 있습니다. 그는 자기 옷도 다려 입으려고 하지 않습니다. 위장에 무슨 문제가 있는지 진찰을 받아보라고 해도 병원에 가지 않아요. 그는 너무 이기적이에요. 가게에 가서는 자기가 필요한 것만 사고 내가 사오라고 한 것은 잊어버려요. 이런 일이 벌어지면 부모님에 대한 기억이 떠오르는데, 부모님은 아주 무심한 분들이었습니다. 부모님은 저를 화가 치밀어 오르게 만들곤 했어요. 저는 무시당하는 일에 지나치게 민감하고, 무시당할까봐 항상 경계하는 것 같아요."

조금 전에는 신체적인 거리감을 느꼈는데, 지금은 정서적인 거리감을 느꼈다. 나는 그녀에게 가까이 가지 못하도록 금지되고 있다고 느꼈다. 이 역전이 감정은 쎄콤베 부인이 아버지와의 관계를 강조하면서 어머니에 대해서는 어떤 언급도 금지하고 있다는 나의 관찰과 일치하였다. 그리고 나서 그녀가 아버지에게서 휴로 초점을 옮기고 있음을 주목하였다. 이러한 이행은 아버지에 대해 느끼는 방식이 휴에 대해 느끼는 방식에 영향을 주는 것 같다는, 그녀의 말을 확증해 주었다. 부모에 대한 그녀의 지각을 남편에게 투사하고 있는 것에 관해 그녀에게 너무 많이 이야기하면 그녀가 비난받는다고 느낄 수 있다고 생각되었기 때문에, 나는 단지 부모님이 무관심했던 일에 대한 기억만 물어보았다.

"부모님은 저에게 시간을 내주지 않았습니다. 아빠에게 나란 존재는 없었구요. 위로 언니 둘이 있었죠. 부모님은 사십이 되어서 저를 낳았습니다. 부모님은 자신들의 문제에 얽매어 있었기 때문에 어린 저의 욕구에 맞추어 주지 못했습니다. 저는 항상 혼자였습니다. 저는 부모님을 위해 뭐든지 잘해야 했지요. 저는 기댈 사람이 아무도 없었습니다. 어머니 역시 우울증이 있었습니다. 그것은 아버지가 1년이면 서너 달 동안 우리를 떠나 있었기 때문이었던 것 같아요. 우리는 피츠버그에서 살았는데 아버지는 남 캘리포니아로 갔지요. 아버지는 테니스 프로 선수였기 때문에 11월부터 다음해 4월까지 가족과 떨어져 지냈습니다. 엄마는 그 때문에 우울해 했어요. 그녀는 완전히 무기력해져서 아무 일도 하지 않았고, 집밖으로 나가지도 않았습니다. 이따금씩 저도 엄마처럼 모든 의욕을 잃어버리고 아무 것도 할 수 없게 됩니다. 여기로 이사온 후로 한 이틀 상태가 심각했고, 휴가 집으로 돌아와야만 했습니다."
세콤베 부인은 눈물을 훔쳤다.
"마음이 편치 않으신 것 같군요." 내가 말했다.
그녀는 고개를 끄덕였다.
"지금 이 순간에 어떤 감정을 느끼셨죠?"
그녀는 아무 말도 하지 못했다.
"내가 보기에 당신은 혼자 다 해낼 수 있는, 수퍼우먼이 아니며, 당신의 어머니처럼 아버지의 지지를 필요로 한다는 사실을 인정해야 하는 게 몹시 불편한 것 같습니다."
"맞아요. 그게 너무 두려워요."

나는 그녀를 지지해 주는 관계망들이 어떤 것인지 알아보기로 하였다. 그녀는 다른 사람에게 가까이 다가가기가 어렵다고 말했다. 그녀는 다른 사람이 그녀에게 다가오기만 바랬다. 하지만 그녀는 젊은 부부가 많이 사는 동네에 거주지를 정했다. 그는 이미 놀이 동아리와 아이를 돌봐주는 동아리에 들어오라는 요청을 받았고, 많은 아이들이 놀고 있는 집 근처 놀이터에도 나갔다. 그녀는 조금 있으면 직업적인 관계도 맺어 나갈 것이라고 했다.

"흐음, 이사에 따르는 어려움을 잘 이겨냈고, 좋은 이웃들이 있는 동네를 골랐고, 당신과 아이에게 필요한 활동들을 계획해 놓았다는 이야기를 들으니 이 부분에서는 장점이 많은 것 같습니다. 따라서 내가 이해한 게 맞다면, 당신의 주된 문제는 결혼생활과 관련된 내적인 삶에 관한 것이군요." 내가 말했다.

쎄콤베 부인은 내 이야기에 대한 대답으로 아버지에 관해 좀더 이야기하였다. 이것은 거절하는 내적 대상관계가 그녀의 결혼생활을 지배하고 있다는 나의 가설을 확증해 주는 것 같았다. 하지만 어머니는 또다시 사소한 인물이 되고 있었다. 거절하는 대상은 아버지에게 전이되었던 것이다.

"그렇습니다. 아버지는 공포심을 토대로 우리를 지배했습니다. 아버진 늘 화가 나 있었고 폭발하기 일보직전이었죠. 아버지는 화가 났으면서도 어떤 일로 화가 났는지 몇 달 동안 말하지 않고 있다가 갑자기 폭발하곤 했습니다. 돌이켜보면 아버지는 덩치만 큰 아기였죠. 정말이지 아버지가 안 계실 때가 훨씬 편했습니다. 아버지가 집에 계실 때는 가족들 모두 숨 한번 크게 쉬지 못했습니다. 언제 아버지 성미를 건드릴지 모르니까요. 저는 아버지에게 바른말을 해 본 적이 한번도 없어요. 아버지는 극도로 비판적이고 매우 지배적이었습니다. 어머니가 저에게 '아버지에게 그런 말하면 못써―아버지를 얼마나 화 나게 했는지 봐라' 하고 말씀하시곤 했습니다. 하지만 내가 말한 게 아버지를 화 나게 한 것 같지는 않아요. 저는 아버지에게 몹시 화가 나 있었습니다―아버지는 가정에서 무얼하는 사람인가? 왜 그는 자신을 통제할 수 없을까?"

나는 그녀에게 아버지가 술을 마셨느냐고 물었다.
"많이 마시지는 않았지만 두 분 모두 술을 드셨습니다. 저녁마다 두 잔쯤 하셨을 거예요. 지금 생각해 보니까 운동선수 치고는 많이 드신 편이네요. 때때로 크게 화를 내기도 하셨습니다. 내가 아는 한 화를 내신 건 술 때문이 아니라 누군가 어떤 일을 저질렀기 때문이에요. 이를테면 언니가 학교를 중퇴했을 때, 아버지는 노발대발하면서 언니에게 고함을 지르고 실제로 언니를 때리기까지 했습니다. 아버지는 제게는 아무 관심도 없었습니다. 아마도 아버지가 저를 무시했기 때문에 오빠나 언니만큼 망가지진 않았던 것 같아요. 오빠는 세상을 등지고 살고 있고, 언니는 집행 유예 중이에요. 두 사람은 모두 불행하게 살고 있죠. 몇 번이나 결혼하고 이혼했습니다." 그녀가 말했다.
"그런데도 당신은 그와 같은 어려움에는 빠지지 않았군요. 소리를 지르는 아버지와는 다른, 억제된 남자를 신랑감으로 택했구요. 하지만 남편은 당신과 접촉하지 못했습니다. 그의 수동성이 당신의 분노를 폭발하게 했나요?" 내가 말했다.
"그렇습니다. 전 화가 났지만 아버지처럼 그렇게 심하게 화를 내지는 않았어요. 전 비열하게 행동하지도 않았고 화를 내며 집을 나가지도 않았습니다. 하지만 소리를 지른 적은 있습니다. 사실 저는 큰 소리를 내는 사람은 아니에요. 직장에서는 전혀 그런 식으로 행동하지 않아요. 사실 저는 '회사에서 제일 조용한 사람'으로 알려져 있습니다. 제가 싫어하는 사람들은 직장에서 소리를 지르는 사람들입니다. 물론 아버지도 밖에서는 좋은 사람으로 알려져 있었던 것 같아요. 아버지는 테니스 리그에서는 인기가 좋은 사람이었습니다. 그들에게 아버진 정말 호인이었지요. 그는 자신이 가르치는 아이들을 사랑했습니다. 그들에게 고함을 치거나 함부로 대한 적이 한 번도 없었죠. 일부 코치들처럼 선수들을 혹독하게 훈련시키지도 않았어요. 그리고 다른 프로 선수들을 도와 주기도 했죠. 언니는 방학 때면 아버지를 따라 토너멘트 리그에 갔는데, 그것은 언니를 위해서였던 것 같아요. 저도 아버지를 따라 가고 싶었고, 어머니도 가라고 여러 번 권유했지만 막상 가보면 항상 찬밥신세였습니다. 저는 항상 귀찮은 존재였고 사람들은 내가 방해만 된다고 했습니다. 아버지는 테니스를 전혀 가르쳐 주지 않았습니다. 오빠나 언니에게는 가르쳐 주면서도 저에게는 가르쳐 주지 않았지요. 그래서 저는 아버지를 따라 다니는 것을 포기했죠. 가족들은 내가 태어나자 나를 성가시고 피곤하게 하는 존재라고 느꼈던 것 같아요. 저는 어머니가 사십대 중반에 두어 번 유산한 다음 예기치 못하게 태어났던 것 같습니다.

그녀는 계속해서 말했다. "어머니의 인생에는 비밀이 많은 것 같아요. 저를 낳은 후에 두 번 낙태한 사실을 알아냈습니다. 어머니 말년에 가서야 이 사실을 알았습니다. 저는 어머니가 병원에서 서류를 작성하는 일을 도와 드리고 있었는데, 그때 말씀하시더군요. 첫 아이를 낳고 나서 6년 동안 아이를 갖지 못했고, 희망을 접고 있었는데 갑자기 두 번째 아이가 들어섰답니다. 그리고 나서 4년 동안 유산이 반복되다가 뜻밖에 나를 낳게 되었답니다. 그 뒤로 어머니는 사십대 중반에도 계속 임신하였는데, 믿기 어려운 일입니다. 그래요. 어머니에게는 수수께끼 같은 일들이 많아요. 저는 외가 쪽 식구들을 전혀 모릅니다. 우리는 어머니가 17세 때 집을 나온 후 한번도 집에 가보지 않았다고 알고 있습니다. 어머니는 2세 때 외할머니가 돌아가셨다는 것 외에는 자신이 살아온 삶에 대해

한 마디도 하지 않았습니다. 그런 기억들을 마음에 담고 있기가 매우 고통스러웠을 텐데 그것에 관해서는 아무 말도 하지 않았습니다. 내가 알고 있는 유일한 사실은 어머니가 계모를 싫어했다는 것입니다. 피츠버그에 사촌들이 사는 걸로 알고 있는데, 어머니는 그들의 이름조차 말해 주지 않았습니다. 어머니가 돌아가셨을 때 어머니의 사망 신고서에서 보고 외조부, 외조모의 이름을 알게 되었고, 그걸 통해 사촌들을 찾을 수 있었습니다. 또한 사망 신고서를 보고 어머니의 결혼 전 이름이 어머니가 항상 말씀하셨듯이 브라운이 아니라 루딘츠키라는 것을 알았습니다. 이게 뭘 의미할까요? 이전에 결혼하신 적이 있었다는 건가요, 아니면 이름을 바꾸었다는 건가요? 그랬다면 왜 그랬을까요?"

나는 말했다. "추측되는 게 있습니까?"

그녀가 대답했다. "몇 가지로 추측하고 있습니다. 하나는 그녀가 입양되었을 가능성이에요. 하지만 그 사실을 왜 우리에게 이야기하지 않았을까요? 두 번째는 어머니는 과거에 이민 온 사실을 지워버리고 싶어서 영국계 이름을 선택했을 수 있습니다. 하지만 루딘츠키는 어떤 이름일까요? 러시아계? 폴란드계? 모르겠어요. 세 번째 추측이 가장 가능성이 높다고 생각하는데, 어머니는 무조건 과거를 지워버리고 싶었다는 거지요. 어머니는 계모를 싫어했던 것으로 알고 있고, 외할아버지도 어머니에게 야비하고 잔인하게 대했던 것 같습니다. 우리는 어머니에게 여러 차례 물어 보았지만, 그때마다 우리에게 화를 내거나 거짓말을 하곤 했죠. 한번은 외할아버지가 목수였다고 했고, 또다른 때는 다른 일을 하셨다고 했습니다. 그런 것을 물어볼 때마다 그녀는 버럭 화를 내며 평정을 잃어버리곤 했습니다. 어머니는 '몰라서 아무 것도 말해 줄 수 없구나'라고 말하곤 했습니다. 가족 배경에 관해 아는 게 내게는 아주 중요하다는 사실을 어머니에게 말했더라면 얼마나 좋았을까요."

나는 오랜 치료기간 동안 쎄콤베 부인의 정신상태에 영향을 미쳐온 과거사를 더듬어 보면서, 그녀는 이러한 일들을 무척 알고 싶었을 거라고 생각했다. 나는 그녀가 어째서 이 일에 관해 아직도 명확하게 알지 못하는지 의문스러웠다.

나는 말했다. "어머니가 살아 계셨을 때 당신은 어머니의 사생활을 침범하지 않으려고 했지만, 부모님 두 분 모두 돌아가신 후 사실이 알고 싶어진 것이라는 생각이 드는군요. 당신은 인터넷에서 온갖 검색자료를 능숙하게 사용해서 과학에 관한 글을 쓰고 있습니다. 당신은 어떤 사실에 관해 알아내는 방법을 누구보다 잘 알고 있습니다. 치료를 받은지 16년이 지났는데도 어머니에 대해 더 이상 알려고 하지 않는다는 게 놀랍군요."

그녀가 말했다. "우리는 항상 어머니를 조심스럽게 대했습니다. 물어볼 수조차 없었죠. 하지만 어머니가 돌아가신 후에 전화로 몇 가지 알아보았습니다. 내가 알게 된 건 사실을 조회하려면 여러 관청을 직접 찾아가야 한다는 것입니다. 어떤 때는 그렇게 한 적도 있습니다. 저는 정말로 이런 의문을 풀고 싶습니다."

알고 싶다는 욕구는 그녀 어머니의 죽음과 그녀 자신이 어머니가 된 일로 인해 사라졌다. 하지만 그녀의 궁금증은 여전히 풀리지 않았다. 나는 그녀가 나를 쳐다보며 낮은 소리로 분명하고 거침없이 이야기하는 동안 그녀가 나에게 미치는 영향을 관찰하고 있었다. 그녀는 용모가 수려했지만 이러한 특성들은 전체적으로 막연한 느낌에 덧붙여진 것이었다. 그녀의 검은 머리는 얼굴 주변으로 오면서 상당히 희끗희끗했다. 그녀의 이야기는 분명하고, 명확하며, 직선적이었지만 감정적인 어조는 밋밋했다. 대체로 그녀는 희미하고 숨어 있는 것 같았다. 나는 그녀가 직장에서 일하거나 아기를 돌보는데는 효과적이고 유능한 거짓 자기를 가지고 있지만, 참 자기는 그녀가 남편에게서 재발견한, 내면의 거절하는 대상관계에 의해 억압되어 있다고 생각했다. 그녀는 이 사실을 발견하거나 이 사실을 내 안에서 불러일으키지 못했고, 나 역시 그녀가 나를 거절하고 있다고 느끼지 못했다. 나는 그녀의 아버지와 남편을 관련짓는 말을 하지 않기로 했을 때처럼 그녀를 다시 조심스럽게 다루고 있다고 느꼈다. 하지만 나중에 좀더 확신이 생겼을 때 나는 용기를 내서 알지 못하는 것에 관해 그녀에게 직면시켰다. 그녀는 나의 직면을 상당히 잘 받아들였고, 이 점에 고무되어서 나는 그녀가 나에게 어떤 영향을 미치고 있는지에 대해 그녀에게 말해 주었다.

면담을 끝낼 때가 다 되어 내가 말했다. "나는 당신이 심하게 쳐져 있다는 인상을 받았습니다. 마치 담요나 베일에 덮여 있는 상태인 것 같아요. 그렇다고 당신이 무얼 감추고 있다는 건 아닙니다. 당신의 어머니와는 달리 자신의 생애나 성장과정, 결혼생활에 관해 알고 있는 것을 모두 말해 주었습니다. 하지만 당신이 이야기를 할 때 모든 걸 매우 조용하게 이야기했습니다. 당신은 어머니에 대해 그랬던 것처럼 다른 사람의 공간을 침범하지 않고 사는 법을 배워온 것 같아요. 나를 포함해서 다른 사람들을 침범하거나 괴롭히고 싶지 않다는 동기가 있다고 생각합니다. 당신이 나를 만나러 여기 오는데 몇 달이 걸렸고, 지금도 나에게 감정을 드러내지 않은 것도 이런 이유 때문일 겁니다."

그녀는 고개를 끄덕였다.

나는 계속해서 말했다. "다음 번에 다시 만나고 싶군요. 오늘 불편한 점이 있었다면, 무엇이든 말씀하세요. 오늘 만남에 대해 당신이 어떻게 생각하는지 또 나에 대해서는 어떻게 느꼈는지 궁금합니다. 당신의 꿈에 대해서도 관심이 있구요. 다음에 만날 때는 오늘 다룬 주제를 토대로 우리가 무얼 해야 할지 생각해 볼 것입니다: 개인치료를 해야 할지, 부부치료를 해야 할지, 개인치료를 한다면 얼마나 집중적으로 작업하는 것이 좋을지 생각해 보도록 하죠."

그녀는 나에게 보험회사와는 어떤 식으로 일이 처리되느냐고 물었다. 나는 보험회사에서 그녀에게 직접 고지서가 발급될 때까지 기다려도 되지만, 그 달 말에 내가 발송하는 고지서를 받고 열흘 내에 치료비를 내면 된다고 설명하였다. 나는 상담료를 말해 주었고, 치료비는 치료의 횟수에 따라, 또한 그녀의 경제수준에 따라 결정된다고 말했다. 만일 내가 요구하는 치료비보다 더 싼 치료를 원하거나 다른 이유로 나와 작업하는 것을 원치 않는다면, 그녀의 요구에 맞춰 치료할 수 있는 다른 사람을 소개해 줄 수 있다고 말했다. 우리는 주 중에 다시 만나기로 약속하였다.

이 사례에 나타난 평가의 원리

 이 첫 면담에서 질 샤르프 박사는 평가에 필요한 틀을 짜고, 치료에 대한 세콤베 부인 자신의 생각을 알고 싶다고 말해 줌으로써 안아주는 환경을 확립하였다. 세콤베 부인은 샤르프 박사에게 자신의 상황에 대해 많은 것을 이야기했고 자신의 내면 세계에 대한 느낌도 전달했다. 샤르프 박사는 완전한 평가를 위해서는 몇 회기가 더 필요하다고 설명함으로써 평가를 위한 틀을 짰다. 그녀는 자유연상적인 마음 상태로 경청하였으며, 세콤베 부인으로 하여금 대화의 흐름을 주도하게 했다. 그녀는 세콤베 부인의 어조 속에 담긴 고통의 요소를 마음에 새기고 담아주었다. 그녀는 세콤베 부인의 소원하고, 외롭고, 슬픈 정서를 이해할 수 있었다.

 세콤베 부인은 자신과 다른 사람의 의존욕구를 충족시켜 주는 기술을 사용하였는데, 이는 자신이 아무도 신뢰할 수 없고 의존할 수 없기 때문이었다. 이 때문에 그녀는 사람들이 자신이 필요로 하는 것을 알아주기를 바랬으며, 신체 접촉의 욕구와 안기고 싶은 욕구에 반응해 주길 바랬다. 그녀는 좋은 대상의 상을 남편에게 투사하였고, 그리고 나서는 좋은 대상에게 거절당한다고 느꼈다.

 발달적 자리라는 관점에서 평가하자면, 그녀는 주로 우울적 자리에서 기능하고 있음을 보여준다. 그녀는 사랑할 수 있고 자녀를 돌볼 수 있다. 그녀는 남편에게 헌신적이며 결혼생활의 고통을 분담하려고 하였다. 그녀는 남편을 불행하게 만든 데 대해 불편해하고 있다. 그러나 그녀는 오랫동안 마음을 닫은 채 생활하면서 불안하고 강박적인 사람이 되었다. 그녀는 편집-분열적 기능으로 후퇴했고 남편이 자신을 무시한다고 생각하였다. 그리고 성적인 욕망을 상실하였다.

애착 유형의 관점에서 본다면, 세콤베 부인은 부모 모두에게 불안하게 애착되어 있었지만 부모는 그녀의 애착 욕구를 무시하였다. 그녀는 남편에 대해 양가적인 애착을 발달시켰다. 그녀는 자신의 아들이 지닌 애착 유형이 안정된 것이 아닐까봐 염려하고 있다. 이에 대한 걱정 때문에 잠간이라도 남편과 떨어져 지내는 것이 힘들었다.

이주(移住)라는 외적인 침범은 그녀를 지지해 주는 관계망을 끊어버렸다. 그녀는 남편의 수동성에 화가 나서 성욕을 상실했고, 그런 이유로 남편의 성적 욕망을 외적인 압력으로 경험하였다. 그녀는 창조적인 일을 다시 해보고 싶은 욕망과 집에서 아이와 지내고 싶은 소망 사이에서 갈등을 겪고 있다. 그녀는 경제적 여건 때문에 치료를 받기 어려웠고, 이로 인해 또다른 외부 압력을 받고 있었다.

세콤베 부인은 치료작업을 할 수 있는 뛰어난 능력을 가지고 있음을 보여주었다. 그녀는 자유롭게 자신의 대상관계 내력에 관해 이야기할 수 있었다. 샤르프 박사가 그녀에게 그녀가 자신의 감정을 억제하면서 그녀와 관계하는 다른 사람의 영향을 최소화하려는 방어를 사용하고 있다고 말했을 때, 그녀는 그 말에 경청하였다. 샤르프 박사는 명료화하는 말을 하였고, 그녀가 새로운 환경에 잘 적응하고 있음을 지지해 주었으며, 가족사에 관해 탐구해 보라고 조언하였다.

샤르프 박사는 자신이 받은 인상을 해석의 형태로 세콤베 부인에게 되돌려 주는 것에 대해 조심스럽게 느꼈다. 이러한 역전이 감정은 세콤베 부인의 내면 세계에 억제와 조심스러움의 요소가 있다는 생각을 갖게 해주었다. 이러한 요소는 아마도 그녀 어머니의 비밀에 대한 동일시에 기초를 둔 것일 것이다. 이 때문에 그녀는 만성적으로 부재했던 아버지를 얼마나 갈망하였는지를 인식하지 못하였고, 내면에서 이것을 충분히 느끼고 표현할 수 없었기 때문에 누적된 분노감정을 극복할 수 없었다. 지금까지 살펴본 이러한 요소들이 세콤베 부인을 자주 우울에 빠지게 하고, 나쁘거나 방치하는 내적 대상관계로 자주 돌아가게 하며, 현재의 결혼생활을 불행으로 경험하게 하는 이유이다.

또한 샤르프 박사는 치료 초기에 완전한 해석을 주는 것은 세콤베 부인을 압도할 수 있다고 느꼈다. 이러한 역전이 감정은 경험을 통해 얻어진 임상적 직관으로 볼 수도 있지만, 세콤베 부인 자신의 내적 억압에 대한 단서일 수도 있다. 샤르프 박사는 더 튼튼한 치료관계를 형성할 수 있을지, 아니면 다른 사람에게 의뢰해야 할지를 판단하기 위해 두 번째 면담을 갖기로 했다. 다음 치료시간에 샤르프 박사는 자신의 잠정적인 가설을 확인하고자 할 것이다. 그녀는 첫 번째 치료 면담에 대한 세콤베 부인의 반응을 평가하고, 꿈에 관해 작업하려고 할 것이다. 그녀는 전이를 더 깊이 이해하려고 노력할 것이다.

세콤베 부인과의 두 번째 평가면담

오후 1시 30분에 세콤베 부인을 기다렸다. 지난 시간에는 약속 시간보다 일찍 왔었다.

그녀는 오후 1시 40분에 도착했다.

그녀가 말했다. "1시 40분에 시작하는 게 맞지요?"

내가 말했다. "1시 30분에 시작하는 것으로 약속했는데, 착

오가 있었나 봐요?"

그녀가 말했다. "글쎄요, 1시 30분으로 말씀하신 것 같은데, 저는 1시 40분을 의미한다고 생각했습니다. 지난번 치료시간은 10시 10분이었고, 이전 치료자처럼 항상 치료시간 십분 후에 시작하는 줄 알았어요."

나는 이 말이 이치에 닿는 말은 아니지만, 그녀가 친숙한 어떤 것을 찾고 있음을 말하고 있다고 생각했다.

나는 말했다. "이전 치료자와 같을 것이라고 기대하셨군요."

그녀는 말했다. "그렇습니다."

내가 말했다. "혹시, 지난 면담시간에 대해 이야기하고 싶으신 것은 없으세요?"

그녀가 말했다. "곰곰이 생각해 보고 보험회사에 전화도 해보았습니다만, 치료비를 감당하기 어려울 것 같아요. 보험회사에서는 보통 치료비의 50퍼센트만 지불된다고 하더군요. 남편과 상의해서 의견의 일치를 보았는데, 주당 30불 이상은 감당하기 어렵겠더군요. 즉 일주일에 두 번 치료를 받는데, 남편이나 내가 치료를 받거나, 아니면 두 사람이 함께 부부치료를 받는 게 좋을 것 같아요. 정말 치료가 필요한 건 두 사람의 관계라고 생각되지만, 치료를 받을 시간이 있는 사람은 저뿐이에요."

나는 조금 실망스러웠다. 나는 그들이 감당할 수 있는 치료비에 맞추어 이주일에 한 번 그녀를 볼 수 있을 것이다. 이렇게 하는 것은 치료에 대한 그녀의 욕구를 충족시켜 주고 현재의 성숙 수준을 유지하는데는 충분하겠지만, 좀더 항구적인 발달을 이루는데는 충분하지 못하다. 그 비용으로는 일주일에 두 번 보기가 어려우며, 그녀는 나를 일주일에 한번도 만나기 어렵고, 남편이 원한다고 하더라도 남편은 부부치료나 개인치료를 받을 수 없을 것이다. 나는 경제적인 형편이 어렵다는 그녀의 말을 있는 그대로 받아들였지만, 그녀의 말은 치료에 대한 일반적인 저항이나 나에 대한 어느 정도의 저항을 표현하는 것일 수도 있다고 생각하였다. 물론 나는 이러한 상담은 치료로 이어지기 쉽다고 생각했고, 내가 그녀에게 얼마나 관심을 가지고 있는지 의식하지 못한 채 그녀와 함께 작업하기를 바랬음을 깨닫게 되었다. 나는 그녀가 다른 곳에서 치료를 받아야 할지도 모른다는 사실을 받아들이면서 상실감을 느꼈다. 나와 치료를 시작할 수 있을지를 평가하기보다는 다른 사람에게 의뢰하는데 필요한 평가를 하는데 나의 에너지가 쏠리고 있음을 느낄 수 있었다.

"지난 시간에 선생님과 이야기를 나눈 후에 저 자신에 대해 많이 생각해 보았고, 제가 치료를 받는 것이 옳은지 생각해 보았습니다." 세콤베 부인은 말을 이었다. "저는 상당히 많이 치료되어서 당장은 그렇게 치료가 필요하지 않다는 생각에 도달했습니다. 현재 가장 어려움을 겪고 있는 문제는 우리의 부부관계입니다. 선생님과 이야기하고 나서 제가 우울증을 다룰 수 있고, 나름대로의 계획을 가지고 있다는 사실을 깨달을 수 있었습니다. 문제는 치료를 받아야 할 사람은 남편이라는 겁니다. 글쎄요. 남편만 변화된다면 만사가 잘 될 것처럼 생각하는 건 잘못이겠지요?"

나는 말했다. "글쎄요, 부부관계의 문제가 부인께서 느끼듯이 남편의 수동성 때문이라면, 부인 자신의 치료작업을 통해서 그 문제를 해결할 것 같지는 않은데요."

"꼭 맞는 말 같아요. 저는 남편 자신을 위한 치료 공간을 갖기를 바래요. 정말이지 저는 남편이 여기 와야 한다고 생각하지만, 그가 근무하는 직장이 여기서 멀거든요. 그가 치료에 동의한다고 해도 그의 직장 가까운 곳에 있는 치료자와 만나야 할 것 같아요. 그는 점심 시간밖에는 시간을 낼 수가 없거든요. 아마도 우리 두 사람 모두가 이곳에 와야겠지요."

남편이 정말로 직장 근처에 있는 치료자를 원한다면, 어떻게 그녀와 함께 이곳에 올 수 있단 말인가? 나는 그녀가 이건 치료시간에 대한 자신의 저항을 표현하고 있다고 느꼈다. 치료비용 문제는 단순히 실제적인 문제가 아니라 그녀의 저항을 표현하는 수단일 수 있다. 그녀는 나와 작업할 수 있는 길을 스스로 막고 있으며, 내가 남편을 위해 언제 시간을 낼 수 있는지 알아보지도 않고 남편이 나와 작업하기가 어려울 것이라고 말하고 있다. 한편 그녀는 남편과 함께 오고 싶어한다. 그녀는 나를 혼자 만나는 것을 두려워하고 있으며, 그러면서도 자신을 위해 나와의 관계를 지속하기를 원하고 있다.

나는 처음에는 그녀가 말하는 여러 가지 욕구에 반응하면서 현실에 기초하여 그 문제에 접근하였다. 나는 말했다. "당신이 이야기한 내용을 살펴볼 때, 상담시간을 연장해서 부부면담과 남편과의 개별면담을 해야 할 것 같습니다. 그런 다음 평가를 마칠 때 함께 모여서 두 사람 모두에게 가장 도움이 되는 방식이 어떤 것인지를 생각해 보겠습니다."

나는 화제를 바꾸어 지난 회기에 나를 어떻게 느꼈느냐고 질문했다. 이것은 그녀의 저항을 다루기 위한 것이었다.

"앞으로 당신이 어떻게 결정을 내리던 오늘 이 시간은 당신을 위한 시간입니다." 내가 계속해서 말했다. "우리는 당신의 상황에 대해 생각해 보는 시간을 가지게 될 겁니다. 지금은 지난 주에 나와 이야기를 나눈 후에 어떤 생각이 드셨는지에 관해 좀더 듣고 싶은데요."

"글쎄요 전 그 시간에 상당히 불편하게 느꼈습니다." 그녀가 대답하였다. "전 선생님이 저에 대해 비판적이라고 느꼈고, 로스앤젤레스에 있는 전 치료자가 그리웠습니다." 세콤베 부인은 조용히 울기 시작했다. "그녀는 저에게 어머니와 같은 분이셨어요. 전 선생님을 몰라요. 전 여기가 낯설다는 느낌이 듭니다." 그녀는 눈물을 닦았고 현재로 다시 돌아온 것 같아 보였다. 그녀가 말했다. "선생님의 통찰은 아주 큰 도움이 되었습니다. 그리고 선생님의 지적이 많은 깨달음을 주고 도움이 된다는 것을 발견했습니다. 제가 어떻게 해야 저 자신을 볼 수 있고 저 자신이 변화할 수 있는지를 알려 주셨습니다. 따라서 그에 대해 감사합니다. 하지만 기분은 좋진 않았습니다."

"전 선생님이 제 어머니의 배경에 관해 알아 보려 하지 않았다고 말씀하신 게 특히 마음에 걸렸습니다. 그걸 생각하는 건 정말 고통스럽습니다. 선생님이 말씀하신 진실 때문에 저는 지금의 치료와 과거에 처음 치료를 시작했을 때가 얼마나 다른지에 관해 생각하게 되었습니다. 그때 전 여러 회기 동안 말을 거의 한 마디도 하지 않았습니다. 많은 시간이 지난 뒤에야 치료를 시작할 수 있었습니다. 당시 저는 가족의 영향을 크게 받고 있었고, 가족들과 저의 관계를 파악할 수 없었으며, 감히 아무 말도 할 수 없다고 느꼈습니다. 그 시절을 돌이켜보면 제가 그 정도로 아무 것도 묻지 않았던 것을 믿기 어렵습니다. 전 전혀 제 마음속에 있는 것을 털어놓지 않았습니다. 로스앤젤레스에 있을 때, 치료를 받으면서 제 어머니에 관해 생각했지만, 선생님이 말씀하신 대로 전 정말로 모든 의혹을 들여다보려고 하지 않았습니다."

나는 너무 조급하게 행동했고, 그래서 치료를 망쳐버릴 수 있겠다고 생각하면서 다소 불안해졌다. 그러나 그녀가 내 해석의 충격을 견뎌내는 것을 보면서 안심이 되었다. 그녀가 나를 알 수 없다고 말한 것은 부분적으로 내가 조심했음에도 불구하고 내가 한 말에 대한 반응이었다. 따라서 내가 염려한 대로 그녀는 쉽게 상처받는 사람이라는 사실을 확인할 수 있었다. 다른 한편으로 그녀는 자신의 염려에 관해 매우 솔직하게 말했고, 이 점 때문에 나는 그녀가 지지뿐만 아니라 직면을 통해서도 도움을 얻을 수 있으며, 치료에서 작업을 잘 할 수 있을 거라는 희망을 가지게 되었다.

내가 말했다. "내가 그 점에 대해 지적했을 때, 당신은 내가 정말로 당신을 비난하고 있다고 느끼셨군요."
"맞아요." 그녀가 말했다. "그것은 제가 저 자신에 대해 비판적이기 때문입니다. 이것은 종종 저에게 일어나는 어떤 일을 기억나게 해주죠. 갑자기 제가 순진하다고 느낄 때가 종종 있는데, 누군가가 저로 하여금 사물을 달리 보게 만드는 어떤 것을 이야기하면, 저는 가슴이 울컥하는 것을 느낍니다. 그것은 때로 저를 공포에 질리게 하는데, 그때 혼자 이렇게 생각하지요. '하느님, 어떻게 그걸 눈치채지 못할 수가 있죠?' 저는 이것이 제 가족의 비밀에서 비롯되었다고 생각해요. 제가 제일 어렸기 때문에 저를 보호한다는 구실로 제게는 아무 것도 알려 주지 않았습니다.

"아버지가 돌아가셨을 때도 가족들은 제게 그 사실을 비밀로 했습니다. 아버지는 일주일 동안 병원에 입원해 계셨지만, 아무도 제게 말해 주지 않았습니다. 전 그때 대학에 다니고 있었죠. 하지만 어느 날 뭔가 예감이 이상해서 무작정 열차를 타고 집에 갔습니다. 소나기가 쏟아지는데 친구를 불러내서 기차역까지 차를 몰게 했습니다. 아주 급박하다고 느꼈습니다. 집에 도착했고, 초인종이 울렸고, 어머니가 문을 열었습니다. 어머니는 우시면서 '아버지가 방금 돌아가셨단다' 라고 말씀하셨습니다. 우리는 차를 타고 병원까지 한달음에 달려갔습니다. 이런 일은 수도 없이 일어났습니다. 겨울마다 아버지가 남 캘리포니아로 갔을 때처럼 말입니다. 식구들은 그 일에 관해서 제게 설명해 주지 않았습니다. 전 아버지가 언제 가셨는지, 또 언제 돌아오실지 알지 못했습니다. 모든 게 완전히 감춰져 있었습니다."

내가 말했다. "내가 말을 돌리지 않고 상당히 직접적으로 말했을 때 당신은 그것을 낯설게 느꼈고, 당신을 비난하고 상처를 준다고 느낀 것 같아요. 로스앤젤레스에서 당신을 치료해 준 치료자에게서 느낀 안정감을 나에게서는 느끼지 못했구요."

"예, 그런 것 같아요. 제가 그렇게 모르고 있다는 사실을 깨닫지 못했던 게 이해가 가지 않아요. 언젠가 마델린 올브라이트에 관한 이야기를 읽은 적이 있습니다. 그녀의 가족은 유태인이었고 체코슬로바키아 출신이었지만, 그녀는 이 사실을 전혀 몰랐다고 합니다. 그녀는 성공회 교인이었지만, 왠지 모르게 늘 자신의 진짜 종교가 따로 있을 거라는 생각이 들곤 했습니다. 저는 이 이야기를 읽고 나서 그녀의 이야기가 저 자신의 이야기와 비슷하다는 걸 깨달았습니다. 이것은 좀더 생각해 보아야 할 것 같아요."

내가 말했다. "그런 것 같네요. 지난 시간에 함께 이야기를 나누면서 당신이 먼 길을 걸어왔음을 깨달았습니다. 당신은 휴와의 관계와 아버지와의 관계가 당신의 결혼생활에 미치는 영향에 관해서 작업하고 싶다고 말했습니다. 그러나 어머니와의 관계에서 아주 깊이 묻혀 있는 의문점들도 작업할 필요가 있을 것 같네요."

샤르프 박사는 자신이 세콤베 부인의 취약성에 대해 매우 조심하고 있었음에도 불구하고, 지난 주에는 너무 빨리 모성적인 내적 대상을 직면시키고자 했음을 깨달았다. 아마도 반공포증적인(counterphobic) 반응이었던 것 같다. 샤르프 박사가 세콤베 부인의 불편한 마음을 수용해 주자, 그녀는 샤르프 박사의 공감 실패로 인한 상처에서 회복되었다. 이때 안전한 안아주기 환경이 다시 확립되었다. 그리고 여기서 세콤베 부인은 의식 수준에서는 다루기 어려운, 아버지에 관한 주제로 돌아갈 수 있었다. 하지만 아직은 어머니에 대한 그녀의 감정을 탐색할 만한 공간이 확보된 것은 아니었다.

"글쎄요, 아버지와의 관계가 휴와의 관계에 어떻게 영향을 미치는지에 관해 작업해야겠다고 생각했습니다." 그녀가 말했다. "아버지는 아주 오래 전에 돌아가셨지요. 아버지는 저를 늘 멀리 하셨어요. 저는 아버지에게 늘 무시당하는 느낌이었습니다. 실제로 아버지는 어머니만큼이나 숨기는 게 많으셨죠. 저는 아버지에 대해서도 아는 게 거의 없습니다. 아버지는 말이 없는 분이셨어요. 아버지에 대한 기억도 많지 않아요. 아버지와 저의 관계는 텅 빈 것이었죠. 부모님 두 분 모두 아주 어렸을 때 부모님을 잃으셨습니다. 이런 사실을 통해 두 분이 가진 어려움을 조금이나마 이해할 수 있을 것 같아요. 아버지는 사우스 캐롤라이나 주에 있는 고향을 떠났습니다. 아버지는 친척들이 많았는데, 대부분 아직도 거기서 살고 있습니다. 아버지만 북부로 옮기셨지요. 전 외가 쪽은 잘 모르지만, 친가 쪽 친척들은 잘 알고 있습니다. 하지만 실제로 자주 만나지는 못했습니다. 제 아버지가 왜 북부에서 사시게 되었는지 궁금해요. 전 그 이유가 전쟁과 관련이 있다고 들었습니다만, 우리가 어떻게 피츠버그에 정착하게 되었는지 잘 모릅니다. 아버지는 남부 사투리를 쓰지 않았습니다. 그는 아마도 고향에서 쫓겨났던 것 같아요. 어쨌든 거기에는 커다란 공백이 있습니다."

내가 말했다. "거기에도 역시 공백이 있군요. 부모님 두 분과의 관계가 어떠했는지 알 수 없으니까, 남편과의 관계에 관해 작업하기를 원한다고 하신 거로군요. 적어도 남편과의 문제는 현재 일어나고 있는 것이고, 따라서 이야기할 수 있는 것이니까요. 당신이 말한 대로 아버지와의 관계가 그 문제에 영향을 미쳤습니다. 그러나 당신은 아버지와의 관계에 집착하면서 어머니가 당신에게 미친 영향력은 과소평가하고 있어요. 그 문제도 작업해야 될 것 같군요."

세콤베 부인은 어머니에 대해 생각해 보기를 회피하는 이유에 대한 나의 해석을 듣고 나서 어머니에 대한 주제를 다룰 수 있게 되었다. 그녀는 계속해서 말했다. "제 오빠는 어머니와의 관계를 힘들어 하지 않았지만, 언니와 저는 어머니 앞에서 늘 조심스러웠습니다. 제가 성인이 되어서는 매주마다 어머니를 찾아가 뵙곤 했는데, 만족스럽게 느낀 적은 한번도 없었습니다. 항상 일이 꼬여서 어머니에게 선물을 드리거나 식사를 차려드릴 수 없었습니다. 지금은 웃으면서 이야기하지만, 당시는 정말 괴로웠습니다. 어머니가 돌아가시고 어머니를 돌보아야 할 일이 없어졌을 때, 저는 그 일을 증오했던 만큼 그걸 그리워하고 있다는 사실을 발견하였습니다. 전 지금 아이에게 이러한 감정을 느낍니다. 저는 아이에게 아무리 잘 해주어도 충분히 해준 것 같지 않아요. 요즘에는 '그 정도면 됐어. 아이의 모든 감정에 대해 책임질 수는 없어'라고 저 자신에게 말하지요. 이전에는 그러한 사실을 이해하지 못했습니다."

"어머니에게도 몇 번 대든 적이 있었죠. 그 일을 생각하면 마음이 안 좋아요. 저는 어머니에게 말했습니다. '엄마는 한번도 행복해본 적이 없잖아요. 도대체 어떻게 하면 행복해지실 수 있죠?' 어머니는 몹시 화를 내셨습니다. 아마 그때가 우리가 어머니에게 가장 심하게 대들었던 순간이었을 거예요. 휴와의 관계에서도 몇 번 부딪친 적이 있었죠. 저는 그가 자신의 느낌을 표현하지 않는 게 화가 나요. 전 그의 정서와 감정에 대해 너무 많은 책임감을 느끼는 것 같아요."

내가 말했다. "글쎄요, 남편이 조용하고 내성적인 사람이라면, 당신 안에서 감정을 불러일으킬 수 있을 겁니다. 그러나 우리는 숨겨진 것을 알려고 하는 강한 욕구가 당신이 어렸을 때 가정에서 경험한 것에서 비롯되었을 수 있다는 가능성도 생각해 보아야겠지요."

"오, 그렇군요." 그녀가 동의했다. "저는 선생님이 지난 시간에 제가 담요나 베일에 덮여 있는 것 같다고 말씀하신 것에 관해 좀 생각해 보았습니다. 전 그 말에 동의합니다. 전 사람들의 마음을 건드릴까봐 말하기 전에 미리 생각하곤 하지요. 아니면 그들에게 경솔하게 대할 수 있거든요. 그것은 저의 부정적인 측면이지요. 반면에 저는 훌륭한 이야기꾼이기도 하지요."

내가 말했다. "하지만, 오늘 당신은 지난 주에 당신이 느낀

것을 아주 솔직하게 말했고, 전 그것에 대해 고맙게 생각해요."

그녀가 말했다. "그건 학습된 행동이에요. 그렇게 솔직하게 말하는 것은 저의 첫 번째 치료에서 돌파구로 작용했어요. 그리고는 치료를 마칠 때까지 다시 나타나지 않았습니다. 전 치료자가 저에게 정말로 화가 나 있다고 느꼈습니다. 그래서 저는 치료를 그만두었죠. 하지만 제 발로 다시 돌아갔지요. 그녀는 제가 무언가에 사로잡혀 있으며, 제가 생각하는 것보다 훨씬 더 능력이 있다고 말했습니다. 전 그 말을 듣고는 '하지만 선생님은 제가 무능하다고 느끼는 걸 모르시는군요'라고 말했습니다."

그녀는 계속해서 말했다. "이전 치료자는 내가 그녀의 장점을 이야기했을 때 그녀가 어떻게 느꼈는지를 내가 이해하지 못했을 거라고 느꼈을 겁니다. 하지만 저는 그것을 전이 안으로 가져오지는 않았습니다. 그러한 일은 나중에 집단치료를 받을 때 일어났습니다. 그 집단치료에서 전 새로운 멤버였는데, 그 집단엔 모두 세련된 L. A. 사람들 천지였고 동부 출신은 저밖에 없었습니다. 제게 캘리포니아 사람들은 새로운 것이란 전혀 없는 것처럼 느긋하게 모든 일을 대하는 것처럼 보였습니다. 저는 그들에게 무시당하고 있다고 느꼈고 몹시 화가 났습니다. 그런데 전 그때 제가 사람들에게 마음을 나누고 어울리는 것에 대해 두려움을 가지고 있다는 사실을 직면했습니다. 전 그들에게 저를 그렇게 무시한 것은 정말 무례한 것이 아니냐고 항의했습니다. 그리고 제가 누구이며 제가 어떤 사람인지 알려고 하지 않는 것을 이해할 수 없다고 말했습니다. 하지만 저는 일반적으로 사람들과 어울리는 게 상당히 어렵습니다."

나는 그녀와의 관계에서 이미 그 점을 느끼고 있었다. 그녀는 내가 알아야 할 것에 관해 이야기하고 있지만, 나는 계속해서 그녀가 거기 있지 않다고 느꼈다. 나는 그녀가 그처럼 말이 없고 소원한 자신의 부분을 남편에게 투사하고 있다고 생각했다. 나는 그녀에게 그러한 점을 해석해 주고 나서 그녀가 그 해석을 어떻게 받아들이는지 보기로 작정했다.

내가 말했다. "그렇군요. 그 점이 저와 관계하는데 문제가 되고 있군요. 제가 원하는 정보를 주었고 아주 솔직하게 말했는데도, 여전히 무언가가 막혀 있다는 생각이 듭니다. 당신의 감정을 차단시키는 부분, 즉 당신 속에서 침묵을 지키는 부분이 여전히 문제를 일으키고 있어요. 당신은 이러한 당신의 부분을 극복하는 법을 배웠고, 지금은 남편의 행동에서 그것을 다시 발견하고 있는 것 같아요. 남편 안에서 당신의 문제와 똑같은 문제를 보기 때문에 어려움을 느끼고 있는 것입니다."

"제 남편은 제가 말하는 것은 꼭 받아들여야 할 것도 받아들이지 않습니다. 그게 저를 미치게 만들죠. 침묵하는 저의 부분에 대한 선생님의 생각은 아주 흥미롭군요. 어렸을 때 전 별로 말이 없는 아이였고 이십대까지 계속 그랬습니다. 사람들은 지금도 제가 비교적 말이 없다고 하지만, 그렇다고 해서 침묵으로 마비될 정도는 아닙니다. 남편은 정말 저와의 사이에 담을 쌓아버립니다. 남편은 제 말을 듣지도 않고 대꾸도 하지 않습니다. 그는 느긋하고 아량이 넓은 사람이고, 그래서 그를 좋아하는 친구들이 아주 많습니다. 사실 그것 때문에 제가 남편에게 관심을 갖게 되었죠. 하지만 그는 집에만 들어오면 입을 다물어 버리고 말을 하지 않습니다. 그게 저와 같고 또 그것을 몰랐다니, 정말 재미있군요."

세콤베 부인은 남편에 대해 좀더 깊이 생각하는 자극제로 해석을 사용하였고, 투사적 동일시에 대한 해석은 받아들이지 않았다. 샤르프 박사는 환자의 생각을 인정해 주었고, 무의식에 곧바로 접근하려던 자신의 생각을 바꾸었다.

내가 말했다. "남편의 실제 모습보다는 당신이 생각하는 것을 더 말하고 싶어하는군요. 그리고 나서 남편이 무슨 생각을 하고 있는지를 몹시 알고 싶어합니다."
"당신의 꿈에서 이미 나타났는데, 깨닫지 못하고 있는 어떤 생각이 있는 건 아닐까 궁금해지는데요. 지난 시간에 제가 꿈에 관해 이야기해 달라고 했던 걸 기억하세요?"
"전 보통 꿈을 많이 꾸는 편이에요." 그녀가 말했다. "하지만 요즘엔 전혀 꿈을 꾸지 않았어요. 보통 제 남자 친구들이 저를 지지해 주고 포옹해 주는 꿈을 꿉니다. 어젯밤엔 피츠버그에서 온 친구에 관한 꿈을 꾸었죠. 짤막한 꿈인데, 따뜻하고, 모호한 꿈이었습니다. 그 꿈에 관해서는 아무 것도 생각나지 않아요."

나는 그녀가 무의식을 탐색하는데 저항하고 있다고 느꼈다. 그녀가 꿈에 대해 이야기하기를 꺼리는 것을 보면서 그녀가 자신 안에 있는 침묵의 영역을 회피하고 있으며, 특히 어머니와의 관계에 대한 생각을 피하고 있다는 사실이 마음속에 떠올랐다. 나는 그녀의 꿈속에 여성이 등장하지 않는다는 점에 주목했고, 그녀가 나를 지지해 주는 여자로 생각하지 않는다는 것을 알았다. 하지만 그녀의 무의식에서 나를 신뢰할 수 없는 여성으로 보고 있는 그녀의 생각에 대해 언급하기에 앞서, 그녀가 꿈에 접촉하는 것을 보고 놀랐다.

그녀는 갑자기 활기를 띠면서 말했다. "하지만 며칠 전에 어떤 꿈을 꾸었습니다. 맞아요! 지금도 기억이 나요. 휴와 제가 탁자 위에 있었습니다. 마치 곡예사들이 곡예를 할 때처럼 탁자 위에 탁자가 있었습니다. 아주 위태로웠고, 정말 겁이 났습니다. 전 임신했을 때 높은 곳을 몹시 두려워했는데, 꿈에 그때 느꼈던 두려움을 느꼈습니다. 휴는 제가 떨어지지 않도록 저를 붙잡고 있었습니다. 제가 말했습니다. '여기서 뛰어내려야겠어. 너무 겁이나.' 그는 제가 안전하게 내려가도록 친절하게 도와 주었습니다. 이 꿈에서 저는 반복해서 꾸는 꿈도 꾸었습니다. 전 스케이트를 타는 꿈을 자주 꿉니다. 전 실제로 스케이트를 정기적으로 탑니다. 꿈에서는 피겨 스케이팅을 했는데, 이걸 뭐라고 하지요? 제가 잘 못하는 건데, 이렇게 하는 거 …"

"제 자리에서 맴돌기?" 내가 추측했다.

그녀가 계속 말했다. "제가 완벽하게 회전을 하는 거예요. 아주 완벽하게, 힘도 들이지 않고 멋지게 잘 해냈지요. 그래서 재미있었어요. 제 큰오빠가 우리 집에서 스케이트를 가장 잘 탔기 때문에 전 제가 스케이트를 잘 탄다고 생각해본 적이 없습니다. 실제로 큰오빠는 가족 중에서 온갖 좋은 별명을 다 가지고 있었습니다. 스케이트 선수, 컴퓨터 도사 그리고 장난꾸러기이기도 하구요. 하지만 실제로 대부분의 사람들은 제가 정말 스케이트를 잘 탄다고 말할 겁니다."

"탁자에 관한 꿈을 말씀드리면서, 전 그게 제 결혼생활과 같다는 생각이 들었습니다. 하지만 꿈에서 휴가 정말로 저를 도와 주고 있고 제가 그를 신뢰하고 있다는 게 이상합니다."

내가 말했다. "나는 위태로운 탁자가 여기에서 나와 만나기로 한 약속과 관련된 것은 아닐까 하는 생각이 들었습니다. 내가 꺼낸 어떤 이야기 때문에 당신은 두려움을 느꼈습니다. 그래서 당신은 다음 회기에 휴와 함께 면담을 하거나 휴의 도움을 받아 혼자 치료를 받는 게 좋겠다고 생각했던 갖습니다."

"글쎄요, 그것은 정말 두려웠습니다. 그리고 당신은 제가 정말 강하다고 지적하셨는데, 잘 이해가 안 됩니다. 선생님은 제게 잘 알 수 없는 측면들을 장점이라는 관점에서 바라보라고 요구하시는 것 같네요. 그 점에 관해 좀더 생각해봐야겠습니다. 그동안 부부 면담을 하고 싶고요 동시에 남편의 개인 면담을 약속하고 싶습니다. 다음 시간에 휴를 혼자 만나고 그 다음에 우리 두 사람이 함께 오는 게 좋을 것 같은데요."

평가 원리

이번 치료시간을 시작하기에 앞서 세콤베 부인은 두 가지 저항의 신호를 보여주었다. 그녀는 치료시간에 늦었고, 치료비 문제에 대한 논의가 그것이었다. 전이 저항을 탐색한 결과, 샤르프 박사는 세콤베 부인이 비난받았다고 느꼈음을 알게 되었다. 샤르프 박사가 그녀에게 어머니에 대해서는 관심이 없다고 이야기했을 때, 그녀에게는 샤르프 박사가 자신을 위해 함께 있지 않을 것이라는 초점 전이가 촉발되었다. 샤르프 박사는 자신의 공감적 실패를 인정하고 세콤베 부인과의 관계를 회복함으로써 환경 전이를 안정시킬 수 있었다. 세콤베 부인은 상실한 과거의 치료자를 애도하였다. 그녀는 이를 통해 이전 치료자보다 더 단도직입적인 샤르프 박사와의 관계에서 고통스러운 자료에 대한 두려움의 원천을 탐색할 수 있게 되었다. 세콤베 부인은 저항에 대해 작업해 나갔고, 개인적인 탐색을 심화시켜 나갔으며, 개인치료에서 도움을 받을 수 있는 능력을 보여주었다.

세콤베 부인은 더 나아가 어머니를 즐겁게 해드리기 위해 노력했지만, 항상 부족하다고 느꼈던 그녀의 내적 대상관계 역사가 자신의 아이와의 관계에서 다시 실연되고 있음을 보여주었다.

세콤베 부인의 또다른 방어가 드러났다: 그녀는 자신의 침묵하는 부분을 투사적 동일시를 통해 수동적인 남편에게 전가했다. 그녀는 이러한 생각을 받아들이기를 거부했지만, 이에 대해 잘 작업해 나갈 수 있음을 보여주었다.

그녀는 두 개의 꿈을 회상해냈다. 한 꿈에서는 그녀가 잘 해내고 있음을 보여주었고, 다른 꿈에서는 불안정한 결혼생활에 관한 자신의 느낌을 보여주었다. 샤르프 박사는 그녀의 두 번째 꿈에서 치료자를 안전하지 못한 여자로 느끼는 그녀의 전이를 의사소통하고 있음을 이해했다. 두 꿈은 모두 세콤베 부인의 성격의 측면들을 보여준다. 요약하면 세콤베 부인은 개인치료에서 잘 작업할 수 있음을 보여주었다.

샤르프 박사는 세콤베 부인이 부부치료를 받을 필요가 있는지를 평가하기 위해 계속해서 상담하고 싶어한다는 사실을 확인하였다. 그녀가 결혼생활에 얼마나 많은 것을 기대하고 있는지가 드러날 것이다. 하지만 이것은 그저 단순한 하나의 계획이 아니라 전이 상태를 보여주는 것이기도 하다. 그녀는 부부면담 시간을 갖기로 결정하면서, 어머니와의 그때-여기 관계에 기초를 두고 있는 지금-여기에서의 전이를 자신과 샤르프 박사 사이에 있는 공간으로 옮겨놓았다. 그 공간에서 부부 평가 면담을 하기로 했다. 그녀는 부모에게서 온 전이 감정을 그녀가 아버지처럼 방치한다고 분노하는 남편에게 투사하는 반면, 친밀하고 성적인 부부관계라는 측면에서는 비밀스럽고 반응없는 어머니와 동일시하고 있는 것 같았다.

　샤르프 박사는 해석에 대한 부인의 반응을 검토하였다. 첫 번째 면담에서 세콤베 부인은 자신이 감정을 덮어버리는 유형의 방어를 사용하고 있음을 인정하였다. 두 번째 면담에서 샤르프 박사는 적극적인 거절이 공허한 어머니에 대한 형체 없는 느낌보다 다루기 쉽기 때문에 그녀가 거절하는 아버지에게 초점을 두는 것이라고 말했다. 세콤베 부인은 이러한 해석을 받아들였고, 어머니에 대해 더 많은 이야기를 하였다.

　그녀에게 약물치료는 필요할 것 같지 않았다. 보조적인 치료 또한 필요가 없을 것 같았다. 그러나 그녀의 남편과 함께 부부평가면담 시간을 가질 필요는 있는 것 같았다.

　샤르프 박사와 세콤베 부인은 치료과정에서 선택할 사항에 관해 생각했다. 그들은 이러한 선택 사항들을 탐색하기 위해 확장된 형태의 상담 계획을 세웠다. 평가면담 결과를 알려 주고, 추천을 하고, 치료계획을 세우는 일은 평가면담이 끝날 때까지 보류될 것이다. 세콤베 부인이 샤르프 박사와 작업을 하게 되든지 다른 치료자에게 의뢰되든지, 혹은 개인치료를 받든지 부부치료를 받든지 상관없이, 그녀는 좋은 치료 결과를 예견해 주는 심리적 소양과 탄력성을 가지고 있다고 말할 수 있다.

제 5 장

남편과의 평가면담

앞 장에서 이야기한 세콤베 부인의 남편 휴 세콤베 씨가 약속 시간에 맞춰 도착했다. 그는 응접실에서는 미소를 지으며 인사했지만 치료실에 들어서자 불편해 하는 기색이 역력했다.

내가 물었다. "부인께서 나를 만나 보라고 해서 오늘 여기 오시게 되었는데 느낌이 어떠세요?"

그가 말했다. "여러 가지 느낌이 드는군요. 한편으로는 이제 직장 문제가 그리 크지 않으니까 치료를 다시 시작할 시기인 것도 같고요. 다른 한편으로는 제가 새로 들어간 대학에서 몹시 바쁘기 때문에 지금 당장 치료를 시작하고 싶지 않기도 하고요. 아주 뜻밖에 좋은 자리를 잡게 되었어요. 전 이 일을 좋아하고 있고, 또 일이 잘 풀리고 있습니다. 여기에 온 건 근본적으로 아내 때문입니다." 그가 말을 멈추었다.

지금까지 그는 그의 아내의 말처럼 유쾌하고, 호감이 가고, 관계를 잘 맺지만, 문제를 시인하지 않는 사람으로 보였다. 나는 그러는 게 쉽지 않을 거라고 생각했다. 나는 그가 도움을 필요로 하지 않는다고 느끼고 있음을 내가 알고 있다는 사실을 보여주기 위해 앞서 대화한 내용을 언급하였다.

내가 말했다. "그러니까 당신 자신은 어려움을 느끼지 않는군요."

그는 나의 말을 바로 잡았다. "아뇨, 전 어려움을 느끼고는 있지만, 치료로 뛰어들 준비가 되지 않은 것 같아요."

나는 그가 나의 지각을 바로잡음으로써 조심스럽게 책임을 지는 방식에 주목하였다. 나는 그가 정서적인 수준에서 나에 대해 저항을 느끼고 있다는 것을 감지할 수 있었다. 따라서 내가 그의 저항에 대해 좀더 다루지 않아도 된 것에 대해 놀랐다. 일단 그가 그러한 감정을 느끼고 있지만, 작업하기를 원하지도 않고 또 그럴 필요성도 느끼지 못한다는 걸 내가 확인해 주고 이해해 주고 나자, 그는 자발적이고 자유롭게 이야기하기 시작하였다. 그때부터는 말하는 게 전혀 어렵지 않았다. 자기 자신의 이야기를 하는 동안에 그는 수동적이지 않았다. 사실 그는 나 없이도 상당히 잘 해나갔는데, 이것은 그의 강점이이기도 하고 또한 내게서 너무 많은 영향을 받지 않으려는 미묘한 방식이이기도 했다.

그는 계속해서 말했다. "아내는 제가 치료를 받는 동안 기분이 더 좋아졌습니다. 그녀는 우리의 관계가 좋아졌다고 느꼈습니다. 하지만 저는 그녀가 다루려고 하는 문제를 극복할 수 없기 때문에—어린 시절에서 비롯된 문제 때문에—제가 대신 치료받기를 원하는 것은 아닌가 하고 생각하지 않을 수 없습니다. 아내의 부모님은 아내를 정말로 방치했습니다. 하지만 제 부모님들은 저에게 헌신적이고 아낌없는 사랑을 주셨습니다. 비록 그분들 나름대로 문제를 가지고 있었지만 말입니다. 제가 성인이 되어 치료를 받으면서 이러한 사실을 알게 되었죠. 전 치료를 받으면서 제가 작업해야 할 문제를 확인하게 되었습니다. 저는 여기로 이사 오기 전에 로스앤젤레스에서 제가 할 수 있는데까지 치료작업을 했다고 생각합니다. 당시 만년 조교수로 지내면서 겪었던 좌절에 관해 많이 이야기하였습니다. 그리고 나서 여기 음악 대학의 종신 교수직으로 자리를 옮기고 나서 그 문제는 모두 해결이 되었습니다. 직장에서 느끼던 모든 불안이 사라졌습니다. 저는 제 앞에 아주 많은 일들이 펼쳐질 거라는 벅찬 감정을 느끼고 있습니다. 이제 남은 문제는 가정 문제밖에 없습니다."

나는 그가 자신은 이전 치료에서 충분히 작업을 마쳤으므로 이제 남은 것은 아내의 문제라는 점을 말하고 있다고 생각했다. 그의 아내가 자신을 위한 치료작업에 그를 앞장세우려고 한다는 그의 말이 옳을지도 모른다는 생각이 들었다. 나의 주된 느낌은 내가 끼어들 수 있는 공간이 많지 않다는 것이었고, 그의 아내도 역시 나와 유사하게 주변부로 밀려나고 있다고 느꼈을 것이라고 생각했다. 그리고 그녀가 이것을 남편이 자신을 무시하는 것으로 경험하고 있다고 생각했다.

그는 계속해서 말했다. "부모님에겐 자식이 저 하나밖에 없었습니다. 부모님은 저를 사랑하시고 제게 헌신적이셨지만, 최근에 저는 무언가가 빠져 있다는 것을 깨닫게 되었습니다. 그게 분명합니다. 왜냐하면 저는 안정감이 없고, 제 어린 시절을 생각해 보려고 할 때마다 고통과 불안을 느끼기 때문입니다. 저는 작년에야 비로소 제가 태어난 후 2년 동안 부모님이 함께 사시지 않았다는 사실을 알게 되었습니다. 부모님은 그 사실을 비밀에 부치셨던 거죠. 전 두 분이 결혼하시기 전에 태어났습니다. 어머니는 저를 낳기 전에 전 남편의 아이를 네 번이나 유산했습니다. 어머니는 전 남편과 살고 있는 동안에 아버지를 만나서 사랑에 빠졌습니다. 그때 아버지는 한국으로 갔고, 어머니는 다시 그분을 만날 수 없을 거라고 생각했습니다. 어머니는 나를 임신하고 깜짝 놀랐습니다. 어머니는 아이를 가질 수 없다고 생각했거든요. 저 이후에도 아이가 없었습니다. 어머니는 아이를 지우고 싶지 않았기 때문에 당시의 남편에게 사실과는 달리 그의 아이라고 말했습니다. 어머니의 전 남편은 알코올 중독자였고 어머니를 심하게 학대했죠. 나중에는 어머니와 저를 집에서 내쫓았고, 우리는 육 개월 간 뉴햄프셔에 있는 아주머니 댁 근처 아파트에서 살았습니다. 아버지는 다음 휴가 때 우리를 찾았고, 어머니가 이혼하고 나면 다시 오겠다고 말했습니다. 이렇게 해서 생후 2년 동안 어머니는 뉴햄프셔에서 살았고 제 아버지는 한국에서 살았던 거예요. 아마도 우리는 아버지가 휴가를 나오셨을 때를 제외하고는 거의 만나지는 못했을 거예요. 나중에 두 분이 결혼하고 나서 우리는 다시 이사를 했습니다. 이 일은 저와 어머니 그리고 아버지에게 힘든 일이었을 겁니다. 제 아이를 키워보니까 한 집에 같이 살면서 매일 만나는 게 얼마나 중요한지를 알겠더군요."

쎄콤베 씨는 나와의 이번 만남에서 많은 것을 털어놓고 있었다. 나는 그가 짧은 시간에 억지로 많은 것을 내어 놓는 동시에 내 도움을 받지 않으려고 애쓰고 있다고 느꼈으며, 이것은 그의 아버지와의 관계를 내게 전이시키고 있는 것이라고 생각했다. 내가 경청하는 게 그에게 중요한 것 같았기 때문에 나는 제외되었다고 느끼지는 않았으나, 이야기가 조금 장황하다는 느낌이 들었다.

"어머니는 저를 사랑했지만, 문제가 많은 분이셨습니다." 그는 동정심을 느끼면서 말했다. "어머니가 18세 때 외할머니가 돌아가셨습니다. 외할아버지는 난봉꾼에다 도박꾼으로 집에 들어오지 않는 날이 더 많았습니다. 어머니는 자신의 문제로 자주 우울해 하셨습니다. 이제 알게 된 사실인데, 어머니는 정서적으로 기복이 심했지만 신체적으로 드러나지는 않았습니다." 이때 그는 가슴을 가리키면서 말했다. "여기에 무언가가 꽉 막혀 있는 것 같아요. 밖으로 튀어나오려고 하지만 무언가에 갇혀 있습니다. 제가 그것을 어떻게 해보려고 하면, 마치 이해할 수 없는 독한 기운 속으로 들어가는 느낌이에요. 이것 때문에 삶에서 기회를 잡지 못하고 차단되거나 제가 원하는 것을 성취하지 못하는 것 같아요. 이를테면 전 작곡가로 성공했지만 소품 작곡만 고집하고 있습니다. 교향곡에 대한 착상이 떠오를 때도 있지만, 실패가 두려워서 작품을 쓰지 못하죠."

나는 그가 자신의 음악에 관해 말할 때, 나에게 어떤 언어적 피드백도 요청하지는 않았지만, 나와 아주 강렬하게 관계하고 있다고 느꼈다. 나는 구스타프 말러에 대한 프로이트의 해석에 관해 생각하였다. 음악가였던 말러는 음악이 열정적인 악절에 이르면 작곡을 회피하고 억압하였다. 이것은 열정적인 악절이 어린 시절 그의 부모가 분노할 때마다 느끼곤 했던 그의 불안감을 다시 일깨웠기 때문이었다. 아마도 여기서도 동일한 요인이 문제가 되고 있을 것이다. 하지만 그가 자유롭게 이야기하고 있었기 때문에, 나는 방해하지 않았다.

"어머닌 잊어버리지 않기 위해서 모든 것을 기록해 두었습니다. 그리고 세심하게 모든 걸 통제하려고 했습니다. 전 그게 어머니가 사랑을 표현하는 방식이라는 걸 압니다. 그러나 그건 저를 옴싹달싹 못하게 하는 아주 강한 통제였습니다. 그것은 저에 대한 어머니의 전형적인 관계 방식이 되었습니다. 제 아내가 아이를 데리고 어머니 집을 방문한 적이 있습니다. 집에 돌아와서 그녀는, 어머니가 제 아들과 함께 놀면서 아이가 가지고 놀던 장난감을 치워버리고는 다른 걸 갖다주었다고 말했습니다."

그는 늘 새로운 것을 도입하는 어머니에게 익숙해 있기 때문에 그의 재능을 다음 소품을 작곡하는데 쏟을 것이다. 이것이 내가 말을 많이 할 필요가 없는 이유가 아닐까? 아마도 그는 내가 소중한 사고의 흐름을 끊어버리고 다른 주제로 건너뛰게 만드는 걸 원치 않을 것이다. 나는 이러한 모성적 전이에 빠지고 싶지 않았다. 나는 침묵을 지켰다.

"어머닌 모든 걸 통제해야 직성이 풀렸습니다. 이 때문에 전 혼자서 일을 잘 처리하지 못합니다. 어머니의 이런 존재 방식 때문에 전 어머니에게서 관심을 끊는 방법을 터득했습니다. 지금 제가 아내를 그런 식으로 대하기 때문에 문제가 되고 있습니다. 전 잘 들으려고 하지 않고, 주의를 기울이지 않습니다. 그건 제가 그녀를 사랑하지 않기 때문이거나 그녀를 화 나게 하기 위해서 그런 게 아닙니다. 그것은 제가 그런 식으로 행동하도록 학습되었기 때문입니다. 부부치료에서 아내와 함께 이 문제에 관해 작업할 수 있을 겁니다."

나는 그가 좋아졌다. 그건 그가 아내가 염려하는 바를 방어하지 않고 인정하였고, 자신의 문제점을 인식하고 그것을 자신의 개인 내력과 관련지었으며, 나와 쉽게 관계를 맺을 수 있었기 때문이다. 나는 그가 개인치료에 참여하지 않겠다고 저항하는 걸 내가 안타깝게 느꼈을 때, 자신의 갈망을 나에게 투사하고 있었음을 깨달았다. 그 갈망은 그가 그의 아내와, 그를 통제하는 어머니, 그리고 부재한 아버지와 관련된 것이었다. 그에게는 접촉하지 못한 갈망이 있었다.

나는 그가 어린 시절에 헌신적인 어머니와 쌍을 이루었으며, 아버지와는 거의 시간을 갖지 못했던 남자라는 생각이 들었다. 그는 틀림없이 중심을 지닌 관계를 갈망했음이 분명하지만, 그것 때문에 질식할 것을 두려워했고, 아버지가 배제된 편향된 관계를 경험할 수밖에 없었다. 나는 그가 전이에서 모성적인 축과 부성적인 축 사이를 왔다갔다하는 것을 느낄 수 있었다. 그는 하나의 수준에서 나와 함께 하는 개인적인 커플을 창조하고 있었지만, 아직은 내가 관심을 갖고 있는 부부 커플을 암시하고 있지는 않았다.

나는 부부치료가 바람직한 추천이라고 생각했다. 나는 이러한 생각이 임상적인 결정일 뿐만 아니라, 그들 모두의 내적 커플을 회복하기 위한 소망을 반영하는 것이라고 보았다. 내적 커플의 회복은 부부치료나 부부치료와 병행하는 개인치료에서도 행해질 수 있을 것이다.

내가 물었다. "부인이 당신의 어머니처럼 지나치게 자극하는 것 같습니까?"

그가 대답했다. "글쎄요, 두 사람 모두 완벽주의자인데다 자신이 바라는 대로 일이 돌아가기를 원하지요. 아내는 제게 이런저런 많은 일들을 시키는데, 전 그 때문에 증오가 쌓이죠."

"부인에게 그렇다고 말씀하셨나요?" 나는 그가 그렇게 하지 않았다는 걸 알면서 물어보았다.

"아뇨." 그가 대답했다. "저는 철수하죠. 그걸 말해야 한다는 걸 알지만, 제가 그렇게 말하면 아내는 '당신에겐 아무 말도 못하겠어요'라고 하거든요."

"아내의 지시에 대해서는 어떻게 생각하세요? 그녀가 지시하는 건 좋은 방법이라고 생각하세요, 아니면 불필요하다고 생각하세요?"

그가 말했다. "그녀가 일을 처리하는 능력은 인정할만 합니다. 그녀는 아주 감각이 뛰어나지만, 전 그렇지 못하거든요. 그녀는 일이 잘못되도록 놔두지 않는데, 전 그 점에 대해 찬사를 보냅니다. 문제는 그녀가 기분이 나빠질 때 저에게 비판적이 되는 겁니다. 전 그녀의 이런 문제가 아이를 방치하는 부모와 성질이 아주 고약한 형제들과 함께 자란데서 왔다고 생각합니다. 아내는 엄청난 분노를 억압하고 있다가 한 순간에 폭발시키면서 마구 퍼부어 대지요. 그럴 땐 저는 철수합니다. 저도 같이 고함치고 싶지 않거든요.

"아버지는 어머니가 말하면 뭐든지 따르는 식이었어요. 전 아버지가 어머니에게 자신의 생각을 말하는 걸 한번도 본적이 없습니다. 아버지는 어머니와 결코 맞서지 않았어요. 늘 갈등을 피했죠. 저는 아내로부터 저 자신을 방어하는 법을 조금 배웠습니다. 하지만 비난에는 아주 민감합니다. 제게 이런 일이 벌어지면 전 마음을 졸이게 됩니다. 하지만 점점 좋아지고 있습니다. 전 이전처럼 긍정적인 피드백에 의존하지 않습니다. 전 부모님의 칭찬을 받기 위해 노력했습니다. 아버지는 칭찬을 아주 잘 해주셨지만, 반대로 어머니는 거의 칭찬해 주지 않았습니다. 따라서 이제는 모든 것을 제 스스로 하려고 합니다."

나는 그의 아내에 대해서와는 달리, 그에 대해서는 별로 걱정스러운 느낌이 없음을 깨달았다. 이 점은 직면을 받아들이지 않는 사람은 아내가 아니라 남편이라는 이 부부의 일치된 의견에서 볼 때 이상한 것이었다. 나는 부분적으로는 내가 지금까지 이해한 것을 확인하기 위해서 그리고 부분적으로는 그가 어떻게 개입을 받아들이는지 살아보기 위해서 부정적인 상호작용에 관해 다루기로 마음먹었다.

내가 말했다. "당신이 듣지 않고 주의를 기울이지 않아 아내가 화를 낼 때, 당신은 더 철수하고, 이것이 그녀를 더욱 화나게 하는군요."

"맞습니다." 그가 말했다. "전 그녀가 무엇이 중요한지 확실하게 결정했으면 해요."

그의 대답을 듣고 나는 혼란스러웠다. 이것은 아내의 행동방식에 대해 칭찬하던 이전의 말과는 상반되는 것이기 때문이었다. 그래서 이렇게 물었다. "그 말은 아내의 조언이 비난처럼 들리기 때문에 조언 받는 게 싫다는 뜻인가요?"

"물론이고 말고요." 그가 말했다. 그리고는 침묵이 흘렀다.

내가 말했다. "혹시 다른 감정도 억제하고 있는 건 아닌가요?"

그가 말했다. "그녀가 지적하는 많은 것들은 아무런 문제가 되지 않아요. 이를테면 며칠 전에 제가 부엌을 치우면서 빵을 밖에 내놓았다고 아내는 몹시 화를 냈습니다. 그녀는 즉시 빵을 안에 들여놓길 바랬겠지만, 삼십 분 동안 빵을 밖에 내놓는다고 해도 전혀 딱딱해지지 않죠. 이렇듯 저는 그녀의 생각이 정말 꼭 필요하다고 생각하지 않으면서도 그녀의 계획에 따라 움직여야 하기 때문에 엄청난 분노를 억누르고 있습니다."

내가 말했다. "그 분노를 표현하면 어떤 일이 벌어질 거라고 상상하세요?"

그는 잠시 말을 멈추었다. "정말 잘 모르겠어요. 아주 어릴 적부터 아버지는 화 내지 말라고 가르쳤죠. 열을 세기 전까지는 아무 말도 하지 말라고 하셨습니다. 전 그 말을 문자 그대로 받아들였죠. 하나, 둘, 셋 … 아시겠죠. 이성을 잃어버렸을 때 한두 번 아내에게 소리를 치고 고함을 질러댔습니다. 전 하늘이 무너져 내리는 줄 알았습니다! 그러자 그녀는 '아, 좋아요, 당신이 느끼는 걸 말하고 있어요'라고 한 것 같고, 저도 '야, 그것 참 좋은데'라고 했던 것 같습니다. 하지만 제겐 감정을 내보이는 게 어렵습니다."

내가 말했다. "음, 당신이 화를 낼 때는 아내가 받아주지만, 아내가 화를 낼 때 당신이 그것을 받아주지 못하기 때문에 당신은 서로를 신뢰하는 법을 배우지 못하는 것 같군요."

"예, 그렇습니다." 그가 대답했다. "그녀는 감정들을 쏟아낼 필요가 있었고, 저는 그것을 존중합니다. 저는 그녀가 차츰 감정들을 잘 조절하고 있어서 기쁩니다. 그녀는 물건을 집어 던지고 비명을 지르곤 했죠. 그 때문에 저는 정말 겁이 나서 꽁무니를 빼곤 했습니다. 이제 그녀는 더 이상 그런 행동을 하지 않습니다. 제 어머니도 그런 일을 벌이곤 했어요. 어머니는 아무도 자신을 사랑하지 않는다며 감정을 폭발시키곤 했습니다. 어머니는 차 열쇠를 가지러 갔다가 몇 시간 동안 사라진 적이 있었죠. 그 날 어머니는 제가 잠들 때까지 집에 들어오지 않았어요. 한번은 어머니가 욕실에 들어가 문을 잠가버린 적이 있었죠. 아버지가 문을 열자 어머니는 창문을 넘어 밖으로 나가버렸습니다. 그때 제가 대여섯 살쯤이었을 겁니다."

나는 나 자신이 어린 소년이 되어 있다고 느꼈다. 창이 열려 있고 어머니를 다시 만나지 못할지도 모르는 위태로운 광경을 목격한다는 건 어린아이에게 얼마나 두려운 일이었을까? 그 역시 결혼생활에서 이러한 내적 커플을 재발견할까봐 두려워할 것이라는 생각이 들었다.

카우치에 앉아 있는 세콤베 씨가 왜소해 보였고 떨고 있는 것 같았다. "두려워서 똥을 쌀 지경이었죠." 그가 말했다. "아버진 '엄마가 어딜 좀 갔다 오시나봐. 괜찮을 거야'라고 말했던 것 같아요. 아버지는 그 일을 꾹 참으셨어요. 하지만 그의 분노는 제 안에서 유기 불안을 촉발시켰습니다."

나는 그의 아내가 그에게 정서적으로 버림받은 것 같이 느낀다고 한 말을 기억했다. 그것은 그가 자신이 감당하기 어려운 유기 감정을 그녀에게 투사한 것일 수 있다. 그리고 그녀는 분명히 이러한 느낌을 불러일으키는 요인을 가지고 있을 것이다. 이로 인한 그녀의 분노는 투사적 동일시를 통해 다시 그에게 돌아가고, 그는 분노에 대한 두려움으로 마비되는 악순환이 형성된 것이다.

"글쎄요. 잘 모르겠습니다." 그가 말했다.
내가 말했다. "당신은 알고 있습니다. 내게 방금 이야기했어요. 나는 당신이 이에 관해서 많은 걸 알고 있다고 생각합니다."

"그렇습니다." 그가 깨달았다는 듯이 말했다. "분노를 잘 표현하지 못하는 저의 어려움은 가정과 직장생활에 영향을 미치게 되죠. 전 정말로 안식년을 가지면서 좋은 곡을 쓰는데 힘을 쏟고 싶습니다만, 막상 일을 벌이는 게 걱정이 됩니다. 아마 이것도 같은 문제일 겁니다. 전 제 모든 재능과 착상을 연습곡처럼 버려지지 않고 오래 남는 작품으로 만들어내는 것을 두려워하는 것 같아요. 무엇보다도 아무 것도 하지 못하고 주저하고 망설이다가 시간을 허비해 버릴까봐 두렵습니다. 전 음악을 가르치고 학생들을 위한 연습곡을 작곡하는 음악가입니다. 그런데 제가 정말로 하고 싶은 것은 좋은 교향곡을 작곡하는 것입니다. 하지만 그 작품이 과연 좋을지 자신이 없습니다. 제 작곡 능력은 작곡을 가르치기에 충분하고, 아마 좀더 긴 연주 작품도 충분히 쓸 수 있을 겁니다. 하지만 정말 할 수 있다는 느낌을 갖고 실제로 그렇게 하지 못하는 게 제 문제입니다."

내가 말했다. "마음 중심에서부터 교향곡이 나와야만 한다 이거죠."

"맞습니다." 그가 말했다. "그리고 그것은 두려운 일입니다."

그의 음악에 관해 이야기를 나누면서 나는 그가 나와 깊이 소통하고 있다고 느꼈다. 그는 온전히 창조적인 사람이 되는데 그의 욕구가 집중되어 있는 것을 내가 이해해 준 것에 대해 감사하게 느끼고 있다. 그는 분명히 중심을 지닌 관계를 갈망하고 있다. 하지만 시간이 지나면서 그 관계가 통제하거나 숨막히게 하는 것이 될까봐 두려워하는 게 틀림없었다. 나는 비록 이 문제가 현재 그에게 어떤 긴장을 유발하지 않는다고 해도, 그가 이 문제에 관심을 기울이고 있다는 것을 알 수 있을 만큼 이 주제에 관해 충분히 작업했다고 느꼈다. 나는 그가 이러한 자기 패배적인 행동을 분석하는데 협조적일 수 있는 가능성을 보였다는 점에 주목하였다. 나는 그가 치료를 받을 것인지 결정을 내리는데 도움을 주기 위해서 그에게 해석 작업의 본보기를 보여주고 싶었다. 그의 아내는 그가 개인치료를 받기로 결정하더라도, 그의 하루 일과 때문에 대학 근처에서 치료자를 찾아야 할 것이라고 말했다. 그런데 내 사무실은 그 대학 근처에 있지 않다. 이것은 부분적으로는 현실적인 조건이기도 하지만, 부분적으로는 내가 자신에게 접근하지 못하도록 그녀가 설정한 조건이고, 부분적으로는 그가 초기에 겪었던 아버지와의 분리를 떠올리게 하는 지리적 분리를 회피하고 싶은 그의 소망을 반영하는 것이기도 하다.

따라서 나는 다른 치료자에게 치료를 의뢰하는 것을 어렵게 만들 수도 있는 전이와 역전이를 조성하지 않고 평가 작업을 서둘러 끝내기로 했다.

내가 말했다. "글쎄요, 당신이 교향곡을 작곡하고 안하고는 당신의 경력에 별로 상관이 없을 겁니다. 그건 오직 예술가로서 당신의 개인적 만족이나 성장과 관련된 것이며, 개인치료를 받으면서 어느 시점에서나 결정할 수 있을 겁니다. 하지만 여기서 당신의 삶을 방해하고 있는 현재 상황으로 돌아가 봅시다. 이제 면담을 끝내야 될 때가 거의 다 되었고, 앞으로 면담을 어떻게 진행할지를 생각해 볼 때입니다. 치료비로 쓸 수 있는 돈이 충분하지 않다고 들었습니다. 그 돈을 부인의 개인치료에 쓸 것인지, 당신의 개인치료에 쓸 것인지, 아니면 두 사람을 모두를 위한 부부치료에 쓸 것인지 결정해야겠지요.

이 점에 대해 부인과는 상의해 보았습니다만, 당신은 어떻게 생각하는지요?"

그가 말했다. "제 생각에는 부부치료가 제일 좋을 것 같군요. 우리 두 사람은 각각 개인치료를 받은 적이 있습니다. 부부치료는 주로 우리의 관계에 미치는 영향에 관해서 다루겠지만, 개인적인 문제에 관해서도 다룰 수 있겠지요. 아내는 아버지와의 관계와 아버지의 부재에 관해 탐색하지 않았습니다. 아내는 아버지의 눈을 통해 저를 보고 있습니다."

나는 이 말의 단어 배열에 주목했다. 그는 아내가 그에게서 그녀의 아버지를 본다고 말하고 싶었다. 하지만 '그녀가 아버지의 눈을 통해 나를 보고 있다'(she sees me through the eye of her father)는 말은 그가 그녀의 아버지처럼 그녀에게 주의하지 않을 때는 그 자신이 무의식적으로 그녀가 분노하고 있는 아버지인 것처럼 느낀다는 것을 의미했다. 그는 어린 시절에 분노한 아버지를 다루는 법을 배우지 못했다. 그래서 그것은 그에게 낯설고 두려운 것으로 남게 되었다. 그의 아내와 마찬가지로 그는 아내의 분노와 소원함이 미치는 영향을 인식하지 못했다. 왜냐하면 아내의 어머니가 지닌 비밀과 그것 안에 감추어져 있는 외상을 그들 모두는 인식하지 못하고 있기 때문이었다.

그는 계속해서 말했다. "부부치료에서 아내는 아버지와의 문제가 어떻게 드러나는지를 실제로 경험했는데, 그때 그녀는 많이 힘들어 했습니다. 만일 우리가 부부치료를 하지 않는다면, 그녀가 개인치료를 받아야 할 겁니다. 왜냐하면 그녀가 저보다 더 도움을 필요로 하기 때문이죠. 물론 치료는 제게도 도움이 되겠지만, 저는 직장에서 많은 도움을 받고 있습니다.

하지만 아내에게는 직장이 없죠. 제가 직장에서 얻는 그런 지적인 자극을 받지 못하고 집에서 살림만 하고 있기 때문에 어려움이 더 많을 겁니다. 실제로 아내는 그런 자극을 원하고 있기도 하구요. 다른 한편으로는 제 일이 잘 풀려가고 있고, 지금은 다른 영역들이 훨씬 더 명료해졌기 때문에 이러한 개인적 영역에 관해 작업하는 게 좋을 것 같군요."

내가 말했다. "아내를 먼저 생각하시는군요."

"물론입니다." 그는 조금도 망설임 없이 대답했다. "저는 늘 그렇습니다. 제 아버지도 항상 그랬고요."

"그렇다면 어떻게 할까요?" 내가 물었다. "아내처럼 저와 두 번째 회기를 가지시겠어요? 두 번째 회기에는 이 면담시간이 끝난 후에 마음에 떠오른 주제나 생각난 것을 다루거나, 꿈을 다룰 수도 있고, 나에 대한 반응을 다룰 수도 있습니다. 아니면 다음 회기에 부부치료 회기를 가지셔도 되고요"

그가 대답했다. "다음 회기에 부부치료 회기를 갖도록 하죠. 아내는 다음주 월요일에 아이를 대리모에게 맡길 수 있고, 선생님이 그 시간을 비워 놓았다고 말하더군요. 저도 그날 시간을 내겠습니다. 그 시간이면 괜찮겠습니까?"

나는 다음 주중으로 부부치료 회기를 갖기 위해 약속시간을 잡았다.

나는 휴가 단기간의 개인치료와 부부치료만으로도 자신에 대해 많은 이해를 얻게 된 것에 깊은 인상을 받았다. 그는 분명히 심리학적인 소양이 있었으며, 정신분석과 같은 좀더 집중적인 치료를 통해 커다란 유익을 얻을 수 있을 것이다. 하지만 그는 치료가 필요할 정도로 고통스런 상태가 아니고, 다른 사람을 먼저 생각하는 아버지의 태도를 동일시하고 있으며, 내적인 커플을 회복시키는 것이 그의 가장 시급한 과제였기 때문에 개인치료를 받으려는 동기는 없는 것 같았다. 아마도 그는 개인치료를 받지 않기로 함으로써 유아기에 부재한 아버지와의 독립적인 관계에 대한 갈망과 그 당시 우울하고 외로운 어머니를 혼자 소유한 것에 대한 죄책감에서 벗어나고자 했을 것이다.

평가 원리

　이번 회기에서는 세콤베 부인과의 개인적인 만남에서 다루지 못한 영역들을 다루었다. 첫째 샤르프 박사는 남편에 대한 세콤베 부인의 경험—그리고 두 사람 관계가 지닌 한계에 대한 그녀의 불평—이 자신의 한계에 대한 세콤베 씨의 관점과 일치한다는 것을 확인했다. 둘째 그녀는 두 사람이 모두 변화와 성장을 지지하고 환영한다는 점을 확인했다. 이러한 상태라면 어떤 치료를 선택한다 하더라도 좋은 결과를 가져올 것이라고 예상되었다. 셋째 샤르프 박사는 세콤베씨가 치료에 관심을 가지고 있으며, 치료받기에 적합한 능력을 가지고 있다는 것을 확인하였다.

　샤르프 박사는 세콤베 씨가 통찰력이 있고 개방적임을 발견하였다. 그는 자신에 대해서 자유롭게 이야기하였고 자신의 감정을 보여주었다. 그는 꿈에 관해 이야기하지 않았지만, 이는 첫 면담에서 흔히 있는 일이었다. 그는 자신이 분노를 표현하면 하늘이 무너질 것 같다는 환상을 함께 나누었으며, 표면적인 피드백과 심층적인 피드백에 반응을 보였다. 하지만 그는 부인에게 도움이 필요하다는 점에 대해서는 동의했으나, 자신이 개인 심리치료를 받는 것은 원치 않았다.

샤르프 박사는 치료에 대한 그의 복잡한 감정을 인정해 주고, 불편함을 느끼는 것과 치료가 필요한 것 사이의 구별을 인정해 줌으로써 안전하게 안아주는 환경을 확립하였다. 세콤베 씨는 치료에 대한 자신의 양가감정을 잘 다루었으며, 이전 치료에서 많은 것을 배웠음을 보여주었다. 그는 성장하고 변화할 수 있었고, 치료에서 작업할 수 있는 능력을 가지고 있었다. 그는 평가면담에서 편안하게 이야기하면서 샤르프 박사에 대해 긍정적인 환경전이를 보여주었지만, 치료를 시작할 정도로 긍정적이지는 않았다. 그는 아내가 그녀의 어려움을 자신에게 투사하고 있을 가능성에 대해 인식하고 있었고, 그녀의 문제를 치료하는 일에 들러리를 서고 싶어하지 않았다. 그는 자신의 대상관계 내력에 관해 이야기를 나누었고, 그것이 결혼관계에서 재연되고 있음을 인식하였다: 그는 어머니의 통제하는 특성 때문에 원치 않으면서도 어머니의 지시대로 따랐고, 자신의 내적인 힘을 지탱하지 못했다: 어머니의 격노 때문에 그는 아내가 쏟아내는 평범한 분노마저도 두려워하고, 직장에서 적절하게 자기주장을 하지 못했다. 분노를 표출해서는 안 된다는 아버지의 충고 때문에 그는 말이 없고 수동적인 사람이 되었다. 역동적인 관점에서 설명해 본다면, 그는 이런 문제들로 인해 부부생활과 직장에서 생각과 감정의 표현을 억압하였다. 그는 자신의 문제가 아내에게 미치는 영향을 인식하였고, 이것을 자신의 대상관계 개인력과 관련시켰다. 이 점은 그가 치료작업을 할 수 있는 능력이 있음을 보여주었지만, 그는 이러한 생각을 치료받을 필요성과 연관시키지는 않았다. 그는 친밀한 부부관계를 위해 도움 받을 필요가 있다는 생각을 아내에게 투사하였고, 그녀는 이러한 투사적 동일시를 일으킬 만한 요인을 자신 안에 가지고 있었다. 그는 마치 너무 억제되어 있어서 교향곡을 쓰지 못하는 것처럼, 너무 두려워서 치료를 받으려고 하지 않지만, 아내가 자신의 행동을 통해 성장하기를 바라고 있을 것이다. 그는 부부치료를 통해서 개인치료를 받지 않고도 개인적인 성장을 이룰 수 있을 것이라고 기대하고 있는 것 같았다.

샤르프 박사는 이 면담에서 관련짓고 명료화하는 것 이외에는 말을 할 기회가 많지 않았다. 그것은 환자가 아주 자유롭게 이야기했기 때문이었다. 샤르프 박사는 아내의 분노 앞에서 그가 수동적인 방어를 보이는 것은 유기 불안에서 연유한 것이며, 이 때문에 그가 방어하려고 하는 것을 두려움 가운데 남아 있게 만드는 상호작용을 형성했다고 해석하였다. 이 자료 안에서 그의 애착 유형은 분류하기가 쉽지 않다. 그는 관계를 열망하는 것처럼 보이면서도 양가감정을 느끼고 있으며, 자신에 대한 부모와의 애착관계에 대해서는 신뢰감을 갖고 있으면서도 버림받을까봐 염려하고 있다.

샤르프 박사는 전이를 해석하지 않았지만, 말없이 자신의 역전이 안에 세콤베 씨의 전이를 받아들여 주었다. 우리가 그녀의 역전이로부터 알 수 있는 것은, 말 못하는 유아에게 집중해 주는 헌신적인 그때-여기의 어머니에 대한 초점 전이가 관심을 가지고 있으면서도 침범하지 않고 들어주는 치료자와 경험하는 지금-여기의 초점 전이와 겹쳐지고 있으며, 뿐만 아니라 여기에는 첫 2년 동안 그와 그의 아버지 사이에 있었던 그때-여기의 침묵이 겹쳐지고 있다는 사실이다. 그가 어머니가 그리워한 아버지를 대신해서 어머니의 욕구에 맞추어 함께 커플을 창조하였던 것처럼, 그는 샤르프 박사를 위해 많은 작업을 하였고 그녀와 함께 평가를 위한 커플을 창조하였다. 지금-여기에 대한 미래 측면은 그가 개인치료를 받았으면 좋겠다는 샤르프 박사의 마음 가운데 있다. 그의 아내가 화를 내며 퍼부어 댄 그의 결혼생활의 지금-거기는 분노하는 그의 어머니와 억압된 아버지라는 그때-거기를 실연하는 것이다. 그때-거기에서 아버지의 병역의무 때문에 부모는 함께 살지 못했고, 이러한 상황은 여기에서 함께 치료받을 시간을 내기가 어렵다는 데서 다시 창조되고 있다.

세콤베 씨는 약물치료를 필요로 하지 않았다. 그의 대상관계 개인력에 대한 역동적인 설명은 다음의 부부 면담에서 검증될 것이다. 부부 성격에서 자기와 대상이 동일시되는 과정은 개인의 대상관계 구조 형성에 좀더 빛을 비쳐 줄 것이다. 이 면담에서 어떤 추천을 하거나 치료 계획을 수립하지는 않았다. 샤르프 박사는 개인 면담을 기초로 두 사람에게 집중적인 개인치료를 처방할 수 있기를 기대하고 있지만, 부부 면담에서 과연 어떤 결과가 나타날지 기다려볼 일이다.

제 6 장

부부관계에서의 자기와 대상관계

셰콤베 부부의 평가면담

리진과 휴는 편안한 자세로 카우치에 함께 앉았다. 나는 그들이 나란히 앉은 모습에서 서로 가깝고 편안한 사이라는 인상을 받았다. 하지만 리진은 마룻바닥을 보고 있고, 휴는 불안하게 그녀를 바라보는 모습은 이러한 인상이 빗나간 것임을 말해 주었다.

내가 말했다. "두 분은 앞서 개인면담 시간을 가진 걸로 알고 있습니다. 이 부부면담에서는 두 분의 관계에 관해 이야기를 나누고 어떤 종류의 치료를 받아야 할지에 관해 알아보도록 하겠습니다."

내 말이 끝난 뒤 이어진 어색한 침묵은 나를 놀라게 하고 불안하게 했다. 내 마음속에는 리진과 두 번째 면담 때 10분을 기다렸던 일이 떠올랐고, 휴와 면담을 시작하던 때와 전혀 다른 분위기라는 생각이 들었다.

리진은 그녀의 개인치료 면담에서 제기된 어머니의 문제에 관해 보고하는 것으로 시작하였다. "오늘 문서국(Archives)에 가서 어머니와 이모의 기록을 찾아냈습니다. 내가 알고 있던 것은 출생증명서에 있는 아버지의 이름이 전부였습니다. 1937년 인구조사록에서 실제로 아버지에 대한 기록을 찾을 수 있었습니다. 거기에서 나는 어머니와 이모를 찾아보았습니다. 이모의 이름은 쩨야였습니다. 나는 외할머니와 이모가 1930년에도 살아 있었다는 사실을 알게 되었는데, 두 분은 어머니가 태어날 때 죽었다고 들어왔습니다. 그것은 분명 거짓말이었습니다. 어머니가 외할머니를 잃은 것은 적어도 4세 이후였을 겁니다. 문서국에서 나와 지하철을 탔을 때 저는 심한 불안을 느꼈습니다. 20대 초반에 지하철에서 공황 발작을 일으키곤 했었는데, 그때 이래로 처음 느낀 불안이었죠. 나는 두려움을 느꼈고, 어머니가 나를 경멸하면서 그런 일을 하는 걸 못마땅해 한다는 생각이 들었습니다."

내가 물었다. "이 일로 인해 당신은 외롭고, 겁에 질리고, 죄책감을 느꼈군요. 휴가 지지해 준다고 느꼈나요?"

그녀가 말했다. "예, 그래요."

그가 말했다. "정말 그래요. 저는 이 일을 전적으로 지지합니다. 아내가 성장배경을 알아내고 의혹을 극복하는 게 매우 중요하다고 생각합니다."

그녀가 말했다. "이제는 좀 괜찮아졌어요. 점점 더 안다는 게 두렵군요. 이제 제 마음속엔 이전에 알지 못했던 온갖 인물들이 살고 있는 것 같아요. 문서국 근처의 지하철에서 세상에서 길을 잃고 다른 세기에서 방황하고 있는 느낌이었어요. 한편으로는 이러한 역사의 일부분을 발견할 수 있다는 것이 기쁘기도 했구요."

놀라운 일이었다. 리진은 내가 어머니 문제를 직면시킨 일로 인해 마음이 불편했음에도 이것을 하나의 도전으로 받아들였던 것이다. 나는 그녀가 화를 내거나 불평을 늘어놓고 있다고 느끼지 않았다. 왜냐하면 그녀는 스스로 일을 풀어가면서 기쁨을 느끼고 있었기 때문이었다. 나는 그녀가 주도적으로 행동한 것에 대해 감탄했고 그녀의 개인면담 후 보여준 이러한 반응을 좋은 징후로 받아들였다. 다른 한편으로, 면담시간 초에 그녀가 침묵했고 자신의 가족 내력에 관한 주제를 다시 꺼내면서 이전 회기로 되돌아간 것은 여기서 다루려고 하는 주제인, 그들의 부부관계를 이야기하지 않으려는 방어라고 느꼈다. 여기서 나의 마음은 그녀에게 개인치료를 권해야겠다는 쪽으로 움직였지만, 나는 다시 부부 문제에 초점을 맞추었다.

"정말로 그 과제를 받자마자 열심히 작업했군요." 내가 말했다. "그 일에 관해 좀더 듣고 싶지만, 지금은 두 사람이 함께 하는 시간이고, 따라서 부부간의 관계에 관해 이야기하는 게 좋겠습니다. 어디서부터 시작할까요?"

그들은 아무 말이 없었고, 나는 두 사람을 번갈아 바라보았다.

결국 휴가 입을 열었다. "모르겠습니다. 개인치료가 더 낫겠다는 생각이 드는데요." 그리고는 잠시 침묵했다.

고개를 떨구고 있는 리진의 모습이 눈에 들어왔다. 그녀는 우울해 보였고, 휴는 불안해 보였다. 나는 난처한 느낌이 들었다. 두 사람은 개인 면담에서 매우 반응이 좋았다. 나는 두 사람을 개별적으로 만나고 싶어하는 나 자신을 발견하였다. 아마 두 사람도 꼭 같은 느낌이리라. 두 사람은 각각 그들의 관계가 개인적인 욕구를 침해한다고 느끼는 것 같았다.

나는 휴에게 말했다. "지난번 개인면담에서는 부부치료가 더 좋을 것 같다고 생각했는데, 지금은 개인치료가 더 낫다고 생각하시는군요?"

잠시 침묵이 흐른 후에 휴가 말했다. "제 생각엔 리진이 이번 상담에 거부감을 가지고 있는 것 같습니다. 제 아내는 저에게 맞추느라 약속시간을 바꾼 일로 화가 난 것 같습니다."

또다시 침묵이 흘렀다. 나는 휴가 한 말을 어떻게 생각하느냐고 리진에게 물었다.

그녀가 대답했다. "그것에 관해선 잘 모르겠습니다. 제가 알고 있는 건 전에도 부부치료에 대해 화가 난적이 있다는 사실입니다."

또다시 침묵이 흘렀다.

리진에게 물었다. "오늘 여기 온 게 화가 나세요?"

그녀가 말했다. "아뇨, 하지만 힘들군요."

내가 말했다. "두 분께서는 함께 여기 계시는 걸 무척 힘들어하시는 것 같군요. 따로 만났을 때는 상당히 자유롭게 말씀하셨거든요. 그때 두 분은 내가 질문할 때까지 기다리지 않고 대화를 주도하셨지요. 하지만 지금은 서로 말을 못하게 가로막고 있는 것 같습니다."

리진은 좀더 활기를 띠면서 말했다. "사실이에요! 저는 제가 대화를 주도하게 될까봐 스스로 억제하고 있습니다. 전 휴가 자신의 감정을 나누지 않는데 너무 익숙해 있거든요."

리진과 휴는 개인적으로 서로에게와 부부관계에 상처를 줄까 봐 두려워하고 있었다. 그들은 부부로서 그들 자신을 무시할까 봐 두려워하였다.

나는 말했다. "좋습니다. 여기서 두 분이 좀더 편안하게 이야기할 수 있도록 해 보지요. 한 가지 제안으로, 두 분이 차례로 일정 시간 동안 이야기하는 게 좋겠네요." 나는 다른 의견을 기다렸지만, 두 사람은 조용했다. 그때 휴가 개인면담에서 나를 놀라게 했던 것처럼 저항을 극복하고 즉각적으로 대화를 주도하였다.

휴가 말했다. "좋습니다. 제가 먼저 하지요. 저는 아버지의 부재가 갖는 의미에 관해 좀더 생각해 보았습니다. 이 일을 생각할 때면 언제나 고통스럽고 화가 치밀곤 했습니다. 저는 그 일에 관해 평상시보다 좀 길게 리진에게 말할 수 있었습니다. 특히 35년 동안 제 안에 자리잡고 있던 것들이 시원하게 빠져 나간 일에 관해서 말입니다. 어머니는 저를 임신하고 젖먹이로 키울 때 혼자서 생활을 꾸려나갔던 것에 대해 화가 나 있었던 것 같아요. 어머니는 아버지에 대해 항상 성자와 같은 분이라고 이야기하셨지요. 그는 어머니의 창조적인 측면을 일깨워 준 구원자이며, 조력자이자, 대단한 분이셨다구요! 하지만 어머니는 다른 감정 역시 느꼈던 것 같아요. 당시는 어수선한 때였고, 아버지가 군에서 퇴역하려면 2년을 더 기다려야 했습니다. 아버지는 한국에서 살고 있었고, 그동안 어머니는 학대하는 남편과 함께 살거나 혼자서 저를 키워야 했습니다. 끔찍한 상황이었죠."

리진이 부드럽게 덧붙였다. "어머니의 전 남편이 당신을 자식으로 받아주지 않았다면서요?"

그가 말했다. "맞아요. 그는 우릴 집 밖으로 내몰았어요. 이 일에 대해 말하기가 두렵습니다. 이 문제를 극복하려면 오랜 시간이 걸릴 거예요. 제가 처음 이 이야기를 들었을 때는 …"

리진이 끼어들었다. "아시겠지만, 이 모든 것들이 한꺼번에 알려진 게 아니에요. 조금씩 알게 되었죠. 휴이가 태어나고 나서부터 조금씩 밝혀졌던 것 같아요. 휴와 나는 이런 저런 사실에 관해 조금씩 이야기를 나누었고 차츰 이것들을 한데 모을 수 있었지요."

"그래요." 휴가 말했다. "그때 '아, 그래서 그랬구나!' 라고 깨닫게 되었습니다. 마치 구원을 받은 것 같고 해결책을 얻은 것 같았지요. 정말이지 그러한 사실을 발견한 건 저에게 상당히 짜릿한 경험이었습니다. 당시에 그게 의미하는 바는 명확했지요. 정말 우리 두 사람에게 그것은 충격이었습니다. 저는 제가 왜 우울한지, 때로 왜 아침에 일어나기가 힘든지 깨닫게 되었습니다. 저는 상당히 철수되어 있었습니다. 저는 리진이 화를 낼 때까지 축 늘어져 있었습니다."

우리는 개인으로서 두 사람이 샤르프 박사로 하여금 이들 부부에 대해 관심을 갖게 만들고 있음을 볼 수 있었다. 부부로서 그들은 개인적인 문제를 이야기하면서 대화를 끌어나갔다.

리진이 말했다. "그리고 지난 주말엔 정말 화가 났었잖아요."

휴가 말했다. "그래요, 정말 안 좋았어요. 그렇지만 그 뒤에 기분이 많이 좋아졌거든요."

나는 두 사람의 대화에 충격을 받았다. 내가 처음에 생각했던 것은 여전히 개인적인 수준의 것이었다. 이러한 분노는 부분적으로 분노를 억제하는 것에 관해 다루었던 지난번 개인면담에 대한 반응임에 틀림없다. 이것은 그가 공격성을 두려워한다는 분석에 대한 직접적인 반응이었다. 나는 이것이 해석 작업의 결과로서 공격성에 대한 긍정적인 감정을 보여줄 뿐만 아니라 행동화의 요소 역시 포함하고 있다고 생각했다. 또한 그것은 아마도 그의 아내에게서와 마찬가지로 나에게서 철수함으로써 나에 대한 좀더 개인적인 감정을 경험할 수 있는 두 번째 회기를 갖지 못했기 때문일 것이라고 생각했다.

그리고 나서 나는 부부의 문제로 옮겨갔다. 나는 부부의 심리적 공간으로 들어가는데 주도권을 가진 사람은 리진이라는 사실을 알게 되었다.

휴와 리진은 계속해서 이러한 사건에 관해 의견을 나누었는데, 그것은 이해하기가 쉽지 않았다. 그들이 말한 내용을 이해할 수 없었기 때문에 그것을 정확하게 옮길 수 없다.

이 사건에 대해 두 사람이 모호하게 논의하는 방식은 그들의 가족력에 나타난 모호한 특성을 생각나게 하였다. 나는 그들이 부모의 말 이면에 감춰져 있는 사실을 알아내려고 애썼던 것처럼, 그들이 말하거나 말하고 있지 않은 것들을 이해하려고 노력하고 있음을 발견하였다.

내가 말했다. "두 분께서 휴가 화 냈던 일에 관해 이야기를 나누고 있는 건 알겠는데요. 이 일이 두 분께 어떻게 경험되었는지, 무엇에 관한 일이었는지, 분노는 어떻게 표현되었는지, 또 어떻게 해결되었는지 전혀 알 수 없군요."

휴가 말했다. "아, 미안해요. 일요일 아침이었습니다. 저는 신체적인 친밀감을 원했는데, 그게 문제를 일으킨 겁니다."

리진은 아기가 낮잠 자는 시간과 관련되어 그런 일이 일어났다고 말했다. 그 시간이 아기가 보통 잠을 잘 때인가 아닌가에 대한 논쟁이 그녀로 하여금 폭발하게 만들었다.

나는 말했다. "지금 나 자신도 아기 때문에 방해받고 있는 느낌이군요. 화가 난 것에 대해 당신이 말한 내용으로 돌아가 봅시다. 휴, 신체적 친밀감이란 게 뭘 의미하지요? 두 사람 사이에 무슨 일이 있었던 겁니까?"

휴가 대답했다. "우리는 침대에 누워 있었죠. 저는 애정표현과 성적인 반응을 모두 기대하고 있었습니다."

"그래요." 리진이 말했다. "휴가 애정을 표현했고, 저는 등을 돌렸어요."

잠깐 침묵이 있었다.

내가 말했다. "그래서 어떻게 됐죠?"

리진이 말했다. "휴가 욕을 했어요."

휴가 말했다. "아니, 그때 난 욕하지 않았는데. 그땐 참고 있었어. 하지만 당신은 그후에 너무 오래 통화했다구. 휴이를 돌보려니 생각했는데, 당신은 계속 전화만 했어. 우리는 점심 먹으러 갈 것인지 말 것인지를 결정해야 했는데, 리진이 계속 전화기에 매달려 있는 바람에 마냥 기다려야만 하는 게 화가 났습니다. 그때 휴이가 울기 시작했고, 전 모른 척 했습니다. 제가 잘 했다고 생각하지는 않아요. 저는 그것에 대해 사과했어요. 리진이 전화하면서 아이를 돌보게 한 것에 대해서 말이지요. 그러자 리진은 저에게 화를 냈고, 우리는 휴이가 보는 앞에서 서로 고함을 질렀고, 휴이는 크게 울기 시작했습니다. 우리 두 사람은 두려워졌습니다. 우리는 휴이가 놀라는 걸 원치 않았거든요."

 내가 말했다. "두 분께서는 이 싸움을 두 분 스스로 해결하기를 원하시는 것 같군요. 휴이는 이 곳에 없으니까, 그 사건에 관해 그리고 그것이 두 사람의 성적인 관계에 관해 무엇을 말해 주는지 마음놓고 이야기해 보세요."

 휴가 리진에게 말했다. "당신은 항상 내가 성적으로 이기적이라고 말하면서, 내가 당신더러 성에 관해 아무런 노력도 하지 않는다고 말하면 화를 내곤 하지만, 당신은 임신 기간 중에 전혀 노력하지 않았고, 휴이를 낳고 나서도 그랬던 사실을 인정해야 할 걸. 그러면서도 당신은 항상 성관계를 꺼리는 건 바로 나라고 말하잖아. 물론 아이에게 해가 될까봐 임신 마지막 달에 성교를 꺼렸던 건 인정하지만, 난 그후로는 계속 노력해왔다구. 하지만 당신은 늘 나를 무시했잖아."

 리진이 나에게 말했다. "글쎄, 수년 동안 전 무언가 해보려고 노력했지만, 휴가 저를 무시했어요." 그리고 나서 휴에게 말했다. "내가 임신하기 오래 전에, 아니 우리가 결혼하자마자 당신은 나에게 흥미를 잃었잖아."

 "아뇨, 그렇지 않아요. 흥미를 잃은 건 아니었어요." 휴가 나에게 말했다. "전 자신감을 잃었다구요. 결혼 후에 성적인 문제가 심각해졌습니다. 우리가 데이트할 때 한 번 조루를 경험했던 적이 있는 것 같아요. 그런데 일단 결혼하자 전 더 자주 조루 증세를 보이기 시작했고, 이 때문에 아내는 화를 내곤 했습니다. 그리고 이 문제는 점점 더 심해졌습니다. 이런 일이 좀더 빈번해지면서 저는 그녀가 화를 내는 게 두려워졌고 성교는 분노와 연결되기 시작했습니다. 저는 분노가 왜 그렇게 감당하기 힘든지 정말 잘 모르겠습니다."

 내가 말했다. "아뇨, 알고 계시네요."

그가 말했다. "안다구요?"

내가 말했다. "예, 당신은 개인면담에서 여자들의 분노가 당신에게 그토록 어려운 이유에 관해 말씀하셨습니다. 그때도 그 말을 하고 나서 바로 '모르겠다'고 말씀하셨지요."

그가 말했다. "그게 무슨 뜻이지요?"

내가 말했다. "당신의 마음속에서는 분노가 버림받는 것과 밀접하게 관련되어 있다고 말했죠."

그가 말했다. "아, 어머니에 관해 말씀하시는군요?"

내가 말했다. "그렇습니다. 리진은 우리가 하는 말을 알고 있나요?"

그가 말했다. "예, 어머니가 화를 내면서 욕실에 틀어박혀 있었다는 걸 리진도 알아요."

나는 휴가 이런 것들을 마치 객관적인 사실에 관해 말하는 투로 이야기하는 것이 놀라웠다. 개인면담에서 보여주던 표현방식과 달리, 그는 부부 면담에서 너무 무심하게 이야기했기 때문에 그것이 그에게 어떤 것인지 전혀 느낌을 전달하지 못했다. 그는 함께 있으면서 그의 이야기를 들어줄 수 있는 사랑하는 사람과의 관계에서 겪은 거절과 두려움의 경험으로 인해 자신의 이야기에서 정서적인 의미를 제거해 버렸다.

휴와 리진이 부부 문제를 회피하려고 한 이유가 그들이 과거에 받은 상처와 관련된 현재의 분노와 거절을 회피하기 위한 것임이 분명해졌다.

내가 말했다. "이 이야기를 리진에게 말하는 방식과 나에게 말하는 방식이 전혀 다르군요. 리진은 당신이 나에게 이야기해 준 어린 시절의 감정을 아마도 느낄 수 없었을 겁니다. 어머니가 화가 나서 욕실 문을 걸어 잠그고, 창문을 넘어 집을 나가 잠들 때까지 돌아오지 않았을 때 당신이 느꼈던 그런 두려움을 말입니다."

리진은 당황한 것 같았다. 그녀가 말했다. "전 그런 이야기를 들어 본 적이 없어요. 끔찍스럽군요. 정말 미안해요. 내가 화를 낼 때 당신은 앞으로 그런 일이 벌어질 거라고 걱정했겠군요. 그 점에 대해서는 미안하지만, 내가 제외되었다고 느꼈다는 것도 사실이에요."

그가 말했다. "저도 그래요. 스스로에게 이렇게 말했지요. '화를 내지 말아야 했어. 그건 정말 끔찍한 거야.' 계속 함께 있어주어서 고마워. 정말 힘이 되었어."

"알겠어요." 리진이 나에게 말했다. "그러니까 이걸 말씀하시는 거군요. 휴는 제가 화를 내고 자신을 버릴까봐 두려워했고, 저는 휴가 저와 함께 있으려 하지 않을까봐 그리고 제가 주도권을 가지면 저를 거절할까봐 두려워한 것이군요."

여기서 나는 그들의 성적인 관계가 두려운 결합된 대상관계를 표현하고 있음을 알 수 있었다. 나는 이러한 일련의 생각이 두 사람 모두를 두렵게 함에도 불구하고, 회피되거나 방어되지 않고 계속 발견될 수 있을지 알고 싶어졌다.

내가 말했다. "서로 즐길 수 있을 만큼 충분히 안정감을 느끼는 일이 쉬운 일은 아닌 것 같아요."

휴가 말했다. "여전히 제가 먼저 시도하지요."

리진이 말했다. "저는 시도하지 않아요. 그건 상당한 노력을 필요로 해요."

내가 말했다. "두 분 모두 성적인 상황에 대해 공포감을 느끼는군요. 리진, 당신 생각에 거절에 대한 두려움을 느끼는 것 외에 이전에 휴에게서 받았던 거절에 대해 보복하고 싶어하는 요소는 혹시 없다고 생각하세요?"

리진이 대답했다. "없기를 바래요. 하지만 저는 처참하게 거절당했습니다. 저는 마음을 닫아 버린 것 같아요. 저는 더 이상 성적 욕구를 드러내지 말아야겠다고 느꼈습니다. 3년 동안 '한번도 관계가 없었다는' 사실은 정말 저를 화 나게 만들었습니다. 더 큰 문제는 휴가 이 문제를 다루려고 하지 않는 것이었습니다." 리진이 눈물을 흘리기 시작했고 휴는 부드럽게 그녀의 손을 잡았다.

휴는 자신이 리진을 사랑하고 있으며, 성적인 관계가 나아지길 바랬음을 그녀에게 상기시켰다. 그는 말했다. "맞습니다. 한동안 저는 이 문제를 직면하려고 하지 않았어요. 하지만 일단 치료를 받고 아이를 갖게 되면서, 우리는 이 문제에 관해 많은 이야기를 나누었습니다."

리진이 말했다. "그때 많이 좋아졌어요. 하지만 임신했을 때 당신은 아이에게 해를 입힐까봐 두려워서 나와 성교하지 않았습니다. 그 일 기억나요? 나는 출산 교실에서 들은 대로 성교가 아이에게 해롭지 않다고 말했어요. 그때 내가 얼마나 비참하게 느낀 줄 아세요? 당신은 나의 욕구에 대해서는 조금도 생각해 주지 않았어요. 나만 당신에게 맞추어야 했다구요."

휴가 말했다. "아니, 당신은 그러지 않았어."

그녀가 말했다. "아뇨, 난 그랬어요. 하지만 당신은 내 욕구에 전혀 관심이 없었어요. 당신이 아이에게 해로울까봐 나와 성교하지 않았다고 하더라도, 나를 즐겁게 해줄 수는 있었지요. 하지만 당신은 그러지 않았어요. 아주 이기적이었죠."

두 사람은 이 문제로 약간 다투었고, 그녀가 한두 번 휴에게 절정감을 느끼게 한 적이 있음을 확인했다. 그녀는 그가 그녀를 위해 그렇게 해주지 않았다고 주장하였지만, 그는 그녀를 즐겁게 해주었다고 항변하였다. 그는 이것을 자주 시도했고, 이것이 그녀의 마음에 차지 않으면 상처를 입었다고 했다.

휴가 말했다. "당신은 항상 내가 줄 수 있는 것보다 더 많은 것을 요구하기 때문에 나를 이기적이라고 느끼는 거라구. 그 때문에 나는 당신과 성교하는 게 두려워. 나는 당신을 만지고 싶고 즐거움을 주고 싶지만, 성교는 항상 당신만을 위한 것이 되어버리는 것 같아."

나는 두 사람이 공유한 투사적 동일시를 이해할 수 있는 그들의 능력에 깊은 인상을 받았다. 나는 부부치료에서 함께 작업할 수 있는 그들의 능력에 만족하였다. 이제 그들을 위한 계획을 짜야 할 시간이 되었다.

내가 말했다. "우리는 방금 두 분의 성적인 관계에 관해 이야기하기 시작했습니다. 이 이야기가 중요하다고 생각합니다만, 여기서 이야기를 잠시 멈추고 공동의 요구나 개인적인 요구에 관해 생각하고, 어떻게 해야 치료과정을 가장 잘 진행시킬 수 있을 지에 관해 생각하는 시간을 가져야겠는데요."

나는 그럴 수만 있다면 두 사람과 작업하고 싶었지만, 그렇지 못한 것에 대해 상실감을 느꼈다. 부부로서의 두 사람에 대한 역전이에서 나는 그들의 문제에 흥미를 느꼈고, 그들과 함께 작업하는데 만족감을 느꼈다. 이것은 두 사람 모두 그들이 공유하는 고통에 대한 책임을 받아들였고, 이미 심리적인 정지작업이 되어 있었으며, 따로 작업하고 또 함께 작업하면서 이해를 향해 나아갈 수 있었기 때문이었다. 나는 두 사람이 서로를 사랑하며, 아이를 사랑하고, 배우자와 부모로서 서로에게 좋은 사람이 되고 싶어한다는 것을 알았다. 그들의 개인적인 욕구는 부부관계로 인해 상당히 방해받고 있음이 분명했다.

나는 그들에게 치료비가 저렴한 상담소에서 개인치료와 부부치료를 병행할 것을 추천했다. 그들은 치료비 문제 때문에 내가 추천한 제안을 받아들이지 않았다. 그들은 사설 치료소에서 한 가지 치료를 받는 쪽을 택했다. 두 사람은 세콤베 부인이 개인치료를 받을 필요가 있으며, 현재로서는 세콤베 씨까지 두 사람의 치료비를 감당할 수 없다는 데 의견의 일치를 보았다. 세콤베 부인은 두 사람이 함께 받는 치료를 원치 않았고, 세콤베 씨는 이번에는 부인과 함께가 아니라면 치료받지 않겠다고 했다.

두 사람은 각자가 그들의 결혼 문제를 다루면서 개인적인 문제를 해결하는데 도움을 받을 수 있다고 생각했고, 따라서 그들은 경제사정에 맞추어 일주일에 한 번씩 부부치료를 받기를 원했다. 그들은 이전 치료자보다 내가 좀더 직면을 자주 시키는 것 같으며, 이 점이 그들에게 다소 힘이 들었지만 또한 유익하다는 것을 발견했다고 말했다. 따라서 치료비는 더 저렴하면서도 나처럼 그들에게 직면해 주는 치료자를 추천해 달라고 요청하였다.

나는 그들이 자신들을 속이고 있을 수도 있다고 생각했지만, 세콤베 씨는 부부치료를 받은 후에 개인치료에서 직무에서의 억제라는 문제를 직면할 수 있을 것이며, 그때가 되면 세콤베 부인도 돈을 벌 수 있고, 따라서 그녀도 개인치료를 재개할 수 있을 것이라고 스스로를 달래면서 그들의 선택을 받아들였다. 그들은 부부치료를 받고 난 후에, 그리고 워싱턴에서 좀더 자리를 잡고 나서 개인치료를 받아야 할 필요성을 검토해 보겠다고 말했다.

이 사례에서 보여준 평가 원리

이 면담 내용은 평가 원리의 요소들을 보여주기 위한 것이다. 이 사례를 목록으로 작성할 수도 있겠지만, 그런 방식을 택하지 않았다. 우리는 어떤 목록에 따라서 면담을 진행하라고 권하지 않는다. 오히려 우리는 비구조화된 면담의 예를 여기에서 제시하고 있다. 우리는 면담 과정을 회고적으로 정리하고, 그것을 범주에 따라 살펴보는 방식을 제안한다. 즉 우리는 어떤 의도에 의해서가 아니라 단순히 무의식 과정을 따라갈 것을 권한다.

안아주는 환경을 확립하기

샤르프 박사는 말뿐만 아니라 침묵에 대해서도 귀를 기울였다. 그녀는 면담시간 초기의 침묵이 지닌 불안을 담아주고 나서, 부부치료에 대한 저항을 해석하였다. 그러자 두 사람은 개인적 공간을 상실하는 것에 관한 그들의 불안을 받아들일 수 있었다. 그들은 그들이 어린 시절에 부모의 부부문제를 해결할 수 없었을 때 느꼈던, 좌절하는 부부로서 자신들을 나타내는 공유된 환경 전이를 발달시켰고, 샤르프 박사는 자신 안에 떠오르는 난처한 느낌을 통해 이들의 전이를 이해했다. 샤르프 박사는 심리적 공간을 열어 놓을 목적으로 그들에게 동일한 시간 동안 각자의 이야기를 할 것을 제안하였다. 이러한 기본적인 규칙을 통해 안아주는 환경을 확립했을 때, 그들은 작업을 시작할 수 있었다.

발달 수준을 평가하기

　세콤베 부부는 서로를 대하는데 있어서 자기 안에서 또는 상대방 안에서 다양한 모습으로 대상이 재연(再演)되는데서 볼 수 있듯이, 대상을 분열시키고 그것을 자아와 내적 대상 속에 배치시키는 기법을 사용하였다. 그 중에 어떤 단일한 기법이 두드러진 것은 아니었다. 세콤베 씨는 거절하는 대상을 자신 안에 배치시킴으로써 자신을 자기 부인에 비해 부적절하고, 사려가 깊지 못하며, 이기적인 것처럼 보이게 만들었다. 그가 그녀보다 덜 우울하고, 덜 강박적이며, 좀더 균형 잡히고, 사회적인 사람이었기 때문에, 세콤베 부인은 흥분시키는 대상을 그에게 배치시켰다. 이로 인해 그녀는 자신이 그의 삶을 망치기 전에 그를 떠나야 한다는 느낌을 가지게 되었다. 그는 거절하는 대상을 그녀 안에 둠으로써, 그녀가 보이는 일상적인 분노도 떠남을 예고하는 것 같이 느끼게 되었다. 또한 그는 흥분시키는 대상을 그녀에게 배치시킴으로써, 성적인 갈망을 느꼈고 그녀의 거절에 대해 깊은 좌절을 맛보게 되었다.
　언어적 의사소통을 사용하는, 치료 상황이라는 안전한 공간에서 세콤베 부부는 주로 우울적 자리의 수준에서 기능할 수 있었다. 그들은 서로를 염려하고 자신들의 분노가 서로에게와 아이에게 미치는 파괴적인 영향에 대해 책임감을 느꼈으며, 그들의 관계를 회복하기 위해 치료를 받고자 하였다.

그들의 애착 유형은 부부 회기에서 아주 분명하게 드러났다. 세콤베 씨의 애착 유형은 양가적인 유형이었다. 그는 현실에서는 안정된 애착 유형이라고 주장하였으나, 그의 기억은 질식되는 느낌과 불안정한 애착이 번갈아 나타나는 것이었다. 세콤베 부인은 근본적으로 불안정한 애착 유형을 가지고 있었다. 그녀는 어린 시절에 철저하게 무시당하고 적극적으로 거절당했으며, 결혼생활에서 남편이 헌신적이었음에도 불구하고 무시당하고 거절당한다고 느끼곤 했다.

치료작업을 해낼 수 있는 능력

이들 부부는 저항에 대한 해석에 반응을 보였다. 이들에게서 주로 작용하는 방어는 분노에 대한 부인이었으며, 무엇보다도 배우자에게 버림을 받는 것에 대한 두려움을 부인하는 것이었다. 그 두 사람이 근본적으로 분노하고 서로에게 재연하고 있는 것은 바로 거절받고 유기되었던 경험일 수 있다. 어쩌면 그들은 어린 시절의 불안을 재경험하고, 소화해 내고, 그로부터 회복되기 위해 과거의 상황을 재연하고 있는지도 모른다. 샤르프 박사는 휴가 감정을 억압함으로써 버림받는 것에 대한 취약성을 최소화하고 있으며, 이것이 리진으로 하여금 공감하지 못하게 한다는 사실을 지적해 주었다.

샤르프 박사는 전이에 담긴 감정적인 요소를 추적하였고, 마음을 여는데 따른 불안, 개인적인 공간을 잃어버렸다는 느낌, 그리고 깊이 묻힌 분노로 인해 성적인 관계를 망쳐버렸다는 슬픔을 짚어낼 수 있었다. 꿈과 환상은 이 회기의 특징적인 요소는 아니었다. 하지만 무의식은 그들의 내적 대상관계에 관한 정보에서 주로 표현되었고, 그들의 관계에서 재연되었으며, 전이의 무의식적인 의사소통에서 표현되었다.

그들은 명료화하고 관련짓는 말을 수용하였고, 충분히 이해할 수 있었다. 치료자는 그들의 상황에 대해 공감해 주는 것을 통하여 그들을 지지해 주었다. 그녀는 그들이 관계 맺는 방식에 관해서 조언하지 않았다. 그들은 치료자가 제공하는 방어에 대한 해석을 받아들였고, 방어들을 다룰 수 있었다. 내적 대상관계에 대한 역동적인 설명이 제공된 것은 본 회기에서 얻은 주된 성과였다.

역전이의 사용

이 면담에서 초점 전이는 서로를 향해 잘 발달되었다: 리진은 휴를 무시하는 부모로 보았고, 휴는 리진을 화를 내고 거절하는 부모로 보았다. 이러한 초점 전이는 환경 전이를 위협하는 경향이 있었다. 그들은 샤르프 박사에게 직접적으로 실연하지 않았고, 환경 전이가 파괴되지 않도록 방어하였다. 그들은 자신들의 어려움을 부부관계로 투사했지만, 각자 개인으로서 자발성을 지닌 흥미로운 사람들임을 보여주었다. 하지만 부부로서 그들은 말문을 닫았다. 그들은 부부관계를 자극하는 것을 통해서 개인적인 문제를 방어하였고, 부부관계를 개인적인 문제나 샤르프 박사에 대한 부정적인 전이가 드러나지 못하도록 막는데 사용하였다.

샤르프 박사는 부부 회기를 시작하면서 두 사람을 상실하는 경험을 하였다. 이것은 이들 부부가 갖는 느낌과 일치하는 역전이였다. 이들은 서로에게서 재발견한 대상에 대해 적응함으로써 무언가가 변화되고 잃어버렸다고 느끼고 있었다. 그들이 화가 났던 일을 모호하게 이야기했을 때, 샤르프 박사는 다시 한번 이들 부부가 갖는 감정에 대한 일치적 동일시를 경험할 수 있었다. 이러한 역전이는 샤르프 박사에 대한 지금-여기의 전이와 안전하게 안아주지 못했던 가족 환경에서 경험한 그때-여기의 전이를 반영한다. 치료자가 해석을 통해 안아주는 환경을 안정시켰을 때, 비로소 그들은 긍정적인 환경 전이를 발달시킬 수 있었다.

세콤베 부부의 공유된 대상관계 내력을 평가하기: 상실과 상처를 중심으로

세콤베 부부의 어머니들은 모두 비밀을 가지고 있었고, 이 비밀은 진공처럼 기능하였다. 두 사람은 모두 자신의 가족에 대한 의혹을 가지게 되었다. 그들은 유산 후에 뜻하지 않게 잉태되었다. 그들은 이러한 고통스러운 경험을 공유했지만, 근본적으로 다른 환경에서 자랐다. 휴의 부모가 그를 가진 것에 대해 몹시 기뻐한 반면, 리진의 부모는 너무 지쳐 있어서 그녀를 짐스러워 했다. 휴의 아버지는 성자처럼 참을성이 많았고 끝없이 어머니를 지지해 주고 그녀의 기분을 받아주었지만, 리진의 아버지는 부재하거나 무시하고 화를 냈다. 그러나 휴가 두 살까지 함께 살았던 남자는 리진의 아버지처럼 충동적이고 공격적인 성격의 소유자였다.

휴의 수동성과 분노에 대한 회피는 리진의 분노 행동을 불러일으켰고, 이 분노는 그에게 버림받는다는 것을 의미했기 때문에 더 큰 두려움을 야기했다. 휴는 리진 안에서 거절하는 억압된 대상을 보고 있었다. 그 대상은 그가 생후 2년 동안에 겪었던 "아버지"의 부재에 대한 경험과 분노한 엄마의 유기하는 측면이 결합되어 형성된 것이었다. 리진은 휴 안에서 아버지와는 달리 화를 내지는 않지만, 분노를 통제하면서 철수하고, 아버지처럼 무시하고 무관심한 남자를 그리고 어머니처럼 알 수 없는 남자를 보고 있었다. 휴는 리진에게서, 안정되고 열려 있고 정직하지만, 화가 났을 때는 어머니와 같이 분노하는 여자를 보고 있었다. 휴는 버림받을지도 모른다는 위협을 회피하기 위해서라면 어떤 행동이라도 하였고, 이러한 행동은 리진을 더욱 화 나게 만들었다. 그들이 공유하면서 상호작용하는 분노, 무시, 유기 그리고 잔인한 지배에 대한 두려움은 그들의 성적 및 정서적인 관계에 필요한 신뢰 형성을 방해하고 있었다.

평가 면담의 방식에 대한 반응을 검토하기

우리가 제시한 방식의 평가면담은 환자들이 가진 자원을 어떻게 투자할지를 결정하기 위해 고안되었다. 이 방식에는 개인 회기와 부부 회기가 포함되었고, 이를 통해 환자들이 자신들의 치료 방향을 결정하는데 필요한 기본적인 자료가 제공될 수 있었다. 그들은 결국 가장 저렴하면서도 치료에서 두 사람 모두가 직접적으로 유익을 얻을 수 있는 방법을 선택하였다.

우리는 일반적으로 평가 과정에서 개인을 평가하고 나서 다른 배우자와 부부관계를 평가하는 방식을 따른다. 이때 우리는 문제의 환자를 평가함으로써 치료 기회의 상실을 피할 수도 있다. 다른 경우에 개인 평가는 실제로 개인 심리치료나 개인 분석으로 이어진다. 이때 함께 생활하는 배우자의 문제는 생략된다. 다른 한편, 좋은 부부치료가 배우자 개개인과 다른 가족들에게 긍정적인 효과를 가져다 주듯이, 좋은 개인치료는 가정의 다른 가족에게도 유익을 주는 경향이 있다. 평가면담을 수행할 때 우리는 최선의 치료 계획을 찾으려는 환자들의 욕구와 처지에 맞추어 추천할 수 있어야 한다고 믿고 있으며, 그것을 위해서 우리는 결과에 대해 마음을 열어 놓으려고 노력한다.

치료를 위한 적합성을 평가하기

휴와 리진은 그들의 관계를 저해하는 개인적인 감정 상태를 인식할 수 있었고, 기꺼이 자신들의 문제에 대해 작업하려고 하였고, 지적이고 정서적인 관련을 지을 수 있었으며, 이전의 단기치료에서 유익을 얻을 수 있었기 때문에, 개인치료나 부부치료 중 어느 것을 선택하더라도 각 개인이나 부부관계에 만족스러운 결과를 가져올 수 있을 것으로 기대되었다.

추천

치료자는 이들 부부에게 개인치료와 부부치료를 병행할 것을 권했고, 이들은 이러한 처방이 적절하다고 동의하였다. 그러나 그들은 치료비가 저렴한 클리닉으로 가기를 원치 않았기 때문에, 부부치료와 개인치료를 동시에 받는 것은 어려웠다. 그들은 치료에 대해 순차적으로 접근하기로 결정하였으며, 그들이 요구하는 치료비에 맞추어 치료를 제공할 수 있는 치료자와 부부치료를 시작하였다. 그 치료자는 최근에 세콤베 부부가 지난 해 동안 상당한 진전을 보였으며, 세콤베 부인은 이제 시간제 일을 하고 있고, 질 샤르프 박사와 개인치료를 다시 시작할 준비가 거의 되었다고 보고해 왔다.

제 3 부

단기치료

제 7 장

대상관계 단기치료

대상관계 이론을 단기치료에 적용하기

단기치료의 전통은 정신분석 초기까지 거슬러 올라간다. 프로이트의 초기 사례들 중 많은 사례가 단기 심리치료 사례였고 (Breuer and Freud, 1895), 그 이후에도 프로이트는 계속 짧은 기간 환자를 만나거나, 심지어 환자를 한 회기만 보기도 하였다 (Jones, 1955a). 프로이트는 자신의 휴가 때 시간을 내서 결혼생활에 어려움을 겪고 있던 구스타프 말러와 4시간 동안 상담을 하기도 하였다. 프로이트는 말러와 산책하면서 극히 짧은 정신분석 시간을 가졌다. 이 시간에 말러는 정신분석학 개념을 능숙하게 파악했고, 또한 자신의 문제를 꿰뚫어보는 통찰력을 보여주었다. 프로이트는 말러의 두 번에 걸친 통찰의 순간을 보고할 만한 가치가 있는 것이라고 생각했다(Jones, 1955a). 프로이트는 말러가 어머니를 좋아하는 것과 자신의 아내에게 붙여준 애칭 사이를 연결시켜 해석을 하였다. 이 위대한 작곡가는 자신의 음악 표현이 절정에 이르는 부분에서 통속적인 멜로디가 침입해 들어와 음악을 망치고 있었다. 그는 이 분석에서 그것이 어린 시절 그의 부모들 사이에서 벌어지는 잔혹한 모습을 보면서 격한 감정을 느꼈던 순간에 들려온 허디 거디(손잡이를 돌려서 소리를 내는 오르간의 일종—역자) 곡조에 대한 기억 때문이라는 통찰에 이르게 되었다. 프로이트는 말러의 그때-거기와 지금-거기의 경험을 연결하였고, 말러는 그 통찰을 자신의 상징적인 창조성의 영역과 연결하였다. 여기에서 이러한 사실들을 지금-여기와 관련짓는 변형적인 전이 해석에 대한 언급은 찾아볼 수 없지만, 프로이트의 역전이에 관한 언급은 찾아볼 수 있다: 프로이트는 예외적으로 자신의 휴가 때 말러에게 시간을 내주었고, 말러가 분석에 특별한 재능이 있음을 발견했다. 이러한 찬사를 보내는 프로이트의 역전이 반응은 지금-여기에서의 말러의 능력, 즉 프로이트로부터 배울 수 있고, 자신의 감정을 소통할 수 있으며, 잘할 수 있다고 느낄 수 있는 말러의 능력에 커다란 영향을 미쳤을 것이다. 존스의 보고에 의하면, 이 상담의 결과 말러는 아내와의 관계에서 성적 능력을 회복했다고 한다. 이러한 결과는 과거와 현재의 두 영역에 초점을 맞추고 그 영역들 사이를 관련지음으로써, 즉 전이-역전이를 지금-여기에서 재경험함으로써 가능했던 것으로 보인다. 물론 우리는 이 짧은 상담에서 말러가 가지고 있던 강박신경증 전체를 충분히 다루었거나, 그에게 있었을 수도 있는 동성애 문제를 자유롭게 표현했을 것이라고 기대하지는 않는다.

초기 대상관계 분석가들은 대상관계 이론을 다양한 심리치료 형태에 적용하였다. 윌프레드 비온은 집단치료에 적용하였고, 에니드 발린트와 헨리 딕스는 부부치료에, 로날드 페어베언은 치과진료에, 존 보울비와 도널드 위니캇은 소아 진료에, 마이클 발린트는 일차적인 돌봄의 의학에 적용하였다. 돌봄의 의학이란 가정의를 위한 접근방법을 말한다. 즉 가정의가 의사-환자 관계에 대해 관찰함으로써 환자의 존재 방식에 대한 통찰에 도달하고, 그 관계가 지닌 긍정적인 능력을 사용하여 변화와 치료를 가져오는 통찰을 받아들이도록 하는 방법이다. 국립 보건소 상담실에서 이러한 방법을 적용한 결과, 10분이라는 짧은 기간에도 상담의 효과가 극대화될 수 있음이 확인되었다. 위니캇은 국립 보건소의 바쁜 일정 속에서 어머니와 유아를 치료한 작업 내용을 기술하면서, 치료과정에서 종종 문제가 되는 것은 얼마나 많은 것을 행해야 하는가가 아니라 얼마나 적은 것을 행해야 하는지 알지 못하는 것이라고 했다. 위니캇은 한 회기에 상담을 끝낸 적이 많았다. 그리고 부모가 마음을 열어놓을 준비가 되어 있는 위기 상황일 때, 상담의 효과는 가장 컸다(Winnicott, 1971b).

대상관계 분석가 중에서 마이클 발린트가 처음으로 단기치료에 관심을 가졌고, 그의 접근 방법은 타비스탁 클리닉의 말란에 의해 더욱 발전되었다(Balint et. al., 1972; Malan, 1976). 알렉산더와 프렌치(1946)는 미국 단기치료의 선구자이다. 그들은 내적 대상관계에 기초를 둔 환자의 기대를 깨뜨리기 위해 교정적인 정서경험을 제공하는 것이 중요하며, 치료기간을 단축하기 위해 제한적으로 퇴행을 허용하는 것이 중요하다고 강조했다. 시프노스(Sifnoes, 1972), 만(Mann, 1973) 그리고 좀더 최근에는 대번루(Davanloo, 1980), 스트럽과 빈더(Strupp and Binder, 1984), 벗맨과 거맨(Budman and Gurman, 1988), 슈탓터(Stadter, 1996) 등이 일관성과 자체의 적용 범위를 지닌 합법적인 심리치료 형태로서 단기치료를 확립하는 흐름을 이어왔다. 우리는 이들의 노력에 힘입어 단기치료에서 치료관계가 갖는 역할, 갈등의 역동, 억압된 대상관계에 대한 이해를 넓혀 왔다. 말란, 대번루, 시프노스는 치료 대상을 매우 세심하게 선별해야 하며, 주로 오이디푸스 문제에 관해 분명하고, 분석적이고, 해석적인 초점을 맞추어야 한다고 강조하였고, 벗맨과 거맨은 융통성 있게 단기치료의 정의를 내림으로써 단기치료를 거의 모든 환자에게 적용할 수 있었다. 또한 그들이 말하는 단기치료는 치료기간이 1년에 달했기 때문에 전 오이디푸스 역동을 지닌 환자도 그 안에 포함시킬 수 있었다.

이들 현대 단기치료가들은 각각 다양한 기법적 요소들을 강조하고 있다. 만은 면담기간을 연장하지 말고 12회기 면담을 엄격하게 지키면서 부정적인 자아상이 지닌 파괴성에 초점을 맞추고, 분리, 상실, 죽음의 부인과 같은 명확한 문제에 집중하라고 권유하였다. 호로비쯔(Horowitz, 1991) 또한 만과 같이 12회기 면담을 제안하지만, 회기를 연장하는 것을 금하거나 분리와 상실에 초점을 두지는 않았다. 다른 한편으로 시프노스는 보통 12회기 정도의 치료기간을 갖지만, 분리나 상실에 초점을 맞추지는 않는다. 대번루와 마찬가지로 시프노스도 불안을 자극하는 기법을 사용하지만, 특별한 몇몇 환자들에게만 사용하며, 다른 환자들에게는 불안을 감소시키는 기법을 사용한다. 대번루(1991)와 블룸(Bloom, 1981)은 모두 무의식을 여는데 단기치료의 목적을 두었다. 대번루는 신경증을 완전히 뿌리뽑기 위해서 40회기까지 작업하였고, 블룸은 단일 회기만 작업하면서 계속해서 성숙할 수 있는 환자의 능력을 강조하였다. 말란과 대번루는 **개인의 삼각형**이라는 개념을 통하여 대상관계가 현재의 관계 안으로 침입해 들어오는 것에 대해 해석하였다. 스트럽과 빈더(1984)는 발린트처럼 치료관계를 중요한 치료요인으로 강조하였다. 그들에 따르면, 초기에 긍정적인 치료관계는 부정적인 전이를 해석해 주고 역전이에 주의를 기울임으로써 촉진될 수 있다.

반면, 파이퍼와 그의 동료들은 전이 해석과 치료 동맹의 특성과 같은 변인을 연구하였다. 그들은 치료 동맹이 약화될 경우, 너무 잦은 전이 해석은 치료결과에 부정적인 영향을 미친다는 사실을 발견하였다(Piper et. al., 1991a). 대상관계 질적 특성(Quality of Object Relations) 검사에서 높은 점수를 받은 사람들은 대체로 치료결과가 좋은 것으로 드러났는데, 이러한 검사 방법은 최근의 대인관계 기능 검사 방법들보다 치료 결과를 좀더 정확하게 예측할 수 있는 방법으로 평가되었다(Piper et. al., 1991a). 그들의 연구는 환자가 전이 작업에 들어가기 전에 신뢰에 기초를 둔 치료 동맹을 형성하고, 적합한 환자를 선별하는 것이 중요하다는 임상적인 관점을 지지해 준다.

단기치료에 대한 대상관계적 접근

우리는 이러한 정신분석학적 단기치료의 유산에 근거해서, 단기치료 작업방식을 기술하고 예시할 것이다. 이 작업방식은 대상관계 이론과 기법에 토대를 둔 단기치료 기법으로서, 치료관계를 형성하는데 있어서 역전이를 사용하고 해석하는데 중심을 두고 있다. 우리의 접근은 동료인 마이클 슈탓터의 접근과 많은 부분을 공유하고 있다. 슈탓터는 대상관계적 접근과 다른 이론에서 비롯된 단기치료 접근을 그의 책 대상관계 단기치료(Object Relation Brief Therapy, 1996)에서 종합하고 있다. 그는 장기치료의 중요성을 경시하지 않으면서, 선별된 사례에 대한 단기치료의 가치를 강조한다. 또한 그는 단기치료가 흔히 일련의 단기치료들로 이루어진 전체 치료과정 중 하나의 국면이라는 사실에 주목한다.

    대상관계 이론에서 나온 기법은 장기치료와 정신분석에 적용되는 것과 마찬가지로 단기치료에도 적용된다. 대상관계 단기치료에서도 치료의 틀을 형성하고, 적극적으로 경청하고, 대상관계 개인력을 수집하고, 역전이를 사용하여 전이에 관해 작업하는 기법과 원리가 핵심적으로 적용된다. 그러나 다른 한편 단기치료에서는 기법상의 중요한 변화도 시도된다. 즉 단기치료에서는 작업 영역을 확인하고, 제한된 목적을 수용하고, 초점 영역을 축소하며, 분리와 상실의 문제가 더욱 강조된다.

단기적 돌봄으로 가는 경향성

    현재 심리치료는 분명히 장기적인 돌봄이 필요한 사례들에 대해서 최소한의 심리치료를 제공하려는 보험회사 등으로부터 오는 압력을 받고 있다. 이러한 기관에서 나오는 출판물을 살펴보면, 단기치료가 더 나은 치료이고 장기치료는 대부분 치료자의 수입을 올리기 위한 과잉 돌봄이라는 주장이 담겨 있다. 이러한 기관에서는 약물만으로 대부분의 정신질환을 치료할 수 있으며, 심리치료가 필요 없다는 대중의 정서를 이용한다. 다행스럽게도 현재 소비자들은 심리치료가 다른 치료의 효과를 결정하는 중요한 변인이며, 그 이론적인 성향이 어떻든 간에, 장기적인 접근이 더 좋은 결과를 낳는다는 연구결과들을 알게 되었다(Consumer Reports, 1995). 단기치료에서는 평생 동안 지속된, 잘못된 애착 모델을 재구성하는데 필요한 시간이 충분하지 못하다

(Slade, 1996). 전통적으로 사람들은 심리치료나 정신분석을 증상의 제거 또는 복잡한 성격 문제나 정신질환을 탐색하는데 초점을 맞추는 치료작업으로 생각한다. 하지만 우리는 몇 회기에 걸친 면담에서 제한적이지만 현실적인 문제를 다루거나 단기간의 치료경험을 제공함으로써 심리치료와 정신분석에 대한 짧은 경험을 제공하는 것이 치료자와 환자 모두에게 바람직하다고 생각한다. 그러나 우리는 심층적인 치료가 가장 바람직하다고 생각하며, 치료비 절감을 내세운 대안적인 치료에 대한 비현실적인 기대에 동조하지 않는다. 우리는 환자들을 갈등으로부터 자유롭게 해주고, 그들이 자신들의 관계방식과 행동방식 그리고 심리치료나 정신분석을 선택하는데 있어서 자유로울 수 있도록 돕고자 한다.

경제논리에 따른 압력이 단기치료를 선호하는 정당한 이유일 수는 없다. 하지만 장기치료나 정신분석을 제안할 때조차 우리는 그러한 압력을 받는다. 치료가 제한받는 상황은 단지 이것만이 아니다. 어떤 정신건강 연구소에서는 치료의 종류를 제한하고, 일부 클리닉이나 고용인을 위한 보조 프로그램에서는 치료 횟수를 제한한다. 환자들 중에는 한 곳에 잠깐 살다가 곧 다른 도시로 이사해야 하는 사람들이 있는가 하면, 환자 스스로가 장기치료보다는 단기간의 만남을 선택하는 경우도 있다. 그들은 단기치료를 통해 자신들의 정서 안정을 유지하는데 필요한 최소한의 적응능력을 성취하기를 원함으로써 스스로 치료 목표를 제한한다.

이러한 모든 상황으로 인해 우리는 단기치료가 지닌 한계를 인정하면서도, 환자의 복잡한 상황과 우리의 이해 수준의 정교함을 정확하게 반영하는 단기치료 모델을 개발하게 되었다. 단기치료는 치료 기능을 최대화할 수 있으며, 어떤 사례의 경우에는 단기치료로도 충분할 것이다.

단기치료를 위한 선별

몇몇 사람들은 단기치료에 적합한 사람을 선별하기 위한 준거에 대해 논의하였다. 시프노스(1972, 1982)는 오이디푸스 발달 단계에 도달한 사람으로서 오이디푸스 갈등과 해소되지 않은 애도 반응에 초점을 맞추기로 합의한 환자들을 꼽았다. 호로비쯔(1991)는 스트레스 상황에 예민한 반응을 보이는 사람들을 선택하였다. 대번루(1991)는 꽤 긴 평가 과정에서 어느 정도 강한 자아를 지니고 있으며 직면을 수용하려는 의지를 보이는 환자들을 선택하였다. 그는 시프노스처럼 오이디푸스 갈등에 국한된 영역에 초점을 맞추려고 하였다. 슈탓터(1996)는 잘 발달된 초점, 심리학적 소양, 치료 동기와 같은 준거에 따라 선발하였다.

우리는 발달상의 위기와 외부에서 온 위기 상황에 있는, 비교적 치료 동기가 강한 환자에게 단기치료가 적합하다고 생각한다. 그것은 이러한 환자가 근저의 장애가 비교적 덜 심각하거나, 또는 문제가 성격 유형 안에 깊숙이 뿌리내리지 않은 경우이기 때문이다. 일차 진료소에서 의뢰된 환자들과 학생 정신건강 클리닉을 찾는 환자들, 고용자 보조 프로그램에서 만난 환자들 중 많은 수가 정신건강 분야의 다른 경로를 통해 심리치료를 찾는 환자들보다도 단기치료에 좀더 적합한 것으로 보인다.

대상관계 단기치료의 기법

우리는 주어진 조건 안에서 최선을 다하길 원한다. 우리는 정해진 시간 동안에 환자에게 최대한의 도움을 줄 수 있는 접근방법을 개발했다. 우리는 여기에 일정 기간 동안 평가하기, 치료 계획을 짜기, 의식적 및 무의식적 경청을 통하여 갈등을 이해하기, 해석하기와 같은 원리를 변함없이 적용한다. 만일 치료를 연장하는 것이 유익하다고 생각되면, 지금 단계에서 필요한 치료를 수행하면서 다음 작업에서 결실을 맺을 수 있다고 생각되는 영역에 대해 설명해 주고, 다음 단계의 치료계획을 세울 기회를 제공한다. 환자들은 단기치료를 통해 장기치료나 단기치료 씨리즈로 나아갈 수 있다.

단기치료에서 우리는 신속하게 치료 초점을 맞추어야 한다. 슈탓터(1996)의 모델은 (1) 증상과 (2) 기저의 역동이라는 두 가지에 초점을 맞춘다. 증상에만 초점을 맞추는 접근은 분석적이라기보다는 지지적인 것이며 그리 큰 변화를 가져오지 못할 것이다. 하지만 하나의 증상이 변화하면 결국 다른 영역의 자기 기능의 변화를 가져온다. 이러한 사실은 어떻게 해서 일부 단기치료가 장기적으로 성공을 거둘 수 있는지를 설명해 준다.

증상에 초점을 맞추기

단기치료는 중심적인 증상, 발달적 위기, 핵심적인 자기 패배적 자기 확신, 또는 반복되는 자기 파괴적 성격유형에 초점을 맞춘다(Schacht et. al., 1984). 초점 증상은 치료를 받으러 온 환자의 상황을 나타낸다. 치료자는 초점 증상에 대해 자신이 이해한 것을 환자가 공감할 수 있는 언어로 표현해 준다.

심리적 역동에 초점을 맞추기

우리는 사실상 단기치료 형태에서 첫 회기에 해당되는 평가기간 동안에 뿌리 깊은 갈등이나 내적 대상관계 상황을 가장 잘 나타내 주는 역동적 구조를 이해하려고 노력한다. 이러한 구조를 항상 즉각적으로 이해할 수 있는 것은 아니지만, 치료자는 환자의 심리적 역동을 잠정적이고 개략적으로나마 그려볼 수 있어야 한다. 그후 나머지 치료 회기에서는 역동적인 구조의 조직을 정교화하고, 증상과 역동적 이해를 관련짓는 작업을 한다.

지금-거기, 그때-여기

이것은 우리가 외부의 갈등이나 상황(지금-거기)과 내적인 상황(그때-여기 그리고 그것이 지금-여기에 미치는 영향)을 이해하고 해석하는 것을 의미한다. 게다가 모든 대상관계 치료작업에서처럼 우리는 환자의 상황을 이해하기 위해 전이와 역전이의 역할에 관심을 가지며, 지금-여기에서 일어난 전이-역전이에 기초해서 이해와 해석에 도달한다.

개인의 삼각형

영국의 말란(1963, 1976)과 그보다 약간 뒤에 미국의 대번루(1980)는 갈등의 삼각형(the triangle of conflict)과 개인의 삼각형(the triangle of the person)이라는 단기치료 환자를 이해하는 방식을 고안해내었다. 이 두 이미지는 환자의 문제에 대한 치료자의 사고를 조직화하고, 해석의 초점을 유지하기 위해 필요한 것이다. 욕동 이론에서 이끌어낸 개념인 갈등의 삼각형은 충동, 불안, 방어 사이의 관계를 추적한다. 반면에, 개인의 삼각형은 치료자를 향한 환자의 감정과 행동, 부모와 같은 과거의 중요한 인물에 대한 감정, 현재 또는 최근에 만난 다른 사람을 향한 감정들을 추적한다. 그런 다음 치료자는 해석을 구조화하는데 이러한 삼각형들을 사용한다. 대번루는 말란보다 좀더 강력하고, 도전적이고, 가차없는 해석적 태도를 견지한다. 반면에, 슈탓터(1996)는 현대 대상관계 이론과 자기 심리학의 사고 노선을 따라 현재와 과거의 자기 및 타자에 대한 태도를 해석하기 위해 환자가 자신을 어떻게 다루는지에 대한 평가를 첨가하였다. 이러한 해석은 개인의 삼각형에 제 4의 꼭지점으로서 "자기"를 첨가하고 있으며, 이로 인해 치료과정에 직접성이라는 새로운 차원이 도입되었다 (그림 7-1).

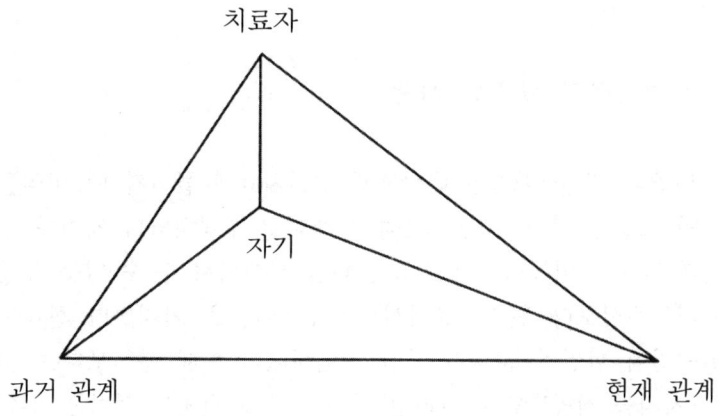

그림 7-1. 관계 안에 있는 자기에 대한 해석의 삼각형.
「대상관계 단기치료」에서 재인용. C. 마이클 슈탓터(1996).

과거와 현재의 외부 관계를 환자의 자기와 관련짓는 해석의 예를 들자면, 다음과 같다: 치료자는 "당신은 어머니가 그랬던 것처럼(그때-거기 관계) 아내가 당신을 지배할까봐 두려워서(자기경험) 지금 아내와 성적으로 거리를 유지하고 있습니다(지금-거기 관계)"라고 말할 수 있을 것이다. 치료자는 이 해석을 다음과 같이 전이와 관련지을 수 있을 것이다: "당신이 남편의 지배를 받는다고 느끼는 것처럼(지금-거기 관계) 나의 말에 지배되는 위험에 빠지게 될까봐(여기에서 자기가 느끼는 미래에 대한 두려움) 두려워하고 있습니다(지금-여기 관계)." 이러한 방식으로 두 개의 해석은 중심에 있는 자기를 통해 삼각형의 세 꼭지점과 연관된다. (부부의 성적인 표현이 대상관계 개인력, 전이 그리고 자기에 대한 태도와 관련되어 있는 단기치료에서, 개인의 삼각형의 사용법에 관한 세부적인 기술을 보려면 9장에 나오는 수잔의 사례를 참조하라.)

비역동적인 요소의 사용

벗맨과 거맨(1988)은 대상관계 단기치료에 들어갈 때, 비역동적인 요소를 사려 깊게 사용해야 한다고 주장하였다. 지지나 조언과 같은 비역동적인 요소들은 다음 사례에서 볼 수 있듯이, 장기치료에서보다 단기치료에서 더 큰 비중을 차지한다. 환자는 일주일에 한번씩 20회기 동안 작업하였다. 이때 분석보다는 주로 지지를 제공받았다. 그러한 지지를 통해 환자는 엄마-아기-남편 사이의 삼각관계의 발달과 어머니로서의 정체감을 해결하는 문제를 다룰 수 있었다.

트레이시는 야심에 찬 중역 간부의 아내이자 4세, 2세, 1세 된 세 자녀를 둔 어머니였다. 그러나 그녀는 우울했다. 그녀는 무얼 해야 할지 자신이 어떤 사람인지 모르겠다고 말했다. 그녀는 남편 론과 자주 싸웠으며, 성생활도 거의 하지 않았다. 두 사람은 이혼하기 직전이었지만, 어느 누구도 이혼하자는 말을 꺼내지 않았다. 왜냐하면 그들은 서로를 사랑하고 있었고 가정을 깨뜨리고 싶지 않았기 때문이다. 문제는 항상 트레이시의 기분이 좋지 않은데 있었다. 그녀는 자녀들과 지내면서 이런 기분을 하루종일 억누르고 있다가 남편이 돌아오면 남편에게 터뜨렸다.

론은 돈도 잘 벌고, 집안일도 잘 도와 주며, 아이들을 아주 좋아하는 훌륭한 남편이었다. 사업차 며칠 동안 지방으로 출장을 갈 때면, 그는 출장 중에도 아이들을 보러 집에 들렀다. 출장에서 돌아오면 그는 곧장 아이들과 어울렸다. 주말에는 트레이시가 자신만의 시간을 가질 수 있도록 두 아이들을 돌보아주기도 했다. 문제는 론이 자신의 일을 즐거워하고 가정에서 기쁨을 얻고 있지만, 그녀는 그렇지 못한데 있었다. 그는 저녁에도 여전히 활기가 넘쳤지만, 그녀는 완전히 지쳐 있었다. 그는 이야기할 거리가 많았지만, 그녀는 자신의 일상이 따분하기만 했다. 그녀는 한때 좋은 직업을 가지고 직장생활을 잘 해 나갔다. 그러나 이것은 그녀에게 그렇게 중요하지 않았기 때문에 그녀는 망설이지 않고 아이들과 집에서 보내기로 결정하였다. 그러나 그녀는 집안일이 쉽지 않다는 것을 알게 되었다. 또한 자신의 일상생활에서 남편에게 이야기할 만한 재미있는 이야깃거리를 찾지 못했다. 아기는 자주 감기에 걸렸고, 트레이시도 덩달아 자주 아팠다. 이 때문에 그녀의 자원은 더욱 고갈되었다. 그녀는 저녁에 집으로 돌아온 남편과 함께 저녁을 먹고 9시가 되면 잠자리에 들었다. 그러나 이때가 되면 성적인 친밀감을 나눌 여력이 거의 없었다. 비교적 성격이 안정되어 있던 론도 점차 좌절감을 느끼기 시작했으며, 그녀에게 불쑥 화를 내곤 하였다.

트레이시는 아이를 돌봐주는 사람과 일하는 사람에게 집안일을 맡겼고, 자기 아이들을 집으로 데리고 와서 함께 시간을 보내는 친구들이 많았기 때문에, 겉보기에 그녀의 생활은 그렇게 힘들어 보이지 않았다. 나는 트레이시에게 삶이 힘들게 느껴지는 한 가지 이유는 자녀를 돌보는 일이 남편과 공유되지 않기 때문이라고 말했다. 자녀를 돌보는 일은 그녀가 전적으로 담당하던가 아니면 남편이 전적으로 담당했다. 남편은 낮에 일을 마치고 와서 그녀의 일을 대신하였는데, 이것이 그녀 자신에 대한 가치감을 떨어뜨렸다. 그녀는 휴식시간을 갖게 된 것을 감사하기보다는 자신을 쓸모 없는 존재에 불과하다고 느꼈다. 그녀는 아이들이 론과 보내는 시간을 최고로 여기는데 대해 질투심을 느꼈다. 나는 론이 너무 자주 집을 떠나는 것에 대해 그녀가 얼마나 화가 났는지에 관해 물어보았다. 특히 가정의 수입이 출장이 잦은 남편에게 의존되어 있기 때문에, 그리고 그가 그녀의 욕구를 채워주기 위해 열심히 노력하고 있었기 때문에, 그녀가 그처럼 좋은 남편에게 화를 내기란 어려운 일이었다. 그녀는 자신이 너무나 많은 것을 잃어버리고 멍한 상태에 있다고 느끼고 있었다. 반면, 남편은 자신이 하고 있는 일에 몰두해 있고, 자신의 역할을 충실히 해내고 있으며, 자신에 대해 긍정적인 감정을 가지고 있었다. 그녀는 이러한 남편에게 질투심을 느꼈다.

그녀는 남편에 대한 원망과 관련해서 자신이 열심히 공부해서 우등상을 탄, 실제로 완벽한 동생을 "얼간이"라고 놀리며 경멸했던 일을 생각해냈다. 그녀도 동생만큼 똑똑했지만, 그와는 정반대로 나가고 싶었다. 그녀의 삶의 목표는 노력하지 않고도 멋지게 사는 것이었다. 젊은 엄마로서 그녀는 여전히 사람들 사이에서 똑똑하고 적극적이었지만, 유아원에 다니는 아이, 걸음마장이, 갓난아이를 돌보느라고 밤낮 없이 일해야만 하였다. 이것은 감당하기 힘든 일이었으며, 이로 인해 그녀는 고갈되고 낯선 곳에 있다고 느꼈다.

몇 회기가 지나지 않아서 트레이시는 남편에 대해 가지고 있는 시기심을 어린 시절에 동생에게 느꼈던 감정과 연관시킬 수 있었고, 자신의 일을 잘 해내고, 만족하게 삶을 꾸려 가는 남편에 대해 느끼는 그녀의 분노를 다룰 수 있었다. 그녀는 이 모든 것을 남편에게 말하였고, 그는 경청하였다. 그는 직장생활이라는 현실을 바꿀 수는 없었지만, 그녀가 화를 내거나 하루 종일 잠을 잘 때는 그녀에게 맞춰 주었다. 그녀는 남편이 출장 가 있는 저녁 시간에는 아이들을 맡기고 좀더 자주 친구들과 어울리는 시간을 가졌다. 결혼생활은 차츰 좋아졌고, 성생활이 회복되었으며, 그녀는 더 이상 우울한 기분에 빠지지 않았다. 그녀는 자신이 누구인지, 자신을 위해 무얼 해야 하는지에 관해 걱정하지 않게 되었다. 그녀는 몇 주 내에 치료를 종결할 것을 고려하였다.

트레이시는 그날 아기가 보인 행동을 자랑하는 것 외에는 할 이야기가 없다고 느끼고 있었고, 따라서 내가 자신을 만나는 것을 따분해 할 것이라고 생각했다. 사실, 보험회사에서는 그녀의 상담이 6회기만에 치료될 수 있다고 판단했다. 나는 그녀에게 내가 지루하기 때문에 치료를 종결하는 것이 아니라는 점과, 이 시점에서 치료를 종결할지는 그녀가 선택할 문제라는 점을 설명해 주었다. 그제서야 그녀의 주된 문제가 드

러나기 시작했다: 트레이시는 자신이 누구인가라는 문제에 관심을 가져주는 사람이 아무도 없으며, 다른 사람들은 엄마-아기 관계를 그렇게 중요하게 생각하지 않는다고 말했다. 그녀는 자신의 경험을 어떻게 받아들이고 평가해야 할지, 또한 남편이 즐거워할 수 있도록 자신의 경험을 어떻게 이야기해야 할지 알지 못했다. 내가 그녀에게 계속 나와 함께 그 문제를 풀어나가자고 말하자, 그녀는 울음을 터뜨렸다. 그녀의 어머니는 외국에서 살고 있었다. 그녀는 어머니와 전화로 자주 이야기를 나누고는 있었지만, 그녀와 마주 앉아서 아이들에 관해 이야기를 나누고 싶은 마음이 몹시 간절했다. 그녀는 어머니의 공백을 메우기 위해 나를 사용했다. 이것은 그녀에게 커다란 도움이 되었다. 하지만 그녀는 치료자를 그런 식으로 사용하는 것에 대해 죄책감을 느끼고 있었다. 나는 그녀가 심리치료를 정당하게 사용하고 있으며, 내 반영을 통해서 삶의 의미를 찾고 있다고 말했다. 몇 달 동안 주 1회의 개인치료를 받고 난 후에, 그녀는 어머니로서의 자신의 삶의 가치를 확신하게 되었고, 남편과 이야기를 나누면서 남편으로 하여금 자신의 어머니처럼 반영해 주는 역할을 하도록 허용했다. 그녀는 심리치료를 종결할 준비를 마쳤다.

환자는 어린 세 자녀와 일이 바쁜 남편으로 인해 지원을 거의 받지 못하는 젊은 어머니로서 스트레스를 겪고 있었다. 그녀의 우울증은 발달상의 위기에서 유래한 것이었다. 그녀의 초점 증상은 우울하고 사소한 일에도 화를 잘 내는 것이었다. 이 초점 증상에 대한 작업을 통해서, 그녀는 어머니와 동생에 대한 역동적인 감정에 초점을 맞추게 되었다. 그녀는 남편의 야망에 대해 분노를 느끼고 있었다. 이 분노는 동생에 대한 시기심에서 비롯된 것이었다. 그녀는 남편의 부재에 대해 증오를 느끼고 있었는데, 이 증오는 어머니에 대한 그리움 때문에 더욱 증폭되었다. 심리치료를 통해서 개인의 삼각형과 관련된 긴장이 완화되었지만, 트레이시는 그녀 자신의 자기를 직면하는 데까지는 나아가지 못했다. 그녀의 자기는 야망을 억제하는 일이나 자기와 미래에 대한 관점을 갖고 있지 못했다. 따라서 그녀는 부재한 어머니의 관계가 재연되는 초점 전이를 경험할 수 없었고, 그 대신 치료자를 좋은 엄마/할머니로 보면서 긍정적인 환경 전이를 유지하였다. 그녀를 위한 단기치료는 주로 아내와 어머니로서의 자신을 재발견할 수 있는 지지적인 환경을 제공하는 수준에서 행해졌다. 뜻하지 않게, 우리는 이 치료를 20회기로 연장할 것을 생각하게 되었다. 치료비가 들기는 하지만, 아이들을 그녀의 우울증으로부터 보호하고, 그녀의 자존감을 유지하며, 우울증의 재발을 막고 지지적인 결혼 관계를 확립하기 위해서는 치료에서 얻은 것들을 공고화할 수 있는 시간이 필요하다고 생각했다.

슈탓터(1996)는 인지 행동 치료나 최면의 요소가 역동적인 단기치료 접근과 모순되지 않는다고 생각한다. 그는 스트럽과 빈더(1984), 호로비쯔(1984)들이 인지치료 기법을 치료작업에 차용하고 있다는 점을 주목하였다. 우리는 상담에서 자녀 문제로 자문을 구하는 부모들에게 그들의 자녀들에 관해 간략하게 조언을 해준다. 우리 부부 중 한 사람(DES)은 개인과 부부 단기치료 접근에서 성치료 기법을 사용해왔다(D. Scharff, 1982; J. Scharff and D. Scharff, 1992). 이 기법에는 단계적인 성치료 훈련에 대한 처방, 성 행동과 반응에 관한 교육, 책읽기, 교육적 정보, 지지, 여타의 조언들이 포함된다. 역동적 치료에서는 탐색적이고 해석적인 치료방법을 주로 사용하면서, 이러한 보조적인 치료방법을 부가적으로 사용한다. 또한 이것들에 대해 환자가 보이는 어떤 반응이나 연상을 분석 작업을 위해 사용하기도 한다. 우리는 이러한 보조적인 기법을 사용하면서도 치료의 중심을 일반적인 역동적 치료양식에 둔다(D. Scharff, 1982; J. Scharff and D. Scharff, 1992).

단기치료의 사례

탐은 나이가 든 의학도였다. 그는 의대 학생 건강 클리닉에서 정신과 의사로 근무할 때 나(DES)를 찾아왔다. 그는 결혼 생활이 무미건조하다고 느꼈고, 저녁이면 술을 과도하게 많이 마셨다. 개인치료 시간에 나는 술에 빨리 취하는 그의 증상이 그의 메마른 정서적 삶에 따른 긴장을 완화시켜 주고 있다는 사실에 초점을 맞추었다. 그는 자신의 아내에게 흥미를 잃게 된데 대해 죄책감을 느끼고 있었다. 그리고 두 사람의 관계가 멀어진 일로 아내가 화를 내거나 우울해 하면, 그녀에게 더욱 거리감을 느꼈다. 그는 기꺼이 부부치료를 받겠다고 했다.

부부치료 회기를 시작하던 날, 그는 아내가 아이들에게 지나치게 몰두해 있고, 외모에 신경을 쓰지 않는다고 심하게 비난하였다. 그녀는 남편이 자신을 하찮게 여기는 것 같다고 응수했다. 그녀는 그가 자신에게 성적인 관심을 갖지 않는 것에 화가 나 있으며, 두 아들을 돌보는 일이 부담스럽다고 말했다. 그가 낮에는 하루 종일 학교에 가 있고 저녁에도 공부해야 했기 때문에, 그녀는 아이들을 돌보는 일을 떠맡을 수밖에 없었다. 게다가 최근에 시작된 일이지만, 그가 술을 마시면서 저녁 시간을 허송하는데 대해 분노를 느끼고 있었다. 아내의 말을 듣고 난 후, 탐은 자기주장을 내세울 수 없었고 그의 마음은 죄책감으로 가득 찼다.

탐은 치료자와 혼자서 면담을 갖기를 원했고, 그 면담에서 자신의 학급 동료와 정사를 나누었다고 털어놓았다. 그때 나는 갑자기 내가 그의 행동을 책망하고 있다고 느꼈다. 그것은 아마도 그가 이 사실을 처음부터 나에게 이야기하지 않았기 때문이었거나, 또는 그의 죄책감 섞인 어조 때문이었을 것이다. 나는 이러한 느낌이 그때-거기에서 일어난 사건에 대한 그의 죄책감과 관련이 있으며, 그 죄책감이 내게서 역전이를 일으킨 것임을 깨달았다. 나는 이러한 해석을 사용하여 그의 고통스러운 증상을 명료화해 주었다. 나는 그보다 앞서 죄책감을 느낀 적은 없었는지 물었다. 탐은 술 마시는 문제를 전에는 아내와 가족으로부터 회피하기 위한 것으로 이해했는데, 이제는 그가 십대에 경험한 비참한 환경과 관련시켜 이해할 수 있었다. 그는 알코올 중독자였던 아버지와 낚시를 갔던 일을 생생하게 기억해냈다. 한번은 술에 취한 아버지와 함께 배를 타고 나갔는데, 그때 탐은 아버지에게 술을 마셨다고 불평했다. 그러자 아버지는 그를 물 속으로 던져버렸다. 탐은 화가 난 채로 강기슭으로 헤엄쳐 나왔고, 곧장 집으로 와서 어머니에게 그 사실을 감춘 채 잠자리에 들었다. 그날 밤, 탐이 잠든 사이에 아버지는 숲 속에서 스스로 목숨을 끊었다. 탐은 자신이 아버지에게 화가 났었다는 사실은 인정했지만, 그 사건에 대해 어떤 감정도 느끼지 못하도록 감정을 차단해버렸다. 그는 아버지의 죽음이 어머니를 불행하게 했다는 생각과 관련된 죄책감을 느끼고 있었다. 어머니는 차츰 우울해지고 여위고 "메말라 갔다." 그는 자신이 침묵했기 때문에 아버지가 돌아가셨다는 생각에 사로잡혀 있었다.

그와 나는 이제 이러한 초기 사건을 현재의 문제와 관련시켰다. 나는 그의 이야기를 들으면서 동정심을 느꼈고, 그 동정심 때문에 그의 청소년 시절의 이야기와 현재 처한 딜레마를 연결시킬 수 있었다. 나는 그가 술을 마시고, 아내를 회피하며, 성생활이 뜸해진 것은 좀더 많은 시간과 열정을 공부에 쏟느라고 아내를 방치한데 따른 죄책감 때문임을 깨닫게 되었다. 그는 자신이 무의식적으로 아버지와 연합함으로써 자신을 죽이고 있고, 자신의 아내를 어머니처럼 고통 받게 만들고 있다는 사실과, 어머니를 위해 아버지를 살려내지 못한 자신을 징벌하고 있다는 사실을 깨달았다. 나는 가족내력을 고려할 때 가능하다면 술을 마시지 않는 게 좋겠다고 조언하였다. 그가 술을 마시지 않는다면, 결혼생활과 가족을 위해 더 좋은 선택을 할 수 있을 것이라고 말했다. 그는 술을 완전히 끊었고, 혼외정사를 그만두었으며, 가족에게로 돌아가서 문제를 해결하기로 마음먹었다. 그는 총 다섯 회기만에 치료를 종결하였다.

연속적인 단기치료

종종 단기치료를 마친 환자가 우리에게 또다른 도움을 요청하곤 한다. 또다른 종류의 치료를 요청하기도 하고 장기치료를 요청하기도 한다. 데이빗 샤르프는 1980년대에 사관학교의 학생정신건강 클리닉에서 의대생들과 그 가족들을 위해 단기치료를 실시한 적이 있다. 그들은 치료비 없이도 장기치료를 받을 수 있었지만, 주로 단기치료를 선호했고, 이러한 단기치료만으로도 지속적인 발달을 유지할 수 있을 정도로 충분히 치료가 되었다. 학생들 중에는 위기 상황을 전후해서 서너 차례 치료면담을 하고 나서, 몇 년 후에 다시 찾아오는 학생들도 있었다. 이를테면 결혼해서 결혼생활에 적응하는 문제를 가지고 와서 도움을 구하는 경우도 있었고, 남편의 바쁜 근무 스케줄에 적응하는 문제나 아기가 잠을 잘 자지 않는 문제로 도움을 구하러 온 경우도 있었다. 그들 중 대부분은 몇 회기 치료를 받고 정상적인 삶으로 돌아갈 수 있었다. 부부치료나 가족치료는 한 번의 단기치료로 끝나는 경우도 있지만, 이어서 개인치료가 필요한 때도 있었다. 혹은 개인치료와 부부치료를 함께 해야 하는 경우도 있었다. 슈탓터(1996)는 수년 동안 환자들과 연속적인 단기치료를 실시하는 것을 통해서 아주 좋은 결과를 얻었다고 보고하고 있다.

탐은 4년 후에 나를 다시 찾았고, 당시 나는 사설 치료소를 운영하고 있었다. 그는 내가 조언한 대로 그후 전혀 술을 마시지 않았다. 일단 그의 아내가 술 마시는 문제로 그에게 화를 내지 않게 되자, 그는 그녀와 다시 친밀한 관계를 회복할 수 있었다. 그는 그녀를 잘 대해 주지 못한 것에 대해 죄책감을 느끼지 않아도 되었지만, 그녀를 충분히 사랑할 수 없다는 것을 발견했다. 또한 밤낮 없이 일해야 하는 하급 군의관의 아내로서 외롭게 살아가는 아내가 자신의 삶에 만족하지 못하고 있다는 사실을 알게 되었다. 이들 부부는 이러한 상황을 변화시키지 못하고 별거를 하다가 단기치료를 마친 그 해에 서로 헤어졌다. 그리고 지금은 매우 독립적인 여성과 재혼하여 행복하게 살고 있었다(그가 혼외정사를 가졌던 학급 동료는 아니었다).

탐은 이번에는 자녀와의 관계를 개선해 보고 싶었다. 그에게는 첫 번째 결혼에서 얻은 십대 아들 둘과 두 번째 결혼에서 얻은 어린 딸이 하나 있었다. 그는 딸과 사이가 좋았지만, 나이가 든 두 아들과는 문제가 많았다. 우리는 또다시 그의 부모와 경험했던 그때-거기의 상황이 지금-거기의 상황에 영향을 미치고 있음을 알 수 있었고, 그것에 대해 작업할 수 있었다. 아이들이 예전에 그 자신이 아버지에게 대들었던 나이가 되면서, 그가 자신의 아버지에게서 경험했던 외상이 다시 표면에 떠오르게 되었다. 그는 알코올 중독자인 아버지에 대해 분노했던 것처럼, 자신의 아들들이 자신에 대해 분노하고 있을 것이라고 걱정했다. 그는 두 번째 결혼이 첫 번째 결혼처럼 실패로 끝나지 않게 하기 위해서 그리고 어머니와 첫 번째 아내에 대해 느꼈던 자신의 죄책감을 다시 경험하지 않기 위해서 노력했으며, 그 결과 두 번째 부인과 자녀에 비해 전처 소생의 아들들을 방치했다고 생각했다.

나는 이때 역전이를 통해 탐의 감정에 반응하면서 그의 안타까움과 상실감을 느낄 수 있었다. 나는 그에게 첫 번째 결혼생활을 그만두면서 느꼈던 상실감에 관해 이야기해 달라고 했다. 그는 다시금 위축되기는 하였지만, 좋은 여인이었던 첫 번째 아내를 상실한 것(그가 깨달은 바로는, 자신이 방치했기 때문이었다)을 어머니가 생기를 잃어버린 것(그가 깨달은 바로는, 남편에게 화가 난 결과라기보다 애착되어 있는 그녀의 특성 때문이었다)과 연관시킬 수 있었다. 그는 아들들과 솔직하게 이야기를 나누었고, 어떻게 해야 좋은 아버지가 되는지 자신이 없다고 그들에게 말했다. 그는 좋은 관계를 형성하기 위해서 아이들에게 도와달라고 했고, 좀더 관심을 가지고 그들을 돌보겠다고 약속하였다. 그는 세 번의 치료 면담을 통해서 그가 원하는 바를 할 수 있다고 느끼게 되었고, 필요하면 다시 전화를 하겠다는 말을 남기고 헤어졌다.

탐은 대상에게 상처를 입혔다는데 대한 죄책감을 넘어서 대상의 상실을 경험하고 대상의 한계를 수용할 수 있는 단계로 나아갈 수 있었다. 그는 자기를 돌아보고, 자신을 위해 좋은 것을 선택할 수 있었고, 온전하지 않은 가정환경으로 인해 상처 입은 자녀들과의 관계를 회복할 수 있었다. 물론 집중치료에 비하면, 이 치료는 매우 불완전한 것이다. 그는 자신 안에 있는 아버지에 대한 오이디푸스적 경쟁심과 살인적 감정을 인식하거나 다루지 못했다. 그는 아버지의 죽음을 자기 탓으로 돌리는 깊은 죄책감을 극복해내지 못한 상태에 머물러 있다. 그는 어머니에게 전적으로 의존되어 있던 시기에 어머니가 너무 우울해서 그에게 반응해 줄 수 없었을 때 경험했던 좌절경험을 다루지 않았다. 그는 전이를 통해 드러나는 내적 대상에 대해 작업하지 않았다. 그러나 그는 보트를 엎어버린 아버지와는 달리, 치료자를 자신의 곤경을 직면할 수 있도록 조언해 주고, 자신의 증상과 현재 및 과거 사건들의 관계를 연결시킬 수 있도록 도와 주는 부성적인 인물로 사용하였다. 세 번의 회기로 이루어진 두 번째 단기치료에서 탐은 첫 번째 단기치료에서 배운 것을 회상해내고 사용하였다. 특히 치료자와의 사이에서 발달된 신뢰 관계라는 이점을 살릴 수 있었다. 이 두 차례의 연속적인 단기치료는 탐이 좀더 치료를 받아야 했던 것이 아닌가라는 아쉬움이 남긴 했지만, 우리는 이 두 연속적인 단기치료가 탐에게 아주 큰 도움이 되었다고 생각했다. 그는 몇 년 후에 크리스마스 카드를 보내왔는데, 청소년이 된 아들들과 좋은 관계를 유지하고 있으며, 어린 딸이 십대로 성장하는 것을 두려움 없이 기대할 수 있게 되었다고 적고 있었다.

우리는 다음 두 장에서 두 여성에 대한 단기치료 사례를 제시할 것이다. 한 여성은 사전에 분석치료를 받았으며, 이를 토대로 단기치료를 받았다. 그런가 하면 다른 여성은 이전의 지지적인 상담의 만족스럽지 못한 결과로 인해 치료에 대해 부정적인 태도를 갖고 있었다. 이들 사례는 회기를 거듭하면서 나타나는 치료관계의 발달, 전이에 대한 해석, 역전이의 사용, 꿈과 환상에 대한 해석, 단기치료의 한계들을 보여준다.

추후 조사

우리는 트레이시와 탐, 아델레(8장 참조), 수잔(9장 참조)에게 그랬던 것처럼 보통 단기치료를 마치면서 앞으로 우리가 필요하면 전화하라고 말한다. 탐과 아델레는 전화를 했으나 트레이시와 수잔은 전화를 하지 않았다. 때때로 추후 면담은 환자에게 좀더 치료가 필요한 경우 추후 치료를 요청할 수 있는 기회이지만, 그와 동시에 흔히 작업의 어떤 측면들을 강화하거나 치료 종결에 관한 결정을 확인하기 위해 갖는다. 그리고 나서 어떤 사람은 매달 주기적으로 접촉을 유지하거나, 탐이 그랬던 것처럼 1년이나 그 후에 소식을 주기도 한다. 이러한 사례에서 점차 약화되는 치료자와의 관계는 환자로 하여금 얻은 소득을 확인하고 견고하게 할 수 있는 수단을 제공한다. 치료자를 사용하고 그런 뒤에는 떠나보내야 한다는 원칙은 단기치료에서도 똑같은 타당성을 갖는다.

제 8 장
장기치료 후 연속적인 단기치료

　　정신분석학적 심리치료를 받은 적이 있는 환자나 내담자는 이 치료를 처음 받는 사람보다 전이 해석을 좀더 쉽게 받아들인다. 분석적인 작업방식을 알고 있다는 이점 때문에 이들과의 치료는 단기치료에서도 깊은 수준의 작업이 가능하다.

　　아델레는 20세에 2년간 치료를 받은 적이 있는 여성이었다. 당시 그녀는 남편감으로 생각했던 남자들에게서 장점보다는 단점만을 보았기 때문에 아무와도 결혼할 수 없었다. 아델레는 항상 한 가정의 헌신적인 딸로서 특히 아버지에게 애착되어 있었고, 아버지는 거의 단점을 보이지 않는 사람이었다. 한편 어머니는 자신의 방식대로 모든 일이 되어 가기를 원하는, 요구 많고 비판적인 사람이었다. 어머니가 죽기 전 아델레는 남자 치료자와의 치료작업을 통해서 부모에 대한 이상화와 평가절하의 문제를 해결하였다. 그리고 나서 그녀는 사랑하는 남자를 찾았다. 그녀는 에드라는 이름의 나이가 지굿한 이혼남을 택했다. 에드는 십대 자녀를 두고 있었고, 그녀가 애정을 전이할 수 있는 가정을 이미 가지고 있었다. 에드 역시 아델레의 여성주의적인 관점을 인정해 주고 그녀가 일에 몰두할 수 있도록 적극적으로 지지해 주었다. 그러면서도 그는 그녀가 편안하게 쉬면서 즐기는 시간과 가족을 위한 시간을 더 많이 내도록 격려하였다.

아델레는 삼십대에 들어서면서 나(JSS)에게 1년 동안 치료를 받았다. 그녀는 일과 쾌락 사이에서 갈등하고 있다는 에드의 평가를 인정하였다. 아델레는 에드와 친밀한 성생활을 즐기고 집안을 꾸미고 요리하는 것을 좋아했지만, 일이 남아있으면 그 일을 끝낼 때까지 퇴근하지 못하는 문제를 갖고 있었다. 그녀는 회사의 간부로서, 매번 근무 시간 외에 조금씩 시간을 내서 문제가 있는 직원의 말을 들어주곤 했다. 그녀는 일을 마다하지 않고 기꺼이 맡아서 완벽하게 처리하곤 했다. 일은 그녀 삶의 전부였고, 그녀가 존재하는 유일한 이유였다. 이런 그녀에게 새로운 가족은 갈등을 가져다 주었다. 아델레는 헌신적인 이모로서, 조카들에게 선물을 사 주는 것을 좋아했다. 그녀는 사랑 많은 계모로서 아이들과 집에서 함께 사는 것을 환영했다. 치료에서 아델레의 갈등은 그녀의 모성적 갈망과 관련된 것이라는 점이 드러났다. 그녀가 뜻밖에 에드의 아이를 갖고 싶다고 했을 때 에드는 그녀를 지지하면서 불임검사를 받았다. 그리고 그녀가 임신에만 전념할 수 있도록 직장을 그만두도록 도와 주었다. 아델레는 갈등이 해소되자 치료를 종결하였다. 이러한 노력에 대한 보상으로 이 부부는 2년 후에 귀여운 사내아이를 낳았다.

아델레가 나를 다시 찾아왔을 때 그녀는 사십대 중반에 들어섰고, 네 살난 아이의 엄마였다. 그녀는 자신의 선택에 행복해 했다. 그녀는 스트레스가 많았던 직장을 벗어난 게 좋았고, 어머니이자 가정 주부로서의 생활을 즐기고 있었다. 하지만 지난 몇 년 동안은 스트레스가 많았다. 그녀의 아버지는 끔찍한 병을 앓다가 돌아가셨고, 얼마 안 있어 계모마저 갑자기 돌아가셨다. 전처의 두 아들 중 동생이 집을 나갔고, 에드가 다니던 회사가 다른 지역으로 이전하는 바람에 그곳에 새집을 사고 이사했는데, 회사는 2년만에 망했고, 에드는 직장을 잃었다. 그들은 기껏 장만한 새집을 떠나야 한다는 게 실망스러웠지만, 동부 해안에 살고 있던 가족들과 다시 만날 수 있게 된 것을 위안 삼으면서 집으로 돌아왔다. 에드는 아주 좋은 일자리를 찾았다. 그러나 그 일은 생각했던 것보다 출장이 잦았다.

그러면서 아델레는 어머니로서의 역할로 인해 갈등에 빠졌다. 그녀는 합리적이고 사랑 많은 어머니가 되고 싶었으나 자신의 어머니처럼 충동적으로 분노를 터뜨리는 자신을 발견하였다. 그녀는 지난 1년 반 동안 공격적이고 에너지가 넘치는 남자아이인, 노아에게 자주 이성을 잃고 화를 내곤 했다. 텔레비전 시청을 주의 깊게 통제했음에도 불구하고, 노아는 지나치게 "무기 장난감을 좋아했다." 그는 고스트 버스터라는 영화를 보고 나서 무서운 해골들과 유령들을 없애 버리기 위해 마술적인 무기를 갖고 싶다고 이야기했다. 이에 대해 아델레는 노아가 발달과정에서 두려움을 방어하려는 남성적인 욕구를 보이는 것이 아니라 공격성에 강박적으로 사로잡혀 있는 모습을 보이는 것이라고 생각하였다. 가족 상담 결과 노아가 가지고 있던 두려움은 그 또래 아이들이 모두 겪는 것이었다. 그러나 그것은 노아에 대한 그녀의 두려움 섞인 분노 행동에 의해 자극되고 증폭된 것임이 곧 밝혀졌다.

아델레는 경쟁사회인 직장에서도 자신의 공격성을 충분히 경험하지 못하였다. 아마도 그녀는 공격성을 승화시킬 수 있는 많은 경로들이 있었을 것이다. 그녀는 자신의 공격성을 자기 주장성으로 변화시켰고, 직원들을 배려하고, 과도하게 일에 매달리고, 완벽을 추구하는 일에 사용하였다. 이제 타고난 공격성을 지닌 이 아이는 새로운 문제를 일으키기 시작하였다. 그녀는 과거에 직장에서 자신의 공격성을 잘 방어했지만, 이제 4세 짜리 남자아이 앞에서 그녀의 방어는 여지없이 무너져 내렸다.

"그 순간 제가 진짜 환자가 된다니까요." 아델레가 설명했다. "그땐 갑자기 이성을 잃어버려요. 버럭 소리를 지르면서 볼기를 때리지요. 자신의 잘못을 조용히 생각해 보게 하는 방법인 타임 아웃도 노아에겐 먹혀들지 않아요. 그 아이는 타임 아웃을 싫어해요. 위층에 혼자 있는 걸 두려워합니다. 그래서 야단을 치고 매를 들게 되지요. 저는 꼭 제 어머니 같이 소리를 지르는데, 그게 싫어요. 어머니는 평생 직장에 나가셨고 집에 있는 걸 좋아하지 않았죠. 자주 소리를 질렀고 월경이 있을 때에는 특히 심했어요. 늘 매를 들곤 하셨지요. 심지어 물건을 집어던질 때도 있었습니다. 제가 그렇게까지 하지 않는 게 감사하지만, 다른 행동도 하지 않았으면 해요. 에드가 집에 있을 때는 좀 나아집니다. 그가 집에 있으면 화를 내지 않아요. 하지만 그는 출장을 자주 가기 때문에 도움이 안 될 때가 많아요. 이 문제를 다룰 수 있는 방법을 배우고 싶어요. 그렇다고 2년을 더 치료를 받고 싶지는 않아요. 이 문제로 그렇게 시간을 오래 끌 순 없습니다. 이 자리에서 시간을 정하는 게 좋겠습니다. 노아가 나이를 더 먹기 전에 이런 행동을 그만두었으면 하거든요."

아델레는 이미 바람직한 자녀 양육법에 관해서 알고 있었지만, 그 방법을 사용하는데 대한 두려움을 극복할 시간을 갖지 못했다. 그 대신 그녀는 자신도 싫어하는 어머니의 양육방법을 따라 행동했다. 나는 아델레에게 그녀 어머니와의 동일시 문제에 관해 철저하게 탐색할 수 있도록 분석 받는 걸 생각해 보라고 권했다. 하지만 그녀는 자신을 변화시키기 위해 그 정도까지 투자하는 것은 원치 않았다. 이전에 치료받은 적이 있고 치료기간이 길어지는 것을 원치 않았기 때문에 단기치료를 하자고 제안하였다. 우리는 6회기만 만나기로 하였다.

나는 아델레와 작업하는 게 좋았다. 나는 그녀가 자발적이고 열성적인, 전문직 여성으로서, 아내로서, 환자로서 그리고 어머니로서 자신이 맡은 역할에 최선을 다하는 모습이 좋았다. 나 역시 어린아이의 친어머니이자 좀더 큰 아이들의 계모였기 때문에, 속썩이는 어린아이를 잘 다루지 못하는데서 느끼는 그녀의 좌절감을 충분히 공감할 수 있었다. 나는 이러한 새로운 발달단계에서 그녀의 모성성에 관해 그녀와 깊이 작업할 수 없다는 게 아쉬웠지만, 단기치료 기간과 이전의 치료 경험을 사용한다면, 제한된 목표를 성취할 수 있을 거라고 낙관하였다.

나는 그녀에게 치료 목표에 대해 좀더 구체적으로 생각해 보라고 했고, 다음 회기에는 그 윤곽을 잡을 것이라고 말했다.

단기치료를 시작하면서 질 샤르프 박사는 아델레의 요구를 받아들여야 했다. 그녀는 자신의 방식대로 치료를 이끌어 가거나 아델레를 비난하지 않고, 장기치료를 할 수 없음을 받아들였다. 단기치료에서 치료자는 흔히 환자의 내적 대상관계를 반영하는 기회를 놓친 데 대한 상실감을 느낀다.

첫 번째 회기

아델레는 어떤 뚜렷한 목표를 염두에 두고 있는 것 같지 않았다. 그녀는 첫 회기를 시작하면서 내가 끼고 있던 비싸지는 않지만, 크고, 매끄럽고, 짙은 파란색 옥이 박힌 은반지가 아름답다고 말했다.

"반지가 참 예쁘네요!" 그녀가 말문을 열었다. "이렇게 멋질 수가. 제가 딱 좋아하는 타입이네요. 제 생일 선물로 이런 걸 골라야겠어요." 그리고는 잠깐 침묵했다.

나는 그녀의 찬사가 과장되어 있다고 느꼈고, 조금은 당혹스러웠다. 나는 아델레가 내 반지를 어디서 샀는지 말해 주기를 기다린다고 생각했다. 나는 어머니나 다름없는, 돌아가신 할머니가 졸업선물로 준 팔찌와 맞추기 위해서 이 반지를 샀다. 나는 이 반지와 관련해서 그녀의 내면에서 어떤 느낌이 일어났는지에 관해 물어 보았다.

"저는 은제품을 좋아해요." 그녀가 말했다. "그 반지를 보니 2년 동안 와이오밍에서 살았던 일이 생각나는군요. 거기에는 제가 사고 싶은 아름다운 인디언 공예품들이 많이 있었어요. 제 피부엔 은색이 더 잘 어울리는 것 같아요. 당시에 직장에 다니는 언니는 사고 싶은 건 뭐든지 샀지요. 저도 그럴 수 있었어요. 저는 값만 싸다면 좀더 넉넉히 물건을 사려고 했지요. 좋은 물건을 싸게 사고 싶었는데, 좋은 물건은 싸게

팔지 않더라구요. 큰언니가 사라고 해서 터키옥이 박힌 은팔지를 하나 산 적이 있는데, 제 돈이 아닌 에드의 돈으로 샀지요. 에드는 제가 그 돈을 써도 된다고 허락했고, 또 그것이 와이오밍을 떠나는데 대한 기념선물이라고 했거든요.

"하지만 당신이 낀 반지는 정말 독특하군요. 고풍스럽고, 당신의 눈빛과도 같고 블라우스 색과도 같아요. 아주 잘 어울리는데요."

그녀는 이렇게 아름다움을 음미하면서 옥과 나의 눈과 블라우스를 하나로 연결하는 원을 어루만지고 싶다는 듯이 오른손을 내밀었다. 나는 그녀가 무의식적으로 젖가슴을 애무하고 있다고 느꼈지만, 그녀의 사랑이 당혹스럽지는 않았다. 나는 그녀가 둥글고 관능적인 옥과 접촉감이 좋은 은반지를 만지면서 젖가슴의 형태와 표면을 만지고 있다고 생각하였다. 반지는 실제로 젖가슴 같이 보이지 않았기 때문에 나는 젖가슴에 대한 관심이 의식으로 떠오르도록 자극을 주어야 했다. 나는 그녀가 반지에 대해 열광적인 태도를 보일 때, 이러한 생각이 들었다고 그녀에게 말했다.

"오!" 그녀가 뒤로 물러서면서 소리쳤다. "제가 아기가 되고 싶어하는 걸까요? 젖을 주거나 젖을 먹고 싶어하는 걸까요?"

"당신은 노아에게, 직장생활을 할 때는 직원들에게, 그리고 아마도 지금 나에게도 젖을 먹이고 싶어합니다. 아마도 이 말이 의미하는 것은 당신 자신의 욕구에 대해서 이야기해야 할 때가 되었다는 것일 겁니다." 내가 제안하였다.

"전 어린아이처럼 인정받는 걸 좋아해요." 그녀가 대답했다. "직장에서는 늘 '개인적인 문제가 아니다'라고 말하지만, 저는 개인적이길 원해요. 누구든 저를 좋아해야만 하고요. 저는 모든 것을 개인적인 것으로 만듭니다. 직장에서는 가족적인 유대감을 기대합니다. 저는 이전에 선생님께 치료를 받으면서 가족에 대한 감정을 직장에 전이시키고 있음을 알게 되었습니다. 지금 여기서 젖을 먹고 싶다는 욕망을 반지에 전이시키고 있다니, 놀라운 일이네요."

이번에는 내가 이것을 개인적인 것으로 만들 차례였다. 결국 그녀가 매력적이라고 느낀 건 나의 반지였으니까.

"이번 치료를 시작하면서 당신이 처음 던진 말은 내 반지를 칭찬하는 말이었습니다." 내가 말했다. "당신은 이런 식으로 치료를 좀더 개인적인 것으로 만들었습니다. 이것은 다른 사람과 관계를 맺고 일을 시작하는 당신의 특징적인 방식이지요."

"제가 전에 만나던 첫 번째 의사와도 좀더 개인적인 관계를 맺으려고 했습니다." 그녀는 나의 말에 수긍했다. "그분은 그렇게 할 수 없다고 단도직입적으로 말하더군요. 그분은 단지 거기에 있으면서 공감해 주지도 않았고, 저와 함께 있어 주지도 않았습니다. 저는 정말 화가 많이 났지만, 그분이 그런 방식으로 있는 게 중요했습니다. 저는 거기서 아주 많은 것을 얻을 수 있었습니다. 언니는 치료자와 좀더 개인적인 관계를 가졌습니다. 언니는 치료자에게 홀딱 반했더군요. 하지만 저는 제 발목을 잡지 않을 누군가가 필요했습니다. 전 그 치료자와 좀더 친해지려고 정말 많이 노력했습니다."

"지금도 나와 좀더 가까운 관계를 맺으려고 노력하는 건가요?" 내가 물었다.

"그렇기도 하고 그렇지 않기도 합니다." 그녀가 대답했다. "저는 도움을 주는 사람에게 너무 친절해집니다. 우리는 환자-치료자 관계를 맺는 것이 필요할 겁니다. 왜냐하면 그것이 저에게 유익하기 때문이지요. 그러나 사실 저는 그것을 좋아하지는 않아요."

"당신의 문제에 접근하는데 친근감이 어떤 도움이 될까요?" 내가 물었다.

"선생님은 괜찮다고 느껴지네요." 그녀가 대답했다. "선생님이 친근하게 느껴지지 않는다면, 다 틀린 거죠. 선생님께서는 저를 어떻게 느끼시는지 모르겠어요. 선생님과 함께 있는 게 걱정되네요."

"이것이 아들과 관련된 좌절감과 불안을 다루기 위해 여섯 회기만 상담하기로 결정한 것과 어떤 관련이 있을까요? 당신이 정말로 원하는 것은 당신 자신에게 젖을 주는 것이 아닌가요?"

"아뇨." 그녀는 나에게 다음과 같은 사실을 상기시켰다. "선생님은 평상시에 하듯이 해주세요. 저는 제가 원하는 대로 작업에 임할 거예요. 선생님은 제가 하는 말 중에 적절한 것에만 반응해 주세요. 선생님은 거기에 있고, 저는 여기에 있는 게 좋겠습니다."

"좋습니다." 내가 말했다. "여섯 회기만 치료를 받자는 약속은 당신이 원하는 팔찌와 같다고 볼 수 있겠군요. 당신이 원하는 바로 그 소품은 아니지만 그것은 그 자체로 특별한 것이지요. 당신은 이러한 특별한 시간을 가지면서, 자신의 욕구를 탐색하고, 원하는 방식대로 돌봄을 받으면서 자신에게 너그럽게 대할 수 있습니다." 문제의 초점으로 돌아가기 위해 내가 말했다. "먼저 당신의 목표를 정해야겠군요."

아델레는 그것을 정확하게 알고 있었고, 거침없이 이야기 하였다:

"내 시간을 갖기."
"좀더 평온한 마음을 갖기."
"압박감을 느끼고 서두르지 않기."
"노아를 때리지 않기."
"노아에게 고함치지 않기."
"일을 마치는데 급급해 하지 않고 일을 미룰 수 있게 되기."
"나와 노아를 위해 써야 할 시간을 일을 하는데 사용하지 않기."
"우선 순위를 제대로 정하기."
"됐습니다." 그녀가 말을 맺었다. "나가야 할 방향과 윤곽을 잡았습니다. 치료를 시작하게 되어서 기쁩니다."

여기에 제시한 단기치료의 첫 회기에서 치료자는 언뜻 보기에 대수롭지 않은, 반지에 대한 이야기를 환자 자신의 환경 전이로 재빨리 전환시켰다. 이렇게 함으로써 치료자와 환자는 환자의 마음속에 있는 갈망과 치료자의 역전이 속에 있는 상실감을 그들 사이에 있는 중간 공간에서 생각할 수 있고 이야기할 수 있는 자료로 바꾸었다. 따라서 그때-거기의 자료는(과거에 환자가 팔찌에 대해 가지고 있던 소망) 지금-여기에서 일어난 전이-역전이 교류(치료자의 반지에 대한 사랑)와 연결되었고, 실제의 또는 희망하는 치료관계의 질에 대해서와 아델레의 어머니로서의 역할과 관련된 초점 증상에 대해 작업할 수 있게 되었다. 어머니 역할에서 자기와 대상을 다루는 일과 관련된 아델레의 초점 증상은 시기심을 느끼고 있음에도 불구하고 이상화된 젖가슴에 대한 제한된 접근을 받아들이는 것과 관련되어 있다. 그 이상화된 젖가슴은 언니와 남편에게 속해 있다고 믿고 있었다. 이 회기에서는 이러한 설명의 일부밖에 직접적으로 이야기할 수 없었다. 다른 측면들은 침묵 속에 남겨져야 했다. 다른 측면들이 여전히 존재하고 있었지만, 다음 회기까지는 의식 수준에서 다룰 수 없었다.

두 번째 회기

아델레는 전화해서 그녀와 노아가 아프기 때문에 두 회기를 취소해야 하겠으며, 총 여섯 회기를 할 수 있도록 이전에 약속한 여섯 회기 뒤에 두 회기를 더 연장해달라고 요청했다. 그녀와 약속한 시간은 여섯 시간뿐이었으며, 따라서 나는 그녀의 요구를 받아들였고 취소한 회기에 대해서는 치료비를 청구하지 않았다.

그녀는 상담을 시작하면서 다음과 같이 말했다. "저는 항상 결정을 내렸다가는 행동으로 옮기지 못하고 번복하곤 합니다. 전등을 사려고 나왔다가 다른 물건을 사기로 결정합니다. 그러다가 다른 곳도 돌아보아야 하지 않을까 하고 생각합니다. 돌아다니다가 또다른 물건을 발견하지만 결국 그것을 사지는 못합니다. 저는 실내장식에 관한 온갖 정보를 수집해 놓고도, 어떤 게 좋을지 결정하지 못합니다. 등 하나에 125불밖에 하지 않기 때문에 크게 걱정하지 않아도 되고, 사실 두 개 다 사도 되거든요. 오늘 전화해서 결정할 겁니다―아마도 우리가 한 약속 때문에 그렇게 할 겁니다."

그 액수는 당시 내가 받던 치료비와 같은 금액이었다. "그게 우리의 약속과 어떤 관련이 있지요?" 내가 물었다.

"아마도 전 무의식적으로 선생님을 만나러 온다는 걸 생각하고 있었고, 그래서 제가 어떻게 변화해야 할지가 생각난 것 같습니다." 그녀가 말했다.

"전등을 사지 못한 것과 치료시간을 빼먹은 것 사이에 관련이 있을 것 같은데요." 내가 말했다.

"흥미로운 생각인데요." 그녀가 대답했다. 그녀는 치료시간이 아니라 돈에 마음이 가 있었다. "전 항상 비용이 얼마나 들까하고 걱정하지요. 한번은 의사가 유방에 있는 멍울이 악성일 확률은 5퍼센트에 불과한데도 조직검사를 하자고 했지요. 저는 보험 혜택을 받을 수 있는 의사를 찾기까지 기다리기로 했어요. 그렇지만 선생님에게 치료받는 이 시간이 그만한 가치가 있다고 저는 확신합니다. 그리고 비용의 80 퍼센트는 보험에서 처리되지요. 사실 치료시간이 기다려져요."

나는 그녀가 치료시간이 상당히 가치 있다고 여기고 있으며, 게다가 보험혜택까지 받기 때문에 다행스럽게 느끼고 있음을 알 수 있었다. 나 역시 이에 대해 좋은 느낌을 가지고 있었지만, 빠진 치료시간이나 유방검사를 하는데 돈 쓰기를 꺼려하는데 대해서는 그렇지 않았다. 나 역시 수입을 포기하기가 쉽지 않았다. 그보다 사실 그렇지 않아도 치료 기간이 짧은 이 치료가 시작부터 방해받는다는 느낌이 들었고, 과연 이 치료가 유지될 수 있을지 안심할 수 없었다. 그녀는 지난 2주간 치료시간을 갖지 않은 것에 대해 어떻게 느꼈을까?

나는 직접 물어보았다. "치료시간을 두 번 갖지 못한데 대해 어떤 느낌이 있으세요?"

"아마 그럴 겁니다." 아델레가 대답했다. "저는 반지가 상징하는 바를 다루었던 지난 번 치료시간이 좋았습니다. 여러 가지 목표도 정했지요. 아주 느낌이 좋았고, 에드에게 치료에 빠지지 않고 갔더라면 좋았을 텐데라고 말했습니다."
　나는 그녀가 살 수 있었지만 사지 않은 두 개의 전등은 그녀가 취소한 두 번의 치료시간을 가리킨다고 생각했다. 나는 그녀가 오늘 치료시간을 갖기 때문에 오늘 전등을 살 수 있을 것이라고 생각하였다. 내가 말했다. "제 생각에 당신은 빠진 회기와 관련된 감정을 생각하지 않으려고 전등에 대해 강박적으로 생각하는 것 같습니다."
　아델레는 지금-거기로 돌아섰고, 다시 그때-거기로 이동하였다. "나는 두 언니들과 가까이 살 때에도 언니들을 그리워했습니다." 그녀가 말했다. "와이오밍에서는 언니들이 몹시 그리웠습니다. 하지만 엄마 교실에서 만난 다른 엄마들과 함께 어울릴 수 있었습니다. 제가 정말 좋아하는 여자 두 사람을 만났는데, 우리는 아이들을 데리고 함께 만나면서 많은 도움을 주고받았습니다."
　아델레는 그 친구들에 관해 상세하게 이야기하였다. 나는 그들이 언니들을 대신했던 것에 관해 말해 주었고, 상실과 대치에 관해 좀더 이야기하려고 하였다. 하지만 그러기 전에 아델레는 와이오밍에 있는 동안에도 언니들을 자주 만났으며, 지금도 언니들을 자주 만나고 있다고 수다스럽게 떠벌렸다. 이것은 마치 그녀가 친구나 언니들을 전혀 상실하지 않았다고 말하는 것 같았다.

　황량한 느낌이 들었다. 나는 아이들이 어렸을 때 얼마나 많은 손길이 필요했는지, 또 언니들을 가까이 두고 싶었는지가 생각났다. 하지만 나는 그때 아델레처럼 가족들을 떠났고, 친구들의 소중함을 더욱 깊이 느꼈다. 나는 외출하고, 함께 놀고, 아이들의 성장을 돕는데 친구들이 정말로 필요하였다. 아델레처럼 나의 친구들 중 하나는 서부로 이사갔고, 나는 그녀와 그녀의 아이들이 몹시 보고 싶었다.

  내가 말했다. "하지만 그것은 여전히 상실이지요. 아이를 처음 키우면서 사귄 친구들의 자리를 메울 수는 없어요."
  아델레는 울기 시작했다. "정말 그래요." 그녀는 흐느껴 울었다. "다시는 그런 시간을 보낼 수 없을 거예요. 세 집만 건너가면 친구들 집이었죠. 그런 친구들은 다시 만날 수 없을 것 같아요. 그 친구들은 모두 저하고 똑같았어요. 우리는 모두 유태인이었고, 충동적인 편이었죠. 그러나 그들은 강박적이지는 않았습니다. 그들은 자신감 있고, 정력적이며, 명석하고, 존경받고, 진지하고, 솔직하고 분명했습니다. 저는 친구관계에서 아주 많이 조심해야 하거나 뒤에서 수근대는 걸 좋아하지 않습니다. 그런 친구가 또 하나 있는데, 뉴올리언즈에 살고 있습니다. 그 친구도 그립군요."
  "그러한 상실에 대한 슬픔 때문에 여기 고향에서 친구들을 다시 사귀는데 저항을 느끼는 건 아닐까요?" 나는 이렇게 말하면서 그녀가 나와 사귀는데 스트레스를 받고 있을 것이라는 점에 대해 생각했다.
  "저는 친구를 사귀고 싶어요." 그녀가 말했다. "꼭 그럴 거예요. 좀 늦어지는 것뿐이에요. 학교에서 가는 여행에 꼬박 꼬박 참여할 거예요. 다른 엄마들과 알게 되겠지요. 어머니들이나 교사들 중에 마음에 드는 사람이 있어요. 그들 중에 누군가와 친한 친구가 될 수 있을지 궁금해요."
  아델레는 눈물을 닦고 집으로 돌아갔다.

이 회기에서 환자는 서부로 이주했다가 다시 돌아왔을 때의 일, 즉 그때-거기의 전이를 실연하면서 지금-여기에서 치료자에게서 멀어졌다가 다시 돌아오는 움직임을 보여주었다. 아델레는 자신의 전이 감정이 이전 치료자를 상실한 것과 관련이 있음을 알았지만, 그 문제에 대해서는 관심을 두지 않았고, 그때-거기와 지금-거기에서 친구들과 언니들을 상실한 일에 대해서만 이야기했다. 이때 그녀에게 그들은 질 샤르프 박사보다 훨씬 더 중요했다. 따라서 다소 평가절하된 느낌을 가질 수밖에 없었던 질 샤르프 박사는 이러한 역전이를 이해하려고 노력하였다. 그녀는 도와줄 수 있는 가족이 없는 낯선 곳에서 어린아이의 어머니 노릇을 해야 하는 외로움을 동일시함으로써 아델레의 공허감, 상실, 지원에 대한 갈망—젖가슴에 대한 시기심의 주제가 연장된—을 이해할 수 있었다.

세 번째 회기

아델레는 목에 통증이 심해져서 보호대를 차고 있으며, 3주 동안 주 2회 물리 치료를 받아야 할 거라고 말했다. 나는 물리치료 시간을 합산하면 우리가 약속한 심리치료 시간과 같이 여섯 시간이 된다는 점에 주목했다. 그리고 그녀의 신체 상태는 심리치료에 따른 마음의 고통을 상징적으로 나타낸다고 가정하였다. 나는 그녀의 장황한 이야기를 듣고 나서, 그것은 심리적 고통이 신체화된 것이라고 그녀에게 말해 주었다. 즉 목의 통증은 언니와 친구들에 대한 애도와 갈망이 그리고 그녀의 상실경험을 극복하기 위해 나에게 의지하는 것과 치료시간을 마치면 나 역시 그리워하게 될지 모른다는 것에 대한 두려움이 신체화된 것이라고 설명해 주었다.

그녀는 여기에서 에드가 한 말을 전해 주었다. 에드는 그녀가 매사를 지나치게 통제하려고 하기 때문에 목에 경련이 일어난 것 같다고 말했다는 것이다. 이제 그녀는 자신이 통제하려고 한 것이 그녀의 상실감이었음을 알게 되었다. 그것은 에드가 말했던 다른 이야기와도 맞아떨어졌다. 그는 와이오밍으로 이주했다가 다시 돌아와야 했고, 그래서 친구들과 헤어져야 했기 때문에 그녀가 자신에 대해 화가 났다고 생각했다. 이 점에 관해서는 에드가 옳은 것 같다고 내가 말했을 때 아델레는 자신의 분노감에 대해 부인하였다. 그녀는 그가 이사하기를 원했던 적도 없을 뿐더러 그의 무능력 때문이 아니라 회사가 도산했기 때문에 직장을 잃어버린 일로 인해 그에게 화를 내지는 않았다고 말했다.

아델레는 나의 언급을 나 자신이 아니라 그녀의 가족들과 맺었던 관계와 관련시켰다. 나는 그녀가 인도하는 대로 따라갔다. 그녀는 자신의 목 통증을 나로부터 편안해지기 위한 구실이나 그녀의 애도감정을 유발시킨 나에 대한 분노로 보지 않았다. 나는 아델레가 아들이 공격적일 때 통제력을 상실하게 되는 방식에 관해 생각했다. 분명히 그녀 자신과 아이에게서 억압하고 싶은 감정은 분노였다.

"분노감정을 두려워하는군요. 그래서 당신과 노아 안에 있는 분노를 제거해 버리려는 것 같습니다." 내가 말했다.

아델레는 내 말을 듣고 생각에 잠기더니 이렇게 말했다. "그게 요점인 것 같네요. 노아를 돕기 위해 분노감정과 만나야겠군요."

이 회기 동안에 질 샤르프 박사는 아델레가 분노감정을 받아들이지 않고 경직되게 통제하고 있으며, 그 분노감정을 신체 증상으로 전치함으로써 부인하는 경향을 관찰하였다. 분노감정에 대한 그녀의 부인은 초점 증상을 철저하게 지워 버리고 있었다: 두 번째와 세 번째 회기에서 아들에 관한 이야기는 전혀 하지 않았다. 분노감정에 대한 두려움과 억제에 관한 샤르프 박사의 해석을 통해서 그녀는 아들에 대한 자신의 분노감정을 통제하지 못하는 것에 다시 초점을 맞출 수 있었다. 환자는 자신의 분노감정을 남편에게 표현하는 것을 용납할 수 없었고, 이 억압된 분노감정이 아들에 대한 감정의 중요한 원천일 수 있다는 생각을 하게 되었다.

네 번째 회기

"정말 화가 났었어요!" 아델레는 자리에 앉기도 전에 나에게 말했다. "제가 산 전등을 에드가 거들떠보지도 않은 것 때문에 대판 싸웠습니다. 그는 가게에 함께 가서 물건 고르는 것을 도와 주지도 않은 채, 아무 전등이나 두 개만 사오라는 거예요."

여기서 나는 그녀가 내가 여섯 회기만에 상담을 끝내기로 동의한 데 대해 분노하고 있음을 감지할 수도 있었을 것이다. 하지만 나는 그녀의 감정을 내 자신 안에서 종합할 수 없었다. 나는 의자에 등을 기대고 앉아 있었다. 그녀는 이야기를 시작했고, 나는 그녀가 이야기하도록 허용했다.

"에드가 제게 소리를 질렀어요." 그녀가 말했다. "그는 여행에 지쳤고, 저와 노아와 함께 놀러가고 싶다고 소리치더군요. 그는 쇼핑몰이 아니라 공원에 가고 싶다는 거예요. 그걸 모르는 바는 아니지만, 그 역시 집에 함께 살고 있잖아요. 제가 전등을 사겠다는 것은 그가 좋아하게끔 집을 고쳐보자는 건데. 정말 화가 치밀어 올랐고, 폭발했어요. 전 그에게 집을 꾸미는 일을 저한테만 미루어서는 안 된다고 말했지요. 그는 제가 화를 낸 것에 대해 정말 놀라는 것 같았습니다. 그리고는 제가 옳았다고 조용히 말하더군요. 그는 토요일에는 놀고 일요일에 함께 전등을 보러가겠다고 하더군요."

"전 기분이 훨씬 좋아졌습니다. 저는 그 상황에서 에드에게 화를 낸 것은 온당하지 못하다고 생각했거든요. 저는 그것이 그를 비난하는 것과 같다고 생각했습니다. 우리는 많은 이야기를 나누었습니다. 그것이 옳지 않은 일일 때에는 제가 그걸 느끼지 못하는 문제에 관해 이야기를 나누었습니다. 그는 제가 화가 났다는 걸 이미 짐작하고 있었다고 하더군요. 그는 2년 동안 두 번이나 이사를 했고, 자신이 출장 가 있는 동안 혼자 아이를 돌보느라 화가 나는 게 당연하다고 말했습니다.

"저는 무척 차분해졌어요. 노아에게 소리도 훨씬 덜 지르구요. 한 주에 한 번 이상은 때리지 않았습니다. 그것도 심한 처벌이 아니라 보통 나오는 그런 반응이었습니다."

나는 아델레의 남편이 그녀의 분노감정에 반응해 주는 것과, 그녀가 아이에게 자신의 분노감정을 덜 건치하게 된 것 때문에 안심이 되었다. 하지만 그녀는 여전히 아이를 때리고 있으며, 아이는 자신이 비난받아 마땅한 존재로 여기는데 익숙해져 있을 것이다. 그녀가 노아에게서 분노로 가득찬 자신의 부분을 보고 있음을 보여주기 위해 아직도 가야 할 길이 남아 있었다.

이 회기는 이전 치료시간에 작업한 것이 결실을 맺고 있음을 확인하는 시간이었다. 아델레는 그녀 스스로 연결지을 수 있었고, 따라서 샤르프 박사는 해석을 덜 해도 되었다. 초점 증상에 집중함으로써 적어도 그 순간에는 증상이 아주 많이 좋아졌다. 그러나 그녀는 치료를 곧 그만두게 될 것을 생각하면서 불안을 경험할 것이다(이 때문에 흔히 증상 행동으로 되돌아가기도 할 것이다). 나머지 두 회기 동안에 치료자는 이 점을 염두에 두어야 할 것이다.

다섯 번째 회기

아델레는 이전 시간보다 훨씬 화사한 모습으로 들어왔다. 그녀는 피부색과 아주 잘 어울리는, 아름다운 은색 귀걸이를 하고 있었다. 그녀는 귀걸이에 관한 말로 이야기를 시작하였다. "첫 번째 치료시간에 선생님이 낀 은반지에 관해 이야기했던 생각이 나는데요. 그때 이 귀걸이를 하고 싶었습니다. 오늘까지 포함해서 치료가 두 번 남았군요."

"다음 주가 마지막이죠." 치료의 종결에 초점을 맞추어 내가 말했다.

"그렇게 말씀하지 마세요." 그녀는 나를 꾸짖듯이 말했다.

그녀가 나의 말을 바로잡는 게 옳을지도 모른다는 생각이 들었다. 나는 치료의 종결에 초점을 두어야 한다는 걸 알고 있었지만, 그 기간이 너무 짧다는 불안 때문에 정해진 경계를 지나치게 강조하고 있는 건 아닐까? 치료의 종결에 의해 자극되어 나타날 수 있는 엄청난 문제가 해결되지 않은 채 남게 되는 것으로 인해 스트레스 받는 것을 회피하고 싶은 것은 아닐까? 느린 분리 과정을 회피하기 위해 종결을 향해 성급히 달려드는 건 아닐까? 처음에 단기치료를 하기로 찬성한 것은 나에게는 하나의 상실이었다. 하지만 그렇게 약속했기 때문에 이 작업을 즐기고 있으며, 여기에는 장기적인 역동에 휘말려 들어가지 않는 편안함이 있었다. 나는 그녀가 그리울 것이다.

그녀는 말을 계속했다: "'마지막 회기' 같은 말은 하지 마세요. 전 여기 오는 게 좋거든요. 여기 오면 기분이 한결 좋아져요. 제가 원하는 만큼 이야기도 하고, 이 시간만큼은 저를 위한 시간이죠. 제가 어떻게 느끼는지 더 잘 이해하게 되고, 그것에 관해 남편에게도 이야기한답니다. 제가 통제력을 잃어버리는 것은 상실경험 때문만은 아닌 것 같아요. 전 우리가 떠났다가 돌아온 일에 관해 곰곰이 생각해 보았습니다. 우리는 제 아버지와 어머니가 돌아가시고 에드가 전근하면서 다니던 직장을 잃게 된, 모든 일이 벌어진 곳으로 다시 돌아왔습니다. 제가 의기소침해진 것은 하나도 이상할 게 없습니다."

나 역시 그녀가 삶의 주변적인 영역을 떠나 핵심적인 영역으로 돌아온 일에 관해 생각해 보았다. 그녀는 치유에 도달하기 위해 개인적 상처에 대해 탐구하는 심리치료의 세계로 돌아온 것이다. 그녀가 이런 생각을 간직할 수 있게 된 것이 다행스럽게 느껴졌다.

"우리가 이사한 것과 상실한 것에 대해 많이 생각했고, 에드와도 많은 이야기를 나누었습니다." 그녀는 말을 이었다. "이제 많이 좋아졌다고 느끼고 있고, 보다 확고한 토대 위에 서 있다고 느끼고 있습니다. 저는 아이들을 데리고 전시회에 갈 것이고, 학부모들을 위해 저녁 식사를 대접할 겁니다. 저는 저희 집안의 별미 음식을 대접할 겁니다. 진귀한 요리도 아니고 시간도 많이 걸리지 않지만, 사람들은 좋아할 거예요."

나는 그녀가 애도과정을 받아들이려고 하지 않는다는 사실을 주목했으며, 이에 대해 양가감정을 느꼈다. 긍정적인 측면에서, 그녀가 많이 좋아졌고, 여섯 회기만에 치료가 충분히 이루어질 수 있음을 확인할 수 있어서 기뻤다. 부정적인 측면에서, 그녀의 슬픔과 분노를 어떻게 포용하고 표현할 지에 대해 좀더 충분히 작업할 기회가 없다는 사실이 아쉬웠다. 나는 우울을 부인하면서 모든 것이 좋아졌다고 말하는 조적 상태에서 종결하는 것에 동의하지 않으면서, 긍정적인 측면을 바라보기를 원했다.

"인생이 다 그렇듯이, 그 음식이 완벽하지는 않지만 충분히 좋을 것이고, 사람들이 좋아하리라고 확신하시는군요." 내가 말했다. "게다가 전시회도 보고 아이랑 같이 시간도 보내는 것은 당신이 좋아지고 있다는 표시이기도 하구요. 그런데 왜 나에게 치료를 마치게 된다는 사실을 말해서는 안 된다고 말했지요?" 내가 물었다.

"제가 좋아졌고 행복해졌다고 이야기했지만, 한편으론 슬퍼요." 그녀가 말했다. "전 여기 오는 게 좋아요. 선생님에게 이야기할 수 없게 되는 게 아쉬워요. 정말 여기서 무언가를 성취할 수 있었습니다. 와이오밍에서 지낸 시간들을 많이 돌아보게 되었고, 그 친구들을 왜 그토록 그리워했는지도 알게 되었습니다. 그 친구들을 의지할 때면 생기가 살아났죠. 와이오밍에서 살 때 친정 아버지와 시어머니를 잃었고, 고향도 집도 잃었기 때문에 몹시 우울했습니다. 저는 잘 지낼 수 없었지요. 집도 잘 꾸밀 수 없었구요. 제 맘속에 우울이 꽉 들어차서 아무런 결정도 내릴 수 없었습니다. 저는 강박적으로 바쁘게 일하면서 우울을 숨기려고 했지만, 그 시도가 성공할 수는 없었습니다. 저는 에드가 함께 하지 않으면 아무 일도 할 수 없었습니다. 이제 저는 제가 선택하는데 그의 도움을 필요로 하지 않습니다. 정말 저는 집안을 완벽하게 꾸미는 것에 대해 걱정하지 않습니다. 저는 조금씩 제 힘으로 해나가고 있습니다. 이게 좋아진 점이에요."

"좀더 자신감 있고, 독립적이고, 편안하면서도 효율적이라고 느끼시는군요." 내가 말했다. "시간을 어떻게 사용하시죠?"

"신문을 보고, 쉬고, 노아와 노는데 사용하지요. 양말을 기우기도 하구요. 저는 늘 이건 남자가 할 일이라고 생각했고, 또 에드가 집에 있어야 한다고 생각했습니다. 하지만 그는 쉬겠다고 마음먹으면, 집안일을 아무 것도 하지 않았습니다. 그는 직장에 나가고 저는 집에 있으니까 결국 제가 하게 되지요. 그러자 저는 아무 것도 하지 않고 쉬고만 싶었습니다. 그가 음식을 차려 주려니 하고 식탁에 앉아 있으면, 그 모습이 신경에 거슬리곤 했어요. 제가 이 문제로 불평하면, 그는 그냥 무시해 버리지요. 하지만 어젯밤에는 제가 이 문제를 따지고 들었고 그가 반박할 수 없도록 실례까지 제시했죠. 전 이렇게 말했습니다. '당신은 25년 전에 당신 어머니가 당신 아버지의 손과 발이 되어 주었듯이, 나더러 그렇게 해주기를 바라고 있어요.' 그가 말하더군요. '나는 아이를 셋이나 키웠다구. 지금까지 죽 내가 했어. 내가 당신에게 노아의 문제를 스스로 처리하라고 한 말을 생각해 보라구.' 그래서 제가 말했지요. '다른 남편들 좀 봐요. 다른 남편들은 직장에 나간다고 해서 집안일을 나 몰라라 하지 않는다구요.' 전 노아의 가방을 꾸리고 신발이 어디 있는지 찾느라 바쁜데도 그는 차에 앉아서 기다리기만 하거든요. 도대체 에드는 왜 제게 미리 준비하지 못한다고 불평만 하고 저를 도와 주지 않는 걸까요?"

내가 말했다. "당신과 에드는 각각 다른 삶의 단계에 있는 것 같군요. 그래서 두 분의 우선 순위가 다른 것 같아요. 하지만 이제는 노아의 문제를 다루는 것을 힘들게 만드는 분노에 관해 개방적으로 다루고 있습니다."

"끔찍하지만, 사실이 그렇습니다. 오늘에야 에드는 그 사실을 인정하더라고요. 대단한 돌파구였지요. 그는 집안일을 도와 주겠다고 했습니다. 정말 행복합니다. 이제 우리 관계는 정말 좋아질 것 같습니다."

치료자는 치료과정 내내 마음속으로 종결에 관해 생각하고 있었다. 본 회기에서 치료자와 환자는 치료의 종결에 대한 애도 작업의 필요성과 애도의 문제를 배경으로 삼아야 할 필요성을 깊이 느끼고 있었다. 아델레는 그녀의 초점 증상의 변화에서 나타난 치료의 진전을 확인하고, 치료작업을 통해 촉진된 행동의 변화들을 보고하였다. 그녀는 샤르프 박사와의 관계에서 배운 것을 가족에게 적용할 수 있었다. 그리고 치료관계의 상실을 애도하고, 혼자 있는 것을 견디고 즐기는 새로운 능력을 보여주었다. 샤르프 박사가 아델레가 좀더 집중치료를 받으면 좋겠다는 자신의 소망을 조용히 내려놓음으로써, 아델레는 치료에 관해 아쉬웠던 점과 만족스러웠던 점을 솔직하게 이야기할 수 있었다. 그리고 이 점은 자신의 감정을 남편과 나눌 수 있는 새로운 능력으로 나타났다.

여섯 번째 회기

마지막 시간이 참기 힘든 정도는 아닌 듯했다. 아델레는 나와 헤어지는 일로 슬퍼하는 것 같지 않았고, 나 역시 그녀를 자기 길로 보낼 준비가 되어 있음을 깨달았다.

"이제 저 혼자 할 수 있게 되었습니다." 아델레가 자신 있게 말했다. "저는 전에는 행동과 감정이 왜 서로 다른지 알지 못했습니다. 우리는 그 이유에 관해서 이야기를 나누었지만, 그건 아직도 놀라운 일입니다. 기분이 가라앉는 시간이 줄어들었고 훨씬 드물게 일어납니다. 저는 낙관적이고, 힘 있고, 열정적인 느낌입니다. 과거에는 그렇게 느끼지 못했어요. 제가 해야 할 일을 할 뿐이었지요. 지금은 휴일이 되면 흥분하게 되고, 그것 때문에 기분이 좋아요."

"저는 에드와 그가 저를 사랑하지 않는 것과 저의 증오에 대해서 또 한번 이야기를 나누었지요. 처음에 그는 제 말에 저항했고, 구체적인 예를 들어보라고 했습니다. 그는 제가 그럴듯한 그림을 그리고 있다고 생각했고, 제가 그의 행동을 사랑하지 않는 것처럼 느낀다는 사실을 깨닫지 못했습니다. 그는 자신이 저를 사랑하고 있으며, 저를 도와 주길 원하고, 이제는 그것이 정말로 저에게 중요하다는 것을 알았기 때문에 제가 원하는 일이라면 꼭 도와 주겠다고 말했습니다. 그는 자신이 집안일을 도와 주는데 소홀했던 것은 아이들이 다 컸기 때문이 아니라, 자신의 나이가 59세나 되었기에 직장을 잃으면 다시는 얻지 못할까봐 걱정했기 때문이라고 말했습니다. 현재 경제 상황은 나빠지고 있고, 이라크와의 정치 군사적인 문제로 인해 그가 일하는 회사의 판매고는 떨어지고 그에게 할당되는 몫도 줄었습니다. 이런 상황에서 그는 문제를 해결하기 위해 전국에 있는 상점들을 돌아보면서 일에 매달리고 있습니다. 그는 제가 그랬던 것처럼 일에 매달리고 있어요. 요즘 그는 집에 올 시간이면 저에게 전화를 합니다. 그가 그렇게 전화라도 해주기 때문에 저는 정말로 그가 제게 관심을 갖고 있다고 느끼고 있으며, 이것을 고마워합니다. 그가 힘들게 일하는 동안 저는 집에서 편히 있을 수 있다는 생각에 불평을 늘어놓을 생각이 없습니다. 그 이야기를 나누고 나서 그는 여행을 많이 줄였고, 우리는 좀더 많은 시간을 함께 보내고 있습니다. 노아도 많이 사랑받고 있다고 느끼는 것 같아요. 기념으로 가족 사진을 찍었는데, 사진사가 아이가 아주 매력있고 행복해 보인다고 말하더군요."

"일에만 매달리는 것으로도, 일을 뒤로 미루는 것으로도, 원하는 걸 얻을 수 없고, 다만 솔직하게 이야기하고 함께 나눔으로써 그것을 얻을 수 있다 이겁니다." 그녀가 결론을 내렸다.

아델레는 떠날 채비를 하면서 모든 것을 받아들이고 결심을 굳힌 듯이 결연한 어조로 덧붙였다. "결국 이런 것 같아요: 에드와 저는 늦게 결혼했고, 따라서 우리가 함께 살아갈 날도 반밖에 되지 않는다는 겁니다."

아델레는 행복하게 살아갈 수 있다는 자신감이 생겼고 그러리라고 단단히 각오하고 있었지만, 나는 갑자기 겁이 났다. 아델레는 부모의 죽음을 통해서 언젠가는 죽게 된다는 현실을 잘 알고 있었다. 그녀의 남편은 나이가 많았고 그녀보다 죽음에 더 가까운 위치에 있었다. 그녀는 남편을 잃는데 대한 두려움을 느끼고 있을 것이다. 아델레의 여섯 회기는 그녀가 과거에 받은 치료기간의 반에도 못 미쳤지만, 그녀는 이 기회를 최대한으로 사용했다. 나는 이제 그녀가 단기치료를 고집했던 것은 그녀의 말처럼 노아에게 하루빨리 합리적인 어머니가 필요했기 때문만은 아니었음을 알게 되었다. 그녀는 시간적인 여유가 없었던 것이다. 아델레는 부모님이 돌아가셨고, 남편과의 삶도 얼마 남지 않았음을 인식하였기 때문에 정해진 시간 안에 가장 많은 것을 배우고 일궈낼 수 있는 치료형태를 선택했던 것이다.

초점 증상의 영역에서, 아델레의 불안은 그녀가 에드와 직접적으로 직면하는 법을 배우게 되면서 완화되었다. 그리고 그녀가 노아에게 소리를 지르는 증상 또한 완화되었다. 역동적인 초점 영역에서, 우리는 남편에 대한 아델레의 성마름과 표현되지 않은 분노는 그녀의 아들에게 표출되었음을 알게 되었다. 그리고 이 분노는 에드와 "반평생"밖에 살지 못한다는 사실을 받아들여야만 하는 상실에 대한 슬픔이 왜곡된 형태로 표현된 것이라고 이해할 수 있게 되었다. 이 마지막 회기에서, 치료 장면인 지금-여기 전이에서 발생한 것과, 아동기의 삶, 낯선 곳으로 옮겨진 결혼한 여성으로서의 삶 그리고 지원을 받지 못한 채 쩔쩔매는 어머니로서의 삶을 포함하는 그때-거기 전이에서 발생한 것에 대해 애도가 일어나고 있다. 그리고 이 모든 전이의 측면들은, 그들의 현재 삶의 내용을 나타내는 지금-거기 전이와 늦게 결혼해서 나이든 남자와 살아가면서 미래의 죽음에 대한 불안을 느끼고 있는 미래에 대한 전이와 관련되어 있다.

추후에 행해진 단기치료

 6년 후에 아델레는 에드의 요청에 의해 나를 만나러 왔다. 에드는 그녀가 지나치게 통제하려고 하고, 그에게 그녀 자신을 지원해 줄 여지를 주지 않으며, 너무 아이에게만 빠져 있고, 자신에게는 전혀 관심이 없다고 생각하고 있었다. 그는 가족과 함께 지내기 위해 출장이 없는 대신 급료를 덜 받는 직장을 택해야만 했다. 그는 퇴직에 관해 걱정하기 시작했고, 아델레의 친구들이 대부분 다시 직장생활을 시작했는데도, 아델레는 여전히 직장을 갖지 않는 것에 대해 화가 나 있었다.
 아델레는 자신은 어머니로서 사는 게 좋다고 말했다. 그녀는 요리하고, 집안을 꾸미고, 아들의 학교에서 자원봉사자로 일하고, 아들의 학습문제를 도와 주는 일을 즐겼다. 에드는 예전에는 아들에게 관심을 가졌지만, 아이가 시끄럽게 항의하거나 고집을 피우면 쉽게 화를 냈다. 아델레는 아이에게 전보다 관심을 더 많이 쏟았다. 에드는 아델레가 남편인 자신에게 관심을 쏟지 않는다고 느꼈다. 그녀는 아들을 돌보느라 바빴고, 남편과 함께 텔레비전을 보기보다는 혼자서 신문을 보는 것을 더 좋아했다. 항상 성욕을 더 많이 느끼던 에드가 갑자기 성 관계를 중단했다. 당시 아델레는 이러한 행동을 이해할 수 없었다. 마침내 그녀는 이것이 에드가 그녀의 삶이 그의 사랑과 성 그리고 그의 줄어든 수입에 의존해 있다는 사실을 확인시키려는 방식임을 깨닫게 되었다. 염려 많고, 불행하며 스스로 부과한 성적 박탈을 겪게 된 에드는 심장발작을 일으켰고, 혈관 수술을 받아야 했다. 그는 이 모든 일들이 아델레 때문이라고 주장했다. 그는 그녀에게 나를 만나서 자신을 지나치게 통제하지 않는 법을 배우고, 재정적인 문제를 해결하기 위해 다시 직장에 나가는 일을 상의해 보라고 권유하였다. 에드는 자신의 성적 능력에 큰 문제가 발생했음을 분명히 알고 있었으나, 자신은 치료받으려고 하지 않았다.

다시금 아델레는 단기치료를 원했다. 하지만 이번에는 남편이 그녀와 문제에 관해 작업할 만큼 충분히 건강을 되찾으려면 얼마나 걸릴지 알 수 없었기 때문에 치료기간을 정하지 못했다. 아마도 그는 건강을 되찾을 수 없을는지도 모른다. 그녀는 아들의 치료계획을 세웠는데, 이는 아들로 인해 남편이 받는 스트레스를 줄이기 위한 것이었다. 그리고 아들이 자신과의 점차적인 분리를 견딜 수 있도록 도와 주기 위해서였다. 그녀는 가정 환경을 사려 깊게 생각하고 사랑과 지원을 아끼지 않으면서 남편을 간호하였다. 나는 그녀가 반복해서 철수하고 거절하는 에드의 행동을 잘 참아 내고, 계속해서 에드에게 헌신하는 것을 통해서 결국 그와 함께 다시 부부관계를 즐기는 것을 보면서 깊은 감동을 받았다. 그녀는 시간제 일을 알아보기 시작하였고, 계속 상황이 좋아지는 것에 희망을 느낀다고 말했다. 우리는 일곱 회기만에 이 지점에 도달하였으며, 그녀는 다음 시간에 치료를 종결하겠다고 결정하였다.

그녀는 마지막 시간에 에드와 함께 왔다. 그는 건강해 보였으며, 그녀가 사 준 새옷을 입고 있었다. 그는 아델레가 나와 대화하면서 달라진 것에 대해 기뻐했다. 그는 그녀가 자신을 훨씬 덜 통제하게 되었고, 일하는 것에 대해 완강하던 거부감이 많이 줄어들었다고 말했다. 그는 그녀가 정말 많이 좋아져서 기쁘다고 했다. 나는 아델레의 낙관주의가 정당한 것이라고 느꼈다. 나는 그녀가 세운 제한된 목표가 이루어졌다고 보았고, 따라서 치료를 종결하겠다는 그녀의 결정을 수용할 수 있었다.

그때 에드는 갑자기 다시 자신의 입장을 분명히 했는데, 그것은 뜻밖에 듣기 괴로운 것이었다. 그는 아델레와 거리를 유지해야겠다고 결심한 마음을 아직도 풀지 않고 있다고 조용히 말했다. 그의 얼굴에는 삶에 지친 징후들이 나타나기 시작했고, 결혼생활은 스트레스를 주는 원인일 뿐만 아니라 치명적인 위협으로 느껴지기 시작했다. 이제는 아델레가 가정의 경제적 책임을 져야 할 시기가 되었다. 나는 그의 걱정을 위로해 주고, 자기 보호의 욕구를 이해해 주고, 그에게 사랑이 갖는 치유 효과에 대해 일깨워 주려고 노력했다. 그는 자신이 아내와 성 관계를 갖는다고 해도 그것은 아내의 욕구만 만족시켜 줄 뿐이며, 두 사람의 관계를 다시 맺어주지 않는다고 주장하였다. 그는 더 이상 결혼생활을 원치 않으며, 그가 가족과 함께 사는 것은 단지 경제적 부담을 나누고 가정을 유지하기 위해서라고 말했다. 에드는 완강했다. 그의 죽음에 대한 공포는 성과 사랑과 헌신을 통합해낼 수 없게 만드는 경직된 방어를 세우게 했다.

6년 전 에드가 집에서 편히 쉬고 싶다고 말한 적이 있었다. 그때 그 말을 듣고 몹시 화가 난 아델레는 자신의 생각을 그에게 말했고, 그녀의 말을 들은 그는 태도를 바꾸었다. 그러나 지금 혼자서 평화롭게 쉬고 싶다는 에드의 욕구는 그전에 한 말과는 비교할 수 없는 것이다. 아델레는 이번에 그에게 화를 내지 않고 그를 위로해 주었지만, 그의 굳은 생각을 바꿀 수 없는 것에 대해 깊은 슬픔과 절망감을 느꼈다. 하지만 그녀는 희망을 가지고 에드에 대한 사랑과 헌신을 통해 결혼을 지키려고 노력하면서 자신의 자리를 지킬 수 있었다. "저는 이제 무얼 해야 하는지, 어떻게 해야 하는지 또 그걸 에드 없이도 해야 할 거라는 사실도 알고 있습니다." 그녀가 말했다. "그는 치료를 받으려고 하지 않고, 제가 그를 치료할 수도 없습니다. 이 치료를 통해 저는 이미 제가 원하는 것을 얻었습니다. 선생님이 더 이상 도움을 주실 수 있는 문제는 아닌 것 같습니다."

아델레는 정말로 고통스러운 상태에 있었고, 그들의 관계를 재창조하는 것이 얼마나 소중한지를 에드에게 설득하기 위해 많은 노력을 기울였다. 그녀는 에드의 두려움과 결정을 통제할 수 없다는 사실, 자신의 결혼을 지키고자 하는 사람은 자기 자신밖에 없다는 사실 그리고 아이를 혼자 키워야 할지도 모른다는 사실을 깨달았다. 하지만 아델레는 무엇을 어떻게 해야 할지 알고 있기 때문에 다시 정상 생활로 돌아가서 더 이상 치료를 받지 않고도 자신의 삶을 꾸려나갈 준비가 되었다고 느꼈다. 우리 모두는 여덟 차례의 치료를 통해 그녀가 자신의 생애에서 가장 어려운 시간을 최선을 다해 헤쳐나갈 수 있는 힘과 능력을 얻었다고 느꼈다.

이 일련의 단기치료 사례에서는 치료관계가 시간이 흐른 뒤에도 되돌아갈 수 있는 자원으로서 남아 있을 수 있음을 보여준다. 이러한 사실은 어떤 한 단계에서 거둔 성공이라도 다른 단계에서 다시 도전 받을 수 있음을 일깨워 준다. 단기치료이건 장기치료이건, 치료는 날마다 일어나는 사건들로부터 개인들을 보호해 줄 수 없으며, 외적 대상의 심리적 변화를 통제할 수 없다. 따라서 우리는 연속적인 단기치료를 생각할 때 겸손해지지 않을 수 없다. 일련의 단기치료는 한 개인이 생애 주기를 통과해 나가는 발달과정을 보여줄 뿐만 아니라, 치료자에게는 인생의 각 단계에서 좀더 발달된 기술과 더 풍부한 치료경험을 가지고 환자의 삶에 개입할 수 있는, 기회를 제공해 준다.

제 9 장

대안으로서의 단기치료

단기치료는 제한된 목표를 지니고 있으며, 추후 장기치료를 해야 할지를 결정하는데 필요한 실험적인 치료의 기능을 갖는다. 수잔은 질 샤르프 박사와 예비 평가면담을 했다. 질 샤르프 박사가 그녀에게 장기치료를 권고했지만, 수잔은 단기치료를 받기로 결정하였다.

수잔은 34세 된 미국 여성으로서, 그녀의 남편은 국제개발공사에 근무하고 있었다. 그는 이 년간의 교대근무를 위해 미국으로 돌아왔다. 그녀는 해외에서 미국으로 들어오기 전에 내게 편지를 보내왔다. 그녀는 그 편지에서 자신은 개인상담과 부부치료를 받았으며, 불안과 우울 때문에 여러 가지 항우울제와 신경안정제를 복용했다고 밝혔다. 그녀의 상담자는 그녀의 현실생활과 부부관계에 초점을 둔 지지치료를 행했다. 그녀는 따뜻하고 다정한 상담자에게 만족을 느꼈다. 그러나 여러 가지가 조합된 약물은 증상에 실제적인 변화를 가져다 주지는 못했다. 그녀는 미국으로 돌아와 어머니와 가까이 살면서 분석적인 심리치료를 받을 수 있기를 바랬다.

그녀는 외국 생활을 마치고 안도감과 함께 모국으로 향했다. 하지만 그녀가 그토록 그리워하던 어머니가 만나보기도 전에 갑자기 돌아가셨고, 이 일로 인해 그녀는 심적으로 큰 타격을 입었다. 그녀의 우울증은 더욱 심해졌고, 치료를 받아야겠다는 의욕도 상실했다. 그래서 그녀는 귀국한지 거의 1년이 지나서야 나를 만나러 오게 되었다.

수잔은 어머니가 돌아가신 이후로 결혼생활에 정서적으로 몰입하는데 더 어려움을 느낀다고 말했다. 그녀는 자신의 어머니가 그랬듯이, 네 살과 여섯 살 먹은 딸들을 위해 헌신적인 어머니였다. 하지만 그녀는 자신이 그들의 사랑과 찬사에 너무 의존되어 있다고 느꼈다. 그녀는 건망증을 제외하고는 아내로서 착하고 착실한 파트너라고 느꼈다. 그녀는 남편의 헌신을 고맙게 생각하고 있었지만, 성생활은 전혀 하지 않고 있었다. 그녀는 남편이나 친구들에게 그것에 관해서 이야기를 할 수 없었다. 그녀는 점점 더 눈물이 많아졌고, 새벽에 잠을 깨곤 했다. 그녀는 자신에 대해서, 젊은 여성으로서의 자신의 외모에 대해서 그리고 단편 소설과 노래 가사를 쓰는 작가로서의 능력에 대해서 자신감을 갖지 못했다. 그녀는 자신의 작품에 대해 혹평했고, 따라서 출판하지 못했다. 그녀의 자존감은 밑바닥 수준이었다. 최악의 문제는 그녀의 기억력과 사고에 관련된 것이었다. 그녀는 약속을 해놓고는 잊어버리기 일쑤였고 필요한 정보를 기억해내지 못했다. 그녀는 문학 분야에서 학위를 가지고 있음에도 불구하고 단어를 생각해내지 못하곤 했다.

수잔은 정신분석 치료를 위한 평가와 추천을 받기 위해

나를 찾았다. 그녀 남편의 보험회사는 여섯 회기 분의 치료비만 내줄 수 있다고 했고, 그녀는 자신이 그 이상 남편의 월급을 축낼 권리가 없다고 느끼고 있었다.

평가

검고 아름다운 곱슬머리를 한 작고 귀여운 여성인 수잔은 남편을 불란서 대학에서 만났다고 말했다. 그때 두 사람 모두는 유학생이었다. 그녀는 미국에서 왔고, 그는 모리티우스에서 왔다. 그녀는 불어 전공으로서 불어를 완전하게 이해할 수 있었지만, 말하는데는 어려움이 많았다. 자신의 모국어로 말하면서, 그녀의 목소리는 부드럽고 수줍은 듯 했지만, 명료하고 민감한 이미지들을 불러일으키는 힘을 지니고 있었다. 그녀는 학생 시절에 우수한 성적에도 불구하고 자신 없어 했듯이, 지금도 내게 말하면서 자신이 바보 같고 약하다고 느끼면서 자신 없어 했다. 그녀의 미래의 남편을 포함해서 모두가 자신감이 넘치는 듯이 보였다. 그는 그들이 결혼할 것이라는 사실을 포함해서 모든 일에 자신만만 했고, 이 점이 그녀에게 안정감을 주었다. 그는 그녀에게 자신감을 주었고, 그녀는 그에게 감수성을 주었다. 성 관계는 항상 실망스러웠지만, 그녀는 그것이 자신의 경험부족 때문이라고 간주했고, 궁극적으로는 개선될 것이라고 기대하면서 자신은 만족스러운 척했다. 결혼 직후에 피임을 했음에도 불구하고 그녀가 임신했을 때, 그녀의 남편은 즉시 유산을 해야만 한다는 사실을 알고는 그 일을 위해 준비해 주었다. 그녀는 그 일을 후회했지만,

남편의 생각이 옳았다는 것은 알고 있었다. 그녀는 남편은 "옳고" 자신은 "그르다"고 생각하는 경향이 있었다. 따라서 그녀는 방향을 결정하거나 옳고 그름을 판단하는 일을 남편에게 계속 맡겼다. 그녀는 직장생활을 한 적이 없으며, 글은 썼지만 그 일로 돈을 벌어 본 적은 없었다.

수잔은 먼저 부부관계에서 나타나는 문화적인 성 차이에 관해 말했다. "남편은 무엇이 옳은가에 관해서 항상 매우 분명한 것 같습니다. 그는 저를 설득하고, 저는 그 의견에 따르지요." 수잔이 설명했다. "지금은 그가 자기주장으로 가득 차 있다는 걸 알지만, 그런 이야기는 하지 않습니다. 만약 그를 떠난다면, 저는 있을 곳도 없을 것이고, 그가 아이들을 맡아 키워야 할 겁니다. 그는 이혼하는 걸 원하지 않습니다. 이혼은 그와 그의 집안 식구들에게 당혹스런 일이기 때문이죠. 그 집안은 모리티우스에서 독실한 카톨릭 집안이거든요. 그래서 우리는 배우자 노릇을 하고 두 아이를 키우면서 그럭저럭 결혼생활을 하고 있지만, 정서적으로는 서로의 삶에 참여하지 않고 있습니다. 저는 극적이고, 감상적이고, 감정을 잘 표현하는 편인데, 그는 제가 바라는 애정을 주지 못합니다. 저는 잘 지내는 척하지만, 정말로 애정 어린 신체적 접촉에 굶주려 있습니다. 저는 딸아이와 지나칠 정도로 가깝게 지냅니다. 마치 어머니가 아버지와 이혼하지 않고, 한 집에서 각방을 쓰면서 저와 여동생을 바라보고 사셨던 것 같이 말입니다."

그리고 나서 수잔은 자신의 학습장애에 관해 말했다. "저는 완전히 혼돈상태에서 살고 있는 사람 같아요." 그녀가 말했다. "저는 기억력이 좋지 않아서 뭐든지 잘 잊어버려요. 선생님과 한 약속도 잊어버리고 친구 아이를 맡기로 했지요. 그래서 그 친구를 실망시켰죠. 불안 때문에 아무 것도 머릿속에 들어오지 않습니다. 나중에 물어보면 아무 것도 생각나지 않아요. 여섯 살 때까지 저는 이야기하는 걸 좋아했습니다. 제가 여섯 살 때 저의 가족은 캔자스로 이사를 가게 되었죠. 처음에는 1년 정도 있으리라고 생각했던 것 같은데, 25년간이나 거기서 살았습니다. 항상 그곳을 곧 떠날 거라고 생각하면서 말입니다. 그래서 전 학교에 정을 붙이지 못했고, 학교 생활을 잘 하지 못했습니다. 전 중요한 개념을 일반화하거나 이해하는데 서툴렀습니다. 책을 읽기는 읽는데 머릿속으로 들어가지 않는 거예요. 정보를 처리하는데 어려움이 있었던 거죠. 정보를 얻을 때도 역시 그런 어려움이 있었습니다. 저는 긴 글을 쓰지 못해요. 긴 소설을 끝까지 읽어본 적도 없구요. 전 이야기를 종합해내지 못합니다. 그래서 항상 짧은 글밖에 쓰지 못합니다. 제일 잘 쓰는 건 가극의 가사입니다. 노래가사를 쓰는 건 마음을 산란하게 만들죠. 이상한 말들만 늘어놓거든요. 나 자신은 그 안에 담겨 있지 않아요."

그리고 나서 수잔은 가족들에 대해 이야기하였다.

"아버지는 좋은 분이셨죠. 아버지는 외판원이셨고, 책으로 내지는 않았지만 글을 쓰셨지요. 아버지는 자주 집을 떠나 타지에 나가 계셨으며, 집에 계실 때에도 거의 말씀이 없으셨습니다. 아버지는 알코올 중독자였지만, 가족들을 괴롭히지 않으셨습니다. 조용히 취하시고 나면 꽤 유머감각도 있으셨죠. 어머니는 잘 우셨고 자주 화를 내곤 하셨어요. 어머니는 우리의 가장 좋은 친구였죠. 그녀는 항상 우리와 함께 계셨고, 제가 노래도 잘 하고 이야기도 재미있게 한다고 칭찬하셨습니다. 제 노래 듣는 걸 좋아하셨어요. 우리는 휴가 때가 아니면 아버지를 보기 힘들었습니다. 그 당시 아버지는 훌륭한 분이셨지요. 손자들과도 잘 지냈구요. 제 여동생은 화를 잘 내고 잘 대들었는데 반해, 저는 그렇지 않았습니다. 저는 매사에 문제없이 항상 잘 지내려고 노력하곤 했습니다."

이 평가 회기 후에, 수잔이 정보처리 문제나 기억력 손상의 문제를 측정하고, 그 원인이 정서적인 것인지 기질적인 것인지를 탐색하기 위해 심리검사를 해볼 필요가 있었다. 그녀의 자녀 중 하나는 학습장애를 가지고 있었다. 이러한 사실을 고려할 때, 수잔의 학습장애 역시 기질적인 것일 수 있다. 나는 그녀가 1년 동안만 워싱턴에 있을 것이라고 했기 때문에 정신분석을 권하지 않았다. 이전 치료의 실패에 비추어 볼 때, 그녀에게는 정말 집중적인 치료가 필요하며 부부치료도 필요하다고 생각되었다. 하지만 나는 그녀가 경제적인 이유로 두 가지 제안을 모두 거절할 것이라고 예측했다. 그녀가 내세우는 경제적인 이유는 사실상 치료에 대한 그녀의 양가감정과 자기 자신은 원하는 것을 가질 만한 가치가 없다는 그녀 자신에 대한 평가절하를 감추기 위한 방어라고 볼 수 있다.

수잔은 심리검사를 받아보기로 했다. 그 비용은 보험회사에서 따로 처리해 주기로 되어 있었다. 그녀는 곧 바로 내가 권하는 심리학자와 약속을 잡았다. 남편이 부부치료를 원하지 않았기 때문에 그녀는 부부치료를 받지 못할 것이다. 내가 예상한 대로 수잔은 집중적인 치료에 돈 들이는 걸 싫어했다. 하지만 그녀의 저항은 그보다는 더 깊은 것이었다. 나는 그녀가 적은 비용으로 1년 동안 치료받을 수 있도록 클리닉에서 훈련을 받고 있는 치료자와 연결해 주었다. 하지만 그녀는 이 제안도 거절했다. 수잔은 치료기간이 충분하지 않더라도, 나에게 단기치료를 받기로 결정했다. 치료기간은 보험급여로 치료비가 충당되는 여섯 회기로 정했다. 그리고 우리는 함께 다음과 같은 치료목표를 세웠다:

1. 치료자와 함께 자신의 기억력과 사고에 관련된 문제를 탐색하고, 또한 심리학자에게 심리검사를 받는다.
2. 결혼생활과 심리치료에 관한 그녀의 감정을 경험한다.
3. 어머니의 상실을 애도하고, 아버지와의 관계에 관해 생각해 본다.
4. 이러한 목표가 정신분석학적 단기치료에서 얼마나 성취될 수 있는지를 알아본다.
5. 좀더 집중적인 치료가 정말로 필요하다면, 이에 대한 그녀의 동기와 저항을 탐색한다.

수잔의 남편이 그녀에게 확신을 줌으로써 불안정감에서 그녀를 구해 주었듯이, 샤르프 박사는 수잔이 집중적인 치료를 받아야 한다는 확신을 주고자 했다. 하지만 그녀는 자신의 생각을 밀어붙이지 않았다. 8장에서 아델레에게 그랬던 것처럼 샤르프 박사는 환자가 장기치료에 투자하기를 꺼려하는 사실을 한계로 받아들였다. 수잔은 여섯 회기로 제한한 보험회사의 규정을 자기자신과 대상에게 제한을 부과하는 수단으로 삼았다. 단기치료에서 우리는 그녀의 기억력 감퇴와 학습장애, 불행한 결혼생활, 자신을 비하하는 태도 등의 문제에 초점을 맞출 것이다. 수잔은 적은 치료비로 장기치료를 받을 수 있었음에도 그 가능성을 수용하지 않았다. 이것은 그녀가 자신에게 투자하지 않으려 하고 자신을 좀더 가치있는 존재로 느끼지 못하기 때문이었다. 그녀는 치료자의 유용성을 제한하고자 했으며, 치료자로부터 가치있는 것을 얻어내기보다는 치료자를 패배시키고자 했다. 이 치료에서 정신역동적인 탐구의 초점은 외부 대상(아버지, 남편, 치료자)을 제한하고 손상된 자기(학습 및 기억력 장애)의 이미지에 집착하는 수잔의 무의식적인 결정에 두게 될 것이다.

첫 번째 회기

수잔은 지난 번 성에 관해서 이야기한 이후로 그 일에 몰두해 있었고 창피한 느낌이었다. 그녀는 내가 그녀에 관해 어떻게 생각하고 있을까 궁금해 했고, 자신이 취약한 상태에 있다고 느꼈다. 그것은 지난 번 이야기에서 그녀 자신이 더 나은 성생활에 관심이 있음을 인정한 셈이기 때문이었다. 그녀는 남편이 "당신, 그렇게 뚱뚱하지 않아"라는 식으로 건성으로 말하는데 익숙해 있었고 체념하고 있었다. 그러다가 식료품 가게 주인이 "안녕하세요. 머리가 정말 아름다우시네요!"라는 말을 들으면 감정이 복받쳐 올라 야채 코너로 가서 울음을 터뜨리곤 했다.

나는 수잔이 내가 그녀 자신에게 관심을 가져준 것에 대해 감사를 표하고 있고, 식료품 가게 주인이 그랬던 것처럼 내가 그녀 안에서 어떤 가치를 볼 수 있을 거라는 희망을 나타내고 있다고 생각했다. 나는 그녀가 이러한 경험을 내면화함으로써 자존감을 수정하고, 남편의 부정적인 피드백에서 벗어나 자유로워지는데 도움이 될 수 있을 거라고 희망적으로 느꼈다.

그녀는 자신이 가치있는 존재로 인정받았다는 사실을 확인하고 나서 회기를 주도적으로 이끌어 나갔고, 그녀의 학습 문제에 관해 좀더 자세히 이야기하였다. "제가 왜 여기 왔는지에 대한 문제로 돌아가 생각해 보면요." 그녀가 말했다. "제 기억력이 갑자기 없어지는 거예요. 어느 쪽으로 운전을 해야 되는지 잊어버려요. 어젯밤에는 운전하다가 갑자기 제가 이미 대로에서 빠져 나왔다는 생각이 들었습니다. 갑자기 아무런 생각이 나지 않는 거예요. 여기 오는 길을 기억하기 위해 복잡한 신호체계를 사용해야 했습니다. 지난 주에는 점심 먹으러 가는 것도 잊었어요. 초대하신 여주인이 전화를 했는데, 무슨 말을 하는지 모르겠더라구요. 한번은 딸아이를 데리러 가는 걸 깜빡 잊어버린 적도 있습니다. 이게 어제 오늘의 일도 아니고 점점 더 나빠지는 것 같습니다. 독서 세미나에 참가하면서 저는 읽은 부분만 잊어버리는 게 아니라 읽었다는 사실조차 잊어버린다는 것을 알게 되었습니다. 제가 하는 일에 계속해서 주의를 기울일 수 없습니다. 제가 손으로 무엇을 쓰고 있는 동안에도 제 머리는 딴 데 가 있습니다.”

이것은 해리 현상 같아서 내가 물었다. “모든 것이 낯설게 느껴지고 자신이 아닌 다른 사람이 글을 쓰고 있는 것 같았나요?”

“맞아요. 다른 사람이 그것을 썼을 수도 있는데, 그래도 제가 쓴 것 같아요. 자신이 전에 말한 것을 잊어버린다는 건 당혹스러운 일이에요.”

“그렇지만 우리가 여기서 말한 내용을 잊어버리지는 않았습니다.” 내가 지적했다.

“그래요. 그 점에 대해 저는 많은 생각을 합니다.” 그녀가 동의했다. “저는 실제 생각보다 은유적인 표현을 더 잘 기억합니다.” 그녀는 오른손에 끼고 있던 작은 반지를 만지작거렸다.

나는 순간적으로 그 반지가 의미하는 게 무얼까 하고 생각했다.

“전 이 반지를 모리티안 바자회에서 발견했습니다.” 그녀가 말했다. “제가 십대였을 때 그것을 갖고 싶었지만, 당시에는 그걸 사지 못했습니다. 몇 년 전 우리 부부가 시댁 어른들을 방문했을 때 이걸 샀습니다. 상담하시던 분은 제가 저 자신을 위해서 무언가를 샀으니 잘 한 일이라고 말씀하셨고, 그때 저는 울음을 터뜨렸습니다. 저는 물건들을 제 어려움을 나타내는 은유로 삼는 경향이 있습니다. 저는 물건들을 담아둘 수 있는 상자들을 수집하지요."

이제 좀더 깊은 은유가 그 모습을 드러내기 시작했다.

"어머니는 보석을 수집했죠." 그녀는 말을 이었다. "어머니는 벼룩시장에 가서 좋은 물건을 정말 잘 골랐습니다. 저는 어머니와 같이 가서 기념 메달을 수집했습니다. 마치 스스로 축하하기라도 하듯이 말입니다. 제가 입는 옷들은 대부분 어머니가 버린 것들이었는데, 요즘에는 제 자신이 옷을 산답니다. 항상 싸구려 옷들이기는 하지만요. 그리고 비록 적은 시간이기는 하지만 꽤 비싼 비용으로 이 치료를 샀지요. 장기치료를 할 수 없었던 이유는 제가 남편 보험회사의 돈을 쓰는데 대한 죄책감을 느끼기 때문이었죠. 그렇게 하면 남편이 저를 떠나게 될지도 모른다는 두려움이 제게 있었습니다. 지금 저는 미래에 대해 아무런 그림도 그릴 수 없어요. 저는 딸아이를 둔 나, 직장을 가진 나, 무얼 할 수 있는 나, 또는 저녁 만찬을 준비하는 아내로서의 나 등, 어떤 나에 대해서도 아무런 이미지를 떠올릴 수가 없습니다."

수잔은 나머지 십 분 동안 불행한 결혼생활에 관해 이야기했다. 시간이 되어 나는 말했다. "시간이 다 됐군요."

"죄송합니다." 그녀가 말했다. "죄송해요." 그녀는 고개를 떨구고 쏜살같이 문으로 나갔다. 몹시 당혹스러운 표정이었고, 더듬거리며 용서를 구했다. 그녀는 마치 꾸지람을 들은 아이처럼 보였다.

"잠깐만요." 내가 말했다. "뭐가 그리 죄송하죠?"

"시간을 너무 써서요." 그녀가 대답했다. "제 요구는 끝이 없거든요."

우리는 단지 오십 초 가량 더 시간을 가졌을 뿐 크게 문제 될 것이 없었으며, 그것 또한 그녀의 책임은 아니었다. "당신은 내가 당신을 위해 비워놓은 시간을 사용했어요." 내가 말했다. "지금이 끝내야 할 시간이라고 생각해서 그렇게 말씀드린 것뿐이에요."

수잔은 가엾은 아기처럼 울었다.

나는 그녀가 탐욕스러웠다는 죄책감을 느꼈다고 생각했다. 그리고 거기에는 무의식적인 이유가 있지 않을까 생각했다. 즉 그녀가 생후 초기에 실제 또는 상상 속에서 대상을 대하던 방식과 죄책감이 관련되어 있을 수 있다고 생각했다. 하지만 우리가 약속한 시간은 다 되었고, 나는 이런 말밖에 할 수 없었다. "일 이분 더 이야기한다고 해서 달라지는 건 없을 겁니다. 보세요. 우린 과연 여섯 회기가 충분할까 하고 생각하고 있다구요. 만약 그것으로 되지 않는다면, 우리는 그게 당신의 요구가 끝이 없기 때문인지, 아니면 여섯 회기라는 제한된 시간 때문인지 알게 될 겁니다."

이번 회기에서 수잔은 자신의 무능함과 결핍을 그리고 어머니와의 애착관계를 표현했다. 그녀는 샤르프 박사와의 관계에서 직접적이고 매우 긍정적인 환경 전이를 나타냈다. 그녀는 치료자가 환경적 안아주기를 제공해 주리라고 가정했기 때문에 마음속에 간직했던 자신의 불행한 이야기들을 털어놓을 수 있었고, 그들 사이의 잠재적 공간을 채울 수 있었다. 그 결과 샤르프 박사는 낯선 사람의 칭찬을 듣고 울 수밖에 없었던 사랑에 대한 간절한 수잔의 욕구를 이해할 수 있었고, 그녀가 남편에게서 경험하는 무시와 거절을 느꼈으며, 그녀의 무의식적인 죄책감을 감지할 수 있었다. 이제 문제는 분명해졌다. "이러한 거절하는 대상 경험이 얼마만큼이나 실제의 외부 대상에게서 온 것인가? 그리고 수잔이 얼마나 투사적 동일시를 사용하여 남편의 거절을 이끌어내는가?"

두 번째 회기

"지난 시간에 제가 그런 식으로 자리를 떠서 죄송해요." 수잔이 말했다. 지난 회기에 다룬 문제를 기억하고 있음이 분명했다. "저는 이 시간이 참으로 감사하고, 매순간이 소중하다고 느낍니다. 제 남편이 오지 않겠다고 해서 기뻐요. 왜냐하면 저를 위해서만 이 시간을 쓰고 싶기 때문이에요. 전 절대로 이 시간을 포기하지 않을 거예요. 여기 있으면 제가 용감하다고 느껴집니다."

"용감한데, 지나치게 미안해 하는군요." 내가 덧붙였다.

"그렇습니다. 저는 지나치게 미안해 합니다. 제가 잘못했다고 말하는 것이 시기심을 피하면서 제가 원하는 것을 얻는 방법이거든요."

나는 지난 시간에 그녀가 병적으로 사과하는 모습에 놀랐던 일을 기억했고, 이제는 치료받을 권리를 당당하게 주장할 정도로 힘을 얻은 그녀의 모습이 놀라웠다. 나는 그녀가 자신의 목소리를 찾았고 자신의 생각을 거침없이 말할 수 있게 된 것을 보며 마음이 놓였다. 나에 대한 그녀의 신뢰가 차츰 커지고 있었다.

수잔은 내가 말을 시키거나 물어보지 않아도 계속해서 자신에 대해 상세하게 이야기했다. 그리고는 다음과 같이 말하면서 이야기를 맺었다. "잘난 척 하는 것이 가장 나빠요. 저는 제가 만든 노래를 망치려고 아주 빨리 부르거나 아주 천천히 혹은 아무런 감정없이 부르죠. 누군가 '그거 좋은데'라고 말하면, '처음보다는 좋아졌어요'라고 말합니다. 어떤 것이 좋다고 생각하고 실제로 좋아하면서도 '이게 좋아'라고 말하는 건 저에겐 정말 어려운 일입니다. 저는 어느 누구도 그럴 것이라고 생각하지 않아요. 바로 이런 이유 때문에 저는 출판사에 글을 보내지 않습니다. 그들은 제 노래를 평범하다고 생각할 거예요. 제 꿈처럼 말이죠. 제 꿈은 너무 현실적이고 따분해요. 그것은 마치 제가 낮에 할 수 없었던 일들을 꿈에서 하는 것 같아요."

나는 우리가 겉으로 드러난 실제 사실들보다 꿈에서 더 많은 걸 배울 수 있기 때문에 그녀의 꿈에 관해 듣고 싶다고 말했다.

수잔은 치료 상황을 자기 스스로 정한 한계 안에서 스스로 사용할 수 있는 공간으로 만들 수 있음을 보여주었다. 그러나 그녀는 그 공간에 함께 생각해 볼 수 있는 자료를 제공하기보다는 지금-거기에서 관찰된 자신에 대한 자료를 제공했다. 우리는 질 샤르프 박사가 노래를 망치는 것과 치료를 망치는 것을 관련짓지 못했고, 환자에 대한 치료자 자신의 경험에 대해 거의 말하지 않았음에 주목하였다. 따라서 치료자가 자신의 담아주는 기능에 한계가 있음을 아직 인식하지 못하고 있다고 추측했다. 이 담아주는 기능이야말로 수잔을 전이를 검토하는 쪽으로 인도하는데 필요한 것이었다.

여기서 전이에 대한 **안아주기**와 **담아주기** 기능을 구분해 볼 수 있다. 환경적인 안아주기는 좋았다: 수잔은 정서가 담긴, 새롭고 고통스러운 자료를 가져올 만큼 샤르프 박사를 신뢰하였다. 그러나 담아주기는 잘 이루어지지 못했다: 환자와 치료자 사이에 넘쳐흐르는, 감당할 수 없는 불안을 치료과정에서 변형시키고 있음을 보여주는 충분한 증거는 없다. 치료자가 소화되지 않은 자료를 담아주고 변형시켜 줄 수 있는 능력을 갖고 있는지는 앞으로 보게 될 것이다. 이 사례에서 핵심적인 문제는 다음과 같다: 경험을 처리하고 검토하는 치료자의 능력이 충분히 회복되어 이것을 환자와 공유하고, 환자가 정한 시간 안에 환자가 동일시할 수 있도록 담아줄 수 있는가?

세 번째 회기

수잔은 이 회기를 지난 주에 했던 심리검사 경험에 관한 서술로 시작했다. 그녀는 그 심리학자에게 호감을 느꼈다고 했다. 그녀는 자신의 기억상실에 관해 더 많은 예들을 나열했다. 특히 독서 세미나를 위해 자신이 읽은 책의 내용을 요약했는데, 나중에 알고 보니 이미 전에 했던 내용이었다는 이야기를 나에게 말하는 것을 잊었다고 강조했다. 나는 이러한 증상이 무얼 의미할까 궁금했다. 이러한 현저한 기억상실이 지닌 해리적 성질은 비록 그 사건에 대한 기억은 지워졌어도, 외상적 사건을 반복하는 것일 수 있음을 말해 주고 있었다. 나는 성적인 학대가 있지 않았을까 속으로 생각했다. 결혼 전에 낙태한 적이 있느냐고 물어보았는데, 그런 적은 없다고 했다. 그녀는 마치 자신이 결혼하지 않은 사람인양 두 번째 결혼에 대한 환상을 갖고 있는 건 아닌지 궁금했다. 그녀는 이것은 단지 다른 문제에 몰두한데 따른 결과라고 생각했다.

나는 이러한 특이한 경험을 무의식적인 요인과 연결지으려고 했으나, 그러한 시도는 번번이 틀린 것으로 드러났다. 수잔은 이 점에서 나를 도와 주지 않았다. 그녀는 그녀의 마음 속에서 그런 것처럼 치료시간에도 여러 가닥의 연상들을 서로 관련짓지 못하도록 차단하였다.

수잔은 그녀가 지난 주에 꾼, 아주 유용한 꿈에 관해 이야기하였다.

저는 스미쏘니언 선물 가게에서 물건을 사러온 다른 사람들과 함께 가격을 비교하고 있었습니다. 물건을 사는 것 외에는 아무 것도 할 것이 없었고, 그 안에는 저와 다른 손님들밖에 없었습니다.

나는 말없이 내 차에 스미쏘니언 스티커가 붙어있다는 사실을 연상했고, 또 그녀가 여기저기 값을 비교해보지 않은 채 나의 서비스를 산 사실을 연상했다.

"아주 따분한 그 꿈을 꾸고 나서 또다른 특이한 꿈을 꾸었어요." 그녀가 말했다.

저는 공항에 있었습니다. 그런데 그 공항은 비행기 안으로 들어가는 터널 속에 있었습니다. 비행기는 우주 왕복선이었고, 저는 15년 동안 거기에 있었습니다. 그 터널은 아주 짧았고, 그게 전부였어요. 사방이 알루미늄으로 된 벽안에는 저 혼자 서 있었습니다.

"어떻게 십오년 동안이나 거기 서 있었을까요?" 수잔이 물었다. "이 꿈이 저의 결혼생활을 나타낼 거라는 생각이 들었지만, 그런 식으로 생각하고 싶지는 않습니다. 남편과 함께 본 영화 안드로메다의 긴장(The Andrmeda Strain)이나 아이들과 함께 본 영화 스타 워즈(Star Wars)가 생각나더군요. 영화에서 본 우주 왕복선에 달린 문은 모든 걸 완벽하게 차단할 수 있는 슬라이딩 도어였습니다. 또 뉴스에서도 우주 왕복선은 여러 번 나왔습니다."

나는 사무실 바깥쪽에 있는 슬라이딩 도어를 생각했고, 그녀의 꿈은 결혼뿐만 아니라 치료라는 캡슐 속에 갇혀 있음을 나타낸다고 생각하였다. "이 꿈은 회복에 관해 생각하고 있음을 시사합니다." 내가 말했다. "그리고 …"

나는 계속 그녀의 연상에서 나온 자료에 대한 내 생각을 좀더 구체적으로 이야기하려던 참이었다. 그때 수잔이 갑자기 다른 꿈을 생각해냈다. 나는 그것을 오늘 그녀의 마음이 관련을 지을 수 있도록 허용하고 있음을 나타내는 좋은 징표라고 느꼈다.

"한번은 어머니 꿈을 꾸었습니다. 이 꿈은 스미쏘니언에 관한 첫 번째 꿈과 관련되어 있습니다."

우리는 박물관에서 만나 선물가게로 가서 점심을 먹었습니다. 그곳은 정말 천국 같았고, 음식은 정말 맛있었습니다. 하지만 가격이 너무 비쌌습니다.

"어머니가 있는 천국에 기념품 가게가 있다는 게 재미있어요." 수잔이 말했다. 그녀는 어머니를 그리워하면서 울기 시작했다.

"하지만 스미쏘니언 꿈은 아주 유용한 꿈이었습니다. 저와 다른 구매자들밖에 없었으니까요." 그녀가 강조해서 말했다.

그녀가 연상을 통해 그 꿈을 다른 꿈과 관련시켰을 때, 나는 그 꿈들이 무의식적 의미와 연결되어 있다고 느꼈다.

"겉보기에 유용한 꿈은 어머니를 찾고 있는 당신의 모습을 나타내고 있습니다." 내가 말했다. "뿐만 아니라 그 꿈은 당신이 이 치료를 하기로 결심했던 평가면담을 생각나게 합니다. 당신은 짧은 꿈에서 짧은 터널로 들어갔는데, 이것은 단기치료를 나타내지요. 하지만 당신이 슬라이딩 도어에 갇혀버린다면, 단기치료는 끔찍한 15년간의 집중적인 치료로 인도할 수도 있습니다. 그리고 보시다시피 이 사무실에는 유리로 된 슬라이딩 도어가 있습니다."

"저는 독서 세미나에 제출해야 될 숙제 때문에 그 점에 관해서는 미처 생각하지 못했다고 생각했어요." 수잔은 생각에 잠겨 말했다. 그녀는 이제 마쳐야 할 시간임을 알고 지갑에서 운전용 안경을 꺼내면서 지나가는 말로 이렇게 말했다. "한쪽은 원시용이고 한쪽은 근시용인 콘택트 렌즈를 껴보려고 했지만, 한쪽 눈의 이미지를 억제할 수 없었어요. 아니 두 이미지를 통합할 수 없었는지도 모르죠." 그리고 수잔은 전혀 관련이 없다는 듯이 다음과 같은 한마디 말을 던졌다: "선생님은 거기에 아무 것도 없다고 생각하시는군요. 그러면서도 이 모든 관련성을 보고 계시는군요!" 이 말은 분명히 중심적인 주제로 되돌아가는 것이었다.

처음에, 수잔은 겉으로 드러난 내용과 근저의 역동을 관련시키려는 샤르프 박사의 시도를 거절했고, 그리고 나서 마치 관련성이 벗겨진 듯한 평범하다고 생각되는 꿈을 보고하였다. 그럼에도 불구하고 수잔은 그녀의 꿈을 한데 엮어낼 수 있었다. 그녀는 앞서 말했던 고립된 꿈과 관련된 또다른 꿈을 이야기함으로써, 샤르프 박사에게 이 꿈들의 잠재된 의미를 알려 주었다. 샤르프 박사는 전이 안에서 그 꿈이 갖는 역동적인 의미를 해석해 주었고, 수잔은 이 해석을 사려깊게 받아들였다. 그리고 나서 수잔은 그녀가 원하는 이중적인 초점, 즉 가까워지고 싶으면서 멀어지고 싶은 바램을 유지하는데 따른 어려움에 관한 그녀 자신의 역동적인 견해를 피력하였다. 이것은 이 치료가 이중적인 초점을 갖고 있다는 사실을 생각나게 했고, 그녀가 지금-거기의 차원 그 이상을 보는 것은 참으로 어렵다는 것을 확인시켜 주었다. 치료자는 스스로 보지 못하는 환자의 일부분을 무의식적으로 동일시하였다. 그러나 꿈 자료와 연결지으려는 환자의 새로운 의지는 치료자로 하여금 지금 여기에 그리고 미래에 참여하지 못하고 주저하는 환자의 마음을 이해할 수 있도록 허용했다. 그리고 그녀가 지금 여기에 참여하지 못한다면, 이 치료는 미래에서 끝없이 연장될 수 있다는 두려움을 이해할 수 있었다.

네 번째 회기

"심리검사를 잘 마쳤습니다." 수잔이 이야기를 꺼냈다. "검사를 담당하신 박사님이 기질적인 장애가 있는 것은 아니라고 말씀하시더군요. 믿기 어려우시겠지만, 제 지능은 매우 우수한 편이래요. 따라서 제 스스로 생각하는 것과는 달리, 제가 바보는 아니라고 하더군요. 기억과 정보처리의 문제는 우울증 때문이랍니다."

수잔은 새로운 자신감을 가지고 생각하지 않는 문제와 말할 가치가 있는 것을 기억하지 못하는 문제를 다루기 시작했다. "저는 제가 항상 이렇지는 않았다는 사실을 깨달았습니다. 그래서 저는 언제부터 제 목소리를 잃어버렸는지 그리고 정말 그것을 잃어버렸는지에 대해 생각해 보았습니다. 저는 몇몇 단어들의 번역과 관련된 일련의 노랫말을 쓴 적이 있습니다. 제 친구 하나가 그 노래들을 모아 앨범을 만들고 "한 여성의 목소리 찾기"라는 제목을 붙였는데, 저는 그녀의 발상이 마음에 들었습니다. 흥미로운 점은 작곡된 노래들을 시간적으로 거꾸로 실었다는 점입니다. 마치 저의 목소리를 찾기 위해 뒤로 돌아가야 하는 것처럼 말입니다.

"그때 저는 남편의 말 때문에 제 자신의 목소리를 잃어버렸던 시간에 관해 생각했습니다. 그때 상황은 마치 제가 이전 치료자에게 그가 너무 따뜻하고 흐릿해서 저를 혼란스럽게 만들기 때문에 화가 났다고 말했을 때와 같다고 느껴졌습니다. 남편은 이렇게 말하더군요. '아냐, 당신은 항상 혼돈 상태에 있어.' 제가 더 이상 무슨 말을 할 수 있겠습니까?

"당시 남편은 제가 어머니에게서 받은 땅문서를 잃어버렸다는 걸 알았습니다. 서랍 어디에 있을 거라고 생각했지만, 도무지 찾지를 못했어요. 남편은 저녁 만찬 중간까지 기다리다가 사람들이 다 있는 자리에서 그 문서에 관해 묻더군요. 전 그 방을 뛰쳐나올 수밖에 없었습니다. 당시는 우리가 결혼한 지 얼마 안 되었을 때였고, 저는 피임을 하기 위해 자궁 속에 링을 하고 있었습니다. 그런데도 저는 임신을 하게 되었습니다. 의사는 낙태를 권유했고, 저는 그게 최선이라고 생각했습니다. 그렇지만 무척 당황했습니다. 이 문제에 관해서 남편과 이야기했을 때 남편은 이렇게 말하더군요. '피임 기구가 듣지 않다니, 이건 창피한 일이야. 당신은 아직 어머니가 될 준비가 안 됐다구.'"

수잔은 흐느껴 울었다. "이제 다 잊어버려서 임신과 낙태에 관한 이야기를 해 드릴 수 없군요." 그녀가 말했다. "제가 남편에게 무슨 말을 해도 저 혼자서 떠들게 되고 남편은 듣는 둥 마는 둥 합니다."

"당신이 목소리를 잃어버린 일에 관한 실마리가 여기에 있군요." 내가 말했다.

나는 그녀가 아기를 임신했다고 말했을 때, 남편이 보여준 반응이 끼친 파괴적인 영향력에 관해 생각하였다. 수잔은 그녀의 상처를 아주 철저하게 억압해 왔다. 그러나 지금 그녀가 연상을 통해 드러내고 있듯이, 실제로 상처가 된 것은 그녀의 여동생이 태어나기 전에 있었던 다른 임신 사건이었다.

"그 일은 그 전으로 거슬러 올라갑니다." 그녀가 말했다. "전 종종 일을 거꾸로 되돌려서 낭패감을 없애버릴 순 없을까 생각하곤 합니다. 여동생에 대해서 그런 것처럼 말입니다. 제가 여동생에게 무슨 이야기를 하면, 그녀는 듣지 않거나 화를 내곤 했습니다. 전 제 자신에게 다짐했습니다. '내가 널 친구로 여기나봐라. 결코 너랑은 친하게 지내지 않을 거야.' 지금은 함께 살고 있는 제 남편이 이기적인 여동생을 대신하고 있기 때문에, 저는 여동생과 그럭저럭 잘 지내고 있습니다." 잠시 생각하더니 수잔이 말했다. "제가 너무 이 얘기에서 저 얘기로 옮겨다녔군요. 이런 식으로 말해도 괜찮은지 모르겠네요. 제가 이런 식으로 말하는 걸 원하세요?" 그녀가 또다시 물었다.

나는 수잔이 혼자서 관련짓는 것이 기뻤고, 그녀가 하는 대로 따라가고 있었다. 그녀가 말을 중단하자 갑자기 나의 주의집중이 깨어졌다. 지금-여기에서 나는 그녀가 자신의 사고를 차단하는 역동적인 과정을 경험하고 있었고, 왜 그런 일이 발생했는지를 이해할 수 있었다.

내가 말했다. "내가 보기에 당신은 당신의 여동생처럼 이기적인 사람이 되지 않으려고 노력하고 있고, 그래서 나의 욕구를 고려하려고 애쓰고 있습니다."

"맞습니다. 전 다른 사람을 편안하게 해주려고 항상 노력하지요. 하지만 남편은 제가 단지 좋은 인상만 주려고 한다고 해요. 저는 여동생과의 관계에서 생기는 어떤 갈등도 참을 수 없습니다. 그녀는 그걸 전혀 개의치 않는데도 말입니다. 사실 그녀는 아주 도전적이거든요."

나는 그녀의 남편이 문제를 바로 보고 있다고 생각했다. 하지만 그의 생각이 그녀의 동기에 대한 유일한 평가는 아니라고 확신했다. 나는 그녀가 형제 관계를 어떻게 생각하는지 좀더 듣고 싶었고, 그것을 전이 안에서 경험하고 싶었다.

내가 말했다. "물론 당신이 갈등을 회피하는 능력에는 양면이 있습니다. 여동생에 대해서는 감정이 많이 안 좋은 것 같아요."

"어머닌 자식들을 아주 많이 사랑하셨고, 서로 사랑해야 한다고 가르치셨습니다. 어머니는 사라를 낳았을 때 제가 무척 기뻐했다고 말씀하셨죠. 제가 문장을 사용해서 말한 첫 마디가 '사라는요?'였다는 건 모든 가족들이 잘 알고 있는 일화입니다. 어머니는 사라가 두어 살 되었을 때 제가 사라를 미치도록 좋아했다고 합니다. 우리가 자기 생각을 가질 만큼 나이를 먹자 문제가 생기기 시작했습니다. 제 아이나 친구 아이를 보면, 큰 아이가 동생을 질투해서 정말 창 밖으로 내던져 버리고 싶어하더군요. 제 여동생에게 그 정도의 분노를 가지고 있었으리라는 것쯤은 저도 알고 있고 또 인정하려고 노력하고 있습니다. 저는 제가 분노를 가지고 있다는 사실을 인정하려고 노력하고 있어요. 제가 여기를 떠난 뒤에 분명히 저는 화가 나 있을 겁니다."

"집에 갈 때 차안에서 내내 대화를 혼자 독점한 것에 대해 후회했습니다. 그렇게 한 것이 커다란 잘못처럼 느껴졌습니다. 선생님께 말씀하실 기회를 거의 드리지 않았지요. '멍청한 바보년 같으니라구' 제 머릿속에서 이런 소리가 들렸습니다. '왜 입 닥치지 못했을까?' 저는 실제로 손가락 총으로 머리에 겨누기까지 했습니다. 저는 제 정신이 아니었습니다."

"그 소리가 누구 소리 같던가요?" 나는 우리가 알 수 있는 내적 대상의 소리일지도 모른다고 생각하며 물었다.

"내 목소리와는 정반대였어요." 그녀가 말했다. "전 결코 그런 욕을 하지 않아요. 그건 어느 누구의 목소리도 아니었어요."

"그 목소리와 관련해서 어떤 생각이 떠오르지요?" 내가 계속 물었다.

"아버지가 술에 취했을 때 자기 자신에게 욕을 하신 적이 있었던 것 같아요." 그녀가 덧붙였다. "아버지가 상당히 절망적인 상태였던 것 같아요."

"어떤 일로요?" 내가 물었다.

"모르겠어요. 몰라요." 그녀가 울부짖었다. 그리고는 긴 침묵이 뒤따랐다.

"당신은 내가 아버지의 고통에 관해 묻자 첫 번째로 당신의 목소리를 잃어버리는 반응을 보였습니다. 여기엔 당신이 듣거나 말하는 걸 견딜 수 없어하는 무언가가 있는 것 같습니다."

"이해할 수 없어요." 그녀가 말했다. "전 아버지를 항상 다정하고 조용한, 심지어는 술에 취해서도 조용한 분이라고 생각했거든요. 아버진 한번도 제게 고함치지 않았지만, 이제 기억을 더듬어 보니 당신 자신을 정말 학대하는 분이었던 것 같아요. 한번은 아버지가 자신의 삶이 너무 복잡하고 그 문제를 어떻게 헤쳐가야 할지 막막해 하면서 스스로를 저주하고 욕했던 일이 기억나는군요. 전 그 방에서 옆방으로 건너가면서 그 소리를 들었어요. 하지만 지금까지 이것에 관해 전혀 생각해 보지 않았습니다. 전 언어를 사랑하거든요. 언어는 제게 매우 강력한 것이었고, 또한 두려운 것이었습니다."

"이번 주에는 제가 독서 세미나에서 발표하는 일로 신경이 몹시 날카로웠습니다. 다른 여자 둘이 저와 과제를 나누어 맡았습니다. 전 그 두 사람에게 제가 긴장해서 아무런 생각도 나지 않을까봐 두렵다고 이야기했는데, 정말 그런 일이 벌어지고 말았습니다. 전 한마디도 할 수 없었어요. 다른 두 사람이 제 몫까지 해야 했고, 전 그저 다시 반복해서 말해야 했습니다. 전 일주일 내내 제 목소리를 잃어버릴까봐 두려웠습니다. 전 저격수들이 우글거리는 뒷골목을 달리는 기분이 들었습니다. 되도록 빨리 그곳을 벗어나는 게 제 목표였습니다."

"당신의 연상은 당신을 서로 가깝고 도와 주는 세 여자가 나오는 장면으로 데려갔습니다. 이 이야기를 들으면서 저는 당신의 어머니와 여동생 그리고 당신 세 사람의 관계가 생각 났습니다. 당신은 그들에게 마땅히 화를 내거나 자기 주장을 내세울 수 없었지만, 당신들 세 사람은 아마도 아버지를 배제 시키기 위해 서로 뭉쳤던 것 같습니다."

"우린 분명히 그랬죠." 수잔은 고개를 끄덕였다. "우리는 아버지를 배제시켰어요. 우리는 아버지와 담을 쌓았습니다. 아버지의 분노에 찬 소리를 들었지만, 전 그것을 지금까지 차단시켰습니다. 저는 아버지가 화 내시는 모습을 한 번밖에 보지 못했는데, 그것은 감추어진 것이었고, 아버지 자신을 향한 것이었습니다."

내가 말했다. "당신은 아버지와의 친밀함을 유지하기 위해 자기를 비하하는 목소리로 아버지의 분노를 당신 자신을 향해 퍼붓고 있습니다. 그리고 그것을 어렸을 때 어머니가 알지 못하게 했듯이 지금 내가 알지 못하게 하고 있습니다. 오늘 그것들에 대해서 당신이 내게 말해 줄 때까지 나는 치료시간 바깥에서 어떤 일이 일어나는지 알 수 없었는데, 그것도 다 같은 이유 때문이었습니다."

"제가 아버지와 가장 가까웠고 어머니나 여동생보다 아버지에 대해 좀더 관용적이고 희망적이었습니다."

"당신이 말했듯이, 어머니는 당신을 사랑했습니다." 내가 말했다. "아버지는 그 때문에 당신과 어머니에 대해 일종의 분노 감정을 가지고 있었음이 분명합니다."

"어머니는 제가 일단 아이를 갖게 되면, 남편이 별로 중요하지 않게 될 거라고 말씀하시곤 했습니다. 어머니는 아버지에게 정서적 관심을 2퍼센트밖에 주지 않았습니다. 저는 제 남편과의 관계가 부모님의 관계와 다르길 바라지만, 그렇지도 않은 것 같습니다. 남편은 아버지만큼 화가 나 있지만, 술을 마시지도 않고, 따라서 한번도 그걸 드러내 보이지 않습니다. 하지만 전 그의 냉담한 태도를 통해 그런 감정을 느낄 수 있습니다. 그는 이 사실을 부인하겠지만, 이 때문에 끔찍한 느낌이 듭니다."

"따라서 당신은 아버지가 그랬던 것처럼 남편의 정서적인 철수에 대해서 침묵 속에서 분노하고 죄책감을 느끼면서 살고 있습니다. 그리고 당신은 자녀들에게 몰두하는 당신에 대한 남편의 말없는 분노를 느끼고 있는데, 이것은 당신과 어머니에 대한 아버지의 분노와 관련되어 있습니다. 당신은 상황이 점점 더 나빠지고 있다고 느끼고 있습니다."

"그렇습니다." 그녀가 말했다. "이 문제를 모두 없는 것처럼 쓸어 버리고, 결혼이라는 게 그저 그런 거라고 말하지 않는다면 말이죠. 제가 집 바깥에서 이런 감정을 표현할 수 있을 때는 한결 기분이 나아지죠."

이전 회기에서 우리는, 수잔이 자신의 능력에 대한 분노에 찬 경멸과 억압이 샤프 박사 안으로 들어와서 샤프 박사의 사고능력을 억제하였음을 보았다. 이전 회기에서 다룬 꿈 작업은 수잔의 관련지을 수 있는 능력을 촉진시켰다. 이번 회기에서는 환자와 치료자가 자신의 목소리를 되찾았고, 그녀가 아버지의 자기를 내적 대상으로 내재화한 사실과, 이 대상을 남편에게 투사하는 것에 관해 함께 생각할 수 있는 능력을 회복하였다. 처음으로 수잔은 자신이 부러워했던 여동생에게 그랬던 것처럼, 그녀 자신이 남편에게서 자신에 대한 경멸을 자극해 냈다는 사실을 알게 되었다. 풍부한 연결들과 무의식적인 의사소통의 상태를 확립하고, 또 그것을 성찰하는 것을 통해서 치료관계는 수잔이 지금껏 유지해 온 폐쇄적인 내적 체계를 깨뜨릴 수 있었고,

수잔은 그녀의 충일한 삶을 위해 묻혀 있던 옛 기억과 연결들에 접근할 수 있었다.

이번 회기는 치료의 전환점이라고 할 수 있다. 치료자는 환자가 치료적 진전을 망쳐 버리는 조적 방어를 보이거나 분열과 억압을 사용하는 낡은 방식으로 퇴행할 가능성에 대해 경계를 해야 할 것이다.

다섯 번째 회기

수잔은 일종의 승리감에 들떠서 자랑스럽게 말을 꺼냈다. "지난번에는 집에 가면서 저 자신에게 욕을 하지 않았어요. 오늘은 여기에서 아주 편안합니다." 잠시 후 그녀는 자신의 성공을 무효화시키는 말을 했다. "그런데 할 말이 아무 것도 생각나지 않는군요."

자신의 성공을 스스로 무효화시키는 이러한 그녀의 태도는 낡은 습관이었다. 나는 이것을 내 시기심을 막으려는 그녀의 방어라고 해석할 수도 있었지만, 그녀가 이 사실을 이미 알고 있다고 느꼈다. 그녀는 남편과 어머니, 여동생, 또 궁극적으로는 아버지와의 관계에서 자신의 목소리를 상실한 것을 탐색했고, 그녀가 다시 한번 스스로 이러한 사실을 발견할 수 있을 것이라는 생각이 들었다. 그래서 나는 기다렸다.

수잔은 아버지에 대한 이야기를 다시 꺼냈다. 그녀는 이렇게 결론 내렸다. "전 아버지가 제 삶에 얼마나 많은 영향을 미쳤는가에 대해 과소 평가했습니다. 제가 아는 여자들은 모두 비판적이거나 학대하거나 부재하거나 또는 죽은 아버지를 가졌고, 그래서 그들은 불행한 아동기를 보낸 것 같습니다. 제가 겪은 것은 그런 것과는 다른 것이었습니다. 전 아버지가 계시면서도 부재했고, 이러한 사실은 제가 생각한 것보다 더 문제가 많았던 것 같습니다. 저는 어머니를 너머 아버지에게로 가 본 적이 없었습니다."

"어머니가 돌아가시자 아버지는 술을 끊었습니다. 아버지는 여전히 말이 없고 혼자만 지내십니다. 그는 아직도 이야기 나누기가 어렵고 항상 일에 몰두하고 있지만, 다정하고 유쾌하며 재미있는 분입니다. 단지 사람들과 잘 어울리지 못할 뿐입니다. 선생님도 제 아버지와 이야기를 나누는 것이 쉽지 않을 겁니다."

"제 남편은 이야기하는 것을 별로 좋아하지 않습니다. 제가 무언가 이야기하면 대꾸는 하지만, 진정으로 저와 이야기하려고 하지 않습니다. 이를테면 우리가 별거해야 할지 모르겠다고 말한 적이 있는데, 그가 제게 한 말은 고작 집에서 아이들을 돌볼 사람을 구하라는 것이었습니다. 전 이야기를 나누어보려고 했지만, 그는 문을 닫고 나가버렸습니다."

"어린 시절에 저는 신체 접촉을 많이 하는 집안에서 자랐습니다. 우리는 항상 포옹하고, 뽀뽀하고, 토닥거렸지요. 저는 여자아이들에게 그렇게 많이 합니다. 남편은 그렇게 하지 못해요. 우리는 성교는 하지만, 포옹은 하지 않습니다. 그는 키스하는 건 시간 낭비라고 하죠. 저는 키스도 안하고 말도 나누지 않으면서 성교는 왜 하느냐고 말합니다. 저는 우리가 성교한 것을 사랑을 한 것이라고 말하고 싶지 않은데, 그나마도 삼 년이나 되었습니다. 사실 이건 수치스러운 비밀이라고 느껴집니다. 우리는 이 문제로 힘들어 하지 않는 것 같습니다.

한번은 그가 이것에 관해 농담을 던진 적도 있지만, 더 이상 저에게 접근하지 않았습니다. 전 우리가 성교할 때마다 항상 울곤 했고, 점점 더 성교를 견딜 수 없게 되었습니다."

"쾌감을 느낀 적이 있나요?" 내가 물었다.

"기대는 했지만, 결코 만족스럽지 못했습니다. 너무 실망스러워서 차츰 성교에 대한 기대조차도 사라졌습니다. 제가 성교를 정말 더 이상 견딜 수 없게 되기 전까지는 의무적으로 했습니다. 성교를 하기보다는 차라리 치과 시술대에 있는 게 더 나았지요."

"예전에 사귀던 남자친구와는 키스도 많이 하고 키스하는 걸 좋아했지만, 그 친구에 대해서 진지하게 생각하지는 않았습니다. 그래서 제 남편을 만났을 때, 저는 제가 사랑하는 사람과 성교를 할 수 있다는 기대로 몹시 흥분했습니다. 전 제가 너무 신경이 날카롭고, 마르고, 어리고, 죄책감을 많이 느껴서, 혹은 성교를 잘하지 못해서 성생활이 만족스럽지 못하다고 생각했습니다. 결혼해서도 별반 다르지 않았습니다. 전 항상 낭만이 없고 열정을 느끼지 못하는 데서 오는 실망감을 남편에게 숨겼습니다. 저는 포옹하고, 만지고 키스하는 것이 남편에게 맞지 않는다는 사실을 받아들이려고 했습니다. 저는 천천히 흥분상태에 도달하는데, 그는 신속하게 해치웁니다. 그는 저에 비해 너무 빨리 걷습니다. 저보다 빨리 생각하고 빨리 결정을 내리죠. 그는 중요한 점을 집어 내고 그것을 다루지요. 성교에서도 마찬가지입니다. 요점을 잡지요. 그리고는 그걸 실행에 옮깁니다. 저라면 아마 시작하는 데만 두 시간이 걸릴걸요!"

"당신은 날마다 시작하는 시간을 갖는 게 필요하군요." 내가 맞장구쳤다. "날마다 애정을 주고받을 수 있는 분위기 말이에요."

"그래요, 바로 그거예요!" 그녀가 소리쳤다. "그에게는 애정이 별로 없습니다. 저는 그건 중요하지 않다고 스스로에게 말하죠. 제 부모님도 잠자리를 하지 않으셨으니까, 저도 그럴 거라고 기대한 부분도 있구요. 사실 그건 중요하지요. 하지만 지금은 제가 그토록 고통스럽게 쌓아올린 장벽을 무너뜨릴 만큼 남편을 신뢰하지 못하는 게 문제입니다. 전 사랑하는 것을 좋아하는 성격이지만, 이젠 녹이 슬어 아무 것도 할 수 없게 되었습니다."

"아마도 그가 감정을 전혀 다루지 못하기 때문에 저 같은 사람이 필요했고, 반면에 저는 너무 감상적이어서 그것을 지적해 줄만한 그와 같은 사람이 필요했던 거죠. 그렇게 해서 우리 두 사람이 함께 만나게 된 것 같습니다."

수잔이 부부관계에서 작용하는 투사적 동일시 체계에 관해 이야기하는 게 인상적이었다. 하지만 그녀는 자신이 말하는 감상적인 성향이 어째서 그녀가 두려워하는 자신의 측면인지에 대해서는 아직 이해하지 못하고 있었다. 나는 그녀에게 성적인 느낌과 자위 환상에 관해 물어 보았다.

"저는 자위를 하지 않습니다. 저는 어떻게 하는지 알고 싶지도 않습니다. 제겐 성적인 환상이 있습니다. 그것은 매력적인 남자와 가슴 설레며 같은 방에 있는 것을 생각하거나, 제가 좋아하거나 저를 칭찬하는 교수가 저에 대해 어떤 생각을 가지고 있는지에 대해 생각하는 것과 같이 아주 사소한 것입니다. 제게는 다른 사람 옆에 서 있는 것도 성적일 수 있습니다. 아주 사소한 것들도 제게는 성적인 것이 될 수 있습니다."

수잔의 성은 그녀의 분노보다 훨씬 더 분열되고 억압되어 있었다. 나는 아마도 그녀가 성을 회피하기 위해 성을 회피한 어머니를 동일시하고, 평생 동안 그녀의 아버지와 남편에게 분노라는 구실을 무의식적으로 사용하고 있는 것은 아닐까라는 생각이 들었다. 나는 단기치료라는 한계 때문에 그러한 깊이까지 내려갈 수 없는 게 안타까웠다.

내가 말했다. "우리는 한 회기만 더 하면 끝나게 되는데, 집중치료를 받을지 생각해 보셔야 할 것 같네요. 성적 자기(sexual self)를 회복하기 위한 치료를 받지 않으시겠어요?"

그녀가 대답했다. "지금 당장은 그 문제를 다룰 수 있을 정도로 누군가를 신뢰하기가 어려울 것 같군요."

나는 그가 단기치료를 받기로 선택한 것에 대한 무의식적인 의미를 발견하고는 안심이 되었다: 수잔이 단기치료로 제한한 이유는 만족스럽지 못한 성교에 대한 깊은 두려움 때문이었음이 명확해졌다. 나는 그녀가 안스러웠고, 변화시킬 수 있는 기회를 사기 당했다고 느꼈다. 그와 동시에 이 단기치료에서 많은 작업을 해야만 하는 압력을 받고 있음을 느꼈다.

이번 회기를 시작하면서 조적 방어가 잠깐 나타났지만, 그것은 좀더 작업을 해야겠다는데 동의하면서 해소되었다. 그리고 나서 지난번 회기가 끝난 곳에서, 즉 수잔이 성과 여러 생각들을 연결지을 수 있는 능력을 억압한 지점에서 다시 시작할 수 있었다. 단기치료를 하기로 한 약속은 치료자와의 관계가 고통스러운 대상 경험과 관련된 초점 전이가 일어날 정도로 오래 지속되지 않는다는 사실을 보장해줌으로써, 환경 전이를 긍정적인 상태로 유지시켜 주었다. 마지막 회기에서 우리는 환자와 치료자가 치료관계의 상실을 애도하고, 환자가 대상을 신뢰할 수 있는 능력에 심각한 한계를 갖고 있지만 않다면, 삶과 심리치료에서 경험하는 상실을 애도할 수 있음을 볼 수 있을 것이다.

여섯 번째 회기

우리는 계획했던 대로 마지막 회기를 가질 수 없었다. 1월에 많은 눈이 내려 학교가 문을 닫았고, 그녀가 약속한 이른 시간에 작은아이를 맡아줄 사람을 찾을 수 없었기 때문이었다. 그녀의 남편은 출장 중이었다. 그녀는 다음주에 마지막 회기를 갖기로 약속시간을 다시 잡았다. 그 주에 그녀는 마틴 루터 킹 기념일에 아이들을 데리고 기차로 캐나다에 있는 아버지 집을 방문하기로 했는데, 그 다음 주에도 계속 눈이 내렸고, 기차운행이 중단되어 그녀는 올 수 없었다. 그녀는 나에게 전화해서 또 한번 약속을 변경해 줄 것을 요청하면서, 취소된 두 시간에 대해서는 치료비를 지불하겠노라고 제의하였다. 그와 동시에 그녀는 폭설로 중단된 단기치료를 잘 종결할 수 있도록 치료회기를 더 갖자고 요구하였다. 나 역시 치료과정의 흐름이 끊어졌다고 느끼고 있었기에 그녀의 제안을 받아들였다.

수잔은 이 회기를 시작하면서 나에게 말해 줄 꿈이 두 개 있다고 말했다. 그녀가 말했다. "첫 번째 꿈은 제 남편이 출장 가 있는 동안 꾼 것이었죠. 그날 마침내 길이 뚫려서 남편이 차를 가지고 와서 아버지 집에 며칠 동안 묵고 있던 저와 아이들을 집으로 데려왔습니다."

"그것은 종이를 조각조각 찢어버리고 문을 쾅 닫는(제가 결코 하지 않는) 꿈이었습니다."

"제 남편이 돌아오던 날 저는 분명하게 기억이 나는 꿈을 꾸었습니다." 그녀가 계속해서 말했다.

저는 방안에 있었는데, 창문에 커다란 그림이 그려져 있었습니다. 저는 어떤 남자와 있었습니다. 그 남자는 벌거벗었고 저도 알몸으로 그의 페니스를 빨고 있었습니다. 그는 제가 아는 사람이 아니었습니다. 흥분되거나 역겹지도 않았습니다. 저는 사람들이 나를 볼 수 있다는 걸 깨달았고, 그래서 우리는 다른 방으로 들어갔습니다. 그 방 창문에도 그림이 그려져 있었습니다. 우리는 커튼을 내렸는데, 그때 1940년대 영화에 나오는 백만장자처럼 옷을 차려입은 여자가 들어왔습니다. (우리가 산악 지대에 있는 아버지 집으로 갈 때 탔던 기차는 1940년대 식 침대차였습니다.) 그녀는 이 남자의 어머니로서 뻔뻔스러웠고 정말 시끄러웠습니다. (고등학교 시절 제 남자친구의 어머니도 그랬습니다.) 우리는 벌거벗었지만 당혹해 하지는 않았습니다. 그리고는 아무 일도 일어나지 않았습니다.

수잔은 계속해서 꿈을 꾼 그 날 있었던 일에 관해 말했다. "다음 날 우리는 떠나야 했습니다. 저는 짐을 정리하고 옷가지를 꾸리느라고 집에 있었고, 제 남편은 오전 10시에 아이들과 스키를 즐기기 위해 차를 타고 나갔습니다. 아버지는 집에 계시면서 저를 도와 주시다가 오후 1시에 저를 남편과 아이들을 만나기로 한 스키장 아래까지 차로 바래다주셨습니다. 그런데 아버지와 제가 늦는 바람에 남편과 아이들을 만나지 못했습니다. 우리가 거기에 오후 2시에 도착했으니까요. 하지만 우리는 걱정하지 않았습니다. 우리는 남편과 아이들이 좀더 스키를 타기 위해 리프트를 타고 다시 올라갔을 것이라고 생각했습니다. 한 시간 반이 지나면서 우리는 걱정이 되었습니다."

"오후 3시 반이 되자 아버지는 워싱턴까지 차로 바래다주기로 결정하였습니다. 열차 운행이 재개되었지만 가방이 열 개나 되었고 기차를 타면 그것들을 혼자서 감당할 수 없었기 때문입니다. 제가 어쩔 줄 모르고 있었기 때문에 아버지는 많이 걱정하셨습니다. 열두 시간 동안 차를 타고 오면서 남편과 아이들에게 무슨 일이 있었는지 알 수 없었고, 집에서는 아무도 전화를 받지 않았습니다."

"남편과 아이들은 제가 제 시간에 오지 않자 오후 1시 반에 떠났던 걸로 밝혀졌습니다. 하지만 저는 오후 1시나 2시라는 의미로 오후 1시에 그곳으로 가겠다고 말했고, 남편 자신도 시간을 정확하게 지키는 사람이 아니었기 때문에 잘못한 일은 아니라고 생각했습니다. 그런데 왜 저를 두고 떠났죠? 그는 전화로 대답하지 못하고, 집에 오자마자 제가 어떻게든 집에 오리라고 생각해서 쪽지를 남겨 두고 잠자러 갔을 뿐이라고 말했습니다. 그는 집에 와서도 아버지의 전화기나 집 전화기에 메시지도 남기지 않았습니다. 따라서 제가 집에 도착해서 그 쪽지를 발견하기까지 어떤 일이 벌어지고 있는지 알 수 없었습니다. 저는 몹시 화가 났습니다. 하지만 이 문제를 남편과 이야기하면 논점을 잃어버리기 때문에 남편에게 한마디도 하지 않았고, 같은 방에서 잠을 자지도 않았습니다. 그리고 아이들에게 내가 아빠에게 화가 나서 그런다고 말했습니다."

"이건 그가 어떻게 행동하는지를 잘 보여주는 하나의 예입니다. 그리고 이 때문에 아버지도 정말 불쾌해 하셨습니다. 아버지는 너무 화가 나서 '얼간이'라는 말 외에는 아무 말도 하시지 못했습니다. 저는 '좋은 이혼 전문 변호사가 있으면 좋겠다'고 했지만, 아버지는 '그런 말 마라'고 하시면서 제 말을 막았습니다. 아버지는 그런 말을 듣는 게 싫으셨죠. 우리는 새벽 4시에 도착했습니다. 아버지는 우리 집에서 하룻밤도 묵으시려고 하지 않으셨습니다. 아버지는 가방을 나르는 일을 도와 주고 나서 즉시 차를 몰고 집으로 가겠다고 고집하셨습니다. 남편은 잠자리에서 일어나지도 않았습니다."

"다음날 남편의 행동에 제가 정말 놀랐고, 남편과 아이들이 죽은 건 아닌지 걱정이 되어서 정신이 없었고 멀미를 할 지경이었다고 말했습니다. 남편은 자신도 우리를 걱정했고 우리에게 문제가 생겼을 거라고 생각했다고 말했습니다. 그렇다면 왜 우리를 남겨 두고 떠났을까요? 어떻게 잠만 잘 수 있지요?"

"이렇게 첫 번째 꿈이 현실로 나타났습니다. 전 남편의 노트를 찢어서 바닥에 내 팽개쳐 버렸습니다. 잠도 다른 방에서 잤구요."

"당신이 어떻게 거절당하고 버림받았다고 느꼈는지, 그리고 조금 늦은 걸로 인해 처벌받는다고 느꼈는지 이해하겠습니다. 그런데 당신이 왜 늦게 되었는지 궁금하군요." 내가 말을 꺼냈다.

"맞아요. 전 조금 늦었을 뿐인데, 그는 당연히 기다려야 되지 않나요?" 그녀가 말을 가로챘다. "짐을 꾸리는 시간을 삼십 분 남겨 놓고 그때까지 책을 읽었죠. 그런데 짐을 꾸리는데 한 시간이 걸려버렸습니다. 우리는 삼십 분 늦게 출발했는데, 실제 도착하는데 걸린 시간이 남편이 이야기한 것보다 오래 걸렸어요. 도착한 게 오후 2시였으니까 한 시간 늦은 셈이지요. 아버지는 보통 두 시간 늦기 때문에 그에 비하면 한 시간 빨리 도착한 겁니다. 한 시간은 제가 보통 늦는 시간이기도 하구요."

나는 수잔이 자신의 혼돈된 모습을 보여주고 있다고 느꼈다. 여기에서 나는 그녀가 치료시간에 두 시간 빠진 것이 나에 대한 상실과 양가감정을 전이에서 실연한 것이라고 보게 되었다. 그녀는 가족 이벤트를 망치는데 자신의 혼돈이 한 역할을 부인하고, 남편이 비난받아 마땅하다는 느낌을 강화하기 위해 내가 그녀를 지지해 주고 정당화해 주기를 바랬다. 남편의 간접적인 분노 표출은 너무 극단적이고 어처구니없는 것이었고, 나와 그녀의 아버지의 동정심을 불러일으켰다. 이 동정심이 나로 하여금 그녀의 역할을 직면하지 않고 비껴가게 했던 것 같다. 여기에서 주된 요점은 그러한 상황을 만드는데 그녀가 책임져야 할 부분이 있음을 볼 수 있도록 돕는 것이다.

그 사건에 대해 나에게 말하기 전에 그녀는 성에 관한 노골적인 꿈을 이야기하였다. 이것은 이전에는 완전히 억압된 주제였다. 당시 그녀는 이러한 난폭한 내용의 자료를 덮어두고 있었고, 따라서 성적인 자료를 쉽게 잊었을 것이다. 나는 그녀가 열정적인 키스를 즐겼던 고등학교 시절의 남자 친구가 연상되는 벌거벗은 남성이 나오는 성적인 꿈으로 다시 돌아갔다.

"당신이 남편을 만났을 때 꿈속에서 느낀 육체적 갈망 때문에 불편한 감정이 들지는 않았습니까?" 내가 물었다. "당신이 늦게 도착하고 그가 당신을 기다리지 않고 떠나기 전에 아무런 일이 없었나요?"

수잔은 남편이 도착하기 전에 혼자 산에 올랐던 일과, 남편이 도착해서 함께 지내는 것이 혼자 있을 때와 얼마나 다른 것이었는지에 대해 이야기했다. 결국 그녀는 하나의 통찰에 도달했다. "전 그가 얼마 동안 떠나 있었기 때문에 화가 나 있었습니다. 또한 잠시 동안 아버지와 함께 지내면서 저 자신이 더 이상 하찮은 존재라고 느껴지지 않았습니다. 저는 더 나은 대접을 받을만한 자격이 있다고 느꼈습니다. 제가 화를 낼 권리가 있다고 느낀 겁니다. 남편과 집에 있을 때, 저는 바위 밑에 깔려 있는 것 같았습니다. 아버지 집에 혼자 있는 동안에는 그러한 느낌이 사라졌다가 남편이 돌아오자 다시 그런 느낌이 들었습니다."

내가 말했다. "당신은 아버지와 함께 지내는 것을 즐겼군요. 자존감을 회복하고 분노 감정을 다시 직접 느끼고, 성적인 감정도 꿈속에서 꿈틀거리기 시작했습니다. 하지만 그것들을 남편과 이야기할 길이 없었고, 따라서 늦게 도착하는 것과 같이 빗나간 형태로 표출되었군요."

"또는 심통을 부리던가요." 그녀가 덧붙였다. "남편은 우리를 데리러 오기 위해 그 먼 길을 달려왔는데, 전 그를 다정하게 대해 주지 못했습니다. 그는 제가 아버지와 함께 있는 게 더 낫다는 생각을 했을 겁니다. 그래서 '그렇다면 장인 어른이 집사람을 돌보게 하자'고 생각했는지도 모르겠습니다."

수잔은 아버지와 함께 있는 동안 꾼 꿈에서 나타난 오이디푸스적인 성적 환상의 출현에 대해 남편에게 심통을 부리고 거절하는 것을 통해 방어하였다. 그녀는 지금-거기에서의 경험을 분열시켰으며, 그 결과 아버지는 좋은 대상이 되고 남편은 나쁜 대상이 되었다. 그녀는 약속을 취소한, 지금-여기의 치료 상황에서의 재연을 통해 그녀의 갈등과 방어 유형을 치료장면 안으로 가지고 들어왔고, 샤르프 박사는 그녀가 늦은 일을 남편이 했던 것과는 다른 방식으로 다루어 주었다. 치료자는 거절 경험을 성급하게 행동화하지 않고 담아두었으며, 이것을 사용하여 좀더 깊이 탐색하고 이해를 넓힐 수 있는 가능성을 확보하였다. 우리는 그녀의 갈등에 대한 전이-역전이의 내용을 인식하고 느낄 수 있었지만, 적어도 이번 치료에서는 이것을 해소하는 데까지는 갈 수 없으리라는 점도 알고 있었다. 아마도 치료자는 수잔이 그어 놓은 한계에 대해 좀더 일관된 해석을 해줌으로써, 분명히 그녀에게 필요한 것으로 보이는 장기치료를 재고하도록 도울 수 있을 것이다. 하지만 그녀는 치료의 기회를 놓침으로 해서 죄책감과 좀더 깊은 실망감에 빠지게 될 경우, 성격적인 방어의 형태로 움츠러들 가능성이 많다.

일곱 번째 회기

수잔은 이번이 마지막 회기가 될 거라며 이야기를 시작했다. 그녀는 단기치료로는 충분하지 않지만, 워싱턴에서 1년 이상 머물 수 없는 상황에서 집중치료나 분석을 시작할 수 있을지 결정할 수 없었다. 그녀는 다음 번 발령지(근무 기간은 보통 4년이었다)로 갈 때까지 기다렸다가 그곳에서 치료를 받기로 했다. 그녀는 남편과 헤어지기로 결정할 경우, 남편의 회사에서 나오는 치료비를 받고 싶지 않았다. 어머니가 물려준 수표로도 치료비를 충당할 수 있었지만, 그녀는 그 수표를 어디에 두었는지 찾을 수 없었고, 그 수표를 발행받을 수도 없었다.

나는 실망스러웠지만 수잔의 최종적인 결정을 받아들였다. 나는 그녀가 치료작업을 수행할 수 있음을 보여주었고, 일부 통찰을 얻었지만, 아직은 변화할 준비가 되어 있지 않다고 느꼈다. 그녀는 남편과 헤어질 준비가 되지 않았고, 남편에게 부부치료에 참여할 것을 요구하거나 자신이 개인치료를 받도록 도와 달라고 요구할 준비가 되지 않았다. 그녀는 단기치료를 그 자체로서 완성된 것으로 사용하지도 않았고 추후 치료를 위한 준비 단계로서 사용하지도 않았다.

다른 한편, 그녀는 이 단기치료를 통해서 대상관계적인 치료를 경험하였고, 따라서 앞으로의 분석에서 대상관계적 치료방식을 선택할 수 있는 토대를 갖게 되었다. 그녀는 앞으로 치료를 받게 되고, 남편이 아니라 그녀의 아버지가 그녀를 집으로 데려간 것처럼, 그녀는 다른 치료자를 만나 다음 단계로 성장할 것이다. 그녀는 남편이 그녀를 데리고 가지 않은데 대해 버림받았다는 느낌을 어느 정도 가지고 있다고 느꼈다. 나는 내가 제 시간에 일을 마치지 못한 그녀와 그녀의 아버지와 같다고 느꼈으며, 안 될 줄 알면서도 좀더 시간을 연장해야 할 필요를 느끼고 있었다. 나는 그녀의 치료가 낭만적인 요소를 가지고 있다고 생각하면서, 마치 나 자신이 그녀의 화려한 어머니인 것처럼 느꼈다. 나는 문제의 실마리가 풀리고 있다고 느꼈다.

수잔은 마지막 꿈에 관해 말했다.

저는 식당에 있었고, 식탁 위에는 어머니의 보석들이 흩어져 있었습니다. 보석들이 무척 많았습니다. 남편이 들어오더니 너무 지저분하니 그것을 치우라고 말했습니다. 하지만 저는 이것을 하나하나 분류해서 상자에 담으려고 했습니다. 그리고 그것을 좀더 보고 싶었습니다. 그러나 저는 그것들을 한꺼번에 상자에 쓸어 담아서 다락에 처박아야 했습니다.

"보석들이 많이 있었는데, 귀중한 것과 싸구려가 뒤섞여 있었습니다. 그것들은 어머니가 돌아가실 때 제게 주신 것 같은 예쁜 것들이었습니다. 여동생은 소위 '그따위 싸구려'는 거들떠보지도 않았지만 저는 그걸 좋아했습니다. 어머니는 벼룩시장에 가서 흥정하고 물건을 고르는 걸 소일거리로 삼으셨습니다. 저는 때때로 어머니와 함께 가는 것을 즐겼습니다. 그녀는 물건을 보는 안목이 있었고, 저도 차츰 안목을 갖게 되었습니다. 저는 그녀가 가지고 있는 물건들로 장사를 시작해볼까 생각도 해보았지만, 그보다는 물건을 가지고 있으면서 그걸 보는 게 좋았습니다. 특히 제일 좋은 장신구를 잘 안하고 다니는데, 그것은 다른 사람들의 시선이 제 자신에게 집중되는 게 싫기 때문이죠. 그 대신 그것들을 갖고 다니면서 꺼내 보곤 하지요. 전 망가진 장신구를 수선할 때 쓰는 체코 제품인 유리 가방을 가지고 있는데, 그걸 갖고 다니길 좋아합니다."

그녀가 말하는 동안 나는 선물 가게에서 물건들을 비교하다가 어머니를 만났던 꿈이 생각났다. 나는 그녀가 어머니와 쇼핑을 하면서 스스로를 축하하기 위한 기념메달을 샀고 나중에는 자신을 위해서 단순한 반지를 샀다는 이야기를 생각해냈다. 나는 그녀가 식탁 위에 있는 장신구들을 만지면서 자신의 어머니를 만지고 있는 모습을 상상하였다. 이 이미지는 그녀 자신의 이미지 안으로 융해되었고, 다시 회복될 수 있도록 분류되고 확인되었다. 그러나 그녀가 아직 마음의 작정을 하지 못했기 때문에 그것들은 얼마 동안 다시 가방 속으로 들어가 있어야 했다. 나는 그녀가 준비되기 전까지는 이렇게 깨지기 쉬운 조각들을 억지로 어떤 자리에 집어넣어서는 안 된다고 느꼈다.

내가 말했다. "이 꿈은 어머니를 되찾고, 그런 후에 당신 자신을 회복하기 위해 그녀에게서 분리되기를 바라는 꿈입니다. 이것은 보다 긴 치료과정이 시작되었음을 의미하는 것일 수 있습니다. 단기치료는 흩어진 파편들과 조각들, 즉 소중하거나 깨어진 기억들, 호기심들이 당신의 마음속에서 펼쳐질 수 있는 기회를 주었습니다. 하지만 우리가 처음 만났을 때부터 당신에게는 양가적인 감정들이 있었습니다: 한편으로 당신이 치료회기를 한번 더 연장하자고 요구한데서 볼 수 있듯이, 당신은 여기서 알게 된 자기 자신의 부분들을 바라보면서 온전한 회복에는 더 많은 시간이 필요하다는 것을 느끼고 있습니다. 다른 한편으로 당신은 치료에서 이러한 당신의 부분을 잃어버리거나 망가뜨리는 위험을 감수하기보다는 그것을 안전하게 보존하길 원하고 있습니다. 당신의 마음이 바뀐다면, 미국에 있는 동안 당신과 치료작업을 하거나 남편의 다음 발령지에서 활동하는 치료자를 추천해 드릴 수 있습니다. 필요하다면 언제든 연락을 주세요."

"고맙습니다." 그녀가 말했다. "좀더 생각해 보고 전화 드리겠습니다."

수잔이 다시 마음 문을 열 수 있을 때 다시 소식을 줄 거라고 기대했지만, 그녀에게서는 아무 소식이 없었다. 단기치료가 끝난 후 몇 개월 후에 추후면담을 계획했더라면, 도움이 되지 않았을까 생각해 본다. 실제로 우리는 환자의 상태를 재평가하거나 그동안에 그녀가 치료에서 얻은 것이 공고화되었는지를 알아보기 위해 추후면담을 실시한다. 그랬더라면 수잔에게 다른 기회를 제공했을지도 모른다. 하지만 설령 그녀가 치료를 받기로 결심한다고 하더라도, 치료회기가 제한되던가 남편의 수입이나 돌아가신 어머니의 유산에 의존해서 치료비를 내야 했다면, 치료결과에 계속해서 역작용을 일으켰을 것이다. 하지만 그래도 나에겐 회의가 남는다: 내가 좀더 할 수 있었던 부분이 있지 않았을까?

결국 수잔은 심리학적 소양, 관련짓는 능력, 초기 기억과 꿈에 접근할 수 있는 능력을 지녔다는 점에서 집중치료를 받을 만한 훌륭한 자질이 있었지만, 집중치료를 거절하였다. 치료자의 입장에서 본다면, 그녀는 치료자를 흥분시키고 거절하는 대상이 되었고, 그것은 그녀가 남편과 그녀의 어린 시절에 가족에게 행동했던 방식이 전이 안에서 나타난 것이었다. 아마도 그녀는 헤어져야 한다는 사실이 두려웠고, 그녀 자신을 다시 통합하기에는 1년이라는 기간이 충분하지 않다는 사실을 깨달았을 것이다. 아마도 어머니의 상실이 너무 고통스러웠기 때문에, 나이든 여자와 또 한번 분리하는 일을 직면할 수 없었을 것이다. 그녀는 자신의 지성과 여성적인 매력을 충분히 발휘할 준비가 되어 있지 않았다. 그녀는 언제 그만두게 될지 모르는 장기치료의 불확실성보다는 단기치료의 이득을 선택함으로써, 계속해서 성장할 수 없다는 한계와 관련된 갈등을 매듭지었다. 수잔의 치료는 미래의 그때-거기에 대한 두려움 때문에 단축되었고, 그녀는 지금-여기에서의 가능성을 축소함으로써 이러한 두려움을 제거하였다. 성장의 기회를 잃어버린 것에 대한 상실감은 대부분 치료자의 역전이 안에서 느껴졌으며, 치료자가 가졌던 보다 생산적인 미래에 대한 희망은 이루어지지 못했다. 이런 식으로 버림받은 치료자가 단기치료의 한계에도 불구하고 성취감과 만족감을 발전시키기 위해서는 전제조건이 있다. 그것은 치료자가 장기치료에 대한 가치를 환자가 거부하는데 따른 상실감과 고통을 이해하고 견딜 수 있는 능력을 갖는 것이며, 동시에 단기치료가 갖는 고유한 속성과 가치를 명료하게 인식하는 것이다. 그리고 단기치료는 환자가 선택할 수 있도록—그 선택이 무엇이 될지라도—정보를 제공하는 실험적인 치료를 제공하는 가치를 갖는다는 사실을 인정하는 것이다.

    단기치료에서 수잔은 많은 유익을 얻었다. 그녀는 치료가 이전의 상담과는 달리 뜨뜻미지근하거나 희미하지도 않았고 그녀를 혼란스럽게 만들지도 않았을 뿐만 아니라 아주 의미있는 경험임을 알게 되었다. 그녀는 아버지에 대한 감정을 재작업하였고 어머니에 대한 상실을 애도하였다. 그녀의 자존감이 증진되어서 자신이 더 나은 대우를 받을 만한 가치가 있다고 느꼈으며, 아버지의 사랑에 긍정적으로 반응할 수 있었다. 언젠가는 남편이 벌어 왔든, 물려받았든, 자신이 벌었든, 자신을 위해 돈을 쓸 수 있다고 느낄 것이다. 우리는 그녀가 자신의 잠재력을 깨닫고 장래에 그녀의 자기의 성장을 위해 분석 치료가 갖는 가치를 인식하기를 희망한다. 이 사례에서 단기치료는 그 자체로서 상당한 유익을 가져왔고, 장기치료 대상관계 치료가 제공할 수 있는 것을 경험해 볼 수 있는 기회를 제공했다.

제 4 부

집중치료

제 10 장

집중치료 초기단계

집중치료의 초기단계에서 요구되는 최우선 과제는 좋은 치료 환경을 확보하는 것이다. 이 단계에서의 주된 전이는 환경 전이, 즉 안전하게 안아주는 사람인 치료자에 대한 전이이다. 환경 전이에 대한 작업이 치료자의 담아주는 능력에 대한 환자의 신뢰를 증가시킨다. 이 단계에서 전이-역전이의 교환은 이후 치료단계와 비교할 때 비교적 덜 복잡하다. 이후의 치료단계에서는 차츰 공유된 경험이 축적되면서 전이-역전이 교환은 좀더 복잡한 양상을 띠게 된다. 이 장에서 제시된 면담 사례는 데이빗 샤르프 박사가 모레일 씨와 작업한 분석 자료를 다루고 있다. 이 자료는 분석 첫해 말에 치료 틀을 재확립하기 위한 노력을 보여주고 있다. 마이어 부인과의 작업에서 치료자는 환경 전이에 대한 작업을 통해 이후의 좀더 심층적인 탐색을 위한 토대를 마련하고 있다.

치료의 틀 짜기

　　본 회기를 시작하면서 안토니오 모레일 씨는 다짜고짜 내일 아침에는 정기적으로 병원에 가는 날이기 때문에 치료시간에 올 수 없다고 말했다. 그는 치료를 받은 후에는 아내가 데리러 오는데, 유일하게 운행할 수 있는 차가 자신을 기다리느라고 주차장에 묶여 있을 수 없기 때문에 치료시간에 올 수 없다고 설명했다. 그는 이미 점심에 거래처 사람과 약속을 해두었는데, 나와의 치료시간을 취소하지 않으면 약속 시간에 늦을 것이라고 말했다. 그는 주말 전에 전화했어야 했는데, 그러지 못했기 때문에 그 시간에 대한 치료비를 내겠다고 말했다. 그리고 나서 그는 그 문제에 대해 더 이상 이야기하지 않고 평상시처럼 자신의 생활에 관해 이야기하기 시작했다.

　　나는 당혹스러웠고 막연하게 불안했다. 내일이 정기적으로 병원에 가는 날이라면, 어째서 그는 약속시간이 겹칠 것이라고 말하지 않았을까? 위급한 상황이라면, 얼마나 건강이 좋지 않은 것일까? 그 의사는 다른 시간에는 진료할 수 없는가? 그건 그렇다 하더라고 사업상 거래처 사람을 만나는 것이 나와의 치료시간과 관련되어야만 하는가? 그리고 그의 아내가 운전을 하는 것과 무슨 상관이 있는가? 나는 그가 약속을 취소하는 까닭을 이해할 수 없었다. 그래서 약속을 취소하는 까닭에 관해 더 들으려고 기다리고 있었다.

　　나는 우리가 한 약속을 돌이켜보았다. 이 환자는 직장 일로 출장을 자주 다녔기 때문에 가끔씩 치료 계획에 차질이 생겼다. 나는 치료 틀을 정하면서 일주일에 네 번 상담해야 하며, 사전에 어쩔 수 없는 사정이 생기면 약속 시간을 취소해 주겠다는, 흔치 않은 약속을 하였다. 그는 이러한 약속과 함께 한 달에 적어도 십이 회를 상담하기로 동의하였다. 치료시간이 취소되는 것을 미리 알려 주지 않는다면, 취소한 회기의 치료비를 그가 부담하기로 했다. 이러한 치료의 틀을 모호하게 해석할 가능성은 항상 존재한다. 오늘 그가 사전에 알려 주지도 않고, 전혀 갈등을 느끼지 않으면서 약속을 취소하자 나는 혼란스러웠다. 그는 일정에 따라 출장을 다니면서 교통수단을 이용하는데 아주 익숙했기 때문에, 차 없이도 내 사무실로 올 수 있는 방법을 쉽게 찾을 수 있었을 것이다. 나는 그가 같은 날 심리치료와 건강진단을 받느라 시달리는 걸 원치 않았다. 왜냐하면 두 가지 일 모두 그를 불안하게 만들 수 있기 때문이다. 그러나 그는 불안하게 보이지 않았다. 나만 불안을 느끼고 있었다. 그가 걱정하지 않는데, 왜 내가 걱정하는 걸까? 분명한 사실은 그가 약속시간을 취소하겠다는 것을 미리 알려 주지 않았다는 것이다.

나는 그의 이야기를 가로막았다. 그리고 그가 내일 회기에 올 수 없지만 치료비를 내겠다고 말했는데, 왜 치료시간에 올 수 없는지에 대해서는 구체적으로 말하지 않았다는 사실을 상기시켰다.

그는 내 말에 분명하게 동의하지 않은 채 모호하게 얼버무렸다.

나는 계속 주장했다. "내가 보기에 당신이 정말로 여기 올 수 없어서가 아니라 치료받는 것이 불편하게 느껴져서 약속을 취소한 것 같습니다."

그는 내 말에 동의하였다. "맞아요. 저는 우리가 너무 많은 사람들과 일을 다루고 있는데, 좀 천천히 해야겠다고 작정했습니다."

"이해할만 합니다." 내가 말했다. "하지만 출장 때문에 여러 회기를 빠진 달에도 계속 치료시간을 취소했습니다. 당신은 내게 분명한 이유를 밝히지도 않고 건강검진을 받아야 한다고만 말했고, 치료시간에 빠지게 된데 대해서는 아무런 감정도 느끼지 않는 것 같습니다."

"탈륨 스트레스 검사일 뿐인 걸요." 그가 사실이 그렇다는 투로 말했다. "이 검사에 관해서는 의사도 걱정하지 않고 저도 의사를 믿기 때문에 걱정하지 않습니다. 지난번 여행 때부터 가슴 통증을 느꼈는데, 의사는 호텔 음식이 소화가 잘 안돼서 그런 것이라고 합니다. 의사는 통증이 곧 사라질 것이라고 확신하지만, 우리 집안의 병력이 있으니까 검사를 한번 받아보라고 했을 뿐입니다. 문제가 있다면 이 검사가 세 시간이나 걸린다는 겁니다."

그러자 기억이 떠올랐다. "아버님이 심장 질환으로 돌아가시지 않았던가요?" 내가 물었다.

"예, 그렇습니다." 그가 말했다. "하지만 의사는 그렇게 걱정하지 않던데요." 더 이상 말이 필요 없었다!

나는 밖으로 내몰린 느낌이었다. 모레일 씨는 이 작업 공간과 나를 제거함으로써 시간이 오래 걸리는 건강 진단에 대한 불안과 자신도 아버지처럼 죽을지도 모른다는 불안을 비워버렸다.

내가 말했다. "당신은 편한 대로 치료시간을 취소하고, 그 비용을 부담하는 것으로 그것에 관해 잊어버리려고 하는 것 같습니다. 하지만 나에게 전해 준 걱정스런 느낌에 토대해서 추측해 본다면, 당신이 느끼는 어떤 느낌 때문에 자신의 경험에 관해 생각하기를 회피하는 것 같습니다. 나로서는 내일 약속을 취소하는 것보다 당신을 만나서 이 문제에 관해 작업했으면 합니다."

"제가 뭔가를 심각하게 걱정하고 있다고는 생각하지 않습니다." 그가 고집했다. 그리고 나서 동의했다. "하지만 그것에 관해 생각해 보지 않았습니다. 아마 내일 올 수 있을 겁니다. 좋습니다. 그렇게 하겠습니다."

이 단편적인 사례에서 치료의 틀을 깨뜨리려는 환자의 시도는 자기의 취약성과 관련된 불안과 의사-치료자의 침범에 대한 두려움, 아버지와 동일시하는데 대한 잠재적인 불안을 회피하기 위해 치료 공간을 제거하려는 소망을 나타내는 것임을 알 수 있다. 치료자는 명료화하고 관련을 짓는 말, 치료의 틀과 관련해서 한계를 설정함으로써 보여준 행동을 통한 해석, 그리고 불안에 대한 방어를 말로 해석해 주었다.

안아주는 환경

다음의 세 회기는 다른 환자의 집중치료 시작 단계에서 인용한 것이다.

메누차 마이어 부인은 우울증과 성욕 상실로 인해 결혼생활이 엉망이 된 문제로 두 달 동안 일주일에 두 차례 데이빗 샤르프 박사를 만나 개인 치료를 받았다. 개인 치료를 시작하기 전에 마이어 부인과 그녀의 남편은 몇 달 동안 주 2회 부부치료를 받았다. 그들은 자신들이 공유하고 있는 투사적 동일시로부터 충분히 거리를 둘 수 있게 됨으로써, 이제는 서로를 향해 비난하기보다 정서적인 동요만 느끼게 되었다. 이들 부부는 이제 개인 치료를 받는 게 좋겠다고 생각했다. 마이어 씨는 이미 개인 치료자가 있었지만, 마이어 부인은 이전 치료자와 잘 맞지 않아서 치료를 그만두고 있었다. 마이어 부인은 샤르프 박사를 신뢰할 수 있었기 때문에 그와 치료를 시작하기로 했다.

현재 마이어 부인은 샤르프 박사에게 두 달째 개인 치료를 받고 있다. 이 치료시간에는 안아주는 환경과 치료관계의 특성에 초점을 맞추는 작업이 진행되고 있음을 보여준다. 이는 초기단계에서 전형적으로 나타나는 모습이다. 이러한 문제들에 대한 작업은 주요 문제에 접근하는데 필요한 신뢰와 확신을 쌓을 수 있었다. 우리는 이 면담에서 치료자가 환자와 치료자 자신을 위한 심리적인 안아주기를 제공하고 있고, 몽상을 담아주는 기능에 대한 확신과 함께 환자가 제공하는 자료 안으로 편안하게 들어가고 있음을 볼 수 있다.

첫 번째 회기

메누차 마이어는 몸집이 작고 머리색이 붉은 35세의 이스라엘계 미국인으로 이스라엘 잡지 워싱턴 지국의 통신원으로 근무하고 있었다. 예루살렘에서 출생한 그녀는 10세 때 아버지를 잃었고, 어머니가 미국인과 결혼해서 12세 때부터 미국에서 살았다. 대학 시절에 그녀는 이스라엘에서 육 개월간 지낸 적이 있었다. 이때 그녀는 남편 오디드를 만났다. 남편의 외가 쪽은 이집트계 유대인이었는데, 그가 태어나기 전에 이스라엘로 이주하였다. 그는 미국에서 그녀와 결혼했고, 워싱턴에 있는 주요 국제 은행에 일자리를 얻었다.

오늘 내(DES)가 사무실 문을 열었을 때 그녀는 매력적인 얼굴에 심각한 표정을 짓고 숨소리도 내지 않으면서 응접실로 들어왔다. 그녀는 코트를 벗고 서둘러 들어와서는 평소처럼 나와 멀리 떨어진 카우치 끝에 앉았다. 그녀는 취재 차 시카고에 갔다가 비행장에서 막 돌아오는 길이었다. 그녀는 이미 다음 주 약속시간을 바꿔야 한다는 것을 알았지만, 취재하려고 만날 사람이 언제 시간이 나는지 알 수 없었기 때문에 시간을 정할 수가 없었다. 상황은 다음 주에 두 회기 중에서 한번밖에 만나지 못할 수도 있음을 의미했다.

그녀가 말했다. "일이 꼬였는데요. 이제 막 돌아왔는데, 다음 주엔 다시 그리로 가야하니 말입니다. 그래서 치료시간 중 한 시간을 바꿔야 하는데, 그 날이 월요일이 될지 목요일이 될지 모르겠군요. 정말 죄송해요. 제가 어찌해볼 도리가 없군요."

나는 처지가 무척 딱하다고 느끼면서 말했다. "사정을 알겠습니다. 다음 주에 치료시간을 바꿀 수 없을 지도 모르겠지만, 그때 어떻게 해보도록 하지요."

나는 마이어 부인이 취재 일로 시간적인 여유가 없으면서도 치료에 아주 열심인 것이 마음에 들었다. 나는 워싱턴에서 일하면서 약속 시간 직전에 치료시간을 변경하는 일에 익숙해 있기 때문에 그런 일이 곧 저항을 나타내는 증거라고 보지는 않는다. 나는 정부 관료, 법정 변호사, 언론인들에게서 흔히 제기되는 치료시간을 변경해달라는 요구에 대해 융통성 있는 태도를 취해 왔다. 따라서 치료시간을 옮기는 일에 협조적이었으며, 그녀의 요청에 등을 떠밀리고 있다고는 느끼지 않았다.

"노력해 보신다니 고맙습니다." 그녀가 말했다. "일이 이렇게 되는 걸 정말 원치 않았습니다만, 취재하려는 사람의 시간에 맞추어야 하거든요. 잡지사에서는 제가 취재한 이야기를 다음 달 머릿기사로 실으려고 계획을 잡았고, 제가 이런 큰 건을 취재해 본 적이 없는데도 편집자는 저만 믿고 있거든요."

내가 그녀를 신뢰한다고 반복해서 말한 것으로 보아, 나는 내가 알고 있는 것 이상의 것을 느끼고 있음이 틀림없었다. 내가 아직 이해하지 못한 비난에 대해 그녀를 안심시키고 있음이 분명했다.

"그것에 관해서 당신이 할 수 있는 것은 아무 것도 없는 것 같습니다"라고 내가 말했다. "따라서 치료시간을 바꿀 필요가 있다는 점에 대해서 나는 개의치 않으며, 그럴 수 있다면 시간을 변경하도록 하겠습니다. 하지만 이와 같은 시간 변경에 어떤 의미가 숨어 있을 때도 있다는 가능성에 대해서도 생각해 보았으면 합니다."

나는 의식 수준에서 그녀에게 치료의 틀을 바꾸는 것에 대한 깊은 의미를 탐색할 수 있도록 준비시키고 있었다.

의식 수준에서 그녀는 나의 제안을 받아들였고, 이렇게 말했다. "좋습니다." 그녀가 말했다. "하지만 정말 제 마음속에 있는 건 지난 주말에 일어난 일에 관한 생각입니다. 영화 시사회 시간이었는데요. 지난 주에는 온갖 운명적인 사건들로 인해 사람들의 신뢰가 깨지는 문제를 다룬 영화 잉글리쉬 페이션트(The English Patient)에 관해 이야기했었죠. 이번 주에는 시카고에서 샤인(Shine)을 보러 갔는데, 정말 감동적인 영화였습니다. 저는 끝나기 직전까지는 잘 버텼지만 마지막에 가서 무너지고 말았습니다."

나는 그녀가 다른 도시에서 본 영화에 관해 이야기하고 있을 때 그 영화의 주제뿐만 아니라 가족과 떨어져 혼자 있을 때 어떻게 자신을 돌보는지에 관해 이야기해 주고 있음을 깨달았다. 나는 이 영화에서 젊은이가 낯선 도시에 혼자 사는 장면이 있다는 걸 알고 있었다. 아마 무의식적인 주제는 그녀가 10세 때 미국으로 온 일과 관련되어 있을 것이다. 나는 그녀가 사람들과의 관계에서, 그리고 나와의 관계에서 신뢰한다는 것의 불확실성에 대해 이야기했던 것이 생각났다. 따라서 이 주제를 확장시킬 준비를 하였다.

"마음을 사로잡는 영화였습니다. 이 영화는 자식에게 상처를 준 아버지에 관한 이야기입니다. 아버지는 아들에게 항상 이렇게 말했지요. '복 받은 아이인 줄 알아라, 데이빗. 넌 언제든 음악을 할 수 있지 않니.' 그러면서 아버지가 용돈을 아껴서 산 바이올린을 할아버지가 부숴 버린 이야기를 데이빗에게 반복해서 들려줍니다. 아버지는 데이빗을 너무 자신 가까이에 두려고 했고, 그에게 자신의 재능을 깨달을 수 있는 기회를 주지 않았습니다. 그는 아들이 연주하기가 아주 어렵지만 경이로운 라흐마니노프 피아노 협주곡 3번을 배우지 못하게 함으로써 유학을 가지 못하도록 막았습니다."

"결국 데이빗은 혼자서 런던으로 떠나고, 그를 데리고 온 스승은 경연대회에서 그가 라흐마니노프 곡을 연주할 수 있도록 마지못해 허락합니다. 스승의 조언에 따라 데이빗은 '마치 내일이 없는 것처럼' 연주합니다. 그후 그는 그 모든 스트레스로 인해 붕괴되었고, 여러 해 동안 병원 신세를 져야 했습니다. 그는 나중에 한 여자의 도움을 받게 되었고, 그 여자와 결혼했습니다. 그리고 다시 연주할 수 있게 되었습니다. 이 모든 이야기는 실제로 있었던 일입니다."

나는 마이어 부인이 자주 붕괴될 지경에 빠진다는 사실을 알고 있었다. 그리고 다른 나라로 이주해서 예술 분야에서 직업 훈련을 받은 그녀 자신의 이력과 그녀가 본 영화의 시나리오 사이에 상당히 공감되는 부분이 있음을 깨달았다. 그녀는 어머니에게서 압력도 받고 칭찬도 듣는, 앞날이 촉망되는 유망한 무용수였다. 그러나 스트레스로 인한 골절상을 입은 다음부터 그녀는 무용이 온 정열을 쏟아 헌신할 만한 가치가 없다고 느꼈으며, 어쨌든 실력있는 무용수가 될 만큼 재능이 없다고 느꼈다. 나는 이미 이 영화를 본 적이 있지만 그녀에게 말하지는 않았고, 이 영화에 대한 그녀의 이야기를 들으면서 주인공의 이름과 내 이름이 같다는 사실을 포함해서 나에게 떠오르는 연상들을 관찰하는 입장을 취했다.

마이어 부인이 계속해서 말했다. "끝에 가서 제 감정을 겉잡을 수 없게 만든 건 데이빗이 아버지의 묘소 앞에서 아내에게 한 말이었습니다. 그는 '아버질 원망해 봐야 소용없어. 아버진 돌아가셨어'라고 말했죠. 그때 저는 주체하지 못하고 울고 또 울었습니다. 왠지는 모르겠지만 어린 시절에 어머니와 아버지를 기쁘게 해드리려고 했던 일이 마음속에 떠올랐습니다. 저는 그때 무척 화가 났습니다. 제 부모님은 이스라엘은 늘 잘 한다고 칭찬해 주시면서, 제가 하는 일은 늘 못마땅해 하셨습니다. 저는 부모님들에게 정말로 화가 나 있었습니다."

"저는 그때 영화관에서 선생님이 좀 계셨으면 하고 바랬습니다. 선생님께 전화하고 싶었는데, 선생님께 폐가 된다는 생각이 들었습니다. 이 규칙은 아주 고약한 규칙인 것 같습니다: 그때 바로 치료시간을 갖고 싶었는데, 선생님이 안 계시고, 선생님께 전화할 수 없어서 화가 났습니다. 제가 중요한 일이 있을 때마다 전화하는 편집인이 있습니다. 잡지사는 제가 맡은 기사에 많은 것을 기대하고 있습니다. 만약 우리가 잘못하게 되면 소송을 당할지도 모릅니다. 그래서 제가 그에게 전화하면, 그는 아주 중요한 일이라고 생각하고, 어떤 처지에 있든지 설령 발행인이나 이스라엘 국회의원과 함께 있다 하더라도 제 전화를 받습니다.

"저는 아무 때나 선생님에게 전화를 하고 싶지만, 규칙에 따라 기다려야만 합니다. 저는 예의를 지키면서 참고 기다려야만 합니다. 제가 은행에서 오디드에게 전화했는데, 그는 자신이 관장하는 지방의 중요한 인사와 만나 일을 다 마친 후에 제게 전화했습니다. 그가 이렇게 말하더군요. '하지만 내가 여기 있잖아. 나랑 이야기하자구.' 하지만 저는 그와 이야기하는 게 중요하다고 생각하지 않았습니다."

내가 말했다. "당신은 이 일이 남편이 아니라 나와 관련되어 있다고 느끼는군요."

"물론 선생님과 관련되어 있습니다. 남편과 상관없이 진행되는 무언가가 있습니다." 그녀가 말했다. "하지만 이건 규칙이 잘못되었기 때문입니다. 규칙은 정해진 시간에만 치료자를 만날 수 있다고 말합니다."

나는 마이어 부인이 치료과정이 나에 대한 느낌과 관련되어 있다는 사실을 이해한 것 같아서 기뻤다. 치료과정은 이미 작업을 촉진할 수 있는 방식으로 초점이 맞추어지고 있었다. 한편, 그녀는 나에게 직접 표현했어야 할 분노감정을 회피하고 있었다. 그녀가 원할 때마다 나에게 전화하는 걸 내가 달가워하지 않는다고 생각한 점에서 그녀는 옳았다. 그 순간 내 마음속에는 내가 지도하는 치료자에게 하루에도 수없이 전화하는, 요구적인 내담자에 대한 공포가 떠올랐다. 돌이켜 보면, 내가 치료시간 처음부터 그녀가 나를 침범하지 않았다고 안심시키려고 한 행동은 그녀가 통제할 수 없는 환자라는 이미지와 관련되어 있었다. 하지만 그 이미지는 과도할 정도로 절제되고 기능이 뛰어나게 발달한 이 여자의 실제 모습과는 맞지 않는 것이었다. 몇 분이 지나면서 그녀가 실제로는 나에게 자주 전화하게 해달라고 요청하고 있지 않다는 사실을 알게 되었다. 그녀는 이해받고 싶은 갈망이 간절했는데, 그것이 "규칙"이라는 이름으로 매정하게 거절당하고 있다는 느낌을 전달하고 있었다. 이런 생각을 하면서, 나는 다시금 그녀에게 좀더 공감할 수 있게 되었다.

내가 말했다. "당신은 단순히 규칙 때문이 아니라 나에게 화가 난 겁니다. 당신은 몇 주 전에 고약하고 몰인정한 사장에 대해 말하기보다는 잡지사가 회사 방침을 내세워 워싱턴에서 살기에 충분한 돈을 주지 않는다고 말한 것처럼, 오늘도 개인에 대해 말하기보다 규칙에 대해서 말하고 있군요. 여기서 당신이 화가 난 건 규칙 때문이 아니라 나 때문일 겁니다."

그녀가 말했다. "맞습니다. 하지만 그렇게 만든 건 규칙입니다."

내가 그녀에게 말했다. "당신 어머니와 아버지가 당신을 실망시킬 때도 규칙 때문이라고 말할 건가요?"

"실제로 저에게 더 실망을 안겨 준 사람은 아버지예요." 그녀가 말했다. "아버지는 내가 학교에서 어떻게 생활했는지 알고 있었지만, 내가 필요할 때는 거기에 없었습니다. 저보다는 이스라엘에게 더 관심이 있었지요. 저는 어머니가 저를 위해 함께 있을 것이라고 전혀 기대하지 않았습니다. 어머닌 항상 일상생활의 작은 불편도 견디지 못하고 불평을 토로하곤 했습니다. 전 어머니에 대해 아예 포기하고 있었습니다."

따라서 그녀는 어린 시절에 안전한 울타리가 없다고 느꼈다. 다시 말해서 잘 돌봐주는 부모가 없었다. 여기서 나는 그녀가 느끼는 분노가 그녀를 무시했던 아버지에 대한 감정이 나에게 전치된 것이라고 느꼈다. 나중에야 나는 내가 그녀를 오해하고 있다고 그녀가 느낀다면, 그녀의 아버지가 돌아가신 후로 그녀가 어머니에게서 돌아섰듯이, 그녀가 나에게서 완전히 돌아설지도 모른다고 염려하고 있었다는 것을 알게 되었다. 그녀에게는 분노하고 통제하고 결국에는 죽은 아버지가 되는 것이 어머니가 되는 것보다 쉬웠다. 왜냐하면 그녀는 어머니를 좀더 깊은 데서 비난하고 포기하고 있었기 때문이다. 나는 그녀가 이처럼 불안을 행동화하고 있으며, 아버지의 죽음에 대한 근저의 슬픔을 회피하고 있다는 점을 지적함으로써 필요 이상으로 더 직접적으로 나에 대한 전이를 이끌어냈다.

내가 말했다. "당신을 낙심하게 만든 건 규칙이 아닙니다. 마음의 평정을 흔들어 놓는 영화를 본 후에 당신은 즉시 나와 함께 있어야 한다고 느꼈습니다. 이것은 논리나 규칙을 훨씬 뛰어넘는 감정이지요. 그리고 당신은 그때 혹은 그후에도 나에게 전화하지 않았습니다. 내가 아버지처럼 '난 바쁩니다. 도움을 청하지 말고 혼자 알아서 하세요'라고 말하면서 등을 돌려버릴 거라고 생각했기 때문입니다."

"예, 맞아요. 게다가 저는 말썽을 피우지 않았습니다. 저는 항상 예의바르게 행동했죠. 부모님들은 저를 나쁜 아이라고 생각하는 것 같았지만 말이에요."

내가 말했다. "내가 당신을 견뎌 내지 못할 거라고 느끼는 군요. 특히 당신이 여기에서 나를 필요로 한다면 말입니다. 문제는 당신이 어떤 일을 하느냐가 아니라 어떤 것을 느끼고 어떻게 존재하느냐 입니다. 이러한 당신의 욕구와 감정이 여기에서 있을 자리를 발견할 수 있을는지요? 아니면 어린 시절에 그랬던 것처럼 그것들을 무의식의 영역으로 밀어넣어 버리고, 겉으로만 '반짝거리도록' 꾸미겠습니까?"

"좋습니다." 그녀가 말했다. "하지만 그건 힘든 일입니다. 그동안 저는 여행을 해야 하고 제가 여기에 오건 오지 않건 치료비를 지불해야 하는데, 특히 제가 여기 오고 싶을 때마다 그렇게 할 수 없는 것이 저를 많이 힘들게 합니다.

나는 전이를 발달시키는데 초점을 맞출 생각이었지만, 아직 치료 초기였기 때문에 이러한 경험을 사용하여 좀더 집중적인 치료가 필요하다는 내 생각을 말해 주고 싶었다. 나는 그녀에게 좀더 집중적인 치료를 권했지만, 그녀는 받아들이려고 하지 않았다. 따라서 나는 그녀에게 이러한 선택을 고려하도록 권유할 수 있는 순간을 기다리고 있었다.

내가 말했다. "치료의 효과라는 측면에서 당신이 좀더 자주 치료를 받으러 올 수 있다면, 치료가 한층 더 쉬워질 수 있다고 생각합니다. 만일 주 3회 올 수 있다면, 당신의 그 끔찍한 감정을 너무 오래 혼자서 갖고 있거나 혹은 당신의 남편을 힘들게 하지 않을 수 있을 겁니다."

그녀가 말했다. "맞습니다. 그건 정말 남편과는 관계가 없습니다. 여기에 와서 선생님과 이 문제에 관해 작업하는 것과 관련된 것입니다. 그리고 여기에 좀더 자주 오면 치료가 좀더 쉬워질 거라는 것을 압니다. 그 문제에 관해 생각해 봐야겠습니다."

내가 말했다. "만일 출장 때문에 몇 회기 빠져야 한다면, 전화로 상담을 할 수도 있습니다."

그녀가 물었다. "그래도 치료가 되나요?"

내가 말했다. "여기에 오는 것만큼 치료효과가 좋지는 않겠지만, 치료시간을 빼먹는 것보다는 낫습니다. 당신이 타지에 가 있을 동안에는 기꺼이 전화로 면담을 하겠습니다."

그녀가 말했다. "내일 선생님께 제 시간표가 어떻게 되는지 전화로 알려드리겠습니다." 그리고 나서 그녀는 하던 말을 갑자기 멈추고는 이렇게 말했다. "아뇨, 어쨌든 내일 선생님을 뵐 겁니다. 치료시간을 바꿔야 하니까 이틀 연속해서 올 수 있을 겁니다. 그때 말씀드리지요."

이 회기에서 마이어 부인은 작업 방식에 대해 아주 많이 배웠음을 보여주었다. 그녀는 치료시간 때문에 생기는 치료적 틀과 관련된 문제에 관해 언급하였다. 그녀는 영화 이야기를 사용해서 그녀의 욕구, 신뢰, 이주, 부모의 기대, 예술적 가능성, 그리고 부모의 상실과 관련된 문제들에 관해 이야기하였다. 이 회기가 진행됨에 따라, 그녀가 샤르프 박사에 대한 욕구를 표현하고, 그가 자신을 거절하리라고 생각한다는 것을 명확하게 드러냈을 때, 이러한 문제들이 지금-여기에서의 전이에서 나타나고 있음을 볼 수 있다. 전이의 기원인 그때-거기의 사건 때문에 그녀는 치료관계가 더욱 확고해지는 것을 두려워했다. 그녀는 10세 때 아버지를 잃었던 것이다.

초기 단계에서 일어나는 이러한 전형적인 전이는 보통 치료자가 안정감과 안아주기를 제공하는가에 초점이 있다. 샤르프 박사는 돌보지 않는 사람으로서의 자신에 대한 초점 전이에 마이어 부인의 주의를 돌리려고 했지만, 마이어 부인은 치료자가 제공하는 돌보는 방식, 안아주기와 사용할 수 있는 환경에 관심이 있음을 분명히 하였다. 그녀는 그가 잘못에 대해 비난받아 마땅하다고 그녀를 보는 것은 아닐까 생각하였다. 그녀는 자신이 원하는 것보다 그를 덜 이용하게 될 것이라고 생각하였다.

우리는 샤르프 박사가 부분적으로는 항상 바쁘고, 결국 죽은 그녀의 아버지가 그랬던 것처럼 그녀와 함께 있지 않을 것이며, 자신의 발달을 위해 사용할 수 없을 것이라는 그녀의 무의식적 두려움을 해석해 주기보다는 그녀에게 무언가를 주는 방식으로 자신을 제공하고 있음을 보았다. 다른 한편으로, 그는 또한 그녀가 두려움 때문에 자신의 욕구를 보다 충분히 충족시켜 줄 수 있는 치료방식을 받아들이지 못하고 있음을 말해 주었다. 마치 영화 속의 주인공이 자신에 대한 아버지의 집착으로 인해 압력을 느꼈듯이, 치료자에 의해 압력을 느끼거나 치료자를 불신하는 순간에, 치료자가 그녀에게 더 자주 만나자는 제안을 하기보다 그녀가 불신과 또다른 상실에 대한 두려움 때문에 지금까지 좀더 자주 만나는 것을 수용할 수 없었던 것이라고 말했다면, 좀 더 바람직했을 것이다.

초기 단계에서 치료자는 저항을 경험하는데, 그것은 치료자가 아직 환자를 충분히 신뢰하지 못하기 때문이다. 게다가 전이는 치료자의 사고를 방해한다. 왜냐하면 환자는 치료자에게서 좀더 많은 것을 원하면서도 그와 동시에 치료자가 자신의 곤경을 이용할까봐 두려워하는 양가감정을 갖고 있기 때문이다. 이러한 양가감정은 관계가 발전되면서 치료관계 안에서 실연될 것이다. 치료자의 사고는 환자의 내적 대상관계의 영향력에서 결코 자유로울 수 없다. 치료자가 할 수 있는 일이란 그러한 대상관계를 받아들이고 가능한 한 빨리 그것들을 이해하는 것이다. 이 점은 환자와 치료자가 모두 서로의 관계에 익숙하지 못한 초기 단계에서도 마찬가지이다.

두 번째 회기

마이어 부인은 약속 시간인 오전 8시 몇 분전에 전화해서 치료시간에 늦을 것 같다는 메시지를 음성 사서함에 남겨 놓았다. 그녀는 약 십분 뒤에 도착하였는데, 늦은 이유를 설명하지 않아서 내가 물었다.

"이런 일이 거의 없었는데, 자명종 소리를 듣지 못하고 계속 잤습니다." 그녀가 대답했다. "어째서 이렇게 되었는지 모르겠어요. 어제는 제가 약속 시간을 변경하는 잘못을 저질렀다고 선생님이 말씀하셔서 정말 당황했지요."

나는 그녀가 내 말을 그렇게 받아들인 것에 대해 크게 놀랐고, 부당하게 비난을 받고 있다고 느꼈다. 왜냐하면 다른 것도 아니고 그녀를 안심시키려고 한 말을 그녀는 잘못했다고 비난하는 말로 받아들였기 때문이다. 나는 즉각적으로 이것이 이전에 있었던 일과 유사하다는 것을 알아차렸다. 그때도 마이어 부인은 내가 말한 것 때문에 화가 났다고 말한 적이 있었다. 나는 죄책감을 느꼈지만 죄책감을 느낄 만한 이유는 없었다. 나는 우리 사이에서 일어난 것이에서 무슨 일이 일어나고 있는지 이해하고 싶었고, 따라서 그녀를 안심시키거나 나 자신을 방어하지 않으면서 나의 불편한 느낌을 담아두고 있었다.

내가 말했다. "내가 당신에게 말하려고 한 것이 무엇이었다고 생각하는지, 또 어떻게 느꼈는지 이야기해 보세요."

"선생님은 시간을 너무 자주 변경하는 게 제 잘못이라고 말씀하셨습니다. 그것은 당장 선생님과 이야기하고 싶을 때마다 전화할 수 없기 때문인 것 같아요. 여기에 온지 몇 주밖에 안 되었을 때 제가 전화해서 다음 약속시간 전에 가도 되겠냐고 물었습니다. 그러자 선생님은 '이번 주에는 시간이 없다'고 말씀하셨습니다. 냉정하게 말입니다! 선생님은 '약속을 취소할 수 있으면 전화해 주겠다'고 말해 주지 않았고, '미안하다'는 말도 하지 않았습니다. 전 '전화하지 말것!'이라는 메시지를 들은 겁니다. 그래서 전화를 하지 않았지만, 그게 서운했습니다."

내가 말했다. "당신보다 다른 모든 게 더 중요하다고 말하는 부모님에게서 그러한 생각을 배운 것 같습니다. 그래서 당신은 지금 규칙과 경계가 무엇인지 발견하는 일에 관심을 갖고 있는 것입니다. 당신은 어떻게 행동할지에 대한 단서를 얻기 위해 억양이나 태도를 아주 주의 깊게 살펴보고 있습니다. 당신은 나에게 그렇게 행동하고 있으며, 얼마 지나지 않아서 제가 당신에게 관심이 없거나 당신을 나쁜 환자라고 생각하고 있다고 확신하게 될 겁니다."

그녀가 말했다. "그래요. 전 '지옥에서 온 환자'가 되고 싶지 않아요. 저는 그 점에 대해 매우 걱정하고 있습니다."

나는 어제 회기에 대한 그녀의 반응이 어떤 생각에 기초를 둔 것인지를 확인했다. 따라서 이제 나의 역전이에서 반영된 그녀의 두려움에 대해서 작업할 수 있게 되었다. 이 회기는 치료자로서 덜 위험하다고 느꼈고, 지금-여기에서의 전이를 통해 작업할 수 있을 것 같은 자신감이 좀더 생겼다.

샤르프 박사와 마이어 부인은 안아주기와 안정감의 제공자로서의 치료자의 역할에 대한 이해를 다루고 있었다. 그녀는 자신이 안전하지 못하고 공격을 받고 있다고 경험하였다. 이것은 보통 치료자가 아직 환자의 내면세계의 대상이 되지 않은 초기 치료작업에서 나타나는 환경 전이의 특성이다. 환경적 안아주기는 안전하게 안아주는 환경의 제공자인 치료자에 대한 환자의 불신을 즉시 해석하는 것을 통해 안정되었다. 샤르프 박사는 이때 환자의 전이 왜곡을 해석하기 위해 역전이를 사용하는 것이 좋겠다고 결정하였다.

내가 말했다. "어제 내가 말한 것은 내가 당신을 비난하지 않는다는 것이었습니다. 사실 나는 당신의 스케줄은 당신이 통제할 수 없는 것임을 이해하고 있습니다. 오히려 내가 약속 시간을 변경해도 괜찮다고 지나칠 정도로 당신을 안심시키려고 했습니다. 그러면서 다른 때에는 시간을 변경해 달라는 요청이 특별한 의미를 가질 수도 있다고 말했습니다. 혹시 이번 일이 당신이 어린 시절에 부모님과의 관계에서 느꼈던 어떤 것을 반향하고 있지는 않습니까?"

나는 내가 말한 내용을 분명히 기억하고 있고, 너무 지나치게 그녀를 안심시키려고 노렸했다는 사실에 다소 불편해 했다. "다른 때에는 시간을 변경해달라는 요청이 특별한 의미를 가질 수도 있다"고 말했을 때, 나는 그녀가 정신분석 심리치료에 익숙하지는 않다는 것을 염두에 두면서 치료과정에 대해 그녀를 의식 수준에서 교육하려고 했음을 알고 있었다. 나는 이제 내가 그녀에게 제안했던 것이 그녀의 반응을 촉발하고 있음을 깨달았다. 그리고 내가 그녀를 안심시키려고 한 이유와 이러한 제안을 문제삼는 이유를 이해하려면 시간이 좀더 필요하다고 느꼈다.

"아버지가 정말 그랬어요." 그녀가 설명했다. "아버지는 항상 제가 부족하니까 좀더 열심히 하라고 말씀하셨습니다. 아버지는 국가의 영웅이었지만, 저에게는 독재자로밖에 보이지 않았죠. 아버지는 제가 얼마나 잘하는 가에 대해서는 관심이 있었지만, 제가 괜찮은 사람이라는 느낌을 주지는 못했습니다. 어머닌 이 일에 아예 관여하지 않았습니다. 어머니는 없는 것 같았어요."

"당신이 모범생처럼 아무런 말썽도 피우지 않고 단정하게 행동했을 때에도 그랬나요?" 내가 물었다.

그녀는 휴지를 뽑아서 눈물을 닦으면서 고개를 끄덕였다.

이제 나는 내가 "착한 아이"로 보이려는 그녀의 거짓 자기 행동에, 그리고 나에게 품행이 나쁘게 보이지 않으려면 착하게 굴어야만 한다는 그녀의 믿음에 반응하고 있다는 것을 깨달았다. 나는 그녀가 정말로 착하다고 안심시키려고 하는 아버지가 되었으며, 그리고 나서 너무 많은 욕구를 충족시켜 주었다고 말하는 내 안의 거절하는 대상으로부터 비난받을 것을 두려워하면서, 죄책감 때문에 안심시키는 내 말을 그대로 믿지 말라고 그녀에게 말함으로써 나의 행동을 조절하고 있었다. 나는 그녀가 가지고 있는 아버지의 칭찬에 대한 갈망과 이에 대한 죄책감을 동일시하면서 이를 토대로 해석할 수 있다고 느꼈다.

내가 말했다. "어제 당신에게 나는 이 일이 당신의 잘못이라고 생각하지 않는다고 말하면서 실제로는 마음이 불편했습니다. 사실 나는 내 자신이 어째서 당신을 안심시키기 위해, 도를 지나치는 말을 했는지 의아했습니다. 당신은 내가 당신을 비난하고, 나쁘다고 생각할까봐 걱정하고 있다는 사실을 몇 가지 방식을 통해서 알려 주었습니다. 당신은 사람들이 당신을 안심시켜 주기를 원하고 있으며, 조금이라도 안심이 안 되면 망연자실합니다. 어째서 내가 당신을 비난할거라고 생각하는지 그게 궁금합니다."

그녀가 말했다. "그 이유를 말씀드리죠. 그건 제가 매주 여기에 와서 약속 시간을 바꿔야만 하기 때문입니다. 어제 저는 여기에 와서 약속 시간을 다시 바꿔야겠다고 말씀드렸지만, 치료받으러 올 수 없는 날이 월요일이 될지 목요일이 될지 확실하게 알 수 없었습니다. 저한테 화가 나는 게 당연하지 않겠어요?"

이 순간에 나는 그녀에 대해 화가 나 있는 듯이 보였지만, 내가 알고 있는 사실은 그 전날 그녀가 약속 시간을 바꾸어 달라고 요청했을 때는 물론이고 지금 이 시간을 기다리면서도 화가 나지 않았다는 것이다. 하지만 이러한 이야기를 나누면서 나는 짜증이 나기 시작했다. 즉 나는 약속 시간을 바꾼 일에 대해서가 아니라 그녀에게 그토록 친절하게 대하려고 하는데도 오해를 하고 있는데 대해 짜증이 난 것이다. 그 순간에 내게 온 느낌은 이런 것이었다: 나는 그녀가 "아주 좋은 사람이 되려는" 노력과 동일시하였고, 그녀처럼 비난을 받게 되었다.

내가 말했다. "당신은 비난받을까봐 무척 걱정을 하는군요. 그렇다는 걸 알겠어요. 내가 당신의 잘못이 아니라고 말한 것은 당신에게 비난받는다는 느낌을 주지 않고 당신을 보호하기 위해서였습니다. 하지만 그렇게 당신을 안심시키려고 한 내 행동에 대해 회의가 듭니다. 따라서 시간을 바꾸어 달라는 요구에 숨겨진 여러 가지 특별한 의미가 있을 수 있다는 가능성에 대해 이야기했던 것입니다. 당신은 사람들이 당신을 비난할까봐 두려워하기 때문에 내 말을 비난하는 말로 들은 것이구요."

"알겠습니다." 그녀가 인정했다. "어떤 이야기인지 알겠습니다. 저는 비난을 받으면서 커서 어디서나 비난을 기대합니다. 그리고 선생님은 제가 선생님의 말속에서 비난을 읽는다고 생각하고 있습니다."

나는 안정감을 느꼈다. 그녀는 무슨 일이 벌어졌는지 확실히 파악하지 못했지만, 나 자신은 무엇인가를 감지했고, 이제는 그것에 대해 좀더 잘 작업할 수 있게 되었다고 느꼈다. 나는 그녀가 오늘 아침 약속 시간에 늦은 이유를 깨달았다. 그것은 그 의미를 토론하기 위한 실마리가 되는 사건이었다.

하지만 역전이 실연은 끝나지 않았다. 그녀는 집에서 자신이 부당하게 비난받는다고 느꼈을 때, 아마도 부모에게 다른 때 보다 더욱 비판적이 되도록 압력을 가하는 방식으로 자신의 분노와 혼란감을 간접적으로 표출하였을 것이다. 나는 그 시간을 마치면서, 이러한 점을 간략하게 언급하였지만, 좀더 철저하게 다룰 시간이 없었다. 나중에 그러한 의견에 대해 다룰 시간이 있을 것이다.

"하지만 우리는 운이 좋군요." 내가 농담을 던졌다. "오늘 아침 당신은 알람시계 소리를 듣지 못하는 바람에 늦었습니다. 당신은 그 일이 외부의 힘에 의해 결정되었다고 말하지 않았고, 그래서 우리는 지금 그 문제를 살펴볼 수 있었습니다."

그녀가 말했다. "글쎄요, 아마도 이 이야기에 대해 걱정하느라 너무 힘이 들어서 선생님을 보러 다시 여기로 달려온 것 같습니다."

나는 고개를 저었다. "아뇨, 제 생각에는 당신이 제게 화가 나 있는 것 같습니다."

그녀는 싱긋 웃으며, 이를 받아들였다. "글쎄요, 그럴 수도 있겠지요. 전 분명히 화가 났으니까요. 하지만 그렇다면 제가 왜 늦잠을 잤을까요?"

"좋은 질문입니다." 내가 말했다.

"전 모르겠어요. 아무런 생각도 없구요." 그녀가 고개를 갸우뚱하면서 대답했다.

"실제로 당신은 두 가지 일을 했습니다." 내가 말했다. "당신은 늦잠을 잤고 그리고 나서 내게 전화했습니다. 어제 당신이 타지에 가 있는 동안 전화로 이야기하자고 한 나의 제안에 대해 어떻게 느꼈는지 궁금합니다."

"이상하다고 생각했습니다." 그녀가 대답했다. "전화하는 건 만나서 이야기하는 것과 같지 않을 거예요. 효과도 없을 거구요. 제가 출장 가 있는 동안에는 미칠 것만 같을 거예요. 우리가 약속한 시간에 제가 전화기 앞에 있으리라고 기대할 수 없습니다."

"흠." 그러한 설명에 대해 크게 수긍이 가지 않는다는 점을 분명히 밝히면서 내가 말했다.

그러자 그녀는 최근 출장 가서 하는 일에 관해, 전화로 이야기하는 게 별 효과가 없으리라는 점에 관해 죽 늘어놓다가 자신의 주장을 부정하면서 말을 마쳤다. 그녀는 계속해서 말했다. "하지만 우리가 치료를 시작하기 전에, 시내에서 근무할 때 항상 제 일정이 자주 바뀌기 때문에 선생님을 정기적으로 만나 뵐 수 없을 거라고 이야기했던 일이 생각나는데, 아마 그것도 같은 이유였겠네요. 그리고 지금 시간을 가지고 선생님을 만나고 있는데도 아무런 문제가 없고요. 좋아요. 선생님이 맞을는지 몰라요."

내가 말했다. "재미있군요. 나는 어제 치료시간을 마치면서 전화를 사용하는 것에 관해 말했습니다. 그리고 그 다음에 늦잠을 자서 나에게 전화를 했습니다."

그녀가 말했다. "그렇습니다. 하지만 직접 통화하리라고는 예상하지 못했습니다. 저는 그냥 전화 응답기에 메시지를 남겨 두려고 했습니다."

내가 말했다. "당신은 늦잠을 이유로 나에게 전화를 걸어서 전화로 나를 만나는 것에 대해 시험을 해 본 것 같습니다. 당신은 자신이 동요하지 않기 위해 설정해 놓은 경계를 완벽하게 지키지 못했을 때 내가 어떻게 행동할지를 시험해 본 것이었습니다. 당신은 여기서 약간 동요되었고, 그것이 어떤 느낌인지를 알고 있습니다."

"예, 그걸 알 수 있군요." 그녀가 대답했다.

"내가 알게 된 것은 당신은 항상 관계 안에 있는 위험에 대해 걱정한다는 것입니다." 내가 말했다. "당신은 그것이 잉글리쉬 페이션트에서처럼 그리고 전쟁 중의 이스라엘에서처럼 언제 지뢰가 터질지 모른다고 느끼고 있습니다. 우리가 알아야 될 것은 나는 전혀 알지 못하는데도 당신은 내가 그런 폭발물을 숨겨 놓았다고 느끼고 있다는 것입니다. 나는 당신을 안심시켜 주었다고 생각했지만, 당신은 내가 당신을 비난했다고 느꼈습니다. 내가 항상 당신을 안심시켜 주거나 항상 당신의 요구를 받아들이거나 당신이 원하는 말을 해주지 않을 거라는 점에서는 당신의 생각이 맞습니다. 나는 당신의 두려움에 대해 충분히 인식하지 못한 채 반응하고 있었습니다. 아마 우리가 이러한 종류의 경험을 하는 것은 이번만이 아닐 겁니다."

"그래요. 이번만이 아닐 거예요." 그녀가 말했다. "저의 삶에서는 그러한 경험으로부터 많은 것을 얻고 있습니다."

환경적 안아주기와 전이의 발달

이 두 회기에서는 환경 전이가 나타나고 있다. 우리는 환자가 첫 회기에 돌봄의 관계에서 느끼는 신뢰와 두려움에 대해 말하고 있음을 볼 수 있다. 치료자와 환자는 협력하여 이러한 두려움을 그들의 치료관계와 관련지었다. 두 번째 회기에서는 첫 회기에 있었던 무의식적인 활동이 전면에 드러났으며, 이 때문에 치료자는 내사적 동일시에 기초를 둔 역전이 감정을 사용하여 작업할 수 있었다. 이러한 내사는 두 가지 형태를 띤다. 샤르프 박사는 그녀의 아버지가 그녀를 도우려고 할 때 느꼈던 오해받는다는 감정에 대해서는 상보적으로 동일시하였고, 아버지의 칭찬에 대한 그녀의 갈망과 이에 대한 죄책감에 대해서는 일치적으로 동일시하였다.

초기 치료과정의 특징들을 전형적으로 보여주는 이 회기들은 초점화된 대상관계나 명백한 전이보다는 환경적 안아주기의 문제를 집중적으로 부각시키고 있다. 환자가 부모와의 관계에 있어서는 불신의 감정을 분명히 감지하고 있지만, 그 이야기는 아직 충분히 정교화되지 않고 있다. 그녀와 함께 있으면서 그녀의 욕구를 채워주지 못했던 부모로서의 샤르프 박사에 대한 환경 전이는 죽었기 때문에 함께 있을 수 없는 아버지에 대한 전이로 가득 차 있다. 그러나 그러한 전이는 아직 하나의 대상에게로 집중되지 않은 상태이다. 예컨대, 그녀는 아버지에게 더 많은 것을 요구함으로써 아버지의 죽음에 기여했다고 느낄 수도 있는 감정을 갖고 있진 않았지만, 그녀가 자신 때문에 부담을 느끼지 않도록 샤르프 박사를 보호하고 있음을 볼 수 있다. 이에 관해 이야기하기는 아직은 너무 이를 것이다. 샤르프 박사는 마이어 부인이 초점 전이로 이 문제를 함께 가져올 수 있을 만큼 안전하게 느낄 때까지 기다릴 것이다. 첫 번째 회기의 지금-여기 전이 발달은 그때-여기와 관련되지 않았다. 그것은 그녀의 과거 관계의 의미에 대해 많은 것을 알려 주지 않았다. 이러한 일은 초기 회기에서는 상당히 전형적이다.

다음 회기에서는 이전의 두 회기에서 환경적 안아주기와 관련해서 행해진 작업 덕택에 중간 공간이 열리고, 내적 대상관계와 그것의 기원인 과거 관계에 대한 탐색을 시도할 것이다. 마이어 부인은 이러한 문제들에 대해 다루면서 내적 대상관계에 대한 세세한 기억과 함께 전이 역시 발달시킬 것이다. 이러한 문제들이 모두 언어적 해석을 요구하는 것은 아니다. 치료자는 초점 전이 자료가 구체적으로 드러나는 것을 주시하면서, 그러나 조급하게 자신에게 초점 전이를 끌어 모으려고 하지 않으면서, 환자가 발달된 환경 전이 안에서 자료를 다루는데 집중할 수 있도록 돕는다. 치료자는 환자의 탐색을 촉진시켜 주면서 자신의 담아주는 능력을 발달시킬 것이다. 치료자는 회기 내에서 긴장을 풀고, 환자가 자신의 안아주기에 대해 공격할 때 그것을 여유있게 버텨주며, 자신의 환상 능력을 발휘하고, 환자의 자료와 투사적 동일시를 내면에서 안아주는 능력을 발휘하기 시작할 것이다. 그때 그들은 자신들의 내적 대상관계를 통해 서로 소통하고, 그것들과 공명하면서 그것들을 직관적으로 이해할 수 있게 될 것이다. 이를 통해 마이어 부인은 무의식을 탐색하고 이해하는 쪽으로 나아갈 것이다.

세 번째 회기

마이어 부인은 어린 시절 이스라엘에서 있었던 짧막한 이야기를 하면서 이 회기를 시작하였다. 일부는 새로운 내용이었고, 일부는 앞에서 이야기한 내용이었다. 그녀는 몇 회기 전에 이것에 관해 힘들게 말한 적이 있다. 그녀의 여섯 번째 생일잔치를 열었을 때, 아버지는 이스라엘 국회에 참석하고 없었다. 그녀는 아버지가 없어서 섭섭했지만, 나름대로 생일잔치를 즐겼다. 하지만 아버지는 집에 오자마자 생일잔치가 있다고 전화로 알려 주지 않았다고 딸을 심하게 나무랐다. 그리고 나서 그녀는 또 다른 고통스러운 기억에 대해 이야기했는데, 이 역시 지난 주에 이야기한 것이었다. 그녀의 아버지는 여성의 고음을 싫어했기 때문에 그녀에게 목소리를 낮추라고 요구하였다. 마이어 부인의 목소리는 아주 낮았는데, 그녀는 어린 시절에 목소리를 낮추는 훈련을 해야 했고, 흥분해서 목소리가 올라가면 수치심을 느꼈다고 말했다. 그녀가 학교에 들어가기 전에 아버지는 읽는 법을 가르쳐 주었고, 어떤 일을 익히고 기억할 때마다 상을 주었다는 긍정적인 기억도 있었다.

마이어 부인의 아버지는 어머니보다 훨씬 나이가 많았고,

그녀가 10세 때 돌아가셨다. 2년 후에 어머니는 재혼해서 미국으로 이주하였다. 그녀는 십대가 되어서 일단 무용수로서 자신의 한계를 인식하자 무용 이외의 다른 직업을 갖는 것에 관해 고심하면서 이 사람 저 사람에게 조언을 구했다. 그녀의 새아버지는 미국 여성들은 남편의 경제적 지원을 받으면서 가사를 돌보아야 한다고 말했다. 그녀는 "아니, 아니, 아냐! 그렇게 하지 않을 거야"라고 스스로에게 반복해서 말했노라고 기억했다.

"한편으로 새아버지가 아니었다면, 집을 떠나 대학에 가거나 작가가 될 수 없었을 겁니다." 그녀가 계속해서 말했다. "조부모님들 네 분 모두 전쟁 전에 유럽에서 대학에 다녔지만, 제 친아버지였다면 아마도 저를 집에 잡아두고 있다가 일찍 시집보냈을 겁니다. 아버지는 조부모님보다 더 완고한 정통주의자였고 문화적으로 보수주의자였습니다. 저는 아버지가 거절한 좀더 자유로운 삶의 방식으로 돌아갔다고 느낍니다."

어쨌든 그녀에게 읽는 법을 일찍 가르친 아버지에 대해 왜 그렇게 느끼는지 그 이유가 분명하지 않았지만, 마이어 부인은 부모에 대한 기억들을 떠오르는 대로 상세하게 설명하고 있었다. 따라서 나는 그녀의 이야기를 끊지 않았다. 그녀는 이 기억들에 대해 상당한 감정을 느낄 때조차도 편안하게 이야기하고 있었다. 따라서 나는 말을 끊지 않고 좀더 상세히 이야기하도록 격려하는 것이 가장 좋다고 생각했다.

그녀는 이제 샤인이라는 영화 이야기로 되돌아갔다. 이 이야기는 이전 회기 내내 했던 이야기였다. "아버지는 아들, 데이빗을 위해 관을 짰습니다. 한편으로 그는 자신의 야망을 불

태우지요. 그는 데이빗에게 음악을 할 수 있게 되어서 얼마나 운이 좋은지 끊임없이 말하게 합니다. 다른 한편으로 그는 아들에게 기회가 제공되었을 때, 그 기회를 잡지 못하게 합니다. 저는 그의 아버지가, 아마도 제 아버지가 이스라엘로 이주하기 전에 그랬던 것처럼 박해를 당해서 마음의 상처를 입었을 거라고 생각합니다. 영화에서 데이빗의 아버지는 그러한 기술은 없었지만 데이빗을 가르치고 싶어했습니다. 그래서 그는 나중에 그렇게 하면서 도시에 있는 교사에게 아들을 보내지 않았습니다. 결국 데이빗은 아버지의 뜻을 어기고 떠나야만 했습니다. 그리고 나서 아버지는 데이빗과 관계를 끊어 버렸습니다. 만일 제 친아버지가 살아 계셨더라면 제게도 그런 일이 벌어졌을 거라고 느낍니다."

그녀의 영화 이야기에서 "데이빗"이라는 이름을 사용하는 것에 대해서 그리고 이에 대한 나 자신의 동일시에 대해서 생각했다. 여기에서 나는 부모의 압력과 오해의 희생자인 그녀에 대한 나의 동일시가 강화되었다고 느꼈다. 영화 속의 주인공, 데이빗에 대한 그녀의 동일시는 그녀에 대한 나의 동일시를 촉진하는 효과가 있었던 것으로 보인다. 따라서 그녀는 나와 함께 작업하기를 원하면서도 나를 교사나 후견인으로 보지 않았다. 그것은 그녀의 선택이 부모님에게 불효하는 것으로 느껴질 수 있어서 저항을 느끼고 있었던 것으로 보인다.

몇 분 뒤에 마이어 부인은 부모가 자신이 성장하도록 격려해 주지 않았다고 이야기하였다. 그리고 나서 그녀는 화제를 바꾸어 청소년기의 부모, 즉 그녀의 어머니와 새아버지에 대해 이야기하였다. 그녀는 어머니가 그녀에게 처음 브래지어를 사 준 일을 기억해냈다.

"제가 브래지어를 할 때가 되었다고 어머니는 고집하셨습니다. 그러면서 당시 모든 여자 애들이 하고 다녔던 신축성이 있는 예비용 브래지어를 사 주지 않고 카드지로 만든 것 같은 뻣뻣하고 큰 브래지어를 사 주었습니다. 그 브래지어는 앞이 뾰족하게 튀어나왔습니다. 제게는 그 브래지어가 너무 컸습니다. 저는 너무 당황스러워서 연필을 가지고 뾰족한 부분을 콕콕 찔렀습니다. 저는 어머니가 저를 우스꽝스럽게 만들려고 한다고 느꼈습니다.

"저는 그때 제 자신에게 '여자가 되고 싶지 않아'라고 입버릇처럼 말했습니다. 어머니와 새아버지가 그 브래지어를 하고 다니라고 강요했지만, 그들은 정작 여성적인 것은 경멸했습니다. 부모님은 치어 리더나 여성스럽게 치장을 한 여자 애들을 아주 하찮게 생각했습니다. 새아버지는 친아버지처럼 높고, 날카롭고, 계집애 같은 목소리를 싫어했습니다. 저는 두 분에게서 여자가 되는 건 좋지 않은 거라는 사실을 배웠습니다."

내가 말했다. "그것은 지금도 당신에게 많은 갈등을 일으키고 있군요."

"분명히 그렇습니다." 마이어 부인이 말했다. "지난 주 목요일, 시카고에서 집에 오기 전에 꿈을 꾸었는데, 그 꿈은 제가 느끼고 있는 것과 완벽하게 일치합니다."

꿈에서 우리는 국회와 언론계를 위해 열린 모임에 참석했습니다. 나는 거기서 아는 사람을 만났습니다. 잡지사의 칼럼니스트인 레이철이었습니다. 저녁에 저는 상임 편집인 중의 한 사람이자 제 후견인이라고 할 수 있는 이작과 식사를 하고 있었습니다. 저녁식사를 마친 후 레이철은 "자, 춤출 준비를 하세요"라고 말했습니다. 따라서 우리는 함께 나가서 춤을 추려고 했습니다. 우리가 춤추러 나갔을 때 거기에는 고등학교 시절부터 알고 지낸 여자가 두 명 있었습니다. 당시 그들은 나의 경쟁자였습니다. 하나는 무용에서 가장 치열하게 경쟁했던 낸시 클락이라는 아이였습니다. 다른 여자는 저와 상대가 되지 않을 만큼 예쁘게 생긴 아그네스 블랙이었습니다. 아버지들은 모두 아그네스를 십대의 모델이라고 생각했습니다. 그 아이는 인기가 많았고, 동창회의 여왕이었으며, 학업성적도 우수한, 우리가 미워하면서도 그 아이처럼 되기를 바랬던 그런 아이였습니다.

꿈에서 우리는 모두 춤출 준비를 마쳤고, 그때 내가 레이철에게 말했습니다. "춤을 출 때 어떤 색 벨트를 하는 게 좋을지 봐줬으면 해. 제일 예쁘게 차려 입어야 하거든." 그리고 저는 춤을 추러 나갔지만, 그것은 실제로 춤이 아니었습니다. 그곳은 남자들이 다니는 술집이었고, 그곳에서는 운동경기가 있었습니다. 그곳에서 몇몇 여자 애들은 농구경기 같은 게임을 하고 있었습니다. 남자들은 모두 여자 애들을 응원했습니다. 저는 무용이 될 거라고 생각했지만, 운동 경기같이 보였습니다. 저는 예상했던 일로 완전히 혼란에 빠져 서 있었습니다. 저는 잠에서 깨어서 "이 꿈은 해석이 필요 없다"고 생각했습니다.

"지금은 덜 명확합니다만, 당시는 아주 명확했습니다." 마이어 부인이 말을 맺었다.

"어떤 점이 명확하지요?" 내가 물었다.

"저는 자라면서 경쟁적으로 행동하는 법을 배웠습니다. 그리고 그것은 성적인 욕구에 의해 행동하는 것을 대체했습니다." 그녀가 말했다. "경쟁적인 행동을 하면서 그것이 성적인 행동이라고 생각했습니다. 완전히 혼돈된 상태에 있었습니다. 브룩클린의 고등학교에서 알게 된 두 여자 애들은 제 삶의 두 영역을 나타냅니다: 하나는 나와 성적인 경쟁 상대이고, 다른 하나는 직업적인 경쟁 상대입니다. 그들은 현재 저의 직접적인 삶과 관련된 이벤트에 참석했었고, 제가 고등학교에서 그랬던 것만큼이나 그들은 저희 삶에 뒤섞여 있습니다. 꿈 속에서 '우리가 여기서 무얼 할까, 경기, 아니면 춤?'이라고 했던 것 같습니다. 그 이상은 모르겠습니다."

나는 그녀가 치료시간에 꿈을 가져와서 기뻤다. 이것은 그녀가 새로운 방식으로 기억내용을 정교화할 수 있고, 그것을 현재의 삶과 관련시킬 수 있다는 표시였다. 하지만 나는 그것이 그녀 스스로 관련을 지을 수 있는 수준에서 그 자료를 이해하도록 내버려 두고 싶지는 않았다. 아직 초기 단계였지만, 정서적으로 중요한 것으로 보이는 꿈의 요소들에 대해 그녀가 좀더 구체적으로 연상할 수 있도록 도와 줄 필요가 있었다. 그녀는 감정의 폭을 확장하면서 이러한 작업을 쉽게 해냈다.

내가 말했다. "꿈에 관해 좀더 이야기해 보세요. 레이철은 어떤 사람이죠?"

"그녀는 고상한 여자예요. 그녀는 남녀 간에는 차이가 없으며 여자들은 성 차가 배제된 바탕 위해서 경쟁해야 한다고 주장하곤 했습니다. 그녀는 중년을 넘어서 리포터 일을 시작했는데, 그건 정말 흔치 않은 일이죠. 이제 그녀는 오십대예요. 반 유대주의에 관한 글을 쓰지요. 그녀는 이작이나 편집인들에게 상당히 영향력이 있는데, 그래서 저는 그녀에게 관심을 보이지 않고 거리를 두려고 하지요. 최근에 편집회의에서 제가 발표했을 때, 그녀는 환하게 웃으면서 제게 다정하게 대해 주었습니다. 그 때문에 저는 신경이 날카로워졌지요. 그녀는 거리를 두어야 할 사람이거든요."

나는 그녀의 어머니에 대한 기억과 꿈에서 충분한 자료가 축적되었기 때문에, 이제는 치료시간의 중간 공간을 닫아버리지 않으면서 자료들 간에 관련을 짓는 것도 유용할 것이라고 느꼈다.

내가 말했다. "그녀는 죽은 어머니를 나타내는군요. 당신을 평가하는 위치에 있거나 당신이 그렇게 되기 싫은 성공한 여성 말이죠."

그녀가 말했다. "맞아요. 그런 모습이 성공적인 리포터라면, 저는 사양할 겁니다!"

내가 말했다. "당신은 성공적인 여성이 되기 위해서는 여성스러움을 제거해야 한다고 느끼고 있습니다. 그게 부모님이 당신에게 가르친 것이고, 그것은 당신에게 맞지 않는 큰 브래지어와 같은 것입니다. 그것이 당신의 일부로 자리잡고 있군요. 당신은 레이첼이 당신을 인정해 준 것 때문에 두려웠나요?"

그녀가 말했다. "아뇨, 그렇게 생각하지 않아요. 그녀는 저를 돕기 위해 한 발짝도 움직이지 않았습니다. 그녀가 눈으로 보고 귀로 들은 것을 기뻐했을 뿐입니다. 구체적으로 그녀는 편견에 대해 관심을 가지고 있고, 제가 그 영역을 피함으로써 우리 사이에 안전한 경계를 유지하고 있습니다. 게다가 이작이 저를 자신의 피보호자로 간주하고 있기 때문에 그녀가 질투한다고 해도 끼어들 수 없다는 것을 그녀는 알고 있을 겁니다."

나는 이것이 전이가 재연된 사건이라는 것을 알 수 있었다. 그녀는 나와 함께 있으면, 비난하다가 성적으로 흥분시키는 일을 번갈아 행하는 어머니를 분열시킴으로써 호감을 주는 여성이 된다. 그녀는 이러한 내적인 어머니가 여성적인 것을 경멸하고 그와 동시에 그녀에게 지나치게 성적인 사람이 되라고 함으로써 자신을 지치게 만든다고 느끼고 있다. 그녀에게는 좋고, 보호해 주고, 흥분시키는 아버지가 있었고, 비밀스러운 성적 동일시를 통해 그녀를 감질나게 만들기도 하는 박해하고 비판적인 어머니가 있었다. 그녀는 여성적이거나 성적으로 보이지 않으면서 열심히 공부하는 것이 아버지를 가장 기쁘게 해드릴 것이라는 무의식적 환상을 형성했다. 이러한 오이디푸스적 분열로 말미암아 그녀의 성과 여성적 동일시는 억압되었다. 이것은 또한 그녀에게 내적인 커플에 문제가 있음을 가리킨다. 이러한 역동적 구조를 이해하기 시작하면서, 나는 그녀가 작업하고 있는 방식에 대해 만족스러워하고 있음을 주목하였다. 나의 역전이는 인정해 주지 않는 아버지를 무시하면서 인정하고 보호해 주는 아버지로서의 나를 그녀가 받아들이고 있다는 사실을 나타내고 있었다.

내가 말했다. "당신은 아버지의 딸이었군요."
그녀가 말했다. "아버지가 원하는 딸이 되려고 했던 것 같습니다. 목소리를 낮추고, 책을 잘 읽고, 제 감정과는 상관없이 모든 사람에게 공손하게 대했지요. 지금도 여전히 그렇게 행동합니다."

여기서 아버지에 대한 그녀의 동일시와 아버지의 인정을 받으려는 욕구에 관해서 해석했을 때, 그녀는 나와 함께 가고 있는 것처럼 보였다. 내가 인도하고 그녀가 따라오거나 그녀가 인도하고 내가 따라가면서, 우리가 함께 작업하고 있다는 느낌이 들었다. 거기에는 눈에 보이지 않았지만 아버지에 대한 그녀의 관계에서 비롯된 지지의 느낌이 있었다. 그러한 느낌은 우리의 작업을 함께 묶어 주는 작업 동맹의 역할을 했다. 마치 우리 두 사람은 레이철로 표상되는 사악한 여성에 대항하고 있는 것 같았다.

그녀는 계속해서 말했다. "그런데 꿈속에서 '춤출 준비를 하세요.'라고 말한 사람은 레이철이었습니다. 하지만 우리가 거기에 도착했을 때 거기에 있던 남자들로 보아 춤과는 상관이 없다는 게 명백했습니다. 그것은 경쟁과 관련된 것이었습니다."

내가 말했다. "그러니까 그녀는 당신을 여성적인 활동에 초대하는 것같이 보였지만, 실제로는 남성적인 체육 활동으로 초대했군요."

"맞아요. 여성적인 것이 아니었어요."

내가 물었다. "고등학교 때 경쟁자들은 누구였지요?"

"낸시 클락은 저와 가장 치열하게 경쟁했던 아이였습니다." 그녀가 말했다. "그녀는 유대인은 아니었지만, 저와 친구 사이였다고 할 수 있는 퉁명스러운 아이였습니다. 우리는 함께 많은 시간 동안 무용교습을 받았고, 그것을 계기로 친구가 되었습니다. 그녀는 그 그룹에서 저와 견줄만한 기술을 가지고 있었고, 다른 애들은 그녀가 제 경쟁자라고 생각했습니다. 저는 제가 훨씬 더 낫다고 생각했기 때문에—실제로는 그렇지 않았지만—불쾌했습니다. 따라서 여기에는 경쟁에서 제가 이겨야 한다는 개념이 포함되어 있습니다."

"하지만 성적인 면에서 여성스러움에 대한 경쟁자는 아그네스 블랙이었습니다. 전 그 아이와 상대가 되지 않았지만, 그 애만큼 매력적이고 싶었습니다. 전 그렇게 되고 싶었고, 제 것이 아닌 그런 매력을 갖기를 열망했지만 그렇게 될 수 없었습니다. 어머니는 아그네스 블랙에 대해 '그 애에 대해 걱정하지 마라. 언젠가 공평해질 때가 올 테니까. 그런 애들은 아무 것도 든 것이 없어'라고 말씀하셨죠."

나는 마이어 부인의 수치심과 자신의 신체에 대한 혐오감에 대해 생각했다. 많은 무용수들이 그렇듯이, 그녀 역시 자신의 몸매에 대해 만족하지 못하고 있었다. 그녀는 여전히 날씬했지만, 여성스럽고 이 상적인 몸매를 가지고 있다고 생각되는 다른 여성들을 시기하였다. 이는 그녀가 내면에서 여성성을 공격하고 있다는 점을 고려할 때 기이한 모순이었다. 이러한 모순은 어머니의 성에 대한 시기심과 그러한 시기심을 통제하는 수단으로서 확립된 자신의 여성적 성에 대한 부인을 보여준다. 하지만 나는 그녀 스스로 충분히 탐색하고 있기 때문에 아직 이 영역에 대해 해석하고 싶지 않았다. 그래서 우리가 해온 대로 단지 그녀가 탐색을 확장하는 것을 격려하기로 마음먹었다.

내가 물었다. "어머니가 '공평해질 때가 온다'고 말한 것은 무슨 의미인가요?"
"결국 모든 사람이 제가 하는 일이 좀더 중요하고 오래 지속되는 일이라는 것을 알게 될 거라는 말입니다. 아그네스 블랙이 높이 평가받는 일은 그렇게 오래가지 않을 것이고, 사람들은 결국 제가 정말 중요한 일을 할 수 있는 '가치있는 존재'라는 것을 깨달을 것이라는 거죠. 비단 저만 어머니에게서 그런 이야기를 들은 것은 아니었습니다. 하지만 아그네스 블랙은 당시 모든 아버지들이 훌륭하다고 생각했던 아이였습니다. 그리고 여자 애들과 어머니들도 '오! 듣던 대로군!'이라고 말하곤 했습니다."

내가 말했다. "그건 어떤 의미죠?"

"그게 어떤 의미냐 하면, 남자들은 그녀의 금발과 눈이 부실 정도로 매력적이고 매혹적인 모습에 모두 넋을 잃어버리지요. 그녀는 같은 또래 여자 애들과 인사하는데는 관심이 없지만, 남자애들과 잘 지내는데는 관심이 많았고 실제로 그랬습니다. 두 얼굴을 가진 것처럼 여자 애들에게는 피상적으로 대했죠. 여자 애들은 그녀에게 좋은 인상을 받지 못했습니다. 남자들이 멍청하고 눈이 멀었다고 생각했죠."

내가 말했다. "질투심 때문이 아닌가요?"

그녀가 동의했다. "물론 순전히 질투였죠! 우리 중 그녀의 약점을 잡고 깎아 내리려고 하지 않은 사람이 한 사람도 없었지요. 순전히 질투였다니까요!"

내가 말했다. "당신이 할 수 있었던 최선의 방법은 멀찌감치 2인자로 뒤쳐져 있는 거였군요. 여성적인 것을 싫어하는 부모님의 압력 때문에 당신은 그녀처럼 뭇 남자들에게 매력을 발산하는 기쁨을 누리지 못했습니다. 당신이 경멸한 것은 자신을 보호하는 방법이기도 했구요."

그녀가 말했다. "맞아요. 하지만 문화적인 압력도 있었어요. 우리들 문화에서는 아그네스 블랙이 대표하던 것들—치어리더, 예쁜 옷, 사교성—을 정말 높이 평가했습니다. 그러나 부모님들 편에서는 전혀 용납되지 않는 것들이었죠. 부모님들은 우리와 가치관이 잘 맞지 않았습니다. 유대인 소녀라면 누구나 이러한 일에서 자유롭지 못할 겁니다. 때때로 그처럼 자유로운 세상에서 살고 싶다고 갈망하지만 말이에요. 어머니의 지론은 이런 것이었습니다: 네가 유명해지고 성공하려면, 네 인생에서 가장 중요한 학창 시절을 잘 보내야 한단다. 고등학교와 대학 성적이 상위권에 들어간다면, 결혼할 때 유리하고 앞으로의 성공을 보장해 준단다. 그러니까 안정된 기반을 잡아야 해. 그런데 이건 이상하지 않아요?"

내가 말했다. "하지만 당신은 여전히 어머니가 말한 그대로 느끼고 있습니다. 당신은 여전히 때가 오기만을 기다리고 있어요. 그렇지 않나요?"

그녀가 말했다. "그래요. 그런 것 같아요. 잘 모르겠어요. 저는 많은 순간 '엄마가 옳아. 그렇고 말고'라고 저 자신에게 말했습니다. 제게는 직업이 있고 헌신적인 남편도 있으며—많은 여자들이 제가 가진 걸 얻기 위해 많은 걸 포기하지요—게다가 아주 멋진 아이들도 있습니다."

내가 물었다. "그렇다면 무엇 때문에 이 모든 걸 누리지 못할까요?"

그녀는 긴 한숨을 쉬었다. "제가 다른 사람들에게 너무 상처를 준다는 것 때문이지요." 그녀가 회한에 젖어 말했다. "부모님들이 어떤 일들이 중요하지 않다고 말씀하신 게 잘못되었을지도 모른다는 생각이 드는군요. 전 삶을 살아가지만 제가 경험해보지 못한 어떤 부분이 있습니다. 하지만 많은 사람들이 만족하지 못한 채 살아야 하고, 그들은 제가 가진 것의 반도 갖지 못한 채 살고 있죠. 모든 걸 할 수는 없고, 모든 걸 가질 수도 없다!"

치료 초기 단계에서 뽑은 연속된 회기 중 세 번째 회기에 해당하는 본 회기에서, 마이어 부인은 현재의 외부 상황, 그녀가 자라나던 당시에 부모님이 갖고 있던 문화적인 환경, 그녀의 환상 생활과 꿈 그리고 내적 대상관계들에 관해 탐색하였다. 그녀는 이전의 두 회기에서 행한 작업을 통해 형성되고 확장된 중간 공간 안에서 그렇게 할 수 있었다. 그녀는 샤르프 박사를 사용하여 필요한 환경적 안아주기를 공급받았다. 그녀가 샤르프 박사와 갈등 없이 협조적으로 작업할 때 환경적 안아주기의 과정은 명확하게 드러나지 않았다. 그러나 우리는 치료자가 환자를 담아주는 역할을 하고 있음을 볼 수 있었다. 우리는 치료자가 저항에서 회복되어 전이-역전이 교환의 갈등적 요소를 수용하는 상태에 도달한 것을 관찰하였다. 이렇게 해서 치료자의 이해와 두 사람 공동의 이해가 심화되었지만, 치료자는 이를 성급하게 직접 언급하지 않고 내적으로 처리하였다. 환자는 계속해서 갈등에 관한 작업을 통해서 그때-거기의 대상관계에 대해 확장된 그림을 보여주었다. 이 연속 면담의 세 번째 회기에서 우리는 이전의 두 회기에서 행해진 작업의 결실을 볼 수 있었다. 환자는 꿈의 형태로 무의식에서 나온 자료를 회상하였고, 이에 대해 연상하는 것을 배웠다. 마지막으로 우리는 여태껏 방어되어 있던 전이와 역전이 역동이 활성화된다면, 미래에 새로운 작업이 전개될 수 있는 가능성이 존재한다는 사실을 알게 되었다.

제 11 장
집중치료 중간단계

　치료작업이 이상적으로 이루어지고 있을 경우, 치료작업의 중간단계에 이르면 환자와 치료자의 치료 동맹 관계가 비교적 안정되면서, 치료자와 환자는 서로 자연스럽게 협력하게 된다. 환자는 어떻게 작업해야 할지에 대해 알게 된다. 따라서 치료작업에서의 어려움은 함께 작업하는 것을 배우는데 따른 것이 아니라, 주로 치료과정을 방해하는 주제들을 해결해 나가는 것과 관련되어 있다. 안아주는 환경이 비교적 안정되어 있기 때문에, 초점 전이의 문제가 종종 치료의 중심에 등장한다. 여기서 환자와 치료자는 점점 더 치료 영역에서 나타나는 환자의 성격적 문제를 이해하는데 도달하게 되고, 반복적인 투사적 동일시와 담아주기의 순환 과정을 통해 치료적 퇴행을 촉진시키고, 이해에 도달하고, 오르막과 내리막이 있는 더딘 성숙 과정을 통과하게 된다.
　실제로 집중치료 중간단계에서 나타나는 양상은 엄청나게 다양하다. 치료과정이 순조롭게만 진행되는 경우는 지극히 드물다. 환자의 삶은 끊임없이 새로운 위기를 만들어 내지만, 특정 성장

단계 동안에는 더 많은 긴장을 야기한다. 어떤 치료든 똑같을 수는 없다. 어떤 환자의 치료에서는 한 회기와 다음 회기가 비교적 일관성을 갖지만, 다른 환자의 치료에서는 회기들이 서로 아주 딴판이다.

물론 우리가 기대하는 중간단계 치료작업의 특성들이 있다: 중기에는 치료자가 마음속에 그리는 순서와 방향을 따라 전이 작업이 이루어지거나, 환자와 치료자 모두가 어느 정도 예측할 수 있는 공유된 작업 방식이 형성된다. 만일 꿈에 대해 작업한다면, 환자의 내부 및 외부 대상들이 그러하듯이 치료자와 환자는 그러한 꿈 작업 체계의 일부가 된다. 그들 작업의 역사가 형성됨에 따라 미래를 향해 제한 없이 열린 관계가 될지 아니면 몇 달 또는 일 년간의 제한된 관계가 될지에 대한 감각도 생겨난다.

각 회기는 그 회기의 틀을 구성하는 특수성들이 있다. 이를테면 회기의 면담 내용, 환자나 치료자가 타지로 떠나거나 휴가가 임박했음을 알려 주는 정보, 당시의 총체적인 전이 상태, 그때 환자의 삶에서 일어난 사건, 그리고 분석가가 서 있는 삶의 정황 등이 그것이다. 이 장에서 제시되는 회기들은 분석의 미래를 허공에 둔 채, 앞으로 어디서 살며 작업할 것인지에 관해 결정하려고 하지 않는 환자의 모습을 보여준다. 그 결과, 분석의 불확실한 미래는 계속되는 주제로 남게 되었다.

마리안느(2장에서 언급된)에 대한 분석 중간단계의 첫 회기에서 우리는 전이와 역전이의 진행과정을 추적할 것이다. 우리는 앞서 소개한 전이 지형도의 개념과 자기 및 대상관계의 개념을 적용할 것이다.

중간단계 초기

마리안느는 데이빗 샤르프 박사와의 주 4회 분석을 22개월 째 받고 있다. 그녀는 결혼한지 5년이 되었는데, 결혼생활이 너무 불만스럽다고 생각했다. 그녀는 프랑스 태생이었지만 미국에서 산지가 오래 되었고, 영어를 무척 잘 했다. 그녀의 남편은 미국인이었다. 이 부부는 결혼 후 워싱턴에서 살았다. 그녀는 삼 주간 부모님을 방문하기 위해 내일 파리로 떠나기로 되어 있다. 그녀의 어머니는 암으로 쇠약해지셨지만, 아직 말기는 아니다.

마리안느는 지난 몇 달간 쓴 논문을 막 제출하였으며, 몇 달 내로 직장을 바꾸고 워싱턴을 떠날 계획이며, 결혼생활을 끝내고 주 4회 분석도 종결할 계획을 가지고 있었다. 그녀는 자신의 직장을 구하는 문제에 대한 분석 결과를 무시하려고 했지만, 대부분 내가 간간이 이 문제를 끌어내서 이야기를 나누었다. 그녀는 워싱턴이나 워싱턴 근방에서 일자리를 찾아보지도 않은 채, 그 지역에서는 학술 활동을 할 수 있는 좋은 일자리를 구할 수 없다고 주장했다. 그녀는 일자리를 적극적으로 찾기보다는 누군가가 그녀에게 일자리를 알선해 주기를 기다리거나 학계에 떠도는 소문을 듣고 정보를 얻고자 했다.

어제 그녀는 남편이 조종하는 비행기를 타고 하늘을 나는 꿈을 꾸었다. 꿈속에서 비행기가 물에 부딪혀 가라앉았지만, 두 사람이 위험한 상태에 빠지지는 않았다. 그녀는 남편이 조종하는 비행기를 함께 타려고 하지 않았다. 왜냐하면 그가 비행기를 조종하는 게 두려웠기 때문이다.

이 회기는 그녀가 고향을 방문하러 가기 직전에 가진 회기였다. 이 시기에 우리는 그녀의 연구활동 시간과 나의 여행 일정에 맞추어 종종 치료시간을 변경했다. 따라서 이번에도 우리는 그녀의 귀국 일정과 그 후에 내가 타지로 떠나야 하는 시간에 맞추어 치료시간을 조정하는 것으로 회기를 시작했다. 그녀는 파리 대학에서 제안한 계약조건을 검토해 보겠다고 말했다. 그 제안은 썩 좋은 것은 아니었다. 그 자리를 통해서 그녀가 대학에 발을 들여놓을 수는 있겠지만, 그 직위는 그녀가 현재 성취한 학문적인 수준에는 못 미치는 것이었다.

나는 이러한 실제적인 이유와 병석에 누워 계시는 어머니와 가족들과 함께 지내고 싶은 그녀의 소망을 이해하면서도, 다시 한번 그녀보다는 내가 분석을 더 가치있게 여기고 있다고 느꼈다. 그녀는 날마다 분석에 최선을 다했고 분석을 가치있는 것으로 여기고 있다는 느낌을 주었기 때문에 그것은 특이한 것이었다.

그때 그녀가 말했다. "어젯밤에 꿈을 꾸었어요."

저는 어떤 남자와 낙하산을 타려고 했습니다. 그 남자가 선생님이었는지 제 남편이었는지 분명치 않은데, 아마 선생님이었을 겁니다. 우리는 비행기를 타고 있었고, 선생님은 비행기에서 뛰어내렸거나 아니면 공중에서 이미 낙하산을 타고 있었던 것 같습니다. 선생님 혹은 제 남편은 낙하산 타는 법을 저에게 가르쳐 주려고 했습니다. 선생님은 자신의 낙하산을 펼치고 나서 저에게 그걸 사용하는 방법을 가르쳐 주려고 했습니다. 아니면 저를 뛰어내리게 하고 나서 선생님이 낙하산을 펼친 것 같습니다. 그리고 나서 우리는 펼친 낙하산을 타고 둥실 둥실 내려왔습니다. 선생님이 착지방법을 저에게 가르쳐 주려고 했지만, 바로 그때 우리는 아주 사뿐히 내려앉았습니다. 아주 가벼운 착지였습니다. 저는 낙하산이 꽤 빠른 속도로 떨어져서 땅 바닥에 부딪힐 거라고 생각했기 때문에 놀랐습니다.

그리고 나서 우리는 호텔 같은 데로 들어갔는데, 어떤 부부와 동행했습니다. 우리는 무얼 좀 마시려고 했는데, 저는 무얼 마셔야 할지 몰랐습니다. 저는 오렌지 쥬스 한 잔을 들고 있었습니다. 그 부부는 위스키-오렌지가 좋을 거라고 권했습니다. 저는 그게 좋겠다고 생각했고, 그래서 오래된 시바스 리갈, 블랙 라벨과 같은 여러 가지 위스키가 있는 곳으로 갔습니다. 저는 오렌지 쥬스로는 어떤 종류가 좋을까하고 생각했습니다. 사실 전 위스키를 좋아하지 않았습니다. 그 때문에 오렌지 쥬스에다가 위스키를 섞어야 했습니다. 그 부부 중의 여자는 검고 짧은 머리를 하고 있었습니다.

그녀는 묻기도 전에 연상하기 시작하였다. "오렌지 쥬스와 얼음이 든 잔은 선생님과 관련이 있습니다. 선생님은 항상 큰 음료수 잔을 들고 계시거든요."

"나와 어떤 관련이 있는 거죠?"

"낙하산이요. 옛날 남자 친구였던 데이빗의 어머니는 계곡이 있는 산 가까운 곳에 별장을 가지고 있었습니다. 테라스에서는 낙하산을 타는 사람들을 많이 볼 수 있었죠. 그런 광경을 보면 제 친구가 꼭 칠 년 전에 행글라이딩을 하다가 죽은 게 생각납니다. 바로 오늘이었어요!"

내가 말했다. "이 꿈에서 내가 당신에게 낙하산 타는 방법을 가르쳐 주기로 되어 있었군요."

"그런데 선생님이 낙하산을 타는 방법을 가르쳐 주려고 하는 순간에 우리는 착륙했습니다. 전 제 힘으로 해보고 싶었기 때문에 불만스러웠습니다."

나는 그녀가 나 없이 뛰어내림으로써 직면해야 하는 위험에 관해 말하고 있으면서도, 그녀가 나와 함께 있을 경우에 예상되는 침범에 관해서도 말하고 있다고 느꼈다. 그녀는 나와 함께 뛰어내림으로 어떤 것을 얻을 수 있지만, 또한 나 없이 뛰어내리기를 원했다. 그녀가 전 날에 꾸었던 이와 유사한 꿈이 기억났다.

내가 말했다. "이 꿈은 어제 남편과 비행하는 위험에 관한 꿈에 이어서 꾼 꿈입니다."
"오늘 아침엔 이런 생각이 들더군요. '하느님 샤르프 박사를 3주간 만나지 못합니다. 어떻게 버텨낼 수 있을까요? 제가 살아남을 수 있을까요? 선생님은 왜 제가 그렇게 해서는 안 된다고 말하지 않는 걸까요?' 저는 일주일만 가 있을 수도 있는데, 어째서 삼 주간이나 가 있어야 하는 거지요?"
"그런데 어째서 그런 식으로 낙하산을 탔을까요?" 내가 물었다.
그녀는 나의 질문에 답하지 않고 자기 이야기를 계속했다. "전 남편의 체중이 정말 걱정됩니다. 체중이 엄청나게 불었거든요. 제가 건강진단을 해보라고 말했지만, 남편은 단박에 거절했습니다. 시간이 없다나요."

나는 그녀가 자신의 행동과 판단에 대해서 걱정하기보다 남편의 행동과 판단에 대해서 걱정하고 있음을 주목했다.

그러면서 남편은 그녀에게 건강 강좌에 함께 가자고 했다. 그녀는 분석을 받으러 가야 하기 때문에 같이 갈 수는 없지만, 그를 데려다 주겠다고 말했다. "어제 우리가 상점에 들렀는데 아이들을 위해 대대적인 할인판매를 하더군요. 저는 예쁜 물건들을 보면서 '너무 예뻐요'라고 말했고, 남편은 '우리 애들에게 뭘 좀 사 주어야겠어'라고 말했습니다. '설마!'라고 제가 말했죠."

나는 그들이 거의 성 관계를 갖지 않는다는 것을 기억했다. 남편은 아이를 갖는 것을 거부했지만, 그녀가 떠나겠다고 위협하면 그는 '안 돼, 떠나지 마. 우린 아이를 가질 거야'라고 말하곤 했다. 그럴 때면 그녀는 남편을 거절했다. 그녀의 남편이 주지 않고 그녀를 감질나게 하는 태도에 관해 생각하면서, 그녀가 나에게 동일한 행동을 하고 있음을 깨달았다: 그녀가 정말 비행기를 타고 떠나기 전날에야 매우 중요한 잠재적 의미를 가진 자료를 제시하고 있었던 것이다. 나는 그녀가 나와 우리 작업과 관련해서 유혹하면서 회피하는 성적인 요소를 도입하고 있다고 생각했다.

내가 말했다. "나와 함께 낙하산을 탄다는 것은 무엇을 의미할까요?"

"매우 성적인 것이지요. 낙하산을 탄다는 것은 오르가즘을 뜻합니다. 그건 착륙하는 것과 같으니까요. 남편은 무모한 아이처럼 비행기를 몰았고, 꿈속에서 비행기가 물로 떨어졌기 때문에 남편이 비행기를 타자고 했을 때 저는 겁이 난 겁니다. 선생님이 말씀하셨듯이, 그건 제 성욕이 침몰하는 것이었습니다."

"구조되는 꿈이 아니었나요?" 내가 물었다.

"모르겠습니다. 비행기가 물 속에 가라앉는 것은 제 성욕과 남편의 성욕이 저하된 것을 가리키는 것 같아요. 우리가 물에 빠졌다고 누군가에게 말하려고 했지만, 그는 '조용히 하라'고 했습니다. 전 양가감정을 느꼈는데, 아무도 알아서는 안

된다는 사실이 불만스럽기도 하고 안심이 되기도 했습니다."
"지난 주에 제가 꾼 꿈을 기억하세요? 우리는 어머니가 제 자신의 일을 하도록 내버려두지 않았고 일을 망쳐놓았다는 이야기를 나누었습니다. 이런 일들이 어떻게 연관되는지 모르겠군요. 아마도 표면에 드러나지 않은 것들이 많이 있을 겁니다. 그것이 표면으로 드러나지 않아서 안심이 되기도 하고, 다른 한편 그것을 다룰 수 없을까봐 걱정도 됩니다."

나는 그녀와 그녀의 남편이 탄 비행기가 물 속에 가라앉는 것이 그들의 삶을 위협하고 있을 뿐만 아니라 문제 자체가 표면 아래로 가라앉는 것을 나타낸다고 생각했다. 마리안느 자신이 그것들을 묻어두었는데, 그것은 그것들이 그녀가 종종 어머니의 탓으로 돌렸던 수용할 수 없는 것이었기 때문이었다. 나는 지금 가라앉을 위험에 처해 있는 문제가 무엇일까에 대해 생각했다.

"함께 낙하산을 타는 것이 의미하는 성욕처럼 말이죠?" 내가 말했다.
"그것은 선생님에 대한 저의 동일시와 관련이 있습니다. 얼음이 든 잔을 드세요."
"위스키는 어때요?" 내가 물었다.
"전 위스키는 별로 좋아하지 않아요. 아버지는 위스키를 많이 드셨습니다. 아버지와 휴가를 함께 보내곤 했습니다. 여기서는 아버지에 대해 부정적인 이야기만 했지만, 실제로는 즐거운 시간을 가진 적도 있습니다. 유치원에 다닐 때나 나중에 함께 자전거 여행을 갔을 때처럼 말이지요. 하지만 그때마다 어머니가 그걸 망쳐 놓았습니다."

그녀의 아버지에 대한 기억은 그녀가 나와 함께 낙하산을 탔던 흥분과 좀더 밀접한, 좀더 새롭고 긍정적이고 오이디푸스적인 방식으로 표면으로 떠오르고 있었다. 나는 위스키에 대해 언급한 것을 내 사무실 벽에 걸려 있는, 내가 처가쪽으로 스코틀랜드와 관련이 있음을 말해 주는, 스코틀랜드 달력과 관련시켰다. 하지만 이것이 그녀와 관련되어 있는지에 대해서는 확신하지 못했고, 따라서 침묵을 지켰다.

"전 이 모든 조각들을 퍼즐처럼 가지고 있으면서 그것들을 통합하지 못하고 있다는 느낌입니다. 선생님께서 저를 도와 주셔야 해요. 저 혼자는 할 수 없거든요."

"낙하산을 타면서 당신을 도와야 했던 것처럼 말이지요." 내가 말했다.

"오, 뭔가 그 외에 다른 게 있어요." 그녀는 나의 말을 무시한 채 말했다. "그 부부 말이에요! 그리고 짧은 머리를 한 여자 말이에요. 전 몇몇 정신분석가들을 알고 있습니다. 데이빗을 통해서 알게 된 사람들이죠. 한 사람은 머리가 아주 짧았는데, 이름은 샤샤였습니다. 사십대 초반인 그녀는 혼자 살았는데, 아기를 갖고 싶어했습니다. 그녀의 아버지는 랍비였죠. 파리에서는 다른 여자들도 두 어명 알고 지냈습니다. 전문직을 가지고 독신으로 행복하게 사는 여자들이었죠. 전 사십대가 되면 혼자 사는 전문직 여성이 되는 걸 원치 않을 거라고 늘 생각했습니다."

내가 말했다. "꿈의 전반부에서 당신은 혼자가 아니었습니다. 비록 순조롭게 착륙하기는 했지만, 혼자 힘으로 해내지 못한 게 실망스러웠다고 했습니다."

"그렇습니다." 그녀가 성급하게 대답했다. "그게 무슨 의미가 있나요?"

"당신은 심리적으로 독립하지 못했습니다. 당신은 홀로 서기 위해 저를 떠나는 것에 대해 생각하고 있습니다. 그와 동시에 남편을 떠나야겠다고 생각했지만, 전문직 독신 여성으로 혼자 사는 게 두렵기 때문에 그렇게 하지 않고 있습니다. 이것이 당신이 남편에 대해 드러낼 수 없는 감정인 것 같습니다. 당신은 외톨이가 되는데 대한 두려움을 해결했지만, 당신이 원하는 것을 선택하지는 못했습니다." 그녀는 말이 없었다. 나는 계속 말했다. "이 꿈은 어제 꿈속의 비행기 사고로 귀착되었습니다. 이 꿈에서 당신은 남편대신 나와 함께 부부가 되었습니다."

나는 그녀에게 너무 갑자기 너무 많은 것을 이야기하고 있다고 느꼈다. 나는 그녀가 스스로 해내기를 원하면서도 나 없이는 할 수 없는 것 같이 행동하면서 도피하고 있다는 생각으로 인해 압력을 받고 있었다.

"그렇다면 제 오렌지 쥬스에 위스키를 넣으라고 말하는 그 부부는 뭐지요?" 그녀가 물었다.
"무엇이든지 생각나는 걸 말해 보세요." 내가 말했다.
"전 위스키를 싫어합니다. 아버지는 위스키를 너무 많이 마셨지요."
"그래서 당신은 아버지처럼 되려고 하는 걸까요?"
"그렇습니다."
"그래서 그 커플이 당신에게 커다란 오렌지 쥬스 잔에 위스키를 넣으라고 했군요."
"우리는 그 잔이 오 제이 심슨(O. J. Simpson) 같이 생겨서 그걸 '오 제이'라고 부릅니다. 전 오 제이 심슨에 대한 보도를 봤습니다. 사람들은 '그가 딸의 생일을 잊어버린 이유에 대해서는 한마디 해명도 하지 않았다'고 말하더군요. 아버지는 작년에 제 생일을 잊어버렸습니다. 삼일이나 지나서 전화했다니까!"

"당신은 술을 너무 많이 마셔서 잘 잊어버리는 아버지처럼 되려 하고 있습니다. 당신은 만일 독신으로 지내게 된다면, 아버지처럼 될지도 모른다는 두려움을 갖고 있는 건 아닌가요?"

나는 그녀가 나에게 짜증을 내고 있으며, 나를 거절하고 무시하는 아버지와 동일시하는 것을 나 자신이 방어하고 있음을 깨달았다. 이러한 일이 일어났을 때, 나는 꿈속에서 부부가 그녀의 아버지처럼 되라고 충고하는 측면을 간과하고 있었다. 그 부부는 배타적인 커플로서 행동하는데 대한 비난을 느끼는 대신 자신들의 욕망을 그녀에게 부과하고 있었다.

"전 항상 어머니처럼 되고 싶었지만, 어머니는 화가 나면 제게 '넌 네 아버지와 꼭 같구나!'라고 말하곤 했습니다. 전 어머니를 동일시할 수 없었고, 그 때문에 몹시 안타까웠습니다. 어머니는 제 모습이나 지능이 아버지를 닮았다고 말씀하시곤 했습니다. 그건 사실입니다. 제 손은 아버지의 손과 똑같이 생겼습니다. 아주 똑같아요. 제 성격은 친할머니를 꼭 닮았는데, 친할머니는 두 살과 네 살 짜리 자식을 버리고 간, 모진 분이셨지요. 할머니는 아버지를 나쁜 사람이라고 했습니다. 그리고 어머니는 친할머니를 얼마나 싫어했는지 늘 말씀하시곤 했습니다. 그래서 저는 항상 나쁜 사람을 닮아야 했지요."

"전 어머니처럼 되고 싶었지만, 어머니를 동일시할 수 없었습니다. 전 이에 대해 여러 가지가 뒤섞인 감정을 느낍니다. 때때로 저는 어머니같이 되었으면 하고 생각합니다."

"이 꿈에서 당신은 아버지처럼 되는 것에 대해서 생각하고 있습니다."

"물론 그렇습니다. 하지만 선생님처럼 되고 싶기도 합니다!"

그녀가 나와 아버지를 동일시하기를 원하면서도 나에게 성적으로 끌리기 때문에 나를 회피하고 있다는 것을, 불안해 하지 않으면서 깨달을 수 있었다. 그때 그녀는 어머니가 평생 동안 종종 아버지를 공격하면서 일을 망쳐 놓았던 것처럼 자기 자신을 방해하고 상황을 망쳐 버렸다. 나는 그 시간에 우리가 함께 과거로 거슬러 올라가고 있다고 느꼈다.

"하지만 나처럼 되는 것은 당신이 아버지처럼 되는 것을 의미하고, 아마도 그것은 당신의 어머니가 결코 허락하지 않을 걸요."

"그런지도 모르지요. 아버지는 며칠 전에 전화해서 '네 휴가를 좀 늦추면 어떻겠니? 네가 집에 오는 첫 주에는 내가 일을 해야 하거든' 하고 말씀하셨습니다. 저는 이번 말고도 또 다른 2주간을 집에서 보낼텐데, 아버지가 왜 그렇게 말씀하시는지 잘 모르겠어요. 아버지는 '네게 할 말이 있다'고 말씀하셨죠. 저는 동생에게 이렇게 말했습니다. '아버지는 보나마나 여자친구와 결혼하겠다는 이야기를 하실 거야.' 그런데 그녀도 정신분석가예요."

"아! 그래요." 나는 매우 놀라며 말했다. "전에는 그런 이야기를 하지 않았지 않아요?"

"선생님은 그걸 모르셨어요?"

"몰랐어요. 당신은 그걸 이야기한 적이 없습니다. 그 여자분은 어떤 분인가요?"

"전 왜 그 여자가 아버지에게 관심을 갖는지 모르겠어요. 그 여자는 아버지보다 아주 젊은 오십대거든요."

"글쎄요. 이런 중요한 이야기를 3주간 동안이나 휴가를 떠나기 직전에 말해 주다니 상당히 재미있군요."

나는 이러한 새로운 정보를 처리할 충분한 시간도 없이 갑자기 혼자 남겨진 느낌이었다. 이에 대해서 나는 다음과 같이 말하고 싶었다. "당신은 분석가와 결혼한 나와 함께 커플을 이루고 싶었는데, 그것은 사실상 아버지와 함께 커플을 이루고 싶은 욕구를 나타내는 것입니다. 당신은 여기를 떠나면서 그 커플과 나에게서 배제되는 것으로 느꼈습니다. 나는 이것이 당신이 떠나려고 하는 이유와 관련되어 있다고 생각합니다." 하지만 꿈속에서 그녀가 비행기에서 뛰어내리고 나 없이도 낙하산을 펼칠 수 있었듯이, 그녀는 나를 그러한 관련들 속에 던져 놓음으로써 내적 커플에서 어떻게 배제되었는지에 대한 새로운 증거를 제공했다.

논의

본 회기는 결렬 가능성에도 불구하고, 분석작업을 잘 받고 있는 환자의 중간단계 면담 중 하나이다. 환자는 치료자와의 관계에서 전이를 발달시켰고, 그녀는 이것에 대해 작업할 수 있었다. 그녀는 계속해서 치료시간의 지금-여기를 만성적인 양가감정을 가지고 대하는 남편과의 지금-거기의 상황과 관련시켰고, 또 그녀가 닮기를 원하고 종종 박해받는다고 느꼈던 어머니에 대한 그때-거기의 감정뿐만 아니라 반리비도적 형태와 리비도적 형태 사이를 오가면서 동일시했던 아버지에 대한 그때-거기의 감정과도 관련시켰다.

또한 꿈속에서 환자는 질 샤르프 박사와 데이빗 샤르프로 구성된 내적 커플을 도입하고 있다. 환자는 응접실에서 질 샤르프 박사를 자주 보았다. 분석가의 아내에 대한 이미지는 그녀로 하여금 위험스럽게 느껴지는 강렬한 동일시를 불러일으키는 아버지의 여자 친구의 이미지에서 반복되었다. 그녀는 꿈에서 음료수 안에 "오 제이"를 집어넣는 꿈을 통해서 그 이미지를 오 제이 심슨과 관련시켰다. 그녀는 그 꿈에서 당시 뉴스에서 떠들썩하게 보도되었던 살인용의자 심슨을 자신의 남편과 동일시했고, 또한 방임하는 부모와 동일시했다. 그녀는 위스키를 혐오했는데, 그것은 위스키가 엄마의 젖을 대체하는 것이기 때문이었다. 그리고 또한 이 위스키는 그녀를 버린 아버지, 그래서 그녀가 분열시킨 거절하는 대상인 아버지와 동일시되었기 때문이었다. 분석가는 환자가 상담 장면에서 내적 커플과 관련된 이미지를 환기시키기 전에 위스키 이미지에 자극을 받아 자신의 아내에 대한 연상을 떠올렸다.

그와 동시에 마리안느는 분석가를 도움을 주는 부모로서 흥분하며 갈망하였지만, 결국은 그가 성화된 오이디푸스적 파트너로 바뀌는 것을 발견할 수밖에 없었다. 이것은 치료자가 그녀가 위협을 느끼는 자료를 표면으로 가져왔음을 말해 준다. 그래서 그녀는 하늘을 날다가 죽거나(친구가 행글라이딩을 하다가 죽었다), 충돌하거나 물에 빠져 죽을까봐(위험하게 비행기를 조종하는 남편과 함께) 두려워했다. 다른 한편으로 분석가는 그녀가 안전하게 낙하산을 탈 수 있도록 도왔다. 하지만 그녀에게 자신을 보호하는 법을 가르쳐 주지 않았다. 흥분시키고 그 다음에는 겁에 질리게 하는 성적인 이미지로 등장한 분석가는 분석에서 뛰어내려서 스스로 착륙하려는 그녀의 욕망을 위협하는 존재였다. 따라서 이 회기를 마치기 몇 분전에 그녀는 중요한 새로운 정보를 제공함으로써, 그녀의 양가감정을 실연시켰다. 즉 그녀는 부모를 방문하러 떠나기 직전에 그녀가 스스로 낙하산을 폄으로써, 자신이 배우기를 원치 않는 것을 가르쳐 주려고 하는 분석가를 공중에 남겨 놓았다.

이 회기에 나타난 전이 지형도

대부분의 다른 회기에서처럼 이 회기 동안에도 전이의 위치가 변화하였다. 대상으로서 분석가의 특성은 흥분시키는 대상과 거절하는 대상, 모성적 대상과 부성적 대상 사이를 번갈아 옮겨 다녔다. 그녀의 내적 대상에서 비롯된 명확한 초점 전이 자료는 그녀에게 성적인 매력과 두려움의 요소를 지니고 있었다. 이는 이상적인 중심적 자기의 대상은 흥분과 공격성을 조심스럽게 제거해서 중심적인 안아주기를 해줄 수 있는 힘이 없는 히스테리 환자의 대상관계에 해당된다(Fairbairn, 1954).

따라서 마리안느의 일반적인 긍정적 환경 전이 역시 매우 불안정할 수밖에 없다. 그녀는 샤르프 박사가 자신을 지지해 주고, 자신에게 진심으로 관심을 갖고 있다고 믿고 있지만, 그 또한 거절하고 자기의 유익만을 구하는 부모나 남편처럼 될 것이라고 예상하고 있다. 그녀는 부분적으로 그것이 자신의 유익을 해치기라도 할 것처럼 마지막 시간까지 치료자에게 중요한 정보를 주지 않고 가지고 있는 방식으로 이 문제를 다루었다. 즉 환경전이는 초점 전이에 의해 침해되었다.

샤르프 박사는 하나의 마음 상태에 이어서 또 다른 마음 상태가 오는(Joseph. 1989), 매 순간 변화하는 전이를 따라감으로써, 매 순간 변화하는 담아주기를 제공하였다. 하지만 마리안느는 아주 많은 자료를 마음속에 가지고 있으면서도, 치료자가 정확하게 상상할 수 있도록 자료를 내놓지 않았다. 왜냐하면, 그것은 치료자가 자기 유익만을 구하는 부모 대상처럼 되어, 치료 공간을 그녀가 아니라 치료자 자신을 위해 사용할까봐 두려웠기 때문이었다. 물론 치료작업이 진행되고 두 사람 사이에 교환이 이루어지는 분위기가 유지되는 순간들이 있었다. 따라서 잠재적 공간은 치료시간의 흐름 속에서 열려 있기도 하고 닫혀 있기도 하였다. 마지막 순간에 가서야 그녀는 아버지의 여자친구에 대한 핵심적인 정보를 치료자에게 주었다. 이는 그녀의 부모 커플과 샤르프 박사 커플 사이에 중요한 관련성이 있음을 보여주었다. 이때 치료자는 시기를 놓치지 않고 전이에서 드러난 시기하는 내적 커플에 대한 해석을 시도했더라면 좋았겠지만, 유감스럽게도 그렇게 하지 않았다.

이 치료시간 동안 안아주기와 담아주기가 훼손되고 다시 회복되는 것을 반복하였다. 마리안느가 시간과 공간 속에서 전이를 충분히 사용할 수 있었기 때문에, 비록 한편에서 전이의 실연이 진행되고 있음에도 불구하고, 분석 공간 속에서 충분히 작업하고 있다는 느낌을 주었다. 치료 작업은 지금-여기를 중심으로 이루어졌다. 치료시간을 조정하는 것으로부터 시작해서 환자와 치료자는 그때-거기(어린 시절의 가족문화 또는 사회집단의 문화)와 그때-여기(어머니와 아버지와 맺은 관계 유형이 현재 순간에 미치는 영향)를 중심으로 한 지금-여기에 대한 활발한 논의를 계속하였다. 마리안느는 지금-거기에서 남편 및 부모와 경험했던 관계를 현재 샤르프 박사와 맺은 현재의 관계뿐만 아니라, 남편 및 부모와 가졌던 과거의 경험과도 관련시켰다. 그녀가 가장 회피하는 영역은 분석의 미래로서, 이 영역은 그녀의 지금-거기에 대한 가정에 의해 어두운 그늘이 드리워 있다. 그녀는 미래의 삶에 관해 계획하면서 문제를 해결할 수 있을 것처럼 행동하였다. 그것은 본질적으로 분석의 미래에 관한 것으로서 그녀가 샤르프 박사와 논의하기를 회피하던 것이다. 초점전이에서 마리안느가 샤르프 박사를 망쳐 버리고 유혹하거나 배제하는 사람으로 경험하기 때문에, 그녀는 분석의 미래에 대해 생각하기가 힘들었다. 그녀는 이 문제에 관해서 관련짓고 생각하기를 회피하였으며, 두려움을 제거하기 위해 분석의 미래를 제한하였다.

이 회기에서 초점전이에 대한 반응으로 풍부한 역전이가 발생했다. 예컨대 샤르프 박사는 마리안느가 자신의 미래에 관해 충분히 생각할 수 없던 순간에 그녀에 대한 책임감을 느꼈다. 이처럼 환자가 간과한 영역을 알아내는 것은 환자의 미래에 대한 생각과 개입에 초점을 맞추는데 사용될 수 있다.

대상의 건설과 자기의 수정
(Object Construction and Self Modification)

이 회기의 내용은 대상 분류, 대상 배제, 대상 건설로 채워져 있다. 마리안느는 이 시간에 어머니와 아버지의 어떤 측면을 자신의 중심적 자기의 대상으로, 어떤 측면을 거절하는 대상으로, 그리고 어떤 측면을 동일시 대상으로 받아들일 수 있는지에 대해 생각했다. 여기에서 그러한 대상들은 차츰 그녀가 보지 않고 감춰버리는 억압의 지배에서 벗어나고 있다. 그 측면들은 배제되었다가 다시 내재화되기도 하고 또 다시 배제되곤 했다. 그녀는 내재화된 부모님이 망쳐버리고 분열시키는 그녀 자신을 수용해 주고 슬퍼해 주기를 바랬다. 우리는 그녀가 샤르프 박사와 새로운 관계 맺기를 시험하고 있음을 알 수 있다. 낙하산의 비유가 나오는 꿈에서 볼 수 있듯이, 그녀는 혼자서 해보고 싶은 욕망이 있었음에도 불구하고 그에게서 배우려고 하였다. 그녀는 동일시하고 함께 작업할 대상을 찾으면서도 그 대상이 두려워 멀리 떠나려고 하였다. 그녀는 과거와 현재 생활에서 반복적으로 경험하는 자신의 파괴적인 성격 유형에 관해 깨닫게 되자, 탄력성 있고 성장할 수 있는 자기 조직을 형성하는 것에 대해 깊이 생각할 수 있게 되었다. 우리는 이러한 과정에서 전진과 후퇴의 움직임을 볼 수 있었고, 이러한 움직임은 본질적으로 그녀가 자기의 요소를 새롭게 건설하는 것과, 자신의 과거 대상을 재구성하고 내면세계 안에 새롭고 개선된 대상을 도입하려는 시도와 관련되어 있었다.

이런 식으로 그녀의 자기는 자율성과 관계성 모두를 위해 분투했고, 그녀를 규정하는 외부 대상과 내적 대상관계들과 씨름했다. 마리안느는 양가적인 전이감정을 다루었다. 그것은 그녀의 삶의 계획을 수립하는 과제를 회피하는데 집중되어 있었고, 중심적인 양가감정을 분석할 수 있는 가능성을 배제하고 있었다.

중간단계의 중반기: 전이와 역전이 안에서의 극복과정

6개월 후, 분석이 시작된지 28개월 째 되던 두 번의 연속 회기에서는 이전에 다룬 적이 있는 주제를 다루었다. 이때 그녀는 그 주제에 대해 작업할 수 있는 능력이 더욱 발달하였음을 보여주었을 뿐만 아니라, 때때로 자신을 무력감에 빠지게 만드는 우울증 치료를 위해 약물을 사용할지의 문제로 갈등하고 있음을 보여주었다.

추수감사절 바로 다음날이었다. 마리안느는 지난 주에 세 번밖에 만나지 못한 것과 관련짓지 않은 채, 주말 휴가를 아주 형편없이 보냈다고 했다. 이날 마리안느는 카우치에 눕지 않고 나와 마주 앉아서 상담을 했다. 그녀는 가끔 그렇게 했다. 그녀는 절망적인 상태일 때 이런 행동을 보이는 것 같았다. 그녀는 개인적으로나 직업적으로 모든 게 수포로 돌아갔다고 말했다. 우리는 약물 사용에 관해 잠시 이야기를 나누었다. 결국 항우울제 복용 여부를 진단하기 위해서 나의 동료 정신과 의사에게 전화해서 약속을 잡기로 하였다.

그녀는 다음과 같은 꿈을 보고하였다:

아주 오래된 복고풍의 유리 상자 안에 퍼즐이 있었습니다. 퍼즐의 단어들은 프랑스어와 영어 단어 같았고, 영어 단어는 모르는 말들뿐이었습니다. 저는 유리 아래 있다고 느꼈습니다. 퍼즐 중의 하나는 숫자들이나 그림 조각들을 이리 저리 옮겨 무엇인가를 만드는 것이었는데, 오른쪽 아래에 있는 두 개 외에는 모두 고정되어 있었고, 그 두 개는 위나 아래로만 움직일 수 있었습니다. 그 퍼즐의 한쪽 귀퉁이는 어떤 그림인지 알아볼 수 있었지만, 다른 부분은 뭐가 뭔지 알 수 없었습니다.
제가 십대에 치료를 받고 있을 때 이러한 기분을 느꼈던 기억이 납니다. 저는 과거와 현재 사이를 왔다갔다하고 있다고 느꼈죠.
꿈속에서 저는 모든 게 꿈쩍도 하지 않고 조금도 좋아지지 않는 것 같다고 어머니에게 말하려고 했습니다. 저는 게임 방식대로 하면 문제를 풀 수 없다고 느꼈기 때문에, 조각들을 모두 들어내고 다시 배열하려고 했습니다. 하지만 어머니는 "안 돼, 규칙대로 해야지"라고 말씀하셨습니다.

퍼즐에 대해 설명하면서, 그녀는 "그것을 뒤에서 박아 넣어야만 한다"고 말했다. 그 말은 퍼즐을 나사를 돌려서 제거하고 재배열해야 한다는 의미였다.

나는 "뒤에서 박아 넣다"(screw it from the back)라는 구절에서 성 도착적인 이미지가 연상되었지만, 일단은 전혀 맞출 수 없는 퍼즐과 같이 옴짝달싹할 수 없다는 느낌을 말하는 이미지로만 이해했다.

내가 말했다. "당신은 자신에게서 조각들을 모두 빼내서 다시 시작하는데 희망을 걸고 있는 거군요. 그렇게 하지 않으면 어찌해 볼 도리가 없다고 느끼고 있습니다."

"어떤 것은 뒤쪽으로만 할 수 있다고 말한 사람은 저의 어머니였습니다. 그것은 막다른 골목이었습니다. 퍼즐은 마치 미로 같았어요."

"빠져 나올 길이 없군요." 내가 말했다. "그런 느낌 때문에 당신은 여기 왔습니다. 우리는 불가능하며 어찌해 볼 도리가 없다는 느낌에 대해서 작업하고 있습니다. 당신은 희망이 없다고 느끼고 있고 이러한 느낌은 더 커져서 당신을 정말 우울하게 만들고 있습니다."

"그게 지금 약물치료가 필요한 이유라는 것을 알겠습니다." 그녀가 말했다. "그런데 왜 선생님께서 직접 처방하지 않으시는 거죠? 왜 X 박사를 택한 거죠?"

나는 우리의 분석을 위해서 약물치료를 별도로 하는 것이 좋으며, X 박사 자신이 분석가여서 우리 작업을 지지해 줄 것이라고 말했다. 마리안느는 분석가이며 신경학자인 그녀의 삼촌이 자신에게 약물치료를 받으라고 권했으며, 약물치료가 분석에도 도움이 될 거라고 말했다고 했다. 또 그는 마리안느의 부모님들도 우울증이 있었다고 말했다. 우리는 어머니가 마음속 깊은데 묻어두었다가 그녀에게 우울증을 넣어주었고 그녀가 그것을 흡수했다는데 동의했다. 우울증은 그녀의 성장과정 전체에 영향을 끼쳤다. 그녀의 삼촌은 그녀의 아버지가 어머니보다 우울증이 훨씬 더 심했다고 느꼈다.

다음 날 마리안느는 카우치에 눕지 않고 앉아서 이야기했다. 그녀가 X 박사에게 전화했는데, 그가 시간이 날 때 다시 전화해 달라고 해서 시간 약속을 하지 않은 상태였다. 그래서 그녀는 내가 X 박사에게 전화했는지 궁금해 했다. 우리는 약물치료를 받는 것이 의미 있을 수도 있다는 것에 관해 이야기를 나누었다. 하지만 그녀는 고통을 견디는 능력이 떨어질지도 모른다는 두려움 때문에 약물치료를 받는 것을 두려워하였다. 그래서 그녀는 고통을 참아야 한다고 느끼고 있었는데, 아마도 이것은 죄책감에서 비롯된 것 같았다.

그리고 나서 그녀는 팔걸이에 기댄 채 그 꿈에 관해 좀더 생각해 보았다고 말했다. "퍼즐에 대한 이야기 중에 '그걸 뒤에서 박아 넣어야 해'라는 말은 성적인 의미가 있는 것 같습니다. 그렇지 않나요? 그건 제게 페니스가 없다는 느낌을 말해 주는 것 같습니다. 아마도 거기서부터 잘못된 것 같아요."

그리고 나서 그녀는 아버지와 함께 침실에서 있었던 일에 관해 이야기했다. "일요일 아침에 부모님 침실에 들어간 것 같은데, 어머니가 나가시고 아버지와 저만 남아 있었던 것 같습니다. 우리는 간지럼을 태우며 놀았는데 저는 그걸 좋아하면서도 무언가가 잘못되었다고 느꼈습니다. 아버지는 제 등에 가슴을 대고 뒤에서 안으면서 팔로 가슴을 눌렀습니다. 그것은 지금 이 카우치에 누워 있는 것과 흡사했습니다. 즉 선생님이 제 뒤에 계신 것처럼 아버지도 제 뒤에 있었습니다." 그녀는 얼굴을 찌푸렸다. "저는 어머니와 너무 동일시되어 있다고 생각해왔었지만, 지금은 아버지와의 문제가 더 많다고 생각하고 있습니다."

"이제 어젯밤 꿈이 기억나는군요. 퍼즐의 일부는 예쁘게 잘 정돈이 되어 있었지만, 다른 부분은 엉망이었습니다. 아마도 정돈된 부분은 어머니에 대한 제 생각을 의미하는 것이고, 무질서한 부분은 제가 해결하지 못한 아버지에 대한 제 생각—아버지가 했던 행동을 좋아하면서도 불편했던 일에 대한—을 의미하는 것이 아닌가 싶습니다."

우리는 여기에서 그녀가 자신의 문제를 분석 상황 안으로 가져온 것에 관해 이야기했다. 그러면서 그녀는 작업이 이루어지기 시작한 바로 그 이유 때문에—퍼즐 조각들이 움직일 수 있었기에—죄책감을 느꼈을 것이다.

내가 말했다. "퍼즐에 관한 꿈은 당신이 분석을 받으면서 어떻게 느끼는지를 보여주는 꿈인 것 같습니다. 이제 당신이 눕지 않고 앉아 있는 이유를 알겠습니다. 당신은 '뒤에서 박히게 되는 것'을 걱정하고 있습니다. 당신은 아버지가 간지럼을 태우는 놀이를 하다가 등 뒤에서 안았을 때 뭔가 잘못되었다고 느꼈습니다. 마찬가지로 당신은 내가 당신의 아버지처럼 당신을 등 뒤에서 안을까봐 두려워하고 있습니다."

그녀는 고개를 가로젓다가 끄덕였다. "아, 그럴 수도 있겠네요. 저는 선생님이 저를 고쳐주시기를 바라지만, 정말 두렵기도 합니다."

조금 후에 그녀가 말했다. "저는 아무래도 워싱턴에 있어야겠네요. 저는 분석이 제게 의미있는 것으로 느껴지기 시작했다는 점이 두렵습니다. 저는 남편에게 지금 나에게는 분석이 가장 중요하다고 말했습니다. 지금은 직업을 갖는 일이나 결혼생활이 그렇게 중요하게 느껴지지 않습니다. 저는 정말이지 뉴욕이나 파리로 가고 싶지 않습니다. 하지만 계속 분석을 받는 것이 두렵습니다. 여기서 직장을 구하는 문제를 가지고 제 조카와 이야기를 나누었는데, 조카는 학계에서 일하는 것을 흥미롭게 생각하고 있더군요."

내가 말했다. "나는 당신이 이곳에서 직장을 구할 생각이 있다는 소식을 이 치료시간이 거의 다 끝나는 시간에 말한 것을 주목합니다. 이것은 당신의 행동 유형이 여전히 반복되고 있음을 말해 줍니다."

이 회기 후에 마리안느는 다시 카우치에 누워서 치료를 받았다. 그녀는 X 박사와 약물치료를 받으면서 우울증에서 벗어나기 시작했다. 따라서 잠시 약물치료를 미루자는 X 박사의 제안을 받아들이기로 하였다.

이 회기에서 마리안느는 육 개월 전에 시작된 작업을 계속하고 있었지만, 우리는 그녀의 지금-여기 전이가 더 강렬해지고 방향이 잡혔음을 볼 수 있다. 분석은 그녀의 성애적 욕망과 두려움으로 채워졌다. 우리는 카우치에 눕지 않고 앉아서 상담을 했던 그녀의 행동이 "뒤에서 박히는" 두려움에 대한 방어로 사용되었음을 보았다. 그녀는 이것을 자신에게 페니스가 없어서 아버지에게 있는 성적인 어떤 것을 갈망하기 때문에 무언가 잘못되었다는 느낌과 관련시켰다. 그녀는 유아적인 환상 속에서 분석을 통한 회복이 "뒤에서 박아 넣음으로" 그녀에게 페니스를 주는 것이라고 생각하고 있는 듯 했다.

마리안느는 동일한 영역을 다시 탐색하면서 더 깊은 작업으로 나아갔다. 이제 초점전이는 더욱 분명해졌으며, 강화된 환경적 안아주기에 의해 유지되었다. 그녀는 심한 우울증에 빠지기도 했지만, 치료자의 안아주기는 그녀에게 아주 큰 영향을 미쳤으며, 치료시간에 나온 자료는 그녀와 치료자의 마음에 똑같이 의미와 감정을 제공하였다. 그녀는 흥분시키는 성적인 자료에 대해 좀더 고찰하였으며, 대상에게서 거절받는다는 느낌을 조절할 수 있게 되었고, 샤르프 박사가 들어오지 못하도록 마음을 닫아버리는 경향이 줄어들었으며, 연상의 범위를 더욱 넓힐 수 있었다. 퇴행과 회복을 반복하는 이러한 현상들은 전형적인 예비 극복과정으로서 치료의 중간단계에서 나타난다.

치료 중간단계: 치료의 중간단계에서 전개되는 전이와 역전이를 사용하여 침묵에 대해 작업하기

안토니오 모레일(10장 참조) 씨는 이상하게도 치료시간에 차츰 침묵하는 시간이 많아졌다. 그는 몇 주에 걸쳐 거의 매 시간 마다 응접실에서 나(DES)에게 인사하고, 치료 스케줄을 확인하고는 카우치에 편안히 누웠다. 그리고는 아무 말도 하지 않았다. 그는 나에게 그동안 있었던 일과 직장 상황에 관해 그리고 자기 친구의 분석이 어떻게 진전되는지에 대해 보고하곤 했다. 이러한 보고는 그의 작업에서 전형적인 특징이었다. 그는 분석상황 바깥의 지금-거기의 세계에서 일어난 일에 관해 많은 이야기를 했기 때문에 나는 그가 정말로 분석 상황에 현존하지 않는다는 느낌마저 들곤 했었다. 다른 한편으로 그는 나와 상당히 잘 맞았다: 그는 여기에 오는 것을 좋아했으며, 호기심이 많았고, 나의 질문에 '그건 … 때문에 재미있군요'라고 대답하곤 하였다. 그는 마치 보고의 정확성을 강조하기라도 하듯이, 자신이 검토한 언급이나 의견을 말할 때, '사실은 … '이라는 말을 자주 사용하였다.

    나는 경청했고, 분명히 관련을 지었으며, 그의 초기 대상관계 모델을 드러내 보여주는 초기 삶의 경험에 대해 물어보았다. 나는 이후 경험의 판형으로 작용하는 초기 삶에 대한 모델 장면(model scenes; Lichtenberg et al., 1992)을 확인하고자 했다. 나는 그가 자녀들을 다루는 법에 관해 조언하였으며, 술을 끊도록 격려했다. 그는 내 말대로 했고, 이는 그의 가정에 큰 도움이 되었다. 그는 아내에게 화를 내지 않게 되었고, 두 사람은 다시 성 관계를 갖게 되었으며, 가정에 헌신하게 되었다. 그는 자녀들과 더 많은 시간을 보내게 되었고, 더 좋은 일자리를 갖게 되었다. 그의 삶은 정말 좋아졌다.

    나는 이처럼 지난 일에 대한 그의 보고를 들으면서 그에게 도움을 주기 위해 정확하게 무슨 이야기를 해야 할지 몰랐고, 때때로 그의 장황한 보고가 나에게 침묵을 강요하고 있다고 느꼈다. 그리고 그가 나에게 감정 없이 객관적으로 이야기했기 때문에 나는 그가 계속해서 존재하지 않는다고 느꼈다. 나는 그의 감정에 접촉할 수 없었고, 그의 생각에도 접근할 수 없었다.

    어느 날 그는 침묵을 깨고 분석 상황에 대해 관찰한 내용을 말했고, 나에게 질문을 던졌다. 그는 분석을 종결해야 할 때가 온건 아닌지 생각하기 시작했다고 말했다. 그는 다른 일을 우선 순위에 두고 싶어했다. 그리고 내 생각은 어떤지에 대해서 물었다.

　나는 나의 역전이에 근거해서 말해야 했다. 나는 그가 분석의 중간단계에 있지 종결단계에 있지 않다고 보았다. 나는 그동안 일어난 변화들을 본다면 종결을 생각해 볼 수도 있겠지만, 그가 나에게 화를 낸 적도 없고 내 앞에서 강렬한 감정을 한번도 경험하지 않았다는 점에서 우리의 관계 안에는 중요한 무언가가 빠져 있는 것 같다고 말했다. 그는 이런 경험에 관해서 보고한 적은 있지만, 내 앞에서 그런 감정을 드러내 보이지도 느끼지도 않았다. 물론 그가 그러한 경험을 하는 것이 우리 작업의 목표는 아니었지만, 나는 이 점이 매우 중요하다고 느꼈다. 나는 그가 자신을 부재한 아버지와 관여하지 않는 남편으로 경험하는 것과 지금 그가 나에 대해 아무런 감정이나 생각이 없고 나와 함께 통찰에 도달하고 싶어하지 않는 것은 본질적으로 동일한 문제라고 느꼈다.

　그는 깜짝 놀랐다. 그는 나에 대해 어떤 특별한 감정을 느껴야 한다고 생각해 본 적이 전혀 없었다. 그는 나를 존경했지만, 나를 좋아하거나 싫어하지 않았으며, 나에게 화도 내지 않았다. 그는 분명히 좀더 조언을 잘 해주거나 여러 영역에서, 이를테면 자녀와의 관계에서 어떻게 행동해야 할지에 대해 이야기해 주기를 바랬지만, 이 단계에서는 스스로 답을 찾아야 한다는 것을 알고 있었다. 그럼에도 불구하고 그는 나의 개입을 진지하게 받아들였으며, 감정이 없는 것이 어떤 의미를 갖고 있는지 알아보기로 결심하였다. 다음 몇 주 동안, 나와 무의식적 의사소통 상태에 머무를 수 있는 그의 능력은 증진될 수 있었다.

이제 모레일 씨는 전혀 새로운 방식으로 전이를 발달시킨 두 개의 꿈에 관해 이야기하였다:

첫 번째 꿈에서 저는 선생님이 운전하는 낡은 차를 타고 고개를 넘고 골짜기를 지나 제가 전에 살던 집으로 가고 있었습니다. 하지만 저의 집은 아직 보이지 않았고, 그래서 우리가 정말로 목적지에 다 왔는지 확신할 수가 없었습니다.

그는 이 꿈을 아버지가 자주 여행을 떠났던 것과 관련시켰다. 그리고 그가 어린 시절에 가졌던 아버지와는 아무런 관련이 없다는 감정과 관련시켰다. 그는 우리가 어딘가에 도착했다고 생각했고, 나는 그가 전이에 참여하는 상태에 가까이 도달하고 있다고 생각했다.

나는 희망이 있다고 느꼈다.

그는 두 번째 꿈에 관해 말했다.

저는 뉴욕 북쪽에 있는 워싱턴 하이츠라고 하는 아주 높은 곳에서 성문이 있는 도시를 내려다보고 있었습니다. 저는 십대 자객 두 명과 함께 성안으로 들어갔습니다. 그 안에는 수영장이 있었습니다. 거기서 추하게 생긴 늙은 여자를 만났습니다. 그 여자는 무언가를 가지고 있었습니다. 사나운 개들이 성을 돌아다니며 사람들을 위협했고, 저는 위협적인 십대들과 한 통속이라는 것을 깨달았습니다.

수영장이 있는 성은 내 사무실을 가리키는 것으로 보였다. 내 사무실은 높은 문이 달린 나무 울타리에 붙어 있었고, 그 문은 집 뒤에 있는 수영장으로 통했다. 나는 그가 바람이 강하게 불어 문이 열렸을 때 수영장을 본 적이 있다고 말한 것을 기억하였다. 나는 그의 공격성이 방안으로 들어왔다고 느꼈다. 그는 워싱턴에서 위로 꽤 멀리 떨어져 있는 아주 높은 곳에서 내려와서 나를 만나는 꿈을 꾸었다. 그는 나를 그가 어린 시절에 경험했던 부재한 아버지이며 동시에 무언가 제공할 만한 것을 가진 불평하는 어머니로 만나고 있다. 그리고 꿈속에 등장하는 자객과 개들은 그가 사무실 바깥으로 쫓아 버린 공격성을 나타내고 있다.

나는 우리가 목적지에 더욱 가까워지는 것 같다고 느꼈다. 우리는 성문 가까이 가볍게 돌진하고 있는 것 같았다. 그의 연상을 따라가면서, 나는 이 꿈에 나타난 요소들과 전이를 해석했다. 그리고 마음속으로는 어떤 전이 공격이 있을 것을 기대하였다. 하지만 그는 치료시간에 성문에 다가서지 않고 뒤로 물러났으며 침묵하였다. 새로운 "무"(無)가 나타나기 시작했다. 나는 또 다시 그의 부재를 느꼈는데, 어딘가로 가는 희망적인 꿈을 꾼 뒤라서 이러한 감정은 한층 더 첨예하게 다가왔다.

나는 침묵이 자라게 내버려 두었다. 침묵이 시작된지 몇 일 동안, 나는 잠시 기다렸다가 그의 마음속에 어떤 생각이 떠오르는지에 대해 물었다. 그는 그동안 나에게 말한 것은 보고에 지나지 않았다고 말했고, 그 보고로 나의 기대를 채워주지 못해서 행복하지 않았다고 말했다. 그래서 나는 침묵을 더 오랫동안 허용했다. 이제 그는 말하기 전에 십 분이나 십오

분 침묵하는 것 같았다. 흥미롭게도 나는 지난 두 해 동안 그가 쉴새 없이 이야기했을 때보다 지금 실제로 나와 함께 있다고 느꼈다. 나는 그의 경험과 접촉하고 있다고 느꼈으며, 이러한 상황에 의미를 부여하려고 애썼다. 첫 번째 꿈에서처럼 우리는 실제로 함께 차를 타고 있었고, 아마도 내적인 고향이나 성에 더 가까이 가고 있는지도 모른다. 과거에는 내가 방향감각을 잃어버렸지만, 지금은 우리 두 사람이 함께 방향감각을 잃어버렸다고 느꼈다.

새로운 질문이 마음속에 떠올랐다. 나는 그에게 그가 침묵 속에서 어떻게 생각하는지를 말해 줄 수 있겠느냐고 물었다. 그는 마음속에서 '컴퓨터 파일 찾아보기를 하듯이'(scrolling) 직장에서 있었던 일이든 가족에 관한 이야기든지 이야기할 만한 주제를 가볍게 훑어본다고 했다. 즉 그는 그러한 주제들에 대해 이야기할 수 있다는 것을 알고 있지만, 그렇게 하는 게 더 이상 가치가 없는 것 같았고, 따라서 그는 계속해서 이런 저런 궁리만 한다는 것이었다.

마침내 나는 그것을 이해할 수 있었다. 그는 지난 몇 년 동안 계속 컴퓨터 파일 "찾아보기를 하듯이," 어떤 곳에 잠시 멈추거나 머물러 있지 않고 쉴새없이 움직이면서, 사건들을 가볍게 훑어보고 있었던 것이다. 그의 설명을 들으면서 나는 그의 사고과정(thinking process) 속으로 들어갈 수 있었다. 이러한 그의 사고과정은 직장생활에서는 아주 큰 능력으로 사용된 반면, 분석에서는 방어적으로 사용되었다. 그는 직장생활에서 보이는 행동유형들의 의미를 유추할 수 있었고, 엄청나게 많은 사실들을 회상해냈다. 이것은 그의 뛰어난 지적인 능력 덕분이었다. 그는 의심할 여지없이 자료들이 저장된 기억창고를 가지고 있었기 때문에 "사실은 …"이라는 권위 있는 말로 자신의 이야기를 시작할 수 있었다.

　나는 모든 장점이 그러하듯이, 그의 사고과정이 그에게 불리하게 작용할 수 있다는 사실을 반복해서 지적했다. 그는 위협적인 내용을 담고 있는 어떤 "파일"을 열 때 그 속에 빠져들지도 모른다는 두려움을 갖고 있었다. 나는 그가 훑어보기, 생각하기 그리고 사실을 보고하기 등을 사용해서 우리가 지난 몇 년 동안 위협적인 자료가 담겨 있는 파일 속으로 들어가지 못하게 막았으며, 이처럼 나와 가족들을 소외시킴으로써 그는 정말로 상처 입은 자기의 측면들을 이해하지 못하게 만들었다고 말했다.

　모레일 씨는 다시 침묵에 빠졌다. 그는 몇 분이 지나서야 자신의 사고과정에 그런 문제가 있다고는 한번도 느껴본 적이 없다고 말했다. 그는 컴퓨터 파일 찾아보기를 하는 것과 같은 사고과정을 멈춘다면, 자신의 장점을 잃어버릴 것이라는 두려움을 느꼈다고 말했다.

　"저는 정지하게 될까봐 두려웠기 때문에 선생님을 배제하기 위해 보다 한 걸음 앞서 나가려고 노력했다는 것을 알게 되었습니다. 그러나 이렇게 하다가는 결국 그 컴퓨터의 하드 드라이브를 망가뜨릴 겁니다." 그가 말했다. "내가 들여다보려고 하지 않았던 파일들 속에는 무언가가 있을 겁니다!"

　모레일 씨가 한 말과 내가 느낀 역전이는 그의 정신과정을 바라볼 수 있는 관점을 주었고, 이는 그가 꾼 두 개의 꿈을 이해하는데 도움이 되었다. 그는 꿈에서 자주 차를 타고 그에게서 멀리 떠난, 부재한 아버지와 동일시하면서 차창 밖으로 뻗어 있는 시골길을 보았다. 모레일 씨는 아버지가 자신을 버리고 떠났다는 것을 느끼지 않기 위해, 갈망의 대상인 아버지와 충돌하지 않기 위해, 또는 자기 차에서 오류를 발견하지 않기 위해, 마음속에서 장면들을 지나쳐 가게 함(scrolling)으로써 아버지보다 계속해서 빨리 달리려고 했다. 만일 그러한 사고과정을 멈춘다면, 그는 부재한 아버지에 대한 애도 감정에 직면하게 될 것이고, 불평이 많고 우울한 어머니와 직면하게 될 것이다. 두 번째 꿈은 고향집에 도착하고, 우울과 분노를 만날 뿐만 아니라 그가 분노하고, 우울한 파일 내용을 회피해 온 것처럼 그가 지금껏 회피해 온 새로운 사고방식을 나타내는 것이다.

치료 중간단계의 작업에서 모레일 씨와 마리안느 두 사람의 사례는 환경 전이가 공고화됨으로써 초점전이가 나타날 수 있음을 보여준다. 두 사람은 자신들의 꿈을 분석할 수 있고, 초점 전이를 가지고 작업할 수 있음을 보여주었다. 샤르프 박사를 한쪽에 세워놓고 다가오지 못하게 했던 모레일 씨(10장)는 이제 그를 안으로 들일 수 있었다. 마리안느는 자신의 경험을 전이 안으로 옮길 수 있었다. 그녀는 "뒤에서 박히게 된다"는 생각을 그때-거기(아버지와 같이 침실에 있을 때 생긴 일)와 관련시켰고 지금-여기(전이에서 함께 작업하면서)에서 이 문제에 관해 작업하였다. 치료 중간단계의 작업에서는 전형적인 담아주기 기능이 치료자와 환자의 공유된 잠재 공간 안으로 들어간다. 하지만 문제가 모두 해결된 것은 아니다. 우리는 아직도 작업이 계속 진행되고 있다고 느꼈다.

제12장

집중치료 후기 중간단계

본 장에서는 치료 중간단계의 후기 작업에 대해 살펴보도록 하겠다. 먼저 분석 4년째로 접어든 중기 중간단계의 작업을 살펴본 후에, 같은 사례의 분석 5년째 작업, 즉 후기 중간단계의 작업을 살펴보겠다.

집중치료 중기 중간단계

먼저 소개할, 중기 중간단계에 속한 세 회기에서는 분석가가 휴가를 떠난 일이 치료관계와 전이, 자기감에 미치는 영향을 보여준다. 여기에서는 꿈을 사용하여 전이와 환자의 심리내적 상태를 탐구하고 있으며, 환자와 분석가가 분리의 영향에서 회복됨에 따라 전이와 역전이가 어떻게 변화되는지를 추적하고 있다. 또한 환자와 분석가는 더욱 발달된 전이를 사용하여 환자가 이미 탐색은 했지만 완전히 해결하지 못한 문제를 극복하기 위해 작업하고 있다.

    니콜스 부인은 나(JSS)와 4년째 분석을 하고 있다. 그녀는 삼십대 후반의 기혼 여성으로서 남편 리와의 사이에 두 아이를 두고 있었다. 그녀는 우울하고, 자기 주장을 하지 못하며, 자기 자신을 위해 무엇을 해야 할지 알지 못했다. 그녀는 말썽을 피우는 딸 문제로 좌절하고 있었고, 성욕의 감퇴로 인해 결혼생활이 원만하지 못했다. 그녀는 이러한 문제를 해결하려고 분석을 시작하였다. 그녀는 분석을 받기 시작한 후 많은 부분에서 회복되었지만, 여전히 자기 주장을 하지 못했고, 성관계에 적극적이지 못했으며, 부정적인 감정을 직면하지 못하고 있었다.
    그녀는 다소 신중하지 못했지만, 처음으로 주도적으로 일을 처리했다. 즉 그녀는 나의 휴가 기간에 맞추지 않은 채 두 주간의 여름휴가 계획을 세웠다. 그녀는 나의 휴가 기간이 끝난 뒤 연이어서 자신의 휴가 기간을 잡았기 때문에 두 주가 아니라 네 주 동안이나 분석을 쉬어야 했다.

첫 번째 회기

    니콜스 부인이 두 주간의 노르웨이 여행에서 돌아온 후 첫 회기에 그녀를 보았을 때 그녀의 안색이 발그스름했고 귀여웠다. 나는 그녀를 다시 만나서 기뻤다. 내 휴가가 끝난 지 2주밖에 지나지 않았지만, 휴가 때 환했던 내 안색은 학사 일정이 시작되면서 산더미 같은 일에 묻혀 다시 어두워지고 말았다.

"늦어서 죄송해요." 그녀는 유쾌하게 말을 꺼냈다. "페인트 칠할 일꾼들을 기다려야 했어요. 게다가 딸아이가 버스를 놓치는 바람에 학교까지 태워다 주느라고 늦었습니다. 학교에 가서 보니까 다른 부모들이 자기 자녀들이 교실로 들어가는 걸 지켜보고 있었어요. 그래서 저도 그냥 바로 올 수가 없어서 딸아이가 교실로 들어가는 것을 확인하고 오느라구요." 그녀는 잠시 쉬었다가 짜증스런 말투로 말을 계속했다. "저는 오늘 치료를 취소하고 싶었어요. 그럴 기분이 아니었습니다. 휴가는 그런 대로 괜찮았어요. 제게는 이야기할 것들이 있는데, 하지만 구태여 선생님께 그것들을 말하고 싶지 않은 느낌입니다."

"지난 4주 동안 내가 당신을 만나주지 않은 것 때문에 화가 난 것처럼 들리는데요. 그래서 당신도 나에게 당신의 마음을 열어야 할 이유가 없다는 말 아닌가요?" 내가 넌지시 물어보았다.

"그래요." 그녀가 동의했다. "이건 돈만 낭비하는 겁니다. 여기서 제가 선생님께 말하는 식으로 집에서 말하면 통하지가 않아요. 정말로 들어주는 사람이 아무도 없습니다. 식구들은 제가 얼마나 우울한지 듣고 싶어하지 않습니다. 제가 좋아진다고 해도 딸아이는 여전히 다루기 힘들 겁니다. 남편도 그렇게 생각해요. 하지만 딸아이를 면담한 심리학자는 그녀가 괜찮다고 생각하더군요. 따라서 이건 시간과 돈만 낭비하는 거예요. 치료를 그만두고 싶군요." 그녀는 침묵에 빠졌다.

니콜스 부인은 치료가 중단된 데 대해 화가 나 있었다. 그녀는 자신이 낙심한 게 샤르프 박사의 잘못인 양 샤르프 박사를 공격함으로써 자신의 감정을 다루었다. 그녀가 보여준 분노 반응을 분리 때문이라고 말하는 것은 충분한 설명이 될 수 없었다: 수년에 걸친 치료작업에서 반복해서 일어났던 이러한 분리의 경험이 어째서 그녀를 그토록 화 나게 만들었는지 아무도 이해할 수 없었다. 그러나 이 문제를 다루는 것은 너무 이르다고 느껴졌다. 샤르프 박사는 먼저 니콜스 부인이 치료자의 안아주기와 담아주기의 실패에 대해 느끼는 분노 감정에 관해 이야기하기로 했다.

나는 지난 2주간 환자들을 다시 만나면서 환자들이 2주 동안 떨어져 있던 일로 화 내는 일을 이미 겪은 터라 이러한 상황에 익숙해져 있었다. 4주간이나 분석을 쉬다가 온 니콜스 부인은 더 어려웠을 것이다. 여기에서 나는 우리가 지난 4년간 함께 걸어온 작업과정이 떠올랐다. 나는 이 단계에서 그녀를 잃고 싶지도 않았고, 그녀가 분석가를 버릴 것이라는 위협을 느끼지도 않았다. 나는 그녀가 그 전에는 별로 보이지 않던 침묵을 보이는 것이 더 힘들었다.

"당신은 나의 관심을 박탈당했다고 느끼기 때문에 나에게 관심을 주지 않음으로써 되갚고 있습니다." 내가 말했다. "하지만 지금 당신은 당신 자신을 박탈하고 있습니다. 그것은 그렇게 하는 것이 내가 당신을 박탈했기 때문에 나에게 화가 났다고 말하는 것보다 더 쉽기 때문입니다."

"그래요." 그녀가 말했다. "그렇게 하는 게 항상 더 쉬웠죠. 좋습니다. 이 문제에 관해 좀더 솔직히 말해 보죠. 선생님은 제가 여기 있을 땐 여기 안 계시고 휴가를 가셨습니다. 그 뒤로 제가 휴가를 간 동안에는 아무 일도 안하고 저한테서 돈은 다 받아갔습니다." 그녀는 잠시 말을 멈추었다가 다시 이야기를 시작했다. "이런 식으로 선생님을 대하고, 이런 이야기를 해서 죄송합니다." 그녀는 망설이다가 이야기를 계속했다. "선생님은 뭐가 그리 특별해서 모든 걸 다 가져야 하는 거죠? 선생님은 의사이고 저는 환자입니다. 그래서 제 병을 고치는 선생님에게 돈을 갖다 바치지요. 하지만 선생님은 제가 얼마를 지불할 수 있느냐가 아니라 있는 그대로의 저 자신에 관해 관심을 가져야 하는 게 아닌가요? 그래야 치료관계가 어느 정도 주고받는 관계가 될 수 있는 것 아닙니까?"

니콜스 부인의 심리적 자리는 치료를 쉰 데 대한 불안과 분노로 인해 편집-분열적 자리로 옮겨져 있었고, 따라서 샤르프 박사를 크게 비난하고 있었다. 이때 그녀는 실망시키고 방임하는 부모에 대한 감정을 샤르프 박사에게 전이시키고 있었다. 하지만 니콜스 부인은 또한 이러한 자료를 담아주는 넉넉한 환경을 이해하고 있음도 보여주고 있다. 즉 그녀는 이러한 존중하고, 안아주는 관계 안에서 자신의 고통스러운 자료를 내놓을 수 있었다. 그녀는 분석가-대상의 분열된 부분을 통합하면서 편집-분열적 자리로 옮겨갔다가 다시 우울적 자리로 돌아왔으며, 분석가가 자신을 이해하고 있다는 생각을 되찾게 되었다. 그녀는 해석에 대한 반응으로 좀더 많은 자료를 내놓았다.

니콜스 부인은 하던 말을 멈추고 꿈에 관해 말했다:

어젯밤에 이런 꿈을 꿨습니다. 치료를 받으려고 갔는데, 선생님의 사무실은 수리 중이었고, 수많은 훈련생들이 선생님을 둘러싸고 있어서 제가 있을 곳이 없었습니다. 선생님이 "잠깐만 기다려요"라고 말씀하시더군요. 그 뒤에 어떻게 되었는지는 잘 모르겠습니다. 전 이리 저리 배회하다가 깼습니다.

"선생님께서 많은 일을 하셔야 한다는 걸 압니다." 그녀가 말을 이었다. 그녀의 꿈은 내가 그녀를 방임한 것에 대해 느낀 분노의 표현이었다. "선생님은 일이 점점 더 많아지겠죠. 여행하고, 학생들을 가르치고, 책을 쓰는 일이 계속 늘어날 테니까요. 이런 느낌은 뭐랄까 …" 그녀는 말을 맺지 못했지만, 다음과 같이 요점을 말했다. "대체 환자들은 어디에 있지요? 선생님은 우리를 몇 번째 순위에 두고 계십니까?"

"휴가가 끝난 뒤에 당신의 자리가 없을까봐, 내가 당신을 하찮게 여길까봐 걱정했군요." 내가 말했다. "당신은 집을 수리하고 아이들을 '공부시키느라고' 바빠서 늦었습니다. 당신은 내가 당신에게 해주는 것보다 당신이 자녀들에게 더 나은 돌봄을 제공하고 있다는 것을 나에게 말하고 싶은 것이군요. 당신은 내가 당신을 내쫓았을 때 당신의 느낌이 어땠는지를 나에게 느끼게 하려고 치료시간에 지각한 것 같습니다."

샤르프 박사는 이제 그 자료를 담아낼 수 있었다. 니콜스 부인은 치료를 그만두겠다고 위협하지는 않았지만, 자신을 무례하다고 느끼면서도 자신의 분노에 대해 좀더 솔직하게 표현하였다. 그리고 샤르프 박사는 참아주고, 경청하고, 이해하면서 작업을 다시 시작하였다. 이것은 환경 전이가 온전하고 긍정적임을 보여주는 표시이며, 따라서 두 사람의 작업 관계가 위험에 빠지지 않고 자유롭게 부정적인 초점 전이를 형성할 수 있음을 보여주고 있다. 환자가 환경적 안아주기를 확인함으로써 치료자는 해석할 수 있었고, 이 해석을 통해 꿈의 형태로 억압된 무의식적 자료가 되살아날 수 있었다:

"아, 어젯밤에는 끔찍한 꿈들을 꾸었습니다." 그녀가 말했다. 그녀는 그 중에서 첫 번째 꿈에 대해 말했다.

저는 열차를 탔습니다. 그 열차엔 대학 때 사귄 남자친구가 있었습니다. 전 그 친구와 사귀고 싶었지만 그를 떠나보냈습니다. 그는 열차의 맨 끝으로 가버렸습니다. 그런데 저랑 가장 친한 친구 밀리가 그 열차에 함께 타고 있었습니다. 리와 밀리가 누군가를 죽였는데, 누가 죽었는지 왜 죽었는지 생각하고 싶지 않았습니다. 저는 실제로는 그 죽은 사람이 밀리라는 느낌이 들었습니다. 저 혼자 그 두 사람과 함께 있고 싶지 않았습니다. 그때 한 아이가 발버둥을 치고 있었는데, 저는 그 광경을 바라보고만 있었습니다. 그 아이는 숨을 멈추더니 의자의 한쪽 구석으로 쓰러졌습니다. 나는 "아이에게 뭔가 해주어야 할텐데"라고 말만 하고 있었습니다. 하지만 사람들은 우리가 목적지에 닿을 때까지 아이를 방치해두었습니다. 그때 누군가가 아이를 흔들어 깨우기 시작했고, 아이가 살아날 것 같다는 희망이 생겼습니다. 나도 그쪽으로 가서 살펴보았습니다. 아, 그 아이가 살아 있었습니다. 남자 아이였는데, 이전처럼 안색이 발그레하지는 않았습니다. 얼굴엔 핏기도 없었고 귀엽게 생기지도 않았지만, 어쨌든 아이는 살아 있었습니다. 저는 그 아이를 데리고 놀았습니다.

"실제로 어딘가 아프고 고통스럽다고 느끼면서 꿈에서 깨어났습니다. 이 꿈은 제가 다루기에는 너무 벅차군요. 저는 오래 전부터 기르던 고양이가 숨을 헐떡거리며 괴로워했기 때문에 한밤중에 잠에서 깨었습니다. 고양이 새끼들은 모두 어미가 죽지 않을까 안절부절했습니다. 그렇지만 이 꿈은 저 자신과 관련되어 있다는 생각이 들었습니다. 제가 쓰러지게 되는 건 아닐까요? 그때 저를 보아주는 사람이 한 사람이라도 있을까요?"

니콜스 부인의 꿈에서 기차는 아마도 그녀의 성적 감정, 공격성 그리고 그녀의 자기에 대한 두려움이 포함된 그녀의 삶의 여정 혹은 분석과정을 상징할 것이다. 달리는 위협적인 기차는 그녀가 꿈속에서 유기하는 대상인, 리와 밀리 그리고 살인자에 의해 위협을 받고 있음을 나타낸다. 이러한 상실들 밑바닥에는 아기로 표상된, 그녀의 유아적이고 궁핍한 자기가 죽을 것 같다는 두려움이 놓여 있다. 샤르프 박사에 대한 분노와 경멸은 그녀의 궁핍한 자기의 중심적인 측면이 죽을지도 모른다는 두려움을 덮고 있는 방어이다. 여기에서 우리는 그녀가 치료과정에서 분리를 겪음으로 인해 자기 응집성과 생존과 관련된 불안을 느끼고 있음을 볼 수 있다. 그녀는 분노감을 표현함으로써 치료자로 하여금 그녀의 유기감정에 주의를 기울이게 하였고, 그녀가 다시는 버림받지 않을 것임을 확인했고, 분노를 중심으로 자기의 응집성을 힘들게나마 유지할 수 있었다. 또한 여기에서 우리는 편집-분열적 자리의 행동이 자폐/접촉적 자리라는 좀더 근본적인 문제를 덮고 있음을 볼 수 있다. 어느 한 수준에서 샤르프 박사를 흥분시키는 대상으로 대함으로써 니콜스 부인은 샤르프 박사에 대한 갈망을 감추고 있으며, 좀더 근본적으로는 샤르프 박사가 자기 응집성을 지탱해 주는 대상이라는 사실을 감추고 있다. 니콜스 부인이 자녀를 돌보면서 치료시간을 지키지 않은 것은 샤르프 박사가 니콜스 부인 자신의 유아적 욕구를 돌보아주기를 바라는 갈망에 대한 표현이었다.

내가 말했다. "당신은 당신이 고양이와 자녀들에게 관심을 기울이는 것처럼 내가 당신에게 관심을 기울이고 있는지 궁금해 하고 있습니다. 당신은 더 활기를 잃었지만 그래도 살아서 돌아온 당신 안에 있는 아기를 내가 돌보아 줄지, 심지어 내가 가진 것 때문에 화를 내고, 시기한다고 해도 나에게 관심을 기울여 줄지 궁금해 하고 있어요. 물론 당신이 내게 그렇게 할 때 나는 자신이 무가치한 것처럼 느껴지고 또 보복 당한다고 느껴졌지만 말입니다."

"그러한 감정들이 너무 부담스럽기 때문에 저는 그것들을 다루고 싶지 않습니다." 그녀가 대답했다. "전 그것들을 모조리 없애버리고 싶을 따름입니다. 전 그것들이 싫고 없어졌으면 좋겠습니다. 이 꿈에서처럼 그 열차는 강한 힘을 가지고 있지만, 매우 부정적입니다; 저는 그것을 붙들고 싶지만, 한편으로는 두렵습니다."

니콜스 부인은 자신의 문제가 지니고 있는 힘을 인식했고, 그 어려운 문제에서 벗어나고 싶었기 때문에 분석이라는 "기차에 다시 타겠다는" 점을 확실히 했다. 따라서 그녀는 샤프 박사를 안심시키고 자신도 안심하면서 치료시간을 마쳤다.

두 번째 회기

"이런 꿈을 꾸었습니다." 니콜스 부인은 회기를 시작하자마자 꿈 이야기를 꺼냈다.

조부모님 댁을 방문하였습니다. 실제로는 그 집은 주 정부가 계획한 고속도로가 생기는 바람에 완전히 철거되고 말았습니다. 하지만 꿈속에서 전 그 곳에 있었습니다. 그 집에 대한 느낌이 정말 좋았어요. 가지가 뻗은 벚꽃나무 아래에서 리와 거닐고 있었습니다.

이 꿈은 니콜스 부인이 소중히 간직해 왔고, 또 너무나 그리워했던 안아주는 환경을 보여주고 있다. 그녀는 어제 버림받았다고 느꼈을 때 편집-분열적 주제와 자폐-접촉적 주제로 퇴행했던 것과는 달리, 우울적 자리로 돌아가려고 애쓰고 있다. 과거의 좋았던 장소를 꿈속에서 회복하는 일은 마술적인 것이다. 그녀는 과거의 마술적인 장소가 실제로는 주 정부에 의해 철거되었다고 토를 달았다. 그녀가 현재로 나오기 위해서는 과거에 상실했던 것에 대한 실제적인 애도가 필요했을 것이다. 우선 그녀는 가지가 뻗은 벚꽃나무 아래의 낭만적인 장면에서 그녀 자신이 아니라 남편에게 의존하고 있음을 보여주고 있다.

"전 리가 다시 출근하게 된 것이 몹시 아쉬워요. 산악지대에 가서 하루 종일 함께 지냈을 때는 정말 좋았죠." 그녀가 말했다. 그녀는 계속해서 그곳 풍경이며 언덕 위에 있는 커다란 농가에 대해, 그리고 리가 그것을 얼마나 사랑하는지에 관해서 이야기하였다.

나는 사무실 근처에 많이 있는 벚꽃나무들이 생각났다. 그것들은 매년 봄이면 길 위에 환상적인 순백색 꽃들로 아치를 만들곤 했다.

나는 그녀가 그 곳에서 리를 다시 발견한 일은 분석을 통해 그와의 새로운 관계를 회복하였으며, 또한 분석가인 나를 회복시키게 되는 기쁨을 나타낸다고 생각한다고 말했다. 이 말을 듣고 그녀는 꿈의 다른 부분을 기억해냈다.

이 꿈의 두 번째 부분에서 저는 선생님의 사무실에 있었습니다. 선생님과 저의 자리가 뒤바뀌었더군요. 전 여기 카우치 위에 있었고 선생님은 저기 다른 쪽에 계셨습니다. 많이는 기억하지 못하지만, 선생님이 제 이야기를 주의 깊게 들어주신다고 느꼈습니다. 전혀 거리감이 없었죠. 이곳은 외부의 침범으로부터 보호받고 있었습니다. 저는 떠나려고 일어났습니다. 선생님은 무언가 잊어버린 게 없냐고 물으셨죠. 제가 옆에서 찰흙을 가지고 논 적이 있는데, 그걸 뒤에 있는 선반에 놔두고 갔다고 말씀하셨습니다. 저는 "아뇨, 그건 제가 여기 왔을 때 여기 있었는데요"라고 말했습니다. 저는 일어나면서 제가 어제 입었던 옷과 똑같은 옷을 입고 왔다는 것을 깨달았는데, 마치 제가 집에서 과자 반죽 위에 누워있었던 것처럼 바지 뒤에 과자 반죽 조각들이 묻어 있었습니다. 전 죄송하다고 말씀드리고 치료실을 나왔습니다.

그리고 나서 리가 꿈속에 나타났습니다. 전 리에게 다시 분석을 받으러 가는 게 힘들고 비용 때문에 어찌 해야 될지 모르겠다고 말했습니다. 그러자 꿈속에서 그는 분석이 어떻게 되어 가느냐고 물었고, 저는 훨씬 좋아졌지만 무언가 잊어버리는 중요한 문제가 남아 있다고 말했습니다. 그는 눈이 휘둥그래졌습니다. 제가 말했습니다. "아니에요. 전 전대로 아무 것도 잊어버리지 않았어요. 문제는 제가 무언가를 잊어버리지 않았다는 것을 확인하기 위해 선생님이 자신의 역할에서 벗어났다는 사실이었습니다.

이 꿈은 니콜스 부인의 환경전이가 다시 긍정적으로 작용하고 있음을 보여준다. 그녀는 꿈에서 아기의 상태에서 성장한 좀더 나이든 아동의 자기를 보여준다. 긍정적인 맥락에서, 그녀는 샤르프 박사가 자신이 무언가를 잊어버리지 않도록 상기시켜 주기 위해 자신의 역할에서 벗어나고 있다고 보고 있다. 남편과 분석가 그리고 또 다른 여성 인물이 한데 응축되어 있음을 보여주는, "샤르프 박사가 자신이 무언가를 잊어버리지 않도록 상기시키기 위해 자신의 역할에서 벗어나고 있다"는 말은 아직 이해할 수 없었지만, 그것은 니콜스 부인이 성취하려고 하는 전이 작업에 관해 알려 주고 있다.

니콜스 부인은 계속해서 말했다. "기분이 훨씬 좋아져서 꿈에서 깼던 것 같습니다. 이 두 꿈들은 선생님과 리가 제게 관심을 가지고 있고 접촉이 잘 이루어지고 있음을 보여주는 것 같습니다. 그러나 저는 혹시 일상적인 감정을 모두 잃어버리는 것은 아닌가하는 의구심을 갖고 있습니다. 더럽혀진 옷을 보면서 저는 그 어느 것도 완벽할 수는 없다는 생각을 했습니다. 그 옷은 전날부터 더럽혀져 있었는데, 아마도 제가 그것을 감추고 싶었던 것 같습니다. 전 어제 있었던 일로 죄책감을 느끼고 있습니다."

환자는 관심을 가질 수 있는 능력과 함께 이제 완전히 우울적 자리에 확고히 자리잡고 있다. 따라서 그녀는 자신과 다른 사람들에 대한 손상과 죄책감의 문제를 다룰 수 있고, 그들의 선함을 경험할 수 있게 되었다.

"어제 당신은 분노, 시기심, 망가뜨리는 행동, 당신의 아기 같은 부분을 돌보지 않는데 대한 염려에 관해 말했습니다." 나는 말했다. "오늘은 당신이 어떤 여자라고 부른 당신의 할머니와 가졌던 유쾌한 관계를 회복하는 꿈을 꾸었습니다. 그리고 이 때문에 기분 좋게 느끼고 있습니다."

관심을 가질 수 있는 환자의 능력은 사고하고 연관지을 수 있는 분석가의 선함을 촉진시켰다. 이제 우리는 꿈속에 나타난 또 다른 "그녀"가 분석가를 나타낸다는 사실에 관해 알게 되었다.

"그래요." 그녀가 말했다. "거기에 있는 건 즐거운 일이었습니다. 하지만 과거의 일이죠. 조부모와 그들이 국제사회에서 가졌던 지위를 생각하면 이상한 느낌이 듭니다. 저는 성인이 되고 나서 삶의 대부분을 이 사실을 지워버리거나 숨기는 일에 사용했습니다. 저는 한번도 외국에 살면서 국가에 봉사하고, 두 세 명의 하인들을 거느리고 우아한 삶을 즐기는 조부모의 전통을 잇지 못했습니다. 정부의 중요한 사람이 된다는 게 어떤 느낌일지 잘 모르겠어요. 하지만 이제 상황이 달라졌고, 따라서 이해할 수 있게 되었습니다. 선생님은 우리들이 얼마나 다양한 손자들인지 잘 모르실 거예요. 그런데도 우리들은 모두 그러한 다양성을 거절하죠."
"당시 이모가 말라리아로 돌아가신 일이 있었는데, 조부모께는 날벼락과 같은 일이었습니다. 그들은 이모에 관해 한마디도 안 하셨습니다. 그리고 그들은 모두 외도한 적이 있는데, 전 이 사실을 그들이 돌아가신 후에 알게 되었습니다. 그러니까 그 집은 비밀과 비극을 많이 가지고 있었습니다. 물론 행복한 추억도 많았고요. 할머니가 저처럼 우울한 분이었는지는 모르겠지만, 그녀는 멋진 파티를 열 줄 아는 분이었음에는 분명합니다."

니콜스 부인은 이 회기에서 샤르프 박사의 환경적 안아주기와 담아주기 능력에 대해 신뢰할 수 있었다. 따라서 그녀는 자신의 할머니를 결점이 있지만 장점도 지녔던 분으로 그리고 자신에게 반항했던 자녀들에게 소중한 것을 주었던 분으로 평가할 수 있었다. 이와 동시에 그녀는 분석가인 샤르프 박사에 대해서도 유사한 느낌을 가질 수 있었다.

세 번째 회기

"어떻게 된 거죠?" 니콜스 부인이 나에게 따져 물었다. "제게 청구서를 보내지도 않았고 선생님에 대한 꿈도 다루지 않았습니다. 저는 선생님이 제게 치료비를 부과하는 방식에 관해서 말씀드린 것 같은데, 선생님은 전혀 반영하지 않으셨습니다. 하지만 그 꿈은…"

니콜스 부인은 들어오자마자 샤르프 박사가 자신을 정당하게 대해 주지 않는다고 항의함으로써 편집-분열적 자리로 되돌아갔음을 보여주었다.

"어느 꿈 말이죠?" 나는 순간적으로 방어 태세를 취하며 물었다.

"선생님과 제가 치료실에 있었던 꿈 말이에요." 그녀가 말했다. "선생님이 아주 주의 깊게 이야기를 들어주시던 꿈이요. 그 꿈에서 선생님은 주의 깊게 들어주셨지만, 어제는 전혀 주의를 기울이지 않으셨어요. 선생님은 리에게만 초점을 맞추었지요."

제12장 집중치료 후기 중간단계 / 417

나는 도무지 그 꿈을 기억할 수 없었다. 그녀가 남편을 그리워한다고 했던 말과 내가 남편과 나를 관련지어 해석했던 일이 기억났지만, 그녀가 꿈에 대해 스스로 작업해 나갔기 때문에 그 회기에는 아주 조금밖에 이야기하지 않았다고 생각되었다. 하지만 어째서 그 꿈이 기억나지 않는 것일까? 나는 환자에게 나의 주의력을 빼앗긴 상태에서 환자가 투사한 어떤 측면을 동일시했거나 아니면 그 꿈을 망각을 통해서 다루었을 것이라고 생각했다. 나는 이러한 경우에 보통 환자가 제공하는 요소들에 관해 연상하면 나중에 그 꿈이 생각난다는 사실을 경험을 통해 알고 있었다. 따라서 지금도 그런 일이 일어나기를 바랬다. 그러나 나는 불안해 했고 자신이 방어적인 상태에 처해 있다고 느꼈다.

치료자가 환자가 제공한 자료를 의식적인 기억 안에 갖고 있지 않을 경우, 보통은 환자가 치료자의 마음 상태를 공유하게 될 때 그 자료는 다시 기억된다. 오늘 니콜스 부인은 그 반대의 행동을 보였다: 그녀는 안아주는 환경을 공격했고 샤르프 박사의 연결짓는 능력을 파괴하였다. 사실 이 치료시간의 초반부에서 샤르프 박사는 어떤 일이 벌어지고 있는지 깨닫지 못하였고, 따라서 전이-역전이 실연이 시작되었다. 투사적 동일시를 통하여 니콜스 부인은 자신의 파괴적인 마음 상태를 샤르프 박사에게 밀어넣었고, 이제 샤르프 박사는 이것을 직접적으로 경험하게 되었다. 이러한 만남을 통해서 우리는 아주 많은 것을 배울 수 있다.

"어제 당신은 화가 났고, 시기심을 느꼈으며, 나에게 무시당한다고 느꼈습니다." 나는 한편으로 그녀에게 이 사실을 주지시키고 다른 한편으로 나 자신에게 어제 일을 상기시키기 위한 목적으로 말했다. "그리고 나서 어제 당신은 꿈을 꾸었습니다." 하지만 그 꿈은 내 생각 속에 떠오르지 않았다.

나는 그녀가 나를 구원해 줄 때까지 기다릴 수도 있었지만, 투사가 너무 강력하고 따라서 마음속에 환자의 자료를 보유할 수 있는 나의 능력이 심하게 파괴되었기 때문에, 분석과정에서 회상해내는 것에 대한 평소의 자신감을 유지할 수가 없었다. 나는 나 자신에게 이렇게 말했다. "나는 환자가 한 이야기를 잊어버린 일로 죄책감을 느끼고 있다." 그리고 그 구절에서 단서를 발견하기를 기대했다. 그녀가 어제 죄책감을 언급했던 일이 기억났지만, 망각의 문제에 관해서는 기억나지 않았다. 그 순간 내가 기억한 것은 작고한 나의 슈퍼바이저가 해준 조언이었다. "그때에는 메모를 보세요." "이런 이유 때문에 메모를 하는 겁니다." 다행히도 어제 치료시간에 메모를 해 놓았다. 나는 슈퍼바이저의 할아버지 같은 지지에 격려를 받으며 메모를 들쳐보았다.

전이-역전이 실연이 계속되고 있었다: 니콜스 부인은 조부모님의 지지에 대한 자신의 욕구를 샤르프 박사에게 밀어넣고 있었고 샤르프 박사는 작고한 노(老) 수퍼바이저의 지지를 기억해내고 있었다. 그리고 이를 통해 그러한 지지에 대한 직접적인 느낌에 도달하고 있었다. 여기서 중요한 점은 메모를 사용했다는 사실에 있는 것이 아니라—어쨌든 그것은 환자와 치료자를 만족시키지 못할 것이다—환자가 투사적 동일시를 통해 자신에게 도움을 주는 대상을 파괴하고 있을 때 치료자가 도움을 주는 인물을 기억해냈다는 사실에 있다.

내가 말했다. "다시 한번 자료를 상세하게 살펴볼까요? 당신의 꿈은 조부모님의 집에 대한 기억을 통해서 상실했던 연결을 회복해내는 꿈이었습니다. 회복의 주제는 가지가 무성한 나무의 이미지를 통해서 내 상담실 및 나와 연결되어 있습니다…"

"전 그렇게 연결시키지 않는데요." 그녀가 말을 가로막았다.

"알아요. 내가 그랬지요." 내가 동의했다. "당신은 내가 회복의 문제에 대해 너무 많이 생각하고 있으며, 과자 반죽 조각들에서 상징되는 혼란스럽고, 상처받고, 관심을 받지 못하는 것과 관련된 숨은 메시지에 대해서는 충분히 다루지 않았다고 느끼는 건 아닌지 모르겠습니다."

"아뇨, 선생님은 회복에 관해서도 다루시지 않으셨습니다." 그녀가 불평에 찬 어조로 투덜거렸다. "무엇보다도 선생님은 제가 더 좋아진 것에 대해 인정하지 않는 것 같습니다."

니콜스 부인은 샤르프 박사에게 그녀가 무얼 바라는지를 알려 주었다: 그것은 자신의 어려움에도 불구하고 회복하고 복구할 수 있는 그녀의 능력을 인정해 주는 일이었다. 샤르프 박사의 사고 능력을 계속 파괴하였던 니콜스 부인은 이제 투사적 동일시를 사용하여 샤르프 박사가 자신을 이해할 수 있도록 돕고 있다. 이를 통해 그녀는 첫 회기에서 분노를 통해서 표현했던 것보다 그녀의 마음 상태에 관해 더 많은 것을 전달하였다. 장기간의 휴가 기간 동안 샤르프 박사에게서 버림받았다는 느낌은 니콜스 부인이 평상시에 가졌던 사고하고 감내할 수 있는 능력을 손상시켰다. 그리고 나서 그녀는 샤르프 박사와 자신에 대한 좋은 감정을 다시 확립하기 위해 열심히 노력했다. 그녀는 샤르프 박사가 이 점에 대해서 인정해 주기를 바랬다. 샤르프 박사는 여전히 투사적 동일시에 사로잡혀 있어서 사태가 더 좋아졌다는 사실을 아직 알아차리지 못했지만, 환자가 그녀에 대해 느끼고 있다고 생각되는 것을 검토함으로써 투사적 동일시에 관해 작업할 수 있었다.

　나는 내가 메모를 본 일이 사태를 더욱 악화시키고 있다고 느꼈다. 나는 사태를 반전시킬 수 없었다.

　　나는 이번에는 메모를 무시한 채 지금-여기에 머물러 있으려고 노력했다. 내가 말했다. "당신은 내가 꿈 전부와 당신을 무시했다고 느끼고 있습니다. 당신에게 청구서를 주는 일, 당신의 꿈 그리고 내가 제대로 기억하지 못하는 것 때문이지요."
　　"그렇습니다." 그녀가 말했다. "선생님은 그 문제를 다루고 싶지 않으신 것 같습니다."
　　그녀의 분노가 바깥으로 표현되어 나왔기 때문에 나의 마음은 자유로워졌고, 어제 그녀의 꿈에 대해 연상하였던 것을 생각하고 기억할 수 있었다. 내가 말했다. "나는 우리가 탐색할 수 있는 다른 요소들에 대해 생각하고 있습니다. 그것들은 단단한 점토 조각 대 과자 반죽의 의미, 우리의 입장이 역전된 이유 그리고 내가 잊어버린 것이 무엇인지에 관한 것입니다. 하지만 그 꿈에 관해서 정말로 작업하기를 원하는지, 아니면 내가 잊어버리고 작업하지 않은 것에 관해서 그리고 휴가기간 동안 치료비를 지불한 만큼 내가 당신에게 관심을 가져주지 못했던 것에 관해서 나에게 따지려는 것인지 잘 모르겠군요."

니콜스 부인은 샤르프 박사의 생각하는 능력과 환자의 상실감과 접촉할 수 있는 능력을 되찾도록 도왔고, 이렇게 함으로써 자신의 감정을 한편으로는 감추기 위해서 그리고 다른 한편으로는 전달하기 위해서 취했던 자신의 도전적인 태도에 대해 터놓고 이야기할 수 있었다. 환자는 분석가로 하여금 분석가가 없는 동안 자신이 경험했던 것과 동일한 것을 경험하게 하였다: 그녀는 부모와 분석가에게 잊혀졌다고 느끼면서 사고 능력과 자기감의 상실을 경험했다. 하지만 분석가가 환자가 말한 모든 것을 이해하지 못했다는 사실은 아무런 문제가 되지 않았다. 분석가는 환자의 어려움에 대한 느낌을 담아주고, 확인해 주고, 공감해 주고, 이에 대해 성찰함으로써 환자를 돌보고 이해할 수 있는 자신의 능력을 보여주었다. 이러한 경험 덕택에 그녀는 그후에 애도 과정을 재개할 수 있었다.

"항상 그랬죠." 니콜스 부인은 이렇게 대답하고 나서 긴장감이 느껴지는 침묵에 잠겼다.

갑자기 그녀는 주체하지 못하고 흐느껴 울었다.

"화를 내고 싶지 않았어요." 한참을 흐느낀 후에야 그녀가 말했다. "오늘 일을 해야만 하거든요. 오, 말하는 게 왜 이렇게 힘들죠?"

"말할 수만 있어도 기분이 좋아질 겁니다." 내가 말했다. "무엇 때문에 말하기 어려운 거지요?"

"선생님이 그 꿈의 의미에 관해서 말했을 때 비로소 전 선생님이 경청하고 계신다는 걸 알았습니다. 선생님은 작업해야 할 것들을 기억했고 정말로 나에게 관심을 가져주셨습니다." 그녀는 또 한번 흐느껴 울었다. "마치 선생님이 저를 팔로 안아주는 느낌이었어요. 지금 저는 안도하는 마음 때문에 울고 있고, 또 그렇지 못했던 시간들 때문에 울고 있습니다."

나는 그녀의 가족들이 국가에 대한 충성심에 몰두한 나머지 어린 그녀에게 배제당한 느낌을 주었던 것에 대해 항상 동정심을 갖고 있었다. 그녀가 말했듯이, 가족들은 국가에 봉사하는 일에 너무 골몰한 나머지 자신들의 슬픔을 묻어 두었고, 그녀에게 관심을 기울일 수 없었을 것이다. 이제 나는 가족들을 무정한 사람들로 경험하는데 환자 자신의 파괴적인 분노의 요소가 일정 역할을 했을 것이라는 점을 느꼈다. 가족들의 성공에 대한 시기심은 그녀 자신을 무가치한 존재로 느끼게 만들었고, 이에 대한 보복으로 그녀는 부모에게 자신이 필요로 하는 것을 알지 못하게 함으로써 부모로서의 그들의 능력을 은밀하게 공격했다.

니콜스 부인과 샤르프 박사는 모두 애도를 회피하기 위해 고안된, 거절하는 대상과 흥분시키는 대상관계의 강제에서 벗어날 수 있었다. 두 사람은 사고하고 관련짓는 능력에 대한 공격을 함께 경험하였으며, 환자의 자기와 대상관계의 측면을 반복적으로 파괴하는 병리적인 성격조직을 성공적으로 분석해나갔다. 이것은 반복되는 과정을 수반하는 극복과정의 본질이다.

"당신이 분노로 나에게 직면했기 때문에 이러한 좋은 결과가 있게 되었고, 그래서 당신은 선함에 대한 느낌을 갖게 되었습니다." 내가 말했다.

이제 그녀는 상당히 평정을 되찾은 상태에서 앞으로 나아가기를 바라면서 이렇게 물었다. "그런데 그 점토에 대해서는 어떻게 생각하세요?"

내가 대답했다. "꿈속에서 나는 당신이 그 점토를 잊어버렸다고 말했고, 당신은 그것은 여기에 있다고 말했습니다. 따라서 나는 그 점토가 꿈속에서뿐만 아니라 여기서 형성되고 있는 자료라고 생각합니다." 나는 계속해서 말했다. "나는 그 점토가 당신이 여기에서 형성하고 있는 당신의 자기라고 생각합니다. 휴가 기간 동안에 당신은 혼자서 그러한 작업을 계속할 수 없었습니다. 당신은 가족들과의 관계에서 우리가 여기에서 사용하는 작업방식과 대화 방식을 사용할 수 없었던 거지요. 그래서 당신은 자신에 대한 아무런 느낌도 얻지 못한 채, 과자부스러기만 묻혀 가지고 돌아왔습니다."

"점토는 제가 여기서 형성하고 있는 저 자신이란 말이 맞는 것 같아요." 그녀가 말했다. "그걸 여기 선생님에게 두고 떠났습니다. 전 저 자신에 대해서, 그리고 가족들과의 관계에서 제가 무엇을 할 수 있는지에 대해 아무런 느낌도 갖지 못했습니다. 하지만 여기서는 저 자신을 통합할 수 있다는 희망을 느낍니다."

샤르프 박사는 환자의 자폐-접촉적 자리(autistic-contiguous position)에 관해 해석할 수 있었다. 환자의 자폐-접촉적 자리는 치료자와 분리되어 있는 동안 응집적인 자기감을 유지하기 힘든 어려움으로 나타나고 있었다. 샤르프 박사는 환자의 투사적 동일시를 경험할 수 있었기 때문에 이것을 해석할 수 있었다. 샤르프 박사가 공유된 전이-역전이 만남의 내적 경험으로부터 이야기하였기 때문에, 그녀의 개입은 효과적일 수 있었다. 그때 니콜스 부인은 그러한 정신과정을 자신의 유익을 위해 사용할 수 있었고, 점토와 과자반죽 조각이라는 은유를 사용하여 그녀가 어린 시절에 가족들과의 관계에서 가졌던 조각나는 경험과, 치료를 받으면서 안정된 자기감을 형성하기 위해 노력했던 경험을 표현할 수 있었다. 그녀는 분석적으로 사고하는 과정을 계속해 나갈 수 있었는데, 이는 분석가와 분석과정을 내재화했음을 나타내는 중요한 표시이다. 하지만 이러한 능력이 아직은 분석적 환경에 의존해 있다는 점에서 그녀의 분석은 아직 종결할 때가 아니다.

니콜스 부인은 자신의 성 문제를 다루기 위해 이듬해에도 계속해서 분석을 받았다. 그녀는 이제 성적인 욕망을 경험할 수 있게 되었고, 이로 인해 그녀의 남편은 성적으로 만족스러워하고 놀라워하며 보다 잘 반응해 줄 수 있게 되었다. 그녀의 욕망이 피어남에 따라 그녀가 먼저 성 관계를 요청하는 일이 잦아지고 장시간의 환상적인 성교를 원하게 되면서 남편은 다소 위협을 느끼게 되었다. 하지만 두 사람은 보다 현실적이고 서로에게 만족스런 성적 관계를 형성할 수 있도록 노력했다. 그녀는 남편이 충분히 흥분을 느끼지 못하거나 너무 빨리 끝낼 때마다 거절 받는다고 느끼고 상처받고 신경질적이 되었으며, 나중에는 남편이 마른 것에 대해 지나치게 민감하게 반응하였는데, 이는 이전에 그녀가 매력을 느꼈던 특성이었다.

집중치료 후기 중간단계

다음은 니콜스 부인의 분석치료 후기 중간단계에 해당하는, 분석 5년째의 회기들에 관한 내용이다. 이 회기들은 앞서 기술한, 세 번의 회기를 마치고 난지 열 달 후에 행해진 것들이다. 그녀는 이때 또 다시 대상 상실에 대한 취약성을 보였으며, 그녀의 치료는 치료 후반기의 작업 특성을 보여주었다. 니콜스 부인은 칠월의 넷째 주간에 여행을 떠나느라고 세 번이나 치료에 빠졌다. 이 휴가 기간을 보내면서 그녀는 지난번 아이의 생일을 축하하기 위해 현충일에 떠났던 짧은 휴가를 생각했다. 그 여행은 남편이 아이들 장난감을 잘못 밟아 팔꿈치에 골절상을 입는 바람에 아주 엉망이 되었다.

그후 니콜스 부인에게는 계속해서 불만스런 감정이 자리 잡고 있었다. 그녀는 이러한 마음 상태를 몹시 싫어하면서도 거기서 빠져 나오지 못하고 있었다. 독립기념일 휴가가 끝난 후에 그녀는 더 심하게 화를 내기 시작했다. 그녀는 완전히 편집-분열적 자리로 돌아가서 다친 남편을 경멸하고, 공격하고, 비난하였다. 그녀는 남편을 공격하고 나서는 상실감을 느꼈으며, 나 자신과 그녀의 분석에로 공격의 화살을 돌렸다. 그녀는 분석 이 년째에 가장 지속적으로 나타났던 관계방식으로 되돌아갔으며, 특히 분석가로부터 분리되어 있는 동안에 그런 상태로 되돌아가는 경향을 보였다.

우리는 앞에서 니콜스 부인이 분석 넷째 해 여름 휴가를 보내고 난 직후에 이러한 관계방식을 재경험한 것과 그 상태에서 회복된 것에 관해 다루었다. 여기서도 이러한 재작업이 필요하다.

다음 회기들에서 니콜스 부인은 그녀의 자기 안에 있는 아기와 같은 요소를 다시 끄집어 내었고, 새롭게 발견한 성에 대한 공격과 그것으로부터의 회복을 경험하였으며, 치료의 종결과 진전에 대한 방어로서의 퇴행을 분석했고, 샤르프 박사가 자신에게 애착을 갖고 있을 거라는 환상과 또 자신이 종결을 감당할 수 있을 거라는 환상을 검토했다. 활성화된 전이-역전이 관계에서, 그녀는 경멸과 망쳐버리기라는 함정에 빠졌다. 그녀는 샤르프 박사를 공격하여 박사로 하여금 문자 그대로 똥처럼 느끼도록 만들었고, 그 다음에야 그 상태에서 빠져 나오고자 노력했다.

다음의 일련의 회기들은 집중치료 후기 중간단계의 작업 특성을 보여준다. 우리는 이 회기들에서 충분히 발달된, 반복적인 신경증적 행동유형으로 나타나는 전이-역전이를 볼 수 있다. 그러한 행동유형을 통해서 니콜스 부인은 대상과 자기를 깎아 내리는 모습을 보였다. 그 다음에 그녀는 자기-분석을 그 상태에서 벗어나는 모습을 보여주었다. 그녀는 여전히 샤르프 박사에 관해 불평하면서도 또한 그녀를 배려하는 모습을 보여주었으며, 이전만큼 그녀를 필요로 하지도 않았다. 이 회기들은 그녀가 얼마나 깊이 퇴행하였다가 어떻게 거기에서 빠져 나왔는지를 보여준다. 그녀는 치료를 종결할 때 자신과 샤르프 박사가 느껴야만 하는 감정이 어떨지에 대해 작업하였다. 이 후기 단계에서, 그녀는 전이에 대해 좀더 작업하고, 분석작업에 좀더 참여하며, 자신의 신경증과 분석가의 상실을 직면하고 있다.

회기 1

"직장에 다시 나가고 싶지 않아요." 니콜스 부인이 불평을 늘어놓았다. "하지만 바닷가에서 보낸 휴가도 지겹긴 마찬가지였습니다. 리는 깁스 속으로 모래가 들어갈까바 걱정이었고 전혀 아이들을 돌봐주지 못했습니다. 그래서 바다에서 편히 쉬질 못했죠. 골프도 못 치고요. 저는 보통 해변가를 좋아합니다. 이제 다시 일터로 돌아왔는데, 나을 게 하나도 없어요. 사무실 동료들이 저를 못살게 굽니다. 월요일이 오는 게 끔찍해요. 제게는 즐거움이 없어요. 분석을 받은지 5년이나 됐는데, 지금이 최악인 것 같아요. 꼼짝없이 사로잡힌 느낌이에요."

나는 혼잣말로 이렇게 말했다. "또 시작이구나." 내가 날카로워졌다는 걸 느낄 수 있었다. 나는 근 한 달 동안 이런 불평을 들었다. 하지만 그녀가 자신이 꼼짝없이 사로잡혀 있다는 것을 인식한 것은 이번이 처음이었다. 아마도 그녀는 자신의 상황을 분석하고 극복할 준비가 되어 있을 것이다.

"분석 받는 게 썩 달갑지는 않으시겠지만, 다시 시작해야 할 것 같네요." 내가 다소 불친절하게 말했다.
"주말을 비참하게 보냈습니다." 그녀가 말했다. "성욕도 전혀 없었구요. 어떻게 해서 그런 기분이 된 거죠? 그 기분이 모든 걸 망쳤어요. 전 남편과 저 자신에 대한 제 생각 때문에 비참했습니다. 이렇게 오랜 분석을 받고 나서도 아직도 이 지경인 제가 한심스럽고, 또 그렇기 때문에 이 상태에서 빠져 나오려고 노력도 하고 싶지 않습니다. 그냥 여기에 있는 게 편할 뿐입니다."

그녀의 말은 나를 놀라게 했다. 그녀가 의미하는 것은 그 상태에서 빠져 나오고 싶은 소망이 없다는 것인가, 빠져 나올 힘이 없다는 것인가, 빠져 나오려고 노력하겠다는 것인가, 그런 노력을 하지 않겠다는 것인가, 그녀가 아무런 노력도 하지 않았다는 것인가? 그녀가 "여기에 있는 게 편하다"고 말할 때 여기라는 게 성욕이 없는 우울 상태를 의미하는지, 분석 상황을 의미하는지 알 수 없었다. 나는 그녀가 두 가지를 모두 다 이야기하고 있으며, 두 가지 사실이 모두 관련되어 있기 때문에 노력하기 어려울 거라고 추측하였다. 결혼생활의 진전은 분석을 그만둔다는 것을 의미할 수 있기 때문이었다. 잠시 동안 그녀는 과거의 우울한 방식으로 되돌아가 나와 함께 지내면서 좀더 편안해 했다.

"현충일에 리의 팔이 부러지기 전까지는 모든 게 좋았습니다. 그 일 때문에 모든 게 망쳐졌지요. 저는 어째서 남편에게 일어난 일이 제 자신의 모든 걸 망치도록 허용할 수 있었을까요? 저는 자신과 다른 사람들에게 너무 벌을 주려고 하는 것 같습니다. 그런 생각에서 벗어나올 수가 없군요. 리의 다리는 나무 젓가락 같아요. 발목만 살짝 뒤틀렸는데 부러졌어요. 그는 비쩍 말라서 볼품이 없고, 우울하고, 어떤 일에도 흥분하지 않아요. 그는 가고 싶은 곳도 없고, 우리의 미래를 위한 꿈도 없어요."

항상 인내심 많고, 민감하고, 매력적인 남자로 묘사되던 남편은 이제 아주 매력없는 남자로 묘사되고 있었다. 이것은 그녀의 상태가 좋아지면서 더 큰 즐거움을 원하는데 반해, 상대적으로 남편이 더 이상 그녀의 상대가 되지 않는다는 사실을 발견하기 때문인 듯 하다. 나는 잠깐 동안 그녀가 남편에게 사로잡혀 있는 게 안 됐다고 느껴졌다. 그때 나는 내가 그녀와 떠나 있을 때면 그녀가 나를 아주 노골적으로 혐오하던 일을 생각해냈다. 나는 남편이 그녀에게 애정을 주지 못하고 다소 물러나 있고, 부상을 당해서 평소처럼 많이 도와주지 못하는 일로 그녀가 남편에게서 버림받았다고 느끼고 있다고 생각했다. 그녀는 이전에는 아주 매력이 있다고 이야기했던 남편의 신체적 특성에 대해 신랄하게 비난함으로써 투사적 동일시를 사용하여 자기 자신을 방어하였다. 남편에 대한 그녀의 이야기는 내 귀에 마치 그녀의 옛 자기에 관한 이야기처럼 들렸다. 그녀는 애정에 목말라 있다고 느꼈지만, 그 대상이 철수할 거라고 상상했기 때문에 그녀의 자기는 위축되었다. 처음에는 그녀의 성숙 가능성에 대한 나의 생각 역시 위축되었다. 하지만 그녀가 곧 옛 자기에 관해 이야기하면서 자신의 우울 증상에 대해 화가 나 있고, 이것을 없애버리고 싶다고 말했을 때 나는 다시 힘을 얻을 수 있었다.

"내가 성적인 감정을 느낄 때면 그가 내 기분을 알아주었으면 하고 바라지만, 그의 반응은 시큰둥하죠 … 모르겠어요 … 그는 내가 이전에 전혀 성욕이 없을 때에는 그렇지 않더니 지금은 전혀 관심이 없는 것 같아요. 그가 걸려 넘어져서 팔이 부러지고 잘 일어나지도 못했을 때, 전 정말 화가 났어요. 긍정적으로 느꼈던 모든 것이 사라져버렸고 제가 말씀드린 추한 물결이 저를 뒤덮어 버렸습니다. 그는 너무 말랐어요. 근육은 하나도 없구요. 그가 넘어진 것은 허약했기 때문이라고요. 전 이 점을 잊을 수가 없어요."

나는 이제 그녀의 남편이 안 됐다고 느끼기 시작했다. 불쌍한 사람, 그는 다쳤고 지지가 필요했다. 그녀가 하는 말은 구제불능일 정도로 고약하게 들렸다. "동정심이라곤 눈곱만큼도 없구만." 내가 생각했다. 나는 희망이 없다고 느끼기 시작했고, 실망의 구렁텅이로 빠져들었다.

"저는 이 일 때문에 저 자신을 비난했습니다." 그녀가 말했다. "그렇게 쉽게 사라져 버리다니, 내가 위대하다고 경험했던 것이 얼마나 쉽게 깨어지고 마는가? 나의 동정심은 어디로 가버렸는가?"

내가 던진 질문과 똑같은 질문을 그녀가 자신에게 묻고 있는 게 흥미로웠다. 이러한 사실은 나와 그녀가 좋은 무의식적 의사소통 상태에 있음을 말해 주고 있다. 나는 이 점 때문에 고무되었고, 그녀가 혼자 힘으로 통찰에 도달할 수 있을 것이라고 생각하였다.

"제가 성적인 감정을 느끼는 것은 남편과는 상관이 없는 것 같습니다." 그녀가 말을 계속했다. "성적인 것이라는 게 실은 모두 제 환상일 뿐이죠. 그는 그저 거기에 있었을 뿐입니다. 그런데 만약 제가 좋은 측면만 좋아하고 약한 측면은 전혀 좋아하지 않는다면, 그건 좋은 관계가 아니라는 생각이 들었습니다."

그녀가 자신의 상황에 대해 책임을 느끼고 남편을 비난하지 않게 되어서 기뻤다. 하지만 이제 비난의 화살은 내게로 돌아올 것이다.

"저는 이 문제에 관해서 아무 것도 해주지 않고, 아무런 도움도 주지 않은 선생님께도 책임을 묻고 싶습니다. 우리가 이 문제에 관해서 작업한지 4주나 되었지만, 별 진전이 없습니다. 선생님도 아시죠?"
"당신은 내가 좋은 이야기만 듣기를 원한다고 생각하는 건가요? 아니면 내가 당신의 약하고 취약한 부분까지도 좋아할 것인지 궁금하세요?" 내가 물었다.
"모르겠습니다." 그녀가 대답했다. "과거에는 그러셨죠. 제가 왜 그렇게 느끼는지 모르겠습니다. 전 아주 빠르게 이전 상태로 되돌아가는 것 같아요."

나는 그녀가 "여기에 있는 게 훨씬 더 편해요"라고 한 말이 생각났다. 그녀는 나를 위해서 그리고 분석 상황에 머물러 있기 위해서 퇴행하고 있다는 생각이 들었다.

"당신이 좋아진다면, 내가 당신과 잘 맞지 않을까 궁금해 하는 것 같군요." 내가 말했다. "이제 당신은 당신 자신만큼 나를 잘 알지 않아요?"

"이런 식으로 가다간 영원히 여기 머무르겠죠." 그녀가 말했다. "저는 버림받을 때마다 옛날로 되돌아갑니다. 전에 그랬던 것처럼 전 매일 울지요. 제 삶 전체의 초점이 여기에 맞춰져 있습니다. 저는 독립을 포기했습니다. 전 제가 왜 이렇게 행동하는지 모르겠습니다. 아마도 독립하는 것이 너무 두려운 것 같습니다. 전에는 그런 상태에서 벗어나면 아무런 문제도 없고 따라서 기분이 좋을 거라고 생각했습니다. 하지만 지금은 잘 모르겠습니다."

나는 그녀가 치료를 종결하는 것에 관해서 걱정하고 있음을 알 수 있었다. 그때 나는 과도하게 지적으로 기능하기 시작했다. 나는 그녀가 분석적 기능을 안정되게 내재화하지 못했기 때문에 종결할 준비가 되지 않았다고 생각했다. 그녀는 남편과의 성적 관계에서 즐거움과 희망을 찾았지만, 남편이 부상을 당했을 때 그녀의 성적인 자기는 쉽게 파괴되었다. 남편에게 거절당했다고 느낄 때, 그녀는 만족이 지연되는 것을 참을 수 없었고 남편에 대한 동정심도 느낄 수 없었다. 그녀의 좋은 감정을 파괴하는 데에는 아마도 시기심이 작용했겠지만, 그녀는 그것이 어떻게 작용하고 있는지 알지 못했다. 이러한 생각들은 모두 정확한 것이었지만, 이것들이 갖는 주된 기능은 불쾌한 감정을 꾹 참고 있는 나에게 생각할 거리를 제공해 주는 것이었다. 내 마음이 편치 못했던 이유는 그녀가 좋은 감정을 가지고 나를 떠나갈 수 있도록 충분한 힘을 나에게서 얻지 못했다는 사실 때문이었다.

"당신이 정말 리와 그리고 당신 자신과 연결되어 있다면, 이제 나를 떠나보내야 합니다. 왜냐하면 나를 당신 안에 가지고 있는 한, 당신은 스스로를 느낄 수 없으니까요." 내가 말했다.

"글쎄요, 제가 여기 없는 동안 선생님이 제 안에 없다고 느낀 적이 있는 것 같습니다. 제가 제 자신을 가지고 있으며, 독립적이라고 느낄 땐 아무런 문제가 없습니다. 하지만 리와 연결된다는 것은 선생님을 잃어버리는 것을 의미합니다. 전 … 모르겠어요. 제 말은, 지난 3주 동안 제가 선생님과 연결됨으로써 그를 제외시켰다는 게 분명하다는 겁니다. 여기서 우리가 모든 일에 관해서 이야기를 나누는 동안, 저는 그에게서 멀리 있었습니다. 문제는 그가 몸을 다쳐 제게 도움을 구하면서 시작되었습니다. 전 신체적 친밀감에 대한 그의 요구를 참을 수 없었습니다. 전 선생님과 이야기를 나누는 것을 통해서 그러한 좋은 감정을 되찾기를 바랬습니다. 하지만 그러기는 커녕 상황은 더욱 나빠졌습니다. 저는 그에게 말한다고 해서 그런 감정을 되돌려 받을 수 있다고 생각하지는 않았지만, 혹시 그럴지도 모른다는 생각을 떨쳐버릴 수도 없었습니다. 리와 저의 관계에서 크게 빠져 있는 부분은 이 문제에 관해 함께 이야기를 나누는 것입니다. 나는 그에게 말하기가 두렵지만, 그는 분명히 제가 그런 열정을 잃어버렸다고 생각할 겁니다. 저는 그의 거절을 다룰 수가 없습니다. 그는 내 열정이 되돌아올 것이라고 믿기보다는 저를 깎아 내리거나 제가 좋아지는 것에 대해 평가절하할 겁니다. 하지만 그게 또 저의 모습이기도 하죠. 저도 그 열정이 돌아오리라는 믿음을 갖고 있지 않습니다."

"저는 그가 정말로 제가 바라는 방식으로 성적인 만족을 줄 수 있을지 확신하지 못하는 것 같습니다. 비록 이 문제에 관해서 장기간 작업해왔지만 말입니다. 전 그저 현실에 만족할 것이라는 생각이 듭니다."

그녀는 나에게서 도움을 받지 못한다고 느꼈고, 일시적으로 분석에 대한 믿음을 상실했다. 나는 그녀가 투사적 동일시를 사용하여 내 안에 넣어준 호전에 대한 희망과 소망의 상실을 내사적으로 동일시하는 한편, 그녀를 이러한 구렁텅이에서 꺼내 주기 위해 내가 무언가를 할 수 있을 것이라는 긍정적인 감정과 소망을 그녀가 회복할 수 있을지 궁금해졌다. 하지만 나는 어떤 행동을 취하기보다는 절망의 감정을 감내할 뿐이었다.

회기를 마치면서 내가 말했다. "당신은 내가 당신의 등을 떠밀어서 여기서 벗어나게 해주지 않은 것 때문에 불만인 것 같군요. 당신은 내가 선한 요소가 회복될 수 있다는 믿음을 갖고 있는지 궁금해 하고 있는 것 같습니다."

분석의 진전은 니콜스 부인에게 새로운 걱정거리를 가져다 주었다. 그녀는 남편이 부상을 당한 후, 그녀의 다소 조적인 성적 환상을 충족시켜 주지 못하자 다시 편집-분열적 자리로 돌아갔고, 더 좋아질 것이라는 희망을 잃어버렸다. 다른 한편, 좋아진다는 것은 분석이 끝난다는 걸 의미했으므로, 니콜스 부인은 그녀가 아직은 분석을 더 받아야 한다는 사실을 입증하기 위해 편집-분열석 자리로 되돌아갔던 것으로 보인다. 그녀는 아직 남편이나 그녀 자신에 대해 동정심을 갖거나 샤르프 박사와의 관계 상실을 애도할 준비가 되어 있지 않았다.

회기 2

"꿈을 꿨는데, 전혀 연상되는 게 없습니다…" 니콜스 부인이 입을 열었다. 그녀는 꿈 이야기를 하기 전에 그 배경에 관해 조금 이야기하였다. "꿈속에 리즈라는 친구가 나왔습니다. 그녀의 남편은 아주 잘난 체하는 남자 같지만 실제로는 낙관적이고 유쾌한 사람입니다. 그녀는 금요일에 만나자고 전화했는데, 그 부부에게 아이가 하나 더 생긴 이후에 우리는 한 번도 만나지 못했습니다. 그녀는 건강하게 살고 있었고 박사학위도 가졌고, 애들도 잘 자랐습니다. 만사가 잘 풀려나갔습니다. 그녀는 아이들을 아주 잘 키웠습니다. 그녀에 관해서 어떤 게 사실인지 모르겠습니다. 리는 그녀를 아주 싫어합니다. 그녀가 아주 자기애적이라는 이유 때문이죠. 그녀는 남편인 리와 맞지 않는 것 같습니다. 서로 조화가 되지 않는 거죠. 이런 꿈이었습니다:

토요일 오전 10시 반에 리즈는 두 아이를 데리고 서커스 구경을 가는 동안 제가 그 친구의 아기를 돌봐주게 되었습니다. 우리는 그들을 기다리고 있었습니다. 두 사람은 떠날 준비가 되지 않았고, 뭘 좀 먹으려고 들렀습니다. 그들이 떠나기 바로 전에 아기가 깼습니다. 그들은 아기를 어떻게 보살펴야 하는지 아무런 말도 해주지 않고, 필요한 물건도 챙겨 주지 않았으며, 돌아오는 시간도 확실히 알려 주지 않았습니다. 저는 그런 사람들을 위해 아기를 돌보아주는 자신이 바보같이 느껴졌습니다. 전 아기가 절 전혀 알아보지 못할 것 같았고, 아이는 저를 낯설고 불편하게 느낄 거라고 생각했습니다. 전혀 의사소통이 되지 않았습니다. 리가 전화를 했는지, 지나는 길에 들렀는지, 제가 확실하게 처신하지 못한 것에 대해 화를 냈습니다. 그때 전 재빠르게 지나가는 이미지를 보았는데, 리나 리같이 생긴 어떤 사람이 치과 의사나 산부인과 의사가 사용하는 플라스틱 장갑을 끼고 있었습니다. 그는 마치 저를 교육이라도 시키듯이, 손가락을 내 질 속에 집어넣더니 "이게 네 질이다"라고 말하고 항문에 손가락을 집어넣고는 "이게 네 항문이다"라고 말했습니다. 저는 이상한 느낌이었지만 불쾌하지는 않았습니다. 저는 제가 실제로 경험한 것보다 좀더 부정적으로 반응했습니다.

"리즈는 선생님을 나타내는 게 분명합니다." 그녀가 말했다. "제 반응은 '나는 이미 아이를 다 키웠는데. 하루종일 아이 보는 일에 잡혀 있고 싶지 않아'라는 거였습니다. 전 제 과거를 다시 돌아보아야 한다는 압력을 받고 싶지 않았거든요. 어제 뭔가가 자극된 것 같아요. 저는 리와 제가 멋진 섹스를 하는 환상과, 우리의 관계가 온갖 위대한 결과들을 가져올 것이라는 환상에 사로잡힌 것 같아요. 제가 이 문제로 얼마나 실망했는지에 대한 이야기를 완전히 끝낸 게 아니었습니다. 그가 넘어져 다치기 전까지는 문제가 차츰 차츰 해결되어서 제 이야기가 거의 다 끝나 가는 상황이었습니다. 제가 과거의 상태로 다시 뛰어든 것이 버티기가 너무 힘들어서였는지 아니면 동창회에서 앤에 관해 알게 된, 비밀스러운 성적인 이야기를 듣고 놀랐기 때문이었는지 잘 모르겠습니다. 대학 다닐 때 제가 무척 흠모했던 교수와 정사를 나눈 친구를 기억하시나요? 그 친구의 고백을 듣고 넋이 나갈 지경이었습니다. 그것은 단순히 순간적인 불장난 같았지만, 제 마음은 크게 흔들렸습니다. 전 그 일에 대해 무척 화가 났고 그 문제가 아주 중요한 것 같이 느껴졌습니다. 전 이것을 지금 일어나고 있는 모든 일들과 전혀 연결시키지 못했습니다. 아마도 이것은 저의 성적인 감정이 정말로 되살아나면 걷잡을 수 없을는지도 모른다는 두려움과 관련이 있는 것 같습니다."

나는 자신의 정사에 관해 털어놓은 친구의 이야기가 그녀에게 얼마나 큰 충격을 주었는지를 기억하고 있었다. 우리는 이것을 교수가 저지른 오이디푸스적 배반으로 설명했으며, 이 이야기가 그녀의 가족 비밀에 대한 불편감을 자극하고 형제 간의 경쟁과 관련된 갈등을 재활성화시켰다고 설명했다. 나는 오이디푸스적인 승리자가 되는 것에 대한 그녀의 두려움에 관해 좀더 물어볼 수도 있었지만 그렇게 하지 않았다. 대신에 이 문제를 지엽적인 문제로 간주하면서 그녀의 말을 따라갔다. 이전 회기에서 그녀의 시기심에 대해서 충분히 다루지 못했다는 나의 느낌을 기억하면서, 지금-여기에서의 전이의 문제로 들어갔다. 즉 나의 지위에 대한 그녀의 시기심의 문제로 돌아갔다.

"어째서 리즈를 나라고 경험하지요?" 내가 물었다.

"원하는 전문직을 갖고 있고요." 그녀는 추측했다. "모든 게 잘 짜여져 있죠. 어려움도 있는 걸 알고 있지만, 종합적으로 말해서 그녀는 아주 잘 하지요. 물론 선생님이 그녀보다 훨씬 더 많은 것을 성취하셨겠지만요. 그녀는 선생님 못지 않게 믿을만한 돌봄을 아이에게 제공하고 있습니다. 치료 도중에는 잘 모르겠는데, 치료를 시작하거나 마칠 때 선생님이 스스로 자격이 있다고 생각하고 자신의 주장을 내세운다는 느낌을 갖습니다. 선생님이 항상 명령하시죠. 치료시간을 연장한다는 것은 꿈도 못꾸죠. 하지만 시간이 서로 맞지 않을 때에는 융통성 있게 시간을 변경해 주시는데, 이런 모습은 전혀 다른 또 하나의 모습입니다."

그녀의 시기심에 관한 내 생각은 옳은 것으로 드러났으며, 이제 그것은 의식으로 떠올라 왔다. 하지만 지금 알게 된 것은 그녀가 나의 사회적 지위에 대해 시기하는 것보다는 내가 그녀로 하여금 좀더 성숙한 자리를 지탱하도록 돕지 못했다는 것에 대해 더 많이 화가 나 있다는 사실이었다.

"하지만 저는 지난 주에 정말 퇴행했거나 아니면 치료를 종결하는 문제나 선생님이 부부 문제에 관해 주의를 기울이지 않는다는 생각 때문에 마음이 혼란스러웠던 것 같습니다. 이 모든 게 어린아이 꿈에서 표현되었고, 또 벌을 주고 싶은 충동으로 표현되었습니다. 우리는 이미 그 문제를 거쳤는데, 그 문제를 다시 다루어야 한다는 건 정말 실망스럽습니다. 전 선생님이 그 이야기를 먼저 꺼내거나, 저에게 그 이야기를 하도록 압력을 넣었다고는 생각하지 않습니다. 전 선생님께서 저를 잘 반영해 주거나 제 장점을 볼 수 있도록 격려해 주시지 않았다고 느낍니다. 선생님은 제가 다시 과거의 상태로 빠져드는 걸 허용했습니다. 선생님은 제가 얻은 것을 지킬 수 있도록 도와 주지 않았습니다. 제가 집에서 일하고 있는데, 리즈에게서 전화가 왔고, 저는 제가 원했던 것보다 더 많은 시간을 그녀와 이야기를 나누었습니다. 전 그날 리와 이야기하느라고 빈둥거리면서 시간을 보냈습니다. 이 모든 이야기를 그녀에게 쏟아 놓았습니다. 실제적인 비밀에 대해서가 아니라 삶과 결혼에 대한 저의 일반적인 태도에 관해 이야기했지요. 그것은 우리가 십년 전에 했을만한 불평과 신세타령이었습니다. 전 정말로 그런 이야기를 하기 싫었습니다."

"리즈는 저에게 저 자신에 대해 말을 하게 해놓고는 친절하게 반응해 주지 않았습니다. 여기에 왔다가 간 다음날 그녀는 불쑥 저를 찾아왔습니다. 그녀는 제 사생활을 침범했고 전 그것을 허용했습니다. 아니, 침범까지는 아니었죠. 아무도 들어오지 못하게 했던 사적이고, 유아적인 영역 안으로 발을 들여놓았을 뿐이죠."

여기에서 전이가 나타나는구나 하고 나는 생각했다.

"앤은 저에게 자신의 일을 털어놓지만, 리즈는 저에게서 무언가를 빼내갑니다. 리즈가 그걸 가지고 무얼하는지 모르겠습니다. 우리 사이에 진정한 연결이 없습니다. 무언가를 엿보려는 생각만 있습니다. 저는 그것이 여기 분석 상황에서 일어나는 일과 유사하다고 생각됩니다. 여기서는 제가 말하고 싶지 않은 것까지 다 이야기하지는 않을 거라고 생각하지만, 끔찍한 생각과 느낌들을 모두 쏟아 놓고 나면 제가 노출되어 있다고 느낄 때가 있습니다. 물론 선생님은 제가 쏟아 놓은 것들을 담아주기 위해 항상 거기 계시지만요."

"당신 꿈은 당신이 이제 아기 돌보는 일은 할만큼 했고, 이제는 당신 자신의 아기를 돌보고 싶지 않다고 말하는 것 같군요. 꿈에서 나는 당신에게서 무언가를 빼내는 리즈나 당신의 마음을 산란하게 만드는 옛 이야기를 꺼내는 앤처럼 성가시게 구는 어른인 반면, 당신은 내가 만든 어린 아기인 것 같습니다." 내가 말했다.

"아뇨, 선생님이 아기를 만든 게 아닙니다." 그녀는 내 말을 정정했다. "전 제 안에 이런 아기 같은 측면이 있다는 것을 발견했습니다. 단지 이런 저의 부분을 너그럽게 받아들이지 못하고 있을 뿐입니다. 리즈의 아기는 제 아들 앤디가 아기였을 때의 모습을 생각나게 했습니다. 앤디는 저녁상을 차리거나 식사할 때마다 요란하게 울어댔죠. 매일 저녁 세 시간씩이나 그랬어요. 리즈는, 저 자신도 그랬겠지만, 매우 신경이 거슬린 상태인 것 같았습니다. 전 아기에게 가까이 가서 안아주고 싶었습니다. 그런 점에서 선생님이 아기를 만들었다는 말은 정확한 게 아닙니다." 그녀는 자신이 좋은 엄마로서 좋은 감정을 가졌던 순간을 떠올리면서 결론을 내렸다.

"내 말은 당신 속에 있는 아기 부분에 관한 것이었습니다." 나는 명료화했다.

"저는 어제 안도감을 느꼈지만, 그렇다고 해서 크게 마음이 놓였던 것은 아닙니다." 그녀가 말했다. "그것은 너무 비참하게 느끼지 않기 위해 잠시 뒤로 물러서는 것이었습니다. 하지만 오늘은 아예 이 문제를 다루고 있지도 않습니다. 저는 이 똥 같은 상황에 고착되어 있고 스스로 비참해지고 있습니다. 만일 제가 이 문제를 객관적으로 본다면, 그것이 바로 이 문제를 회피하는 거지요. 제가 이 문제를 다루지 않고서는 극복할 수 없겠지요."

"당신은 그렇게 똥만 싸대는 대신 요란스럽게 울어댈 필요가 있는지 궁금해 하는 것 같군요." 내가 말했다. "내가 당신 속에 있는 아기를 책임지고 다루어 줄지, 만일 그렇다면 그 애가 사내아이일지 계집아이일지, 계집아이라면 그 아기가 똥이 모였다가 배설되는 항문과 쾌락을 주고 아기를 낳는 데 사용되는 질의 차이점을 알고 있는지 궁금해 하는군요."

그녀가 대답했다. "리즈는 아기가 소시지와 토틸라를 먹어야 하는 것에 대해 아무런 걱정도 하지 않습니다. 그녀는 자기 자신이 먹을 요리에만 관심이 있고 저나 아이에게는 아무 관심도 없습니다."

나는 니콜스 부인이 나를 이기적인 사람으로 경험하고 있음을 알았다. 그녀의 마음속에는 성인으로서의 나에 대한 시기심보다는 자신이 아기 같은 감정에 사로잡혀 있으며 내가 그 점에 대해 충분히 도와 주지 않는다는 비참한 느낌이 더 크게 자리잡고 있었다. 나는 그녀가 자신의 시기심을 인식하지 못하도록 방어하고 있는 것은 아닐까, 아니면 내가 그녀에게 어떤 이론을 받아들일 것을 강요하고 있는 것은 아닐까—이것은 참으로 이기적인 행동일 것이다—하고 생각했다. 어느 쪽이 맞던지 간에, 나는 그녀가 자신의 경험에 관해서 터놓고 이야기하고 꿈에 대해서 아주 자유롭게 연상하는 것에 대해 만족해 했다. 그녀는 분석작업의 대부분을 스스로 해냈다. 심지어는 내가 자신을 도와 주지 않는다고 불평할 때조차도 그랬다. 내일 그녀가 어디에 도달해 있는지를 보는 것은 흥미로울 것이다.

니콜스 부인의 시기심에 관해서는 샤르프 박사의 생각이 맞았지만, 확실히 그렇다고 단정지을 수는 없었다. 왜냐하면 그녀가 이미 그러한 감정에 의해 영향을 받고 있기 때문이었다. 샤르프 박사는 자신이 쓸데없는 감정에 지나치게 사로잡혀 있다고 느꼈고, 따라서 자신이 퇴행하지 않는 것에 대해 니콜스 부인이 시기한다는 사실을 깨닫지 못했다.

회기 3

"전 이 문제가 말끔하게 해결되는 환상(vision)을 보았습니다." 그녀가 보다 낙관적인 말로 시작하였다. "그것은 마치 젖은 나뭇잎 더미 같았습니다; 썩어가고 있었지만 치우기 좋게 한데 엉겨 있었지요. 그것은 만질 수 없을 정도로 끔찍스럽거나 역한 냄새를 풍기지 않았습니다."

나는 그녀가 치료시간 뿐만 아니라 그후에도 스스로 극복과정을 수행하고 있음을 주목했고, 그것을 좋은 징표라고 느꼈다. 젖은 나뭇잎 은유는 내게 충격적이었고, 이제는 그녀가 그것들을 말끔하게 치워 버릴 것이라는 희망을 느꼈다.

니콜스 부인의 썩은 나뭇잎 은유는 그녀와 샤르프 박사가 어제 함께 느꼈던 똥 같은 기분을 나타냈고, "나뭇잎"(leaves)이라는 단어는 떠나는(leaving) 과정을 연상시켰다.

"어제 저는 정말 정신이 없었습니다." 그녀가 말했다. "직장에서 일이 손에 잡히지 않았습니다. 사무실 사람들은 모두 열심히 일했지만, 우리의 프로젝트는 거의 진전이 없었습니다. 우리가 관계하는 사람 중에 흑인의 권익옹호에 매우 적극적인 남자가 있습니다. 사장과 임원들은 흑인인데, 그들의 피부는 그다지 검지 않고 흑인들의 권익을 주장하지도 않습니다. 아이들은 친구들과 노느라 밖으로 나갔고, 집에 저 혼자만 있어서 외롭고 우울했습니다."

니콜스 부인은 계속 직장일이 잘 풀리지 않는 데서 오는 좌절에 관해 이야기하는 동안, 그녀 자신과 샤르프 박사에 대해서 소수자로서의 권리를 위해 애쓰는 자신의 투쟁에 관해 간접적으로 말하고 있었다. 아이들이 집에 없는 동안 그녀가 느낀 외로움은 분석작업을 통해 그녀 자신의 아기 측면이 상실되는 것을 나타내는 것으로 볼 수 있다.

"앤디가 축구를 하는 동안 딸아이와 함께 보낼 계획이었습니다. 하지만 그녀에게 딱히 해줄 게 없어서 딸아이를 친구에게로 보냈지만, 전 정말로 딸아이와 친구처럼 지내고 싶었습니다. 저는 보통 집에서 한두 시간 정도 저 자신을 위해 시간을 갖는 것을 좋아합니다. '아이들이 다 자라고 나면 이렇겠지'라고 저는 생각했습니다. 좋은 느낌은 아니었죠. 리는 나에게 전화해서 왜 500불씩이나 주고 새 진공청소기를 샀느냐고 물었고, 저는 그 이야기가 아니더라도 충분히 기분이 나쁜 상태에 있다고 말했습니다. 저는 제가 얼마나 맥빠지고 암담한 느낌인지 리에게 쏟아 놓기 시작했습니다. 그는 그게 직장일 때문인지 아니면 인생살이 때문인지 알고 싶어했습니다. 그래서 전 모든 게 다 관련되어 있다고 말했습니다. 그는 내가 자기에게 화를 내고 있다고 생각했고, 전화를 끊어버렸습니다.

"그가 집에 왔을 때, 다행스럽게도 그는 그 일에 관해 농담을 할 수 있었습니다. 저를 몰아세우지도 않았고 억누르지도 않았습니다. 그는 저의 우울한 기분에 휘말리는 걸 원치 않았습니다. 그렇다고 해서 꽁무니를 빼고 도망가지도 않았습니다."

니콜스 부인은 남편의 탄력적인 대응으로 인해 기운을 차렸다. 꽁무니를 빼고 도망가지 않았다는 표현은 그녀가 남편의 발기 능력이 손상 당하지나 않을까 걱정하고 있음을 암시했다. 이제 남편의 발목 부상은 그녀에게 그녀의 강렬한 성적인 관심에 따라오는 거세를 의미하였다. 부분적으로는 그녀가 수행하고 있는 분석작업으로 인해 그리고 부분적으로는 담아주는 대상으로서 기능하는 남편의 역할을 통해 치료가 진행되고 있었다.

"아마도 저는 그를 시험하고 있었나 봅니다." 그녀가 인정하였다. "그래서 그가 저에게 함부로 해대지 않자, '됐어, 이제 자기연민과 우울과 낙담의 구덩이에 빠지지 않은 채 이 문제를 해결해 나갈 수 있겠어'라고 생각했습니다. 앞으로 나아가는 게 쉽지가 않습니다. 날마다 새로운 투쟁을 기다리고 있습니다. 하지만 오늘은 몇 주만에 처음으로 혐오감을 느끼지 않고 리를 바라볼 수 있었습니다.

"저는 성적으로 너무나 고갈되어 버렸습니다. 그에 대한 제 감정은 뼈만 남아 있고, 스트레스에 짓눌려 있고, 볼품없다는 것뿐입니다. 지난 몇 주 동안 이런 느낌을 지울 수가 없었죠. 하지만 그런 감정이 일순간에 사라졌습니다. 우리 집 우편물은 쌓여만 가고 손도 대지 못하고 있습니다. 마치 제 삶처럼 말이에요. 해야 할 일이 끝도 없이 많아요. 우리 집은 너무 크고 페인트칠 한지가 오래 되어서 흉측해 보입니다. 이런 일들에서 어떻게 벗어날 수 있을까요? 아, 물론 알고 있습니다. 처리해야 할 우편물이 아주 많다는 걸. 우편물 더미는 점점 더 쌓여만 갑니다. 우리는 쌓인 우편물을 처리하느라고 자정까지 있었습니다. 그리고 나니 기분이 한결 나아졌습니다."

나는 그녀가 집에 있으면서 우울에서 벗어난 순간이 있었다는 이야기를 듣게 되어 기뻤다. 나는 그녀가 전에는 혐오의 대상이었던 리를 이제는 순간적이나마 변형을 가져오는 대상으로서 사용할 수 있게 되었다고 생각했다. 아마도 그녀는 자신의 갈망을 그에게 표현하는데 따른 주저를 다루고 있었던 것 같고, 그것은 그녀의 갈망이 아직 정신적으로 소화되지 못했기 때문인 것 같다. 이제는 남아 있는 우울을 전이 안으로 가져올 때가 되었다.

"당신은 해야 할 일과 정리해야 할 일에 관해 설명하고 있습니다." 내가 지적했다. "그건 그렇고 여기에서 처리해야 할 문제는 어떻게 되는 거죠?"

"지난 이틀 동안 저는 모든 것을 우리 앞에 내놓은 것 같은 느낌이에요." 그녀가 말했다. "전 지금 선생님이 도와 주시기만을 기다리고 있습니다. 나는 모든 것을 파헤치고 꺼내 놓기만 했지요. 이제 그것을 조직화해서 갖다버리거나 쓸만한 부분은 남겨 놓을 수 있도록 저를 도와 주십시오."

나는 다시 그녀를 밀어붙이고 도전하였다. "그렇다면 당신과 나 사이에는 어떤 문제가 있는 거죠?"

"선생님은 모든 걸 알고 있으면서도 저에게 이야기해 주지 않으시는군요." 그녀가 나를 비난했다. "선생님이 하지 않고 제가 하길 기다리시는군요. 선생님은 저를 도와 주는 걸 원치 않으시거나, 아니면 선생님이 할 수 있는지 그렇지 않은지 확신이 없기 때문이겠지요. 어느 쪽이건 전 이 문제에 꼼짝없이 사로잡혀 있습니다. 선생님은 제게 제안을 해주시거나 피드백을 주실 수 있습니다. 전 여전히 선생님이 저를 떠밀어 주시길 바라고 있습니다. 그런데 선생님은 그렇게 해주시지 않는 것 같아요."

"나는 내가 당신에게 다시 해보라고 말해 주는 것이 당신이 내게 바라는 격려라고 생각합니다." 내가 말했다. "그리고 당신은 내가 당신에게 치료가 다 끝나고 나를 떠난 후에도 모든 것이 괜찮을 것이라고 확인시켜 주길 원하고 있습니다."

"아뇨, 전 그렇게 먼 미래의 일까지 내다보지 않습니다." 처음에 그녀는 자신을 계속 나아가게 도와 주기를 바라는 소망을 부인하면서 말했다. "아니죠. 사실은 그 문제에 관해 이야기해왔지요. 선생님이 하신 그 말씀은 일리가 있습니다. 그렇다면 저를 말릴 사람은 저 자신밖에 없습니다. 저는 어머니와 어떤 일이 있었기에 어머니를 떠나서는 안 된다는 느낌을 갖게 되었을까 하고 어머니를 생각하게 됩니다. 글쎄요, 왜 다시 시도하지 않느냐구요? 저는 완전히 꺼져버렸기 때문에 다시 불꽃을 일으킬 수가 없습니다. 전 '나 혼자선 아무 것도 할 수 없어'라고 생각해왔습니다. 전 나의 문제들을 파헤치기 시작했고, 문제의 핵심에 도달했음에도 불구하고, 이 문제로부터 빠져 나오기 전에는 아무 것도 할 수 없다고 느꼈습니다. 그러나 지금 전 이 문제로부터 빠져 나올 수 있는 가능성에 대해 좀더 희망적이라고 느낍니다.

"선생님은 이런 말씀을 하시지는 않았지만, 제가 느끼기에 선생님은 아직 우리가 다루지 못한 것들이 더 많다고 말하고 계십니다. 우리는 다시 문제를 극복해내기 위해서 밑바닥으로 내려가 더럽혀지고 화를 내야 합니다. 제가 강해지고 리와 연결되는 것과 선생님과의 관계를 끝내야 하는 것 사이의 선택을 두려워하고 있음을 깨닫게 된 것은 좋았습니다. 왜냐하면 여러 가지 점에서 추측컨대, 그 순간이 바로 제가 선생님과 가장 강렬하게 연결되어 있다고 느끼는 순간입니다. 그때가 바로 제가 강렬하게 누군가를 처벌하고 싶은 감정을 경험하는 순간이기도 합니다."

니콜스 부인은 자신의 남편에게 거절하는 대상이었다. 그러나 성적인 감정을 회복한 후로는 남편이 그녀 자신을 거절한다고 느꼈다. 샤르프 박사에 대한 전이는 분석 첫해에는 이상적인 대상이었다가 차츰 흥분시키는 대상관계로 넘어갔고, 그 뒤에는 거절하는 대상관계로 바뀌었다. 그녀는 이것을 생생하게 기억했다. 이것이 그녀에게 익숙해졌다. 그녀는 퇴행하고 징벌적이 됨으로써 샤르프 박사와의 연결됨을 느낄 수 있었고, 다른 종류의 연결을 발견하기 위해 작업했으며, 그리고 나서 그것들을 떠나보낼 수 있었다. 다음 자료가 보여주듯이, 그녀는 자신을 이끌어주기 바라는 것과 독립하기를 바라는 것, 샤르프 박사에게 감사하는 마음과 실망스런 마음, 퇴행하도록 허용해 주기를 원하는 것과 거기서 끄집어 내주기를 바라는 것 사이에서 전진과 후퇴를 반복했다. 그녀가 정말로 무엇을 생각하고 있는지, 분석의 어느 시기에 대해서 말하고 있는지, 그녀의 생각이 어떤 결론에 도달할지 분명하지 않았다. 하지만 이러한 현상은 환자가 신경증에서 벗어나 치료를 마치는 것에 대한 양가감정의 문제를 다루는 시기인, 집중치료 후기 중간단계의 작업에서 전형적으로 나타나는 것이다.

"제가 거기로 내려갔을 때 선생님은 제 곁에 서 계셨습니다." 그녀가 말했다. "그건 존경할만한 일입니다. 하지만 전 선생님이 저더러 거기에서 나오라고 말하기를 바랬고, 어째서 그런 일이 벌어졌는지 제게 이야기해 주시길 바랬습니다. 그런데 만약 선생님이 그렇게 하셨더라면 그 결과는 참으로 좋지 않았을 겁니다. 몇 달 전에 제가 선생님에게 너무 지시적이라고 말씀드린 것과 제 스스로 제 문제를 깨달아야 한다고 말씀드린 것이 생각나는군요. 선생님은 그때 제 말이 맞다고 말씀하셨고, 전 계속 그렇게 노력해서 문제를 극복했습니다. 전 선생님이 이끌어 주시길 바랬고 그게 필요했지만, 그걸 얻지 못한 채 지나갔습니다. 선생님은 분석의 고삐를 저에게 맡기셨는데, 그 때문에 좌절을 겪었습니다. 비록 그것은 제가 요청한 일이었지만 말입니다. 그리고 저만 퇴행한 것이 아니라 선생님 역시 성장하지 못하고 뒤에 쳐진 저의 부분과 관계하기 위해 유치한 방식으로 되돌아갔다고 느꼈습니다."

"그건 뭘 말하는 거죠?" 내가 물었다.

"지난 육 개월 동안 선생님은 어떤 것을 시작하거나 끝내거나 정리하는 것을 하시지 않았습니다." 그녀가 설명했다.

나는 내가 방어적이 되고 있다고 느꼈다. 나는 분명히 그렇게 하지 않았다. 설령 내가 그렇게 하고 싶었어도, 이 환자는 말하는 중간에 이따금씩 멈추는 습관 때문에 시간을 초과하기가 일쑤였기 때문에 그렇게 할 수가 없었다. 말이 다 끝나 가는지에 대한 예고가 없었고, 따라서 나는 항상 끼어 드는 식으로 끝을 낼 수밖에 없었다. 나는 어떻게 정리하는 시간을 가질 수 있을지 상상할 수 없었다. 하지만 나는 곧 그녀가 말하려고 한 것은 내가 전에는 지금보다는 좀더 적극적으로 그녀의 자료를 조직화하고 해석을 통해서 형태를 부여했다는 것임을 생각해냈다. 또는 아마도 그녀는 이제 분석을 정리해야 할 시간이 되었는데도, 내가 그런 일을 허용하지 않고 있다고 말하는 것일 수도 있다.

그녀는 계속해서 말했다. "하지만 선생님이 때로 좀더 적극적이었다면, 좀더 빨리 근본적인 문제를 다룰 수 있었을 겁니다. 선생님이 하신 말씀을 유익하게 사용하거나 그것을 거절하거나 했을 것입니다. 하지만 지난 몇 주 동안 선생님은 말씀이 없으셨습니다. 지금 저는 선생님께서 갈 길을 제시해 주지 않은 채 문제의 진흙탕 속에서 헤매도록 남겨 두지 않으시고, 저와 함께 해주신다고 느끼고 있습니다. 생각해 보면, 아마도 그렇게 될 수밖에 없지 않았을까라는 생각이 듭니다. 제가 침체에 빠졌을 때 선생님은 저를 지탱해 주었다기보다는 저와 함께 있어 주었습니다."

나는 그녀가 퇴행의 경험에 관해 말하고 있다는 것을 알았다. 그녀는 그것을 싫어했고 동시에 감사했다.

샤르프 박사는 니콜스 부인이 이전에 샤르프 박사로 하여금 치료의 구조를 제공하고 퇴행과 혼돈을 제한하도록 만들었던 실연을 생각해냈다. 지금 그녀는 자신이 샤르프 박사를 편집-분열적 자리로 끌고 들어감으로써 두 사람 모두가 서로를 안아주지 못하게 만드는 또 다른 실연에 대해 말하고 있었다. 그 안에 숨겨진 의미는 그들 중 누구도 분석을 종결하기를 원치 않는다는 것이다. 니콜스 부인은 불평을 늘어놓으면서도 치료에 진전이 있었음을 보여주었다. 그녀는 지난 몇 회기 동안에 있었던 전이-역전이 실연에 관해 이야기했고 스스로 해석했다.

회기 4

　　니콜스 부인이 유쾌한 어조로 말했다. "저녁식사를 준비하다가 잠시 멈추고 말했습니다. '리, 이리 와서 나 좀 안아줘요.' 그는 미소를 짓더니 이렇게 말했습니다. '분석이 잘 되어간다 이 말이지? 내가 다 알아.' 사실 그랬습니다. 선생님은 제게 되돌아가서 다시 시작하도록 격려해 주셨습니다."

　　"선생님이 말씀하신 걸 기억하지는 못하지만, 이렇게 말씀하셨던 것 같습니다. 괜찮을 거예요. 하지만 아직 분석을 끝낼 준비가 되었다는 말은 아니고 … 정확하게는 기억하지 못하겠네요. 그러고 싶지도 않고요. 선생님은 진짜 그렇게 말씀하시지 않았을 겁니다. 선생님은 '당신이 듣고 싶어하는 말은 이것입니다'라고 말씀하셨지요. 그 말씀은 제가 어떤 상태에 있었던 간에 거기서 빠져 나올 수 있는 에너지와 동기를 끌어 모으는데 도움이 되었습니다. 저는 성적으로 다시 살아났고, 얼어붙었던 마음이 녹았습니다. 이런 느낌은 현충일 이래로 처음입니다.

　　"하지만 전 어제 제가 한 말 때문에 마음이 편치 않습니다. 전 선생님의 반응이 궁금합니다. 처음에 저는 선생님이 저를 침체되도록 그냥 내버려두고 지시해 주는 일없이 무슨 일이 일어나고 있는지에 대해 제 스스로 깨닫게 허용하신 것은 참 잘 하신 일이었다고 말했습니다. 그리고 나서 저는 제가 정말로 후퇴했고 선생님께서는 새로 획득한 발달에 집착하지 않고 또 저더러 제자리로 돌아가라고 권하지 않으신 채, 어린 아이를 대하듯이 저를 대할 필요가 있다는 사실을 선생님이 아신다고 말했습니다. 전 선생님이 제가 한 말을 좋아하지 않으셨을 거라고 생각했습니다. '그 말은 해서는 안 되는 나쁜 말인가?' '선생님이 찬성하지 않으시면 어떻게 하나?' '선생님에 대해 이야기하는 것 자체가 너무 건방진 것은 아닌가?' 제 머릿속은 이런 생각들로 꽉 차 있습니다. 무슨 일이 일어났었는지를 다소나마 이해하려고 노력하는 것이 좋게 느껴졌습니다. 그것은 마치 보호받지 않은 상태에서 제 목을 밖으로 비쭉 내밀고 있는 느낌이었습니다. 저에게는 괜찮았고 그 때문에 제 기분은 더 좋아졌지만, 그때 선생님은 어떻게 느끼셨을까? 그때 저는 죄책감을 느끼기 시작했습니다. 어제 제가 한 말의 밑바닥 의미는 우리가 어제 했던 작업을 통해서―이게 완전히 틀린 것일 수도 있고 또 말하기도 어색하지만―저는 선생님이 저와의 관계에 정서적으로 참여하고 있다고 확실히 느꼈다는 것이었습니다. 아 참, 제가 말이 너무 많네요."

"분명한 것은 선생님 역시 이전의 관계방식으로 돌아가 저와 관계하셨고, 저를 떠나 독립할 수 있는 단계를 밟도록 격려하지 않았다는 사실입니다. 아마도 저는 단지 선생님 안에 있는 것을, 혹은 선생님이 계속해서 전문가적인 냉정과 통제를 유지하실 수 있을지 보고 싶었던 것 같습니다. 제가 기분이 좋아질 때면 마치 안전한 자궁에서 빠져 나와 기지개를 켜고 눈을 떠서 햇살을 맞으며 힘을 얻고 상쾌한 기분이 되어 지금까지 나를 안전하게 지켜 주던 것들을 필요로 하지 않게 되는 것과 같습니다. 그러나 이러한 기분이 지나가고 나면, 전 허겁지겁 과거상태로 돌아가고, 선생님에 대해 염려하게 되지요."

"제가 저 자신과 리와 연결을 유지할 수 있게 된다면, 저는 선생님을 상실하고 선생님 역시 저를 상실하게 되는데, 그러면 선생님은 어떻게 되는 거지요? 저는 정말 그것이 문제인지 아니면 그 반대인지 잘 모르겠습니다. 선생님이 저를 상실하는 것에 대한 걱정이 저 자신의 상실에 대한 대체물일까요?"

"그렇습니다." 나는 그녀의 생각을 긍정해 주었다. "제가 볼 때 당신은 당신이 아버지와 접촉할 때 당신의 어머니가 그랬던 것처럼 당신이 당신 자신이나 리와 접촉하는 것 때문에 내가 상처를 입지 않을까 걱정하고 있습니다. 또한 당신은 어머니와 아버지가 더 강렬한 관계를 맺고 있는 짝이라는 사실을 발견했을 때 당신이 그랬던 것처럼 당신과 리가 강렬한 관계를 맺게 될 때 내가 상처를 입을까봐 걱정하고 있습니다. 그래서 당신은 퇴행 상태에 계속해서 머무르려고 하는 겁니다."

"글쎄, 전 소녀 시절에 포기했습니다." 그녀가 인정했다. "전 아버지를 좋은 대상으로 사용할 수 없었고 십대가 되어서는 그를 원치 않는다고 생각했지요. 하지만 제가 강렬한 관계 안에 확고하게 자리를 잡는다면, 전 오히려 관계 바깥에 남게 된 사람과 동일시합니다. 그리고 그것이 강렬한 관계를 지탱할 수 있는 힘을 앗아갑니다. 그것은 다른 여자들과 우정을 나눌 때도 마찬가지로 일어납니다. 저는 관계가 강렬해질 때마다 누군가를 잃어버리지요."

니콜스 부인은 자신 안에서 오이디푸스 감정이 지속되고 있음을 이해하고 있었다. 그것은 부부관계나 다른 중요한 이자관계의 중요성을 감소시키는 경향성과, 그녀가 어린 시절에 느꼈던 것처럼 관계에서 배제된 사람이 경험한 상처와 시기를 달래주려는 경향성에서 찾아볼 수 있었다. 오이디푸스 콤플렉스를 이해하기 위해서 우리는 유아기에 엄마와 가졌던 관계에로 거슬러 올라가야 한다. 마찬가지로 이 회기에서 니콜스 부인은 샤르프 박사와의 관계를 검토하기 위해 과거로 거슬러 올라가려고 했다. 그녀는 무엇 때문에 그녀의 기분이 좋아졌는지 이해할 수 없었다. 그리고 그녀는 이제 그 전이를 직면하기 위해서 과거로 돌아가고 있다.

"저는 저의 가족관계가 선생님과 저와의 관계에서 실연되었다는 사실을 깨달았습니다." 그녀가 말했다. "상실과 삼각관계와 독립, 이 모든 문제들이 여기에서 반복되었습니다. 하지만 선생님은 너와 나라는 보다 직접적인 관계의 수준에서 반응하지 않으셨습니다. 선생님은 그것을 저의 가족이라는 측면에서 바라보셨을 뿐입니다. 아마도 이게 선생님이 하셔야 할 일이겠지요. 저는 선생님께서 이 문제를 끄집어 냈다가는 집어치워 버리는 것 같다고 느낍니다. 아마 그래서 … 잘 모르겠습니다. 확실히 모르겠어요. 여기에는 의문점이 많습니다. 이틀 전만 해도 저는 아주 깊은 수렁에 빠져서 우울하고 감정도 성욕도 없는 상태에 있었습니다. 이틀이 지난 지금 마치 밤을 보내고 낮이 된 것 같습니다. 다시 이런 일이 일어난다면, 그때도 거기서 벗어나올 수 있을까요? 아마도 그건 분석을 떠나야 하는 것에 대한 염려와 관련되어 있겠지요. 선생님은 항상 그것을 가족 문제로 해석하실 건가요?"

"다른 대안은 무엇이죠?" 나는 대답했다.

"선생님과 저 사이의 관계를 직접적으로 다루는 거죠."

나는 그녀의 도전을 환영했다. 그리고 물어보았다. "당신과 나의 직접적인 관계에 관해 좀더 이야기해 보세요."

"글쎄요, 저는 이런 생각을 다소 덮어두려는 경향이 있습니다. 그게 사람들이 좋아할만한 생각은 아니거든요" 그녀가 말했다. "저는 이런 식으로 접근하는 게 싫습니다. 하지만 할 수 없죠. 그냥 말해 보겠습니다. 저는 선생님이 우리 관계에 단지 직업적으로만이 아니라 정서적으로 참여하고 있다는 말을 듣고 싶습니다. 이 모든 것에 대해서 전 잘 모르겠습니다. 선생님은 우리 관계에 관여하고 계신다는 것을 보여줄 만큼만 그리고 치료과정을 방해하지 않을 정도만 이 관계 안에 참여하셨습니다. 저는 선생님께서 어떻게 그렇게 하실 수 있는지, 그것에 대해 매우 존경스럽게 생각합니다."

"저는 스스로 묻기 시작했습니다. '어째서 그걸 선생님에게서 들어야 하는가?' 그것은 언젠가는 제가 여기를 떠날 것이라는 사실을 알고 있고, 선생님을 다시 볼 수 없다는 것을 생각하는 것은 슬픈 일이기 때문입니다. 저는 선생님이 저를 사랑하고 있고 저를 떠나보내기가 어렵다고 말해 주기를 바라고 있습니다."

나는 그녀가 핵심적인 사실을 깨닫게 되었으며, 이제 다음 단계로 나아갈 수 있게 된 것에 마음이 기뻤고 그녀가 자랑스러웠다.

이 회기는 집중치료 후기 중간단계의 작업 특징을 전형적으로 보여주었다: 환자가 대부분의 작업을 수행하고, 전이에 관심을 기울이며, 극복과정을 헤쳐나가는 모습. 그녀는 긍정적인 환경 전이를 형성할 수 있었기 때문에, 샤르프 박사와 직면하고, 그녀를 이기적이라고 부르고, 실제로 거절 받는다는 느낌 없이 그녀를 거절하는 대상으로서 사용하고, 전체적으로 생생한 전이-역전이 역동을 창조해낼 수 있었다. 이러한 환경 안에서, 그녀는 이 치료단계에서 치료적 퇴행을 경험할 수 있었다. 그 퇴행상태에서 그녀는 두려움과 함께 샤르프 박사에 대한 실망감을 경험하였지만, 그 상태에 얽매이지는 않았다. 우울을 견딜 수 있는 그녀의 능력은 상당히 개선되었고, 따라서 그녀는 삶의 지금-거기에서 리와 갖는 관계와 지금-여기에서 발생하는 전이 관계에서 겪는 갈등을 분석할 수 있는 공간을 소유할 수 있게 되었다. 그녀는 대상을 공격하고, 대상이 파괴되는 것을 두려워하였으며 그런 뒤에는 대상의 안녕에 대해서 그리고 그 대상이 자신의 잘못을 참아줄 수 있을지를 걱정하였다. 그녀는 그때-여기보다는 지금-여기에 초점을 맞추려는 욕구를 가졌으며, 이 점에 대해 샤르프 박사에게 정면으로 요구했다. 마지막으로 그녀는 이 회기에서 샤르프 박사가 그녀에 대해 실제로 어떤 감정을 갖고 있는지에 대해 물어봄으로써 전이의 한계를 넘어서 현실의 차원으로 나아갔다.

니콜스 부인은 샤르프 박사에게 매어 있던 애착관계에서 벗어나고, 치료가 종결에 가까워오면서 거쳐야만 하는 애도과정에 접근하고 있다. 후기 중간단계 작업에서 전형적으로 나타나듯이, 그녀는 분석에서 이자 관계의 손상에 대해 재작업함으로써 그녀의 오이디푸스 콤플렉스를 해소하고 있으며, 동시에 남편과의 성적인 관계를 좀더 만족스런 것으로 재형성하려고 노력하고 있다. 그녀는 이제 남편 및 가족과의 관계에서 충일한 삶을 살 수 있는 상태에 도달했다. 이제 이러한 상태가 공고화된다면, 분석은 종결될 것이다.

제 13 장
집중치료 종결 전단계

치료자는 치료 후기 중간단계 동안에 상당한 성과를 거두었음을 알고 있지만, 특히 좀더 작업해야 할 전이 문제들이 남아있음을 알게 된다. 어떤 시점에 도달하면 이제 치료가 목표 지점에 가까이 왔음을 알려 주는 자료가 나타난다. 다음에 제시되는 분석 후기단계에서는 환자가 긴 꿈을 통해 분석을 종결할 때가 되었음을 알리고 있으며, 동시에 좀더 분석하고 해결해야할 필요가 있는 전이를 다시 도입하고 있다.

에스더는 31세로 8년 간 분석을 받았다. 이는 젊은 사람으로서는 보기 드문 장기간의 분석으로서, 그녀는 충분히 분석을 받았다고 생각하기 시작했다. 그녀가 11세였을 때 그녀의 가정에서는 가족을 잃는 불행한 일이 있었다. 그녀는 이 외상과 상실로 인해 심각하게 파괴적인 우울증을 앓았다. 그녀는 삶에 대한 열정을 거의 다 상실했다. 아버지의 첫 번째 결혼에서 태어난 두 아들이 돌아가신 어머니 쪽 친척들을 만나고 돌아오다가 그만 교통사고를 당해 목숨을 잃었던 것이다. 두 아이를 각각 4세와 6세 때부터 키워온 에스더의 부모에게는 재앙과도 같은 일이었다. 에스더 또한 청소년이 될 때까지 이 일로 계속 우울해 했다. 그녀의 아버지는 경제적인 성공을 거두는데 모든 힘을 기울이고 보수적인 클럽 활동을 통해 이 문제를 극복하려고 했다. 반면, 어머니는 맏딸 레이철과 네 살 난 손자 사울과 갓난아기인 손녀 루스에게 온갖 열정을 다 쏟았다. 레이철은 에스더보다 두 살 위로 이제 33세가 되었다. 두 부모의 적응 행동에 대해 에스더는 엄청난 경멸감을 느끼고 있었다. 그녀는 아버지에게는 드러내놓고 거절하고 경멸감을 표현하였지만, 그녀에게 생활비를 주는 어머니에게는 가끔 역겨움을 토로하는 것 외에는 이런 감정을 숨겼다.

교육을 많이 받았는데도, 에스더는 분석 첫해 동안 거의 절대적으로 가족들에게 의존되어 있었다. 그녀는 식욕도 일을 하려는 의욕도 없었고, 사람들과의 관계도 전혀 없었다. 그녀는 종종 정서적 긴장상태에 수반되는 심한 복통을 경험했고, 이를 핑계로 성적인 욕구 그 자체를 회피하였다. 생리 또한 불규칙했고 그 양도 적었다. 그녀는 삶은 살만한 가치가 없다고 느꼈으며, 종종 자살하고 싶은 충동에 사로잡혔다. 가족들은 그녀에게 관심을 쏟고 그녀가 분석을 받는 것을 지지해 주었지만, 그들 자신들도 상실로 인해 여전히 우울했기 때문에 그녀가 충분히 애도할 수 있도록 도와줄 수가 없었다.

이 시기 동안 행해진 분석에서 에스더는 분리에 대한 두려움, 갈등의 신체화, 어머니에 대한 부정적인 오이디푸스 애착, 아버지에 대한 시기심과 경멸에 관해 작업하였다. 그 결과 그녀는 부모에게서 심리적으로 독립하는데 성공하였다. 그녀는 독립해서 집단 주택에 살면서 일하고 학교에 다녔지만, 식사하러 부모님 집으로 갔으며 종종 과거에 부모님과 가졌던 관계방식으로 되돌아가서 잠을 자고 오기도 하였다. 그녀는 경영학 석사과정을 마칠 무렵 아트를 만나 사랑에 빠졌다. 그는 미소년 같이 생긴 41세의 남자였다. 그녀는 그의 활동적인 행동양식, 외모, 유머감각 그리고 풍부한 감수성이 죽은 이복 오빠와 많이 비슷하다는 점을 인식하고 있었다. 그러나 그의 예술가로서의 직업, 생활양식, 사회계층은 그녀의 것과 모두 달랐고, 그녀는 이런 차이들을 좋아했다. 그런 차이점들보다는 그가 어떤 종교를 믿고 있는 점이 더 마음에 걸렸다. 그녀는 아트에 대한 자신의 감정이 아주 좋으며 오래 지속될 것 같다고 생각했다. 두 사람은 좋은 관계를 유지하였다. 그는 그녀의 지성을 높이 평가하였고, 그녀의 외모를 좋아했으며, 그녀가 성적인 욕구를 표현할 수 있도록 격려하였을 뿐 아니라 그녀와 결혼해서 아이를 갖고 싶어했다. 그녀는 마켓팅 분야에서 석사학위를 취득하자마자 아트와 좀더 자유롭게 생활을 즐기기 위해 그리고 때가 되면 그와 결혼하기 위해서 아파트를 얻었다. 그녀는 설령 시간이 지나면서 아트와의 관계가 시들해진다고 하더라도 사랑할 수 있는 다른 사람을 찾을 수 있다는 자신감에 차 있었다.

분명히 그녀는 이제 얼마 안 있어 분석을 끝마칠 때가 되었다는 것을 알고 있었지만, 자신이 전공분야에서 경영자로 일해야 할 것을 생각하면 두려웠고, 아직 자신의 직업적 정체성을 받아들일 준비가 되어 있지 않았다. 그녀가 분석을 통해 성과를 본 것은 상당히 최근일 뿐만 아니라 그녀가 획득한 건강이 새로운 대상에 대한 조적 비약에 지나지 않는 것인지, 아니면 진정으로 새로운 대상관계 능력을 보여주는 것인지를 확인할 수 있는 충분한 시간이 없었다. 그녀는 곧 분석을 종결할 수 있을 것 같다고 말했으며, 1년 동안 치료 횟수를 점차 줄여가기를 원했다. 나는 그녀가 아직 얼마만큼의 시간이 필요한지를 평가해보고 나서 종결 전까지 주 4회 분석을 지속하는 게 어떻겠냐고 제안하였다. 그녀는 나의 계획이 너무 급작스럽게 종결하는 것이라며 자신의 생각을 고집했다. 그녀는 내가 배운 방식에 얽매어 있어서 환자 각자에게 가장 적합한 계획을 수립하는 융통성을 발휘하지 못한다고 생각했다. 어느 날 우리는 이 문제에 대해 논의하면서 1년 내에 분석을 종결하되, 그 날짜는 정하지 말고 주 4회 치료를 유지하다가 종결할 것인지 점차 치료 횟수를 줄여나갈 것인지에 대해서는 추후에 결정하기로 합의하였다.

그녀는 그 문제를 다시 거론하지 않았고, 아트와의 관계에서 성적인 측면과 관련된 갈등을 다루었다. 그녀에게 오르가즘은 자위행위와 관련되어 있었으며, 함께 공유하는 어떤 것이 아니었다. 그녀는 아트와의 성교를 즐겼으며 애무와 신체 접촉을 즐겼다. 아트는 그녀에게 오르가즘을 느끼게 해주려고 노력했지만 그녀는 따로 오르가즘이 필요하지 않을 정도로 만족해 했다. 단 한 가지 문제는 그녀가 아트와 너무나 많은 시간을 보내는 바람에 부모를 돌아보지 못한다는 점이었고, 이 때문에 그녀는 죄책감을 느꼈다. 그러면서 그녀는 다음과 같은 두 편의 꿈에 대해 이야기했다.

꿈에서 저는 대학이나 학교 운동장 같은 곳에 있었는데, 배경에 학교 건물이 있었습니다. 한 대학 클럽에서 입회식을 하고 있었습니다. 그 클럽에 들어가기 위해서는 깎아지른 듯한 석판으로 된 벽을 기어올라가야 했는데, 그 벽은 손가락을 넣을만한 구멍 하나 없는 것 같았습니다. 엄격해 보이는 남자와 여자가 그 벽의 꼭대기에서서 나머지 사람들을 내려다보고 있었습니다. 그 사람들은 이 일을 성공적으로 수행해냈기 때문에 그 클럽에 들어가게 되었습니다. 저는 그들이 어떻게 그 일을 해낼 수 있었는지 궁금했습니다. 그러자 약 이 미터 간격으로 손가락을 집어넣을 만한 작은 구멍이 벽에 나 있는 게 보였습니다. 한 여자는 정말로 벽을 잘 탔습니다. 저는 그녀가 어느 곳에 손가락을 집어넣는지, 어떻게 벽을 타는지 지켜보았습니다. 제가 왜 그걸 하고 싶어했는지 모르겠지만 저 또한 벽을 탔습니다. 어째서 저는 엄격해 보이는 그 클럽 사람들처럼 되고 싶었던 것일까요? 그때 제 앞에 가던 여자가 약 30 미터 아래로 떨어져서 죽었습니다. 저는 잠시 멈추었고, 뒤돌아갈까 생각했지만 내려갈 수도 없었습니다. 계속 올라가는 것 외에는 도리가 없었습니다. 저는 계속 기어올라갔고, 잠시 쉬다가 다시 기어올라갔습니다. 제 아래 있던 남자는 제가 다시 기어올라가기까지 기다려 주었습니다. 저는 그에게 먼저 가라고 손짓했습니다. 그러자 그는 떨어져 죽었습니다. 전 꿈이 끝나기 전에 꼭대기까지 올라갈 수 있었습니다.

저는 제가 왜 그렇게 행동했는지 모릅니다. 저는 목숨을 건졌지만, 사람들이 기어오르다가 떨어져 죽는 모습을 지켜보는 무정한 사람들이 모인 클럽에는 들어가고 싶지 않았습니다. 그리고 그들은 서로 이야기하지 않았습니다. 꿈에서 아무도 이야기하지 않았습니다. 제가 왜 벽을 오르기로 결심했는지 기억이 나지 않습니다. 그 벽에 대한 이미지는 아주 선명하게 떠올릴 수 있습니다. 제게서 그 이미지를 없애버리기 위해서 그 이미지를 그림으로 그릴 수 있었으면 좋겠습니다. 그 벽은 짙은 회색이었는데, 석판처럼 생겼습니다. 어머니는 석판으로 정원 길을 포장하곤 하셨지요. 그것은 단단해서 수명이 아주 오래 갔습니다. 그 벽 표면은 어머니 집의 정문 쪽으로 난 보도와 문 앞 계단을 생각나게 합니다. 뒤뜰로 돌아가는 길도 똑같은 석판으로 깔려 있었습니다.

에스더는 한 걸음씩 꿈길을 따라 들어가듯이, 다음 꿈에 대해 말했다:

다음 꿈에서 저는 제가 일하는 곳과 비슷한 가게에서 일하고 있었습니다. 중년 부인이 변기 커버를 옮기고 있었습니다. 늙은 여자가 우리가 그것들을 버릴 거라는 이야기를 듣고는 그 중 하나를 달라고 했습니다. 저는 직원이었습니다. 그래서 저는 그것을 가지고 와야 했고, 또 그녀에게 화장실을 보여주어야 했지만, 그녀를 위해 기다려 줄 수는 없었습니다. 꿈 같지도 않은 꿈이었습니다. 이리 저리 둘러보고, 이야기를 나누고, 많은 물건들이 있고 사람들도 많이 있었습니다. "벽" 꿈에서는 이야기하는 사람이 아무도 없었습니다. 다른 꿈은 기억이 나지 않습니다.

에스더는 이어서 꿈에 관한 연상을 말했다. "첫 번째 꿈은 제가 학위를 받는 꿈 같았습니다. 저는 학위를 따려고 하지만, 정말로 그것을 원하는 것은 아닙니다. 그 시간에 야한 남자와 사귀는 게 낫지! 라는 생각이 떠오르네요. 전과는 달리 많은 꿈이 생각나지 않습니다. 제가 이 기회를 그냥 낭비하고 있는 거라고 생각하세요?" 그녀가 물었다.

나는 그 꿈속에 숨어 있는 내용에 대한 단서를 찾기 위해 그 꿈의 이미지를 살펴보았다. 나는 벽을 성적인 반응 사이클로, 손가락 구멍을 오르가즘으로 가는 길로, 석판을 여성 신체의 비밀스런 부분으로 나아가는 길로 생각했다. 나는 벽을 한 가족이 겪은 커다란 상실경험으로 인해 중단된, 그녀의 인생 역정이라고 생각하였다. 나는 이 꿈이 내가 생각하고 있는 모든 주제에 관해, 또는 그 이상의 것을 이야기하고 있다는 가정 아래, 벽 이야기에 초점을 맞추었다. 깎아지른 벽을 올라가는 것은 내가 제안한 것처럼 어느 날 갑자기 분석을 종결할 계획을 나타낼 것이다. 하지만 나는 내가 면담시간에 그녀의 꿈에서처럼 벽 위에서 내려다보던 냉정한 사람들 중의 하나라고 받아들일 수는 없었다.

"분석이 벽을 타는 것처럼 생각됩니까?" 내가 말했다. "당신은 분석 받는 것을 두려워했고 그 가치에 대해 회의적이었으며, 분석 클럽에 참여하는 것을 원치 않았습니다."

"그런 냉정하고 잘난 척하는 사람들과 어울리고 싶지 않습니다." 그녀가 말했다. "그게 부모님과 제가 속한 상류 계층에 대한 저의 생각입니다. 저는 상류 계층에서 자랐지만, 그런 태도가 싫습니다."

"당신은 그 생존자들이 다른 사람들이 실패하고 죽는 것을 지켜보고만 있다는 점 때문에 기분이 나쁘세요?" 내가 물었다.

"그렇습니다." 그녀가 말했다. "그들은 서로 돕는 걸 약한 것이라고 느낍니다. 그리고 저는 예쁜 옷으로 차려입었지만, 그것들을 벗어버리고 싶었습니다. 그것은 제게 아무런 의미가 없었습니다. 거기에는 정장차림으로 벽을 기어오르던 남자들도 있었습니다. 만일 제가 꼭대기에 올라가 목숨을 구한다면, 다른 것을 선택할 겁니다."

사업가였던 그녀의 아버지는 항상 정장 차림이었다. 그녀는 아버지가 그녀가 다니는 초등학교에서 토요일에 열리는 축구경기를 보러갈 때도 정장을 입고 갔다고 했다. 애도의 벽을 극복하기란 부모 모두에게 어려운 일이었다. 그녀는 부모

주변에 있으면서 부모님의 기분을 풀어드려야 한다는 책임감을 여전히 느끼고 있었지만, 가족의 외상과 불행에 적응하지 못하는 부모님 때문에 자신의 삶이 유보되는 것을 더 이상 허용할 수 없었다.

나는 다음과 같은 점을 지적했다. "다음 꿈에서는 당신이 선택한 환경 안에 있군요. 당신은 아주 열심히 활동하고, 관계를 맺고, 이야기하고 행동하고 원만하게 지내고 있습니다. 하지만 어떤 늙은 여자가 화장실에서 나올 때까지 기다리고 싶지 않았습니다."

"저는 할 일이 많았습니다." 그녀가 말했다. "화장실에서 시간을 빼앗기고 싶지 않았습니다."

"그 늙은 여자가 누군가를 생각나게 하지 않나요?" 그 여자가 혹시 내가 아닐까 생각하며 물었다.

"선생님은 제가 그녀가 죽기를 바라고 있다고 생각하실 겁니다. 그렇다면 그 여자는 양로원에 계신 제 대고모겠죠. 하지만 대고모는 그녀처럼 생기지 않았습니다. 대고모는 작고 뚱뚱해서 휠체어에 꽉 차거든요. 특별히 떠오르는 사람이 없는데요." 그녀가 결론을 내렸다. 그리고 나서 치료과정을 돌이켜보면서 덧붙였다. "이 꿈을 어디로 끌고 가야 할지 모르겠습니다. 저는 지쳐 있습니다. 우리는 어제 하이킹을 다녀왔거든요. 아주 재미있었습니다. 전 해야 할 일들이 많았습니다. 과거의 꿈에 사로잡히고 싶지 않습니다."

"그렇다면 늙은 여자는 당신이 벗어나고 싶은 당신 자신일 수 있겠군요." 내가 말했다.

"소화기 계통에 문제가 있는 늙은 여자 말이죠!" 그녀가 웃으면서 인정했다. "그래요. 그녀는 바로 저였습니다! 저는 더 이상 복통을 일으키지 않습니다. 복통이 일어났다고 해도 태연하게 대처할 수 있을 겁니다. 또한 그녀는 제 어머니일 수도 있다고 생각합니다."

나는 이제는 두 꿈을 통합할 시간이 되었다고 생각했다. 내가 말했다. "이 꿈들은 종결할 때가 되었다는 당신의 감정에 대해 말해 주고 있습니다. 당신은 지금껏 벽을 타고 올라왔으며, 종종 아주 힘들게 올랐습니다. 당신은 거기에 있습니다. 당신은 다른 사람들이 어떻게 하고 있는지에 상관없이 산자의 땅에 합류했습니다. 이제 당신은 경멸감을 느끼는 결핍된 삶과는 다른 길을 바라보고 있습니다."

"다음 주에는 치료를 종결할 거라는 말을 선생님에게서 결코 듣지 못할 걸요." 그녀가 놀리듯이 말했다.

"아뇨, 당신은 내가 그런 말을 하는 것을 원치 않을 겁니다." 내가 말했다. "어떻게 하는 것이 좋을지 의논할 시간이 있을 겁니다."

그녀는 낙태에 관해서 남자친구와 힘들게 논쟁했던 일을 연상하였다. 종교인이었던 남자친구는 그녀와 관점이 달랐다. 그는 여성이 임신하게 될 경우, 자신의 신체에서 일어날 수 있는 일에 대한 결정권을 갖는다는 사실을 반박하지는 않았지만, 그녀가 그러한 결정을 내리고, 다른 사람들에게 이러한 사실을 알리는 것에 대해서는 부정적이었다.

"만일 이를테면 아이가 다운증후군이 있다면 저는 낙태할 겁니다." 그녀가 주장했다. "그래야 제 인생을 살 수 있을 테니까요."

나는 그녀의 무의식이 그녀가 분석을 위해 남아 있는 시간을 의식적으로 받아들이고 있는 것과 보조를 맞추어 활동하고 있음을 주목했다. 다른 한편으로 그녀는 여전히 꿈 분석을 통한 도움을 필요로 하였다. 그리고 마지막에 그녀가 낙태에 관해 연상하면서 마치 우리의 치료관계를 급작스럽게 종결하는 것이 그녀가 삶을 계속해 나갈 수 있는 유일한 방법이라도 되듯이 분석 기한을 다 채우기보다는 그냥 종결할 수 있다고 생각하는 것은 아닌지 걱정이 되었다. 그녀는 내가 종결에 대해 아주 신중한 태도를 취하는 것을 내가 그녀를 놓아주기 싫어서 종결을 뒤로 미루는 것이라고 생각할 것이다.

몇 주 후에 그녀는 내 휴가기간과 다른 주에 한 주간 동안 여름 휴가를 가려고 하는데, 빠진 회기에 대해서는 치료비를 부과하지 않았으면 좋겠다고 말했다. 그렇지 않으면 7월 1일에 치료를 그만두겠다고 말했다. 이것은 우리가 종결하려면, 혹은 그녀가 즐겨 냉소적으로 말하듯이, "내가 들고 있는 종결단계라는 링을 통과하려면" 아직 두 달이나 남은 시기였다. 청년기의 환자에게 두 달의 종결기간이 적절하다는 점에는 나 역시 동의하지만, 그러나 그것은 분석기간이 좀더 짧고 분리와 관련된 어려움이 더 적을 경우에 한해서이다. 문헌에서는 청년기 환자가 전통적인 방식으로 종결하지 않고 그냥 지나갈 경우 생애 후기에 가서 그 시기가 다시 찾아 올 수 있다는 예를 쉽게 찾아볼 수 있다. 하지만 나는 이러한 방식으로 에스더가 종결을 잘 해낼 수 있다고는 생각하지 않았다. 나는 그녀가 치료에서 얻은 것들을 공고화할 수 있는 시간을 갖기를 바랬다. 나는 그녀가 나와 나의 치료방식에 대해 그런 식으로 느끼고 있다는 사실이 마음에 걸렸을 뿐만 아니라 그보다 더 그녀의 요구에 볼모로 잡히고 싶지 않았다.

"저는 착한 환자였습니다." 그녀가 주장했다. "저는 수년간 제 일정을 수정해서 선생님의 일정에 맞추었고, 선생님이 휴가를 가시는 때에 맞추어 휴가를 가곤 했습니다. 치료비도

꼬박 꼬박 드렸습니다. 선생님은 저를 보내는데 500불은 쓰실 수가 있을 겁니다. 선생님은 제가 나아가는 것을 막지 말고 독립할 수 있도록 지지해 주셔야 마땅합니다. '당신이 얻은 것을 공고화해야 한다는 등.' 이런 말로 제가 직장을 얻고, 결혼하고, 아이를 낳을 때까지 계속 저를 잡아두실 생각인가 본데, 그럴 수는 없습니다. 이건 선생님 잘못입니다. 선생님은 항상 칠월이나 팔월에 휴가를 떠났고 다른 사람들도 그랬죠. 선생님은 그게 제 일정이랑 맞건 안 맞건 상관없이 작년 여름에 다섯 주 동안이나 자리를 비웠고, 저는 이에 대해 아무 말도 하지 않았습니다. 저는 고분고분하게 다 따랐지요. 따라서 선생님은 제가 칠월이나 팔월에 휴가를 가게 해주셔야 했습니다. 하지만 선생님은 전혀 받아들이지 않으시겠죠. 선생님은 너무 경직되어 있습니다. 어떤 치료자라도 그런 식으로는 행동하지는 않을 겁니다."

이 순간에 나는 역전이로 인해 방해받고 있음을 인식하였다. 내가 팔월에 일주일간 자리를 비운 것은 휴가가 아니라 강의 때문이었다. 나는 그 기간에 휴가를 가지 않는다. 나는 그녀가 나더러 휴가를 가지 않은 것에 대해 말했을 때, 즉흥적으로 "그 영역이 바로 아픈 곳"이라고 말하고 싶었으나, 부적절한 반응이라고 생각해서 억제했고 무언가 적절한 말을 하려고 노력했다. 그러나 그때 무슨 말을 했는지는 기억이 나지 않는다. 내가 휴가를 떠나는 순간 그 생각은 나의 마음을 빠져 나갔다. 그녀가 말했듯이, 나는 겨울에 다섯 주를 빠졌는데, 그것은 나의 선택이 아니었다. 그것은 응급 수술 때문이었다. 나는 내가 치료비로 버는 돈에 의존해서 살아간다는 사실을 생각하면서, 이미 마음의 평정을 잃고 있었다. 그리고 이 때문에 나와 다른 사람이 얼마나 상처를 받았는가를 생각하면서 화가 났다. 나 자신의 갈등에 기초를 둔 이러한 역전이에 관해 작업을 하고 나자, 나는 그녀의 태도에 의해 촉발된 역전이와 나에 대한 그녀의 무의식적 투사적 동일시에 내가 어떻게 대응했는지에 대해 자유롭게 생각할 수 있었다.

나는 그녀의 요구가 갖는 의미에 관해 물었다. 나는 나의 부재와 관련된 그녀의 분노에 대해 좀더 알려고 했고, 에스더는 내게 점점 더 화를 내고 비난의 강도를 높였다. 그녀는 나를 야비하고, 감사할 줄 모르며, 억압적이고, 지배적이며, 경직되어 있고, 그녀를 착취하며, 부당하게 자신의 돈에 의존되어 있는 사람으로 묘사하였다. 그녀는 완전히 분노에 사로잡혀 있었다.

나 역시 분통이 터졌다. 내가 돈에 대해 걱정을 했다는 점에서는 그녀가 옳으며, 비록 내게는 어려운 일이었지만 그녀가 두 주간의 휴가를 요청한 것도 정당한 요구라고 인정해야만 했다. 정당하지 못한 것은 그녀의 오만하고 고압적인 요구 방식이었다. 이러한 그녀의 태도는 낯익은 것이었다. 그녀가 이전에 나에게 이와 비슷한 최후 통첩을 했던 아주 끔찍스러웠던 기억이 떠올랐다. 그때 그녀는 나에게 자살할 날짜를 알려 주었었다. 이번 최후 통첩은 나에게 책임을 떠넘기는 방식으로 분석 자체를 죽이는 것과 관련되어 있었다. 나는 이런 감정이 싫었고, 그녀의 태도를 종결 시에 보이는 퇴행현상으로 개념화함으로써 나 자신을 방어하였다. 그리고 자율성을 주장하는 그녀의 방식에 관해 다시 작업할 수 있는 시간을 갖고, 이런 식으로 종결하기를 원하는 그녀의 욕구에 대해 분석할 수 있기를 희망하였다.

"결렬"(abruption)이라는 단어가 마음에 떠올랐다. 처음에 이 말은 예기치 않은 종결을 의미하는 기술적인 용어라고만 생각했다. 그리고 나서 나는 그것이 산모의 과도한 긴장 때문에 갑자기 자궁에서 태반이 박탈되는 것을 가리키는 의학 용어라는 사실을 깨달았다. 이 때문에 자궁출혈이 일어나기도 하고, 태아가 자연 유산되거나, 조산이 되기도 한다. 이러한 연상을 통해 나는 그녀가 나를 신체적인 긴장 때문에 임신기간이 다 차지 않은 태아에게 안전한 태내 환경을 제공해 주지 못하는 어머니 같이 느끼고 있음을 알 수 있었다. 그녀는 자동적으로 생명을 주는 태반이 자신에게서 떨어져 나가 스스로 자신의 양식과 돌봄을 찾아야 한다는 사실을 발견하고 있다. 나는 나의 병이 치료관계를 파괴하고 있으며, 그 결과 그 치료관계를 통해서 자라온 에스더의 성인 자아가 만삭 분만을 할 수 없게 만들고 있다고 느꼈다.

나는 에스더의 부모가 매우 탄력적이고, 한없이 도움을 주며, 지지해 주는데 대해 탄복했지만, 다른 한편 이것이 그녀의 분노를 억눌렀다는 점에 대해서는 안타깝게 여겼다. 이것은 부모가 그녀에게 한계를 설정해 주지 않았기 때문이었다. 그 대신 그녀는 분노를 자신의 신체로 향하게 했고, 자신이 이룩한 지적인 성취를 평가절하하는데 사용했다. 따라서 나는 나의 한계를 철회하라는 요구를 수용할 수 없었다. 그것은 그녀에게서 분노를 경험할 수 있는 기회를 앗아가 버리는 것과 같은 것이다. 다른 한편으로 나는 분리와 자율성과 관련된 에스더의 주요 갈등을 극복할 수 있도록 돕고 그리하여 분석을 완성하기 위해 어떻게 하는 것이 좋을지에 대해 독립적인 결정을 내리고 싶었다. 나는 그녀가 분석의 마지막 시기를 늠름하게 맞이하기를 원했고, 그것은 또한 나를 위한 것이기도 했다. 만일 우리 두 사람이 분석의 완성에 필요한 시간을 갖기 위해서 빠진 분석의 회기에 대해서 치료비를 청구하는 원칙을 변경해야 한다면, 나는 그저 그 손실을 받아들일 것이다.

내가 이러한 결론에 도달했을 때, 에스더가 타협안을 제시하였다. "만일 선생님께서 이 의견에 동의하지 않으신다면, 우리는 내년에 회기를 줄여나가는 방식을 택할 수 있을 겁니다. 그리고 먼저 빠지고 싶은 날은 월요일입니다." 그녀가 선언하듯 말했다.

치료시간이 거의 끝나갈 무렵이었다. 나는 그녀의 생각과 감정에 대해 좀더 생각하고 계속 이야기를 나눌 시간이 필요하다고 말했다. 그녀는 내게 한 주 동안만 기다리고, 그 후에는 결정을 내려야 한다고 말했다. 나는 만일 우리가 함께 결론에 도달할 수 있다면, 더 좋은 결정을 내릴 수 있을 것이라고 말했고, 다음 주에는 이러한 목표에 도달할 수 있을 것이라고 말했다.

다음 주 월요일에 에스더는 나타나지 않았다. 그녀는 내게 전화로 심란해서 늦게까지 잠들지 못하다가 겨우 잠을 잤으며, 전화로 상담을 했으면 좋겠다고 말했다. 나는 우리가 지난 주에 이야기하다가 그만둔 문제에 대해서 전화로는 이야기하기가 곤란할 것 같다고 말했다. 나는 그녀에게 늦잠을 잔 이유가 지난 주에 하던 논의가 지속되리라는 생각 때문이었던 것 같다고 말했다. 그녀는 내 말에 동의하면서 바로 그런 이유 때문에 자신이 나와 통화해야 한다고 말했으며 전화상담을 다시 한번 생각해 볼 수 없겠느냐고 간청했다.

나는 그녀가 저항에도 불구하고 논의를 계속하고 있는 모습을 환영했다. 내일까지 기다려 볼 수 있을 것이다. 하지만 내 마음속에는 결렬이라는 이미지가 있었고, 나는 경직성의 위험에 대해 걱정하고 있었다. 나는 최근에 직접 상담하러 오기 어려운 어떤 시골 사람과 전화로 상담한 적이 있지만, 장기적으로 분석하는 환자들과는 전화로 상담을 하지 않았다. 그러나 나는 전화상담에 관한 한 논문을 읽은 후에 전화로 분석하는 것이 정신분석 전통에서 벗어난 것이라는 생각에서 자유로워질 수 있었다(Zalusky, 1996). 이렇게 해서 나는 에스더의 요구를 받아들였다. 돌이켜 보면, 여기서 에스더가 또다시 치료의 틀을 동의 없이 바꾸고 있으며, 나는 전이의 실연으로 빠져들고 있었다.

"그런데요." 에스더는 당당하게 말했다. 마치 우리 사이에 아무런 문제가 없다는 듯이 자신에 관한 소식을 보고하기 시작하였다. "놀라운 소식은 제가 작은 아파트를 구입했다는 겁니다. 첫눈에 반했죠. 집이 정말 마음에 들어요. 아트도 좋아합니다. 어머니는 아파트는 좋다고 말씀하셨지만, 제가 아트를 그 집에 데리고 왔을 때 그를 만나려고 하시지 않았습니다. 그 날 어머니는 부모님 집에 있을 거라고 말했는데, 그를 만나지 않으려고 피한 게 분명합니다. 결국 아트는 그냥 가야 했지만, 저는 어머니를 기다렸지요. 어머니는 오후 11시에 오셨는데, 화가 나 있었습니다. 결국 나에게 분통을 터뜨렸고 완전히 이성을 잃었습니다. 어머니는 아트를 결코 한집안 식구로 받아들일 수 없으며, 제 결혼을 절대로 허락할 수 없다고 하면서 제가 그를 만나기 시작하면서 잠을 이루지 못했다고 하셨습니다. 그 이유는 아트가 별 볼일 없는 사람이기 때문이라는 겁니다. 그녀는 제 결혼상대는 아버지처럼 부유하고 좋은 집안 사람이어야 한다고 떠들어댔습니다. 어머니는 늘 같은 말을 반복했습니다: 자신은 살면서 이미 몹시 견디기 어려운 큰 고통을 겪었다. 두 아이를 잃는 큰 슬픔을 겪었고 지금까지도 그 문제로 고통받고 있다; 또 약을 먹어야만 잠을 잘 수 있었고, 치료자를 찾아야만 했다! 어머니는 제가 자존감이 너무 낮아서 먹고살기 힘든 예술가와 데이트한다고 생각했고, 아트가 우리 집안과 어울리는 점이 한구석도 없고, 배우지 못한 사람인 아트의 어머니와는 절대 만나지 않겠다고 퍼부어 댔습니다. 저는 어머니가 그렇게 화를 내시는 모습을 본적이 없습니다. 어머니는 아트를 증오했습니다. 저는 '엄마, 엄마는 그와 말을 나눠본 적도 없잖아요.' 어머니는 이렇게 말씀하시더군요. '에스더, 그 남자는 나이가 50인데다가 가진 게 아무 것도 없어. 어째서 집도 없냐? 너를 얻는 게 그의 목표야. 너는 예쁘고, 공부도 많이 했고, 부자잖니. 그 남자가 온 집안을 어질러놓고 그림 그리는 동안 너는 텔레비전이나 보며 불쌍하게 일생을 살아갈 것 아니냐?'"

"저는 제 자신에 대해 자랑스럽게 느꼈습니다. 전 단지 듣고만 있었죠. 기분이 나쁘지 않았습니다. 소리를 지르지도 않았고요. 그의 나이를 바로잡아 주지도 않았으니까요. 저는 이렇게 말했습니다. '전 어머니가 너그러워지셨으면 해요. 그의 작품 전시회에도 좀 오세요. 그는 어머님 집에 다시는 오지 않겠지만, 제 집에서 여는 파티에는 올 겁니다.' 저는 어머니에게 제발 이성을 되찾으라고, 그런 척이라도 좀 하라고 말했습니다. 어머니는 아트가 싫지만, 그렇지 않은 척하면서 친절하게 대하기로 동의했습니다. 저는 멍해졌고 할 말이 없었습니다. 어머니는 자신이 최근에 죽음에 대해 많이 생각해 보았다고 말했습니다. 그녀는 이제 제가 자살할지도 모른다고 걱정하지 않아도 되어 다행이지만, 어쨌든 이러한 제 행동이 일종의 심리적인 자살이라고 말했습니다. 어머니는 이렇게 말씀하시더군요. '넌 낮은 자존감을 고치지 못했구나. 네 분석가 선생님은 그 문제를 다루지 않으셨어. 샤르프 박사님은 너에게 그 점에 관해 말했어야 하는데. 이런 일이 벌어지고 있는

데도 샤르프 박사님은 너의 분석을 종결하려고 한다니. 그건 안 되지. 너는 아트를 아주 위대한 사람이라고 생각하지만, 그는 아버지처럼 성공하지도 못했고, 네가 좋아하는 오빠들처럼 똑똑하지도 못하잖니. 넌 오빠들처럼 똑똑해지려고 하지만, 아직 그 근처에도 가지 못하고 있어. 너는 샤르프 박사와의 치료관계를 끝내는 것에 대해 좀더 숙고해 보아야 해.' 저는 이렇게 말했죠. '전 제 자신에게 만족한데, 어머니에게는 부족하다니, 그것 참 안 됐군요.'"

나는 에스더에게 미안한 느낌이 들었다. 그녀는 어머니가 자신의 선택과 성취에 대해 자랑스럽게 여기기를 간절히 원했다. 나는 그녀가 어머니의 퍼붓는 독설에 맞서서 이성을 잃지 않고 침착하게 있었다는 게 자랑스러웠다. 다른 한편으로는 그녀의 어머니에게도 미안한 마음이 들었다. 그녀는 딸이 좀더 자신의 생각을 따라주지 않아서 매우 실망했음에 틀림없다. 아마도 그녀는 자신과 자기 남편이 함께 경험하게 될 일, 즉 에스더가 부모의 기준에 맞는 적합한 남편감을 선택한다면, 잃어버린 아들 중 하나를 되찾을지도 모른다는 환상을 포기해야 하는 일에 관해 말하고 있었을 것이다. 나는 분석이 충분히 이루어지지 않았다는 어머니의 말에 동의하였다. 나는 에스더가 독립해서 생활하고, 아트와 데이트하고, 그 관계를 깊이 생각해 보며 다른 남자를 배우자로 생각해 보든 혹은 그렇게 하지 않든 상관없이, 나와 한 해 동안 더 상담하기를 바라고 있었다. 그러나 나는 언젠가는 그녀가 스스로 선택해야 하고 검토해야 한다는 그녀의 입장에 동의할 수 있었다. 나의 종결 기준을 고집하는 것이 좋은 것일까? 아니면 그녀 자신이 설정한 그녀의 목표를 받아들이는 것이 좋은 것일까?

"엄마는 계속해서 돈과 죽음과 약물 치료에 대해 이야기 하시다가, 제가 어머니를 죽이고 있다고 말했습니다. 만일 어머니가 그렇게 느낀다면, 그 어머니는 제 과거의 일부이지 저의 미래는 아닙니다. 저는 착했습니다. 이러한 어머니의 감정폭발에 대해 잘 대처해 나가기는 했지만, 그 때문에 제 마음은 갈가리 찢겨졌습니다. 저는 '레이철이 결혼한 남자는 어때요. 그도 상류층 사람은 아니잖아요?'라고 말했습니다. 어머니는 '그래, 하지만 사업은 잘 하잖니, 계속 배워나가고 있고'라고 말했습니다. '아트는 미술과 음악에서 두각을 나타내고 있어요. 배우려고 하구요. 게다가 아트는 어머니에게 충직한 종이잖아요.' 어머니는 '그래, 너는 그를 왕자님이라고 생각하겠지'라고 말했습니다. 그리고 나서 어머니는 '에스더, 너는 사랑에 빠져서 내가 하는 말이 들리지 않는구나'라고 말했습니다. 내가 말했습니다. '예, 전 사랑에 빠졌어요. 그리고 전 어머니가 생각하시는 것과는 달리 어머니 말씀을 경청하고 있습니다. 어머니는 그와 한번도 말씀해 본 적이 없어요. 그는 정말로 친절하고, 신사적인 남자예요. 그게 오빠들과 닮았죠. 맞아요. 그는 저를 위해서 일을 하고, 저는 그를 위해서 일해요. 그러나 저는 그를 왕자라고 생각하지는 않아요. 그는 단지 저를 사랑하는 상당히 괜찮은 남자일 뿐이에요.'"

나는 에스더가 부모에게 이와 유사하게 폭언을 퍼부었던 시절로 거슬러 올라가 생각해 보았다. 지금은 역할이 뒤바뀌었다. 아마 이것이 과거에 어머니가 에스더를 안아주는 방식이었으리라. 또한 이것은 에스더가 나를 안아주는 방식이었을 것이다. 설령 그녀가 나를 떠날 때가 가까웠다고 하더라도 말이다. 물론 그녀의 어머니는 화가 날만한 이유가 있었다. 그러나 나는 에스더가 자신의 감정을 드러내지 않은 채, 그녀 자신이 나에게 퍼붓고 싶었을 모든 독설을 퍼붓는 인물로 묘사한 데서 또 다른 역할의 반전이 일어나고 있는 게 아닐까하고 궁금했다. 이제 나는 실연에서 벗어날 수 있었고, 에스더가 분노를 표현할 수 있도록 허용할 수 있었다.

내가 말했다. "어머니는 당신이 호전되기 전에 보였던 것과 같이 짜증을 내고 있군요. 그리고 그건 … "

에스더가 말을 가로막았다. "그렇습니다. 그건 분리할 때 제가 사용했던 방법이었죠."

"그리고 그건 지난 주에 당신이 나에게 사용한 방법이었구요." 내가 말을 계속했다.

"맞습니다." 그녀가 시인했다. "저는 그 점에 관해 이야기를 계속하고 싶지만, 내일 선생님을 직접 만나 뵙고 말씀드리겠습니다. 그동안 저는 이 문제를 극복하려고 노력해왔습니다. 저는 이미 어머니가 폭언하고 독설을 퍼부을 것에 대해 생각하고 있었습니다. 어머니는 저에게 너무 실망이 컸던 겁니다."

"그리고 내게도 실망했지요. 당신도 그랬구요." 내가 계속해서 말했다.

"이런 나쁜 선생님 같으니! 저를 꼭 끌고 들어가셔야 되겠어요?" 그녀가 말했다. "어머니는 이렇게 말했습니다. '분명히 샤르프 박사는 너를 이보다 더 낫게 할 수 있을 거야. 몇 년간 우리는 네가 자살할 거라는 생각을 없앨 수 없었단다. 그러다가 너는 분석을 통해 그 문제를 극복했지. 지금 우리는 네가 여전히 심리적인 자살을 하려고 하고, 모든 사람을 미워하는 것을 알고 있어.' 물론 어머니는 틀렸습니다. 그건 더 이상 제가 아닙니다. 저는 행복한 얼굴을 한 멍청이 아가씨

(Miss Stupid Happy Face)가 아니에요. 저는 지금 행복하게 잘 살고 있습니다. 제게는 직장과 집이 있고, 나를 사랑하고, 함께 외출하고, 성을 즐기는 남자친구가 있습니다.

"제가 선생님께 드리고 싶은 말은 제가 졸업하고, 새직장을 얻고, 경력을 쌓아가고, 연애하고, 아트나 다른 친구와 결혼할 때까지 이 분석을 지속하고 싶지는 않다는 겁니다. 자, 저를 보세요. 샤르프 박사님! 저를 잘 치료해 주셨어요. 선생님과 함께 있으면서 행복하지 않은 유일한 이유는, 선생님이 제가 나머지를 혼자서 할 수 있다고 믿지 않으시는 것이 실망스럽기 때문입니다. 저는 제가 하는 일과 가고 있는 방향과 저의 존재 그 자체로 행복합니다. 저는 그것으로 족합니다."

이튿날 에스더는 자동차 사고로 늦었다. 그 사고는 그녀의 과실 때문이 아니었다. 그녀는 침착하고 안전하게 운전하고 있었는데, 갑자기 어떤 차가 그녀의 차선으로 달려들었다. 그 운전자는 술에 취해 있던 걸로 밝혀졌다. 그 사고 때문에 에스더는 정신이 거의 없었고 따라서 종결에 관한 논의를 지속할 수 없었다. 이전에 에스더가 교통사고를 당했을 때, 그녀는 운전하지 않고 단지 차에 같이 타고 있었는데도, 운전에 대해 죄책감과 공포를 느낀 적이 있었다. 당시에 이 사고는 오빠들이 당한 불의의 사고를 기억나게 했고, 깊이 묻혀 있던 그녀의 죽음에 대한 갈망을 자극했다.

처음에 나는 이 사고가 그녀가 자신에게 더 이상 자살충동이 없다고 말했던 것에 대한 반응으로 일어났거나, 아니면 나에 대한 분노와 나를 떠나고 싶다는 소망이 겹치되어 일어난 건 아닌지 염려했다. 마치 과거의 공식화에 매어 있기라도 하듯이, 나는 이 교통사고가 종결에 앞서 두 오빠의 상실을 재현하기 위해 일어난 건 아닐까 생각하였다. 사건의 진상이 드러나면서, 나는 에스더가 이 사고에 책임이 없다는 확신을 얻게 되었다. 나는 그녀가 몇 일 후 평정을 되찾고, 종결의 주제에 관해 다시 논의할 수 있다는 사실에 안심했다. 나는 그녀가 두려운 사건에 직면해서 치명적인 행동으로 퇴행하지 않는 데까지 진전했다는 것을 깨달았고, 곧 마음의 평정을 회복하였다.

에스더는 아트와 그의 가족에 대한 어머니의 비난을 사려 깊게 검토하였다. 그녀는 원하는 만큼 데이트를 하지 못했다는 점을 인정하였고, 남자친구가 실제로는 그녀가 잃어버린 오빠들을 대신하는 것은 아닌지 염려하였지만, 어머니가 그녀를 위해 선택하는 남자들은 그녀의 관심을 끌지 못했다. 그녀는 아트와 같은 멋진 남자를 발견한 것에 대해 자부심을 느끼며 감사했다. 그녀는 다음 해에 그와 사귀다가 계속 잘 되면 결혼할 계획을 세웠다. 그녀는 이렇게 말했다. "아마 제가 아트보다 더 똑똑할지 모르지만, 그렇다고 해서 거만하게 굴 이유가 있나요? 엄마는 남보다 잘 하려고 노력하지 않고 아주 형편없는 아이의 예로 늘 저를 가리켰습니다. 어머니가 옳았습니다. 저는 상류 사회에 끼지도 못하고, 그렇다고 해서 하류 계층에 속하지도 않습니다. 전 중산층에 속하고 아트도 그렇지요. 제가 보기에 그렇습니다. 우리는 이에 만족하고 있고, 우리 아이들은 지역의 공립학교에 보낼 겁니다. 거기서 아이들이 행복하고 저처럼 기숙학교에서 자살을 시도하지 않기를 바랍니다."

에스더는 잠시 동안 분석을 계속하는 것이 좋겠다는 어머니의 생각을 내가 공유하고 있다는 것을 알았다. 그러나 그녀의 발달이 청소년 수준에서 정상 궤도로 다시 돌아갔으므로 이제는 그녀에게 무엇이 의미 있는지를 스스로 결정하는 것이 더 중요하다고 생각했다. 다음 한 달 동안 논의하면서, 에스더는 4개월 간의 종결 기간을 갖고 싶다고 결정했다. 그녀는 종결과정을 끊지 않기 위해 7월의 넷째 주 휴가를 반납했다. 그래서 종결 일은 팔월 마지막 주가 될 것이다. 나는 그 계획에 동의하였다.

종결에 대한 준비

에스더는 독립해서 살면서, 만족스러운 사회생활과 성생활을 하였고, 이성과의 헌신적이고 친밀한 관계를 유지할 수 있었고, 퇴행하지 않고 어려운 가족 관계를 다룰 수 있었다. 그녀는 직업을 갖고 경력을 쌓아갈 수 있었고, 사랑하고 사랑 받을 수 있었으며, 꿈을 기억하고 스스로 분석할 수 있었고, 자신의 기분을 조절할 수 있었다. 그녀는 자기를 파괴하지 않으면서 치료자와 화를 내며 싸울 수 있었고, 자신의 관점을 주장하고 논리적인 이유를 가지고 자기 주장을 펼 수 있었다. 그녀는 외부 사건에 의해 압도된다고 느끼는 경우에도 하루나 이틀만에 회복할 수 있었다. 분석가가 생각하는 완성에 도달하기 전에 치료를 끝내는 대부분의 다른 청년 환자들처럼, 에스더는 자율성의 능력을 이미 확립했음을 표현하였다. 다음 장에서는 이 분석의 마지막 여덟 회기에 대해 상세하게 살펴볼 것이다.

제 14 장

집중치료 종결

종결은 불가피한 일이다. 종결은 전체 치료 계획에 포함되어 있는 것이다. 하지만 탄생과 죽음이 그러하듯이, 거기엔 예상할 수 있는 어떤 단 하나의 형식이 있는 게 아니다. 우리는 모든 치료를 시작할 때부터 종결에 관해 생각한다. 우리는 치료회기를 마쳤을 때나 휴가 중에, 또는 예기치 않은 사건으로 인해 환자나 치료자가 치료회기에 빠지게 되었을 때, 치료의 종결에 대해 염려하게 된다.

종결을 결정하는 준거와 종결단계의 올바른 사용에 관해서는 상당히 많은 논의가 있어 왔다(Becker, 1993; Blum, 1989; Firestein, 1978; Nacht, 1965; Ticho, 1972). 실제로 치료는 이상적으로 완벽한 상태에서 끝나는 것이 아니며, 종결은 어느 정도 타협을 나타낸다. 우리는 환자의 목표와 치료자의 목표가 충족되었을 때를 종결의 시기라고 생각한다. 물론 치료자와 환자가 서로 다른 목표를 가질 수 있다. 우리는 다음의 준거들 중 일부 혹은 전부가 충족되는 정도에 근거해서 치료의 성공을 가늠한다. 이러한 준거들은 서로 관련되어 있으며, 그 중요성에 있어서 순위를 정하는 것이 간단하지만은 않지만 준거들이 충분히 충족되었다는 느낌이 든다면, 환자는 종결할 준비가 되어 있다고 볼 수 있다. 표 14-1을 참조하라.

표 14-1. 종결을 결정하는 준거

---

1. 관계에서 안아주기를 받아들이고 제공할 수 있게 되는 것.
2. 관계 능력의 향상.
3. 투사적 동일시를 재작업하고 그것을 책임감 있게 사용할 수 있는 능력.
4. 상실을 견디내고, 발달단계에서 겪는 긴장을 견디며, 애도할 수 있는 능력의 향상.
5. 자기통합이 향상되었음을 나타내는 징표로서 정서를 잘 조절할 수 있는 능력.
6. 내적 대상이 회복되고, 좋은 대상과 나쁜 대상으로 분열되는 정도가 크게 완화되는 것.
7. 관계를 유지하면서도 분리할 수 있는 능력.
8. 부분적으로 자기 분석을 수행함으로써 지속적으로 성숙해 나갈 수 있는 능력.

환자가 종결할 준비가 되었는지를 평가하는 준거

환자가 종결할 준비가 되어 있는지를 평가할 때, 우리는 환자가 중요한 타자와의 관계에서 긍정적인 환경적 안아주기를 주고 받을 수 있는 능력을 비롯하여, 몇 가지 다른 영역에서의 성장 여부를 고려한다. 치료가 거의 다 된 환자는 이전보다 관계를 더 잘 할 수 있으며, 덜 불안하게 기능하고, 다른 사람을 이해해 주는 공감능력이 향상된 현상을 보인다. 이러한 상호성의 발달은 환자 자신이 다른 사람과의 왜곡된 관계에서 벗어나는 것과 함께 나타난다. 이를 위해서는 내면의 문제를 무의식적으로 다른 사람에게 배치시키고 다른 사람을 통해 제거하려고 하기보다 그것에 대해 책임질 수 있어야 한다. 그리고 그렇게 되기 위해서는 투사적 동일시에 대한 작업이 이루어져야 한다.

상당한 치료 성과를 거둔 환자는 상실을 참아내고, 발달단계에서 겪는 긴장을 견디며, 애도할 수 있는 능력이 향상되었음을 보인다. 이러한 치료성과는 정서조절이 한결 부드러워지고, 혼란스러운 상황에 덜 취약해지고, 대상을 덜 분열시키는 현상을 통해 알 수 있으며, 이는 곧 자기의 통합이 증진되었다는 사실을 말해 준다. 자기의 통합이나 대상의 회복 중에 어느 쪽이 먼저 나타난다고는 말할 수 없다. 이 두 과정은 개별적으로 이루어지는 것이 아니라 함께 진행되는 것으로 보인다. 이때 자기의 통합을 보여주는 몇 가지 징후들이 나타난다: 자기 존중감이 증가하고, 다른 사람을 인정해 줄 수 있는 능력이 향상되며, 가족과 사회 집단의 다른 구성원들의 욕구와 개인의 욕구를 조화시킬 수 있고, 서로를 돌보아 주면서도 분리와 자율성을 유지할 수 있는 능력.

우리는 환자가 내적 대상들을 회복했다는 전체적인 느낌을 통해 종결해도 된다는 약식 평가를 내릴 수 있다. 이전에 환자는 부모들을 나쁘고 해로운 대상으로 매정하게만 보았다. 그러나 이제 부모 자신도 고통을 당했고, 나름대로 최선을 다한 사람들로 좀더 너그럽게 바라보게 된다. 상당히 성숙한 환자는 보통 자신에게 고통을 준 사람들을 용서하고, 그들의 상실과 박탈, 외상을 애도하며, 그 결과 다른 사람을 동정하고 이해할 수 있는 역량이 확장되고, 다른 사람에게 관심을 줄 수 있는 더 큰 능력을 갖게 된다.

마지막으로, 우리는 자기의 부분들을 검토하고 다루는 자기분석을 사용하여 환자가 자신의 치료과정을 독립적으로 유지할 수 있는지를 살펴본다. 우리는 치료과정에서 치료자를 맹목적으로 모방하는 것을 바람직하게 생각하지 않는다. 우리는 고통스러운 자료를 소화할 수 있는 일관된 능력을 가지고 두려움과 환상 및 행동에 대해 반성할 수 있으며, 삶과 사랑과 일과 관계에서 좀더 적절한 접근을 할 수 있게 되기를 바란다.

종결로 인도하는 역전이의 발달

치료자의 역전이는 종결할 때가 되었음을 알리는 중요한 표지이다. 와이거트(Weigert, 1952)와 시얼스(Searles, 1959)는 환자에 대한 치료자의 감정이 환자가 성숙함에 따라 변화한다는 사실을 관찰하였다. 환자가 치료의 막바지에 이르렀을 때, 우리는 환자에 대해 다른 느낌을 갖게 되는데, 그것은 그가 역전이 갈등에 덜 얽매이게 되고, 좀더 중심 자기의 수준에서 협동적으로 작업할 수 있음을 나타낸다. 이를테면 환자의 어떤 측면과 만나는 것에 대한 치료자의 두려움은 이해나 호감으로 발전되고 환자의 반복되는 자기 패배적 행동유형에 대한 치료자의 슬픔은 이제 그가 새롭게 획득한 능력으로 인한 기쁨으로 바뀌는 것을 보게 된다. 이제 환자의 자존감에 상처를 주지 않기 위해 조심스럽게 작업해야 한다는 느낌은 사라지고, 더 이상 취약성 때문에 작업이 심각한 제한을 받지 않는다는 인식과 함께, 치료자와 환자 두 사람이 함께 자유롭게 작업할 수 있다는 느낌이 자리잡게 된다.

치료의 종결과정은 치료 회기와 치료 장면에 대한 애도를 중심으로 이루어진다. 각각의 상실경험은 이전의 상실경험을 상기시켜 주기 때문에, 종결과정에서 치료관계를 상실하는 경험은 환자로 하여금 치료를 받으러 오게 만들었고 분석작업의 초점이었던 상실경험에 관해 재검토할 수 있는 기회가 된다. 결과적으로 환자는 치료의 종결을 앞두고 불안을 느끼면서 퇴행을 보인다. 이러한 환자의 퇴행은 겉으로 보기에는 치료를 종결하는 것이 위험하다는 경고 신호로 보이기도 하고, 때로는 종결하기로 한 결정이 잘 한 것인지에 대한 회의를 가져다 주기도 하지만, 실제로는 마지막 작업의 기회를 제공한다. 치료를 종결하기로 한 결정에 대해 다시 생각하거나 좀더 보류해야 할 때가 있는 것이 사실이지만, 대부분 종결과정에 수반되는 퇴행은 견딜 수 있고 유익하게 사용될 수 있는 것으로 드러난다.

종결 기간 동안 치료자 역시 많은 것을 공유하고 서로 협력하며 함께 모험하면서 신뢰 관계를 맺어온 중요한 대상이었던 환자를 떠나보내야 한다는 사실에 직면하게 된다. 그리고 치료가 만족스럽지 못하거나 완결되지 않은 상황일 경우, 치료자는 실현되지 않은 가능성을 잃어버린다는 사실에 직면하게 된다. 대부분의 경우, 종결단계에서는 긍정적인 치료의 성과와 완결되지 못한 요소가 한데 섞이게 된다. 치료자는 이러한 사실을 인식하고 애도해야 할 필요가 있다. 이때 치료자가 애도하지 못하면, 의기소침해지고 새로운 환자와 관계 맺는 것을 꺼리게 된다. 환자들 중 일부는 우리가 아주 바람직하다고 인정할 때, 우리를 떠난다. 그들은 성숙과 치유라는 우리의 이상에 꼭 맞는 사람들이다.

하지만 다른 환자들의 상황과 취향은 반드시 우리의 치료적 이상과 일치하는 것이 아니다.

종결 경험의 다양성

여러 가지 종결 형태를 보여주기 위해 몇몇 짤막한 사례들을 제시하겠다. 이 사례들은 이 책과 이전의 책에서 제시된 것들인데, 환자들이 치료를 마치게 되는 여러 가지 종결 형태를 보여준다. 그 다음에 종결과정에 대한 충분한 이해를 돕기 위해 에스더(13장)의 분석 사례기록을 살펴볼 것이다.

먼저 소개하는 네 개의 단편적인 사례들은 치료자의 협조와 동의를 얻어 종결하기로 결정한 환자들의 면담 기록들이다. 그것들은 매우 다른 치료의 종결과정을 보여준다.

로즈 홀트와 그녀의 남편은 나(DES)에게 성치료와 부부치료를 받았다. 로즈 홀트는 67세 때 나에게서 성공적으로 치료를 받은 적이 있었다(D. Scharff & J. Scharff, 1987 참조). 치료를 마친 뒤에 그녀는 분노와 우울, 언니에 대한 질투심을 주기적으로 보였고, 아버지와 나에게서 충분한 사랑을 받지 못했다는 감정을 여전히 갖고 있었다. 그래서 그녀는 치료 후 수년 동안 남아 있는 문제를 작업하기 위해 스스로 다시 찾아오곤 했다. 이렇게 해서 그녀는 15년 동안 이십 회기 가량 나에게 치료를 받았다. 이제 나이 80을 넘긴 로즈는 과거의 어지럼증과 현기증 때문에 다시 나를 찾아왔다. 그녀는 이러한 증상들 때문에 거듭 병원에 가서 종합진단을 받아보았지만, 신체적으로는 별 이상이 없는 것으로 나타났다. 그녀는 나에게 여섯 차례의 단기치료를 받고 나서 현기증과 그 배후에 있는 불안을—완전히 사라진 것은 아니지만—많이 해소했다.

치료를 종결하는 마지막 회기에 그녀는 함께 작업해 온 시간과 서로 알고 지내 온 세월들을 되돌아보고, 노년의 삶을 맞이하는 마음 자세에 관해 검토하였다. 그녀는 늙는 것이 싫었다. 그녀는 늙는 것이 화가 났다. 즉 그녀는 무기력한 상태에 빠져 있기보다는 화 내는 것을 선택한 것이다. 그녀는 다른 어느 때 보다도 지난 15년 동안 남편과 즐겁게 지냈다. 그녀는 15년 전에 성치료를 받고 나서 성교를 즐길 수 있었다. 그러나 이제는 그것도 어렵게 되었다. 지난 5년 동안 주사제를 통해 유지되어 오던 남편의 발기 능력이 사라졌고, 성기 보조기구 없이는 더 이상 성교가 불가능해졌다. 하지만 그들은 여전히 다른 형태로 성적인 만남을 즐기고 있었고, 그밖의 가정생활과 삶 속에서 즐거움을 함께 나누는 사랑의 동반자였다. 그녀는 아직도 회한을 모두 씻어버리지 못했다는 게 불만이었지만, 기대했던 것보다 자신의 삶이 만족스럽다고 느끼고 있었다. 그녀는 이번이 마지막이 될 것이라고 생각하면서 치료를 마쳤다.

프리다(D. Scharff and J. Scharff, 1987 참조)는 15년간의 치료를 통해 아동기에 아버지에게서 당한 성적 학대와 어머니의 극단적인 방치로 인한 상처에서 회복되었다. 치료 후에 그녀는 만성적으로 재발하는 우울과 그녀가 사랑하고 신뢰하는 남편과 성교하는데 대한 두려움에서 벗어나게 되었다. 그녀는 서서히 치료 횟수를 줄여가면서 종결하고 싶어했다. 그래서 처음 1년간은 1주일에 한번 만나다가, 차츰 2주일에 한번,

한 달에 한번, 두 달에 한번 만나기로 하였다. 하지만 프리다는 마지막 약속을 지키지 않았고—이전에는 한 번도 이런 적이 없었다—나머지 치료비를 2년 동안이나 미뤘다. 그녀는 마지막 약속시간에 나타나지 않는 것, 다시 약속을 잡지도 않는 것, 그리고 빚을 갚지 않는 것을 통해서 치료관계와 치료자에게 "얽매어" 있었다. 이렇게 해서 그녀는 종결단계에서 외상을 입은 환자들이 흔히 나타내는 행동을 보였다: 그녀는 초기에 입은 상처를 치료자에게 되돌려 주었다.

35세 된 알버트(제 1권 9장 참조)는 15세부터 간헐적으로 나(DES)를 만나다가 나중에는 분석을 받으러 왔다. 분석을 시작한지 3년이 되었을 때 우리는 분석작업이 미궁에 빠졌다는데 생각을 같이 했고, 주 2회씩 치료시간을 갖기로 하였다. 그러한 방식으로 2년 동안 작업하면서 그는 분석이 미궁에 빠진 원인에 관해 많은 것을 이해하게 되었다. 나중에 그는 이렇게 말했다. "저는 선생님이 저의 부모를 치료해 주기를 원하고 있다는 것을 깨달았습니다." 이러한 사실을 깨닫고 나서 그는 5년간의 치료를 종결하고, 치료자 없이 살아가기로 결심했고, 그것이 가능하고 또 마땅히 그래야 한다고 생각하였다. 그러나 그가 세운 목표는 실제로 이루어지지 못했다: 그는 정서적 관계를 맺지 못하였으며, 만족스럽게 일하지도 못했다. 그가 우울에서 많이 벗어났고, 만성적인 자기 파괴의 위험이 줄어들었지만, 치료를 통해 계속해서 그의 삶이 풍요로워지지는 않았다. 따라서 우리는 일단 치료를 중단하고, 삼 개월 후에 만나기로 합의하였다. 그는 1년 후에 나에게 연락을 했다. 그는 그동안 별로 달라진 게 없고, 한달 내에 다시 치료를 받고 싶다고 말했다. 하지만 그는 그렇게 하지 않았다. 나는 언제가 될지 모르겠지만, 그를 다시 만나고 싶다는 바램을 가지고 있다.

앤젤라(2장 참조)는 분석과정에서 주기적으로 치료를 그만 두고 싶다고 말했다. 그러면서도 앤젤라는 8년간이나 치료를 받았다. 그 결과 그녀의 우울증이 상당히 완화되었고, 결혼생활도 훨씬 좋아졌다. 그녀는 분석가와 상의해서 종결 날짜를 잡았다. 그리고 앞서 말했던 대로, 종결에 따른 퇴행을 경험하였다. 그런데 그녀는 이러한 경험을 통해 종결을 서두르게 만든 초기의 두려움에 관해 다시 작업할 수 있었다. 그녀는 이러한 경험을 그녀가 분석을 받으러 오게 된 문제를 검토하고, 치료 성과물들을 평가하며, 초기의 상실과 불만족에 관해 재작업하는 기회로 삼았다. 앤젤라의 경험은 조금 후에 서술하게 될 일련의 종결 순서와 상당히 유사하다.

두 번째 부류의 사례들은 종결 계획을 세우지 않은 환자들의 경우이다. 다음 두 사례에서는 지리적 이동이 치료를 종결하기 위한 중요한 이유가 되고 있다. 한 사례는 보험회사의 지원금 중단으로 인해 치료를 종결하게 된 경우이고, 다른 사례는 치료자가 환자의 성격 유형을 직면시키지 못했기 때문에 치료를 종결한 경우이다.

이반이 치료자와 거리를 둔 일에 관해서는 1장에서 이야기한 적이 있다. 그는 치료에서 도움을 받고 있었지만, 치료자와 거리를 두고 있었다. 2년 동안 그는 마치 아무런 정서적 의미를 느끼지 못하기라도 하듯이, 치료과정에 참여하지 않은 채 시간을 보냈다. 나(DES)는 그가 자신의 태도가 나에게 미치는 영향을 직면하지 않는다면, 그리고 회피적이고 거만한 행동 양식이 다른 관계에 미치는 영향을 직면하지 않는다면, 더 이상 치료의 진전이 있을 수 없다고 느꼈고, 그를 직면시키기로 마음먹었다. 하지만 그를 직면시키지는 못했다. 이반에게 그가 치료과정에 미치는 영향을 생각하지 않고 치료과정에 참여하지 않는 것은 치료자인 나를 통제하고, 나의 중요성을 최소화하고, 내가 그를 소유하고 통제하지 못하게 하기 위한 것이라고 말했을 때, 그는 이러한 나의 주장을 옳다고 인정하였다. 하지만 또한 그는 이러한 직면에 대해 겁을 집어먹었다. 이반과 나는 그의 두려움을 인식하였고, 이에 관해 작업했지만, 이반은 전근을 핑계로 치료를 미루었다. 그는 몇 달 뒤 다시 치료받고 싶다고 전화를 했지만, 실제로 나타나지는 않았다.

나는 실망했고, 죄책감과 안도감이 혼합된 감정을 느꼈으며, 내가 이반에게 나의 무의식적인 감정을 행동화한 건 아닐까하고 의심했다. 나는 치료 동맹을 공고히 한 다음에 문제를 다루기 위해 치료시간에 빠지는 일을 좀더 참아주어야 하지 않았을까 하고 스스로 생각해 보았다. 하지만 그의 문제를 직면시킬 때, 나는 이반이 치료를 중단할 위기에 있음을 인식하고 있었다. 나는 치료작업이 너무 오랫동안 정체되어 있는 이런 상황에서는 더 이상 도움이 되지 않는다고 결정하였다. 나는 내 입장을 밝히고 그 결과를 받아들이는 수밖에 없었다.

빌 누난은 55세 된 남성이다. 나(DES)는 여러 해 동안 그의 가족을 만났다(D. Scharff, 1982; D. Scharff and J. Scharff, 1987). 나는 수년 전부터 그의 아내 페기와 만나고 있었기 때문에 빌을 다른 분석가에게 의뢰하였다. 그는 아내를 아주 좋은 사람이라고 생각하면서도 그녀와 성교를 할 수 없었다. 그는 또한 심한 불안 때문에 직장에서 거의 일을 할 수 없었다. 그의 분석은 아주 잘 진행되었다: 그는 페기를 충분히 사랑할 수 있게 되었고, 만족스러운 성생활을 할 수 있게 되었으며, 능률적으로 일할 수 있게 되었다. 그 후로 빌은 페기와의 사이에서 세 자녀를 두었고, 아이들을 귀여워했으며, 일에서도 상당한 성공을 거두었다.

분석을 마친지 십 년 뒤에, 두 부부는 아들의 문제 때문에 나에게 도움을 받았다. 그때 그는 중년기 불안의 문제로 분석가에게 도움을 받고 있었는데, 그를 담당했던 분석가가 불치의 병에 걸리는 바람에 빌을 만날 수 없게 되었다. 빌은 다시 나에게 분석을 받으러 왔다. 그는 직장에서 자신이 또 다시 불안해 하는데, 그 이유는 직업이 자신에게 맞지 않으며, 아이들이 영적인 생활을 하는데 도움을 줄만큼 종교적인 문제를 정리하지 못했기 때문이라고 말했다. 빌은 다시금 불안을 다루어야만 했는데, 이러한 불안은 분석가의 죽음으로 인해 더욱 커졌고, 그를 도와 주던 분석가 없이 혼자 힘으로 헤쳐나가야 했기 때문에 더욱 악화되었다. 그는 1년 동안 일주일에 두 번씩 나와 함께 분석작업을 계속 하였다. 그의 증상은 점차 완화되었으며, 직장에서 느끼던 불안도 많이 누그러졌다. 그는 잠시 동안 그 직장에서 계속 일하겠다고 결정했고, 거기서 좀더 일이 잘 풀렸다. 빌과 페기는 아이들이 커감에 따라 이에 걸맞게 좀더 크고 좋은 집을 샀다. 그리고 나서 우리는 그의 영적인 문제를 다루었는데, 이 문제는 그의 증상을 유발한 중년기 정체성에 관한 일반적인 질문들과 연결되어 있었다.

빌은 이 문제를 탐색해 보아야 한다고 느꼈지만, 그때 보험회사에서 보험금 지불을 중단했기 때문에 실현할 수 없었다. 그가 더 이상 직장에서 위기 상태에 있다고 말할 수는 없었기 때문이다. 보험회사 직원들은 빌이 좀더 치료를 받음으로 해서 도움을 얻을 수 있다는 데는 동의하였지만, 보험금을 계속 지불해 달라는 요구는 거절하였다. 빌은 주택 융자금이 늘어났기 때문에 치료비를 지불하기 어렵다고 느꼈다. 이제 대학에 다닐 나이가 다 된 자녀들의 교육비와 새집에 들어가는 비용이 만만치 않았다. 그래서 그는 영적인 문제를 다루고 싶었지만 그만두기로 결정하였다. 현실적인 제약 때문에 그의 양가감정은 더욱 증폭되었고, 그가 분석가를 상실했을 때 받은 영향은 더욱 복잡해졌다. 나는 그가 상실한 분석가를 대신하는 하찮은 대리인에 지나지 않았다. 그는 몇 회기를 더 계속 한 후에 치료를 그만두었다. 나는 그 이후로 가끔씩 가족들로부터 그에 관한 소식을 전해들었다. 그는 같은 직장에 잘 다니고 있지만 성장하는 자녀 문제와 늙는 것을 싫어하는 페기와 관련된 문제로 인해 계속 어려움을 겪고 있었다.

페기는 2년 후에 큰 아이와의 문제로 나에게 전화했다. 그녀는 빌이 여전히 직장에 매어 있고, 보험회사에서 보험금을 지불해 주지 않고, 빌이 다시 치료를 받기를 꺼려한다는 이유 때문에 혼자만 상담하기를 원했다. 페기는 나와 몇 차례 단기치료를 받고 나서 아들과의 문제를 해결했다.

마리안느(2장과 11장 참조)는 18개월 동안 지속적으로 분석을 받았다. 분석작업은 더욱 더 깊은 수준으로 들어갔고, 마침내 파괴적이고 절망적인 결혼생활을 끝낼 수 있었다. 그녀는 분석 첫해부터 장기간의 분석을 받기 위해 워싱턴에 계속 있어야 할 것인지에 대해 갈팡질팡했다. 그녀는 지난 15년간 모든 관계에서 그랬듯이, 결혼생활과 직장생활에서 계속 희생당하고 기만당했다고 느꼈다. 분석을 시작할 때부터 그녀의 어머니는 쇠약해져 갔다. 분석이 진행되면서 마리안느는 남편을 떠나 홀로 서기로 결정하였다. 그녀는 남편과 별거를 시작했고, 다른 도시에서 임시 직장을 얻었으며, 합의 없이 분석을 끝냈다. 하지만 그녀는 계속 나와 접촉을 유지하였고, 비정기적으로 나를 만났다. 그때 그녀의 어머니가 돌아가셨다. 자신의 삶을 침범하는 어머니로부터 벗어난 마리안느는 파리에서 직장을 잡았고—그녀가 잡은 정말 좋은 첫 직장이었다—거기에서 독신 여성으로 살아갈 작정이었다. 이제 그녀는 마지막 한 달 간 분석치료를 받기 위해 워싱턴으로 왔으며, 여기서 그녀는 자신의 분석에 영향을 준 제약들에 관해서, 내가 그녀의 어머니처럼 그녀를 침범할 것이라는 두려움에 관해서, 그리고 어머니의 죽음이 슬픔과 회한을 가져다 주면서도 그녀를 자유롭게 하는 것에 관해서 검토하였다. 그녀는 나에 대한 상실을 경험했다. 그리고 그녀 자신이 나에게 비열하게 행동했음에도 불구하고 내가 그녀 곁에 있어준 것에 대해 감사했다. 그녀는 파리에서 청소년기에 만나던 분석가와 다시 치료를 시작했다. 내 입장에서 볼 때, 이것은 분석작업을 잘 할 수 있는 사람을 떼어버리는 처사였다. 마리안느의 입장에서 볼 때, 분석은 그녀를 자유롭게 해주는 경험이었다. 이제 그녀는 치료받기를 원하는 자신의 욕구를 충분히 인식하게 되었고, 마침내 더 큰 성숙을 위해 모국으로 돌아가게 되었다.

캐더린(1장 참조)은 최근에 로스앤젤레스에 있는 본사에서 워싱턴 지사로 옮겨온 전문직 여성이다. 그녀는 새직장에서 겪는 위기로 인해 도움을 받으러 왔고, 그 위기를 신속하게 해결하였다. 그녀는 이 일을 계기로 두 번의 이혼에서 경험한 심적 고통과 거절감 때문에 정서적이고 성적인 관계 자체를 차단해버린 사실에 대해 탐색할 수 있었다. 그녀는 일주일에 두 번씩 치료를 받기 시작했으며, 썩 마음이 내키지는 않았지만 항우울제를 복용하는데 동의하였고, 직장이나 다른 대인관계에서 착취적인 사람들과 얽히는 자신의 관계방식에 대해 작업하였다. 그녀는 자신의 애정 관계 안에 자기 파괴적인 패턴이 있음을 이해하게 되었다. 캐더린은 그녀에게 성적인 관심은 있지만 정서적으로 헌신하지 않는 남자들과의 관계에서 빠져 나오지 못했다. 그녀는 남자들에게 여러 번 착취당했다. 15개월 동안 치료를 받은 후, 그녀는 이러한 패턴을 반복할 우려가 있는 관계를 그만둘 수 있었다.

그리고 나서 캐더린은 직장에서 처음에 겪은 위기를 다시 겪게 되었지만, 이러한 위기를 좀더 잘 해결할 수 있었다. 하지만 이러한 문제 대부분이 사무실 자체에서 왔다고 생각했다. 그래서 그녀는 자신을 지지해 주고 이해해 주었던 것으로 기억되는 상사가 있는 로스앤젤레스 지사로 직장을 옮기기로 결정하였다. 그녀는 차츰 직장에서 겪는 위기와 애정 관계에서 겪는 어려움 사이에 유사성이 있음을 볼 수 있었다. 그러면서 그녀는 다른 도시에 사는 옛 친구를 우연히 만나게 되었고, 그 친구와 먼 거리를 왕래하면서 사랑을 나누기 시작하였으며, 그와의 관계에서 따뜻한 대접을 받았다. 캐더린은 이사하면서 치료를 그만두어야 했지만, 주말을 이용하여 그녀가 맺은 새로운 관계를 지속할 수 있었다. 그녀는 이사한지 두 달 후에 편지를 써서 나에게 고마움을 표했으며, 이러한 생산적인 치료작업을 계속할 수 없게 되어서 아쉽다고 말했다. 나는 그녀를 로스앤젤레스에 있는 동료에게 치료를 의뢰했고 그녀는 이 제안을 받아들여 그곳에서 치료를 시작했다. 그녀는 자신의 남자친구와 계속 사랑을 나누고 있고 아마 결혼하게 될 것이다.

여기 소개한 짤막한 사례들은 수없이 많은 종결 사례 중 몇 가지에 불과하다. 이제 종결과정을 상세하게 보여주는 사례를 제시해보겠다.

종결: 여덟 회기 카운트 다운

다음 사례는 이 책 13장에서 제시했던 분석사례의 마지막 여덟 회기에 관한 것이다. 이 사례에서 성공적인 치료라고 판단할 준거가 대부분 충족되었고, 환자는 종결과정을 통해 분석의 성과와 취약점에 관해 검토할 수 있었다.

에스더는 8년간 나(JSS)에게 분석을 받았다. 그녀는 아버지 친구의 소개로 나에게 분석을 받으러 오게 되었는데, 8년이란 분석기간은 소개해 준 사람이 말했던 것보다 3년이나 더 긴 시간이었다. 그 소개자는 내가 영국에 있을 때 지도를 받은 수퍼바이저 중 한 사람이었다. 그는 에스더에게 청소년 치료 경험이 있는 여자 분석가가 필요하다고 생각했다. 그때 당시 에스더가 청소년은 아니었지만, 그는 그녀가 어렸을 때 오빠 둘을 갑자기 잃고 나서 심한 우울증을 앓았던 것을 비롯해서 여러 가지 청소년 문제를 가지고 있다고 정확하게 추측하였다. 치료를 시작한지 3년째 해에 에스더가 조금 좋아지기 시작했을 때, 그 분석가는 애석하게도 치료의 결과를 보지 못한 채 돌아가셨다.

　에스더는 우울증으로 심하게 무기력해져 있었고 학교에 가기를 싫어했지만, 분석을 받으면서 상태가 많이 좋아졌다. 그녀는 독립해서 생활하고 있었고, 직장을 두 군데 나갔고, 경영학 석사학위 과정을 하고 있었으며, 열 살 연상인 헌신적인 남자와 사랑을 나누면서 만족스러운 성 관계를 즐기고 있었다. 그녀는 이제 위통이나 배앓이와 같은 신체적 증상보다는 말을 통해 자신의 경험을 소통할 수 있었다. 하지만 그녀는 곧 경영학 석사학위를 받고 전문직을 갖는 것에 대해 다소 불안을 느꼈다. 그녀는 두 오빠를 잃어버린 슬픔에 대해 충분히 애도했다고 생각했으나, 남자친구가 가장 절친했던 오빠와 생김새가 닮았고, 나이도 비슷했으므로 혹시 그 오빠를 대신하려는 소망에 의해 배우자를 선택하게 된 것은 아닌지 염려하였다. 그녀의 부모는 딸의 남자친구가 자기 딸보다 나이가 많고, 유대인이 아니며, 사업가가 아니라 예술가이고, 그녀의 아버지만큼 경제적 능력이 없다는 이유를 내세워 그를 반대했다. 이 때문에 그녀는 화가 났다. 에스더는 언니가 아트를 좋아한다는 걸 알았지만, 아버지가 아트를 어떻게 생각하는지 알 수 없었다. 그녀의 어머니는 드러내놓고 아트를 싫어했다. 어머니는 에스더가 아트같은 남자친구를 선택한 걸 보아 아직 분석을 마칠 때가 아니라고 생각했고, 그녀에게 분석을 종결하지 말 것을 종용했다.

　나는 에스더가 복잡한 전문직 일을 시작하는 기간 동안 계속 분석을 받으면서, 배우자 선택에 관해 좀더 철저하게 검토해 보는 시간을 갖는 것이 이상적이라고 생각했지만, 스스로 무언가 해 볼 준비가 되어 있다고 생각하는 그녀의 입장을 존중해 주었다. 에스더 자신이 말했듯이, "생활 속에서 새로운 사건에 부딪칠 때마다 분석가에게 매달릴 수는 없기 때문이었다."

13장에서 기술한 것처럼 에스더는 꿈을 통해서 치료의 종결단계에 들어갈 준비가 되어 있음을 보여주었고, 자신이 원하는 방식으로 떠나고 떠나보내려는 전이 투쟁에 들어갔다. 그리고 질 샤르프 박사가 생각했던 것보다 더 빠르게 종결 날짜를 독자적으로 선택하였지만, 종결 형식에 관해서는 샤르프 박사와 타협해서 의견의 일치를 보았다. 에스더는 로켓을 발사할 때처럼 여덟에서 하나까지 카운트다운 하면서 종결단계의 마지막 두 주를 진행했다.

회기 8

"오늘까지 여덟 번 남았다니 겁이나요." 그녀가 입을 열었다.

나는 하나님이 엿새 동안 세상을 창조하셨고 일곱째 날에 휴식하셨다는 말씀을 연상하였다. 이상한 생각이 떠올랐다. "여덟 번째 날에는 무슨 일이 있었지?" 내가 이 종결을 매우 중대한 사건이라고 느끼고 있음이 틀림없었다.

"나는 지금 치료를 마치기에 좋은 때가 아니라는 것을 알고 있습니다." 그녀가 말했다. "전 생활도 엉망이고, 수업도 빼먹고, 안정된 직장을 구하지도 못했고, 어쩌면 과거로 다시 돌아가서 부모님들과 함께 살게 될지도 모릅니다. 하지만 그렇다고 해도 제 마음은 바뀌지 않습니다. 저는 마무리할 때가 되었다고 느낍니다. 그리고 부모님을 기쁘게 해드리기 위해 아트를 포기할 수는 없습니다. 제가 그를 사랑하는 한, 계속해서 그와 사귈 겁니다. 저는 한편으로는 선생님이 치료기법을 완전히 바꾸어서 부모님이 아트를 받아들이게 하려면 어떻게 해야 하는지 말씀해 주시길 바라고 있습니다. 그리고 믿으실지 모르겠지만 아트와의 성 관계에서 오르가즘을 느낍니다. 그래서 희망적입니다."

"어제 밤에는 정말 울고 싶었습니다. 텔레비전에서 영화를 봤는데, 파경에 이른 결혼생활을 다룬 영화였습니다. 나 자신에 대한 회의가 몰려왔습니다. 하지만 아트가 제 이야기를 들어주면서 기분을 풀어주었기 때문에 행복하고 편안하게 잠자리에 들었습니다. 저는 자동차와 아파트를 구하고, 부모님의 만류를 뿌리치고, 경력을 쌓고 돈을 벌고, 직장을 갖고, 고장 난 에어컨을 고치고, 막혀버린 하수구를 고치는 일과 같은 온갖 일들을 제대로 해내지 못하면 어떻게 하나라는 걱정에 사로잡혀 있었습니다. 그리고 만일 그와 함께 모든 일을 너무 조급하게 처리한다면, 어떤 일이 벌어질까 하고 걱정이 되었습니다. 저는 사람들을 만날 시간도 없이 바쁘게 지냈기 때문에 부모님, 언니, 형부와의 관계가 소홀해졌습니다. 저는 좀더 독립적이 되었으며, 제가 모든 것을 엉망으로 만들 거라고 생각할 이유가 없습니다. 제가 노력하면 시험에 합격할 겁니다. 재정관리 전문가를 찾아가면 제 재정을 관리하는데 도움을 얻을 수 있을 겁니다. 아트가 개입할 필요가 없습니다. 제가 더 좋아하거나 편안하게 느끼는 직장을 구할 때까지 지금 일을 계속할 수 있습니다. 정말이지 걱정할 필요가 전혀 없습니다. 어머니 문제만 빼고는 모든 것이 순조롭습니다. 문제가 생길 조짐도 전혀 없고요. 그 모든 걱정은 단지 가능성에 불과할 뿐입니다."

"당신은 자신의 운명에 대해 많이 걱정하고 있군요." 그녀를 걱정하는 어머니가 그녀에게 영향을 미치고 있다는 점을 생각하면서 내가 말했다.

"맞아요." 그녀가 동의했다. "하지만 이전보다는 훨씬 영향을 덜 받아요. 주로 우울할 때만 영향을 받지요. 형부는 아트를 정말 좋은 사람이라고 말하더군요. 저도 좋은 사람이라고 생각합니다. 어떤 사람은 편지에다가 제가 도움이 되는 사람이고 남을 배려할 줄 안다고 매우 좋은 이야기를 썼습니다. 어쨌든 어젯밤에는 기분이 많이 우울했지만, 오늘은 훨씬 좋아졌습니다."

에스더의 마음 상태는 어머니의 생각으로부터 상당히 독립되어 있었고, 다양한 외부대상들의 피드백을 사용하여 자신의 자존감을 안정시킬 수 있었다. 그녀는 자신의 내적 대상이 탄력성을 갖게 된 것에 관해서도 보고하였다. 하지만 어머니가 마음을 닫고 있다는 사실을 부인하지는 않았다. 그녀는 어머니가 한 말에 관해 생각했으며, 어머니가 염려하는 현실적인 문제에 관해서 걱정하기까지 했다. 그리고 이 시점에서 자신의 선택이 최선의 것이었다고 마음을 결정하였다. 이제 그녀는 샤르프 박사를 대상으로서 사용하는 일을 검토하였다. 이 문제는 가족에 대한 그녀의 생각과 서로 얽혀 있는 것이다.

"선생님께서는 지난 8일간 무슨 생각을 하셨는지요?" 그녀는 질문하듯이 말했다. "지난 8일간 죽은 오빠들은 저에 대해 어떻게 생각했을까요? 오빠들이 좋아했을 거라고 생각되지는 않아요. 왜냐하면 오빠들도 제가 부유한 유대인 사업가 집안으로 시집가기를 바랬을 것 같거든요. 하지만 그들은 제가 성취한 것에 대해 엄마나 아빠보다 더 인정해 주었을 것이고, 저에 대해 좀더 낙관적이고 긍정적으로 생각했을 겁니다. 오빠들은 제가 이야기하도록 허락했을 것이고 제 이야기를 잘 들어주었을 겁니다. 전 선생님에 대해서도 생각해 보았어요. 그런데 전 지금 선생님이 제가 지금 어떻게 하기를 바라는지 상상이 안 됩니다. 그래서 저는 아무 것도 하지 않지요. 선생님의 기대에 맞추고 싶은 마음도 있지만, 선생님의 기대보다는 제가 기대하는 것이 더 중요해요. 왜냐하면 저는 제 생각이 아주 마음에 들거든요!"

"전 선생님을 어머니나 아버지로서 사용해왔지요. 전 선생님이 제가 잘하고 있다고 칭찬해 주시길 바랬고 제가 잘 선택했다고 인정해 주시길 바랬어요. 실은 선생님이 그렇게 해 주실 수 없는데도 말이에요. 제가 잘 하지 못할 이유가 없습니다. 만일 그 일을 하려고 마음만 먹는다면 말입니다."

에스더는 어머니를 잃게 될지도 모른다는 현실에 직면하면서 몹시 안타까워했지만, 이러한 가능성에 의해 조종당하지는 않았다. 그녀는 다른 대상에 대한 대체물로서 샤르프 박사를 사용해 왔다는 걸 알고 있었지만, 샤르프 박사가 그러한 역할에 계속해서 머물러 있게 하지는 않았다. 에스더는 그녀를 사용하여 친밀한 내적 커플을 형성하였으며, 이제는 그것을 그녀의 삶 속에 전이시켜서 커플 관계를 형성하였다. 그녀는 자신의 자율성을 찾으려고 노력하였다. 무엇보다도 그녀는 자신감이 공격받고 있음에도 불구하고 미래에 대한 흔들리지 않는 믿음을 가지고 있음을 보여주었다.

회기 7

"선생님께 아무 이야기도 하고 싶지 않군요." 그녀가 말문을 열었다. "제 마음속에 뭐가 있는지, 제가 어떤 생각을 하는지 말하고 싶지 않아요. 게다가 기분도 나빠요. 선생님은 치료를 그만두기 때문에 그런 거라고 말씀하시겠지요. 하지만 제 생각에는 여름에 구한 직장에서 나오면서 제가 맡은 일을 다 하지 못했기 때문에 그런 것 같아요. 제가 사무 보조원으로 일했던 여름학교 사무실에서 사무 직원은 제게 목록작업을 하기를 바랬지만, 저는 다른 일을 먼저 하기를 원했고, 그 일을 하느라 목록작업을 할 수가 없었습니다."

내가 말했다. "게다가 여기서도 해야 할 일을 다 마치지 못하는군요. 그리고 당신이 해야 할 일을 스스로 결정하는 것이 당신에게 중요했기 때문에, 나는 일찍 종결하자는 당신 생각에 동의했습니다. 하지만 당신은 지금 내가 당신이 무얼 해야 할지 말해 주기를 바라고 있네요."

"잘 모르겠어요. 선생님이 출구를 안내해 주었으면 해요." 그녀가 말했다. "이제 앞으로 7일밖에 안 남았고, 전 제가 할 일을 이미 다 한 걸요."

이전에 그녀가 자살하려고 했을 때, 그리고 이전 치료에서 따분하게 느꼈을 때, 에스더는 가장 가까운 출구로 급히 나가려고 서둘렀다. 따라서 이에 대한 도움을 요구한다는 것은 전혀 다른 모습이었다. 나는 일종의 출구를 찾아주는 안내자가 되어야만 했다. 내가 말했다. "치료를 종결하는데 남은 7일을 사용하면 어떨까요?"

"그게 어떤 의미죠?" 그녀가 물었다. "내다 버려야 할 것도 없고, 정리할 것도 없습니다. 추천서가 필요한 것도 아니고요,

말씀드리고 싶어도 말씀드리지 못한 것들이 남아 있는 게 아니라고요."

나는 그 순간 그녀의 저항 속에 나에 대한 약간의 분노를 감추고 있는 것은 아닐까 하는 의심이 들었다.

그녀가 전에 나를 짜증나게 하는 약삭빠른 쥐 같다고 한 말에 빗대어서 "지금은 내가 괜찮은 쥐인가요?"라고 물었다. "아주 괜찮아요." 그녀가 웃으면서 대답했다. "저는 선생님께 불평이 없습니다—이제 떠나는 마당에 그게 무슨 소용이 있겠어요. 너무 신나서 믿어지지가 않아요. 저는 괜찮을 거예요. 하지만 선생님이 즐거울지 아니면 우울할지, 희망을 가질지 아니면 낙망할지 잘 모르겠습니다. 선생님의 마음 다른 한편에선 어떻게 느낄지 모르겠어요. 저는 마침내 끝까지 버틸 수 있어서 기쁩니다. 분석을 끝내게 된 것 말이에요. 이젠 발을 쭉 뻗고 잠잘 수 있을 거예요. 제가 결혼하기까지 얼마나 더 오래 기다려야 하는지에 관해 충고해 주실 말씀은 없으세요? 하하!" 그녀는 마치 나를 분석가 역할에서 끌어내리기라도 하듯이 장난스럽게 말했다.

그녀가 지금-거기로 도피해서 다소 조적인 방식으로 결혼에 관한 세부사항을 상상하며 이야기할 때 나는 조롱 당한다고 느꼈고, 그리고 나서는 따분해졌다. "그건 자신의 어머니와 이야기해야 할 일인데"라는 생각이 들었다. 하지만 어머니는 자신의 딸이 좀더 조건이 좋은 남자와 결혼하기를 바랬기 때문에 그녀는 아트와의 결혼 계획을 어머니와 함께 나눌 수 없었다. 나는 아트도 그녀만큼 결혼에 관심이 있는 것일까 하는 점이 마음에 걸렸다. 에스더의 어머니가 옳을지도 모른다는 생각이 들었다. 그는 정말 어울리는 사람은 아닌데 그녀가 속고 있는 것은 아닌지 걱정되었다. 여기서 에스더가 자신감을 갖고 인정받지 못하는데 대한 두려움에서 살아남는 반면, 나는 그녀의 박해적인 어머니 대상과 동일시되고 있다고 생각했다. 그리고 나서 나는 태도를 바꾸어 그녀의 안정된 자기감, 자신의 선택에 대한 확신, 미래에 대한 그녀의 희망을 다시 동일시했다. 계속 이어지는 그녀의 양가감정과 개별화 과정을 따라 나의 동일시는 자기와 대상 사이를 빠르게 옮겨다니고 있었다. 그녀가 다음 이야기를 할 때, 나는 이러한 생각에 사로잡힌 채 표류하고 있었다.

"저는 빨라야 내년 가을이 될 거라고 생각하고 있어요." 그녀가 말했다. "하지만 아트는 계속 웨딩 드레스 이야기를 하고 있어요. 그건 온 가족이 참석하는 진짜 결혼식이예요. 그래서 저는 드레스 이야기가 쑥 들어갈 때까지 기다리려고 해요. 저는 가족들이 원하는 그런 결혼은 하고 싶지 않거든요. 제가 원하는 결혼을 하고 싶어요. 가족들이 제 결혼식에 참석하지 않으려고 할지도 모릅니다. 아트는 제가 웨딩 드레스를 입으면 예쁠 거라고 말합니다. 그는 격식을 갖춘 결혼식을 올리기를 원합니다. 그러나 제 생각은 다릅니다. 저는 그런 일에 돈을 들이기 싫거든요. 하지만 그렇다고 제가 싸구려 음식이나 나오는 시시한 장소에서 결혼식을 올리겠다는 말은 아닙니다. 하지만 제가 그런 데다 많은 돈을 쓰기를 원할는지 모르겠습니다. 따라서 저는 이러한 웨딩 드레스 이야기가 자연스럽게 들어가 버리기를 바랍니다. 오 이런 … 이 회기는 일종의 시간 낭비네요."

그녀 역시 따분해 하고 있었던 것이다! 이제 그녀는 핵심적인 문제로 들어갔다.

"저는 제가 또 한 주 동안 여기에 오는 것은 단지 선생님을 기쁘게 해드리기 위한 것이라고 생각해요. 전 이번 주에 마쳐도 상관없습니다. 아, 남은 시간이 얼마나 되지요?"

나는 아무런 대답도 하지 않았다.

"선생님이 조셨거나 죽지 않으셨다면, 대답 좀 해 보세요." 그녀가 대답을 재촉했다.

"328분 남았는데요." 여섯 회기 동안 남아 있는 시간에 대해 재치 있게 말한다고 느끼면서 내가 대답했다.

"오 이런, 오늘 시간이 얼마나 남았냐구요?" 그녀가 말했다.

"아, 오늘은 십이 분 남았네요." 내가 잘못 들었음을 인정했다. 그리고 다음과 같은 사실을 지적하였다. "당신은 스스로 하기를 원하면서도 내가 당신을 위해 시간을 계산해 주기를 원하는군요."

"십이 분이면 얼마 남지 않았네요." 그녀는 나와의 이별에 대해 생각해 볼 수 있는 충분한 시간이 남았다는 사실에 대해서는 생각하지 않은 채 말했다. "저는 시계를 차지 않아요. 여기서만 시계가 필요하다니까요. 제가 일하는 상점에서도 그래요. 만일 좀더 중요한 일을 한다면 시계를 차겠죠. 여기서 시계를 차고 있었다면, 항상 시계만 바라보고 있었을 겁니다."

에스더는 거의 알아채지 못하게 화제를 옮겨서 여름에 하던 시간제 일을 마치는 것에 관해 이야기하였다. 그 이야기는 마치 그녀가 분석을 그만두는 것에 관해 이야기하고 있는 것처럼 들렸다.

"저는 오늘 힘든 하루를 보낼 겁니다. 해야 할 일이 많거든요." 그녀는 선언했다. "하지만 그렇게 열심히 안 해도 괜찮아요. 임시직에 불과하니까요. 저는 그 일을 할 수도 있고, 잊어버릴 수도 있어요. 그 일은 즐거운 일은 아니었습니다. 제가 좋아할 수 있는 일은 아니었죠. 하지만 돈도 벌고 학교 행정 일을 배우는 좋은 경험을 할 수 있어서 좋았습니다."

그녀는 의식적으로 분석상황으로 다시 돌아와서 말했다. "저는 이곳을 그리워하지 않을 것이며, 다른 환자들도 마찬가지일거라고 말하고 싶어요. 그들은 선생님이 주차하지 말라고 말하는 그 자리에 주차를 하지요. 저는 누군가가 후진하다가 이 차들 중에 하나를 박았으면 좋겠어요. 저는 회기를 떠나다가 교통사고를 당하는 상상을 하곤 해요. 그래서 그런 말을 내뱉지 않으려고 꾹 참아요."

"당신은 상처를 입지 않고 여기를 떠날 수 있을지 걱정하고 있군요." 내가 지적하였다.

"그건 제게는 미친 짓입니다." 그녀가 말했다. "이제는 7일 밖에 남지 않았습니다. 여섯 번 더 불법 우회전하고 일곱 번 더 도로에서 벗어나 후진하면 됩니다. 그리고 나면 저는 환자가 될 필요도, 제 앞 시간에 상담하는 환자를 볼 필요도, 원치도 않는데 일찍 일어날 필요도 없고, 제 머리 속을 지나가는 멍청한 이야기들을 죄다 늘어놓지 않아도 됩니다."

"당신이 행복하지 않거나 준비되지 않았으면 어떻게 하나라는 것에 대해 당신이 얼마나 두려워하는지를 말하기가 두려우세요?" 내가 물었다.

"그렇습니다. 그러나 지금은 제 자신에 대해 의심할 필요가 없습니다." 그녀가 인정했다. "걱정은 나를 더 걱정하게 만들 겁니다. 선생님이라면 그걸 최소화할 수 있겠지요. '내가 이것을 견뎌낼 수 있을까?' 라는 멜로 드라마에나 나올 법한 말은 끔찍스러워요. 전 그와 같은 상황을 원치 않아요."

에스더는 마지막 순간까지 상처를 질질 끌지 않고, 다시는 돌아보지 않는 그런 방식으로 끝내기를 원했다. 그녀는 자신을 떠나지 못하게 막는 감정을 느낄까봐 두려워서 남은 두 주간 동안 그녀 자신을 억압할 것이다.

회기 6

에스더는 십 분간 아무 말도 하지 않았다. 그러다가 그녀는 이제 여름이 끝나면서 그만두게 되는 시간제 일에 관해 말했다. "그 직장에 대해 아쉬움이 있다면, 무언가를 조사해볼 수 있는 기회를 잃어버린다는 겁니다."

"당신은 분석에서가 아니라 그 일에서 조사 활동을 그만두어야 하는 것에 집중하고 있습니다. 그렇게 하는 게 분석을 마치는 일을 바라보는 것보다 자기 회의를 덜 느낄 수 있기 때문이죠." 내가 말했다.

"저는 이곳을 그리워하게 될 거라는 생각이 그렇게 많이 들지 않습니다." 그녀는 다시 한번 못을 박았다. "저는 더 이상 이 주변에서 얼씬거리지 않아도 잘 살 겁니다."

"이곳에서 제공받은 구조를 그리워하지 않을까요?" 내가 물었다.

"선생님과 날짜가 맞지 않으면 휴가를 가지 못했던 일을 아쉬워하지는 않을 겁니다." 그녀가 대답했다. "한번도 그걸 좋게 생각한 적이 없거든요. 하지만 불평하고 싶지는 않습니다. 전 행복을 되찾았고 증상이 많이 좋아져서 치료를 그만둘 수 있게 되었지만, 그 일에 대해 계속 생각하는 건 무례한 일이죠. 그리고 뭔가가 잘못될 것이라는 생각에 머무르고 싶지 않습니다. 어머니가 어떻게 행동하실지, 어떤 걸 좋아하고 또 어떤걸 싫어할지 예측할 수 없습니다. 어머니는 제가 이 치료를 중단했기 때문에 워싱턴에 있는 아트의 아파트로 이사가는 거라고 생각하실 겁니다. 어머니는 제가 그의 영향을 받고 있다고 생각하시겠죠. 어떤 의미에서는 사실입니다! 저는 어머니가 저보다 인생경험이 더 많다고 해서 저보다 제 인생에 대해 더 잘 안다는 식의 태도를 용납할 수가 없습니다. 대부분의 사람들은 누군가에 대해 진지해지는데 그렇게 오래 걸리지 않습니다. 저는 이미 한 사람을 포기한 적이 있습니다. 그땐 너무 어렸거든요. 저는 그 남자에게 사로잡혔을 수도 있어요. 그는 체중이 많이 나가는 사람이었습니다. 그는 똑똑하고 재미있는 친구였지만, 지나치게 경쟁적이어서 제가 항상 져 줘야 했어요. 하지만 치사하게 행동하지는 않았습니다. 재미있고 재능이 많았지요. 어머니는 어떻게 저 자신보다 저를 더 잘 알고 있다고 생각하는 걸까요? 어머니가 살아온 삶은 제 삶과 너무나 다릅니다. 어머니는 제가 치료를 끝내고, 아트와 만나고, 잘 사는 것만으로는 만족하지 못합니다. 어머니는 제가 잘하는 것에 대해서는 전혀 관심이 없습니다. 저는 제 약점을 잘 알아요. 저는 기분이 가라앉기도 하고 다른 사람을 싫어할 때가 많고, 비관적인 생각에 빠질 때가 많아요. 저는 마냥 행복한 얼굴의 아가씨가 아니며, 세상을 사랑하지도 않지요. 그러나 이제는 그런 일들이 제게 상처를 주지 않습니다. 저는 어머니 눈치를 살피거나 카우치 한 구석에 숨어 살지는 않을 겁니다. 제가 아이를 낳는다면, 저는 그 아이에게 과거의 영향이 미치지 않게 할 것입니다. 만일 자기 부모 앞에서 젊다고 느끼지 않는다면, 과연 누구 앞에서 젊다고 느낄 수 있을까요? 혹시 계속해서 선생님을 만나는 것이 큰 차이를 만들어 낼지도 모르죠. 그러나 저는 사양하겠어요. 왜냐하면 그것은 어머니가 원하는 것을 하는 것이니까요."

만일 에스더가 분석과정에서 실제로 어머니가 그녀의 결정과 미래에 대한 안내자로서 다시 자리잡지 않았음을 입증하기 위해 스스로를 속여야만 한다면, 그것은 비극일 것이다. 게다가 그녀는 단지 자신의 자율성을 주장하기 위해 자신과 어울리지 않는 아트와의 관계를 억지로 유지하고 있는지도 모른다. 하지만 적어도 그녀는 이 사실에 관해 인식하고 있었다. 그리고 이제 그녀는 아버지의 지지에 의지해서 어머니의 생각에 밀리지 않을 수가 있었다.

"아버지는 제가 정말 먼길을 걸어왔다고 생각하세요. 아버지는 지난 몇 년 동안 자신이 철수해 있었던 것에 대해 제가 얼마나 화가 나 있었는지를 이해하세요. 아버지는 제가 남자를 만나는 것, 학교에 다니는 것, 직장에 나가는 것, 분석을 받는 것과 같은 모든 일이 저 자신에게 좋은 일이라고 생각합니다. 아버지는 심지어 제가 화가 나서 쏘아붙일 때에도 저를 잘 받아주시지만, 어머니는 제가 끔찍하고, 무의미하고, 못된 말만 한다고 생각합니다. 그렇지만 아버지 생각을 모르겠어요. 전혀 짐작도 못하겠어요. 아버지는 아트에 대해 거의 말씀이 없으세요. 아버지는 집에서 아트를 만난 적이 한번도 없습니다. 모든 일에서 그러하듯이, 이 일에 대해서 온갖 걱정을 다하는 분도 어머니입니다."

"어머니는 제가 다른 남자친구를 사귀어 보기를 원하지만, 저는 한 사람과만 관계하는 것을 좋아하는 것 같아요. 제게는 성생활을 즐기는 일이 중요합니다. 그렇지 않으면 전혀 성 관계를 갖지 않았거나 아무하고나 성 관계를 갖겠죠. 그건 가치가 없습니다. 제 부모님은 제가 성 관계를 갖지 않고 남자와 사귀기를 바라지만 전 그럴 수 없습니다. 만일 성 관계를 갖는 게 불안하다면 남자를 만나지도 않을 겁니다. 전 한 사람과만 관계하는 게 좋고 편합니다. 이것이 끔찍한 일인가요? 전 어머니가 21세 때 그랬던 것처럼 조건이 좋은 사람과 선을 보고 그 중에서 남편을 고르고 싶지는 않습니다. 사실 아버지도 조건이 좋은 사람은 아니었습니다. 아버지는 이미 결혼한 적이 있었고, 어머니보다 나이도 훨씬 많았습니다. 아버지는 당시 아이가 둘이나 있었지만, 경제적으로 성공했기 때문에 커다란 문제가 되지 않았던 것 같아요. 마지막 남은 6일을 어머니에 대해서 이야기하며 보내고 싶지 않았는데." 그녀는 후회하며 말을 맺었다.

나는 어머니의 불만에 고통스럽게 얽혀드는 일없이 산뜻하게 종결하고 싶었다. 불가피하게 어머니에 관해 말해야 했지만, 그것은 항상 나를 불편하게 만들었다. 나는 에스더가 분석을 더 받아야 한다는 그녀의 생각에 동의하지 않았다. 하지만 그녀 어머니의 생각이 옳을 수도 있다는 생각이 여전히 마음 한구석에 남아 있었다. 나는 좀더 시간을 갖고 종결하기를 바랬다. 하지만 종결 날짜를 선택하는 일은 에스더의 몫이어야 한다고 생각했다. 나는 분석 이후에 성장을 계속할 수 있는 그녀의 능력을 신뢰해야 한다고 생각했다.

회기 5

"지난 주 금요일에는 엄청나게 큰 거미가 나오는 무서운 꿈을 꾸었습니다." 에스더가 60센티만큼 손을 뻗어 보이면서 말문을 열었다. 그녀는 어째서 한 주 지나서 이 꿈을 이야기하게 되었는지에 대해서는 말하지 않았다. "저는 침대에 누워서 거미와 마주 보고 있었습니다. 저는 벌떡 일어나서 침대 밖으로 나왔고, 아트가 죽을까봐 겁이 났습니다. 아트는 거미를 보지 못했고, 그래서 저는 다시 침대로 갔습니다. 어제 오후에 또 다시 거미 꿈을 꾸었는데, 이 꿈에서 저는 부모님 집에 있었습니다. 어머니가 거기 있었던 것 같은데 확실하지는 않습니다. 이 꿈에서는 새로운 장면마다 커다란 거미들이 나타났습니다. 꿈에서 저는 거미들로부터 도망가고, 그것들을 속이고, 죽이고 있었습니다. 어제 엄마에 관해 말한 것 때문에 이런 거미 꿈을 꾸게 된 건 아닌지 모르겠습니다."

에스더는 거미와 자신을 사로잡는 어머니의 행동 사이의 관계에 대해 연상했다. 나는 물러나 앉아서 그녀가 이 꿈을 어떻게 해석하는지 살펴보았다.

"이 꿈에서 거미들은 처음에는 찻잔만 했다가 나중에는 접시보다 더 커졌습니다. 거미가 조그맣다면 밟아버릴 수 있지만, 큰놈이라면 그렇게 할 수 없습니다. 그리고 그놈들이 언제 커질지 알 수 없습니다. 겁나는 일입니다. 다른 사람들은 염려는 하지만 나처럼 심각한 문제라고는 생각하지 않았습니다. 저는 '거미를 피해서 옷을 장롱에 갖다놔야겠어요'라고 말했는데, 그러면 사람들은 '어떤 옷에나 거미가 붙어 있기 마련입니다. 그게 뭐 대단한 일인가요?'라고 반문하는 것이었습니다."

"여기서 당신은 거미에 대한 공포와 당신이 있는 곳이면 어디서나 영향을 미치는 어머니의 힘 사이의 관련성에 대해 말하고 있습니다." 에스더가 내적 이미지를 분석할 수 있는 능력을 보여주었기 때문에 나는 흡족한 마음으로 지적했다.

"그 점에 대해서는 의문의 여지가 없습니다." 그녀가 동의했다. "그리고 이건 제가 꾼 적이 있는 벌레가 나오는 꿈이 아닙니다. 이 꿈에서는 거미들만 나옵니다. 그놈들은 징그럽고 끔찍스럽게 두렵지 않았습니다. 그놈들은 크고 겁나게 생겼습니다. 그놈들은 마치 사람처럼 제게 많은 영향을 줍니다. 그놈들이 진짜 문제입니다. 그놈들은 덩치가 크고 저를 두려워하지도 않고 달아나려고 하지도 않습니다. 전 이 꿈을 꾸기 직전에 언니 집에서 엄마를 만났습니다. 그때 어머니는 손자인 사울을 봐주고 계셨습니다. 그때 어머니가 이런 꿈을 촉발시킬만한 말을 하시지는 않았습니다. 그저 의미 없는 말만 오갔지요. 전 그 상황을 잘 다룰 수 있었습니다."

나는 에스더가 꿈에 영향을 끼친 낮 동안의 잔재를 찾고 있었지만, 어머니와의 실제 상호작용에서는 그것을 찾지 못했다는 점을 주목했다. 따라서 그 꿈은 전체 정신으로부터 떨어져나간 공포를 나타내거나, 아니면 종결과정에서 흔히 나타나는 과거의 두려움을 나타낼 수도 있다. 나는 그녀의 꿈이 공포스러운 과거로 다시 돌아가서 그녀의 질병이 그녀에게 가져다주던 의존 욕구를 충족시켜 주려는 유혹을 나타낼 수도 있다고 생각했다.

"언니 집에서 어머니를 만난 후에 어머니에 대한 갈망이 더 커졌나요?" 내가 물었다.

"글쎄요 제가 아트와 함께 살고 있다는 이유로 어머니가 제 삶에서 그렇게 작은 역할을 갖게 되는 게 싫습니다. 어제 집에서 차를 몰고 나오면서 백미러로 사울의 손을 잡고 서 있는 어머니를 보았습니다. 그 모습은 점점 더 작아졌지요. 사울은 저랑 닮아 보였는데, 어머니가 어릴 적에 제게 해주셨던 것처럼 둥근 머리를 하고 또 옷도 저처럼 입고 있었습니다.

그건 어머니가 원하는 거였습니다. 어머니는 제가 떠나보낸 제 안에 있던 어린아이를 원합니다. 어머니는 과거로 되돌아가서 다시 어머니 노릇을 하고 싶어하시죠."

"옛 친구인 셀리아와 그녀의 아기를 만났습니다. 아기는 행복하고, 건강하고, 귀공자 같이 생겼습니다. 아트는 귀공자 같은 애들을 좋아하지만, 저는 그렇지 않습니다. 저는 토실토실한 애들이 좋습니다. 그 애는 행복해 보였고 한번도 울지 않았습니다. 셀리아는 제가 늘 부러워하는 직장 여성입니다. 그런데 그녀는 박사학위를 따고 나서 시간제 가정교사 일을 하겠다는 겁니다! 아주 야심만만했던 친구가 가정 사정에 자기 직업을 맞추는 그런 엄마로 둔갑해 버렸어요! 일어나자마자 곧장 일터로 달려가는 언니와는 딴판이에요! 이 일로 인해 '셀리아가 할 수 있다면, 나도 할 수 있다' 라는 느낌이 들었습니다. 셀리아는 집에서 일하기 위해 컴퓨터를 배우러 학교에 다니려고 합니다. 그렇지 않으면, 가게를 열겠답니다! 와! 제가 지금까지 알고 있던 셀리아와는 전혀 딴판이었습니다!"

"제게는 아이들에게 아주 헌신적이고, 여전히 두 손자들에게 자신의 남은 생애를 다 바치고 있는 어머니가 있습니다. 제 언니는 아이들을 위해 아무 것도 해주지 않는데 말이지요. 재미있는 일이죠. 저는 오늘도 두 개의 직장에 나가 일을 해야 합니다. 목록은 거의 다 만들었습니다. 피곤한 일이지만 쉬엄쉬엄 해낼 수 있습니다. 사실 이런 생각을 해서는 안 되는데, '월요일까지 기다리지 뭐. 그때 진짜 직원이 올 걸.' 사실 사람들이 휴가를 떠나서 일하기가 쉬워요. 이전보다 더 조용하고 책을 빌리러 오는 학생들도 훨씬 더 적습니다."

"어머니만 생각하면 제 마음 한구석이 힘들어요. 하지만 제 마음의 전면은 아주 조용하기만 합니다."

나는 에스더가 그녀 어머니에 대해 심한 양가감정을 가지고 있다고 느꼈다. 그녀의 어머니는 모성적인 인물로서의 역할에서 벗어나지 못하고 있었다. 나는 대상과 자기의 측면에서 그 꿈을 생각하였다. 아마도 그 꿈에서는 전이에 대한 두려움도 표현되고 있을 것이라고 생각했다. 내 자신이 거미 여자가 되고 싶지는 않았지만, 어쨌든 그 사실에 대해서 알아봐야겠다고 생각했다.

"거미가 나오는 꿈은 이곳에 대한 느낌과 관련되어 있나요?" 나는 상당히 직접적으로 물어보았다. "당신이 여기 미달이문에서 자주 거미들을 보았고 그것들을 죽였다고 말했던 게 생각나네요."

"아뇨, 저는 여기서 몇 달이 지나도록 거미를 본적이 없는 것 같다고 말했을 뿐이에요." 그녀는 나의 말을 바로잡았다. "선생님은 거미와 관련된 문제를 가지고 있지 않습니다. 그건 아주 오래 된 문제거든요."

나는 이 대답이 재미있다고 느꼈다. 나는 이 말을 에스더가 여기 분석 장면에서는 덫에 걸려든다고 느끼지 않고 있으며, 이제는 나를 거미 같은 어머니의 대리물로 생각하는 전이를 해결했음을 보여주는 것으로 받아들였다. 어머니가 실제로 아이에 대한 욕망의 거미줄 속에 그녀 자신을 짜 넣으려고 하기 때문에, 외부 대상의 문제가 여전히 남아 있기는 하지만, 이제는 에스더의 내적 대상이 긍정적인 모습으로 변형되었다는 것을 확신할 수 있었다.

"어제 꿈에 어머니와 함께 많은 곤충들이 뒤집어져 있는 걸 보았습니다. 전 그놈들이 죽었다고 생각했습니다. 뾰족한 것으로 콕콕 찔렀더니, 다리를 움찔거렸고 전 그놈이 뒤집어질 때까지 찔렀습니다. 저는 이해할 수가 없습니다. 왜 제가 어떤 놈은 살려두고 어떤 놈은 죽이는지 모르겠습니다."

나는 그녀가 바로 뒤집어 준 곤충은 분석에서 뒤집히면서 다시 살아난 그녀의 죽은 자기를 나타낸다고 생각했다.

"저는 비록 어머니가 실제로 전화를 걸거나 찾아와서 이래라 저래라 말하고 있는 것이 사실이지만, 저를 통제하고 사로잡는 어머니에 대한 감정을 극복하기 위해 노력하고 있습니다." 그녀가 말했다. "그녀는 제가 하는 일을 찬성하지 않는다는 사실을 분명히 했지만, 제게 빌려준 침대를 도로 가져가시지는 않았습니다."

이제 에스더는 전치에서 벗어나 전이에 들어가고 있었고, 나에 대한 관심과 감사를 드러냈다.

"웬일인지 저는 오늘 정말로 마음이 고요합니다. 저는 선생님이 어떻게 생각하시는지 정말 알고 싶었지만, 지금은 그걸 찾으려고 애쓸 생각이 없습니다. 저에게 있어서 이것은 사치입니다. 그렇지만 만약 제가 여기에 없다면, 선생님은 어떠실지 궁금하네요. 물론 제가 유일한 환자는 아니지요. 모르겠어요. 그건 제게 별 문제가 되지 않아요. 다른 때에는 치료를 오래 지속하지 못하고 끝냈던 것 같아요. 제가 아직 완전히 끝난 게 아니라고 생각하신다는 걸 잘 알고 있습니다. 그렇지만 선생님은 제 어머니처럼 부정적으로 생각하시지 않는다는 것도 알고 있지요."

"좀 이상하지만, 선생님의 옛날 수퍼바이저가 살아 계셨더라면 치료가 어떻게 되어 가느냐고 물어보셨을 거라는 생각이 드네요. 그렇지만 제 생각에 선생님은 잘 해내셨기 때문에 아무런 문제가 없을 거라고 생각해요. 그분이 돌아가셔서 부담을 더셨나요? 이 말은 좀 너무한 것 같네요. 적어도 그분이 이제 안 계시니까, 선생님이 좀 잘못을 하셨다고 해도 선생님의 평판에는 아무런 지장이 없겠죠. 아마도 지금 제가 그런 생각을 하고 있는 것 같아요. 저는 그분을 좋아했고, 그분은 저의 아빠와 저를 좋아했지요. 그렇지만 우리는 그분을 1년에 한 번밖에 보지 못했습니다. 오빠들이 죽었던 해를 제외하고 말이에요. 그분은 장례식에 오셨고, 우리를 돕기 위해 우리 집에 머물러 계셨습니다. 저는 그분이 살아 계셔서 제가 성공적으로 치료를 마친 것을 보셨으면 하고 생각하다가도, 그분이 제게 실망하실 거라면 차라리 돌아가신게 더 잘 되었다고 생각합니다."

이 말을 들으면서 나는 아픔을 느꼈다. 부모에게 인정받기를 원하는 그녀의 욕구가 거의 살인적임을 알 수 있었다. 나 자신도 그분을 좋아했다. 그분은 내게도 아버지 같은 사람이었고, 그래서 마치 그의 생존이 갖는 가치가 에스더나 나의 평가에 달려 있기라도 하듯이 말하는 게 싫었다. 그가 그녀의 가족에게 그렇게 좋은 분이셨다면, 어째서 지금까지 그분에게 관심을 보이지 않았단 말인가? 그녀가 마음속에서 그와 나를 커플로 생각하고 있는 것은 아닌가? 내가 그녀를 인정해 주지 않았다면, 아마도 그녀는 나 자신도 죽여 없애고 싶었을 것이다. 나는 그녀가 내가 생각했던 것보다 좀 이르게 종결하고자 했던 것은 그녀가 자존감을 갖고 건강을 향해 독립적인 발걸음을 내딛는 것을 내가 인정하는지에 대한 시험이었다고 느꼈다.

"저는 그분에 대해 긍정적인 느낌을 갖고 있어요." 그녀가 말했다. "그분은 따스하고, 안정적이고, 선생님을 소개해 주셨고, 최초의 좋은 치료자였죠. 그러나 그분은 제 아버지는 아니었어요. 가장 중요한 사실은 제 아버지가 저를 사랑해 주셨다는 거예요. 다른 모든 것은 이차적일 뿐이에요."

"나는 내가 당신을 어떻게 생각하는지에 대해서도 궁금해 한다고 생각하는데요." 내가 말했다.

"맞습니다." 그녀는 처음에 시인했다가 자신의 궁금증에 대해서 부인했다. 그녀는 내가 그녀를 어떻게 생각하는지 안다고 생각했다. "선생님에게 저는 하나의 일이죠. 선생님이 그동안 일을 잘 하셨는지, 그렇지 않은지가 제가 선생님에게 의미하는 바입니다. 이건 사업상의 일과 같습니다. 그것은 마치 자동차를 고치는 것과 같은데, 사람들이 생각하는 것보다는 큰 일이지요. 그리고 사람들은 이 일을 제대로 하기도 하고 서둘러서 해치우기도 합니다. 저는 제공되는 서비스에 만족하는 고객이 되어야 합니다. 선생님은 그런 서비스를 제공했는지 아닌지를 평가하지요. 그게 바로 저에 대한 선생님의 생각이지요. 선생님이 그 일을 그만둘 때 사람들이 파티를 열어 준다면 이상하겠죠. 하루밖에 남지 않았다고 생각하니 이상한 느낌이 드네요. 제가 해본 작업 중에 가장 긴 작업이었습니다. 아마 선생님이 하셨던 일 중에서도 가장 긴 일이었을 겁니다! 가장 오랫동안 분석을 받고 있는 환자, 그게 제가 남긴 오점이겠지요."

"그건 당신이 원치 않았던 것 같은데요." 나는 이 말을 하면서 그녀가 3년 내에 분석을 마치기를 원했던 것을 기억했다. 그리고 그녀가 나와 함께 했던 시간의 가치를 부인하고 있다고 느꼈다.

"맞아요. 전 그걸 원치 않았죠. 그러나 그 때문에 제가 좀더 기억될 수 있지 않을까요?" 그녀가 말했다.

그녀는 어쨌든 잊을 수 없는 사람으로 기억될 것이다. 그녀의 깊은 우울증이 기억에 남을 만했고, 그녀의 끈질김, 놀랄만한 치료적 진전이 기억에 남을 만했다. 그래서 나는 그녀가 자신을 비하시키는 걸 원치 않았다. 또 그녀가 나에게 특별한 존재가 되고 싶어서 자신을 거대한 존재로 과장하고 있다고 보지도 않았다. 그녀는 나를 통해 그녀가 생명력을 되살려냈다는 사실—그 자체로 커다란 성취인—을 떠올렸다. 그렇다면 어째서 나는 특별하다는 느낌에 대한 그녀의 주장에 대해 반박하고 있을까? 나는 물론 그녀를 그리워할 것이다. 그녀를 매우 오랫동안 알고 지냈고, 특히 지금은 그녀가 얼마나 작업을 잘 하고 있는지를 보는 즐거움이 크기 때문에, 그녀의 상실은 결코 작지 않을 것이다.

내가 말했다. "그 '일'이란 측면에서 생각해 본다면, 우리 두 사람은 당신의 엔진이 상당히 잘 가동되고 있다고 생각하는 것 같네요. 만일 상태가 나빠진다고 해도, 어머니가 옳다고 느끼면서 당신의 엔진이 형편없다고 자책하지 말고 다시 돌아와서 정비할 수 있기를 바래요. 하지만 일에 관한 이 모든 이야기는 그동안 했던 일과 제공된 서비스에 대한 우리의 관계를 과소평가하는 것 같네요. 우리가 칠 년 반 동안 맺어온 관계의 가치가 그것밖에 안 되나요?"

"글쎄요 관계를 맺는 것도 일이지요." 그녀는 자신의 생각을 고집하면서 말했다.

나는 상처받고 제거되는 느낌이 들었다. 다음 회기까지 나의 사고 과정은 멈춰버렸다.

에스더는 샤르프 박사가 자신에게 도움이 되었다고 말했던 입장에서 뒤로 후퇴하고 있었을 것이다. 그녀가 샤르프 박사와 가졌던 관계의 중요성을 축소시키는 대답을 한 것은 아마도 그토록 오랫동안 치료를 받는 것을 통해 특별한 존재가 되기를 바랬던 자신의 마음을 샤르프 박사가 인정해 주지 않는데 대해 상처를 입었기 때문일 것이다. 샤르프 박사는 그것이 에스더가 이전의 치료과정에서 이루어낸 것보다 더 나은 성취라는 사실을 보지 못했다. 에스더는 분석기간이 결정적으로 중요하다는 사실을 받아들일 수 없었고, 샤르프 박사는 그녀의 분석기간이 그녀의 생존을 나타낸다는 점을 보지 못했다.

회기 4

"며칠 아팠습니다." 그녀가 불평을 했다. "지독한 두통이에요. 벌써 사흘째 계속되는군요." 그녀는 침묵을 지켰다. 많이 아파 보였다.

그녀는 나와 떨어져 있는 동안에 아팠고 과거에 그랬던 것처럼 내 앞에서 앓고 싶어한다고 느꼈다. 그녀는 여러 번 카우치에 누워 몸을 웅크린 채 앓는 소리를 낸 적이 있었다. 나는 그녀가 두려움에 차 있고 화가 나 있을 거라고 생각했지만, 과거에 그랬던 것과는 달리 그녀의 고통을 덜어주기 위해 그녀의 신체 언어를 해석해 주지 않았다. 아마도 그녀는 내가 앓아 눕지 않도록 하기 위해 자신의 몸을 병에 걸리도록 희생했을지도 모른다고 생각했으나 종결까지 나 홀간은 그녀를 위해 증상을 해석하지 말아야겠다고 생각했다.

"이건 분리(separation)를 다루는 옛 방식이네요. 새로운 방식으로 다루어 보는 게 어때요? 당신이 느끼는 걸 말로 표현해보시지요." 내가 말했다.

"좋습니다." 그녀는 재빨리 대답하고는 말을 계속했다. "이곳이 그리울 거에요. 무슨 고별사 같군요! '우리의 관계를 잊어버려라.' 선생님은 저의 분석가이지 친구는 아닙니다. 관계를 맺는 게 선생님의 일이지요. 그렇다면, 전 어째서 끝내는 지점이 있으며 어째서 다시 돌아가지 않는지 이해할 수 있습니다. 지난 밤에는 아트가 절실히 필요했습니다. 어제는 개학 첫날이어서 여기를 떠나는 일보다는 다른 일로 신경이 예민했습니다. 선생님은 송별회를 열어주지 않으시는군요! 아마 제가 여기를 떠나는 것에 대해 어머니는 저주를 퍼부을 겁니다. 그걸 어떻게 다루어야 할지 모르겠어요. 하지만 오늘밤에 어머니를 만나기로 했습니다. 전 어머니를 경계하고 있습니다. 어머니가 나를 끌어당기고 있고 이전에 나에게 주던 것을 계속 나에게 주려 한다고 느끼지만, 전 그것을 더 이상 필요로 하지 않습니다."

해석을 뒤로 미루기로 한 내 결정이 옳았다고 생각했다.

에스더는 그때-여기의 전이를 회상하였지만, 지금-여기의 전이와 지금-거기의 가정 생활로 다시 돌아올 수 있었다.

"이 모든 일을 스스로 해 보고 싶습니다." 그녀는 다시 말했다.

"다른 한편으로 전 몹시 갈등하고 있습니다." 에스더가 말을 계속했다. "전 어머니 때문에 지치고 어머니 때문에 머리가 아픈 것 같습니다. 이제 학기가 시작되어서 아트와 함께 지낼 수 없습니다. 그가 예술 학교에서 저녁에 강의를 해야 되거든요. 저는 그를 잃어버릴까봐 걱정입니다. 그렇게 되면 제 마음은 상처를 입고 엄마에게 의존하게 되겠지요. 제가 아트를 필요로 한다는 걸 알지만, 그가 나를 돌보게 하기 위해 아플 필요는 없지요. 전 아트가 죽는 게 두려워요. 그는 저보다 나이가 많고 그의 어머니도 오십대에 돌아가셨습니다. 저는 그가 제게 가치가 있다고 생각하는 한, 그와 함께 있을 겁니다. 우리는 마음이 아주 잘 맞는데, 특히 자녀들 문제에 있어서 그렇죠."

"여기에 있을 것인가 아니면 여기를 떠날 것인가 라는 주제에서 완전히 벗어났군요." 그녀는 스스로 직면하였다. "여기에 오기 위해 아침 일찍 일어나서 아침 향기와 햇살을 즐기면서 한산한 거리를 달렸지요. 머지 않아 또 다시 아침 일찍 일어나야겠지요. 하지만 여기 오기 위해서가 아니라 직장에 출근하기 위해서, 그리고 아이들을 위해서겠지요." 그녀는 잠시 침묵하다가 짤막한 말을 덧붙였다. "몇 년 후엔 어떤 직업을 갖게 될까 상상하고 있습니다. 글쎄요 제가 쓸데없는 이야기를 하는 것 같군요."

"당신은 지금 여기 오지 않을 때 느끼게 될 애도의 공허함을 직면하기보다는 치료를 대신할 대체물에 관해 생각하고 있군요."

"맞습니다." 그녀가 인정했다. "흠. 몇 일간 아침에 일찍 일어나도 아무 것도 할 일이 없겠군요. 그리고 제 말을 들어줄 전문가가 없기 때문에 걱정될 때도 있을 거구요. 제가 여기 오지 않게 되어 어머니와의 관계가 악화되지 않을까 걱정이 됩니다. 전 지금까지 저 자신을 위해서 선생님과 관계를 맺어왔다고 생각해요. 어머니를 위해서 선생님과 함께 분석작업을 지속할 수도 있지만, 지금 당장은 그렇게 하고 싶지 않습니다."

"가을 학기에 많은 기대를 걸고 있다고 아트에게 말했습니다. 전 여러 가지 계획을 가지고 있거든요. 어쨌든 제 어머니를 이 계획에 끌어들여야겠어요. 내 계획에는 일부 제 언니의 아이들을 돌보는 일도 포함되어 있어요. 그래서 엄마를 만나보게 될 겁니다. 학기가 시작되고 나면 말입니다."

"아빠의 친구분처럼 선생님도 앓다가 돌아가셨다는 소식을 듣게 될까봐 걱정됩니다. 제가 계속 여기 오면 선생님은 편안하지 않으실 거예요. 따라서 제가 떠나서 선생님이 돌아가실 정도는 아니죠. 제가 좀 아프겠지만, 저는 이것도 직면할 준비가 되어 있습니다."

에스더는 작년에 내가 5주 동안 수술을 받느라 자리를 비웠던 일을 말하고 있다. 그녀는 자신이 집을 떠나면 어머니가 죽을 거라고 생각하곤 했고, 치료가 시작된지 몇 년 동안은 자신이 치료를 그만두면 내가 죽을 거라고 생각했다.

여기서 에스더는 그녀의 대상을 통제할 수 있다는 믿음과 관련된 과대적 전능 환상을 넘어서 상실과 불확실성을 직면할 수 있음을 보여주고 있다.

"선생님께서 우리의 관계에 대해 얼마나 관심을 가지고 계실까요?" 그녀는 생각에 잠겼다.

나는 '우리가 누구지요?'라고 묻는 나 자신을 발견했다. 그녀가 말한 것은 그녀의 부분들인가? 아니면 그녀와 어머니, 아트와 그녀, 그녀의 가족 전체, 나와 그녀? 나는 이 문제를 이렇게 저렇게 생각하다가, 그녀는 그저 자신과 아트를 의미한다고 생각했고, 그녀의 어머니와 달리 배제된 커플의 일원으로서 과연 나는 그녀를 받아들일 수 있는가 하고 생각해 보았다.

에스더는 증상이 좋아진 것에 관해, 그녀의 신체 자기로부터 시작해서 직장에서 활발하게 일하는 자기에 이르기까지 조목조목 이야기하기 시작했다. "적어도 제 몸을 좋아하는 건 확실해요." 그녀가 만족스럽다는 듯이 말했다. "저는 아직도 더 향상되어야겠지만 근본적인 결과에 대해 만족합니다. 이건 커다란 변화예요. 저는 여름에 근무하던 직장을 그만두었습니다. 좀 섭섭해요. 하지만 저는 더 이상 시원찮은 임시 근무자라고 느끼지 않아도 됩니다. 학교 선생님들이 원하는 통계치를 구하지 못한다고 해도 저는 더 이상 무가치하다고 느끼지 않습니다. 저는 최선을 다했고, 만약 그들이 제가 할 수 있는 것보다 더 많은 걸 요구한다면, 제가 도움을 얻을 수 있을 때까지 기다려달라고 요청하는 법을 배웠습니다."

그녀는 침묵했다. 이것은 부분적으로 내가 계속 침묵하고 있기 때문일 것이라고 추측하였다.

"전 제 생각을 저 자신에게 집중하고 싶어요." 몇 분 뒤 그녀는 말을 이었다. "전 제 자신을 더 많이 신뢰하는 법을 배웠습니다. 치료자가 오랜 시간 동안 아무 말도 하지 않을 때, 저 자신을 신뢰해야 했습니다. 친구들에게 선생님이 저에게 아무 말도 하지 않으셨다고 말한다면, 그들은 제가 선생님과 교착상태에 빠졌다고 생각할 겁니다. 하지만 그럴 만한 이유가 있습니다. 그들은 저처럼 어떤 견해를 원하거든요. 그들은 지시적인 치료를 원하지요. 좋은 것 같이 들리지만 그것은 스스로 이해할 수 없게 하죠. 결국 자신이 발견한 것이 아닌 다른 사람이 내놓는 해결책은 사람들 사이의 경계를 완전히 뭉개버릴 겁니다."

"전 우리가 해온 일에 대해 만족스럽습니다. 그리고 치료를 끝내는데 적절한 때가 있는지, 과연 그때가 지금인지는 확실히 모르겠지만, 그 시기가 언제인지도 모르면서 어머니를 위해 계속 치료를 받고 싶지는 않습니다. 제가 실행에 옮길 때까지는 그게 옳은지 모를 겁니다. 전 단지 그렇게 해보고 싶을 뿐이고, 지금이 그때인 것 같습니다. 그렇게 생각되는 또 다른 이유는 지금 저는 변화를 겪는 와중에 있지 않다는 것입니다. 제가 아주 한가한 시간을 보내고 있으며, 물론 해야할 일이 있다는 것도 압니다. 걱정은 되지만, 두렵지는 않습니다. 두려워하면 멈추겠지요. 그러나 어떤 것도 저를 멈추게 할 수 없다고 느낍니다."

에스더는 신체 언어를 말로 바꾸고, 종결에 따른 분리를 다루는데 성공하였다. 그녀는 관계에 대한 욕구를 인식하였고, 의존 상태로 가라앉기 쉬운 취약성에 관해 검토하였다. 그녀는 그녀 자신에 관해 좋게 느꼈고, 자율적인 인간이자 생산적인 커플의 일원으로서 역할을 하고 싶어했다. 그녀는 변화에 대한 두려움으로 압도되지 않았기 때문에 종결할 준비가 되었다고 느꼈다. 샤르프 박사 또한 종결할 준비가 되었다고 느꼈다.

회기 3

"오늘까지 3일 남았네요!"

"어머니를 만나러 갔는데, 마침 집안 식구들이 다 모여 있더군요. 아무도 첫째 조카에게 관심을 갖지 않기에 그 애와 함께 놀아주었습니다. 어린 둘째 조카를 돌보는 것보다 쉬웠기 때문이기도 했구요. 엄마는 제게 한마디도 하지 않으셨습니다. 학교, 직장, 아파트, 아무 것도 묻지 않더군요. 침범하다가 전혀 관심을 갖지 않게 된 누군가와 함께 있다는 건 재미있는 일이었어요. 어머니는 제가 하는 일에 관해서 아무 것도 알기를 원치 않았기 때문에, 어머니와 함께 시간을 보내지 못했다는 죄책감을 덜 수 있었습니다. 식구들은 사업과 관련된 집안일들을 제게 말해 주었습니다."

에스더는 경영에 대한 풍부한 지식을 가지고 회계업무나 경영에 관해 말했다. 그리고 아버지의 사업에 대해 관심을 보였는데, 이런 모습은 그녀가 경영대학에 다니고 있음에도 불구하고 처음 있는 일이었다. 그러면서 그녀는 자신의 재정 상태에 초점을 맞추었다.

"제 비자카드를 받았습니다." 이는 이제 돈이 없어도 물품 구입비, 임대료, 자동차 수리비, 가스 요금을 지불할 수 있게 되었기 때문에 그녀는 의기양양하게 말했다.

"오늘밤에 첫 수업이 있습니다. 교재도 있고요." 그녀는 다소 의도적으로 말했다.

"오늘밤엔 뭘 공부하는데요?" 나는 물었다.

"회계학이에요! 정확성이 아주 중요하게 평가되는 회사에서 근무하는 건 멋진 일일 거예요. 여름 학교 일을 그만두기 며칠 전, 저는 서둘러서 학과 과정에 대한 책자를 수정하는 일을 마쳐야 했습니다. 여전히 정리가 되지 않아서 엉망진창입니다. 학교에서는 왜 정리하는 일에 관심이 없는지 모르겠습니다. 사람들은 너무 천천히 움직여요. 오, 저는 그런 분야에서 일을 추진해나갈 수 있는 결정권을 좀더 가졌으면 좋겠습니다."

"당신이 그 일로 좀 신경이 거슬린다는 것은 잘 알겠습니다. 하지만 직업을 선택할 때는 거의 혼자서 작업하는 것을 원했고, 내가 개입하는 것도 원치 않았잖아요?" 내가 말했다.

"글쎄요. 저는 책을 많이 샀습니다." 그녀는 진지한 학생으로서의 정체감을 확인하며 말했다. "전 매일 저녁 한 장씩 읽어나갈 계획입니다." 그녀는 다시 종결에 관한 생각으로 돌아갔다. "내일은 8:20에 그리고 목요일은 9:10에 여기 올 겁니다. 그게 끝이에요. 이상하지 않으세요?"

나는 만감이 교차하는 것을 느꼈다: 그녀가 성취한 것 때문에 기뻤고, 그녀와 어머니 사이에 감도는 긴장감으로 인해 내 마음이 편치 않았으며, 어머니가 결혼을 인정해 주지 않아서 그녀가 남자친구에게 더 의존적이 되는 것은 아닌지 걱정이 되었다. 그리고 또한 청년기 내내 성장과정을 지켜 보아온 이 여성을 이제 떠나보내야 한다는 사실 때문에 슬펐다. 나는 그녀의 성숙과정이 공고화될 수 있도록 시간을 좀더 갖기를 바랬지만, 한편 이러한 내 생각에 대한 그녀의 반대 의견을 수용했다. 나는 서로 다른 우리의 의견을 함께 나누고 타협하는데서 어떤 즐거움마저 느꼈다. 나는 그녀가 치료를 종결하겠다고 생각하는 것이 이상하게 느껴지지 않았다.

"나 역시 종결이 머지 않았다는 걸 알고 있습니다. 이상한 게 있다면, 내가 당신을 여기 처음 왔을 때의 그 사람으로 생각하고 있다는 겁니다." 내가 대답했다.

"제가 여기에 처음 왔을 땐 아주 두려움이 많았죠." 그녀가 말했다. "그건 저 자신을 방어하기 위한 마지막 수단이었죠. 선생님은 아주 날카로워 보였습니다. 날카로운 샤르프 박사님! 하지만 전 분석이 팔 년이나 걸릴 거라고는 꿈에도 생각하지 않았습니다. 아버지는 지금 종결하는 것에 관해서 아무 말도 없으십니다. 아버지가 어머니와 다른 의견을 갖는다는 것은 상상할 수 없는 일이기 때문에, 정말로 아버지가 어떤 생각을 하고 계신지 궁금합니다. 아버지는 제가 스스로 결정을 내리는 걸 기뻐하실 거라고 저는 생각합니다. 저는 살아오면서 그렇게 해오지 못한 것 같습니다. 그동안 제 밑바닥에는 계속 어머니에게서 멀어지려고 하고, 나 자신이 되는 것에 대해서 아버지의 인정을 받으려고 하는 욕구가 흐르고 있었죠. 따라서 아버지의 의견이 더욱 문제가 되었습니다. 어머니는 항상 선생님과 제가 치료작업을 하는데 대해 질투하고 계시지요. 저는 어머니가 두 가지 점 때문에 질투한다고 생각합니다—제가 치료를 받는다는 점과 선생님이 저를 치료하신다는 점."

"지금 어머니가 제 치료의 종결을 원치 않는다는 말을 하니까 기분이 묘하군요. 전 어머니가 그러실 거라고 생각했거든요. '하하 샤르프 박사, 이제 그 아이가 당신을 떠나겠군요.' 하지만 그것은 당연한 거죠. 대부분의 사람들이 제 생각에 동의할 겁니다. 성장하게 되면 떠나야 하는 거지요. 저는 작년에 이 문제에 관해 많은 작업을 했지요. 이제 부모님은 이번 달 치료비와 마지막 학기 등록금만 내주시면 됩니다. 12월에 경영학 석사 학위를 받으면, 그것도 끝납니다. 그리고 나면 대학을 마칠 때 지하실에 갖다둔 상자 두어 개를 가지러 가는 것밖에는 아무 것도 할 게 없을 겁니다. 제가 홀로 서서 스스로 해나갈 수 있어서 기쁩니다. 어머니가 이 문제로 힘들어하고 있고, 저와 아트를 인정해 주지 않는 점이 안타깝지만 말입니다. 어머니가 아트와 이야기해 보지도 않고 무조건 반대만 하기 때문에 이제 그에 대해서 말씀드리고 싶지도 않습니다. 제가 어머니에게 상처받는 자리에 있을 필요는 없지 않아요? 그래서 저는 어머니와 접촉만을 유지한 채, 가끔 얼굴을 보여주고, 집안의 자질구레한 일에 대해서 이야기하지요. 거기에 어머니와 저는 진정으로 존재하지 않습니다. 그건 정말 안타까운 일입니다. 제게는 좋은 일들이 많이 일어나고 있어요. 선생님을 지도해 주신 선생님께서도 이 사실을 아셨으면 좋았을 텐데요. 그분은 멋진 노신사이셨죠. 그분은 제가 아트를 만났건 만나지 않았건 제가 좋아졌으리라고 확신하셨을 겁니다."

나는 그녀 말이 맞다고 생각했다. 그는 인간 본성에 대해 큰 믿음을 가지고 있는 사람이었다.

"그분이 현재 당신의 모습을 볼 수 없어서 슬픈가 보군요?"

"그렇습니다! 그분이 돌아가시기 전에 치료를 종결했더라면, 그분이 아버지를 설득해서 어머니의 생각을 바꾸게 했을 텐데요." 그녀는 애석하다는 듯이 말했다. "하지만 그땐 제가 준비가 안 되었죠."

나는 그녀의 이야기를 들으면서 그녀가 자신의 일정에 따라 종결을 하려고 한 이유 가운데 하나는 내가 죽기 전에 그리고 내가 건강한 상태에 있을 때 이 치료를 그만두려는 것이었음을 알게 되었다. 그녀가 그런 생각을 했던 당시에는 나 자신도 수술을 받은 직후였기 때문에 이 점에 대해 충분히 생각하지 못했고, 따라서 치료상황에서 이 문제를 다루지 못했다.

"저는 가을이 시작되기 전에 이틀 동안 푹 쉬려고 해요." 그녀는 일상생활의 이야기로 화제를 돌렸다. "저의 작은 휴가죠. 에어컨디션도 고치고, 벽에 그림도 장식할 거예요. 공부 계획도 세우고, 운동 시간표도 짜고, 자동차도 손을 볼 거예요. 또 제 이력서를 메릴랜드에 있는 모든 회계사 사무실에 보낼 겁니다. 그리고 나서 메릴랜드나 펜실베니아에 있는 학교 행정부서에 자리가 있는지 알아볼 작정입니다. 만일 그게 안 되면 제가 할 수 있는 다른 일을 찾아보려고 해요. 지금 하는 일은 괜찮습니다. 좀 따분하기는 하지만 스트레스를 받지는 않아요. 가끔 저는 너무 많은 것을 생각해요. 그건 어리석은 일인데 말이에요."

"자 이젠 선생님도 좀 끼워드릴까요?" 그녀는 놀리듯이 말했다.

"그래요, 자신의 계획에 나를 끼워 줄 여유가 있을 정도로 자신감이 있군요." 내가 동의했다.

이 회기에서는 병리가 드러나지 않았다. 에스더는 분석과정을 통해서 증상이 신체화되는 퇴행상태에서 완전히 회복되었다. 그녀가 직장 문제나 학위를 받는 일, 부모와 자신의 미래에 관해 이야기할 때, 나는 건강한 청년의 이야기를 듣고 있었다.

회기 2

"하루 남았군요!" 그녀가 말문을 열었다.

"어제 밤 학교 수업은 아주 좋았습니다. 그 수업 시간을 좋아하게 될 것 같아요. 저는 어제 수업 시간에 남자들을 눈여겨보았습니다. 남자들이 한 스무 명 가량 있었는데, 모두 자신의 사업 목표에 대해 간략하게 말했습니다. 대부분 그저 그렇더군요. 마음에 드는 남자들이 있는지 살펴보고 두루 두루 사귀어 보라고 한 어머니를 만족시켜 드리려 한다고 느꼈습니다. 관심이 가는 남자가 두어 명 있었지만, 아트보다 더 좋은 남자는 아무도 없더라고요. 아트보다 외모가 더 뛰어난 사람도 없었고, 더 성공한 사람도 없었습니다. 우리는 돌아가면서 장래 사업 계획에 관해 말했는데, 저도 허풍을 좀 떨었지요. 하지만 저는 '이 년 후에는 결혼해서 아기 낳고 잘 살고 싶다!'고 말하고 싶었습니다."

"그리고 여름 학교 사무실에 갔었죠. 제가 대리로 일했던 로웨 부인이 휴가 때 찍은 사진 몇 장을 보여주고 나서는 다른 방에서 컴퓨터 검색을 해달라고 하더군요. 알고 보니 지난 주에 자신이 무얼 원하는지 이해하지도 못한 채 저더러 도와주기를 바랬던 교장이 바보같이 그녀에게 똑같은 일을 다시 시킨 거예요. 저는 지난 주에 제게 준 똑같은 과제를 그녀가 맡게 되었다는 이야기를 듣고 기분이 좋았습니다. 그녀도 저처럼 같은 어려움을 겪겠지요. 저만 고생하는 게 아니라구요! 다른 점이 있다면, 그녀는 교장을 설득하느라고 말을 많이 한데 반해, 저는 교장이 결정하도록 잠자코 기다릴 뿐이었습니다. 저는 선생님이 그러셨던 것처럼 교장이 결정하기를 바랬습니다. 하지만 교장은 배우려고 하지 않더군요."

"로웨 부인은 내가 그녀 일을 대신 해주어서 고맙다고 했고, 모든 일이 잘 된 것 같다고 말했습니다. 그녀는 교사들이 힘들게 했을 거라며 나를 위로해 주었습니다. 그리고 나서 전화로 제가 일을 망쳤다고 말했습니다. 그녀는 항상 이런 식이었기 때문에 전 상처받지 않았습니다. 단지 웃으면서 고개를 끄덕였지요. '보상을 준 후에 비판한다 이거지.' 심리학 기본 과목을 공부할 때 읽은 내용입니다. 그녀가 칭찬하는 일은 피상적이었기 때문에 저는 그것을 무시했습니다. 그게 바로 그녀가 일하는 방식이죠. 그래서 전 급여를 청구하고 그녀가 휴가 때 찍은 사진을 보는 것 외에는 그녀를 볼일이 없습니다. 이젠 그녀와도 끝입니다."

"저는 어제 여기서 아이를 보았는데, 선생님이 어린 환자들을 어떻게 대하실까 궁금했습니다. 선생님이 가만히 앉아 있기만 할까, 아이들과 놀아 주실까 궁금하더군요. 로웨 부인은 교사들이 저를 칭찬하더라고 말했습니다. 그게 사실인지 아닌지 모르겠지만, 그런 말을 들으니까 기분은 좋았습니다." 에스더는 몇 분 동안 조용히 말없이 있었다.

나는 생각에 잠겨 있었다. 에스더는 어머니를 기쁘게 해드리기 위한 대안들을 검토해보았으며, 자신의 생각이 확고해졌다는 이야기를 했다. 그녀는 자신이 일해 주었던, 그러나 더 이상 만나고 싶지 않은 여자에게서 받은 긍정적인 피드백을 과도하지 않은 방식으로 즐길 수 있었고 지나친 스트레스를 받지 않고서도 부정적인 피드백을 받아들일 수 있음을 보여주었다. 나는 말이 많은 로웨 부인의 태도에 대한 에스더의 묘사에서, 그리고 내가 아동을 치료하는데 더 관심을 기울이는 것은 아닌가 하는 염려에서 나에 대한 부정적인 전이를 읽을 수 있었다. 나는 관리자에게서 받은 피드백에 대한 그녀의 말에 주로 관심이 갔고, 그녀의 침묵은 나의 피드백에 대한 기대를 나타낸다고 생각되었다.

에스더는 카우치에서 몸을 뒤척이며 말했다. "무슨 말을 해야 할지 모르겠어요. 조금 졸립네요."

"내가 당신에게 무슨 말을 할지 궁금해 하는군요." 내가 추측하였다. "지금쯤이면 당신도 잘 알고 있을 걸요."

"전 항상 그걸 알고 싶었습니다." 이번에는 인정하였다. "선생님은 저더러 추측하기를 바라셨습니다. 전 치료자가 누군가를 떠나보낸다는 게 어떤 것일지 상상할 수 없습니다. 그게 즐거울 거라고 생각되지는 않습니다. 선생님도 즐거웠다고 말씀하시지는 않겠지요. 재미있었다고 말씀하실 수도 있지만, 제가 특별히 재미있었는지는 모르겠습니다. 전 좌절을 주는 환자였지만, 많이 좋아진 것 같습니다."

"선생님은 지난 주에 저더러 문제가 생기면 다시 올 수 있다고 말씀하셨습니다. 그 말씀을 들으면서 저는 선생님이 제가 100퍼센트 건강해질 거라고 믿지 않는구나 라고 생각하였습니다. 저는 그게 현실적이라고 생각합니다. 비록 문이 열려 있고 모든 좋은 것들이 남아 있다고는 하지만, 선생님의 그 말씀은 그것들이 다 망쳐질 수도 있다는 말 같습니다. 하지만 전 그렇게 생각하지 않아요. 치료를 다시 받을 수는 없습니다. 전 선생님이든 다른 치료자든 그 누구와도 치료를 다시 시작하고 싶지 않아요. 그리고 추후 회기에 대한 이야기는 '선생님이 내가 좀더 치료를 필요로 한다고' 느끼게 만듭니다. 분명히 어머니는 그랬습니다. 어머니는 제가 절대로 치료를 종결할 수 없을 거라고 생각했죠. 하지만 이 점에서 전 두 분과 다릅니다."

"제가 바라는 만큼 성공을 이루지 못한다고 해도, 저는 그것을 다시 돌아오는 것과 연결시키지는 않을 겁니다. 만일 저 자신에게 실망한다고 해도, 저는 그대로 살 겁니다. 제 스스로 해낼 거예요. 제게 주어진 치료시간을 저는 다 써버렸습니다. 한없이 치료를 받을 수는 없습니다. 이제는 치료받는 일에 대해 생각하고 싶지 않습니다. 저는 치료를 끝내고 싶을 뿐 치료에서 무언가를 더 얻고 싶지도 않습니다. 제가 예, 다시 치료받으러 오겠습니다라고 말하는 것은 다른 사람을 즐겁게 만들기 위해서일 뿐이며, 그런 일은 상상도 하고 싶지 않습니다. 저는 문제가 발생할 때 스스로 해결할 수 있습니다. 앞으로 보면 아시겠죠. 지금 당장은 치료에 반대하는 입장이고 여기에는 의심의 여지가 없습니다. 팔 년 전에 저는 제가 도움이 필요하다는 사실을 인정했습니다. 저의 그런 능력은 사라지지 않았습니다. 만일 제가 정말 도움이 필요하다면, 그 사실을 알 수 있을 겁니다. 그리고 이 점이 제 가족들보다 나은 점이라고 생각합니다. 제 가족 중에서는 집중치료를 받은 사람이 아무도 없습니다. 저만 오빠의 죽음과 부모님의 우울증 문제를 다루었고 치료를 받았습니다. 하지만 이제 저는 치료받을 필요가 없습니다."

 그녀는 치료를 거부하기는 했지만, 아주 부드럽게 이야기했다. "푹신한 카우치! 다른 무엇인가가 아침에 나를 깨우게 되겠군요. 직장, 아기와 남편 그리고 학과 공부가 되겠죠. 전 이 카우치 위에 걸려 있는 그림이 보고 싶을 거예요." 그녀는 약간 갑작스레 그리고 투정부리듯이 덧붙였다. "그리고 선생님이 그림을 너무 많이 걸었기 때문에 그것들에 가려져서 오랫동안 보지 못한 제 고양이 그림도 보고 싶을 겁니다."

 에스더는 우리가 이전에 그냥 넘어갔던 민감한 문제에 대해 간단히 언급하였다. 고양이 그림은 덮여지고 잊혀진 그녀를 나타냈다. 그녀는 늘 그 고양이 그림을 좋아했다. 그녀는 어린 아동이 그린 그림이 자신의 그림 위에 걸린 것을 보았을 때 마치 누군가가 자기 카우치에 누워 있는 것처럼 화를 냈다. 그러나 그녀는 그것을 더 이상 문제삼지 않았다. 그녀는 치료를 마치기로 한 자신의 결정을 확실히 굳혔고, 나와 이야기를 나누는 것을 통해서 위로 받기를 거절하였다. 그녀는 치료 초기에 고양이 그림에 처음 반응을 보인 이후로 많은 진전이 있었다.

그녀가 말을 이었다. "저는 선생님이 지금 어떤 생각을 하고 계신지 상상하기가 어려워요."

나는 에스더가 내가 그녀에게 필요 없고 어느 정도 그녀의 경험 바깥에 있다고 느끼게 만든다는 생각이 들었다. 나는 그녀가 나를 밖으로 내몰았는지, 아니면 내가 밖으로 나가도록 내버려둔 것인지가 궁금했다. 그녀는 내게 만족을 주는 환자였기 때문에 나는 그녀가 떠나는 것이 많이 섭섭했던 것 같다. 하지만 나는 그녀의 물음에 대답하지 않았다. 왜냐하면 나는 그녀가 나의 감정을 어떻게 느끼고 있는지를 알고 싶었기 때문이다. 나는 그녀가 치료의 상실을 희화화하는 쪽으로 화제를 바꾸었기 때문에 실망스러웠다.

"제 이야기가 마지막에 옆으로 빗나간 것 같아 죄송해요." 그녀가 사과했다. "저는 환상 속에서 선생님께 자동차를 도둑맞았다고 말하는 것을 상상해요. 사실 그저 돈을 가지고 나가 다른 자동차를 사면 그뿐이겠지요. 그러나 제가 선생님께 그것을 보고 드리는 것은 아마도 선생님과 한번 더 극적인 사건에 대해 이야기하고 싶었기 때문일 겁니다."

"자동차를 잃어버린 환상은 이 치료의 상실을 나타냅니다." 나는 다시 종결에 관한 이야기로 되돌리면서 말했다. "그리고 돈으로 물건을 사는 것은 당신의 삶을 시작하는 것을 나타냅니다."

"저는 삶을 시작해보고 싶습니다." 그녀가 말했다. "제가 참을성이 부족하다는 걸 압니다. 지금은 안 되겠지만, 몇 년 후에는 자동차를 거래할 만큼 성장하겠죠. 제가 하기를 원하는 것은 이미 어제까지 다 마쳤기를 원합니다. 저는 거기에 선생님을 끼워드리고 싶지 않습니다."

"저는 의논할 일이나 분석해 볼 필요가 있는 일이 생길 때, 특히 큰 문제가 생길 때, 그 문제를 다룰 수 있는 장치를 잃게 되어서 섭섭할 겁니다. 하지만 저는 어떤 장치도 원치 않습니다. 저는 옛날에 그랬듯이 제 삶을 살고 제 문제를 스스로 해결해 나갈 것입니다."

여기서 에스더는 자율성을 확보하기 위해 나를 제외시키고 있음을 확인해 주었다.

"여름 학교 사무실과 상담실 사이에 유사성이 있는 것 같습니다. 전 전문가들만큼 잘 하지는 못하지만, 제 혼자 힘으로 살아남을 수 있습니다. 사람들은 저를 좋아했고, 저를 잘 대접해줍니다. 저는 거기서 주저앉지 않은 것 같이 여기서도 주저앉지 않을 겁니다. 제 스스로 황폐해지지도 않을 겁니다. 오히려 그 반대로 행동할 겁니다."

"당신은 스스로 하는 것이 나도 죽이지 않고 당신도 죽이지 않는 거라고 확신하는군요." 내가 확인해 주었다.

"흠, 하지만 그것이 제 어머니를 죽일지도 모릅니다. 그건 어쩔 수 없습니다. 어머니가 이번에 나를 지지해 주지 않는 것이 몹시 아쉽지만, 어머니가 꼭 그래야 한다는 법도 없고, 또 제가 어머니를 매주 찾아뵈어야 한다는 법도 없습니다. 제 법칙은 결혼 후에는 어머니나 아버지보다 남편이 먼저입니다. 그리고 부모님은 남편과 함께 잘 지내든지, 그렇지 못할 때에는 제외될 수밖에 없습니다. 제 가정의 가족이 되기 위해서는 제 배우자를 받아들여야만 합니다. 하지만 이것은 너무 앞서가는 이야기이군요."

"당신이 분석에서 제공하는 것을 전혀 받아들일 수 없을 것처럼 보이던 때가 생각나는군요." 내가 말했다. "그때 당신은 너무 화가 나서 나를 파괴시키는 즐거움을 택하고 싶어했죠. 그때가 아주 먼 옛날 같군요."

"예, 그런 것 같습니다. 제가 어머니의 생각을 무시할 수 있다면, 상황이 꽤 좋아 보였을 텐데요."

"비록 어머니의 불안이 사라지기 전에 치료를 끝내기로 선택했고, 당신이 학업을 마치기 전에 그리고 또한 내가 제안한 대로 시간을 두고 아트와의 관계를 검토해 보기 전에 치료를 종결하기로 결정했기 때문에 다소 아쉽기는 하지만, 당신이 자신의 진로를 스스로 결정하는 모습을 보니 흐뭇합니다." 나는 나의 주된 감정을 말했다.

"그리고 저는 삶에 대해서도 만족할 수 있게 되었습니다." 그녀가 말했다. "예전에는 즐거운 것이라곤 하나도 없고, 사람들이 모두 끔찍해 보였습니다. 지금도 여전히 욕이 튀어나올 때가 있지만, 저주를 받는다는 느낌은 없습니다. 저는 삶을 살 수 있고 즐길 수 있습니다."

나는 전반적으로 만족스러웠다. 나는 방해받지 않고 이 환자를 떠나보내는 애도과정을 겪고 있었다. 나는 그녀의 낙관주의를 공유할 수 있었고, 이제 그녀가 스스로를 돌볼 수 있다는 확신을 가질 수 있었다.

회기 1

에스더는 자리를 잡자마자 즐겁게 이야기를 시작했다. "다시는 초인종을 누르지 않아도 되겠군요. 주차할 자리를 찾을 필요도 없구요. 아침에 일찍 일어날 필요도 없어요. 그런데 치료비 청구서를 주시겠어요?"

나는 그녀에게 청구서를 건네주었고, 그녀는 말없이 그것을 받아들였다.

"전 거창하고 중요하게 할 말이 있었으면 했는데 그렇지 않군요. 여름 학교 일을 마쳤고 지금은 가게와 학교에만 나가고 있습니다. 글쎄요, 선생님 뭐 더 하실 말씀 있으세요?" 그녀는 도전적이고 다소 의기양양하게 말했다. 그녀는 내가 아무런 반응을 보이지 않자 청구서 봉투에 눈길을 주었다.

"그럼 이걸 열어보겠습니다." 그녀는 계산서에서 마지막 날짜를 보더니 소리를 질렀다. "서른 한 살! 서른 한 살에 종결이라."

그녀가 느끼는 기쁜 감정을 느끼면서도 다른 감정도 있지 않을까 궁금해 하면서 내가 물었다. "치료를 마치는데 대한 슬픔보다는 기쁜 감정에 차 있는 것 같군요."

"그래요! 어제 에어컨디션을 고쳤고요." 그녀가 말했다. "그리고 오늘은 싱크대를 손볼 거예요."

"당신은 스스로를 잘 돌보듯이, 그런 일들을 잘 돌보는군요." 내가 인정해 주었다.

내 말은 그녀가 그녀 자신을 위해 좋은 환경을 제공할 수 있지만, 그녀가 슬픔에 대해 좀더 직접적이고 진지하게 탐색하는 대신 일상적인 일에 대한 관심으로 도피하고 있는 것은 아닌지 궁금하다는 의미를 담고 있었다. 나는 그녀의 연상이 어디로 향하는지 보려고 기다렸다.

"싱크대와 에어컨디션 수리에 관한 이야기는 작별인사로는 적당하지 않은 것 같군요." 그녀가 인정했다. 그녀는 창문 밖 이웃집에서 일하고 있는 사람에게 눈길을 돌리면서 말했다. "저기 지붕 위에 있는 사람도 작별인사와는 해당이 없겠군요. 저 사람이 지붕 위에서 떨어진다면 거창한 작별인사로 기억되겠지만, 저 집은 공사를 마치지 못하겠죠."

"당신이 지붕 위에서 뛰어내리고 싶다고 말했던 때가 기억나네요. 그때 내가 부모님께 전화를 했죠." 내가 말했다.

"그게 자살할 수 있는 확실한 방법이니까요. 조금 극적이긴 했지만, 제가 한 행동에 대해 후회하지는 않아요. 부모님을 놀라게 해드렸다고 해서 죄송한 마음도 없구요. 선생님이 부모님께 전화해서 기뻤습니다. 저는 이제 그런 상태에서 잘 벗어났습니다. 하지만 부모님은 그렇지 못합니다. 부모님은 여전히 저에 대해 걱정이 많으세요." 이상하게도 이웃집 지붕 위에서 일하던 사람은 다른 사람과 합쳐져서 위험에 처해 있는 커플의 이미지를 형성하였다. "이제 지붕 위에는 두 사람이 있군요. 두 사람이 특별 보험이라도 들은 걸까요?" 그녀는 궁금해했다. 그녀는 부모에 관한 생각으로 돌아와서 말했다. "어쨌든, 저는 부모님이 여기에 오셔서 가족치료를 받았으면 합니다. 그래서 제가 두 분이 어떤 분인지, 그들을 제가 어떻게 느끼는지, 그리고 그들에게 제가 얼마나 가혹하게 대하는지 그리고 그들이 얼마나 제 앞에서 진땀을 흘리는지를 선생님께 보여드리고 싶습니다. 저는 항상 정서적인 문제에 대해 저 혼자만 작업해야 하는 것이 싫었습니다."

우연히 이웃집 지붕 위에 있던 두 사람의 이미지는 에스더의 치료과정에서 가장 어려웠고 나를 힘들게 했던 때를 되돌아볼 수 있는 기회를 제공하였다. 이것은 또한 그녀에게 위협적이지 않은 일상적인 말로 부모님에 대한 분노를 다시 표현할 수 있는 기회를 주었다.

"저는 제가 여기에 다시 오지 않게 되어 기쁘다는 말밖에는 할 말이 없습니다." 그녀가 기쁘게 말했다.

나는 그녀가 더 깊은 감정을 방어하고 있다고 느껴졌기 때문에 다음과 같이 말했다. "그래요, 스스로 할 수 있다는 안도감과 기쁨이 지금 당신의 지배적인 감정이군요. 혹시 다른 감정은 없나요? 말하자면, 꿈에서 드러난 감정과 같은 것 말이에요?"

"지난 밤에는 시간을 확인하느라고 여러 번 깼기 때문에 꿈을 꾸지 않았습니다." 그녀가 말했다. "치료시간에 늦을까 봐 걱정했어요. 그래서 마음이 불안했죠." 그녀는 갑자기 내가 곧 휴가를 갖는다는 사실에 초점을 맞추었다. "오, 선생님은 이제 휴가를 떠나시겠군요. 좋으시겠어요! 그 사실을 거의 잊고 있었습니다. 얼마 전만 해도 선생님이 휴가를 떠나시는데 대해 좀 불안했었는데, 지금은 전혀 그렇지 않아요. 그렇게 걱정되지가 않아요. 이제는 제 마음에 구름을 드리우게 하는 건 어머니뿐입니다. 전 어머니를 어떻게 해야 할지 모르겠습니다. 만약 좋은 생각이 떠오르면, 그대로 행할 겁니다. 저는 정말 그런 불안을 외부적인 요인으로 돌리고 저의 내부에서 오는 것이라고 인정하지 않았습니다. 저는 설사를 자주 했습니다. 저는 그것이 치료를 그만두는 것과 관련이 있다고 생각했지만, 그렇다고 해서 그것이 저를 멈추게 할 수는 없습니다. 두통이 그쳤듯이, 복통도 나아질 겁니다. 아마 날씨와도 관련이 있을 겁니다."

"당신의 설사 증세는 당신과 어머니의 관계가 완전히 좋아지지 않은 상태에서 이 치료를 그만두는 것에 대한 염려를 신체적으로 말하는 오래된 방식인 것 같습니다." 내가 말했다.

"그럴 수도 있겠죠. 하지만 이번에는 전과는 달리 고통이 없었고, 생활하는데 지장을 받지도 않습니다." 그녀가 대답했다. "저는 그것이 제 생활을 엉망으로 만들도록 내버려두지는 않을 겁니다."

에스더는 텅 빈 증상(empty symptom)을 경험하고 있었다. 이번 증세는 본래의 증상과 형태는 같지만, 그에 따른 고통이나 이익이 없는 것이었다. 그녀는 자신의 취약한 영역을 부인하지 않았고 더 이상 그 영역에 의해 지배되지도 않았다.

"어머니나 그 누구라도 저를 말리지 못해요." 그녀가 말했다. "제가 어머니를 진짜 미워한다면 문제는 훨씬 쉽겠지만, 전 어머니를 아주 많이 사랑하고 있고 또 그 사실은 변하지 않아요. 저는 여전히 어머니를 도와 드리고 어머니와 친하게 지내고 싶지만, 그런 감정이 있을 곳이 없습니다. 어머니가 마지막 분석비를 지불하고 나면 다시는 제게 돈을 주지 않을 것이고, 저 또한 돈을 타러 어머니에게 갈 이유가 없을 겁니다. 저는 꼭 필요할 때에만 어머니를 방문할 겁니다."

"선생님이 휴가를 떠나시는 게 정말 기쁩니다. 왜냐하면 그 때문에 제가 힘들지 않거든요. 요즘 저는 아주 낙관적입니다."

내가 말했다. "그래요. 당신은 긍정적인 기분이고 모든 것을 미래의 관점에서 생각하는군요. 당신이 두 시간 동안이나 좋은 기분을 지속할 수 있었다며 놀라던 때가 기억나는군요."

그녀는 웃으면서 말했다. "미래의 빛을 전혀 보지 못하는 것보다는 잠깐이라도 보는 게 낫겠죠. 이제 저는 텔레비젼 상품 광고에 나와서 '나는 행복할 권리가 있어'라고 온 세상에 말하는 모델이 된 기분입니다. 그리고 전 그것을 선생님 없이도 할 수 있습니다. 너무 매정하게 들리나요?. 하지만 전 할 수 있다고요! 그리고 어머니 없이 그렇게 할 수 있습니다. 그 때는 바로 지금이에요."

"지금이라구요?" 명확한 설명을 기대하며 내가 물었다.

"어머니가 제게 아무 것도 해줄 것이 없는 지금 말입니다." 그녀가 대답했다. "따라서 더 이상 어머니에게 돌아갈 필요가 없습니다. 저는 어머니가 제게 기대하는 것이 무엇인지 알아요. 하지만 그것은 제가 원하는 것과 정반대 되는 거에요. 어머니는 제가 다른 삶을 살고 다른 사람이 되었으면 하지만, 저는 어머니가 원하는 걸 할 수 없습니다. 치료를 끝내기에는 아직 조금 빠르다는 어머니의 말이 옳을 수도 있겠지만, 저는 어쨌든 치료를 끝낼 것이며, 어떤 일이 일어날지 두고 볼 겁니다."

"저는 여기서 아주 편안하다고 느낍니다." 그녀가 털어놓았다.

"잘 모르겠군요. 무슨 말이죠?" 내가 물었다.

"전 죽을 때까지라도 치료를 받을 수 있을 거예요." 그녀가 인정했다. "제가 느끼는 것을 이야기하면 선생님은 잘 듣고 말씀해 주시고, 백만 년이라도 계속할 수 있을 거예요. 치료를 끝내는 것이 더 위험스럽죠. 계속 치료를 받는 것이 더 안전할 거예요. 집에서 어머니와 아버지와 함께 사는 게 안전할 수도 있을 거예요. 하지만 전 그렇게 할 수 없습니다. 그것은 제 문제와 대면하지 않는 안전입니다. 전 그러한 삶이 건강한 삶이라고 생각하지 않아요. 저는 부모님을 떠날 수 있으며, 제가 문제를 해결할 수 있고, 꿈을 이해하고, 갈등을 해결하고, 우울에 빠지지 않고 슬픔을 경험할 수 있을 만큼 강해졌습니다. 다음에 해결할 문제는 현재하고 있는 일을 그만두고, 경영학 석사학위를 받은 후에 직업을 구하는 일입니다."

"저는 선생님에 대해 오래 두고 생각이 날만한 깊고, 어둡고, 두려운 감정을 느껴야 할 것 같은데, 제 감정은 그런 게 아닙니다. 저는 그저 기분이 아주 좋아요."

이제 나는 한 마디 해도 되겠다고 느꼈다. 치료의 종결에 대해 느끼는 그녀의 즐거움을 나 역시 공유하고 있었지만, 그녀의 매우 좋은 기분에 비해 나는 상당히 냉랭한 감정을 느꼈다.

그녀는 자기 자신에게 물었다. "제가 두려워할 수 있는 게 무엇이 있을까요?" "제가 제 전공에 맞는 직장을 구할 수 있을지에 대해 걱정하는 것 같습니다. 또 아트가 심장발작으로 죽을까봐 불안하구요. 그렇습니다. 이게 전부입니다. 흠 … 선생님을 기쁘게 해드릴 수 있는 어떤 말을 했으면 좋겠는데."

나는 그녀가 나의 표정 변화를 눈치챘을 거라고 느끼면서 물었다. "내가 행복하지 않다고 느꼈나요?"

"아뇨, 전 단지 너그러운 마음이 들어서요." 그녀가 대답했다.

"당신이 목표로 삼은 것을 성취했다고 느낄 때 나도 기쁩니다." 내가 말을 꺼냈다.

"마법의 약은 아니었죠." 그녀가 끼어 들었다. "저는 또 한 번의 기회를 얻기 위해 왔습니다. 그리고 그걸 갖게 되었죠. 이제 제가 그걸 가지고 무엇을 할지 지켜볼 일만 남았습니다."

내가 말을 계속했다. "당신은 이제 미래에 대해 자신감과 희망을 갖는 단계에 도달했고, 더 이상 나를 만날 필요가 없게 되었습니다. 내 생각에 당신은 독립하는 당신을 바라보면서 어머니가 느끼는 슬픈 감정에 관해 그리고 이 모든 시간과 작업을 함께 해온 내가 당신을 떠나보내면서 느끼는 상실감에 대해서는 생각하기를 원치 않고 있는 것 같습니다. 당신에 대한 내 감정을 인식하는 것이 당신이 치료를 끝내는 것을 방해할까봐 두려워하기 때문인지 모르죠."

"선생님이 저를 그리워하리라는 것은 상상하기 어렵군요." 그녀가 말했다. "도대체 이보다 이상한 관계가 있을까요? 선생님만 제외하고는 모든 사람에 대해서 그리고 모든 것에 대해서 이야기했죠. 그래서 저는 선생님이 어떤 감정을 느끼실지 잘 모르겠습니다. 하지만 중요한 일은 제가 어떻게 느끼느냐 입니다. 저는 기분이 좋습니다. 전 아마 치료를 끝내는 것을 아쉬워하지 않을 겁니다. 전 치료가 필요하지 않거든요. 이제 가야 할 시간이 된 것 같아요. 안녕히 계십시오. 그리고 고마웠습니다."

그녀가 나를 한 사람의 인간으로보다는 치료 전문가로 보았다는 사실이 다소 상처가 되었지만, 그것은 아마도 내가 그녀의 근저에 있는 슬픔을 계속 건드림으로 해서 자초한 것일 것이다. 에스더는 치료자로서의 나보다는 치료 그 자체를 그녀가 등을 돌린 "어머니와 아버지 두 사람으로" 생각하고 있다는 사실을 나는 깨달았다. 나는 그녀가 배우자 선택에 대한 모든 의구심이 해결되기 전에 치료를 끝낸 것과 그녀가 보다 전문적인 직업을 갖기 전에 종결하겠다는 그녀의 결정을 받아들여야 했던 것 때문에, 그녀가 떠나게 된 것에 대해 여전히 슬픈 감정을 가졌으나, 치료작업을 통해 그녀와 내가 함께 이루어 낸 극적인 과정에 대해 깊은 만족감을 느꼈고, 그녀가 자신의 미래를 끌어안게 된 것을 기뻐하였다.

샤르프 박사의 남은 과제는 자신으로부터 독립하려는 에스더의 욕구를 받아들여 주고, 그렇게 함으로써 샤르프 박사를 떠나 그녀 자신의 자율성을 찾을 수 있게 하는 것이었다. 자녀들이 학교에 가기 위해 집을 떠난 후 혼자 남은 부모가 그러하듯이, 분석가는 젊은 청년이 보통 방어하기 쉬운 상실의 감정을 담아주어야만 한다. 에스더는 스스로 분석 능력을 획득했기 때문에 종결할 준비가 되었다. 그녀는 꿈과 아직도 남아 있는 신체 증상을 해석할 수 있다. 그녀는 능률적으로 공부하고 일할 수 있다. 그녀는 자신을 사랑하고 존중하며 헌신적으로 대해 주는 남자를 사랑할 수 있다. 그녀는 어머니의 관심과 부모의 인정을 상실하는 엄청난 고통을 견딜 수 있다. 그녀는 자신의 삶에서 우선 순위를 정할 수 있고, 직업인으로서, 아내로서, 엄마로서 자신의 미래에 대해 기대할 수 있다. 마지막으로 그녀는 분석가에 의해 영향받지 않고 독자적으로 결정을 내릴 수 있다.

제 15 장

통째로 듣는 분석 사례 이야기

실비아 커의 개인력

실비아 커는 작은 체구에 머리칼이 붉은 39세의 기혼 여성이다. 그녀는 어떤 일이 발생해서 다섯 살 난 소중한 그녀의 딸 위니가 죽을지도 모른다는 불안을 갖고 있었다. 커 부인은 12세에 어머니를 잃었다. 이제 그녀는 아이를 잃게 되는 것을 걱정하였다. 위니는 잠투정이 심하고 불합리한 공포를 느끼는 불안한 아이였다. 커 부인은 아이에게 격노했다. 그러나 그녀는 자신의 분노와 위니에게 해로운 일이 일어날 것이라는 두려움 사이의 연결을 보지는 못했다.

실비아 커는 서부 해안에서 나이든 부모의 외동딸로 자라났다. 그녀의 부모는 모두 이전에 불행한 결혼을 했던 경력이 있었다. 어린 시절에 실비아는 부모의 신경을 건드리지 않기 위해 결코 자신이 느끼는 것을 그대로 표현해서는 안 된다고 느꼈다. 그녀는 완벽하게 착한 아이가 됨으로써 부모님을 기쁘게 해드려야 한다고 생각했다. 이에 반해 그녀의 딸은 상당히 반항적이었다.

실비아의 어머니는 운동 선수였는데, 신체적인 매력은 없지만 참을성이 많고 헌신적인 여성이었다. 두 사람은 함께 있는 걸 좋아했다. 어머니는 그녀에게 고함을 치거나 화를 내지 않았다. 그것은 아마도 실비아가 항상 어머니의 소망에 따랐으며 어머니의 관심에 따라 자신의 관심사를 형성했기 때문이었을 것이다. 말썽을 피우는 딸아이와는 판이하게 달랐다. 실비아와 어머니는 함께 즐거운 시간을 보내는 일이 많았다. 그들은 대부분 클럽에서 테니스를 치거나 어머니가 키우는 챔피언 라브라도(개의 일종—역자)를 손질해 주고, 운동시키고, 훈련시켰다. 그녀의 아버지는 해군 장교로서 한 달에 한번씩 바다로 나가야 했기 때문에 항상 곁에 있지는 못했지만, 어머니보다 신체적인 매력이 있었다. 실비아는 아버지를 무척 좋아했다. 아버지는 실비아가 너무 많은 시간을 어머니와 개와 보내느라고 또래 친구가 별로 없는 것을 못마땅해 하였다. 그는 너무 가깝게 지내는 엄마와 딸을 떼어 놓으려고 했지만 실패하였다. 아버지가 휴가를 나오거나 해안근무를 할 때면 실비아는 부모님과 함께 침대에서 잘 수 있었으며, 그 일은 매우 흥분되는 일이었다고 기억했다.

그녀가 12세였을 때, 아버지는 그녀를 8주 동안 캠프에 보내는데 성공했고, 여기서 그녀는 새롭게 자라나는 자율성을 발견했다. 그녀는 집에 돌아와서는 친밀함을 요구하는 어머니의 소망을 거절하였으며, 동시에 어머니가 자신을 위해 많은 것을 해주려 하지 않는다고 화를 내었다. 헌신적인 돌봄을 기대했던 그녀는 어머니에게 크게 실망했다. 실비아는 조그마한 불편에도 화를 내며 불만을 터뜨렸고, 반항적이 되어 주변 사람들을 불쾌하게 했다. 그녀는 이러한 변화의 원인이 어머니의 병 때문이라는 사실을 깨닫지 못했다. 늦여름 어느 날, 어머니는 수영복을 갈아입다가 의식을 잃었다. 실비아가 마지막으로 본 어머니의 모습은 벌거벗은 채로 구급차에 실려 가는 모습이었다. 그녀는 병원에 가는 것이 금지되었다. 어머니는 즉시 수술을 받았지만 일주일 간 혼수상태에 있다가 돌아가셨다. 실비아는 어머니를 다시 보지 못했다. 그녀는 마음에 평정을 잃지 않은 것 같이 행동했지만, 개와 함께 달리다가 발목을 삐었고, 발목이 퉁퉁 부은 덕택에 그녀는 마음놓고 동정을 받을 수 있었다.

실비아의 아버지는 해상 근무를 계속하기 위해 그녀를 남녀공학 기숙학교로 보냈다. 그녀는 이 학교에 가는 것을 싫어했다. 아버지는 데이트를 시작했고, 실비아는 이 사실을 모르고 있었다. 그리고 한 학기를 마치기도 전에 아버지는 재혼하셨다. 학교에서 집으로 돌아가 보니 어머니 대신 다른 여자가 있었다. 하지만 새어머니는 직장생활을 하였기 때문에, 실비아와 하루 종일 지낼 수 없었고 친한 관계를 유지하지 못했다. 그래도 실비아는 집에 있고 싶어했지만, 아버지가 허락하지 않았다.

학교 상담 선생님은 불행한 그녀를 도우려고 했다. 그러나 실비아는 버림받고, 거절당하고, 고립되고, 사회에서 소외된 느낌을 감히 털어놓을 수가 없었다. 그녀는 죽은 어머니를 그리워하였으며, 어머니가 돌아가실 때 못되게 굴었던 걸 생각하면서 괴로워했고, 자신의 행동 때문에 어머니가 돌아가셨다고 생각했다. 그녀는 어머니와 작별인사조차 못했던 일이 한스러웠으며, 혼자 남게 된 것이 싫었다. 이전에 좋아했던 아버지는 자신의 자리를 차지한 새어머니에게만 마음을 빼앗겼으며, 새어머니는 그녀를 사랑하지 않았다. 그래도 다행한 일은 재혼한 그들 사이에서 아이가 태어나지 않았다는 점이었다. 그러나 결국 아버지 역시 새 아내와의 관계가 힘들어지자 결혼생활을 끝냈다. 다만 실비아가 결혼할 때까지 이혼을 미루었다.
　대학에서 실비아는 성적은 좋았지만 친구들 사이에서는 내숭을 떤다는 말을 들었다. 그녀는 학급 동료 간에 성적인 관계를 맺는 것을 싫어했으며, 그들로 인해 불쾌하게 흥분된다고 느꼈다. 그녀는 폭식으로 살을 찌우다가 탈진 상태가 될 때까지 굶었으며, 결국 그러한 증상이 발견되어서 부모님은 그녀를 집에서 데리고 있기로 작정하였다. 그후 그녀는 학업을 마치기 위해 대학으로 돌아왔고 남은 기간을 잘 지냈다. 그녀는 대학을 졸업하고, 개 조련사가 되고 싶었지만, 아버지의 제안에 따라 샌디에고의 해군기지에서 민간인 사무원으로 일하기 시작했다. 그녀는 그 일을 좋아하지 않았지만, 독립해서 사는 생활이 좋았고, 차츰 사람들과 어울리는 것을 즐기기 시작했다. 결국 그녀가 성적인 활동을 시작하였을 때, 그녀는 자신이 놀랍게도 성적으로 민감한 사람임을 발견하였다. 그녀는 한 남자에게 많은 애정을 쏟으면서 장기간의 관계를 발전시켰으나 그는 믿을 수 없는 사람임이 드러났다. 그녀는 다시 치료를 시도했으나, 치료자는 너무 차가운 사람이었다.
　실비아는 남자, 치료, 일자리 모두를 포기한 채, 개와 함께 일하고 싶은 자신의 꿈을 이루기 위해 산타바바라로 이사했다. 그녀는 개 사육장에서 조수로 일하면서 그곳을 운영하는 가족과 함께 살았다. 그들은 그녀를 가족처럼 대해 주었다. 그녀는 그곳에서 활짝 피었다. 그녀는 자신이 "바위"라고 부른 너그럽고 인내심이 많은 남자를 만나 결혼했다. 그의 직장 때문에 오마하로 이사할 때까지는 모든 일이 잘 되어갔다. 그녀는 꿈이 있었고, 자기 스스로 선택한 직업이 있었으며, 그녀를 가족처럼 받아 준 사육장 사람들의 지지가 있었다. 이제 그녀의 삶은 두 번째로 남자의 야망 뒤에 놓이게 되었다. 하지만 적어도 이번에는 이 남자가 그녀와 함께 있고 싶어했다.

　이제 결혼한 커 부인은 안락한 집안을 꾸미는데 마음을 쏟고, 새로운 사람들과의 관계를 발전시키고, 아이를 낳기 전까지 동물병원에서 일하면서 이러한 상실에서 벗어나려고 했다. 그녀는 자신이 원했던 대로 여자아이를 낳았고, 딸아이에 대한 사랑과 책임감에 압도되었다. 그녀는 어머니로서 이 사랑스럽고 예쁜 아기를 돌보는 것을 좋아했다. 이 아기, 즉 위니가 3세가 되었을 때, 커 부인은 다음 아이를 갖게 되었다. 그녀는 임신 개월 수보다 배가 부른 것 같았는데, 태아가 딸 쌍둥이라는 사실을 알고는 흥분했다. 바로 그때 시어머니에게 두 번째 뇌출혈이 왔고, 그녀의 건강 상태는 예측할 수 없었다. 커 부인은 몇 주마다 간호하기 위해 웨스트 코스트로 달려가야 했고, 그녀는 자신이 신뢰하는 가정부와 남편에게 위니를 맡겨 두고 떠나면 여행이 훨씬 편하다는 걸 알게 되었다. 시어머니는 결국 요양원으로 가게 되었다. 이로 인해 그녀는 친어머니를 잃었을 때 느꼈던 고통을 다시 느끼게 되었다. 그녀가 딸 쌍둥이를 낳은지 얼마 되지 않아 시어머니가 돌아가셨다. 위니는 어머니가 임신해 있는 동안 어머니를 보지 못한 일, 어머니가 친할머니가 돌아가신 후 슬픔이 빠져 있던 일 그리고 어머니가 두 쌍둥이 동생들을 돌보는데 몰두해 있던 일로 인해 마음의 평정을 잃어버렸다. 위니는 계속해서 반항하고, 불안해 하고, 미워했다. 커 부인은 위니를 보면서 자신이 십대 초에 어머니가 아프셨을 때 얼마나 버릇없게 굴었는지가 떠올라서 고통스러웠다. 커 부인은 시어머니와 사랑스런 딸아이를 모두 잃어버렸다고 느꼈다. 게다가 남편의 직장 때문에 다시 워싱턴으로 이사를 가야했다.

증상

　스트레스가 증가하면 커 부인의 증상은 악화되었고, 어린 시절에 느꼈던 두려움이 다시 나타났다. 그녀는 자신이 통제할 수 없는 세력이 위니에게 해를 입힐 것 같아 두려웠을 뿐만 아니라 그녀 자신이 위니에게 그렇게 할까봐 걱정하였다. 나쁜 일이 일어날 것 같다는 불안은 그녀가 어머니를 잃기 전부터 가지고 있던 문제였다. 그녀는 심장이 두근거려 자다가도 벌떡 일어나곤 했다. 그녀는 불을 제대로 껐는지, 가스 누출이나 전기 기구의 위험을 체크하는 버릇이 생겼다. 그녀의 종교생활은 미신적이었는데, 이러한 버릇은 그녀의 종교적 신념과는 배치되는 것이어서 이에 대해 깊은 수치감을 느끼고 있었다. 그녀는 갑자기 분노를 폭발시켰으며, 주체할 수 없이 눈물을 흘리고, 과자를 엄청나게 먹어 대고, 그러다가 날씬한 몸매를 유지하기 위해 다이어트를 하곤 하였다. 그녀는 연로한 아버지와 어울리려고 하지 않았으며, 클럽에서 테니스를 즐기거나 가족들의 사랑에서 기쁨을 느끼지 못했다. 그녀는 어머니에 대한 기억을 회상하는데서 기쁨을 얻었지만, 고통스럽게도 어머니의 목소리를 기억할 수 없었다. 그녀는 두 번 치료를 받았지만 증상은 누그러지지 않았다. 그녀는 항상 피로했고 자존감은 밑바닥에 떨어져 있었다. 기능적인 측면에서 그녀는 신뢰할만하고 헌신적인 아내이자 어머니였으며, 좋은 친구였고, 이타적인 자원 봉사자였다. 따라서 사람들은 그녀의 어려움을 거의 눈치채지 못했다. 그녀는 아침부터 밤까지 다른 사람들을 돌보았다.

분석을 위한 평가 면담

커 부인은 나(JSS)와 이야기를 나누면서, 지난 25년 동안 우울증을 앓아왔으며, 모든 일을 잘 했던 것이 오히려 우울증 때문이었음을 깨달았다. 그녀는 대학에서 우수한 학점을 받고, 성공적인 결혼생활을 하고, 세 자녀를 두고, 테니스 클럽에서 "A"팀에 소속되고, 개 조련사로 기술을 익혔다. 그러나 이 모든 일들은 정서적으로 상당한 희생을 요구했고 그녀를 매우 지치게 만들었다. 그녀는 자신의 고통의 깊이와 폭에 대한 통찰에 이를 수 있게 해준 것에 대해 내게 감사했다. 분석을 받는 것이 고통의 세월에서 벗어날 수 있는 마지막 기회이며, 나와 분석을 하겠다는 결론에 이르렀다. 그녀는 이것을 사느냐 죽느냐의 문제가 걸린 기회라고 했다.

이전의 치료는 충분하지 못했다. 그 이유는 그녀가 어머니를 상실한 문제를 직면하는데 필요한 집중적이고 장기적인 치료관계를 충분히 제공하지 못했기 때문인 것으로 보였다. 개인력, 증상, 이전 치료의 실패, 나의 언급을 사용하는 능력 등으로 볼 때, 그녀에게는 분석치료가 적합한 것으로 판명되었다. 커 부인은 분석 치료를 받기에 좋은 후보자였으며, 경제적인 능력도 있었다. 그녀는 머리가 좋고, 명료했으며, 심리적인 소양을 가지고 있었고, 정서적인 표현 능력이 뛰어났으며, 정력적이었고, 자신의 목표나 치료 원리에 헌신할 수 있는 능력을 가지고 있었다. 그녀를 치료하는 분석가로서 나는 이처럼 명민하고 헌신적인 사람에게 신뢰를 받는 특권을 누리게 되어 기뻤다. 그러나 다른 한편, 초기 상실의 개인력, 치료에서 실패한 경험, 강박적 증상, 격노의 깊이, 분석에 대한 결연한 태도 등을 고려할 때, 그녀를 치료하는 일은 지치게 하는 경험이 될 가능성이 많다고 느꼈다. 이번만은 철저한 치료가 이루어져야만 했다. 나는 앞으로 분석작업을 전망하면서 겸허한 마음이 들었다.

대상에 대한 분노, 자기 안에 있는 나쁨 그리고 죽음의 위협

커 부인은 떨리는 마음으로 분석을 시작하였다. 그녀는 자신의 나쁜 면이 드러나는 것을 두려워하였다. 그녀는 화 내는 것을 두려워하였고, 나를 화 나게 하는 것을 두려워하였다. 그녀가 화가 났다고 인정할 때마다 위니나 쌍둥이 딸에게 무언가 끔찍한 일이 일어날 것 같이 느껴졌고, 그때마다 먹지도 않고 자기 자신을 아프게 만들었다. 나는 그녀가 안전하다는 느낌을 유지하기 위해 분노를 어떻게 제거하는지에 대해서 이야기하였다. 그녀는 자신이 나쁨의 요소로 가득 차 있다는 느낌을 회피하기 위해 분노를 그녀가 통제할 수 없는 외적인 세력에게 투사하였고, 그리고 나서는 가족에게 나쁜 일이 일어날까봐 두려워하였다. 그녀는 또한 분노를 자신의 몸(그녀의 상상적 공간 바깥에 있는) 속으로 투사했으며, 따라서 자신을 나쁜 사람으로 느꼈다.

그녀가 이런 식으로 분석 장면에서 분노를 투사하였을 때, 나는 그녀가 어머니에게 화가 난 것을 회피하기 위해 위니에게 화를 내고 또 그런 자신을 증오했던 것처럼, 나에게 화가 난 것을 인정하려 하지 않는다고 말했다. 그녀는 "저는 선생님께 감히 화를 낼 수가 없습니다. 누군가가 저를 버리는 끔찍스런 일이 일어나는 것이 두렵기 때문입니다. 부모님 두 분 모두 저를 떠나셨습니다"라고 대답했다. 이 단계에서 주요 과제는 그녀가 분노감을 느끼고 그것을 직접적으로 표현하도록 돕는 것이었다.

그해 겨울 시어머니의 추모일에 그녀의 애도 감정이 분출되었다. 그것은 우리 두 사람 모두에게 상당한 해방감을 주는 일이었다. 그때 나는 감기에 걸렸다. 커 부인은 내가 감기에 걸려서 그녀의 이야기를 잘 듣지 못한다고 불평하였다. 나는 기침을 억제하려고 했지만, 그럴수록 기침은 더 심해질 뿐이었다. 그녀는 나를 동정해 주지 않고 어머니의 병이 그러하였듯이, 내 병이 그녀에게 해로운 영향을 준다고 단단히 화가 났다. 내가 감기 때문에 하루 휴가를 냈을 때, 커 부인은 건강하던 어머니가 갑자기 돌아가셨을 때 그랬던 것처럼 갑자기 풀이 죽었다. 그녀는 분노의 감정을 담아두지 못했다. 그녀는 병으로 나를 잃을지도 모른다는 두려움에서 야기된 격노를 나에게 직접적으로 표현하는 대신 아이들에게로 전치시켰다. 그녀는 아이들에게 고함을 질렀다. 그리고 나서 그녀는 아이들이 죽을 것 같아 밤새 걱정하였다. 그녀는 나에 대한 사랑이 실패했기 때문에 내가 병이 났다고 느꼈다. 이러한 일은 어머니와 나를 통제하려는 그녀의 전능 소망에 대한 첫 번째 암시였다.

커 부인은 돌아가신 어머니와의 이상화된 관계에 대한 이야기에서 다섯 살 난 딸아이와의 나쁜 관계에 대한 이야기로 주제를 옮겼다. 딸아이는 커 부인의 불안을 모두 물려받았으면서도 아버지의 안정감은 하나도 물려받지 못한 것 같았다. 커 부인이 증오스런 사고의 힘에 의해 압도될 때면, 그녀는 문을 잠궜는지 확인하고, 가스가 누출된 것은 아닌지 냄새를 맡았으며, 그녀의 분노로부터 가족을 보호하기 위해 하느님과 거래를 하였다. 그녀는 이러한 의례 행동을 가족들도 모르는 비밀로 유지했다. 그녀가 이 일에 대해 나에게 상세하게 이야기했다는 사실은 내가 제공하는 안아주는 환경을 그녀가 신뢰할 수 있었음을 보여준다. 나는 그녀가 가진 분노의 파괴적인 힘을 인정할 수 있을 만큼 나를 신뢰하고 있다고 말했다. 그녀는 견고하게 자리잡은 이러한 의례 행동에 도전하기를 원했다. 하지만 그러한 행동의 의미를 탐색하는 것은 두려워했다. 왜냐하면 그렇게 함으로 인해 항상 그녀를 떠나지 않는 죽음의 위협으로부터 보호받지 못할지도 모른다는 생각 때문이었다.

흥분시키는 대상관계

분석 초기 단계의 어느 날, 커 부인은 냉랭하게 말했다. "아무도 제가 원하는 만큼 저를 돌보아 주지 않고, 저 자신도 그렇지 못합니다. 이 분석을 통해서 제가 깊이 알게 된 것은 저 자신이 부모님이 주는 그런 사랑과 돌봄을 원한다는 것이었습니다. 그것은 너무나 강한 갈망이었고, 부모님이 존재하지 않기 때문에 가질 수 있는 것이 아니었습니다. 나는 남편이나 아이들의 사랑과 같이 다른 형태의 사랑을 원하고 있지 않습니다. 남편과 아이들은 내가 원하는 것을 줄 수 없습니다. 어떻게 해볼 수가 없다는 사실이 저를 더욱 화 나게 만듭니다. 저는 그것을 필요로 합니다. 저는 제가 단지 결핍된 세포 덩어리에 불과하다고 느낍니다. 그게 제가 먹기를 거부하는 이유입니다. 저는 저 자신에게 과자 하나도 줄 수 없습니다. 저는 과자 한 봉지를 다 먹어치우고 나서 심장이 뛰는 바람에 밤중에 일어나곤 합니다. 그래서 저는 어느 것도 거의 먹지 않습니다. 저는 결핍된 끔찍한 세포들을 없애기 위해 굶고 있습니다. 저는 쉬지 않고 게걸스럽게 먹어치우는 괴물 같이 보이는 걸 원치 않습니다."

이제 커 부인은 사랑을 받지 못한 것에 대한 분노 감정을 표현할 수 있었다. 그러나 그녀는 여전히 무언가를 필요로 하고 갈망한다는 느낌을 인정하지 않았다. 그녀는 이처럼 자신이 억제되어 있다는 사실 때문에 슬펐다. 왜냐하면 그 억제는 그녀로 하여금 자신의 삶과 가족과의 삶을 즐기지 못하게 했기 때문이었다. 나는 이러한 내적 투쟁의 외적 징후로 인해 걱정하였다: 그녀는 눈에 띄게 여위었고, 청소년기부터 시작된 거식증을 앓고 있었다. 그녀는 지금 청소년기의 갈등을 재현하고 있는 것인가? 내가 그녀의 성인기 거식증을 그것이 위험해지기 전에 이해할 수 있을 것인가?

여기서 우리는 박탈되었다는 느낌과 갈망을 특성으로 하는 흥분시키는 내적 대상관계의 힘을 엿볼 수 있다. 이 흥분시키는 내적 대상은 다시 거절하는 내적 대상관계에 의해 억압된다. 이러한 억압된 내적 대상관계들 사이의 역동은 그녀의 중심적 자기와 이상적 대상이 갖는 기능과는 반대 방향으로 작용했다. 커 부인은 좋은 남편과의 만족스러운 관계에서 이상적인 대상을 재구성했고, 그와의 관계에서 그리고 지역사회에서 일상적이고 만족스러운 상호작용을 통해서 중심적 자기를 재발견했다. 하지만 이러한 일들은 억압된 대상관계가 가하는 맹공격 앞에서 무색해졌기 때문에 그녀에게 거의 기쁨을 가져다 주지 못했다. 우리는 또한 공격성과 죽음에 대한 공포를 그녀의 몸 속으로 투사하는 것을 볼 수 있었다. 커 부인은 거의 굶어죽는 상황을 통해서 죽는 순간의 어머니와 연결되는 경험을 재창조하려고 하였다.

분열과 투사적 동일시

초기 단계에서 나는 커 부인의 꿈속에서 종종 그녀를 친절하게 집으로 초대하는, 좋은 사람으로 나타났다. 동시에 그녀가 자원 봉사하고 있던 기관의 사회사업가인 그녀의 좋은 친구는 나쁜 사람으로 나타났다. 나는 커 부인에게 그녀가 나에게서 분열시킨 나쁜 측면이 그 친구에게 투사된 것 같다고 말했다. 이러한 해석 이후에 그녀의 꿈은 계속해서 나와 따뜻한 관계를 맺기 원하는 갈망을 드러냈다. 그러나 그녀는 치료실에서 내가 무슨 말을 할 때나 치료실 밖에서 그녀를 보지 못한 채 차를 몰고 지나갈 때 "철저하게 냉담한" 사람으로 경험하기 시작했다.

역전이에서 나는 좋은 환자가 되려는 그녀의 헌신, 그녀의 감사 그리고 나에 대한 그녀의 긍정적인 감정을 감사하게 느꼈다. 다른 한편 나는 그녀가 내가 손을 흔들어 주기를 바라는 기대를 통해서 나를 통제하고 있다고 느꼈다. 나는 내가 냉담하게 지나쳤다고 말하는 그녀의 불안과 그녀의 체중 감소에 대한 나의 불안 모두에 의해 압력을 받았다. 나는 우리가 차를 몰고 가다가 얼마나 자주 서로 지나치게 되는가를 생각하면서 압력을 느꼈다. 요컨대 그녀는 긍정적으로든 부정적으로든 나에게 강하게 집중하고 있으며, 나로 하여금 그녀의 내면에 초점을 맞추도록 그녀가 끊임없이 시도하고 있다는 사실을 알 수 있었다. 나에 대한 그녀의 전이는 내가 그녀를 완벽하게 이해해 주고, 헌신적인 어머니처럼 돌보아 주며, 어디에서나 기꺼이 그녀를 알아보기를 바라는 것이었다. 나는 다소 불안하고 짜증이 났음에도 불구하고, 나에게 가까이 오려는 그녀의 욕구를 받아주었다. 나는 그녀가 "내 호주머니 속에서 살기를 원한다"고 말했으며,

그녀는 이 표현이 나에게 수용되고 중요한 사람이 되기를 원하는 그녀의 욕망을 잘 나타낸다고 느꼈다.

사라지는 대상을 보존하기 위해 좋은 것과 나쁜 것을 분열시키기

커 부인은 그녀의 어머니가 어린 실비아에게서 물러나 먼 데를 바라보고 있는 낡은 가족 사진을 발견했다. 어머니는 고뇌에 차고, 소원하고, 우울해 보였다. 나는 이 우울하고, 무기력한 어머니를 교정하기 위해 필요한 존재였고, 그녀를 배려하고 굶으려는 그녀의 욕구에 대해 걱정해야 하는 존재였다. 그러나 나는 교정적인 정서 경험을 제공하기 위해 거기에 있지 않았다. 나는 걱정이 되었고, 그 상황에 대해 생각했다. 나는 그녀가 자신의 외모가 어머니를 상실했던 나이의 상태로 돌아가기 위해 굶고 있다고 생각했다.

집에서 커 부인은 자기 중심적이고, 고집 세고, 고통을 주는 위니 때문에 절망적이었다. 이제 그녀는 적어도 위니가 죽을 것이라고 염려하지 않고 화를 낼 수 있었다. 나는 그녀가 나에 대한 분노를 위니에게 발산하고 있다고 말했다. 커 부인은 이러한 해석을 잘 받아들이지 않았다. 그녀는 이것을 내가 공감이 결여되어 있으며, 지독히 냉담하다는 사실을 나타내는 표시로 받아들였다. 이것은 그녀가 끔찍한 사람이며, 그런 사실을 그녀 자신이 받아들이지 못하고 있다는 사실을 입증하는 것이었다. 그녀는 흐느껴 울었고, 나에 대해 격노했다. 그녀는 화장지 박스를 벽에 던져 산산조각을 냈으며, 의자를 창 밖으로 던지겠다고 위협하였다. 또한 그녀는 내가 사랑할 수 없는 끔찍한 측면을 제거해 버리는 상상을 하다가 나무에 차를 들이받을 뻔했다.

이제 커 부인은 나와 나의 돌봄에 대한 욕구와 갈망을 표현할 수 있었다. 그녀는 치료시간이 끝날 때 나와 헤어지는 것이 점점 더 어렵다고 느꼈다. 그는 이렇게 말했다. "저는 좀 더 남아서 소리를 지르면서 떠나는 걸 거부하고 싶어요. 매 회기가 작은 죽음 같이 느껴져요. 제 삶은 분석과 당신에 대한 생각으로 가득 차 있습니다. 선생님은 저에게 매우 중요한 분이시고, 저는 분명히 어머니를 잃었던 것처럼 선생님을 잃어버리고 말 거예요. 제가 어머니 죽음에 책임이 있다고 생각하는 게 말이나 되는 일인가요? 제가 어머니를 죽인 걸까요? 저는 제 잘못 때문에 아버지를 잃었을까요? 제가 선생님을 잃어야 한다면, 제가 잃어버리기 전에 선생님을 죽일 겁니다. 저는 다른 누군가를 죽이기 전에 치료를 받아야 해요." 커 부인은 자신이 지닌 파괴적인 힘이 엄청나다는 사실을 내게 확신시켜 주었다.

오이디푸스 전이, 원색 장면, 좋은 대상의 회복

나는 종종 커 부인의 안전이 걱정되었지만, 그녀는 나를 그렇게 보지 않았다. 그녀는 내가 그녀를 돌보지 않을 뿐만 아니라 적극적으로 그녀의 욕구를 자극하고 있다고 생각하기 시작했다. 그녀는 내가 온갖 말로 그녀를 찔러댄다고 불평했다. 그녀는 탐욕으로 가득한 유아였으며, 나에게서 아무 것도 얻을 수 없는 야생마 같은 아이였다. 나는 그녀에게 차갑고, 역겹고, 자극적이고, 상처를 주는 어머니였고, 그녀보다 앞선

시간에 만나는 남자 환자를 사랑하는 못된 여자였다. 이 남자에 대해 생각하면서 커 부인은 아버지에 대한 갈망을 회상할 수 있었다. 이제 그녀는 자신이 아버지를 너무 많이, 아마도 음탕하고 성적인 방식으로 원했기 때문에 기숙 학교에 보내졌다고 생각하게 되었다. 그녀는 스스로 "자신이 엄마에게 좌절되고, 화 나고, 평정을 잃어버려서 아버지에게로 돌아섰을 것"이라는 생각을 해낼 수 있었다. 이제 그녀는 어린 소녀였을 때 자신이 얼마나 아버지를 사랑했는지 기억할 수 있었다. 이러한 놀라운 감정이 회복되면서 아버지와의 관계는 느리지만 꾸준하게 회복되었다. 그리고 이것은 어머니에 대한 기억을 더 많이 불러일으켰다.

커 부인은 어머니에 대한 갈망과 점점 더 깊이 접촉할 수 있었다. 어느 날 처음으로 커 부인은 어머니의 등에 업혀서 들었던 어머니의 목소리를 생생하게 기억해냈다. 그녀는 어머니의 목소리가 "엄청난 위안을 주는 평화의 화살"과 같다고 묘사했다. 이것은 그녀와 나에게 놀라운 순간이었다. 다음 날 그녀는 위니가 상해를 입을지 모른다고 두려워하는 자신의 모습이 너무 끔찍스럽게 느껴졌다.

내가 말했다. "당신은 그러한 평화를 좀더 빨리 갖지 못한 사실에 대해 격노했기 때문에 좋은 것을 파괴해야 했습니다."

그녀가 말했다. "어머니는 작별인사도 없이 돌아가셨고, 그래서 그 일은 결코 끝나지 않았습니다. 어머니는 저를 사랑한다는 말을 하지 않으셨습니다. 저는 어머니가 그 말을 해주기를 계속해서 기다리고 있습니다." 그리고 나서 그녀는 "이제는 어머니가 안 계시기 때문에, 선생님이 그렇게 해주셔야 합니다!"라고 주장했다. 하지만 그녀는 아직 나에게 강요하지는 않았다. 그녀는 내가 자신을 데리고 다니지 않아서 화가 난다고 말하면서도, 여전히 내가 하고 있는 행동이 옳다고 생각했다. 나는 치료 관계에서 벗어나고자 하는 압력을 받으면서도, 그 관계를 존중할 수 있는 그녀의 능력에 깊은 인상을 받았다.

커 부인은 의식을 잃은 어머니가 들것에 들려 나가는 것을 목격했던 경험에 관해 재작업하였다. 어머니의 벌거벗은, 핏기 없는 몸과 축 늘어진 젖가슴은 너무나 취약해 보였고, 그녀를 돌보아 주던 건강한 어머니의 모습은 전혀 찾아볼 수 없었다. 그날 이후로 커 부인 자신의 야윈 엉덩이가 어머니의 엉덩이 같이 보인다고 생각하였고, 그녀의 체중 감소는 사춘기 이전의 현실로 돌아가려는 시도 이상의 것임을 알게 되었다. 이것은 다른 사람이 그녀의 몸에서 그녀가 상실한 여성을 보게 하려는 필사적인 노력이었다.

내가 말했다. "당신은 자신의 몸에서 어머니를 찾으려는 헛된 희망 때문에 스스로를 철저하게 고갈시켜서 분석을 할 수 없게 되고, 그래서 나까지 잃게 될 때까지 굶을 수 있습니다. 그러면 당신의 단식과 우울증을 이해할 수 있는 기회마저도 사라져 버리겠지요." 나는 그녀를 직면했고, 그것은 정곡을 찔렀다. 커 부인은 그녀 자신을 챔피언 라브라도 같이 튼튼하고 영양 상태가 좋은 몸을 가진 사람으로 상상할 수 있게 되었으며, 청소년기의 죽어 가는 어머니로부터 자신을 분리하여 아동기의 건강한 어머니와 동일시하는 환상을 가질 수 있게 되었다. 다른 한편, 그녀는 나의 돌봄을 받기 위해서 여전히 약하고, 히스테리를 부리거나 미친 짓을 하는 상태에 머무르기를 원한다고 말했다.

원색 장면

커 부인은 남자친구가 자신의 신체를 드러낸 채 위니의 음식에 오줌을 싸는 꿈을 꾸었다. 분석 중간단계 동안 내내 유사한 꿈들이 많았다. 그녀는 틀림없이 아동기에 자신을 분노하게 했던 어떤 성적 학대의 경험이 있었을 것이라고 생각했다. 꿈과 기억들은 점점 더 우리를 외상적 사건에 가까이 데려다 주는 것 같았다. 하지만 아무 것도 기억해낼 수 없었다. 그러다가 분석 후기에 가서 커 부인은 옆 사무실에서 커플이 시끄럽게 싸우는 소리를 듣고 강한 반응을 보였다. 비록 그 두 사람이 무슨 이야기를 하는지 들을 수는 없었지만, 그들의 커다란 목소리 때문에 그녀 자신이 격렬한 싸움을 하고 있다고 느꼈다. 그녀의 호흡은 가빠졌고, 그녀의 심장은 뛰기 시작했다. 그녀는 자신이 오르가즘의 순간과 같은 격노의 방출에 강렬하게 끌려 들어가는 것을 느끼면서 두려움에 사로잡혔다. 커 부인은 부모가 성교할 때 흥분에 압도되었던 느낌을 연상하였는데, 그녀는 이러한 소리를 어린 시절에 두려움을 피하기 위해 부모님의 침대로 기어 들어갔을 때 한번 이상 들었다고 기억하였다. 원색 장면에 대한 이러한 강력한 불안을 재경험하는 것을 통해서 커 부인은 자신이 통제할 수 없는 힘에 압도되는 것에 대한 두려움을 새롭게 이해할 수 있었다. 그녀는 이제 위니에게 나쁜 일이 생길 것 같다는 두려움은 위니가 원색 장면에 노출될 것 같다는 불안이 전치된 것임을 알게 되었다. 그 결과 성적인 학대에 대한 생각은 사라졌고, 따라서 한밤중에 심장이 뛰는 증상도 사라졌다.

커 부인이 치료관계에서 경험한 가피학적인 특성은 이해할 수 없고, 과도하게 자극 받고, 질투하는 아이의 눈을 통해 본 원색 장면이 재생된 것이라고 볼 수 있다. 아이는 공격성을 원색 장면 속으로 투사하여 성교하는 부모 커플이 서로에게 상처를 입힌다고 생각했고, 따라서 두려워하고, 잠에서 깨고, 겁에 질리며, 죄책감을 느꼈던 것이다(J. Scharff, 1992). 커플의 흥분은 아동에게 생리적인 흥분을 일으키지만, 아동은 그 흥분을 성적으로 방출할 수 없다. 원색 장면에 노출되는 일은 이러한 흥분을 일으키는데, 그 흥분은 개인의 경계를 침범하고 자기의 자율성을 위협한다.

젖가슴에 대한 시기심과 거식증의 회복

분석 3년째에 접어들면서 어머니의 추도일에 꾼 두 개의 꿈에서 다음 단계의 전이가 등장했다.

> 치료실 같이 생긴 방에서 선생님과 제가 함께 있었고, 그 방에는 유리문과 책장이 있었고, 책장 위에는 책과 테니스 트로피들이 있었습니다. 저는 선생님을 응시한 채 음료수를 마시면서 장시간 동안 이야기를 나누었습니다. 그리고 책장 위의 테니스 트로피를 함께 보면서 테니스에 대한 관심을 나누었습니다. 저는 기분이 좋았고, 그 기분은 하루 종일 유지되었습니다. 테니스 컵은 언젠가 제가 칭찬했던 선생님의 핀을 생각나게 합니다. 이 꿈을 꾸고 나서 하루 종일 어머니 생각이 나서 울었습니다.

나는 그녀의 연상을 통해 내 방이 내 신체를 의미한다는 것을 알게 되었다. 테니스 트로피는 나와 테니스에 관심을 갖고 있던 그녀의 어머니를 연결시켜 주고 있었다. 내가 달고 다닌 핀은 켈트 양식의 배지였는데, 한 가지 보석으로 만든 둥근 모양의 것이었다. 그녀에게 컵과 핀은 모두 젖가슴을 생각나게 했다. 그녀의 연상을 듣고 나서 나는 첫 번째 꿈이 젖가슴에 대한 접근과 그에 따른 만족을 나타내는 이미지라고 말했다. 그녀는 깊이 이해 받는다고 느꼈다. 다음날 그녀는 두 번째 꿈을 보고하였다:

저는 식당에 있었고 창문이 산산조각 나 있었습니다. 끔찍한 모습이었습니다. 그때 저는 선생님 방에서 통 유리로 된 미닫이문을 바라보고 있었습니다. 저는 제 식당에도 그와 같은 유리문을 달고 싶어했습니다.

첫 번째 꿈에서 나를 마시고, 나의 만족을 주는 해석을 받아들인 후에, 두 번째 꿈에서는 내가 가지고 있는 것을 시기하기 시작했다. 그녀가 내게서 받아들인 것은 파괴되었다. 시기심에 의한 공격으로 인해 신체의 내적 공간은 산산조각이 났다. 나는 그녀가 첫 번째 꿈에 대한 나의 해석을 좋고 만족스러운 것으로 받아들였지만, 두 번째 꿈에서는 그것을 파괴해야 했는데, 그것은 충만한 젖가슴에 대한 그녀 자신의 시기심 때문이었다고 해석해 주었다. 또한 나는 유리처럼 투명한 해석을 주면서 친밀성에 대한 그녀의 소망을 거절하였다. 그녀는 꿈속에서처럼 통 유리로 된 문이 있는 방에서 나와 함께 있고 싶다고 말했다. 그녀는 이것이 그녀가 자신에 대한 경험을 받아들이고 그것을 온전하게 유지하기를 원하는 것을 의미한다고 생각했다.

그 주간에 커 부인은 조카의 "사랑스러운 작은 고추"를 빠는 꿈을 꾸고 너무 놀랐다. 나는 이 환상이 젖을 먹는 경험이 성화된(sexualized) 것이라고 생각하였다. 그녀는 아버지 친구분이 술에 취해서 그녀에게 다가왔던 일을 연상하였다. 이러한 생각은 아버지가 어머니의 젖가슴을 혼자 즐기는 동안 그녀 자신은 배제되고, 흥분된 채 남겨지고, 화가 났던 일이 있었다는 생각으로 인도했다. 그녀는 그 순간 나에게 심한 분노를 표현했다. 꿈속에서 느낀 감정이 곧바로 전이 안으로 들어왔다. 이전의 꿈속에서 나의 얼굴을 보는데서 느꼈던 좋은 감정은 격노와 함께 사라지고 말았다. 그녀는 분석이 단지 냉랭하고 이성적인 해석과정에 불과하고, 분석 그 자체가 분석의 목적이라면서 화를 냈다.

커 부인의 분노는 내가 젖가슴에 대한 구강기 수준의 해석을 제공한 것, 그것을 오이디푸스 용어로 개작하도록 그녀를 자극한 것 그리고 원색 장면에서 배제 당하는 고통을 재경험하게 한 것 때문이었다. 오이디푸스 수준과 전오이디푸스 수준에서 그녀의 격노가 폭발하고 난 후에, 커 부인은 정상적으로 먹기 시작했고, 그 이후로 생리주기가 회복되었다. 이러한 분석을 통해 그녀는 식욕부진을 극복할 수 있었지만, 그 증상 근저에는 더 많은 작업을 요하는 우울증이 그대로 남아 있었다.

부정적인 오이디푸스 전이

전이는 이제 어머니에 대한 유아기 성적 감정의 출현과 함께 부정적인 오이디푸스 영역으로 옮겨갔다. 커 부인은 다음과 같은 꿈을 이야기하였다:

저는 친구와 함께 아주 깜깜한 곳에 누워있었습니다. 저는 페니스를 가지고 있었을 뿐만 아니라 그것을 "중립적인 방식으로" 제 친구의 몸 안에 집어넣고 있었습니다.

사회복지사인 그녀의 친구는 전 주간에 가졌던 분석적 태도를 설명하면서 "중립적"이라는 단어를 사용하였다. 따라서 커 부인의 친구에 대한 언급과 중립적이라는 단어를 사용한 것은 분석을 가리키는 것이라고 나는 생각했다. 나는 그녀가 자신이 페니스를 가지고 있다면 나와 관계할 수 있고 나에게 사랑을 받을 수 있다고 생각한다고 말했다. 그녀는 나의 해석에 대해 사방에 발기한 페니스들이 있는 곳에서 내가 그녀를 위로해 주는 꿈을 기억해내는 것으로 반응했다. 꿈에서는 숫자 3이 나타나기 시작했는데, 숫자 3은 전통적으로 남성의 성기와 관련되어 있었고, 그녀에게는 미신적인 숫자였다. 그녀는 나에 대해 갖는 강한 욕망으로 인해 죄책감을 느꼈다. 그녀는 나를 찾았고, 어디에서나—그녀의 꿈속에서, 길에서, 아이들 놀이터에서—나를 발견하였다. 그녀는 갑자기 그녀가 원하는 만큼 나를 가졌다고 느꼈지만, 나에 대한 그녀의 사랑에는 두려움과 죄책감이 뒤섞여 있었다. 그녀는 내가 이러한 감정을 불러일으킴으로써 그녀에게 심한 고통을 주고 있다고 느꼈다. 그녀의 성적인 감정은 그녀를 불안하고 과도하게 경계하도록 만들었다. 그녀는 화재를 일으킬 수 있는 가스 누출을 확인하기 위해 자주 지하실에 들어가 냄새를 맡았다. 그녀는 이러한 행동을 통해 어린 시절에 느꼈던 불에 대한 공포를 기억해냈다. 그리고 마침내 만일 자위행위를 하면 불이 날 것이라고 생각하곤 했던 일을 기억해냈다.

커 부인은 그녀의 신체의 은밀한 부분들과 그것과 관련된 내적 커플을 다루고 있었다.

분석에서 일어나는 탄생

자위행위로 인한 죄책감에 관해 이야기하고 나서 커 부인은 카우치에서 이상한 경험을 하였다. 그녀의 머리는 고정되어 있고 팔과 다리는 여기저기 흩어져 있는 듯한 느낌이었다. 처음에 이러한 경험은 어린 아이였을 때 목격한 성교 장면과 관련된 것이라고 생각했으나, 그녀의 연상을 듣고 나서 달리 생각하게 되었다. 그녀는 배꼽, 목에 탯줄을 두른 아기 그리고 자신의 볼기가 태어나는 장면을 연상하였다.

내가 말했다. "이러한 신체 기억은 분석에서 발생하는 탄생의 순간을 나타낼 수도 있습니다."

커 부인이 대답했다. "'이제 밖으로 나왔어'라는 말이 떠오르네요."

나는 그녀가 나의 주머니 속에서 살다가 나왔다는 의미로 느껴져 안심했으나 그녀는 나의 해석이 잘못되었음을 깨우쳐 주었다. 그녀는 자신이 잔인하게 밀려 나왔음을 의미하였다.

"저는 이 '바깥'을 싫어합니다." 그녀가 말했다. "선생님은 그곳이 얼마나 끔찍한지 이해하기도 전에 죽어버릴 겁니다."

내가 말했다. "어떤 점에서 당신은 이미 죽었다고 느끼고 있고 그래서 당신은 늘 당신을 채워 줄 사람을 필요로 하는 부분-인격(part-person)이 되어야겠군요."

그녀는 흐느껴 울었다. "나아지는 걸 생각하는 게 두려워요. 지금 전 이 문제에 관해 작업하기보다 부분-인격으로 머물러 있고 싶어요. 하지만 선택의 여지가 없네요. 전 이제 '바깥'에 있고 모든 게 예전 같지 않을 테니까요."

내가 말했다. "당신은 어머니와 '안에' 있던 때의 기억 때문에 '바깥'이 두렵고 그곳에 머물고 싶어하지 않는 겁니다."

그녀는 안도하며 이렇게 말했다. "저는 어머니를 제 안에 가지고 있었습니다. 어머니가 철수할 때, 저는 어머니를 잃어버리지 않으려고 같이 조용해졌죠. 전 어머니와 함께 '바깥'에 있고 싶지 않았거든요."

나는 커 부인이 어린 실비아였을 때 어머니와 조화를 유지하는 일에 극도로 민감했었다는 인상을 받았다. 이제 나는 나를 능가하려는 그녀의 시도는 나로 하여금 분석가의 역할에서 벗어나게 하려는 것이 아니라 그녀가 우울로 경험한 나의 침묵을 치유하려는 시도임을 이해할 수 있었다. 이제 커 부인은 "바깥"에 있었고, 변화하기 시작했다. 그녀는 더 이상 하루에 이십사 시간을 분석에 대해 생각하면서 살지 않았다. 그녀는 나에 대한 생각과 느낌을 간직한 채, 다음 회기에서 기억으로 떠올릴 때까지 기다릴 수 있었다.

전이의 초기 강화

지금까지 기술한, 가끔씩 출현하던 부정적인 전이는 차츰 하나의 강렬한 부정적인 전이로 나타나기 시작했다. 커 부인은 내가 침묵이나 말로 자신의 살갗을 꼬집고, 사정없이 조사하고, 내가 가진 것을 과시해서 분노와 시기심을 자극함으로써 자신을 고문하고 있다고 느꼈다. 그녀의 시기심은 사무실의 주차장 주변에 행해지는 조경 작업에 집중되어 있었다. 정원을 가꾸는데 일가견이 있는 그녀는 이 계획에 관심을 보였고, 내가 나무를 너무 많이 가지고 있다고 분통을 터뜨렸다. 그후 몇 주가 지났을 때, 그녀는 정원사의 트럭에 실려 있는 많은 나무들을 보면서 내 안에 너무 많은 아기들을 가지고 있다고 생각한다는 사실을 깨달았다. 그녀는 그곳에서 일하는 일꾼들 속에 끼어 들어 그 나무들을 얼려서 죽여버리고, 훔쳐가고 싶어했다. 시기심에 찬 그녀는 내가 하고 있는 일에 비교할 때 자기 집을 위해서 하는 일은 모두 궁상맞은 것들이라고 느꼈다. 나는 그녀가 어머니를 칭송하고 동경하는 것은 어머니를 상실하지나 않을까 하는 염려와 관련되어 있다고 말했다. 그녀가 내게 충분히 감정표현을 하고 난 후에 나에 대한 그녀의 시기심은 줄어들었다. 그녀는 자신이 가치 있는 존재라는 느낌을 회복하였으며, 새로운 성취감을 가지고 자신의 집을 개조하고 정원을 가꾸는 일을 계속할 수 있었다. 하지만 그녀는 분석에서 말이 없어지고, 무기력하다고 느끼기 시작했다.

때때로 그녀처럼 나도 말이 없어지고 무기력하다고 느꼈는데, 이것은 그녀가 경험한 어머니의 소원한 측면을 내가 상보적으로 동일시한 것(a complementary identification)이라고 여겨졌다. 그런가 하면 그녀가 나의 이해하려는 시도를 깨뜨려버릴 때에는 화가 치밀었다. 이것은 자신의 대상에 대해 저항하는 그녀 자기의 부분을 일치적으로 동일시한 것이다(a concordant identification). 때로 치료 분위기가 불안으로 얼어붙어서 결코 안심하고 말할 수 없을 거라고 생각한 때도 있었다. 커 부인의 긴장, 나와 공생적 연합을 하고 있다는 그녀의 환상이 가진 힘 그리고 공감에 대한 그녀의 요구는 내게 강렬하고 과도한 염려의 감정을 불러일으켰다. 그녀의 퇴행이 그녀 자신에게 너무 고통스럽게 경험되거나 그녀의 가정 생활을 위협할 때면, 나는 죄책감이 느껴지고 분석을 제공하기로 했던 나의 판단에 대해 불안을 느꼈다. 나는 동료들이 이 사례를 검토하면서 약물치료를 하지 않은 것에 대해 나를 질타할지 모른다는 환상에 시달리기도 했다. 여기서 나는 나 자신이 너무 잔인하다는 생각으로 인해 마음이 편치 않았기 때문에 지금-여기의 역전이를 지금-거기의 사회적 관심으로 대체하고 있었다. 나는 나 자신이 너무 차갑고 가학적인 사람으로 인식되는 것을 참기 어려웠다. 때때로 나는 그녀가 나를 호되게 꾸짖는 것을 참을 수 없다고 느꼈다. 그녀는 내가 감당할 수 없는 사람인 것 같기도 했다. 나는 그녀에 대한 책임에서 벗어나고 싶었다. 하지만 감사하게도 이러한 감정은 곧 사라졌다.

"그런 사랑이 아니라 그대로의 사랑"
(Not Love as Such; Love Such as It Is)

몇 달에 걸쳐 나에 대한 분노와 나의 도움을 파괴하고자 하는 충동을 다룬 후에, 커 부인은 애도하고 수용할 수 있는 능력이 자라났음을 보여주는 희망적인 꿈을 보고하였다:

꿈에서 선생님은 저에 관해 기록하고 생각한 것을 모두 제게 주면서 그 뜻을 풀이해 주는 메시지를 읽어주셨어요. "이것은 그런 사랑이 아니라 그대로의 사랑입니다."

그녀는 그녀가 원하는 방식대로가 아니라 그녀가 받아들일 수 있는 전문가적인 방식대로 내가 그녀를 돌보고 있음을 의미한다고 이 꿈을 해석하였다. 그녀는 처음으로 꿈에 대한 좋은 감정을 깨뜨리지 않고 생산적인 논의를 즐겼다. 그러면서 그녀는 나에 대한 그녀의 관계가 이전에 그녀가 생각했던 역겹고, 흥분시키고, 거절하는 방식과 다를 수 있다고 생각하기 시작했다. 나는 우리의 관계가 협동적인 관계가 될 수 있음을 그녀가 깨달았다고 말했다. 처음에 그녀는 이러한 나의 말을 싫어했다. 그녀는 협동은 사랑에 비해 훨씬 열등한 것이라며 저항했지만, 점차 그 생각을 좋아하게 되었다. 그녀는 나와 함께 꿈에 관해 작업하고 실제로 협동하는 느낌을 즐겼다. 그녀는 꿈에 관해 작업하면서 꿈이 그 자체의 색깔을 갖게 되었다고 보고했다. "전 이걸 행운의 돌처럼 주머니에다 넣고 다니죠." 그녀가 말했다.

꿈을 주머니에 넣고 다닌다는 이미지는 이전에 있었던 주머니에 대한 언급을 생각나게 하였다. 치료의 초기단계에서 그녀는 그녀가 샤르프 박사의 주머니 속에서 살고 싶어한다는 해석에 동의한 적이 있다. 나중에는 그녀가 분석가의 주머니 "바깥"에 있는 꿈을 꾸었다. 이제 그녀는 꿈을 취해서 그녀의 주머니 속에 넣고 다니겠다고 한다. 그녀는 이것을 중간 대상으로 사용하고 있다. 그녀는 더 이상 분석가의 주머니 속에 있지 않다. 이제 그녀는 분석가에게서 받은 어떤 것을 주머니에 가지고 있는데, 그것은 분석가가 아니라 그녀 자신이 만들어낸 것이다. 그리고 이것은 협동적인 노력이 되었고 이 단계에서 전이의 해결로 인도했다.

커 부인은 분석작업에 대한 마음의 결의를 새롭게 했으면서도, 내가 그녀의 좋은 감정을 떠날 준비가 된 걸로 오해할까봐 두려워했다. 사실 그런 염려를 할 필요는 없었다. 나는 그녀가 아직 준비되지 않았다는 걸 잘 알고 있었다. "그대로의 사랑"이라는 말은 나의 역전이 느낌과 꼭 맞아 떨어졌고, 지금 그녀에겐 이것으로 충분했다.

사랑에 관한 두 번째 꿈이 이어졌다:

선생님은 아이들을 먹이고 있었습니다. 선생님은 일어서서 이렇게 말씀하셨습니다. "난 너를 생각하고, 너에게 관심을 갖고, 널 사랑할거야." 그리고는 제 뺨에 입을 맞추었습니다. 전 행복감에 휩싸였습니다. 이 꿈은 별 세 개를 줄만한 아주 좋은 꿈이었습니다. 깨어난 후에 나는 명료한 어머니의 목소리를 들었습니다.

나는 꿈속에서 그녀가 나의 목소리를 들었을 때 얼마나 기뻤을까 하고 생각하면서 말없이 듣고 있었다. 나는 그토록 오랫동안 갈망했던 어머니의 목소리를 듣는 순간에 그녀가 느꼈을 경이로움에 관해 묵상하고 있었다. 하지만 그녀는 내가 "오, 아주 근사한 꿈이네요"라고 말해 주기를 기대했다. 내가 침묵을 지키자 그녀는 내가 그녀의 경험을 망치고 있다고 느꼈다.

그녀는 퇴행했고, 화를 내며 울었다. "아무 것도 없이 떠날 수는 없어요. 전 너무나 외로워요. 선생님의 위로가 필요한데, 아무런 위로가 없군요."

내가 말했다. "내가 당신에게 줄 수 있는 것은 당신이 상실한 사랑을 채워주는 것이 아니라 당신이 그 상실을 통과할 수 있도록 도와 주는 것입니다."

"오," 그녀는 신음했다. "그 고통을 다 겪어내란 말씀이군요."

이제 커 부인은 "그대로의 사랑"을 경험하였고, 그 사랑에 만족하였기 때문에 중심 자기의 기능으로부터 안전하게 퇴행할 수 있다고 느꼈다. 억압된 흥분시키는 내적 대상과 거절하는 내적 대상관계는 억압에서 풀려나 모습을 드러내기 시작했고, 그녀의 성격 안으로 재통합시켜 줄 것을 요구하고 있었다.

퇴행: 전이에서의 동경과 멸절 공포

커 부인은 다시 "그런 사랑"을 요구하였다. 내가 그녀를 사랑한다고 밝히지 않을 때면, 그녀는 나를 차갑고 무정한 사람으로 지각하였다. 나는 우리가 초기 단계로 되돌아갔다고 느꼈다. 사실 사태는 점점 더 악화되고 있었다. 그녀는 어떤 성공이든지 그것을 꼭 망쳐버려야 했다. 그녀의 생각과 감정 사이를 잘 연결시키고 나면, 그 연결을 깨뜨려버렸다. 그녀가 나와의 관계에서 좋은 것을 생각해내면, 그것은 즉시 잊혀졌다. 그녀는 자신이 미쳤다고 느꼈다. 그녀는 나에 대한 내적인 그림을 상실하고 있으며 나의 말에 대한 기억을 상실하고 있다고 말했다. 그녀는 전이에서 어머니의 상실이 그녀의 내적 대상관계에 미치는 충격을 경험하였다. 그녀는 내 얼굴을 보려고 하는 강렬한 욕구를 느꼈고, 카우치에 눕기 전에 내 얼굴을 보아야 했고, 치료실을 떠날 때도 그러했다. 그녀는 소리내어 울거나 흐느끼면서 자신이 카우치에 누운 상태에서 나를 쳐다보게 해달라고 간청했다. 나는 결국 그녀가 잠시동안 나를 볼 수 있도록 앉아 있어도 된다는데 동의하였다. 하지만 실제로 그렇게 할 필요는 없었다. 그녀는 그녀가 원하면 나의 얼굴을 볼 수 있다는 걸 아는 게 도움이 된다고 말했고, 나의 얼굴을 보려는 자신의 욕구를 아기가 온전하게 살아 있는 엄마를 열심히 찾는 것과 연관시켰다. 그녀는 어머니가 자신이 알고 있던 것보다 더 우울했을 거라고 생각했다. 실비아는 어렸을 때 어머니의 기분에 대해 매우 민감했고, 어머니가 정서적으로 어디에 있는지 불안해 했음이 분명했다. 그리고 나서 어머니는 죽었다. 이제 그녀에게 있어서 삶은 죽음을 사는 것이고, 분석 역시 그러했다.

역전이에서 나는 그녀가 의미하는 바를 느낄 수 있었다. 나의 이해는 종종 파괴되었다. 나 자신을 유용한 생각을 가지고 문제를 직면시키면서도 친절하고 배려할 줄 아는 치료자로 보았던 스스로의 견해는 증오 속에 파묻혔다. 나는 잔인하게 해석이나 하는 사람으로 매장되었고, 모든 사랑과 희망은 나에게서 제거되었다. 나는 상처를 주는 말을 하게 될까봐 염려했고 매우 민감해졌다. 나는 내가 가학적인 사람으로 또 다른 때는 피학적인 사람으로 느껴졌다. 이건 고문이었다. 나는 내 성격의 가학적, 피학적, 분열적인 측면이 되살아나고, 그토록 빈번하게 검토되는 것을 참기가 어려웠다. 나는 그녀가 어머니에 대해서 그랬던 것처럼 그녀의 정서에 너무 직접적으로 몰입된 상태에 처해 있었다. 분석에서 성취한 것이 너무나 빨리 사라져버렸기 때문에, 나는 가끔 그녀가 이 문제를 극복할 수 없을 것처럼 느끼기도 했다. 하지만 나는 "이 문제를 극복하는 것"을 우리의 목표로 설정했고, 나의 확신과 그녀의 헌신은 이 힘든 과정을 견디어낼 수 있게 했다.

그녀가 어머니와 가졌던 그때-거기의 관계가 치료자와의 관계에서 펼쳐지는 지금-여기의 전이에서 재창조되고 있다.

전이의 강화

커 부인은 매주마다 긴장하고, 화가 난 상태로 치료회기에 왔다. 그녀는 울음을 주체할 수 없었다. 그녀는 자신의 인생을 경멸했고, 나를 증오했다. 그녀는 약물복용을 원치 않았지만, 절망적이 되자 약물을 요구했다. 그녀의 상태는 친구들과 가족들을 불안에 떨게 만들었고, 그들은 이제 그녀에게 약물치료를 권했다. 그녀는 자신의 절망에 관해 사회복지사인 친구에게 털어놓았고, 그 친구는 "문제가 전 오이디푸스적이고 전 언어적인 것이어서 분석이 도움이 될 수 없는 것 같다"고 했다. 커 부인은 혼란스러웠다. 그런 이야기를 하면서 그녀의 친구는 커 부인의 희망 없다는 느낌과 전이에서 느끼는 나에 대한 불만을 공유했고, 당시 커 부인이 투사적 동일시를 사용하여 분석가를 공격하던 것을 언어의 형태로 바꾸어 주었다. 나는 문제가 전 오이디푸스적이고 전 언어적이라는 사실에는 동의하지만, 이 때문에 분석치료가 불가능하다는 생각에는 동의하지 않았다.

나는 커 부인이 화를 내는 것을 들어 왔다고 생각했지만, 그녀는 이제 직접적으로 강렬한 울분을 토해냈다. 그녀는 아주 크고 강하게 소리를 질러서 옆방 건너편에 있는 사람들도 그녀의 목소리를 들을 수 있었다. 그녀는 자살할 수도 있다고 고함을 질렀으며, 내가 맞받아 고함을 칠 때에만 내가 자신에게 관심을 가지고 있으며 경멸하지 않는다고 느꼈다. 나는 그녀가 좀더 협동적이고, 독립적으로 기능하는 방식이 그녀에게 익숙하지 않기 때문에 나와의 관계를 고통을 주고, 시기심에 차 있고, 파괴적인 것으로 만들고 있다고 말했다. 몇 주 동안 이러한 폭력적인 의사소통이 계속되면서 그녀의 강렬한 분노는 충분히 표현될 수 있었다.

퇴행 이후의 관계

이러한 퇴행의 시기를 거친 후에야 커 부인은 나와 협력할 수 있었다. 그것은 우리 두 사람에게 커다란 기쁨이요 해방이었다. 그녀는 성업 중인 동물 병원의 매니저로 취직했다. 같은 사무실에 근무하는 동료들은 그녀의 전화 받는 매너와 동물들에 대한 인내심, 조직화해내는 능력을 좋아했다. 그녀는 새로운 직장생활에 쉽게 적응하였으며, 그 자신과 수입에 대해 아주 만족해했다. 남편은 자신이 그녀를 얼마나 사랑하는지, 또 그녀가 직장과 가정에서 분위기를 유쾌하게 만들기 위해 노력하는 것에 대해 얼마나 감사하는지에 관해 말했다. 생활은 개선되었고 분석은 강렬한 분노와 우울의 영역에서 거의 벗어났다. 커 부인은 사람들이 그녀의 능력을 당연한 것으로 간주하는 사실을 못마땅해 하는 것만 제외하고는 모든 것이 기뻤다: 아무도 그녀가 실제로 아픈 사람이라는 것을 몰랐다. 그녀는 아직 건강한 삶에 익숙한 상태가 아니었다.

이러한 현상은 너무나 즐거운 일이었다. 나는 긴장을 풀 수 있었다. 더 이상 긴장할 필요가 없었다. 내가 못되고 잔인한 사람이라는 느낌도 사라졌다. 나는 그녀의 남편이 그녀를 왜 그토록 사랑하는지 그 이유를 알 수 있었다. 나는 그녀를 향한 따뜻한 감정을 느낄 수 있었고, 그녀가 얼마나 많은 것을 성취하였는지 감탄하지 않을 수 없었다.

그때 커 부인은 또 하나 꿈을 보고했다:

선생님은 그저 제 손을 잡고 계셨습니다. 전 선생님과 가까이 있다고 느꼈고 선생님이 제게 관심을 가지고 있음을 알고 있었습니다.

그녀는 이 꿈을 통해 내가 그녀에게 관심을 가지고 있음을 확신했으며, 이제 이것으로 충분하다고 말했다. 이 꿈은 그녀가 좋은 대상을 발견할 수 있는 능력이 괄목할만하게 증가되었음을 말해 주고 있었다. 그녀는 "그런 사랑"이 "그대로의 사랑"이 되었다고 나에게 말했다.

신경증에서 벗어나기

커 부인은 계속해서 호전되었다. 이제 그녀는 신경증을 상실한 것을 애도하기 시작했다. 그녀는 자기 자신이 보트에 앉아서 노를 젓고 있는데, 내가 기다리고 있는 강 어구까지 도달하기 위해서 낯익은 노란색 집에서 시선을 떼지 않은 채 나를 향해 노를 젓고 있다고 생각했다. 그녀가 노를 저어 나에게 가까이 올수록 그 집(나의 사무실처럼 보이는, 그녀의 신경증을 나타내는 집)은 점점 작아졌고, 그녀는 그 집을 떠나가는 것이 슬펐지만 그 집은 항상 거기에 있으리라는 것을 알고 있었다. 이 이미지는 나중에 다시 나타났는데, 이제는 내가 더 이상 앞에서 손짓하고 있지 않았다. 나는 이제 그녀가 스스로 떠나온 노란색 집 그 자체였다. 그녀는 분석을 성공적으로 마칠 수 있다고 느끼기 시작했고, 1년 이내로 종결 날짜를 잡을 의향을 비쳤다.

　나와의 분리가 머지 않았다는 통찰이 있은 후에, 그녀는 나와의 관계가 끝난다는 생각으로 인해 곧바로 다시 퇴행하였다. 나는 더 이상 종결 날짜에 관해 들을 수 없었다. 그녀는 말했다. "전 두렵습니다. 제가 선생님을 떠나면, 선생님이 아프거나 돌아가실 것만 같습니다. 죽음은 어머니를 앗아가고 시어머니도 앗아갔습니다. 이러한 일이 두 분에게 일어났다면, 선생님에게도 일어날 수 있기 때문이죠. 저는 어머니가 어머니로 남게 하기 위해서 아이가 되어야만 했습니다. 저는 제가 성장해서 우리 두 사람이 여자로서 관계를 맺을 수 있다는 가능성에 대해서 알 수 있는 기회가 없었습니다. 제가 바라는 건 우리 두 사람 중의 어느 누구도 죽지 않고 분리되는 것입니다. 아무튼 휴가를 가게 될 때 분리를 맛보게 되겠지요. 썩 반가운 일은 아니지만 말이에요."

　휴가를 마치고 그녀는 나를 마음에서 떠나보내지는 못했지만, 나와 떨어져서도 잘 지낼 수 있다는 자신감을 얻었다. 처음으로 그녀는 자신이 돌아오면 내가 거기에 있으리라는 것을 확신하였다. 이것은 좋은 대상을 내재화하는데 있어서 중요한 진전이었다. 그녀는 여전히 다시 옛 상태로 돌아가서 어떻게 하면 내가 그녀를 사랑하게 만들까 고민하였다. 하지만 이제 이러한 퇴행은 오래 가지 않았다. 시간이 지나면서 그녀는 꾸준히 호전되어서 퇴행을 극복하고 나와 협력했으며, 상실에 대해 애도하고, 자신의 삶을 껴안을 수 있었다.

종결에 관한 예비적 생각

분석 5년째 되던 해 일월에 커 부인은 종결에 관한 이야기를 다시 꺼냈고, 18개월 후인 여름에 치료를 마쳤으면 좋겠다고 제안하였다. 나는 그녀가 상실의 감정을 두려워하고 있고, 자율적이고, 자기 충족적인 성인으로 기능하는 것에 대한 저항 때문에 종결에 필요한 시간을 늘여 잡은 것 같다고 말했다. 그녀는 내가 "자율성"이라는 말을 사용한 것에 화를 냈다.

"자율성이 분석이 줄 수 있는 모든 것인가요?" 그녀가 항의했다. "전 자율성을 원치 않습니다. 사랑을 원합니다. 그걸 갖게 되면 떠날 겁니다."

다른 한편, 그녀는 내가 그녀보다 다른 남자 환자를 더 사랑한다고는 생각하지 않았다. 그녀는 이것이 그녀가 이미 나의 사랑을 갖고 있음을 의미한다는 사실을 깨달았다. 어째서 더 이상 그 남자 환자를 미워하지 않는 것일까? 그녀는 현재와 미래에서 나에 대한 그녀의 사랑과 그녀에 대한 나의 사랑의 본질을 재검토하였다. 모든 가능성을 충분히 탐색한 후에, 그녀는 내가 그녀에 대해서 "그대로의 사랑"을 느꼈고, 그것은 "그런 사랑"일 필요가 없다는 결론에 도달했다. 나는 그녀가 종결할 준비가 되었음을 알았고, 그녀가 종결할 날짜를 제안하기를 기다렸다.

종결 준비

커 부인은 5년간의 분석을 받고 나서 보다 안정적이 되었다. 그녀는 퇴보하는 시기가 있었음에도 불구하고, 자기 기능의 변화를 경험했으며, 그것이 성숙과 자율성을 향해 추진하는 내적인 욕동의 결과임을 깨달았다. 그녀는 분석과정 내내 내가 거기에 있고, 나를 볼 수 있다고 느끼면서 나와 접촉할 수 있었으며, 내가 그녀에게 줄만한 무언가를 가지고 있음을 깨닫게 되었다. 그녀는 분석과정에서 자신의 박탈된 부분이 표현되었고 진심으로 돌봄을 받았다고 느꼈다. 그녀는 그 부분을 버리지 않아도 된 것에 대해 안심하였다. 그대신 박탈의 문제를 다루면서, 그녀는 이제 자신의 텅 비고 쭈그러진 "박탈된 세포들"을 좋아할 수 있게 되었다. 또한 그녀는 분석의 종결과정이 시작되었다는 사실을 깨닫고 있었다.

그녀에게 있어서 좀더 다루어야 할 문제는 나에게서 사랑을 받는다는 느낌과 관련된 것이었다. 커 부인은 모든 것을 포함하는 유아적인 방식으로가 아니라 제한적이지만 현실적인 방식으로 사랑 받는 쪽을 선택했다. 그녀는 나에게 사랑을 받고 있다는 가정을 받아들였고, 내가 사랑이 없는 사람이라는 생각을 포기하였다. 그러나 그리고 나서 그녀는 그러한 생각이 자신이 만들어낸 허구일지도 모른다는 생각으로 인해 미칠 지경이 되곤 했다. 그녀는 나에게 진정으로 자신을 사랑해 달라고 간청했다. 하지만 무엇이 진실한 관계란 말인가? 그녀는 나의 이해와 헌신을 진정한 사랑으로 인정하고 감사할 수 있게 되었다.

그녀는 다음과 같은 세 가지 주요 통찰이 그녀에게 해방감과 여유 그리고 활력을 가져다 주었다고 말했다:

1. "나는 진심으로 어머니를 사랑했다. 요구만 하지 않았고, 어머니에게 무언가를 드렸으며, 어머니를 죽이지 않았다. 그리고 선생님을 죽이지 않을 것이다."

2. "나는 선생님이나 그밖에 다른 사람들로 하여금 나를

사랑하도록 강요할 수 없다."

　3. "착한 아이가 되어 부모를 사랑하고 나 자신을 희생하는 것이 나쁜 것은 아니다. 그것은 단지 진정된 것이 되지 못한다. 왜냐하면 그것은 사랑과 증오의 융합을 취소시키기 때문이다."

　커 부인은 이 세 가지 문제에 관해 새로운 사고를 받아들이면서, 옛날의 무거운 짐을 벗어버렸다. 그녀는 이제 사람을 좋은 측면과 나쁜 측면, 사랑과 미움으로 엄격하게 가르지 않고 어느 정도 양쪽 모두를 지닌 전체 인간으로서 사랑한다고 느꼈다. 그녀 자신이 통합을 이루어간다는 느낌은 계속해서 자라났다.

종결단계에서 나타난 퇴행

　커 부인은 그 해의 여름 휴가를 "마지막 휴식"이라고 불렀고, 휴가를 잘 지낼 수 있기를 바랬다. 그러나 그녀는 휴가를 떠나기도 전에 퇴행하였고, 다시 절망에 빠져 들면서 내가 그녀를 사랑하지 않는다고 생각하였다. 분리의 순간에 그녀는 자신을 사랑할 수 있는 능력을 주었던 나와의 유대감을 잃어버렸다.

　그녀가 돌아왔을 때, 나는 그녀의 퇴행이 전적으로 일어난 것은 아니지만 대대적으로 일어난 것임을 알 수 있었다. 그녀는 슬픔이나 분노가 아니라 정말로 죽음을 느꼈다. 그녀는 자기 자신을 포함한 모든 사람들에게서 철저하게 단절되었다고 느꼈다. 그러나 그녀가 돌아왔을 때 내가 거기에 있으리라는 사실을 의심하지는 않았다. 나는 그녀가 두려워하는 종결 후의 느낌을 스스로에게 느끼게 하고 있다고 말했다. 그녀는 내 생각이 맞다고 말했으며, 그리고 나서는 눈물을 흘리고 또다시 절망적이 되었다. 나는 그녀가 나와의 치료를 끝내면 내가 그녀를 저주할 거라고 생각하고 있는 것 같다고 말했다. 그녀는 자신을 괴롭히는 것은 아무 것도 없다는 듯이 잡담을 늘어놓는 것으로 자신을 고통으로부터 방어했지만, 나는 그녀의 눈물을 통해서 내가 그녀를 혼자 남겨 둔 것에 대해 그녀가 화가 나 있음을 깨닫게 되었다. 내가 이 말을 했을 때, 그녀는 분노에 몸서리를 쳤다. 그녀는 너무 화가 나서 소파를 창 밖으로 던져버릴 수도 있다고 말했다.

그 순간 나는 그럴 수도 있겠다고 생각했다. 그녀는 너무 화가 나서 온몸이 분노로 싸여 있기 때문에 넉넉히 소파를 집어 던질 수 있을 거라는 생각이 들었다. 결국 그녀는 티슈 통을 벽에다 집어던졌다. 나는 소파를 창밖으로 집어 던져, 유리 파편이 날아다니는 모습을 상상했다. 이 이미지는 그녀가 분석 초기에 꾸었던 꿈을 생각나게 했는데, 그 꿈은 그녀가 내 앞에서 물을 마신 후에 나의 이해심에 대한 시기심 때문에 좋은 감정을 깨뜨려 버리는 꿈이었다. 그때 나는 이러한 그녀의 반응이 분석의 종결에 앞서서 이전의 주제를 반복하는 것이라는 사실을 깨달았다. 지금은 다시 뒤로 돌아가 그녀의 파괴적인 분노와 시기심의 결과에 관해 조사할 때가 아니라는 생각이 들었다. 지금은 앞으로 나아가서 분리를 감행해야 할 때이다. 나의 역전이 경험은 그녀의 경험을 말로 표현하는데 도움을 주었으며, 이를 통해 분석과정을 진전시킬 수 있었다.

나는 그녀가 느끼는 캄캄하고 끔찍스런 감정은 치료를 마치고 난 후의 상황에 대한 그녀의 환상이라고 말했다. 이것은 그녀의 희망과 자신감을 없애 버렸고, 종결 날짜를 잡을 수 없도록 방해했다. 커 부인은 환상은 사형선고와 달리 수용될 수 있고 그것에 관해 작업할 수 있는 것이기 때문에, 이러한 해석이 도움이 된다는 것을 발견하였다. 이튿날 그녀는 이러한 심각한 퇴행에서 회복되었다.

종결이 가까워진다는 스트레스 아래 전이의 잔여물이 다시 나타난다. 흥분시키고 거절하는 대상 체계가 억압되었던 상태에서 풀려나게 되고, 이때 그것이 지닌 독성이 제거된다. 그녀는 강렬하고 빠른 퇴행을 보였는데, 이는 종결이 가까운 시점에서 흔히 나타나는 현상이다.

종결 준비에 관한 꿈

커 부인은 내가 그녀를 사랑하는지 사랑하지 않는지는 문제가 되지 않는다고 생각하기 시작했다. 진짜 문제는 그녀가 자기 자신을 사랑할 수 있는지에 있는 것이다. 만약 그녀가 자신을 사랑할 수 없다면, 다른 사람이 자신을 사랑한다고 느낄 수 없기 때문이다. 그녀는 아직도 그녀에 대한 나의 감정이 "그런 사랑"이기를 바랬다. 하지만 이 점에서 그녀는 자신을 속이고 있는 것은 아닐까라는 의심을 가지고 있었다.

나는 그녀에 대한 나의 감정을 검토해 보았다. 내가 그녀를 사랑하는가, 그리고 내가 그녀를 사랑한다는 사실을 표현하지 않아서 문제가 발생하는 것인가? 나는 어떤 점에서 그녀를 사랑하고 있다. 그러나 그녀에게 "그런 사랑"을 주지는 않는다. 나의 감정은 친구나 어머니 또는 딸아이에 대해 갖는 그런 감정이 아니다. "그대로의 사랑"이라는 그녀의 표현은 나의 감정에 대한 좀더 정확한 묘사이다. 나의 역전이는 나에 대한 그녀의 "그대로의 사랑"에 대한 반응이다. 하지만 일단 전이 압력이 더 이상 "그대로의 사랑"을 강요하지 않게 되자, 그녀에 대한 내 감정은 "그런 사랑"에 근접하게 되었다. "그런 사랑"과 "그대로의 사랑"은 더 이상 뚜렷이 구별되지 않았고, 하나의 마음 상태는 다른 상태와 서로 융합되었다. 나는 그녀가 자신의 결론을 발전시키는데 영향을 미치지 않게 하기 위해서, 이러한 작업을 대체로 조용히 진행하였다. 투사적 동일시와 내사적 동일시 그리고 전이와 역전이의 본질에 관한 나의 관점으로 인한 유용한 효과와는 별도로, 나의 역전이 안에 담긴 사랑의 본질에 대한 분석(J. Scharff, 1992)은 커 부인의 지속적인 관심인, 내가 그녀에 대해 어떻게 느끼는지에 관한 불안을 말끔히 해소시켜 주었다.

커 부인은 자신이 어떤 사랑을 받는지에 대한 문제를 가지고 끊임없이 씨름하다가, 마침내 자신이 딸아이의 뒤엉킨 머리카락처럼 올가미에 걸려들었다고 느끼게 되었다. 그때 그녀는 분명히 종결을 예고하는 꿈을 꾸었다:

꿈속에서 나는 딸아이가 승마 훈련을 받는 마구간에 있었습니다. 나는 다른 여자와 윤기가 흐르는 흑갈색 말과 함께 경기장에 있었습니다. 그 여자와 말은 넘어져서 뒤엉켰지만, 다치지는 않았습니다. 그런데 그들은 또 넘어졌습니다. 그 여자와 말이 모두 뒤엉켰고 나는 여자가 죽지 않았을까하고 걱정이 되었습니다. 하지만 그 말은 여자가 일어날 때까지 침착하게 기다리고 있었습니다. 나는 내 팔을 말의 목에 얹었습니다. 나는 말의 목을 감싸안았습니다. 그것은 무언가 살아 있는 것으로 가득 찬 느낌이었습니다. 그러자 말은 도망가고 싶어했는데, 그때 나는 위니가 하던 대로 등을 문질러 주면서 말이 얌전하게 서 있기를 바랬습니다. 그러나 나는 그 말이 물러 설 것이라는 것을 알고 있었습니다.

커 부인은 말을 갖고 싶어한 적은 없지만, 꿈속에서는 말이 그녀의 개처럼 친밀하게 느껴졌다고 말했다. 그리고 그 말이 어머니의 개였던 라브라도와 같은 쵸콜릿색이었다고 덧붙였다. 그녀는 그 꿈이 죽어가는 어머니에 관한 것이며, 또한 사랑하기를 원하는 그녀의 소망에 관한 것이라고 생각했다. 그녀는 만일 자신이 어머니를 사랑했더라면 어머니가 돌아가시지 않았을 것이고, 아버지도 자신을 떠나지 않았을 것이며, 나 역시 그녀를 떠나지 않을 거라고 말했다. 내가 보기에, 이 꿈은 분석 자체에 관한 것이기도 했다. 첫 번째 넘어진 것은 전이가 뒤엉킨 것을 나타내는데, 이 문제는 그녀가 내게 매달리는 것과 나와의 관계에서 시기심을 포기함으로써 해결될 수 있었다. 두 번째 넘어진 것은 죽음과 관련된 것으로서, 그녀가 나 없이는 자신이 죽었다고 느껴지는 문제를 가지고 씨름한 것을 가리킨다.

그녀가 말했다. "그 말은 안장을 싣고 선생님을 인도하기 위해 떠날 준비가 되어 있는 저로군요."

내가 말했다. "그렇습니다. 당신은 또한 당신의 살아 있는 부분을 안아주고 있습니다."

그녀가 대답했다. "우리 모두가 한데 짜여져 있군요. 저는 그 엉킨 것을 껴안고 작별인사를 고하고 있습니다. 전 선생님을 사랑하지만, 선생님을 놓아 드립니다. 그리고 저는 꿈속에서 선생님이 목을 안고 작별인사를 해주는 말로 나타나고 있습니다." 그녀가 계속해서 말했다. "바로 지금 저는 작별할 수 있을 것 같습니다. 이전 같았으면 '전 그 말이 아니라구요. 떠나지 않을 거예요.'라고 소리쳤겠죠. 하지만 이제는 나 자신이 천천히 뒤로 물러서면서 자유롭게 되기를 원하는 말이라는 느낌을 갖고 있습니다. 나는 그 말을 잠시 머물러 있게 하고 싶어서 등을 쓰다듬어 주었습니다."

"말의 등"(wither)이라는 단어는 그녀에게 시들어 죽다 (withering) 또는 오그라들다라는 말을 생각나게 했다. 그녀는 또 마른 탯줄을 생각했다. 나는 그녀가 지난 주에 그녀의 슬프고 죽은 부분을 문질러 주기를 원했으며, 그것은 나와 그런 식으로 관계하는 것이 친숙하고 위안을 주기 때문이라고 말했다. 그리고 그 때문에 그녀가 떠나는 것이 지연되었다고 말했다. 그녀는 자신이 극도의 분노를 통해 스스로를 표현하는 것은 환상 속에서 어머니를 되살려 내고 필요할 때 어머니의 현존을 느끼기 위한 시도임을 깨달았다. 그리고 나서 그녀는 다시 꿈으로 돌아갔다.

"이제 분리는 텅 빈 화면이 아닙니다." 그녀가 말했다. "그 여자는 커다란 사랑을 느꼈고, 완성되었다고 느꼈습니다. 그리고 그 말이 떠날 것을 알고 있었고, 자유로운 말이 갖는 아름다움을 사랑했습니다. 그러면서도 거기에는 아직도 연결이 존재하고 있습니다."

종결 날짜를 정하기

이제 커 부인은 다음해 여름이 아니라 봄에, 그녀가 생각한 것보다 일찍 종결을 하는 게 좋겠다고 생각하게 되었다. 그녀는 종결에 필요한 시간을 여섯 달로 줄였다. 짧은 기간 동안 증상이 악화되기도 하고 자율적인 태도가 퇴행하는 일이 있었음에도 불구하고, 그녀는 나와의 관계에서 계속해서 독립적이고, 자율적이고, 경쟁적이며, 공감적으로 기능하였다. 그녀는 궁극적인 문제인 나에게 사랑을 받는 문제를 가지고 열심히 씨름했으며, 결국에는 내가 그녀를 이해해 준 것, 가장 힘든 시간을 거치는 동안 그녀를 헌신적으로 돌보아 준 것, 그리고 내가 그녀를 전체 인격으로 보아 준 것을 내가 그녀를 사랑해 준 증거로 받아들였다. 커 부인은 내가 그녀에 대해 가졌던 감정은 참으로 진정한 사랑이며, 비록 "그런 사랑"은 아니지만, 필요한 작업을 해내고 그녀와 새로운 관계를 맺을 수 있는 "그대로의 사랑"이라는 결론에 도달했다. 이 문제가 해결되었으므로, 그녀는 종결하는데 6개월이란 시간이 필요하지 않았다. 그녀는 8주 후에 분석을 끝내기로 하였다.

종결 날짜를 합의하기 전에도 커 부인은 분석 마지막 해 동안 환상 속에서 종결을 연습해왔으며, 그 기간을 18개월, 1년, 5개월, 8주로 차츰 줄여 나갔다. 그녀는 종결 가능성이 거론된지 9개월이 지나 종결 날짜를 결정하였고, 그동안 종결 작업의 어려운 부분을 극복해냈다. 그녀는 주요 주제를 여러 번 되풀이해서 다루어야만 했다. 그녀는 심각하게 퇴행했으나 그 기간은 길지 않았다. 그녀는 전이를 반복해서 분석했고 해결했다.

사랑 받는다는 감정과 자신을 사랑한다는 느낌

마지막 여덟 주는 순조롭게 진행되었다. 주요한 퇴행은 이미 왔다가 사라진 터였다. 이 기간은 계속적인 성장과 공고화 그리고 자기 확인이 일어난 즐거운 시간이었다. 커 부인은 이

제 나의 사랑에 관한 물음과 관련해서 문제의 초점을 나에게 맞추는 게 아니라 그녀 자신에게 맞추고 있었다.

"제가 선생님에게 사랑을 받던지 않던지 간에 저는 선생님을 존경하고 사랑할 권리가 있어요. 제가 선생님을 존경하고 사랑하는 것과는 상관없이, 이제 나는 나로서 존재합니다 (I AM)." 그녀가 말했다.

나는 그녀가 강조한 "나는 존재합니다"라는 말을 취해서 다음과 같이 말했다. "이제 당신은 존경받고 사랑 받는다고 느낄 수 있는 권리를 갖고 있습니다. 당신은 나는 '사랑 받고 있다' 라는 의미로 '나는 존재합니다' 라고 말했지만, 나는 그 말이 '나는 내가 그렇게 되기를 원하는 사람입니다' 라는 의미도 갖는다고 생각합니다."

"자, 나는 존재합니다!" 그녀가 말했다. 그녀는 자신이 사랑 받고 있고 사랑 받을만 하다고 느낄 수 있었다. 그녀는 자신이 새롭게 활력을 얻은 것에 관해 길게 이야기하였다. 그녀는 마음속에 생긴 공간에 대한 느낌을 즐겼다. 그녀는 직장에서 자신감을 가지고 일했고, 사랑과 확신이 넘쳤으며, 존재의 가벼움을 즐겼다. 그녀는 자부심을 가지고 남편이 아시아 지역에서 특별히 중요한 직책을 제의 받았다고 이야기하였으며, 그를 시기하거나 나를 떠나는 것을 두려워하지 않으면서 진심으로 그를 격려해줄 수 있었다.

자기-분석, 통합 그리고 치료 성과의 공고화

서로 다른 풍경을 배경으로 차를 몰고 지나가는 두 개의 꿈은 종결 과정에서 편집-분열적 자리와 우울적 자리의 기능

수준이 변화되었음을 보여주었다. 커 부인은 두 개의 꿈을 이야기하고 스스로 분석하였다:

첫 번째 꿈에서 저는 황무지에서 흰머리 독수리를 향해 총을 겨누고 있는 장면을 보았습니다. 그것은 흑백 사진이었습니다. 두 번째 꿈은 총천연색 영화였는데, 비옥하고 완만한 구릉지 풍경이 펼쳐졌고, 그곳에는 가축들과 강아지들이 살고 있는 시골 농가가 있었습니다.

그녀는 첫 번째 꿈이 그녀가 생명과도 같았던 어머니를 상실한 일에 몰두해 있을 때 얼마나 두려웠고, 슬펐으며, 막막했는지를 보여준다고 말했다. 두 번째 꿈은 그녀가 자신의 삶을 충만하게 살아 가는 새로운 방식을 묘사해 주고 있다. 그녀는 자신의 색깔을 남김없이 발산하며 살아 가는 것을 좋아했다. 이를테면 그녀는 직장에서 최고 매니저의 자리를 놓고 경쟁하기로 결심하였다. 그녀는 단지 자신이 때때로 좀더 제한된 관계 유형으로 퇴보하는 것이 유감스러울 뿐이었다. 그녀가 말했다. "회복과 관련해서 좋은 점은 그것이 무의식적인 것이어서 볼링 핀처럼 스스로 일어선다는 것이에요."

어느 날 그녀가 고집 센 딸에게 화를 내었을 때, 딸의 불안을 조급하게 다루는 자신에 대해서 다시 절망했다. 그녀는 즉각 이것을 전이의 잔여물이라고 불렀다. 그녀는 이것이 나에게 "제가 아직도 이렇게 엉망인데 어떻게 저를 떠나보낼 수가 있지요?"라고 말하는 간접적인 방식이라고 했다. 커 부인은 자신의 감정을 분석하고 나서 위니에게 다시 좀더 인내할 수 있었다. 내가 감기에 걸렸다고 화를 내던 때와는 달리, 내가 건강 때문에 하루쯤 쉬는 것이 그녀에게 문제가 되지 않았다. 대기실에서 만나는 시끄러운 환자는 이전에는 경쟁하며 화를 내는 대상이었지만, 지금은 웃어넘길 상대에 불과했다. 그녀는 자신이 필요한 것을 얻었고 감사하게 느끼기 때문에 누군가가 그녀대신 나와 시간을 보내는 것을 시기하지 않는다고 말했다.

커 부인은 그녀의 약점을 부인하지 않으면서 남은 시간을 즐길 수 있었다. 그녀의 마음속에서는 좋았던 시간과 나빴던 시간이 분명한 균형을 이룰 수 있었다. 그녀는 가정생활에서 기쁨을 얻을 수 있었으며, 좀더 편하게 자기주장을 할 수 있었다. 그녀는 과거의 경험을 회상하고, 그것을 수정하고, 현재와 융합하여 미래를 위해 사용할 수 있는, 현실적이고 견고한 것으로 만들어냈다. 그녀의 자기분석 능력, 통합 능력, 퇴보에서 회복하는 능력은 변함없이 유지되었다. 그녀는 자신이 행한 것에 대해 보상할 수 있었고, 감사함을 느끼고 표현할 수 있었다. 그녀는 자신의 삶을 살았으며, 그녀 자신과 가족을 사랑하고, 현재와 미래에 대해 좋은 느낌을 가졌다.

마지막 회기가 거의 끝나갈 무렵 몇 분 동안 커 부인은 정원을 가꾸는 주제로 화제를 돌렸다. 과거에 이 영역은 나에 대한 그녀의 시기심과 경쟁심을 나타내는 은유였지만, 지금은 그런 것들과 상관없이 커다란 관심과 즐거움의 영역이었다. 커 부인은 정원을 가꾸는 이미지를 사용하여 분석에 대한 자신의 경험을 담아내고 싶었다. 그래서 그녀는 기나긴 분석의 여정을 다음과 같은 말로 끝맺었다. "이것은 저에게 모든 것을 의미했습니다. 이제 방금 심은 화초 뿌리처럼, 우리가 함께 한 일은 그 안에 있습니다. 그것은 현실입니다. 저는 그것이 거기에 있다는 것을 눈으로 볼 필요가 없습니다. 그것은 제 것만이 아니라 선생님의 것도 됩니다. 그렇지만 거기에서 피어난 꽃은 제 것이 될 겁니다."

제 16 장
꿈 분석 실제 사례

　우리는 한 젊은이가 분석을 받는 중에 보고했던 다섯 개의 꿈 자료를 가지고 분석의 전체과정을 개관해보는 흔치 않은 기회를 가질 수 있었다. 이 꿈들은 분석기간으로서는 비교적 짧은 기간인 3년 동안 질 샤르프 박사와 분석한 한 환자의 것이다. 이 환자는 삼각관계 상황에 대한 동일한 꿈을 각각 다른 형태로 세 번에 걸쳐서 꾸었다. 다른 두 가지 꿈들 중 하나에서는 죽은 커플이 나타났고, 다른 한 꿈에서는 그 자신만 나타났다. 우리는 다섯 개의 꿈을 분석과정이 진행됨에 따라 전이와 대상관계의 변화를 반영하는 심리내적 상황에 대한 프랙털로 간주한다.

　헨드리가 4세였을 때 젖먹이 동생이 수막염으로 죽은 일이 있었다. 그는 이 일이 가족들에게 외상을 주었음을 알았지만, 동생과 그다지 관계가 없었기 때문에 동생의 죽음은 그에게 커다란 의미를 갖지 않았다. 그의 부모에게는 끔찍한 상실 경험이었지만 부모는 슬픔을 뒤로하고 이 일에 관해서 아무 말도 하지 않았다. 그는 분석이 끝날 때가 가까워지도록 그가 경험한 다른 외상적 사건만을 이야기하였다. 그는 부모가 자신이 알고 있는 외상 이전에 좀더 큰 다른 외상을 경험했다는 사실을 모르고 있었다.

헨드리는 강박적인 생활방식으로 인해 신체에 치명적인 상처를 입고, 법률 학교에서 낙제한 문제 때문에 나(JSS)에게 분석을 받으러 왔다. 그는 신체의 일부를 잃지 않고, 더 나아가 목숨을 보존하기 위해서 성격을 변화시켜야만 했다. 심한 대장염으로 인해 혈액이 계속 소실되었으며, 그 때문에 스테로이드 약물을 복용해야만 했다. 그는 실제로는 소원하고, 과도하게 지적이고, 거절적인 애착관계를 느끼면서도, 사회적으로는 자신을 매력적으로 위장해야 한다고 느꼈다. 그의 세련된 사교 기술로 인해 그가 사람들과 관계를 잘 맺는 것처럼 보였지만, 실제로는 그렇지 않았다. 그는 성적인 매력은 아니지만 부드럽고 신사다운 매력을 풍기는 마르고 잘 생긴 금발의 남자였다. 그는 이것이 "허상에 불과한 공적 가면"이라고 말했다. 나는 그의 말을 그가 유능한 거짓 자기로 자신의 참자기를 덮고 있다는 의미로 받아들였다.

헨드리는 명랑하고, 지적인 미모의 여자와 사귀고 있었다. 그녀는 결혼하고 싶어했지만, 그는 그 관계가 연기에 지나지 않는다고 생각했기 때문에 장기간 유지해온 관계를 끝냈다. 그는 그녀와 성적인 관계를 유지할 수는 있었지만, 그녀가 그를 사랑하는 만큼 그녀를 사랑할 수 없었다. 그녀에 대한 의무에서 벗어난 그는 하루 중 많은 시간을 공부에 쏟아부었고, 건강을 위해 자전거를 탔는데, 이 두 가지 모두 혼자서 하는 활동이었다. 그는 일을 마무리짓고 운동을 한다던가 친구를 만나면서 쉬는 대신 또 다른 스트레스 상황으로 자신을 몰아넣었다. 그는 너무 강박적으로 일하고 운동했기 때문에, 사고하는 능력과 건강한 신체를 회복할 수 있는 능력을 상실하였다. 심한 대장염이 발병하자 그는 자기가 스스로를 정신적 및 신체적으로 파괴하고 있음을, 또는 그가 좀 과장된 어조로 말했듯이 고행을 자초하고 있음을 깨달았다.

그는 허약해진 몸을 다스려 보려고 했지만 혈변을 통제하지 못했고, 이 때문에 그의 건강은 점점 더 나빠졌다. 이와 비슷하게 법과 대학원에서 그가 "지식 체계"라고 부른 것을 통달하려고 했지만, 주의집중이 되지 않아 그렇게 할 수 없었다. 그는 세부적인 내용 속에 빠져서 길을 잃었으며, 그가 열심히 노력하면 할수록 전체적인 그림은 그에게서 더욱 멀어져만 갔다. 학교에서 그는 지나치게 진지했으며, 사람들과 사귀는 일에 거의 시간을 쓰지 않았다.

헨드리는 성적인 관계를 갖지 않았으며, 거의 사회생활을 하지 않았다. 방을 함께 쓰고 있는 친구들과도 어울리지 않고 혼자서 지냈는데, 그들은 그만큼 바빴고 그에게 시간을 내라고 요구하는 일이 거의 없었다. 그는 일주일에 한번 정도 춤을 추러 갔다. 하지만 그가 꼬박꼬박 무도장을 찾은 것은 자연스럽게 친구들을 만나기 위해서가 아니라, 향상된 사교 댄스 기술을 유지하기 위해서였다. 그와 함께 춤을 춘 파트너들이 종종 그에게 데이트 신청을 했지만 그는 시간이 없었고, 어느 누구와도 데이트하려 하지 않았다. 그는 자신이 지닌 사회적인 매력과는 어울리지 않게 친밀감에 대해 극단적으로 거리를 두고 있었다. 분석을 받으면서 그는 나에게 정중하게 대했지만, 내가 그와 거리를 유지하고 그에게 너무 중요한 사람이 되는 일이 없도록 보장하기 위해, 지적인 사고방식을 방어로 사용하였다.

평가 면접에서 그는 네 살 때부터 반복해서 꾼 꿈에 관해 이야기하였다.

그 꿈은 검은 허공 안에서 일어났습니다. 저는 에너지로 이루어진 광선이 되어 수천 마일 떨어진 또 다른 광선과 접촉하려고 하였습니다. 그 광선은 사랑하는 사람을 나타내고 있었습니다. 제 삼의 광선이 두 번째 광선을 가로막았습니다. 그리고 이것은 파괴를 의미합니다. 그것을 가로막기 위해서 나는 속도를 내야했습니다. 그것은 제가 파괴되는 것을 의미합니다. 하지만 저는 그 전에 꿈에서 깨어났습니다.

이것은 내가 들었던 꿈 중 인간세계에서 가장 멀리 떨어진 꿈이라는 인상을 받았다. 이 꿈에 나타난 인간적인 따뜻함과 사랑이라고는 눈곱만큼도 없이 공포로 가득 찬 네 살 짜리 아이의 고통을 담아주는 것은 쉬운 일이 아니었다. 나는 그의 참 자기가 성인의 거짓 자기 "가면"에 의해 얼마나 깊이 감추어졌으며 얼마나 멀리 있는지를 생각하며 슬픔을 느꼈다.

헨드리가 느낀 공포는 어디서 유래하는 것인가? 헨드리는 네 살 무렵에 어린 동생이 수막염으로 죽었다고 말했다. 그의 꿈은 죽음에 대한 공포와 동생과의 재결합에 대한 소망을 보여주는 것 같았다. 그의 부모님은 아이에게 어떤 일이 일어났는지를 설명한 후에, 아이의 옷가지를 내다 버리고 방을 다시 꾸미면서 아이가 있던 흔적을 모두 없애려고 하였다. 헨드리는 어머니가 커다란 상실로 인해 슬픔의 무거운 짐을 지고 있다고 느꼈고, 어머니처럼 마음의 충격을 받지 않은 것에 대해 다소 죄책감을 느꼈다.

헨드리는 외상적이었던 다른 일에 관해서 이야기하지는 않았지만, 분석과정을 거치면서 발달의 세 시기에 학대를 받았음을 발견하였다. 그는 다음과 같은 순서로 억압의 양파껍질을 벗겨냈다.

청년이었을 때 그는 매우 좋아했던 남자 코치를 거절했던 일로 인해 대학의 볼룸 댄스 팀을 그만두어야 했던 적이 있었다. 그 코치는 그의 엉덩이를 토닥이면서 성적으로 자극하는 행동을 함으로써 그의 우정을 배신하였다. 이때 헨드리는 자신도 모르게 키워 온 동성애적 역동을 갑자기 깨닫고는 굴욕감과 당혹감을 느꼈다. 코치와의 동성애적 위협에 대한 기억을 회상해낸 후에 그의 대장염은 사라졌다.

그리고 나자 좀더 초기의 위협적인 학대에 대한 기억이 표층으로 올라왔다. 아주 어린 아이였을 때 그는 십대 베이비시터에게 성적 학대를 받은 적이 있었다. 그가 힘들게 몸을 뺐을 때 그녀는 그에게 상처를 입혔다. 이제 그가 남성들에게 매력적으로 비춰지는 것에 대한 무의식적인 두려움 때문에 사람들과 운동하는 상황을 피하기 위해서 혼자서 자전거 타기를 선택했다는 사실이 분명히 드러났다. 이러한 기억이 회복되자 그는 체육관에서 개인 운동을 즐길 수 있게 되었다.

마침내 가장 깊은 억압 층이 드러났다. 그는 십대가 되기 전에 아버지에게 매를 많이 맞았던 일을 기억해냈다. 그 기억은 가장 깊이 억압되어 있었는데, 그것은 그가 아버지의 돌봄에 크게 의존되어 있었기 때문이었다. 그는 아버지의 폭력으로 인해 상처를 입었다. 그의 부모는 아이를 잃은 외상 외에도 이차 대전 때 커다란 고통을 겪었다. 헨드리는 전자에 관해서는 알고 있었지만, 후자에 대해서는 그 내막을 알지 못했다. 헨드리는 부모에게서 전이된 외상에 의해 간접적으로 영향을 받았다.

헨드리는 자신이 어머니와 너무 가깝게 지냈다고 느꼈다. 그는 어머니가 아이를 잃었다는 사실을 빼고는 그녀의 고통의 원인을 알지 못한 채, 어머니를 기쁘게 해드리고자 온 마음을 기울였다. 아버지가 없을 때 그는 어머니의 남편으로서 자리를 지켜야 했기 때문에 아버지에 대해서 분노를 느꼈다. 이러한 일로 그는 그가 "환상"이라고 부른 것—어머니의 정신 상태에 지나치게 관심을 가지고 과도하게 연루된 상태— 안에서 살게 되었다.

이러한 환상은 전이와 역전이에서 재연되었다. 나는 그에게 몰입하면서 주의 깊게 경청하고자 했다. 나는 그의 지적인 서술내용을 이해하고 그것의 정서적 의미를 발견하려고 노력했다. 그는 내 마음 속에 그가 표현하지 않은 감정을 느끼고자 하는 마음상태와 그가 무엇을 말하는지에 대해 당혹감을 느끼는 마음상태를 불러일으켰다. 그는 항상 몹시 난해하고 불분명한 언어 속에 자신이 말하고자 하는 의미를 파묻어 버렸다.

헨드리는 자신의 감정이 지닌 강력한 힘으로부터 나를 보호하기 위해 매우 지적으로 이야기했다는 사실을 깨달았다. 나는 이런 일이 발생한 것은 그가 어머니와의 유대관계를 지속시키고 싶었기 때문이라고 말했다. 나는 그가 나와의 관계에서 이러한 초기 수준의 융합을 유지하고 싶어하는 것은 그로 하여금 죄책감을 느끼게 하는 나 또는 그의 어머니에 대한 성적 환상 혹은 다른 정서적 반응을 인식하고 싶지 않기 때문이라고 말했다. 그는 자기 자신 또는 내 감정에 대한 죄책감을 인식하거나 느끼고 싶지 않다는 문제에 관해 작업하면서, 내가 자신에게 중요한 존재라는 사실을 깨달았다. 그는 이러한 치료적 진전을 성취하자, 부모를 하나의 커플로 다루기를 원했고, 두 사람의 성적인 연합을 상상하기 시작하였다. 이 시기에 그는 두 번째 꿈에 관해 말했다:

이 꿈속에는 죽어 있는 두 개의 시체가 있습니다. 전 그것들이 누구의 시체인지 알 수 없었습니다. 두 구의 시체가 함께 쌓아 올려져 있었습니다.

이 꿈에 관해 작업하면서 그는 성적 및 공격적인 이미지를 연상하였다. 그는 자신이 그 두 사람을 죽인 것은 아닐까 걱정했지만, 곧 그렇지 않다는 것을 알게 되었다. 그는 두 시체가 죽은지 오래되었다는 인상을 받았다. 나는 이 꿈이 그가 부모님을 죽은 커플로 보고 있다는 사실을 보여준다고 말했다. 그의 부모님은 그들 자신들의 고통으로 인해 그리고 두 사람이 너무 친밀하고 자신들만의 비밀을 갖고 있는 것에 대한 그의 시기심과 격노로 인해 파괴된 것으로 인식되고 있는 것이다.

헨드리는 그의 내적 대상관계 안에 죽은 내적 커플을 가지고 있었다. 그는 이 때문에 친밀한 성적 관계에서 여성과 커플을 이룰 수 없었고, 여성 분석가와 정서적인 관계를 맺을 수 없었다.

헨드리는 부모에게서 더욱 더 분리되었다고 느끼기 시작했고, 그들의 감정에 대해서 덜 염려하게 되었다. 그는 부모님들이 자신과 관계했던 방식과 그들의 고통을 설명해 주지 않은 것에 관해 그들에게 직접 물어보아야겠다고 생각했다. 그때 최초의 꿈이 다시 나타났다.

이번에 나는 다른 광선을 향해서 뻗어나가는 에너지 광선이 되어 있었습니다. 그 다른 광선은 이제 어머니로 확인되었습니다. 중간에서 가로막는 광선으로부터 구하기 위해 어머니에게 다가갔을 때, 나는 그 광선이 나의 아버지라는 사실을 깨닫고 방향을 돌렸습니다. 나는 불안하지 않았고 잠에서 깰 필요가 없었습니다. 나는 끝이 있다는 사실에 안심이 되었습니다.

이 꿈에서 가장 놀라운 점은 꿈속의 사물들이 사람으로 인식되었다는 것이다. 그러나 헨드리 자신은 여전히 에너지 광선의 형태로 나타나고 있다.

헨드리는 이 꿈에 관해 연상하면서, 부모님에게 직접 그 사실을 알아봐야겠다고 생각했다. 나는 그가 분석과정 안에서 부모에 대한 자신의 느낌을 피하기 위해 부모를 직접 만나서 그들의 감정을 보여달라고 요구하려는 것이라고 말했다. 그래서 그는 부모님을 직접 만나지 않고 부모님 두 분을 함께 생각하기 어려워하는 자신의 문제를 직면하는 방향으로 나아갔다. 그는 그들의 안전에 대한 두려움으로 가득 차 있었다. 부모님 두 분을 함께 생각할 때면 그는 혼미해지면서 미궁 속으로 빠져 들어간다고 했다. 그는 자신이 신뢰할 수 없는 현실에 대한 지각과 "공중 앞에서 쓰는 가면"과 같은 거짓 자기 행동을 사용해야 할 필요에 사로잡혀 있다고 말했다.

헨드리는 부모와 자신에 대한 그의 견해에 대해 좀더 작업한 후에, 주제를 바꾸어 그가 법과 대학원에서 공부에 쏟아

부은 노력만큼 좋은 결과를 얻기가 어렵다는 사실을 다루었다. 그는 꿈이나 부모의 성, 공격적인 느낌에 관해 검토하기보다는, 열정을 가지고 오로지 학업 성취의 문제에만 초점을 맞추었다. 그는 학업 문제를 다루는 분석과정에서 그가 학교에서 여러 시간씩 도서관에 앉아 있는데도 공부에 집중하지 못하듯이, 이 문제에 집중하지 못하는 자신을 발견했다. 그는 그것이 빠져 나와야 할 블랙홀 같다고 느꼈다.

역전이에서 나는 마치 내가 거기에 없는 것처럼 느꼈다. 나는 그에게 아무런 의미도 없는 것 같았다. 나의 가치는 텅 비워졌다. 나는 블랙홀이었다.

허공에 대한 그의 꿈과 나의 역전이 감정을 염두에 두면서, 나는 그가 더 이상 혼란스러워하지 않기 위해 그의 어머니와의 친밀한 감정과 아버지에 대한 분노를 비워냈다고 말했다. 그는 공허감을 회피하기 위해 분노와 친밀감과 혼란스러움을 그가 씨름하고 있는 학업문제와 정체된 분석 상황으로 전치하였다. 그는 각 개인으로서의 부모와 부부로서의 부모에 대해 상세히 이야기하면서 블랙 홀에서 빠져 나왔다.

부모 커플에 관한 내적 작업을 마친 후에 헨드리는 변화하기 시작하였다. 그는 그의 가족들, 같은 방을 쓰고 있는 친구들 그리고 같은 학과 친구들에게서 생각했던 것보다 좀더 재미있고 생기발랄하며 자신만만한 사람이라는 피드백을 받았다. 그는 더 이상 가면을 필요로 하지 않게 되었다. 그는 여전히 매력적이었지만, 이것은 더 이상 공허함을 가리기 위한 가면이 아니었다. 그는 여전히 예의를 지켰지만, 더 이상 부드럽고 사근사근하지만은 않았다. 다시 체중이 불고 근육이 발달하면서 그는 좀더 남자다워졌고 적극성을 띠게 되었다. 그는 이제 충분히 준비가 된 상태에서 그리고 자신이 알 권리를 갖고 있다고 느끼면서, 부모님을 찾아가 두 분의 과거에 대해 상세하게 물어보았다. 그는 수업이 없는 공휴일에 찾아가 뵙기로 결정하였다.

부모님은 그의 요청을 받아들였고, 전쟁 기간 동안 가족들을 잃어버린 일에 관해 눈물을 흘리며 털어놓았다. 부모님은 친구들이 압사 당하는 것을 목격해야 했다. 가족 중 두 사람이 실종되었다. 거기까지 이야기했을 때, 그의 부모는 이제 그만하면 충분히 말했다고 느꼈다. 그러나 헨드리는 한 가지 사실을 더 알고 싶어했다. 그 순간 갑자기 그의 아버지는 어머니를 그만 괴롭히라고 말하면서 헨드리에게 주먹을 날렸다. 그는 나가 떨어졌고 더 이상 이야기를 나눌 수 없었다.

이 일이 있은 후에 헨드리는 치료를 그만두겠다고 말했고, 몇 회기 동안 나타나지 않았다. 그것은 그가 아버지에게서 버림받았다는 느낌과 그에 대한 분노를 나에게 전치한 것이었다.

역전이에서 나는 그의 갑작스러운 중단 선언과 행동으로 인해 한 대 얻어맞은 느낌이었다. 나는 그를 분석하는데 많은 것을 쏟아부었지만, 이제 내가 투자했던 모든 것을 잃어버릴 참이었다. 나는 한 방 맞고 뻗어버린 느낌이었다.

나는 치료를 그만두는 게 마치 내게는 아무 것도 아닌 것처럼 일방적으로 치료를 그만두겠다고 말하는 것은 말도 안 되는 일이라고 그에게 말했다. 나는 그가 아버지에게 느꼈던 것과 마찬가지로 그에게 두들겨 맞은 느낌이라고 말했다. 나는 그가 자신에게 일어났던 일이 얼마나 고통스러운지를 느끼지 않기 위해, 그 맛을 내게 보여주는 것이라고 말했다. 또한 나는 그가 그의 아버지처럼 부재한 나에게 분노를 느끼고 난 다음 나의 존재의 중요성을 깨닫는 상태로 옮겨가는 행동 유형을 갖고 있다고 말했다. 그는 이제 전이를 다루면서 청소년기에 아버지에게 많이 맞았던 일들을 기억해내었다. 이 시점까지 그는 그가 나에게 모든 것을 다 이야기하면, 내가 너무 많이 느끼고 압도될 것이라고 생각하면서, 마치 너무 많은 고통을 느끼지 않도록 어머니를 보호했던 것과 마찬가지로, 나에게 이러한 정보를 주지 않고 보유하고 있었다. 이를테면 그는 어머니에게 걱정을 끼쳐 드리고 싶지 않았기 때문에 어릴 적에 베이비시터에게 학대받은 일을 부모에게 이야기하지 않았던 행동을 반복하고 있었다.

헨드리는 전이에서 나타난 그의 분노를 극복하고 나자 그가 다루고 있는 내용의 세부사항들을 이해할 수 있게 되었고, 그것을 커다란 그림으로 맞추어낼 수 있었다. 그에게 더 이상의 혼돈과 공허와 절망의 블랙 홀은 없었다. 그의 내적인 공간은 더 이상 텅 비어 있지 않았다. 그는 공격적이거나 성적인 감정, 내적 대상에 대한 이미지를 담아둘 수 있었고, 따라서 그 감정과 이미지들이 그의 학업 공간으로 침범해 들어오는 일은 멈추게 되었다. 그는 나중에 우수한 성적을 받았으며, 그가 애정과 성적인 매력을 느끼는 같은 학과의 여학생과 데이트를 할 수 있게 되었다. 두 사람의 관계는 좋은 편이었다. 그러나 그는 아직 사랑할 수 없었고, 여섯 달 후에 상호 합의하에 관계를 끝냈다.

그러면서 반복되는 꿈이 다음과 같은 마지막 형태로 나타났다:

이번 꿈은 인간적인 형태를 띠고 있습니다. 전 아이가 되어 공간을 여행하고 있고, 또한 꿈이 끝날 때까지 성숙해 가면서 시간을 여행하고 있습니다. 이번에 저는 제 자신을 희생하는 대신 죽은 대상을 능동적으로 파괴하고 그것을 산산조각 내는 것을 지켜보고 있습니다. 저의 어머니와 아버지는 서로를 향해 여행하고 있으며, 그들은 이번에는 죽은 대상에 의해 방해받지 아니한 채 서로를 향한 여행을 계속할 수 있습니다. 그리고 그동안 저는 다함께 만나는 지점을 향해 저의 길을 가고 있습니다. 전 선생님을 만났고, 선생님은 방향을 돌려 선생님의 길로 가셨고 우리 두 사람은 결과에 만족해 했습니다.

이 꿈에서 그는 아버지의 존재로 인해 안도감을 느꼈고, 따라서 계속해서 자유롭게 갈 수 있다고 느꼈다. 그 자신이 알고 있듯이, 이번 꿈은 인간적인 형태로 나타났고, 그는 아이에서 어른으로 성장했으며, 파괴에서 자신을 구원하였고, 죽은 대상을 산산조각 내었다. 그는 이제 비현실적인 관계방식의 마지막 조각이 떨어져 나갔다고 말했다.

이 꿈은 헨드리의 분석 여정과 그의 삶을 전체적으로 개관해 주고 있으며, 그를 사로잡고 있던 치명적인 외상(그의 오이디푸스 콤플렉스와 융합된 자신과 부모의 외상)이 치유되었고, 전이에서 만족스러운 오이디푸스 단계에 도달했다는 사실과, 그가 자율성을 지닌 자기를 형성했음을 보여주고 있으며, 따라서 종결이 임박했음을 말해 주고 있다.

헨드리는 댄스 교사의 지도를 받는 연습에서 얼마나 많은 진전을 이루었는지 알 수 있었고, 이제는 그녀가 무엇을 교정해 줄지 예상할 수 있었다. 그는 이제 그녀에게서 더 배울 것이 없을 정도로 성장했다고 느꼈지만, 그녀와 파트너로서 춤추는 것을 좋아하였다. 어느 날 그는 놀랍게도 그녀가 매력적인 젊은 여성임을 발견하였다. 그는 데이트를 제안하기로 마음먹었고, 그들의 관계는 꽃피기 시작했으며, 그는 처음으로 사랑에 빠지게 되었다. 그는 꿈에 관해 이야기했는데, 그것은 광선이 삼각형의 형태로 나타나는 꿈이나 죽은 커플이 나오는, 반복해서 꾸던 꿈과는 전혀 다른 꿈이었다. 이 마지막 꿈에서 그는 더 이상 도착적인 삼각관계에 사로잡히지 않고 스스로 독립적으로 기능하고 있었다.

나는 홀로 무도장에서 마치 탱고와 같이 복잡한 춤의 스텝들을 연습하고 있었다.

헨드리는 이제 그에게는 현실에서 그러하듯이, 꿈에서도 더 이상 춤 선생이 필요하지 않게 되었다고 한 내 말에 동의하였다. 그는 그 말을 그의 방어적인 자기 충족성에 대한 언급이라기보다는 칭찬으로 받아들였다. 그는 지금껏 누군가가 자신과의 사랑에 빠지도록 조장했고, 그러고 나서는 그 사람을 거절하는 행동유형을 갖고 있었으며, 분석에서는 그가 무엇을 느꼈고 무엇을 하고 싶어했는지를 말하기보다는 그에게 어떤 일이 있었는지를 말하곤 했다고 말했다. 그는 이제는 더 이상 수동적인 삶을 살지 않을 것이며, 세상으로 나가 느끼고, 사랑하고 자신의 삶에 관해 생각하겠노라고 결심하였다. 그는 종결할 준비가 되었고, 다음 주에 분석을 마치기로 계획을 잡았다.

그의 갑작스런 결정은 나를 어리둥절하게 만들었다. 나는 그가 자신의 아버지에게 주먹질을 당하고 나서 나에게 치료를 그만두겠다고 위협했을 때, 한 대 맞았구나 라고 느꼈던 일이 생각났다. 나는 그렇지 않다고 항변하고 싶었다: 분명코 그는 이번에도 분석을 그만두지 않을 것이다. 그는 단지 사랑에 빠졌을 뿐이다. 아직은 새로운 관계가 어떻게 발전할지 그리고 그러한 전이의 의미를 평가할 필요가 있다 라고 말하고 싶었다.

나는 그가 과거에 치료를 그만두고 싶다고 했던 전력들을 들추어 내면서, 그가 서서히 극복해 가는 과정을 통해 종결에 도달하는 것을 회피하고 있다고 지적했다. 그러나 헨드리는 꼭 종결해야겠다고 완강하게 고집하였다. 그는 종결해야 하는 이유를 반복해서 말했고, 그가 거쳐온 분석의 단계들을 요약하였다. "이제 저는 저 자신을 느낄 수 있기에, 그리고 이제 사랑하고 느끼는 삶을 살아가고 싶기에 분석을 끝내고자 합니다. 처음에 분석은 제가 생각할 수 없었던 것들을 생각할 수 있는 공간을 제공해 주었습니다. 그 공간이 없었다면 그런 것들을 생각할 수 없었을 겁니다. 그리고 나서 그 공간은 어떤 일이 발생하는 공간이 되었고, 저는 사물에 대해 새롭게 느끼기 시작했습니다. 이제 저는 그 공간을 유지하기 위해 어떤 것을 생각해야 할 것 같습니다. 지금까지 그 공간 안에는 시작 없음과 끝 없음의 느낌이 있어 왔지만, 어제 저는 이것을 끝낼 때가 되었다는 사실을 깨달았습니다. 저는 이제 분석하는 일에 시간을 더 쓸 수도 없고 또 쓰고 싶지도 않습니다. 저는 선생님으로부터 제가 필요로 하는 것을 얻었습니다. 이제 분석은 저에게 존재 방식이 되었습니다. 제가 이 곳을 떠난다 해도 분석은 끝나지 않고 계속될 것입니다."

꿈에서 헨드리는 커플 댄스를 혼자서 추었고, 볼룸 댄싱과 친밀한 관계에서 요구되는 성숙한 수준의 상호의존성을 보여주지는 않았다. 의심할 바 없이, 그가 볼룸 댄스 교사와의 직업적인 관계를 개인적인 관계로 바꾼 것에는 전이의 행동화가 포함되어 있었다. 혹자는 그가 종결을 원하는 것은 이러한 전치를 탐색하는 것에 대한 저항 때문이라고 말할 것이다. 한달 내에 갑자기 종결하려는 태도를 통해서 그는 샤르프 박사에게 빠른 펀치를 한 방 먹였다. 우리는 헨드리의 행동에서 공격적인 대상과 동일시되어 있는 요소를 발견할 수 있다. 다른 사람들은 헨드리가 꾸는 꿈과 접촉하는데 실패했다고 말할 것이다. 그러나 우리는 학대를 경험한 사람이나 그들의 자녀들이 거의 꿈을 꾸지 않는다는 게 결코 드문 일이 아니라는 사실을 알고 있다(Bollas, 1989; J. Scharff and D. Scharff, 1994).

다른 한편 헨드리의 빈약한 일련의 꿈들은 그의 정신상태를 아주 경제적으로 말해 준다고 볼 수 있다. 다섯 개의 꿈은 그 꿈을 꾼 각각의 시기에 그의 심리내적 상태를 말해 주는 프랙털로서 기능하고 있음을 알 수 있다. 그 꿈들은 분석 전체에 대한 프랙털로 기능한다. 헨드리는 샤르프 박사로 하여금 자신이 이전에 회피했던 여러 가지 외상들의 충격을 경험하게 만들었다. 우리는 그가 이러한 수준의 무의식적 의사소통을 전달할 수 있을 만큼 그의 감정의 긍정적인 측면들이 충분히 안정되어 있다는 것을 알 수 있다. 우리는 이런 식으로 치료를 떠나는 것이 외상에서 살아남은 사람들에게서 나타나는 전형적인 현상이며, 마침내 그들이 안전하다는 것을 느끼게 될 때, 그들은 안전한 느낌을 제공해 주는 중요한 대상을 상실하는 고통을 분석가에게 되돌려 줌으로써 분석가에게 외상을 주고 싶은 충동을 느낀다는 사실을 알고 있다(J. Scharff and D. Scharff, 1994). 분석이 완결되지 못한 것이 아닌가라는 약간의 의구심에도 불구하고, 헨드리의 파트너 선택은 그의 나이와 관심과 환경에 적절한 것이었다고 간주된다.

이 책 제 1권 8장에 제시한 혼돈이론의 개념을 적용할 때, 우리는 이 일련의 꿈들이 분석의 전체 지형도를 보여준다는 결론에 도달한다(Galatzer-Levy, 1995). 우리는 각각의 꿈들이 헨드리의 심리내적 상황과 지금-여기에서 나타나는 전이 표상(representation in the here-and-now of the transference)의 프랙털로서 기능하는 것을 발견한다. 게다가 세 종류의 반복적인 꿈들은 아들의 성격 속에 파묻혀 있는 부모의 외상적인 경험을 드러내 보여준다. 따라서 아들의 꿈은 부모가 겪었던 경험의 프랙털로서 기능한다. 그 꿈은 그의 성격의 프랙털이며, 그의 성격은 부모 성격의 프랙털이다. 헨드리가 그의 어머니에 대해서 혼란스럽고 혼미스럽게 기술할 때, 그에 대해 샤르프 박사가 보여주었던 역전이 태도는 전이를 이해할 수 있는 패턴을 이끌어내고 변화를 향해 나아가게 만드는 "이상한 끌개"(제 1권 8장 참조)로 작용했다고 말할 수 있다.

무엇보다 중요한 사실은 마지막 꿈에서 헨드리는 완전한 인간의 모습을 띠고 나타났다는 점이다. 이는 그가 자율성을 성취했으며, 정열적인 성인의 관계를 연습하고 있음을 보여준다. 13장과 14장에서 다루었던 에스더 같은 청년들처럼, 헨드리는 스스로 분석작업을 완성하기 위해 분석을 떠나고 있다. 그는 자신의 생명력과 남성적 자기, 애정 대상, 직장, 그리고 진정으로 관계할 수 있는 능력을 되찾았다. 사실상 그는 온전한 종결에 필요한 시간을 충분히 갖지 않았다. 그는 사랑하는 파트너와 자신에 대한 마지막 꿈을 꿀 때까지 기다리지 않았다. 그러나 그는 그 꿈을 기다릴 필요가 없었다. 왜냐하면 이제 그의 꿈은 살아 있는 꿈이기 때문이다.

역자 후기

　대상관계 개인치료가 Ⅰ권은 이론편으로, Ⅱ권은 기법편으로 구성되어 총 두 권의 책으로 번역 출간된 것을 정말 기쁘게 생각합니다.
　이 책은 크리스토퍼 볼라스와 토마스 옥덴 그리고 테오도어 제이콥스가 극찬했듯이, 현대 심리치료 분야의 명저가 분명합니다. 샤르프 부부는 이 한 권의 책에서 지난 수십 년 동안 이 분야에서 이루어진 소중한 발견들을 훌륭하게 통합해내고 있습니다. 이 책이 우리말로 소개됨으로 해서 한국 심리치료의 이론과 실제 모두가 한층 더 성숙해질 수 있으리라고 기대해봅니다.
　데이빗 샤르프 박사를 개인적으로 만나 함께 대화를 나누기 전까지만 해도, 그는 나에게 그저 한 사람의 뛰어난 이론가에 지나지 않았습니다. 그러나 작년에 그가 한국심리치료 연구소를 방문했을 때 그와 함께 많은 개인적인 대화를 나눌 수 있는 기회가 있었는데, 그때 나는 내 안에서 그에 대한 깊은 신뢰가 싹트는 것을 느낄 수 있었습니다. 이제 그는 나에게 한 사람의 이론가 이상의 이 시대의 희망을 공유할 수 있는 소중한 동지 중의 한 사람으로 간주되고 있습니다. 아무쪼록 이 책을 통해서 그의 사상 뿐만 아니라 따뜻하고 깊은 인간에 대한 사랑까지도 독자들에게 전달될 수 있기를 바랍니다.

  바쁜 일정을 쪼개어 한국의 독자들을 위해 서문을 써주신 샤르프 박사 부부에게 다시 한번 깊은 감사를 표합니다.

  이 책을 함께 번역해준 김석도 님의 노고에 깊은 감사를 드리며, 편집과 교정을 맡아주신 이은경 님 그리고 한국심리치료 연구소 가족 여러분께 감사를 드립니다.

2002년 4월 2일
역자 대표 이재훈

참고 문헌

Abelin, E. (1971). The role of the father in the separation-individuation process. In *Separation-Individuation*, ed. J. B. Medevitt and C. F. Scttlage, pp. 229-252. New York: International Universities Press.
———(1975). Some further observations and comments on the earliest role of the father. *International Journal of Psycho-Analysis* 56:293-302.
Ainsworth, M. D. S., Blehar, M. C., Waters, E., and Wall, S. (1978). *Patterns of Attachment: A Psychological Study of the Strange Situation*. Hillsdale, NJ: Lawrence Erlbaum.
Alexander, F., and French, T. M. (1946). The principle of corrective emotional experience, in *Psychoanalytic Theory: Principles and Application*, pp. 66-70. New York: Ronald Briggs.
Atwood G., and Stolorow, R. (1984). Structures of Subjectivity: *Explorations in Psychoanalytic Phenomenology*. Hillsdale, NJ: Analytic Press.
Bacal, H. (1987). British object relations theories and self-psychology: some critical reflections. *International Journal of Psycho-Analysis* 68:81-98.
Balint, M. (1952). *Primary Love and Psychoanalytic Technique*. London: Tavistock, 1965.
———(1957). *The Doctor, His Patient, and the Illness*. London: Tavistock.
———(1968). *The Basic Fault: Therapeutic Aspects of Regression*. London:Tavistock.
Balint, M., Ornstein, P. H., and Balint, E. (1972). *Focal Psychotherapy*. London: Tavistock.
Bartholomew, K. (1990). Avoidance of intimacy: an attachment perspective. *Journal of Social and Personal Relationships* 7:147-178.
Bartholomew, K., and Horowitz, L. M. (1991). Attachment styles among young adults: a test of a four-category model. *Journal of Personality and Social Psychology* 61:226-244.
Becker, T. C. (1993). The difference between termination in psychotherapy and

psychoanalysis: panel report. *Journal of the American Psychoanalytic Association* 41(3):765-773.

Beebe, B., Jaffe, J" and Lachmann, F. (1993). A dyadic systems model of motherinfant mutual regulation: implications for the origins of representations and therapeutic action. *Newsletter of the Division of Psycho-Analysis, American Psychological Association* Winter xiv(l): 27-33.

Beebe, B., and Lachmann, F. M. (1988). The contribution of mother-infant mutual influence to the origins of self- and object-representations. *Psychoanalytic Psycho-logy* 5:305-337.

Beebe, B., Lachmann, F. M., and Jaffe, J. (1997). Mother-infant interaction structures and presymbolic self and object representations. *Psychoanalytic Dialogues* 7:133-182.

Bell, M. B., Billington, R., Cicchetti, D., and Gibbons, J. (1988). Do object relations deficits distinguish BPD from other diagnostic groups? *Journal of Clinical Psych-ology* 44:511 516.

Belsky, J., and Cassidy, J. (1994). Attachment theory and evidence. In *Development Through Life*, ed. M. Rutter and D. Hay, pp. 373-402. Oxford: Blackwell.

Belsky, J., and Nezworski, T. (1987). *Clinical Implications of Attachment Theory*. Hillsdale, NJ: Lawrence Erlbaum.

Benjamin, L. S. (1979). Structural analysis of social behavior. *Psychological Review* 81:394-425.

───── (1985). Use of structural analysis of social behavior (SASB) to guide interven-tion in psychotherapy. I n *Handbook of Interpersonal Psychotherapy*, ed. J. C. Anchin and D. J. Keissler, pp. 190-214. New York: Pergamon.

───── (1996). *Interpersonal Diagnosis and Treatment of Personality Disorders*. New York: Guilford.

Benjamin, L. S., Foster, S. W., Roberto, L. G., and Estroff, S. E. (1986). Breaking the family code: analysis of videotapes of family interactions by structural analysis of social behavior (SASB). In *The Psychotherapeutic Process: A Research Handbook* ed. L. S. Greenberg and W. M. Pinsoff, pp. 391-438. New York: Guilford.

Benjamin, L. S., and Friedrich, F. J. (1991). Contributions of structural analysis of social behavior (SASB) to the bridge between cognitive science and a science of object relations. In *Person Schemas and Maladaptive Interpersonal Patterns*, ed. M. J. Horowitz, pp. 379-412. Chicago: University of Chicago Press.

Bertalanffy, L. von. (1950). The theory of open systems in physics and biology. *Science* 111:23-29.

Bettelheim, B. (1982). Reflections: Freud and the soul. *The New Yorker*, March 1, pp. 59-93.

Bibring, E. (1954). Psychoanalysis and the dynamic therapies. *Journal of the American Psychoanalytic Association* 2:745-770.

Bick, E. (1964). Notes on infant observation in psychoanalytic training. *International Journal of Psycho-Analysis* 45:558-566.

Bion, W. (1956). Development of schizophrenic thought. *International Journal of Psycho-Analysis* 37:344-356. Reprinted in *Second Thoughts* (1967) pp. 36-42. London: Heinemann.

――― (1959). *Experiences in Groups*. New York: Basic Books, 1961.

――― (1962). *Learning from Experience*. New York: Basic Books.

――― (1967). *Second Thoughts*. London: Heinemann.

――― (1970). *Attention and Interpretation*. London: Tavistock.

Birtchnell, J. (1993). The interpersonal octagon. In *How Humans Relate: A New Interpersonal Theory*, pp. 215-229. Westport, CT: Praeger.

Birtles, E. F. (1996). The philosophical origins of Fairbairn's theory of object relations. Presented at The Fairbairn Conference of the International Institute of Object Relations Therapy, New York, October. In *Fairbairn Then and Now*, ed. N. Skolnick and D. Scharff. Hillsdale, NJ: Analytic Press, 1998.

Birtles, E. F., and Scharff, D. E., eds. (1994). *From Instinct to Self: Selected Papers of W. R. D. Fairbairn, vol. 2*. Northvale, NJ: Jason Aronson.

Blatt, S. J., and Blass, R. B. (1992). Relatedness and self-definidon: Two primary dimensions in personality development, psychopathology, and psychotherapy. In *Interface of Psychoanalysis and Psychology*, pp. 399-428. Washington, DC: American Psychological Association.

Blatt, S. J., Brenneis, L. B., Schimek, J., and Glick, M. (1976). Normal development and the psychopathological impairment of the concept of the object on the Rorschach. *Journal of Abnormal Psychology* 85:364-373.

Bloom, B. L. (1981). Focused single session therapy: initial development and evaluation. In *Forms of Brief Therapy*, ed. S. Budman, pp. 167-216. New York: Guilford.

Blum, H. P. (1989). The concept of termination and the evolution of psychoanalytic thought. *Journal of the American Psychoanalytic Association* 37(2):2275-2295.

Bockneck, G., and Perna, F. (1994). Studies in self-representation beyond childhood. In *Empirical Perspectives on Object Relation*, ed. J. M. Masling and R. F. Bornstein, pp. 29-58. Washington, DC: American Psychological Association.

Bollas, C. (1987). *The Shadow of the Object*. New York: Columbia University Press.

―――(1989). *Forces of Destiny: Psychoanalysis and Human Idiom*. London: Free Association Books.

―――(1992). *Being a Character: Psychoanalysis and Self Experience*. New York: Hill and Wang.

―――(1995). *Cracking Up*. New York: Hill and Wang.

Bornstein R. F., and Masling, J. M. (1994). Introduction. From the consulting room to the laboratory: clinical evidence, empirical evidence, and the heuristic value of object

relations theory. In *Empirical Perspectives on Object Relationsy* ed. J. M. Masling and R. F. Bornstein, pp. xv-xxvi. Washington, DC: American Psychological Association.
Bowlby, J. (1958). The nature of the child's tie to his mother. *International Journal of Psycho-Analysis* 39:1-24.
——(1969). *Attachment and Loss, Volume I.* New York: Basic Books.
——(1973). *Attachment and Loss, Volume II. Separation: Anxiety and Anger.* New York: Basic Books.
——(1977). The making and breaking of affectional bonds. *British Journal of Psychiatry* 130:201-210, 421-431. Reprinted in *The Maying and Breathing of Affectional Bonds*, pp. 126-160. London: Tavistock, 1979.
——(1980). *Attachment and Loss, Volume III. Loss: Sadness and Depression.* New York: Basic Books.
Bråten, S. (1992). The newborn's virtual other: a model for human communication *Yearbook of Sociology* 8.101-118.
——(1993). Infant attachment and self-organization in light of this thesis: born with the other in mind. In *Making Links: How Children Learn.* ed. I. L. Gomnaes and E. Osborne, pp. 25-38. Oslo: Yrkeslitteratur.
Brazelton, T. B., Koslowski, B., and Main, M. (1974). The origins of reciprocity: the early mother-infant interaction. In *The Effect of the Infant on Its Caregiver.* ed. M. Lewis and L. Rosenblum, pp. 49-77. New York: Wiley.
Bretherton, I. (1985). Atachment theory: retrospect and prospect. In *Growing Points of Attachment Theory and Research,* ed. I. Bretherton and E. Waters. Monographs of the Society for Research in Child Development, vol. 50, nos. 1-2, pp. 3-35.
Breuer, J., and Freud, S. (1895). Studies on hysteria. *Standard Edition* 2:3-305.
Briggs, J. (1992). *Fractals: The Patterns of Chaos.* New York: Touchstone.
Briggs, J., and Peat, F. D. (1989). *Turbulent Mirror.* San Francisco: Harper and Row.
Budman, S. H., and Gurman, A. S. (1988). *Theory and Practice of Britf Therapy.* New York: Guilford.
Burke, W. F., Summers, F., Selinger, D., and Polonus, B. S. (1986). The comprehensive object relations profile: a preliminary report. *Psychoanalytic Psychology* 3:173-185.
Burston, D. (1991). *The Legacy of Erich Fromm.* Cambridge, MA: Harvard University Press.
Byrne, G. D., and Suomi, S. J. (1995). Development of activity patterns, social interactions, and exploratory behavior in tufted capuchins (Cebusapella). *American Journal of Primatology* 35:255-270.
Carlson, J., and Kjos, D. (1997). Object relations individual therapy. *Psychotherapy with the Experts Videotape Series.* New York: Allyn & Bacon.
Casement, P. J. (1991). *Learning from the Patient.* New York: Guilford.
Cassidy, J. (1994). Emotion regulation: influences of attachment relationships. I n *Biological*

and *Behavioral Foundations of Emotion Regulation*, ed. N. Fox. *Monographs of the Society for Research in Child Development* 59:228-250.

Cassidy, J., and Berlin, L. J. (1994). The insecure/ambivalent pattern of attachment: theory and research. *Child Development* 65:971-992.

Cassidy, J., and Kobak, R. (1988). Avoidance and its relation to other defensive processes. In *Clinical Implications of Attachment*, ed. J. Belsky and T. Nezworski, pp. 300-326. Hillsdale, NJ: Lawrence Erlbaum.

Chused, J. (1991). The evocative power of enactments. *Journal of the American Psychoanalytic Association* 39:615-639.

——(1996). The therapeutic action of psychoanalysis: abstinence and informative experiences. *Journal of the American Psychoanalytic Association* 44(4):1047-1071.

Coates, S. (1997). Is it time to jettison the concept of developmental lines? Commentary on de Marnesse's paper "Bodies and Words." *Gender and Psychoanalysis* 2:35-53.

Collins, N. L., and Read, S. J. (1990). Adult attachment, working models, and relation-ship quality in dating couples. *Journal of Personality and Social Psychology* 58: 644-663.

Consumer Reports (Nov. 1995). Docs therapy help? pp. 734-739.

Cortina, M., and Maccoby, M., eds. (1996a). *A Prophetic Analyst: Erich Fromm's Contributions to Psychoanalysis*. Northvale, NJ: Jason Aronson.

——(1996b). Introduction: Erich Fromm's contributions to psychoanalysis. In *Prophetic Analyst: Erich Fromm's Contributions to Psychoanalysis* ed. M. Cortina and M. Maccoby. Northvale, NJ: Jason Aronson.

Davanloo, H. (1980). *Short-Term Dynamic Psychotherapy*. New York: Jason Aronson.

——(1991). *Unlocking the Unconscious*. New York: Wiley.

Diagnostic and Statistical Manual of Mental Disorders, Fourth Edition. (1996). Washington, DC: American Psychiatric Association.

Dicks, H. V. (1967). *Marital Tensions: Clinical Studies Towards a Psychoanalytic Theory of Interaction*. London: Routledge & Kegan Paul.

Dozier, M. (1990). Attachment organization and treatment use for adults with serious psychopathological disorders. *Development and Psychopathology* 2:47-60.

Dozier, M., Cue, K., and Barnett, L. (1994). Clinicians as caregivers: role of attachment organization in treatment. *Journal of Consulting and Clinical Psychology* 62:793-800.

Dozier, M., and Kobak, R. R. (1992). Psychophysiology in attachment interviews: converging evidence for deactivating strategies. *Child Development* 63:1473-1480.

Dozier, M., Lomax, L., and Tyrrell, C. (1996). Psychotherapy's challenge for adults using deactivating attachment strategies. Unpublished manuscript, University of Delaware.

Duncan, D. (1981). A thought on the nature of psychoanalytic theory. *International Journal of Psycho-Analysis* 62:339-349.

——(1990). The feel of the session. *Psychoanalysis and Contemporary Thought* 13:3-22.

——(1992). The meaning of psychoanalysis. Lecture at the Washington School of

Psychiatry summer institute at the Tavistock Clinic, London, July.

Eisslcr, K. (1953). The effect of the structure of the ego on psychoanalytic technique. *Journal of the American Psychoanalytic Association* 1:104-143.

Emde, R. N. (1988a). Development terminable and interminable: I. Innate and motivational factors from infancy. *International Journal of Psycho-Analysis* 69:23-42.

———(1988b). Development terminable and interminable: II. Recent psychoanalytic theory and therapeutic considerations. *International Journal of Psycho-Analysis* 69:283-296.

Erikson, E. H. (1950). *Childhood and Society.* New York: Norton, 1963.

———(1959). *Identity and the Life Cycle.* (Psychological Issues 1:1-171.) New York: International Universities Press.

Ezriel, H. (1950). A psycho-analytic approach to group treatment. In *British journal of Medical Psychology* 23:59-74.

———(1952). Notes on psycho-analytic group therapy ii: Interpretation and process. *Psychiatry* 15:119-126.

Fairbairn, W. R. D. (1940). Schizoid factors in the personality. *Psychoanalytic Studies of the Personality*, pp. 3-27. London: Routledge, 1952.

———(1941). A revised psychopathology of the psychoses and the neuroses. In *Psychoanalytic Studies of the Personality*, pp. 28-58. London: Routledge.

———(1943a). Phantasy and inner reality. In *From Instinct to Self: Selected Papers of W. R. D. Fairbairn, vol 2*, ed. E. F. Birtles and D. E. Scharff, pp. 293-295. Northvale, NJ: Jason Aronson, 1994.

———(1943b). The repression and return of bad objects (with special reference to the 'war neuroses.') In *Psychoanalytic Studies of the Personality* pp. 59-81. London: Routledge.

———(1944). Endopsychic structure considered in terms of object-relationships. In *Psychoanalytic Studies of the Personality*, pp. 82-136. London: Routledge, 1952. Reprinted as *An Object Relations Theory of the Personality*, pp. 82-136. New York: Basic Books, 1954.

———(1951). A synopsis of the development of the author's views regarding the structure of the personality. In *Psychoanalytic Studies of the Personality*, pp. 162-179. London: Routledge & Kegan Paul.

———(1952). *Psychoanalytic Studies of the Personality.* London: Routledge & Kegan Paul.

———(1954). The nature of hysterical states. In *From Instinct to Self: Selected Papers of W. R. D. Fairbairn, vol 1*, ed. D. E. Scharff and E. F. Birtles, pp. 13-40. Northvale, NJ: Jason Aronson, 1994.

———(1956). Reevaluating some basic concepts. In *From Instinct to Self: Selected Papers of W. R. D. Fairbairn, vol. 1*, ed. D. E. Scharff and E. F. Birtles, pp. 129-138. Northvale, NJ: Jason Aronson, 1994.

———(1958). On the nature and aims of psychoanalytic treatment. *International Journal of Psycho-Analysis* 39:374-385. Reprinted in *From Instinct to Self: Selected Papers of W. R. D. Fairbairn, vol. 7*, ed. D. E. Scharff and E. F. Birtles, pp. 74-92. Northvale, NJ: Jason Aronson.

———(1963). Synopsis of an object-relations theory of the personality. *International Journal of Psycho-Analysis* 44:224-226. Reprinted in *From Instinct to Self: Selected Papers ofW. R. D. Fairbairn, vol. 1*, ed. D. E. Scharff and E. F. Birdes, pp. 155-156. Northvale, NJ: Jason Aronson.

Ferenczi, S. (1933). Confusion of tongues between the adult and the child. In *Final Contributions to the Problems and Methods of Psychoanalysis*, pp. 156-167. London: Hogarth, 1955.

Field, M., and Golubitsky, M. (1992). *Symmetry in Chaos: A Search for Pattern in Mathematics, Art and Nature*. New York: Oxford University Press.

Firestein, S. (1978). *Termination in Psychoanalysis*. New York: International Universities Press.

Fisher, J., and Crandell, L. (1997). Complex attachment: patterns of relating in the couple. *Sexual and Marital Therapy* 12(3):211-223.

Fonagy, P. (1996). The Vulnerable Child: Research from the Anna Freud Centre. Discussion Group, American Psychoanalytic Association Fall Meeting, New York, December.

Fonagy, P., Moran, G. S., Steele, H., and Higgitt, A. C. (1991). The capacity for understanding mental states: the reflective self in parent and child and its significance for security of attachment. *Infant Mental Health Journal* 13:200-216.

Fonagy, P., Steele, M., and Steele, H. (1991). Maternal representations of attachment during pregnancy predict the organization of infant-mother attachment at one year. *Child Development* 62:880-893.

Fonagy, P., Steele, M., Steele, H., et al. (1995). Attachment, the reflective self, and borderline states: the predictive specificity of the Adult Attachment Interview and pathological emotional development. In *Attachment Theory: Social, Developmental and Clinical Perspectives*, ed. S. Goldberg, R. Muir, and J. Kerr, pp. 233—279. Hillsdale, NJ: Analytic Press.

Freud, A. (1936). The Ego and The Mechanisms of Defence. In *The Writings of Anna Freud, Vol. II*. New York: International Universities Press, 1966.

———(1964). *The Psychoanalytic Treatment of Children*. New York: Schocken.

———(1965). *Normality and Pathology of Childhood*. New York: International Universities Press.

Freud, S. (1900). The interpretation of dreams. *Standard Edition* 4:1-338.

———(1901). The psychopathology of everyday. *Standard Edition* 6:53-105.

———(1905a). Fragment of an analysis of a case of hysteria. *Standard Edition* 7: 7-122.

———(1905b). Three essays on the theory of sexuality. *Standard Edition* 7:135-243.

———(1910). Five lectures on psycho-analysis. *Standard Edition* 11:9-55.
———(1911). Two principles of mental functioning. *Standard Edition* 12:218-226.
———(1912). Recommendations to physicians practising psycho-analysis. *Standard Edition* 12:111-120.
———(1915a). Instincts and their vicissitudes. *Standard Edition* 14:109-140.
———(1915b). The unconscious. *Standard Edition* 14:166-204.
———(1916-1917). Introductory lectures on psycho-analysis. *Standard Edition* 16:243-463.
———(1917). Mourning and melancholia. *Standard Edition* 14:243-258.
———(1920). Beyond the pleasure principle. *Standard Edition* 28:7-64.
———(1921). Group psychology and the analysis of the ego. *Standard Edition* 18:69-143.
———(1923). The ego and the id. Standard Edition 19:12-66.
———(1930). Civilization and its discontents. *Standard Edition* 21:64-145.
Fromm, F. (1968). Puntos Centrales a Investigar en las Primcras Entravistasy cn Entravistas de Recepcion del IMPAC. Mexico Bibliotcca del IMPAC. Text in Spanish.
———(1973). *The Anatomy of Human Destructiveness*. New York: Holt, Rinehart, Winston.
Fromm, E., and Maccoby, M. (1970). *Social Character in a Mexican Village*. Englewood, NJ: Prentice Hall.
Galatzer-Levy, R. (1995). Psychoanalysis and chaos theory. *Journal of the American Psychoanalytic Association* 43:1095-1113.
Gay, P. (1988). *Freud: A Life for Our Time*. New York: Norton.
Gill, M. (1984). Psychoanalysis and psychotherapy: a revision. *International Review of Psycho-Analysis* 11:161-169.
———(1994). *Psychoanalysis in Transition*. Hillsdale, NJ: Analytic Press.
Gleick, J. (1987). *Chaos*. New York: Viking Penguin.
Gojman, S. (1996). The analyst as a person: Fromm's approach to psychoanalytic training and practice. In *A Prophetic Analyst: Erich Fromm's Contributions to Psychoanalysis*, ed. M. Cortina and M. Maccoby, pp. 235-258. Northvale, NJ: Jason Aronson.
Greenberg, J. R., and Mitchell, S. A. (1983). *Object Relations in Psychoanalytic Theory*. Cambridge, MA: Harvard University Press.
Grosskurth, P. (1986). *Melanie Klein: Her World and Her Works*. New York: Knopf.
———(1991). *The Secret Ring*. Reading, MA: Addison-Wesley.
Grotstein, J. (1978). Innerspace: its dimensions and coordinates. *International Journal of Psycho-Analysis* 59:55-61.
———(1981a). Wilfred R. Bion: the man, the psychoanalyst, the mystic: a perspective on his life and work. In *Do I Dare Disturb the Universe? A memorial to Wilfred R. Bion*, pp. 1-35. Beverly Hills, CA: Caesura.
———(1981b). *Splitting and Projective Identification*. New York: Jason Aronson.

———(1990). Nothingness, meaninglessness, chaos and the "black hole": II The "black hole." *Contemporary Psychoanalysis* 26(3):377-407.
———(1994a). The dual-track theorem: a newer paradigm for psychoanalytic theory and technique. Unpublished paper.
———(1994b). Notes on Fairbairn's meta psychology. In *Fairbairn and the Origins of Object Relations*, ed. J. Grotstein and D. Rinsley, pp. 112-148. London: Free Association Books.
———(1994c). Foreword. In *Affect Regulation and the Origin of the Self: The Neurobiology of Emotional Development*, by A. N. Schore, pp. xxi-xxvii. Hillsdale, NJ: Lawrence Erlbaum.
Grotstein, J., and Rinsley, D., eds. (1994a). *Fairbairn and the Origins of Object Relations*. London: Free Association Books.
———(1994b). Editors' introduction. In *Fairbairn and the Origins of Object Relations*, ed. J. Grotstein and D, Rinsley, pp. 3-16. London: Free Association Books.
Guntrip, H. S. (1961). *Personality and Human Interaction*. London: Hogarth.
———(1969). *Schizoid Phenomena, Object Relations and the Self*. New York: International Universities Press.
———(1975). My experience of analysis with Fairbairn and Winnicott. *International Review of Psycho-Analysis* 16:145-156.
Hamilton, N. G. (1988). *Self and Others: Object Relations Theory in Practice*. Northvale, NJ: Jason Aronson.
Hamilton, V. (1985). John Bowlby: an ethological basis for psychoanalysis. In *Beyond Freud: A Study of Modem Psychoanalytic Theorists*, ed. J. Reppen, pp. 1-28. Hillsdale, NJ: Analytic Press.
Harlow, H. F. (1958). The nature of love. American Psychologist 13:673-685.
Harlow, H. F., and Harlow, M. K. (1965). The affectioal systems. In *Behavior of Non-H uman Primates, Vol. 2*, ed. A. M. Schricr, H. F. Harlow, and F. Stollnitz, pp. 287-334. JsJew York: Academia Press.
Harlow, H. F. and Suomi, S. J. (1970). The nature of love simplified. *American Psychologist* 25:161-168.
———(1986). Parental behaviour in primates. In *Parental Behaviour*, ed. W. Slukin and M. Herbert, pp. 152-207. Oxford: Blackwell.
Harlow, H. F, and Zimmermann, R. R. (1959). Affectional responses in the infant monkey. *Science* 130:421-432.
Harrow, A. (1996). The Scottish connection: Suttie, Fairbairn, Sutherland. Paper presented at The Fairbairn Conference of the International Institute of Object Relations Therapy, New York, October. In *Fairbairn Then and Now*, ed. N. Skolnick and D. Scharff. Hillsdale, NJ: Analytic Press, 1998.
Harter, S. (1977). A cognitive-developmental approach to children's expression of

conflicting feelings and a technique to facilitate such expression in play therapy. *Journal of Consulting and Clinical Psychology* 45:417-432.

———(1986). Cognitive-developmental processes in the integration of concepts about emotions and the self. *Social Cognition* 4:119-151.

Hartmann, H. (1939). *Ego Psychology and the Problem of Adaptation.* New York: International Universities Press.

Hartmann, H., Kris, E., and Loewenstein, R. M. (1946). Comments on the formation of psychic structure. *Psychoanalytic Study of the Child* 2:11-38. New York: International Universities Press.

Hazan, C., and Shaver, P. R. (1987). Romantic love conceptualized as an attachment process. *Journal of Interpersonal and Social Psychology* 52:511-524.

———(1994). Attachment as an organizational framework for research on close relationships. *Psychological Inquiry* 5:1-22.

Hazell, J, ed. (1994). *Personal Relations Therapy: The Collected Papers of H. J. S. Guntrip.* Northvale, NJ: Jason Aronson.

Hegel, G. W. F. (1807). *The Phenomenology of Spirit*, trans. A. V. Miller. London: Oxford University Press.

Heimann, P. (1950). On counter-transference. *International Journal of Psycho-Analysis* 31:81-84.

———(1954). Problems of the training analysis. *International Journal of Psycho-Analysis* 35:163-168.

Henry, G. (1984). Reflections on infant observation and its applications. *Journal of Analytical Psychology* 29:155-169.

Hesse, E. (1996). Discourse, memory and the Adult Attachment Interview: a note with emphasis on the emerging Cannot Classify category. *Infant Mental Health Journal* 17:4-11.

Hinde, R. A., and Spencer-Booth, Y. (1967). The behaviour of socially living rhesus monkeys in their first two and a half years. *Animal Behavior* 15:169-196.

Hopper, E. (1985). The problem of context in group analytic psychotherapy: a clinical illustration and brief theoretical discussion. In *W. R. Bion and Group Psychotherapy: A Critical Reappraisal*, ed. M. Pines, pp. 330-353. London: Routledge & Kegan Paul.

———(1991). Encapsulation as a defence against the fear of annihilation. *International Journal of Psycho-Analysis* 72(4):607-624.

———(1995). *Wounded bird.* Unpublished paper.

———(1996). The social unconscious in clinical work. *Group* 20(1):7-42.

Horowitz, M. J. (1991). Short-term dynamic therapy of stress response syndromes. In *Handbook of Short-Term Dynamic Psychotherapy*, ed. C. CritsChristoph and J. P. Barber, pp. 166-198. New York: Basic Books.

Horowitz, M. J., Marmar, C., Krupnick, J., et al. (1984). *Personality Styles and Brief*

참고 문헌 / 615

Psychotherapy. New York: Basic Books.
Isaacs, S. (1948). The nature and function of phantasy. In *Developments in Psycho-Analysis* ed. M. Klein, P. Heimann, S. Isaacs, and J. Riviere, pp. 67-121. London: Hogarth.
Jacobs, T. (1991). *The Use of the Self*. Madison, CT: International Universities Press.
Jacobson, E. (1954). The self and the object world. *Psychoanalytic Study of the Child* 9:75-127. New York: International Universities Press.
―――(1964). *The Self and the Object World*. New York: International Universities Press.
―――(1967). *Psychotic Conflict and Reality*. New York: International Universities Press.
Jones, E. (1955a). *The Life and Work of Sigmund Freud 1856-1900: The Formative Years and the Great Discoveries*. New York: Basic Books.
―――(1955b). *The Life and Work of Sigmund Freud 1901-1919: The Years of Maturity*. New York: Basic Books.
―――(1955c). *The Life and Wor\ of Sigmund Freud 1919-1939: The Last Phase*. New York: Basic Books.
Joseph, B. (1975). The patient who is difficult to reach. In *Tactics and Techniques in Psychoanalytic Therapy*, vol. 2, *Countertransference*, ed. P. L. Giovacchini, pp. 205-216. New York: Jason Aronson.
―――(1985). Transference: the total situation. *International Journal of PsychoAnalysis* 66:447-454. and in *Psychic Equilibrium and Psychic Change: The Selected Papers of Betty Joseph*, ed. E. B. Spilliusand M. Feldman, pp. 156-167. London: Routledge & Kegan Paul, 1989.
―――(1989). *Psychic Equilibrium and Psychic Change: The Selected Papers of Betty Joseph*, ed. E. B. Spillius and M. Feldman. London: Routledge & Kegan Paul.
Jung, C. G. (1953-1979). *The Collected Works* (Bollinger Series XX). 20 vols. Trans. R. F. C. Hull, ed. H. Read, M. Fordham, G. Adler, and W. McGuire. Princeton: Princeton University Press.
Kardiner, A. (1977). *My Analysis with Freud*. New York: Norton.
Karen, R. (1994). *Becoming Attached: Unfolding the Mystery of the InfantMother Bond and Its Impact on Later Life*. New York: Warner Books.
Kernberg, O. (1963). Discussion of paper by J. D. Sutherland (1963). Object relations theory and the conceptual model of psychoanalysis. *British Journal of Medical Psychology* 36:109-124. Reprinted in *The Autonomous Self: The Work of John D. Sutherland*, ed. J. S. Scharff, pp. 3-24. Northvale, NJ: Jason Aronson, 1994.
―――(1975). *Borderline Conditions and Pathological Narcissism*. New York: Jason Aronson.
―――(1976). *Object Relations Theory and Clinical Psychoanalysis*. New York: Jason Aronson.
―――(1979). An overview of Edith Jacobson's contributions. *Journal of the American Psychoanalytic Association* 30:793-819.

―――(1980). *Internal World and External Reality*. New York: Jason Aronson.
―――(1996). The significance of Fairbairn's contribution. Interview on videotape shown at The Fairbairn Conference of the International Institute of Object Relations Therapy, New York Academy of Medicine, New York, October. Transcribed in Fairbairn Then and Now ed. N. Skolnick and D. Scharff. Hillsdale, NJ: Analytic Press, 1998.
Khan, M. (1974). *The Privacy of the Self*. London: Hogarth.
―――(1979). *Alienation in Perversions*. New York: International Universities Press.
Kihlstrom, J. F., and Cantor, N. (1984). Mental representations of the self. In *Advances in Experimental Social Psychology*, Vol. 17, ed. L. Berkowitz, pp. 1-47. Orlando, FL: Academic Press.
Kirkpatrick, L. A., and Davis, K. E. (1994). Attachment style, gender, and relationship stability: a longitudinal analysis, *Journal of Personality and Social Psychology* 66:502-512.
Klein, M. (1928). Early stages of the Oedipus conflict. In *Love, Guilt and Reparation and Other Works: 1921-1945*, pp. 186-198. London: Hogarth, 1975.
―――(1935). A contribution to the psychogenesis of manic-depressive states. In *Love, Guilt and Reparation and Other Worlds: 1921-1945*, pp. 262-289. London: Hogarth, 1975.
―――(1945). The Oedipus complex in the light of early anxieties. In *Love, Guilt and Reparation and Other Worlds: 1921-1945*, pp. 370-419. Lindon: Hogarth, 1975.
―――(1946). Notes on some schizoid mechanisms. In *Envy and Gratitude and Other Worths: 1946-1963*. pp. 1-24, Lrndon: Hogarth, 1975.
―――(1952). The origins of transference. *International Journal of PsychoAnalysis* 33:433-438.
―――(1955). *Directions in Psycho-Analysis*. London: Tavistock.
Kohon, G., ed. (1986). *The British School of Psychoanalysis: The Independent Tradition*. London: Free Association Books.
―――(1996). Book review. The Autonomous Self: The Wor^ofjohn D. Sutherlandy ed. J. S. Scharff. In *Journal of the American Psychoanalytic Association* 44:1261-1262.
Kohut, H. (1971). *The Analysis of the Self: A Systematic Approach to the Psychoanalytic Treatment of Narcissistic Personality Disorder (Psychoanalytic Study of the Child*, Monogr. 4). New York: International Universities Press.
―――(1977). *The Restoration of the Self*. New York: International Universities Press.
―――(1984). *How Does Analysis Cure?*, ed. A. Goldberg. Chicago: University of Chicago Press.
Lacan, J. (1977). *Merits: A Selectiony*, trans. A. Sheridan. New York: Norton.
―――(1988a). *The Seminar of Jacques Lacan Book1: Freud's Papers on Technique, 1953-1954*, ed. J. A. Miller, trans. J. Forrester. New York: Norton.
―――(1988b). *The Seminar of Jacques Lacan Book2: The Ego in Freud's Theory and in*

참고 문헌 / 617

the Technique of Psychoanalysis, 1954-1955, ed. J. A. Miller, trans. J. Forrester. New York: Norton.
Laing, R. (I960). *The Divided Self*. London: Tavistock.
Leigh, J., Westen, D., Barends, A., and Mendel, M. (1992). Assessing complexity of representations of people from TAT and interview Am. *Journal of Personality* 60:809-837.
Lerner, H. D, and St. Peter, S. (1984). Patterns of object relations in neurotic, borderline, and schizophrenic patients. *Psychiatry* 47:77-92.
Lichtenberg, J. (1989). *Psychoanalysis and Motivation*. Hillsdale, NJ: Analytic Press.
Lichtenberg, J. D., Lachmann, F. M.,and,Fosshage, J. L. (1992). *Self and Motivational Systems: Toward a Theory of Psychoanalytic Technique*. Hillsdale, NJ: Analytic Press.
Lichtenstein, H. (1977). *The Dilemma of Human Identity*. New York: Jason Aronson.
Loewald, H. (I960). On the therapeutic action of psychoanalysis. *International Journal of Psycho-Analysis* 41:16-33.
———(1980). *Papers on Psychoanalysis*. New Haven, CT: Yale University Press.
Lorenz, E. (1963). Deterministic non-periodic flow. *Journal of Atmospheric Science* 20:130-141.
Luborsky, L., and Crits-Christoph, P. (1989). A relationship pattern measure: The Core Conflictual Relationship Theme. *Psychiatry* 52:250-259.
———(1998). *Understanding Transference: The Core Conflictual Relationship Theme Method*. 2nd edition. Washington, DC: American Psychological Association.
Mahler, M. (1968). *On Human Symbiosis and the Vicissitudes of Individuation, Vol. 1: Infantile Psychosis*. New York: International Universities Press.
———(1974). Symbiosis and individuation: the psychological birth of the human infant. In *The Selected Papers of Margaret Mahler,* Vol. 2, pp. 149-165. New York: Jason Aronson.
———(1980). Rapprochement sub-phase of the separation-individuation process. In *Rapprochement: The Critical Sub-phase of Separation-Individuation*, ed. R. Lax, S. Bach, and J. S. Burland, pp. 3-19. New York: Jason Aronson.
Mahler, M., Pine, F., and Bergman, A. (1974). *The Psychological Birth of the Human Infant*. New York: Basic Books.
Main, M. (1990). Cross-cultural studies of attachment organization: recent studies, changing methodologies, and the concept of conditional strategies. *Human Development* 33:48-61.
———(1995). Attachment: overview, with implications for clinical work. In *Attachment Theory: Social, Developmental and Clinical Perspectives*, ed. S. Goldberg, R. Muir, and J. Kerr, pp. 407-475. Hillsdale, NJ: Analytic Press.
Main, M., and Goldwyn, R. (in press). Interview based adult attachment classification: related to infant-mother and infant-father attachment. *Developmental Psychology.*

Main, M., and Hesse, E. (1990). Lack of mourning in adulthood and its relationship to infant disorganization: some speculations regarding causal mechanisms. In *Attachment in Preschool Years: Theory, Research, and Intervention.* M. Greenberg, D. Cichetti, and M. Cummings, pp. 161-182. Chicago: University of Chicago Press.

Main, M., and Solomon, J. (1986). Discovery of an insecure/disorganized/disoriented attachment pattern. In *Affective Development in Infancy,* ed.T. B. Brazelton and M. W. Yogman, pp. 95-124. Norwood, NJ: Ablex.

─────(1990). Procedures for identifying infants as disorganized/disoriented during the Ainsworth Strange Situation. In *Attachment in Preschool Years: Theory, Research, and Intervention,* ed. M. Greenberg, D. Cichetti, and M. Cummings, pp. 121-159. Chicago: University of Chicago Press.

Malan, D. H. (1963). *A Study of Brief Psychotherapy.* London: Tavistock.

─────(1976). *The Frontier of Brief Psychotherapy.* New York: Plenum.

Mandelbrot, B. (1982). *The Fractal Geometry of Nature.* San Francisco: W. H.Freeman.

Mann, J. (1973). *Time-Limited Psychotherapy.* Cambridge, MA: Harvard University Press.

Marcia, J. E. (1994). Ego identity and object relations. In *Empirical Perspectives on Object Relations,* ed. J. M. Maslingand R. F. Bornstein, pp. 59-103. Washington, DC: American Psychological Association.

Mayman, M. (1967). Object-representations and object relationships in Rorschach responses. Journal of Projective Techniques and Personality Assessment 31:17-24.

Medougall, J. (1978). *Plea for a Measure of Abnormality.* New York: International Universities Press.

─────(1985). *Theaters of the Mind.* New York: Basic Books.

─────(1989). *Theaters of the Body.* New York: Norton.

─────(1995). *The Many Faces of Eros.* New York: Norton.

McKenna, J., Thoman, E., Anders, T. F., et al. (1993). Infant-parent cosleeping in an evolutionary perspective: implications for understanding infant sleep development and the sudden infant death syndrome. *Sleep* 16:263-282.

Millán, S. (1994). *The importance of initial interviews in psychoanalysis.* Paper presented at seminar "Fromm's Psychoanalytical Thinking and Clinical Practice." Therapeia Saatio Institute, Helsinki, Finland, September, 1995.

Miller, J. G. (1965). Living systems, basic concepts. *Behavioral Science* 10:337-379.

Miller, L., Rustin, M., Rustin, M., and Shuttleworth, J., eds. (1989). *Closely Observed Infants.* London: Duckworth.

Mitchell, S. (1988). *Relational Concepts in Psychoanalysis.* Cambridge, MA: Harvard University Press.

─────(1993). *Hope and Dread in Psychoanalysis.* New York: Basic Books.

Michell, S., and Black, M. (1995). *Freud and Beyond.* New York: Basic Books.

Modell, A. (1984). *Psychoanalysis in a New Context.* Madison, CT: International

Universities Press.
Money-Kyrle, R. (1956). Normal counter-transference and some of its deviations. *International Journal of Psycho-Analysts* 37:360-366.
———(1978). *The Collected Papers of Roger Money-Kyrle*, ed. D. Meltzer and E. O'Shaughnessy. Strath Tay, Scotland: Clunie.
Moore, M. S. (1990). Presentation. John Bowlby Memorial Attachment Conference. London.
———(1992). *Early disturbed attachment: clinical implications for worlk with children with learning difficulties.* Paper presented at the 7th International Educational Therapy Conference, Oslo.
———(1996). Attachment theory and brain research. Lecture at the International Institute of Object Relations Therapy, Chevy Chase MI), July.
Moran, M. (1991). Chaos and psychoanalysis: the fluidic nature of mind. *International Review of Psycho-Analysis* 18:211-221.
Morrison, T., Urquiza, Anthony J., and Goodlin-Jones, B. (1995). *Object relations theory and marital interaction: integrating theory with the known facts.* Unpublished manuscript. University of California, Davis.
———(1997a). Attachment and the representation of intimate relationships in adulthood. *Journal of Psychology* 131:57-71.
———(1997b). Attachment, perceptions of interaction, and relationship adjustment. *Journal of Social and Personal Relationships* 14:627-642.
Murray, J. M. (1955). *Keats.* New York: Noonday Press.
Murray, L. (1988). Effects of postnatal depression on infant development: direct studies of early mother-infant interactions. In *Motherhood and Mental Illness, Vol 2: Causes and Consequences*, ed. R. Kumar and I. F. Brockington. London: Wright.
———(1991). Intersubjectivity, object relations theory and empirical evidence from mother-infant interactions. *Infant Mental Health Journal* 12:219-232.
Murray, L., and Trevarthen, C. (1985). Emotional regulation of interactions between two-month-olds and their mothers. In *Social Perceptions in Infants*, ed. T. Fields and N. Fox, pp. 137-154. Norwood, NJ: Ablex.
Nacht, S. (1965). Criteria and technique for the termination of analysis. *International Journal of Psycho-Analysis* 46:107-116.
Nelson, K., and Greundel, J. M.(1981). Generalized event representation: basic building blocks of cognitive development, In *Advances in Developmental Psychology, Vol. 1*, ed. M. E. Lamb and A. L. Brown, pp. 131-158. Hillsdale, NJ: Lawrence Erlbaum.
Noller, P., and Ruzzene, M. (1991). Communication in marriage: the influence of affect and cognition. In *Cognition in Close Relationships,* ed. G. J. O. Fletcher and F. D. Fincham, pp. 203-233. Hillsdale, NJ: Lawrence Erlbaum.
Ogden, T. (1982). *Projective Identification and Psychotherapeutic Technique.* New York:

Jason Aronson.

――――(1986). *The Matrix of the Mind: Object Relations and the Psychoanalytic Dialogue.* Northvale, NJ: Jason Aronson.

――――(1989). *The Primitive Edge of Experience.* Northvale, NJ: Jason Aronson.

――――(1994). *Subjects of Analysis.* Northvale, NJ: Jason Aronson.

Osofsky, J. D. (1988). Perspectives on attachment and psychoanalysis.*Psychoanalytic Psychology* 12:347-363.

Padel, J. (1995). Book review. *The Autonomous Self: The Work of John D. Sutherland*, ed. J. S. Scharff. *International Journal of Psycho-Analysis* 76(1):177-179.

Parkes, C. M. (1973). Factors determining the persistence of phantom pain in the amputee. *Journal of Psychosomatic Research* 17:97-108.

Peitgen, H. O., Jurgens, H., and Saupe, D. (1992). *Chaos and Fractals: New Frontiers of Science.* New York: Springer-Verlag.

Peterfreund, E. (1978). Some critical comments on psychoanalytic conceptualization of infancy. *International Journal of Psychoanalysis* 50:427-441.

Piper, W. E., Azim, H. F. A., Joyce, A. S., and McCallum, M. (1991a). Transference interpretations, therapeutic alliance, and outcome in short-term individual psychotherapy. *Archives of General Psychiatry* 48:946-953.

Piper, W. E., Azim, H. F. A., Joyce, A. S., et al. (1991b). Quality of object relations versus interpersonal functioning as predictors of therapeutic alliance and psychotherapy outcome. *The Journal of Nervous and Mental Disease* 179:432-438.

Piper, W. E., Azim, H. F. A., McCallum, M., and Joyce, A. S. (1990). Patient suitability and outcome in short-term individual psychotherapy. *Journal of Consulting and Clinical Psychology* 58:475—481.

Porges, S. W.(1976). Peripheral and neurochemical parallels of psychopathology: a psychophysiological model relating autonomic imbalance to hyperactivity, psychopathy and autism. *Advances in Child Development and Behavior* 11:33-65.

Prigogine, I. (1976). Order through fluctuation: self-organization and social system. In *Evolution and Consciousness: Human Systems in Transition*, ed. C. H. Waddington and E. Jantsch, pp. 93-126, 130-133. Reading, MA: Addison-Wesley.

Prigogine, I., and Stengers, I. (1984). *Order Out of Chaos: Mans New Dialogue with Nature.* New York: Bantam.

Quinodoz, J-M. (1997). Transitions in psychic structures in the light of deterministic chaos theory. *International Journal of Psycho-Analysis* 78(4): 699-718.

Racker, H. (1957). The meanings and uses of countertransference. *Psychoanalytic Quarterly* 26:303-357, and in *Transference and Countertransference*, pp. 127-173. New York: International Universities Press, 1968.

――――(1968). *Transference and Countertransference.* New York: International Universities Press.

Rapaport, D. (1960). The structure of psychoanalytic theory. *Psychological Issues Vol. 2, No. 2, Monograph 6*. New York: International Universities Press.

Rayner, E. (1991). *The Independent Mind in British Psychoanalysis*. Northvale, NJ: Jason Aronson.

Rickman, J. (1951). Function and organization of a psychoanalytical institution. *International Journal of Psycho-Analysis* 32:218-237.

Robertson, J., and Robertson, J. (1972). Young children in brief separation: a fresh look. *Psychoanalytic Study of the Child* 26:264-315. New Haven, CT: Yale University Press.

Rustin, M. (1989). Encountering primitive anxieties. In *Closely Observed Infants*, ed. L. Miller, M. Rustin, M. Rustin, and J. Shuttleworth, pp. 7-21. London: Duckworth.

Sameroff, A., and Suomi, S. (1996). Primates and persons: a comparative developmental understanding of social organization. In *Developmental Science*, ed. R. B. Cairns, G. H. Elder, E. J. Costello, and A. McGuire, pp. 97-120. Cambridge, England and New York: Cambridge University Press.

Sandler, J. (1976). Actualization and object relationships. *Journal of the Philadelphia Association for Psychoanalysis* 3:59-70.

———, ed. (1987). *Projection, Identification and Projective Identification*. Madison, CT: International Universities Press.

Schacht, T. E., Binder, J. L., and Strupp, H. H. (1984). The dynamic focus. In *Psychotherapy in a New Key: A Guide to Time-Limited Dynamic Psychotherapy*, ed. H. H. Strupp and J. L. Binder, pp. 65-109. New York: Basic Books.

Schacter, D. L. (1987). Implicit memory: history and current status. *Journal of Experimental Psychology: Learning, Memory, and Cognition* 13:501-518.

Schafer, R. (1976). *A New Action Language for Psychoanalysis*. New Haven, CT: Yale University Press.

———(1992). *Retelling a Life*. New York: Basic Books.

Scharff D. E. (1982). *The Sexual Relationship: An Object Relations View of Sex and the Family*. London: Routledge & Kegan Paul. Reprinted 1998, Northvale, NJ: Jason Aronson.

———(1990). Book review. *Relational Concepts in Psychoanalysis* by S. A. Mitchell. *Psychoanalytic Psychology* 7(3):429-438.

———(1992). *Refinding the Object and Reclaiming the Self*. Northvale, NJ: Jason Aronson.

———(1994). Foreword. In *Empirical Perspectives on Object Relations Therapy*, ed. R. F. Bernstein and J. M. Masiing, pp. xi-xiv. Washington, DC: American Psychological Association.

———, ed. (1996). *Object Relations Theory and Practice*. Northvale, NJ: Jason Aronson.

Scharff, D. E., and Birtles, E. F., eds. (1994). *From Instinct to Self: Selected Papers of W. R. D. Fairbairn, Vol. 1*. Northvale, NJ: Jason Aronson.

Scharff, D. E., and Scharff, J. S. (1987). *Object Relations Family Therapy*. Northvale, NJ:

Jason Aronson.

———(1991). *Object Relations Couple Therapy*. Northvale, NJ: Jason Aronson.

Scharff, J. S. (1992). *Projective and Introjective Identification and the Use of the Therapist's Self*. Northvale, NJ: Jason Aronson.

———, ed. (1994). *The Autonomous Self: The Work of John D. Sutherland*. Northvale, NJ: Jason Aronson.

———(in press). *Object Relations Child Therapy*. Northvale, NJ: Jason Aronson.

Scharff, J. S., and Scharff, D. E. (1992). *A Primer of Object Relations Therapy* (formerly Scharff Notes). Northvale, NJ: Jason Aronson.

——— (1994). *Object Relations Therapy of Physical and Sexual Trauma*. Northvale, NJ: Jason Aronson.

Schore, A. (1994). *Affect Regulation and the Origin of the Self: The Neurobiology of Emotional Development*, Hillsdale, NJ: Lawrence Erlbaum.

Searles, H. F. (1959). Oedipal love in the countertransference. *International Journal of Psycho-Analysis* 40:180-190. And in *Collected Papers on Schizophrenia and Related Subjects*, pp. 284-303. New York: International Universities Press, 1965.

———(1963). The place of neutral therapist responses in psychotherapy with the schizophrenic patient. In *Collected Papers on Schizophrenia and Related Subjects*, pp. 626-653. New York: International Universities Press.

———(1965). *Collected Papers on Schizophrenia and Related Subjects*. New York: International Universities Press.

———(1979). *Countertransference and Related Subjects: Selected Papers*. New York: International Universities Press.

———(1986). *My Work with Borderline Patients*. Northvale, NJ: Jason Aronson.

Segal, H. (1964). *Introduction to The Work of Melanie Klein*. London: Heinemann.

———(1979). *Klein*. Glasgow: Fontana.

———(1981). *The Work of Hanna Segal: A Kleinian Approach to Clinical Practice*. New York: Jason Aronson.

———(1991). Dream, Phantasy and Art. *The New Library of Psychoanalysis*, vol. 12., ed. E. B. Spillius. London: Tavistock/Routledge.

Shapiro, E., Zinner, J., Shapiro, R., and Berkowitz, D. (1975). The influence of family experience on borderline personality development. *International Review of Psycho-Analysis* 2(4):399-411 and in *Foundations of Object Relations Family Therapy*, ed. J. S. Scharff, pp. 127-154. Northvale, NJ: Jason Aronson, 1989.

Shapiro, R. (1978). Ego psychology: its relations to Sullivan, Erikson and the object relations theorists. In *American Psychoanalysis*, ed. J. Quen and E. Carlson, pp. 162-179. New York: Brunner/Mazel.

———(1979). Family dynamics and object relations theory: an analytic, group interpretive approach to family therapy. In *Adolescent Psychiatry: Developmental and Clinical*

Studies, ed. S. C. Feinstein and P. Giovacchini, 7:118-135. Chicago: University of Chicago Press.

Shaver, P. R., and Clark, M.(1994). The psychodynamics of adult attachment. In *Empirical Perspectives on Object Relations*, ed. J. M. Masling and R. F. Bornstein, pp. 105-147. Washington, DC: American Psychological Association.

Shuttleworth, J. (1989). Psychoanalytic theory and infant development. In *Closely Observed Infants*, ed. L. Miller, M. Rustin, M. Rustin, and J. Shuttleworth, pp. 22-51. London: Duckworth.

Sifneos, P. E. (1972). *Short-term Psychotherapy and Emotional Crisis*. Cambridge, MA: Harvard University Press.

——— (1987). *Short-term Dynamic Psychotherapy: Evaluation and Technique*. 2nd ed. New York: Plenum.

Simon, R. M., and Simon, R. H. (1995). Mid-atlantic salt-marsh shorelines: mathematical commonalities. *Estuaries* 18:199-206.

Singer, J., and Singer, J. (1994). Social-cognitive and narrative perspectives on transference. In *Empirical Perspectives on Object Relations*, ed. J. M. Masling and R. F. Bornstein, pp. 157-193. Washington, DC: American Psychological Association.

Slade, A. (1996). Attachment theory and research: implications for the theory and practice of individual psychotherapy. In preparation for *Handbook of Attachment Theory and Research*, ed. J. Cassidy and P. R. Shaver. New York: Guilford.

Spillius, E. B. (1994). Developments in Kleinian thought: overview and personal view. *Psychoanalytic Inquiry* 14(3):324-364.

———, ed. (1987-1997). *The New Library of Psychoanalysis*. London: Tavistock/Routledge.

Spruiell, V. (1993). Deterministic chaos and the sciences of complexity: psychoanalysis in the midst of a general scientific revolution. *Journal of the American Psychoanalytic Association* 41:3-41.

Sroufe, L. A., and Flecson, J. (1986). Attachment and the construction of relationships. In *Relationships and Development*, pp. 51-71. Hillsdale, NJ: Lawrence Erlbaum.

Stacker, M. (1996). *Object Relations Brief Therapy: The Therapeutic Relationship in Short-Term Work*. Northvale, NJ: Jason Aronson.

Steiner, J. (1994). Patient-centered and analyst-centered interpretotions: some implications of containment and countertransference. *Psychoanalytic Inquiry* 14(3):406-422.

Stern, D. N. (1985). *The Interpersonal World of the Infant: A View from Psychoanalysis and Developmental Psychology*. New York: Basic Books.

Stolorow, R., and Atwood, G. (1992). *Contexts of Being: The Inter subjective Foundations of Psychological Life*. Hillsdale, NJ: Analytic Press.

Stolorow, R., Brandchaft, B., and Atwood, G. (1987). *Psychoanalytic Treatment: An Intersubjective Approach*. Hillsdale, NJ: Analytic Press.

Strachey, J. (1934). The nature of therapeutic action of psycho-analysis. *International Journal of Psycho-Analysis* 15:127-159.

Strupp, H. H., and Binder, J. L., eds. (1984). *Psychotherapy in a New Key: A Guide to Time-Limited Dynamic Psychotherapy*. New York: Basic Books.

Sullivan, H. S. (1953). *The Interpersonal Theory of Psychiatry*. New York: Norton.

―――(1962). *Schizophrenia as a Human Process*. New York: Norton.

―――(1964). *The Fusion of Psychiatry and Social Process*. New York: Norton.

Suomi, S. J. (1984). The development of affect in rhesus monkeys. In *The Psychobiology of Affective Development*, ed. N. A. Fox and R. J. Davidson, pp. 119-160. Hillsdale, NJ: Lawrence Erlbaum.

―――(1991). Early stress and adult emotional reactivity in rhesus monkeys. In *The Childhood Environment and Adult Disease*, ed. D. Barker, pp. 171-188. Chichester, England: Wiley.

―――(1994). Social and biological pathways that contribute to variations in health status: evidence from primate studies. Proceedings of the 11th Honda Foundation Discoveries Symposium on Prosperity, *Health and Wellbeing*, pp. 105-112. Toronto: Canadian Institute for Advanced Research.

―――(1995). Influence of attachment theory on echological studies of biobehavioral development in nonhuman primates. In *Attachment Theory: Social, Developmental and Clinical Perspectives*, ed. S. Goldberg, R. Muir, and J. Kerr, pp. 185-200. Hillsdale, NJ: Analytic Press.

Sutherland, J. D. (1963). Object relations theory and the conceptual model of psycho-analysis. *British Journal of Medical Psychology* 36:109-124, reprinted in *The Autonomous Self: The Work of John D. Sutherland*, ed. J. S. Scharff, pp. 3-24. Northvale, NJ: Jason Aronson, 1994.

―――(1980). The British object relations theorists: Baling Winnicott, Fairbairn, Guntrip. *Journal of the American Psychoanalytic Association* 28(4):829-860. Reprinted in *The Autonomous Self: The Work of John D. Sutherland*, ed. J. S. Scharff, pp. 25-44. Northvale, NJ: Jason Aronson.

―――(1989). *Fairbairn's Journey into the Interior*. London: Free Association Books.

―――(1990a). On becoming and being a person. In *The Autonomous Self: The Work of John D. Sutherland*, ed. J. S. Scharff, pp. 372-391. Northvale, NJ: Jason Aronson.

―――(1990b). Reminiscences. In *The Autonomous Self: The Work of John D. Sutherland*, ed. J. S. Scharff, pp. 392-423. Northvale, NJ: Jason Aronson.

―――(1994a). The autonomous self. In *The Autonomous Self: The Work of John D. Sutherland*, ed. J. S. Scharff, pp. 303-330. Northvale, NJ: Jason Aronson.

―――(1994b). Fairbairn and the self. In *The Autonomous Self: The Work of John D. Sutherland*, ed. J. S. Scharff, pp. 331-349. Northvale, NJ: Jason Aronson.

Suttie, I. (1935). *The Origins of Love and Hate*. New York: Matrix House, 1952, and

London: Free Association Books, 1988.
Symington, N. (1983). The analyst's act of freedom as agent of therapeutic change. *International Review of Psycho-Analysis* 10:283-291.
Tangney, J. P. (1994). The mixed legacy of the superego: adaptive and maladaptive aspects of shame and guilt. In *Empirical Perspectives on Object Relations*, ed. J. M. Masling and R. F. Bornstein, pp. 1-28. Washington, DC: American Psychological Association.
Ticho, E. (1972). Termination of psychoanalysis: treatment goals, life goals. *Psychoanalytic Quarterly* 41:315-333.
Trevarthen, C. (1989). Development of early social interactions and the affective regulations of brain growth. In *The Neurobiology of Early Infant Behavior*, ed. C. von Euler and H. Forssberg. New York: MacMillan.
———(1990). Growth and education of the hemispheres. In *Brain Circuits and Functions of the Mind*, pp. 334-363. Cambridge: Cambridge University Press.
———(1992). Emotions of human infants and mothers and development of the brain. *Behavioral and Brain Sciences* 15(3):524-525.
Trevarthen, C., and Aitken, K. J. (1986). Brain development, infant communication, and empathy disorders: intrinsic factors in child mental health. *Development and Psychopathology* 6:597—633.
Tronick, E. Z. (1989). Emotions and emotional communication in infants. *American Psychologist* 44:112-119.
Urist, J. (1977). The Rorschach test and the assessment of object relations. *Journal of Personality Assessment* 41:3-9.
———(1980). Object relations. In *Encyclopedia of Clinical Assessment, Vol.2*, ed. R. W. Woody, pp. 821-833. San Francisco: Jossey-Bass.
Van Eenwyck, J. R. (1977). *Archetypes and Strange Attractors: The Chaotic World of Symbols*. Toronto: Inner City Books.
Vygotsky, L. S. (1988). Thinking and speaking. In *The Collected Papers of L. S. Vygotsky*, Vol 7, ed. R. W. Rieber and A. S. Carton, pp. 39-288. New York: Plenum.
Wallerstein, R. S. (1988). One psychoanalysis or many? *International Journal of Psycho-Analysis* 69:5-21.
Weigert, E. (1952). Contribution to the problem of termination of psychoanalysis. *Psychoanalytic Quarterly* 21:465-480.
Welker, C., Becker, P., Hohman, H., and Schafer-Witt, C. (1987). Social relations in groups of the black-capped capuchin (Cebus apella) in captivity: interactions of group-born infants during their first 6 months of life. *Folia Primatologica* 49:33-47.
———(1990). Social relations in groups of the black-capped capuchin (Cebus apella) in captivity: Interactions of group-born infants during their second half-year of life. *Folia Primatologica* 54:16-33.
Westen, D. W. (1990). Towards a revised theory of borderline object relations: contributions

of empirical research. *International Journal of Psycho-Analysis* 71:661-693.

Westen, D. W., Barends, A., Leigh, J., et al. (1988). *Assessing object relations and social cognition from interview data.* Unpublished manuscript. Department of Psychology, University of Michigan.

Westen, D. W., Lohr, N., Silk, K, and Kerber, K. (1985). *Measuring object relations and social cognition using the TAT: scoring manual.* Unpublished manuscript, Department of Psychology, University of Michigan.

Westen, D. W" and Segal, H. (1988). *Assessing object relations and social cognition from Picture Arrangement Stories: scoring manual.* Unpublished manuscript. Department of Psychology, University of Michigan.

Wilder, T. (1973). *Theophilus North.* New York: Harper & Row.

Williams, G. (1984). Reflections on infant observation and its applications. *Journal of Analytical Psychology* 29:155-169.

Winnicott, D. W. (1945). Primitive emotional development. In *Through Paediatrics to Psycho-Analysis*, pp. 145-156. London: Hogarth, 1975.

────(1947). Hate in the countertransference. In *Through Paediatrics to Psycho-Analysis*, pp. 194-203. London: Hogarth, 1975.

────(1951). Transitional objects and transitional phenomena. In *Through Paediatrics to Psycho-Analysis*, pp. 229-242. London: Hogarth, 1975.

────(1958). *Collected Papers: Through Paediatrics to Psycho-Analysis.* London: Tavistock, 1975.

────(1960a). The theory of the parent-infant relationship. In *The Maturational Processes and the Facilitating Environment*, pp. 37—55. London: Hogarth, 1965.

────(1960b). Ego distortion in terms of true and false self. In *The Maturational Processes and the Facilitating Environment: Studies in the Theory of Emotional Development*, pp. 140-152. London: Hogarth, 1965.

────(1963a). Communicating and not communicating leading to a study of certain opposites. In *The Maturational Processes and the Facilitating Environment,* pp. 179-192. London: Hogarth, 1965.

────(1963b). The development of the capacity for concern. In *The Maturational Processes and the Facilitating Environment*, pp. 73-81. London: Hogarth, 1965.

────(1965). *The Maturational Processes and the Facilitating Environment.* London: Hogarth.

────(1971a). *Playing and Reality.* Lmdon: Tavistock.

────(1971 b). *Therapeutic Consultations in Child Psychiatry.* London: Hogarth.

Wright, K. (1991). *Vision and Separation between Mother and Baby,* Northvale, NJ: Jason Aronson.

Yankelovich, D., and Barrett, W. (1970). *Ego and Instinct.* New York: Random House.

Yogman, M. (1982). Observations on the father-infant relationship. In *Father and Child:*

Developmental and Clinical Perspectives, ed. S. Cath, A. R. Gurwitt, and J. M. Ross, pp. 107-122. Boston: Little, Brown.

Zalusky, S. (1996). *Telephone analysis: out of sight, but not out of mind*. Paper presented at workshop "Telephone Analysis," American Psychoanalytic Association Annual Meeting, New York, December.

Zeanah, C. H., and Zeanah, P. D. (1989). Intergenerational transmission of maltreatment: insights from attachment theory and research. *Psychiatry* 52:177-196.

Zelnick, L., and Bucholz, E. S. (1990). The concept of mental health in the light of recent infant research. *Psychoanalytic Psychology* 7:29-58.

Zinner, J. (1976). The implications of projective identification for marital interaction. In *Foundations of Object Relations Family Therapy*, ed. J. S. Scharff, pp. 155-173. Northvale, NJ: Jason Aronson.

Zinner, J., and Shapiro, R. L. (1972). Projective identification as a mode of perception and behavior in the families of adolescents. *International Journal of Psycho-Analysis* 53:523-530.

색인

(ㄱ)

갈등, 경청하기, 구조와 과정, 85
갈라쩌-레비(Galatzer-Levy, R.) 602
개인의 삼각형, 단기 치료, 240-242
개입 시기, 심리적 공간, 구조 및 과정, 80-81
개입 요령, 심리적 공간, 구조 및 과정, 80-81
거만(Gurman, A. S.), 233, 234, 242
건트립(Guntrip, H. S.), 79
구조 및 과정, 67-121
  갈등, 방어, -와 불안, 85-86
  관리, 70-71
  기법 수정, 109-117
    외상, 109-110

    치료비 삭감, 111-117
  꿈과 환상, 86-87
  내적 대상 관계, -의 패턴, 87-88
  보조 치료법 및 부가적인 치료법, 107-109
  심리적 공간, 75-85
    개입요령과 시기, 80-81
    소극적 능력, 82-83
    자유연상적인 주의 및 역할 반응성, 77
    저항, 78-79
    중립성, 77-78
    치료자의 내적 감정, 83-85
  약물치료, 108-109
  오류, 101-102
  의혹, 106-107
  전이 및 역전이, 88-101
  정신분석 또는 심리치료, 71-74

종결, 120-121
치료 중단의 위협, 102-106
치료의 틀 짜기, 67-69
평가, 지속적인, 119-120
치료작업을 통해 극복해내기, 117-119
꿈 분석
 -을 통해 작업하기, 구조 및 과정, 86-87
 사례, 587-602
 평가, 분석 받을 수 있는 능력에 대한, 142-143

(ㄴ)

낙흐트(Nacht, S.), 477
내적 대상관계
 -의 패턴, 구조 및 과정, 87-88

(ㄷ)

단기 치료, 231-254
 - 기법, 238-239
 -의 경향, 236-238
 -의 비역동적인 요소들, 242-248
 대상관계의 적용, 231-235
 대상관계적 접근, 235-236
 대안으로서의 -, 사례, 287-328
 사례, 248-250

연속적인 -, 250-254
인격의 삼각형, 240-241
지금-거기, 그때-여기, 240
초점
 역동에 대한-, 240
 증상에 대한-, 239
추후 조사, 254
환자 선별, 238
담아주기, 평가, 128-129
담아주는 사람/담기는 사람 전이 개념, 9-13
대번루(Davanllo, H.), 233, 234, 238, 240-241
대상관계 심리치료
 -의 원리, 표, 68-69
 -의 구조와 과정, 67-121
던컨(Duncan, D.), 31
도라의 사례(프로이트), 4
동일시, 일치적 및 상보적, 전이 개념, 13
딕스(Dicks, H. V.), 14, 232-233

(ㄹ)

락커(Racker, H.), 7, 8, 13
릭크만(Rickman, J.), 17

(ㅁ)

만(Mann, J.), 233, 234
말란(Malan, D. H.), 234, 240

색인

말러(Mahler, G.), 231, 232
머니-카일(Money-Kyrle, R.), 7
머레이(Murray, L.), 82
메인(Main, M.), 134
무어(Moore, M. S.), 134

(ㅂ)

발린트(Balint, M.), 232-233, 234
방어
 -에 대해 경청하기, 구조 및 과정, 85-86
 평가, 분석작업을 할 수 있는 능력에 대한, 139-140
베커(Becker, T. C.), 477
보울비(Bowlby, J.), 232-233
보조 치료
 평가, 147-148
 구조 및 과정, 107-108
보조 치료법, 구조 및 과정, 107-108
본능, 욕동 이론 참조.
볼라스(Bollas, C.), 7, 14, 82, 84, 110
부드만(Budman, S. H.), 233, 234, 242
부정적 전이, -와 긍정적 환경 전이, 41-46
분석 작업을 할 수 있는 능력 평가, 139-143

분석적 제삼자(잠재적 공간), 전이 개념, 14-15
불안, -을 경청하기, 구조 및 과정, 85-86
브로이어(Breuer, J.), 231
블럼(Blum, H. P.), 477
블룸(Bloom, B.L.), 234
비브링(Bibring, E.), 5
비온(Bion, W.), 8, 9, 82, 129, 232
빈더(Binder, J. L.), 233, 234, 247

(ㅅ)

사분면(Four-cell square), 전이 개념, 16-23
샌들러(Sandler, J.), 77
샤르프(Scharff, D. E.) 7, 11, 24, 28, 39, 52, 84, 87, 108, 110, 247, 601
샤르프(Scharff, J. S.) 7, 24, 28, 39, 84, 108, 110, 153, 247, 558, 601
샥흐트(Schacht, T. E.), 239
셰익스피어(Shakespeare, W.), 82
소극적 능력, 심리적 공간, 구조 및 과정 82-83
스타이너(Steiner, J.), 81, 97
슈탓터(Stadter, M.) 16, 233, 235, 238, 239, 247, 251

스토롤로우(Stolorow, R.), 14
스트레이치(Strachey, J.), 5
스트룹(Strupp, H. H.), 233, 234, 247
슬래이드(Slade, A.), 25, 134, 236-237
시밍톤(Smington, N.), 14, 39
시얼스(Searles, H. F.), 480
시프노스(Sifnoes, P. E.), 233, 234, 238
심리적 공간, 구조 및 과정도 참조할 것
 구조 및 과정, 75-85
 평가, 127

(ㅇ)

안아주는 환경,
 -의 확립
  평가, 124-129
 집중치료, 도입기, 335-336
알렉산더(Alexander, F.) 233
약물치료
 평가, 147-148
 구조 및 과정, 108-109
애착
 평가, 134-137
애트우드(Atwood, G), 14
에인스워스(Ainsworth, M. D. S.) 134
에즈리엘(Ezriel, H.), 99

역전이(전이 또한 참조할 것)
 구조 및 과정, 88-101
 담아주는 사람/담기는 사람 10-11
 -의 지형도, 30-66
 -의 역사 7-9
 종결, 480-482
 집중 치료, 중기, 389-401
 평가, 145-146
역할 반응성, 심리적 공간, 구조 및 과정, 75-77
예비종결, 집중적 치료, 455-476
옥덴(Ogden, T.), 14, 39, 133
외상, 기법 수정, 구조 및 과정, 109-110
위니캇(Wnnicott, D. W.), 7, 24, 28, 76, 80, 233
이유를 나타내는 종속절, 전이 및 역전이, 구조 및 과정, 99-101
일련의 단기 치료,
 서술, 250-254
 장기 치료 이후의, 사례, 255-285
일시적 및 상보적 동일시, 전이 개념, 13

색인

(ㅈ)

자유연상적인 주의, 심리적 공
　간, 구조와 과정, 77
잘루스키(Zalusky, S.), 76, 469
잠재적 공간(분석적 제 삼자),
　전이 개념, 14-15
장기치료. 집중치료도 참조할 것.
　- 대안으로서의 단기 치료, 사
　　례, 287-328
　- 이후에 하는 일련의 단기
　　치료, 사례, 255-285
저항, 심리적 공간, 구조 및 과
　정, 78-79
전이, 역전이도 참조할 것
　관련 개념, 9-23
　　담아주는 사람/담기는 사람,
　　　9-13
　　사분면 16-23
　　일치적인, 상보적인 동일시,
　　　13
　　잠재적 공간(분석적 제 삼
　　　자), 14-15
　구조 및 과정, 88-101
　평가, 145-146
　환경 및 초점, 24-30
　-의 지형학, 30-66
　-의 역사, 4-6
　집중치료, 중기, 389-401
정신 장애에 대한 진단 및 통
　계 편람(DSM-IV) 137-138

제이콥스(Jacobs, T.), 7, 39, 47,
　84
조셉(Joseph, B.), 6, 7, 39, 86-87,
　89,
존스(Jones, E.) 231
종결
　구조 및 과정,
　사례, 482-539
　-로 인도하는 역전이 전개,
　　480-482
　준거, 478-480
　준비, 476
　통째로 듣는 분석 사례 이야기,
　　574-582
　치료 중단의 위협, 구조 및
　　과정, 101-106
중립성, 심리적 공간, 구조 및
　과정, 77-78
진단, 표준화된, 평가, 137-138
집중치료, 장기치료도 참조.
　꿈 분석, 587-602
　도입기 331-369
　　안아주는 환경, 335-336
　　치료의 틀 짜기 332-335
　　회기들, 336-369
　예비 종결, 455-476
　중기, 371-401
　　초기, 373-388
　　중기, 389-401, 403-423
　　후기, 424-454
　종결, 477-539

사례들, 482-539
-로 인도하는 역전이 전개, 480-539
준거, 478-480
통째로 듣는 분석 사례 이야기, 541-586

(ㅊ)

초점 전이
 서술, 24-30
추스드(Chused, J.), 47, 96
치료 과정을 통해 극복해내기, 구조 및 과정, 117-119
치료 중단, -의 위협, 구조 및 과정, 101-106
치료 횟수, 72-74
치료의 틀 짜기, 구조 및 과정, 67-68
침묵, 전이 및 역전이, 구조 및 과정, 92-93

(ㅋ)

카우치, 구조 및 과정, 74-75
캐이스먼트(Casement, P. J.), 7, 80
클라인(Klein, M.), 5, 6, 7, 15, 89, 132
키이츠(Keats, J.) 82

(ㅌ)

타겟(Target, M.), 134
티초(Ticho, E.), 477

(ㅍ)

파이어쉬타인(Firestein, S.), 477
파이퍼(Piper, W. E.), 235
판단하지 않고 경청하기, 평가, 127-128
페어베언(Fairbairn, W. R. D.), 67, 75, 79, 86, 232-233
평가, 123-150
 갈등과 침범, 138-139
 개관, 123-124
 공식화와 처방, 148-149
 남편에 대한, 187-205
 반응 검사, 146-147
 발달 수준과 능력, 129-134
 안아주는 환경, 안아주는 환경의 확립, 124-129
 약물치료와 부가적인 치료, 147-148
 애착, 134-137
 전이 및 역전이, 145-146
 치료 계획, 148-150
 치료를 받을 수 있는 능력에 대한, 139-143
 커플에 대한, 207-228
 표준화된 진단, 137-138

색인

피드백, 143-144
한 여성에 대한, 확장된
  153-185
포나기(Fonagy, P.), 10, 25, 134
표준화된 진단, 평가, 137-138
프랜치(French, T. M.), 233
프로이트(Freud, S.), 72, 77, 78,
  86, 96, 129-130, 231-232
피드백
  전이와 역전이, 구조 및 과정,
    93-101
  평가, 143-144

및 과정, 86-87
환자 선별, 단기 치료, 238
회기, -의 빈도, 구조 및 과정,
  71-75

(ㅎ)

하이만(Heimann, P.), 7, 9
해석
  전이와 역전이, 구조 및 과정,
    96-101
호로비쯔(Horowitz, M. J.), 234,
  238, 247
호퍼(Hopper, E.), 16-23, 26, 33,
  35-36, 39
확신이 서지 않을 때, 구조 및
  과정, 106-107
환경 전이/역전이
  묘사, 24-30
환상
  평가, 분석 작업을 할 수 있는
    능력에 대한, 142-143
  -을 가지고 하는 작업, 구조

Object Relations Individual Therapy

by Jill Savege Scharff, M.D. & David E. Scharff, M.D.

Copyright © 1998, Jill Savege Scharff & David E. Scharff
by arrangement with Jason Aronson Inc. and Mark Paterson

Translation copyright © 2002
by Korea Psychotherapy Institute

본 저작물의 한국어판 저작권은
Jason Aronson Inc. 사와의 독점계약으로
한국심리치료연구소가 소유합니다.
지작권법에 의하여 보호를 받는 저작물이므로
무단전제와 무단복제를 금합니다.

대상관계 개인치료 II : 기법

발행일 | 2002년 10월 15일
지은이 | 질 샤르프 & 데이빗 샤르프
옮긴이 | 이재훈, 김석도
펴낸이 | 이준호
펴낸곳 | 한국심리치료연구소
주소 | 서울시 종로구 새문안로5가길 28, (적선동, 광화문플래티넘) 918호
전화 | 02) 730-2537~8   팩스 | 02) 730-2539
홈페이지 | http://www.kicp.co.kr   E-mail | kicp21@naver.com
등록 | 제22-1005호(1996년 5월 13일)

정가   25,000원

ISBN 89-87279-27-8 94180
ISBN 89-87279-26-X 94180 (전2권)

한국심리치료연구소 총서

◇ 정기 간행물

000 정신분석 프리즘

◇ 대상관계이론과 기법 시리즈

멜라니 클라인
001 멜라니 클라인
002 임상적 클라인

도널드 위니캇
003 놀이와 현실
004 그림놀이를 통한 어린이 심리치료
005 성숙과정과 촉진적 환경
006 박탈과 비행
007 소아의학을 거쳐 정신분석학으로
008 가정, 우리 정신의 근원
009 아이, 가족, 그리고 외부세계
010 울타리와 공간
011 참자기
012 100% 위니캇

로널드 페어베언
013 성격에 관한 정신분석학적 연구

크리스토퍼 볼라스
014 대상의 그림자
015 환기적 대상세계
016 끝없는 질문
017 그들을 잡아줘 떨어지기 전에

오토 컨버그
018 내면세계와 외부현실
019 대상관계이론과 임상적 정신분석
020 인격장애와 성도착에서의 공격성

◇ 대상관계이론과 기법 시리즈

그 외 이론 및 기법서
021 심각한 외상과 대상관계
022 정신분석학적 대상관계이론
023 대상관계 개인치료1: 이론
024 대상관계 개인치료2: 기법
025 대상관계 부부치료
026 대상관계 단기치료
027 대상관계 가족치료1
028 대상관계 집단치료
029 초보자를 위한 대상관계 심리치료
030 단기 대상관계 부부치료
031 대상관계이론과 정신병리

◇ 하인즈 코헛과 자기심리학 시리즈

032 자기의 분석
033 자기의 회복
034 정신분석은 어떻게 치료하는가?
035 하인즈 코헛과 자기심리학
036 하인즈 코헛의 자기심리학 이야기1
037 자기심리학 개론
038 코헛의 프로이트 강의

◇ 아스퍼거와 자폐증

039 자폐아동을 위한 심리치료
040 살아있는 동반자
041 아동 자폐증과 정신분석
042 아스퍼거 아동으로 산다는 것은?
043 자폐아동의 부모를 위한 101개의 도움말
044 자폐적 변형

◇ 비온학파와 현대정신분석

045 신데렐라와 그 자매들
046 애도
047 정신분열증 치료와 모던정신분석
048 정신분석과 이야기 하기
049 비온 정신분석사전
050 전이담기
051 상호주관적 과정과 무의식
052 숙고
053 분석적 장: 임상적 개념
054 상상을 위한 틀
044 자폐적 변형

제임스 그롯슈타인
055 흑암의 빛줄기
056 그러나 동시에 또 다른 수준에서 I
057 그러나 동시에 또 다른 수준에서 II

마이클 아이건
058 독이든 양분
059 무의식으로부터의 불꽃
060 감정이 중요해
061 깊이와의 접촉
062 심연의 화염
063 정신증의 핵
064 신앙과 변형

도널드 멜처
065 멜처읽기
066 아름다움의 인식
067 폐소
068 꿈 생활
069 비온 이론의 임상적 적용

◇ 정신분석 주요개념 및 사전

070 꿈 상징 사전
071 편집증과 심리치료
072 프로이트 이후
073 정신분석 용어사전
074 환자에게서 배우기
075 비교정신분석학
076 정신분석학 주요개념
077 정신분석학 주요개념2: 임상적 현상
049 비온 정신분석 사전

◇ 사회/문화/교육/종교 시리즈

078 인간의 욕망과 기독교 복음
079 살아있는 신의 탄생
080 현대 정신분석학과 종교
081 종교와 무의식
082 인간의 관계경험과 하나님 경험
083 살아있는 인간문서
084 신학과 목회상담
085 성서와 정신
086 목회와 성
087 교육, 허무주의, 생존
088 희망의 목회상담
089 전환기의 종교와 심리학
090 신경증의 치료와 기독교 신앙
091 치유의 상상력
092 영성과 심리치료
093 의례의 과정
094 외상, 심리치료 그리고 목회신학
095 모성의 재생산
096 상한 마음의 치유

한국심리치료연구소 총서

◇ 사회/문화/교육/종교 시리즈

097 그리스도인의 원형
098 융의 심리학과 기독교 영성
099 살아계신 하나님과 우리의 살아있는 정신
100 정신분석과 기독교 신앙
101 성서와 개성화
102 나의 이성 나의 감성

◇ 아동과 발달

103 유아의 심리적 탄생
104 내면의 삶
105 아기에게 말하기
106 난 멀쩡해. 도움 따윈 필요 없어!
003 놀이와 현실
004 그림놀이를 통한 어린이 심리치료
005 성숙과정과 촉진적 환경
006 박탈과 비행
007 소아의학을 거쳐 정신분석학으로
008 가정, 우리 정신의 근원
009 아이, 가족, 그리고 외부세계
010 울타리와 공간
011 참자기
012 100% 위니캇
039 자폐아동을 위한 심리치료
042 아스퍼거 아동으로 산다는 것은?
043 자폐 아동의 부모를 위한 101개의 도움말

◇ 자아심리학/분석심리학/기타 학파

107 C.G. 융과 후기 융학파
108 C. G, 융
109 하인즈 하트만의 자아심리학
110 자기와 대상세계
111 프로이트의 정신분석학

◇ 스토리텔링을 통한 어린이 심리치료 전집

112 스토리텔링을 통한 … 심리치료(가이드 북)
113 감정을 억누르는 아동을 도우려면
114 강박증에 시달리는 아동을 도우려면
115 마음이 굳어진 아동을 도우려면
116 꿈과 희망을 잃은 아동을 도우려면
117 두려움이 많은 아동을 도우려면
118 상실을 경험한 아동을 도우려면
119 자존감이 낮은 아동을 도우려면
120 그리움 속에 사는 아동을 도우려면
121 분노와 증오에 사로잡힌 아동을 도우려면

◇ 정신분석 아카데미 시리즈

122 성애적 사랑에서 나타나는 자기애와 대상애
123 싸이코패스는 누구인가?
124 영조, 사도세자, 정조 그들은 왜?
125 정신분석에서의 종결
126 자폐적 대상에 대한 정신분석학적 연구
127 정신분석과 은유
128 정신분열증, 그 환상의 세계로 가다
129 사라짐의 의미
130 제4차 산업혁명에 대한 정신분석적 고찰

◇ 초심자를 위한 추천도서

001 멜라니 클라인
003 놀이와 현실
012 100% 위니캇
029 초보자를 위한 대상관계 심리치료
035 하인즈 코헛과 자기심리학
072 프로이트 이후
111 프로이트의 정신분석학
131 왜 정신분석인가?

현대정신분석연구소 수련 과정 안내

이 책을 혼자 읽고 이해하기 어려우셨나요? 그렇다면 함께 공부합시다!
현대정신분석연구소에서 이 책의 내용에 대한 강의를 들으실 수 있습니다.

현대정신분석연구소는 1996년에 한국심리치료연구소라는 이름으로 창립되어, 국내에 정신분석 및 대상관계이론을 전파하는 선구자적 역할을 해왔습니다.

정신분석을 연구하고 교육하는 기관으로서 주요 정신분석 도서 130여 권을 출판 하였으며, 정신분석전문가 및 정신분석가를 양성하고 있습니다.

또한 부설기관인 **광화문심리치료센터**에서는 대중을 위한 정신분석 및 정신분석적 심리치료를 제공하고 있습니다.

현대정신분석연구소에서는 미국 뉴욕과 보스턴 등에서 정식 훈련을 받고 정신분석 면허를 취득한 교수진 및 수퍼바이저들로 구성되어 있으며, 뉴욕주 정신분석가 면허 기준에 의거한 분석가 및 정신분석전문가 프로그램을 운영하고 있습니다. 프로그램에서는 프로이트부터 출발하여 대상관계, 자기심리학, 상호주관성, 모던정신분석, 신경정신분석학, 애착 이론, 라깡 이론 등 최신 정신분석의 이론에 이르는 다양한 이론들을 연구하는 포용적eclectic 관점을 채택하고 있습니다.

프로그램에서 요구하는 요건들을 모두 충족하고 프로그램을 졸업하게 되면, **사단법인 한국정신분석협회**에서 공인하는 'Psychoanalyst'와 'Psychoanalytic Psychotherapist' 자격을 취득하게 됩니다. 이와 동시에 현대정신분석연구소와 결연을 맺은 미국 모던정신분석협회Society of Modern Psychoanalysts, SMP에서 수여하는 'Psychoanalyst'와 'Applied Psychoanalysis Professional' 자격증을 신청할 수 있습니다.

국내에서 가장 정통있는 정신분석 기관 중 하나로서 **현대정신분석연구소**는 인간에 대한 보다 심층적인 이해를 통해 한국사회의 정신건강에 기여하고자 합니다.

■ 졸업 요건

구분	PSYCHOANALYST	PSYCHOANALYTIC PSYCHOTHERAPIST
번호	• 등록민간자격 2020-003430	• 등록민간자격 2020-003429
임상	• 개인분석 300시간 이상 • 개인수퍼비전 200시간 • 임상 1,000시간 이상	• 개인분석 150시간 이상 • 개인수퍼비전 25시간 • 임상 150시간 이상
교육	• 졸업이수학점 72학점 • 기말페이퍼 12과목 • 종합시험 5과목 • 졸업 사례발표 2회 • 졸업논문	• 졸업이수학점 48학점 • 종합시험 5과목 • 졸업 사례발표 1회
입학 자격	석사 혹은 그에 준하는 학력이상	학사 혹은 그에 준하는 학력이상

※상기 자격은 자격기본법 규정에 따라 등록한 민간자격으로, 국가로부터 인정받은 공인자격이 아닙니다.

■ 문의 및 오시는 길

서울시 종로구 새문안로 5가길 28(적선동, 광화문플래티넘) 918호
- Tel: 02) 730-2537~8 / Fax: 02) 730-2539
- E-mail: kicp21@naver.com
- 홈페이지: www. kicp.co.kr (홈페이지를 통해 인터넷 강의도 수강이 가능합니다)

* 정신분석에 관한 유용한 정보들을 한눈에 보실 수 있는 정신분석플랫폼 몽상의
SNS 채널들과 현대정신분석연구소 유튜브 채널을 팔로우 해보세요!

- 네이버 블로그: blog.naver.com/kicp21
- 인스타그램: @psya_reverie
- 유튜브 채널: 현대정신분석연구소
- 페이스북 페이지: 정신분석플랫폼 몽상

QR코드로 접속하기